业财合一 · 流程管控系列

中央高校教育教学改革项目研究成果

2022年度

全国会计专业技术资格考试辅导教材

初级会计实务

习题与解析

施先旺 张娇姝 主　编

程　岩 郭子芸 副主编

CHUJI KUAIJI SHIWU

XITI YU JIEXI

东北财经大学出版社 大连

Dongbei University of Finance & Economics Press

图书在版编目（CIP）数据

初级会计实务习题与解析 / 施先旺，张娇姝主编. —大连：东北财经大学出版社，2021.1（2022.2重印）
（业财合一·流程管控系列）
ISBN 978-7-5654-4047-2

Ⅰ. 初… Ⅱ. ①施… ②张… Ⅲ. 会计实务-资格考试-题解 Ⅳ. F233-44

中国版本图书馆CIP数据核字（2020）第250125号

东北财经大学出版社出版
（大连市黑石礁尖山街217号 邮政编码 116025）
网 址：http://www.dufep.cn
读者信箱：dufep@dufe.edu.cn
大连东泰彩印技术开发有限公司印刷 东北财经大学出版社发行

幅面尺寸：185mm×260mm 字数：675千字 印张：27.5
2021年1月第1版 2022年2月第2次印刷

责任编辑：李 栋 周 慧 责任校对：何 莉 齐 心
封面设计：冀贵收 版式设计：钟福建

定价：58.00元

教学支持 售后服务 联系电话：（0411）84710309

如有印装质量问题，请联系营销部：（0411）84710711

前　　言

为了让参加2021年全国会计专业技术初级资格考试的考生既能顺利通过考试，又能在学习的过程中掌握“业财合一·流程管理”的精髓，全面提升其综合素质，以跟随会计改革的时代步伐，中南财经政法大学会计学院“财务会计学”课程组联合国内部分高校会计专业教师，以“业财合一、流程管控”为指导思想，编制了2021年度全国会计专业技术职称考试辅导教材——《初级会计实务》。为更好地服务于2021年全国初级会计职称考试的各位考生，我们同步编写了该辅导教材的习题集——《初级会计实务习题与解析》。

作为《初级会计实务》教材的学习辅导用书，本书的主要特点体现如下：

1.按教学知识点设计练习题

与目前大多数习题集按章节设计练习题不同，本书全部按照一个个知识点来独立设计练习题。每一个知识点对应相应的单项选择题、多项选择题、判断题、不定项选择题等题型。这一方面可以方便老师布置作业，老师讲了某一个知识点，就可以布置该知识点所对应的练习题。另一方面也便于学生主动学习，学生学习了某一个知识点，就可以做该知识点对应的练习题。

2.习题内容与题型体现了传统与改革的融合

一方面，本书中习题的题型、内容和传统教材中习题的题型、内容保持一致。这样，学生使用本书，依然可以掌握传统会计学习中所应该包含的内容，可以顺利通过全国会计专业技术初级资格考试。

另一方面，本书中习题的内容又体现了“业财合一、流程管控”的会计改革思想。通过对本书的学习，学生可以进一步搞懂业务，搞懂业务流程，搞懂企业的资金运动，进一步提升财务管理与控制思想，进一步提升自己对企业全局业务、流程与资金流向的把控能力，全面提升综合素质。

本书由施先旺（中南财经政法大学）、张娇姝（武汉学院）担任主编，程岩（西南交通大学希望学院）、郭子芸（武汉学院）担任副主编。本书共十一章，编写分工如下：施先旺编写第一章；张娇姝编写第二章、第三章；程岩编写第四章、第十章；杨捷（武汉学院）编写第五章；向俊（武汉学院）编写第六章；郭子芸编写第七章；万萌菲（武汉学院）编写第八章、第九章；盖卫东（武汉学院）编写第十一章。

本书是中南财经政法大学2018年中央高校教育教学改革项目“基于综合素质培养的会计课程体系建设与会计教育方法研究”（2020年持续资助）的重要成果，是2015年湖北省高等学校省级教学研究项目“基于职业判断能力培养的会计课程体系建设与会计教育方法研究”（项目编号2015160）的重要成果。

本书在编写的过程中得到了很多专家、学者的帮助，在此一并表示感谢。同时，还要感谢东北财经大学出版社的李栋编辑。

由于编者水平所限，本书的错漏之处在所难免，期待广大读者批评指正，以助其不断完善。请将您的宝贵意见和建议告知施会计团队联系人（微信号：shixw2000）。

编　者

2020年10月

欢迎观注施教授会计大讲堂微信公众号：

施教授会计
大讲堂

目 录

第一章　会计概述

一、知识点：会计概念、职能和目标

（一）单项选择题

1.下列选项中，不属于会计核算职能的是（　　）。

A.确认　　B.计量　　C.报告　　D.预测

2.下列选项中，不属于会计拓展职能的是（　　）。

A.预测经济前景　　B.参与经济决策

C.反映受托责任履行情况　　D.评价经营业绩

3.下列各项中，不属于会计核算职能内容的是（　　）。

A.财务成果的处理　　B.财物的使用　　C.真实性审查　　D.成本的计算

（二）多项选择题

下列各项中，属于会计拓展职能的有（　　）。

A.预测经济前景　　B.核算和监督　　C.参与经营决策　　D.评价经营业绩

（三）判断题

我国财务报告的目标是向财务报告的使用者提供对决策有用的信息，并反映企业管理层受托责任的履行情况。（　　）

二、知识点：会计基本假设、会计基础和会计信息质量要求

（一）单项选择题

1.下列关于会计基本假设的表述不正确的是（　　）。

A.固定资产采用历史成本计量是以会计分期假设为基础的

B.会计主体假设界定了开展会计核算工作的空间范围

C.由于会计分期，才产生了本期、上期与下期的区别

D.在货币计量的前提下，业务收支以外币为主的，可以选择某一种外币作为记账本位币

2.下列各项中，对会计主体假设的表述的是（　　）。

A.明确了会计确认、计量和报告的空间范围

B.使会计人员可以选择适用的会计原则和会计方法

C.为会计核算确定了会计期间

D.为会计核算提供了必要手段

3.会计核算过程中使用的各种方法都建立在（　　）假设之上进行的。

A.会计主体　　B.持续经营　　C.会计分期　　D.货币计量

4.下列经济业务中，按照权责发生制应计入当期费用的有（　　）。

A.支付下一年度的报刊费　　B.支付本月管理部门耗费的水电费

C.支付上月应交未交的税费　　D.预付下一年度的房租

5.下列经济业务中，按照权责发生制应计入当月收入的有（　　）。

A.本月收到甲企业上月的货款　　B.本月收回去年支付给乙企业的保证金

C.本月销售一批商品，货款尚未收到　　D.本月收到甲企业预付下个月的货款

6.权责发生制的确立是以（　　）假设为直接依据的。

A.会计主体　　B.会计分期　　C.货币计量　　D.持续经营

7.企业对固定资产加速折旧，体现的会计信息质量要求是（　　）。

A.实质重于形式　　B.重要性原则　　C.可靠性　　D.谨慎性

8.企业提供的会计信息应有助于财务报告使用者对企业过去或现在的情况作出评估，对未来的情况作出预测，这体现的会计信息质量要求是（　　）。

A.可靠性　　B.相关性　　C.可理解性　　D.可比性

9.下列有关会计信息质量要求的说法不正确的是（　　）。

A.谨慎性原则的应用允许企业设立秘密准备

B.谨慎性原则要求企业不应高估资产或者收益，不应低估费用或负债

C.可比性原则要求企业提供的会计信息应该相互可比

D.会计政策前后各期应保持一致，不得随意变更，体现的是可比性原则

10.企业设置“预付账款”（原“待摊费用”）和“其他应付款”（原“预提费用”）账户的依据是（　　）。

A.一致性原则　　B.权责发生制原则　　C.配比原则　　D.重要性原则

（二）多项选择题

1.下列属于会计基本假设的有（　　）。

A.货币计量假设　　B.会计分期假设　　C.会计主体假设　　D.持续经营假设

2.下列关于会计信息质量要求的说法中，正确的有（　　）。

A.实质重于形式原则要求企业只看经济实质，不看交易或事项的法律形式

B.可比性分为横向可比和纵向可比两种形式

C.谨慎性原则要求企业不应高估资产或收益

D.重要性原则要求附注主要披露那些未在表内确认但又影响报表使用者决策的会计信息

3.下列各项中，属于企业会计信息质量要求的有（　　）。

A.可理解性　　B.中立性　　C.合法性　　D.相关性

4.下列有关重要性要求的表述正确的有（　　）。

A.重要性的判断标准是，漏报或错报是否会影响使用者的决策

B.对重要性的判断需要发挥职业判断能力

C.对重要性的判断需要从项目性质和数量（金额）两个方面进行考量，在很多情况

下，数量（金额）比性质更重要

D.重要性意味着某些不重要的事情可以简化处理

5.下列各项中，可以作为会计主体的有（　　）。

A.有限责任公司　　B.子公司　　C企业集团　　D.分厂

（三）判断题

1.企业可以按照投资人的要求进行会计核算。（　　）

2.对于次要的会计事项，在不影响会计信息真实性和不至于误导财务报告使用者作出正确判断的前提下，可以适当简化处理。（　　）

三、知识点：会计要素及其确认与计量

（一）单项选择题

1.下列有关会计要素的表述不正确的有（　　）。

A.收入、成本和利润构成利润表的基本框架

B.资产、负债和所有者权益属于反映财务状况的会计要素

C.会计要素用于反映特定会计主体的财务状况和经营成果

D.收入、费用和利润称为动态会计要素

2.关于利润，下列说法中不正确的有（　　）。

A.利润是指企业在一定会计期间的经营成果

B.利润是评价管理层经营业绩的一个指标

C.企业当期的亏损，不一定引起所有者权益的减少

D.企业当期的盈利，会引起所有者权益的增加

3.“其他综合收益”属于（　　）科目。

A.资产类　　B.负债类　　C.所有者权益类　　D.损益类

4.以下属于流动资产的是（　　）。

A.甲企业超过一年未收回的货款

B.销售货物前预先收取的支票

C.企业购入的当日发行的3年期一般公司债券，以收回利息和本金为目的，不以出售为目的

D.甲企业研发的一项专利技术

5.下列经济业务中，应确认为长期负债的有（　　）。

A. 20×8年10月10日开出的一张6个月到期的商业承兑汇票

B.企业为扩大生产向银行借入5年期长期借款，款项已转入本公司账户

C.截至20×8年年底剩余9个月到期的一笔向银行借入的10年期1亿元款项

D.企业计提的9个月到期的，分期支付利息的借款利息

6.盘盈固定资产时，其入账价值的计量属性是（　　）。

A.可变现净值　　B.公允价值　　C.重置成本　　D.现值

7.企业存货期末计价应采用的计量属性是（　　）。

A.历史成本　　B.重置成本　　C.可变现净值　　D.公允价值

8.下列各项中，引起会计等式中资产和负债同时增加的是（　　）。

A.收到购货方归还以前所欠的货款，存入银行

B.从银行提取现金备用

C.以银行存款归还以前拖欠的服务款

D.从银行取得借款，存入银行

9.将无力支付的商业承兑汇票转为企业的应付账款，对会计等式的影响是（　　）。

A.一项资产减少，一项负债减少　　B.一项负债减少，一项所有者权益减少

C.一项资产增加，一项负债增加　　D.一项负债增加，一项负债减少

10.下列各项中，关于以银行存款偿还所欠贷款的业务对会计要素影响的表述正确的有（　　）。

A.一项资产增加，另一项资产等额减少　　B.一项资产和一项负债等额增加

C.一项负债增加，另一项负债等额减少　　D.一项资产和一项负债等额减少

（二）多项选择题

1.会计的计量属性包括（　　）。

A.重置成本　　B.历史成本　　C.公允价值　　D.现值

2.下列业务中，引起企业资产和负债同时发生增减变动的经济业务有（　　）。

A.收到股东投资款　　B.以盈余公积转增资本

C.从银行借入短期借款　　D.以银行存款归还前欠货款

3.下列有关会计要素表述正确的有（　　）。

A.收入、费用和利润反映企业某一时点的经营成果

B.资产、负债和所有者权益属于静态会计要素

C.资产、负债和所有者权益反映企业某一时点的财务状况

D.收入、费用和利润是对企业资金运动的动态反映

4.可变现净值，是指在正常生产经营过程中，以预计售价减去（　　）的净值。

A.进一步加工的成本　　B.销售所需的预计税金

C.销售费用　　D.办公费用

5.企业发生的交易或事项按其对财务状况等式的影响，可分为（　　）。

A.使财务状况等式两边的金额保持不变　　B.使财务状况等式两边的金额同时增加

C.使财务状况等式两边的金额同时减少　　D.使财务状况等式两边的金额一增一减

6.下列有关现值的表述中，正确的有（　　）。

A.资产按照预计从其持续使用和最终处置中所产生的未来净现金流入量的折现金额计量

B.资产按照预计从其持续使用和最终处置中所产生的未来净现金流入量的金额计量

C.负债按照预计期限内需要偿还的未来净现金流出量的折现金额计量

D.负债按照预计期限内需要偿还的未来净现金流出量的金额计量

7.下列各项中，确认资产应同时满足的条件有（　　）。

A.由企业过去的交易或事项形成的

B.预期会给企业带来经济利益

C.该资源的成本或者价值能够可靠计量

D.与该资源有关的经济利益很可能流入企业

(三) 判断题

1.采用重置成本计量时，资产应该按照现在购买相同或者相似资产所需支付的现金或者现金等价物的金额计量。（　）

2.公允价值，是指市场参与者在计量日发生的有序交易中，出售一项资产所能收到或者转移一项负债所需支付的价格。（　）

3.企业因自然灾害毁损固定资产发生净损失5万元，应将其确认为费用。（　）

4.所有者权益的来源包括所有者投入的资本、直接计入当期损益的利得与损失、留存收益等。（　）

5.甲公司的仓库所在地发生地震，库中商品全部毁损，但由于企业对毁损商品仍然拥有所有权并且能够实施实际控制，因此应该将其作为本企业的资产。（　）

四、知识点：会计科目和借贷记账法

(一) 单项选择题

1.根据科目内容计入成本类账户的是（　）。

A.主营业务成本　B.制造费用　C.管理费用　D.其他业务成本

2.下列账户期末可能有余额的是（　）。

A.主营业务成本　B.生产成本　C.管理费用　D.其他业务成本

3.下列选项中，属于借贷记账法的记账规则的是（　）。

A.资产=负债+所有者权益　B.有借必有贷，借贷必相等

C.收入-费用=利润　D.上借下贷，借贷错开，金额相等

4.下列关于借贷记账法下账户结构的说法错误的有（　）。

A.损益类账户和负债类账户的结构相同

B.资产类账户和成本类账户的结构相同

C.所有者权益类账户与损益类账户中收入类账户的结构相似

D.损益类账户期末结转后一般无余额

5.下列错误能通过试算平衡发现的有（　）。

A.某借方或贷方发生额中，偶然发生多记和少记且金额相等

B.借贷双方同时多记了相等的金额

C.只登记了借方金额，未登记贷方金额

D.应借应贷的账户中错记了借贷的方向

(二) 多项选择题

1.下列会计科目中，属于所有者权益类科目的有（　）。

A.实收资本　B.资本公积　C.盈余公积　D.其他权益工具

2.下列关于借贷记账法账户结构的选项中，正确的有（　）。

A.所有资产类账户的期初和期末余额一定在借方

B.资产备抵类账户的记账方法与资产类账户的记账方向相反

C.收入类和费用类账户无期初、期末余额

D.成本类账户的记账方向与资产类账户相同

3.下列选项中，属于试算平衡理论依据的有（　　）。

A.有借必有贷，借贷必相等

B.资产=负债+所有者权益

C.收入-费用=利润

D.全部账户本期借方发生额合计=全部账户本期贷方发生额合计

4.下列错误不影响发生额和余额试算平衡的有（　　）。

A.重复登记同一项经济业务

B.借贷双方发生同等金额的错误

C.会计分录中错用了会计科目，无其他错误

D.漏记经济业务

（三）判断题

1.借贷记账法下进行发生额试算平衡时，若借贷双方不平衡，则说明记账肯定是有错误的；若借贷双方平衡了，则说明记账没有错误。（　　）

2.余额试算平衡的本质就是“资产=负债+所有者权益”所反映的经济含义。或者说，余额平衡就是“资产=负债+所有者权益”的另外一种表述方式。（　　）

3.会计科目具有一定的格式与结构，作为分类反映会计要素增减变动情况及其结果的载体。（　　）

4.总分类账户与其所属的明细分类账户所反映的内容的详细程度和总金额都有所不同。（　　）

5.所有账户在借方登记增加，在贷方登记减少。（　　）

6.T形账户左右两方都是按照相反方向来记录增加额和减少额的。（　　）

五、知识点：会计凭证、会计账簿与账务处理程序

（一）单项选择题

1.甲公司从乙公司购得一批原材料，增值税专用发票注明价款为100 000元，增值税为13 000元，材料已验收入库，款项已用银行存款支付。甲公司在记账凭证中登记的会计分录为：借记“在途物资”100 000元，借记“应交税费——应交增值税（进项税额）10 000元”，贷记“银行存款”110 000元，该业务已登记入账。甲公司适用的错账更正方法为（　　）。

A.红字更正法　　B.补充登记法　　C.划线更正法　　D.插值法

2.某企业结账前发现账簿记录中有一笔金额为8 857元的销售业务误记为8 587元，相关的记账凭证没有错误。对于该错误，企业应采用的更正方法为（　　）。

A.红字更正法　　B.划线更正法　　C.更正账页法　　D.补充更正法

3.下列账簿中，通常不采用三栏式或多栏式账页格式的是（　　）。

A.应付账款明细账　　B.银行存款日记账　　C.销售费用明细账　　D.库存商品明细账

4.下列各项中，应由会计人员填制的原始凭证是（　　）。

A.产品入库单　　　　　　　　　　B.固定资产折旧计算表

C.差旅费报销单　　　　　　　　　D.领料单

5.下列有关原始凭证的表述中，正确的有（　　）。

A.大小写金额必须符合填写规范，小写金额用阿拉伯数字逐个书写，时间仓促时可以写连笔字

B.金额数字一律填写到角、分，无角无分的，写“00”或者符号“-”；有角无分的，分位写“0”，也可以用符号“-”代替

C.原始凭证金额有错误的，应当由出具单位重开，不得在原始凭证上更正

D.增值税专用发票的购货方信息书写错误的，根据规定，应当由出具单位更正，更正处应当加盖出具单位公章或财务专用章

6.下列有关记账凭证的填制要求中，正确的是（　　）。

A.结账和更正错误必须附原始凭证

B.一笔经济业务需要填制两张以上（含两张）记账凭证的，可以采用分数编号法编号

C.发现以前年度记账凭证有错误的，可直接在原记账凭证上进行修改

D.记账凭证填制完成后，如有空行，应当从金额栏最后一笔金额数字上的空行处至合计数下的空行处划线注销

（二）多项选择题

1.账账核对的主要内容包括（　　）。

A.总分类账簿之间的核对

B.总分类账簿与所属明细分类账簿之间的核对

C.明细分类账簿与序时账簿之间的核对

D.明细分类账簿之间的核对

2.下列各项中，不属于会计对经济活动的合理性审查的有（　　）。

A.各项经济活动是否遵守国家有关法律法规

B.各项经济业务是否遵守国家各项方针政策

C.各项经济活动是否有利于经营目标或预算目标的实现

D.各项经济活动是否符合单位的内部控制

3.下列选项中，属于错账更正方法的有（　　）。

A.红字更正法　　B.挖擦涂改法　　C.划线更正法　　D.补充登记法

（三）判断题

1.原始凭证，按照填制的手续和内容分类，可以分为通用凭证和专用凭证。（　　）

2.企业从银行提取现金和将现金存入银行，只填付款凭证。（　　）

3.如果增值税普通发票的金额填写错误，则应退回重开。（　　）

4.各账务处理程序的主要区别是登记明细账和总分类账的依据和方法不同。（　　）

5.企业使用的记账软件应该提供不可逆的记账功能，确保对同类已记账凭证的连续编号，可以提供对已记账凭证的删除和插入功能，可以提供对已记账凭证日期、金额、科目和操作人员的修改功能。（　　）

6.数据服务器部署在国外的，应当在境内保存会计资料备份，备份频率不得低于每季

度一次。（　　）

7.企业会计资料中对经济业务事项的描述应当使用中文，可以同时使用外国文字或者少数民族文字进行对照。（　　）

六、知识点：财产清查

（一）单项选择题

1.20×8年6月30日，甲公司银行存款日记账余额为120万元，与银行对账单余额不符。经核对后发现，6月28日企业收到货款18万元并入账，但银行尚未入账；6月29日银行代缴水电费3万元并入账，但企业尚未收到银行的付款通知。不考虑其他因素，调节后该企业的银行存款余额为（　　）万元。

A. 105　　B.117　　C.135　　D.141

2.下列情形中，需要进行全面清查的有（　　）。

A.股份制改造前　　B.每日终了，出纳人员的现金盘点

C.月末的财产物资清查　　D.每年企业与债权人、债务人的核对

3.下列情形中，属于不定期清查的有（　　）。

A.公司内部审计部门每月一次的审计

B.公司每3年一次更换部门财务主管时，对主管领导调离前的财产清查

C.公司年末的全面清查

D.发生自然灾害时，对受损物资的清查

4.以下选项中，属于对货币资金清查的表述正确的是（　　）。

A.库存现金盘点时应采用技术推算法

B.可由出纳和主管会计清点各种面值钞票与硬币数量，并出具库存现金盘点报告表

C.在库存现金限额内允许白条抵库

D.库存现金盘点报告表不可以作为原始凭证

5.甲公司20×8年12月31日银行存款日记账的余额为5 400元，银行对账单余额为3 500元，经逐笔核对，发现以下未达账项：（1）收到转账支票3 000元，企业已入账，但银行尚未记账；（2）开出转账支票1 500元，企业已入账，但持票单位尚未到银行办理转账；（3）银行代企业支付电话费400元，银行已支付，但企业尚未收到银行的付款通知。经调节后的银行存款日记账余额为（　　）元。

A. 3 100　　B.3 500　　C.5 000　　D.5 400

（二）多项选择题

1.下列选项中，属于实物资产清查中常用的方法有（　　）。

A.实地盘点法　　B.抽样盘点法　　C.测量计算法　　D.技术推算法

2.下列业务中，会导致银行存款日记账账面余额大于银行对账单余额的有（　　）。

A.企业送存转账支票并入账，但银行尚未记账

B.企业开出转账支票并入账，但持票单位尚未到银行办理转账

C.银行接受企业委托代收货款并登记入账，但企业未收到收款通知

D.银行代企业支付货款并登记入账，但企业未收到银行的付款通知

（三）判断题

1.银行已收取甲公司当期借款利息，但甲公司尚未入账，该事项属于未达账项中的银行已收、企业未收。（　）

2.企业出纳离职，需要进行全面清查。（　）

3.如果不存在未达账项，银行存款日记账账面余额与银行对账单余额之间有差额，则说明企业与银行双方或其中一方存在记账错误。（　）

4.银行存款余额调节表可以作为调整企业银行存款账面余额的记账依据。（　）

七、知识点：会计职业道德

（一）单项选择题

1.下列属于会计职业道德的主要内容的有（　）。

A.诚实守信　B.客观公正　C.坚持准则　D.强化服务

2.下列各项企业会计人员行为中，属于遵守客观公正会计职业道德的有（　）。

A.在企业发生严重亏损时，坚持按照会计准则的要求计提资产减值准备

B.面对众多利益相关者始终保持不偏不倚的客观态度

C.在处理利益相关者关系时保持应有的独立性

D.坚持以合法、有效的原始凭证为依据进行会计处理

（二）判断题

1.会计职业道德是会计法律制度的重要补充，会计法律制度是会计职业道德的最高要求，是会计职业道德的基本制度保障。（　）

2.会计职业道德通过行政管理部门规范和会计从业人员自觉遵守，具有内在的控制力，可以约束会计人员的内在心理活动，具有很强的他律性。（　）

八、知识点：内部控制基础

（一）单项选择题

下列不属于内部控制实施主体的有（　）。

A.股东大会　B.董事会、监事会　C.经理层　D.全体员工

（二）多项选择题

1.下列属于内部控制目标的有（　）。

A.资产的安全与完整　B.财务报表及相关信息真实完整

C.提高经营效率与效果　D.促进企业实现发展战略

2.下列属于风险评估的主要内容的有（　）

A.风险目标设定　B.风险识别　C.风险分析　D.风险应对

3.下列属于内部控制要素的有（　）。

A.内部环境　B.风险评估

C.控制活动　D.信息与沟通和内部监督

（三）判断题

内部控制可以完全保证企业经营管理的合法合规。（　）

本章答案

一、知识点：会计概念、职能和目标

（一）单项选择题

1.答案：D

解析：会计的确认、计量、记录和报告都属于会计核算职能。

2.答案：C

解析：会计拓展职能主要有：预测经济前景、参与经济决策、评价经营业绩。反映受托责任的履行情况应属于核算职能。

3.答案：C

解析：会计职能包括核算职能和监督职能。

会计核算的内容主要是指会计确认、计量、记录和报告。具体来说，其主要包括：（1）款项和有价证券的收付；（2）财物的收发、增减和使用；（3）债权、债务的发生和结算；（4）资本、基金的核算；（5）收入、支出、费用、成本的计算；（6）财务成果的计算和处理；（7）需要办理会计手续、进行会计核算的其他事项。

会计监督职能，是指对特定主体经济活动和相关会计核算的真实性、合法性和合理性进行审查。

（二）多项选择题

答案：ACD

解析：选项B是错的。核算和监督职能属于会计的基本职能，而预测经济前景、参与经济决策、评价经营业绩则是会计的拓展职能。

（三）判断题

答案：√

解析：一般来说，会计的目标就是指财务报告的目标，即向财务报告的使用者提供对决策有用的信息，并反映企业管理层受托责任的履行情况。

二、知识点：会计基本假设、会计基础和会计信息质量要求

（一）单项选择题

1.答案：A

解析：选项A不正确，固定资产采用历史成本计量是以企业持续经营假设为基础进行会计确认、计量和报告的；否则固定资产就应该以清算价格来进行计价。

2.答案：A

解析：会计主体是指会计工作的特定对象，是企业会计确认、计量和报告的空间范围。持续经营假设使会计人员可以选择适用的会计原则和会计方法；会计分期假设为会计核算确定了会计期间；货币计量假设为会计核算提供了必要的手段。

3. 答案：B

解析：持续经营假设，是指在可以预见的未来，企业将会按照当前的规模和状态继续经营下去，不会停业，也不会大规模削减业务。在持续经营假设下，会计确认、计量和报告应当以企业持续的、正常的生产经营活动为基础。

4. 答案：B

解析：选项ACD在权责发生制下都不属于当期的费用。

5. 答案：C

解析：在权责发生制下，收入和费用的确认不以款项是否已经收到为标准，只要是当期已经实现的收入和已经发生的或者应该负担的费用，都应该确认为当期的收入与费用；如果不是当期已经实现了的收入和已经发生或者负担的费用，即使款项已在当期收付，也不应该确认为收入和费用。选项ABD是错的。

6. 答案：B

解析：正是因为会计分期假设，才产生了不同的会计期间。有些项目属于跨期项目，因而需要按照权责发生制在不同的会计期间进行确认与计量。

7. 答案：D

解析：谨慎性原则要求企业对交易或事项进行会计确认、计量和报告时应当保持应有的谨慎，不应高估资产或收益，也不应低估负债或费用。固定资产加速折旧和计提减值准备的行为均体现了谨慎性的要求。

8. 答案：B

解析：相关性原则要求企业提供的会计信息应当与投资者等财务报告的使用者的经济决策需要相关，有助于投资者等财务报告的使用者对企业过去、现在或未来的情况作出评价或者预测。

9. 答案：A

解析：谨慎性原则要求不允许设立秘密准备，企业设置秘密准备是对谨慎性要求的曲解和滥用。

10. 答案：B

解析：正是因为有了权责发生制，企业才需要对跨期项目进行摊销与预提，从而需要设置“预付账款”和“其他应付款”账户来反映和控制这些跨期项目。

（二）多项选择题

1. 答案：ABCD

解析：会计的基本假设包括会计主体假设、持续经营假设、会计分期假设和货币计量假设。

2. 答案：BCD

解析：实质重于形式要求企业应当按照交易或事项的经济实质进行会计确认、计量和报告，而不仅仅以交易或者事项的法律形式为依据。因此选项A是错的。

3. 答案：AD

解析：会计信息质量要求主要包括可靠性、相关性、可理解性、可比性、实质重于形式、重要性、谨慎性和及时性。因此选项BC是错的。

4.答案：ABD

解析：对重要性的判断需要从项目性质和数量（金额）两个方面进行考量，在很多情况下，项目性质比数量（金额）更重要。因此，C是错的。

5.答案：ABCD

解析：法人一定是会计主体，但会计主体不一定是法人。会计主体可以是法人，也可以不是法人。因此，ABCD都是正确的。

（三）判断题

1.答案：×

解析：企业会计核算应该按照会计准则和会计制度的规定进行。

2.答案：√

解析：这种处理符合会计重要性信息质量要求。

三、知识点：会计要素及其确认与计量

（一）单项选择题

1.答案：A

解析：收入、费用和利润构成利润表的基本框架。

2.答案：C

解析：利润是企业在一定会计期间的经营成果。通常情况下，如果企业实现了盈利，表明企业的所有者权益将增加；反之，如果企业发生了亏损，表明企业的所有者权益将减少。

3.答案：C

解析："其他综合收益"项目属于所有者权益的组成部分之一。

4.答案：A

解析：选项B，计入合同负债，属于负债；选项C，计入债权投资，属于非流动资产；选项D，计入无形资产，属于非流动资产。

5.答案：B

解析：选项A应计入应付票据，作为流动负债处理；选项B计入长期借款，应作为非流动负债处理；选项C计入一年内将要到期的非流动负债，应作为流动负债处理；选项D，计入应付利息，作为流动负债处理。

6.答案：C

解析：盘盈的固定资产、存货等，都应该按重置成本确定其入账价值。

7.答案：C

解析：可变现净值，是指企业在生产过程中，以预计售价减去进一步加工的成本和销售所必须支付的预计税金、费用后的净值。存货的期末计价使用的是成本与可变现净值孰低法计量，选项C是正确的。

8.答案：D

解析：

选项A：

应收账款▲————→▲银行存款

选项B：

银行存款▲————→▲库存现金

选项C：

银行存款▲————→⊕应付账款

选项D：

短期借款（长期借款）⊕————→▲银行存款

9.答案：D

解析：企业无力支付商业承兑汇票，由于商业承兑汇票已经失效，应将其转为应付账款，从而导致一项负债减少，另一项负债增加。

应付账款⊕————→⊕应付票据

10.答案：D

解析：

银行存款▲————→⊕应付账款

（二）多项选择题

1.答案：ABCD

解析：会计的计量属性除了这四个以外，还包括可变现净值。

2.答案：CD

解析：

选项A：

实收资本等⊕————→▲银行存款等

选项B：

股本⊕————→⊕盈余公积

选项C：

短期借款⊕————→▲银行存款

选项D：

银行存款▲————→⊕应付账款等

3.答案：BCD

解析：收入、费用和利润反映企业在一定期间的经营成果。

4.答案：ABC

解析：可变现净值，是指在正常生产经营过程中，以预计售价减去进一步加工的成本和销售所需的预计税金、销售费用后的净值。

5.答案：ABC

解析：财务状况等式就是“资产=负债+所有者权益”。从同时影响等式两边的角度来看，只有两种情况：同时增加、同时减少，所以等式两边的金额保持不变。

6.答案：AC

解析：现值，是指对未来现金流量以恰当的折现率进行折现后的现值，是考虑货币时间价值因素的一种计量属性。

7.答案：CD

解析：确认资产时，除需要符合资产的定义外，还应满足以下两个条件：（1）与该资源有关的经济利益很可能流入企业；（2）该资源的成本或者价值能够可靠地计量。

（三）判断题

1.答案：√

解析：对盘盈财产所使用的计量属性应当是重置成本。对期末存货计价所使用的计量属性为可变现净值。

2.答案：√

解析：一般来说，金融资产期末按公允价值计量。

3.答案：×

解析：企业因自然灾害毁损固定资产发生净损失，与企业的日常经营活动无关，具有偶发性，所以不能确认为企业的费用，只能作为损失，并将其确认为营业外支出。

4.答案：×

解析：所有者权益的来源包括所有者投入的资本、不直记接入当期损益的利得与损失、留存收益等。

5.答案：×

解析：库存中已失效或已毁损的商品预期不能给企业带来经济利益，不能确认为企业的资产。

四、知识点：会计科目和借贷记账法

（一）单项选择题

1.答案：B

解析：成本类账户，是对可归属于产品生产成本等资产类项目的具体内容进行分类核算的项目。成本类账户主要有生产成本、制造费用、研发支出等。

2.答案：B

解析：

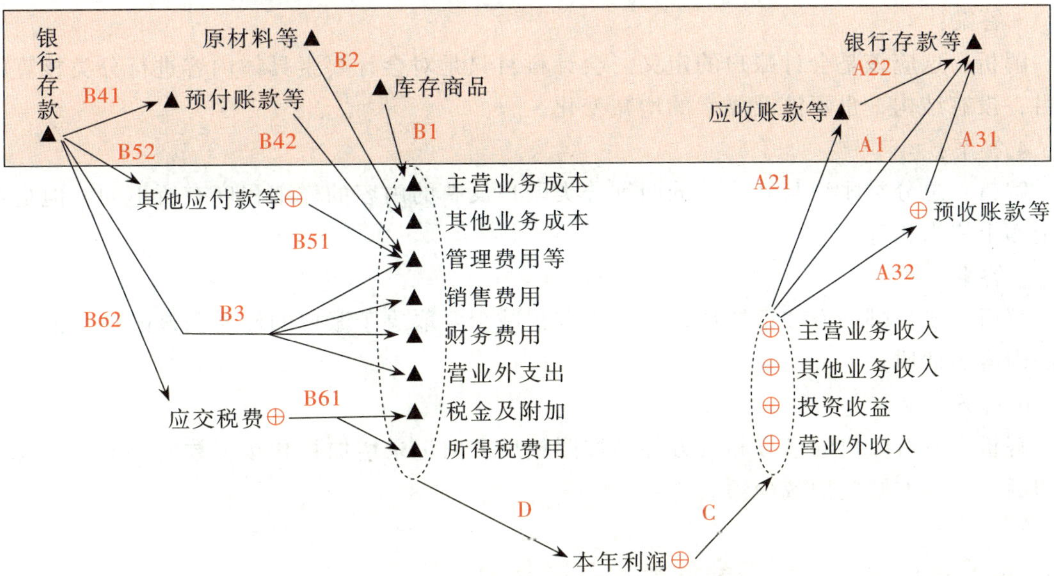

3.答案：B

解析：借贷记账法的记账规则是：有借必有贷，借贷必相等。

4.答案：A

解析：损益类账户中的收入类账户与负债类账户的结构相同。

5.答案：C

解析：除了选项C外，选项ABD所列错误都不能通过试算平衡发现。

（二）多项选择题

1.答案：ABCD

解析：所有者权益除了上述的四个项目外，还包括利润分配（未分配利润）、库存股、专项储备等。

2.答案：BCD

解析：有些资产类账户的期初、期末余额可能不一定在借方，而是在贷方，如应收账款、预付账款等。

3.答案：AB

解析：发生额试算平衡的直接依据是借贷记账法的记账规则，即“有借必有贷，借贷必相等”。余额试算平衡的直接依据是财务状况等式，即“资产=负债+所有者权益”。

4.答案：ABCD

解析：这四种错误都不影响试算平衡。

（三）判断题

1.答案：×

解析：试算不平衡，表示记账一定有错误；试算平衡时，记账也不一定没有错误。

2.答案：√

解析：余额平衡的本质实际上就是“资产=负债+所有者权益”。

3.答案：×

解析：这应该是会计账户的定义。会计科目只是对会计要素具体内容进行分类核算的项目，没有结构，也不涉及要素的增减变化。

4.答案：×

解析：总分类账户与其所属的明细分类账户反映的内容的详细程度有所不同，但是在总金额上应当相等。

5.答案：×

解析：账户哪一方登记增加，哪一方登记减少要取决于账户的性质和该账户所记录的经济内容的性质。

6.答案：√

解析：所有账户的借方和贷方都是按照相反方向记录增加数和减少数的，即一方登记增加额，另一方则登记减少额。

五、知识点：会计凭证、会计账簿与账务处理程序

（一）单项选择题

1.答案：A

解析：由于记账凭证和账簿都已错，且会计科目和金额都有错误，因此必须采用红字更正法。

2.答案：B

解析：在结账前发现账簿记录有文字或数字错误，而记账凭证没有错误，则应当采用划线更正法。

3.答案：D

解析：库存商品明细账应采用数量金额式账簿；应付账款明细账和银行存款日记账应采用三栏式账簿；销售费用明细账应采用多栏式账簿。

4.答案：B

解析：产品入库单由仓库保管员填写，差旅费报销单由出差人员填写，领料单由领料人填写，固定资产折旧计算表由会计人员编制。

5.答案：C

解析：大小写金额必须符合填写规范，小写金额用阿拉伯数字逐个书写，不得写连笔字。在金额前要填写人民币符号“￥”，且与阿拉伯数字之间不得留有空白。金额数字一律填写到角、分，无角无分的，写“00”或者符号“-”；有角无分的，分位写“0”，不得用符号“-”代替。增值税专用发票的信息不得有误，如果开错，只能作废重开。

6.答案：B

解析：除结账和更正错误可以不附原始凭证外，其他记账凭证必须附有原始凭证。发现以前年度记账凭证有错误的，应当用蓝字填制一张更正的记账凭证。记账凭证填制完成后，如有空行，应当自金额栏最后一笔金额数字下的空行处至合计数上的空行处划线

注销。

（二）多项选择题

1.答案：ABD

解析：账账核对的主要内容包括：总分类账簿之间的核对，总分类账簿与所属明细分类账簿之间的核对，总分类账簿与序时账簿之间的核对，明细分类账簿之间的核对（会计部门与实物保管部门）。

2.答案：AB

解析：选项AB是会计对经济活动的合法性进行审查。

3.答案：ACD

解析：错账的更正方法包括红字更正法、划线更正法和补充登记法。

（三）判断题

1.答案：×

解析：原始凭证，按照填制的手续和内容分类，可分为一次凭证、累计凭证和汇总凭证。

2.答案：√

解析：从银行提取现金，只编制银行存款付款凭证；将现金存入银行，只编制现金付款凭证。

3.答案：√

解析：原始凭证金额有错误的，应当由出具单位重开，不得在原始凭证上更正。

4.答案：×

解析：各账务处理程序的主要区别是登记总分类账的依据和方法不同。

5.答案：对

解析：企业会计资料中对经济业务事项的描述应当使用中文，可以同时使用外国文字或者少数民族文字进行对照。

6.答案：错

解析：数据服务器部署在国外的，应当在境内保存会计资料备份，备份频率不得低于每月一次。

7.答案：错

解析：企业使用的记账软件应该提供不可逆的记账功能，确保对同类已记账凭证的连续编号，不得提供对已记账凭证的删除和插入功能，不得提供对已记账凭证日期、金额、科目和操作人员的修改功能。

六、知识点：财产清查

（一）单项选择题

1.答案：B

解析：调节后的银行存款余额=120-3=117（万元）。

2.答案：A

解析：需要进行全面清查的情况通常有：（1）年终决算前；（2）在合并、撤销或改变隶属关系前；（3）中外合资、国内合资前；（4）股份制改造前；（5）开展全面的资产评估、清产核资前；（6）单位主要领导调离工作岗位前等。

3. 答案：D

解析：常见的不定期清查的情况包括：（1）更换企业财产物资、库存现金保管人员时进行的清查；（2）自然灾害和意外损失发生时进行的清查；（3）上级主管、财政、审计等部门对本单位进行的会计检查；（4）临时性的清产核资。

4. 答案：B

解析：库存现金应采用实地盘点法进行清查；库存现金不允许超过限额，不允许白条抵库，不允许挪用或舞弊等；库存现金盘点报告表是企业的重要的原始凭证。

5. 答案：C

解析：20×8年12月31日，银行存款日记账余额=日记账余额+银行已收、企业未收的款项−银行已付、其企业未付的款项=5 400+0−400=5 000（元）。

（二）多项选择题

1. 答案：AD

解析：实物资产主要包括固定资产、存货等。实物资产的清查就是对实物资产在数量上和质量上进行的清查。常用的方法有实地盘点法和技术推算法。

2. 答案：AD

解析：选项A的情形属于企业已收，但银行未收；选项D的情形属于银行已付，但企业未付。这两种情形都会导致银行存款日记账金额大于银行对账单余额，而选项BC则导致银行存款日记账账面余额小于银行对账单余额。

（三）判断题

1. 答案：×

解析：银行存款余额调节表的四个未达账项中的银行，是指单位在开户银行开立的结算账户，不是开户行。所以该事项应属于：银行已付，企业未付。

2. 答案：×

解析：企业主要领导调离工作岗位前，需要进行全面清查。但是，企业出纳离职时需要进行局部清查。

3. 答案：√

解析：如果不存在未达账项，银行存款日记账账面余额应该与银行对账单余额相等。

4. 答案：×

解析：银行存款余额调节表只是为了核对账目，不能作为调整企业银行存款账面记录的记账依据。企业需要继续等待，直到银行结算通知单据达到企业后，企业才能据此进行会计处理。

七、知识点：会计职业道德

（一）单项选择题

1.答案：ABCD

解析：这四个选项都属于会计职业道德的主要内容。

2.答案：ABCD

解析：客观公正要求会计人员端正态度，以客观事实为依据，依法依规办事；实事求是，不偏不倚；公正处理企业利益相关者和社会公众的利益关系，保持应有的独立性。

（二）判断题

1.答案：错。

解析：会计职业道德是会计法律制度的重要补充，会计法律制度是会计职业道德的最低要求，是会计职业道德的基本制度保障。

2.答案：错

解析：会计职业道德通过行政管理部门规范和会计从业人员自觉遵守，具有内在的控制力，可以约束会计人员的内在心理活动，具有很强的自律性。

八、知识点：内部控制基础

（一）单项选择题

答案：A

解析：内部控制的实施主体是由企业董事会、监事会、经理层和全体员工构成的。各控制主体在职务职权、业务岗位、控制范围及内容体系中互为分工、互为控制，共同构成企业内部控制的主体。

（二）多项选择题

1.答案：ABCD

解析：这四个选项都是属于内部控制的目标。此外，内部控制的目标还包括合理保证企业经营管理合法合规。

2.答案：ABCD

解析：这四个内容都属于风险评估的主要内容。

3.答案：ABCD

解析：这四个内容都属于内部控制的要素。

（三）判断题

答案：错

解析：内部控制只能合理保证企业经营管理的合法合规。

第二章　增值税业务资金运动分析与会计处理

一、知识点：增值税概述

多项选择题

1.下列有关一般计税方法表述准确的有（　　）。

A.一般计税方法的应纳税额，是指当期的销项税额抵扣当期的进项税额后的余额

B.一般计税方法同时适用于一般纳税人和小规模纳税人

C.在一般计税方法下，企业购进货物，需要预缴增值税，即进项税额

D.在一般计税方法下，企业销售货物，需要代收增值税，即销项税额

2.下列有关简易计税方法的表述准确的有（　　）。

A.简易计税方法的应纳税额，是指按照销售额和增值税征收率计算的税额

B.简易计税方法一般适用于小规模纳税人

C.在简易计税方法下，企业购进货物，无论是否取得增值税专用发票，都需要价税合并计入所购货物的成本

D.一般纳税人在任何情况下都不得采用简易计税方法

3.下列对一般纳税人缴纳增值税业务表述准确的有（　　）。

A.在购进环节，企业需要预缴增值税，该税款称为"进项税额"。该预缴的税款对于企业来说是一种可以抵扣未来税款的权利

B.在销售环节，企业需要代扣代缴增值税，该税款称为"销项税额"。该代扣但尚未代缴的税款对于企业而言是一种负债

C.企业实际缴纳的税款=销项税额-进项税额。即企业代扣的增值税在扣除其预缴的税款后，就是企业实际应该缴纳的税款

D.企业预缴的增值税如果未来不能抵扣，就会形成企业的成本或费用

4.一般纳税人可以作为增值税进项税额从销项税额中抵扣的票据主要有（　　）。

A.增值税专用发票　　B.从海关取得的完税凭证

C.购进农产品的增值税普通发票　　D.从小规模纳税人处取得的普通发票

5.下列税率中，属于一般纳税人使用的税率有（　　）。

A. 13%　　B.9%　　C.6%　　D.零税率

二、知识点：一般纳税人增值税一般性业务分析

（一）单项选择题

1.月份终了，企业将本月应交未交增值税进行结转时，应借记的会计科目是（　　）。

A.应交税费——未交增值税

B.应交税费——应交增值税（进项税额转出）

C.应交税费——应交增值税（转出未交增值税）

D.应交税费——应交增值税（已交税金）

2.甲企业本月发生销项税额合计86 720元，进项税额转出2 548元，进项税额33 300元，已交增值税40 000元，则本月转入“未交增值税”明细科目的金额为（　　）元。

A. 56 692　　B.16 580　　C.15 968　　D.49 128

3.企业交纳上月的增值税，应涉及的账户是（　　）。

A.应交税费——应交增值税（转出未交增值税）

B.应交税费——未交增值税

C.应交税费——应交增值税（已交税金）

D.应交税费——应交增值税（转出多交增值税）

4.甲企业收到乙公司作价投入的原材料一批，该批原材料双方确认的价值为600 000元，经税务部门认定应交的增值税为78 000元，乙公司已向甲企业开具增值税专用发票，甲企业未支付增值税款。甲企业应记入“实收资本”科目的金额为（　　）元。

A. 600 000　　B.678 000　　C.670 000　　D.680 000

（二）多项选择题

1.关于下图有关税费缴纳资金运动所代表的经济含义表述准确的有（　　）。

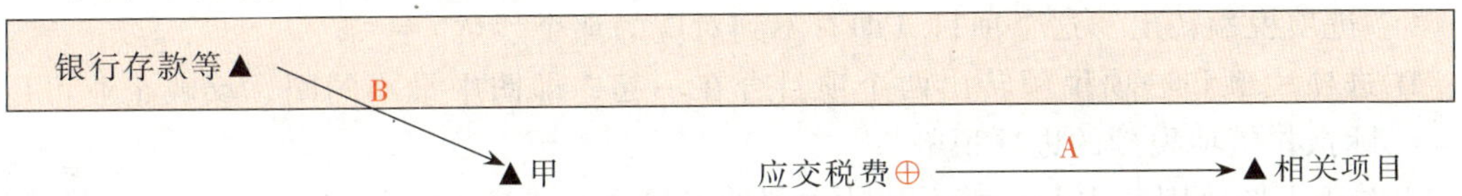

A. A段资金运动代表确认应缴纳的税费，B段资金运动代表实际以货币资金缴纳税费

B.一般情况下，先有A段资金运动，后有B段资金运动，即应缴模式。也就是说，先确认应该缴纳多少税费，然后才实际缴纳税费

C.如先有B段资金运动，后有A段资金运动，就属于预缴模式。也就是说，先预缴税费，然后才确认应该缴纳多少税费，多退少补

D. B段资金运动到底是反映应缴还是反映预缴，取决于A段资金运动是否已经发生

2.关于下图有关增值税业务处理表述准确的有（　　）。

A. A段资金运动发生在B段资金运动之前，A1段资金运动代表预缴税款13万元，甲项目的名称为“应交税费——应交增值税（进项税额）”

B. B段资金运动发生在A段资金运动之后，B1段资金运动代表企业代国家收取，但尚未支付给国家的税款39万元，乙项目的名称为“应交税费——应交增值税（销项税额）”

C. C段资金运动反映企业代国家收取的税款39万元在扣除其预缴的税款13万元之后再补缴税款26万元。丙项目的名称为“应交税费——应交增值税（已交税金）”

D.“甲”和“丙”两个项目都反映企业缴纳的税款。但是，甲项目反映的是预缴税款，丙项目反映的是企业在应缴税款的前提下实际缴纳的税款

3.关于下图有关增值税进项税额转出的分析准确的有（　　）。

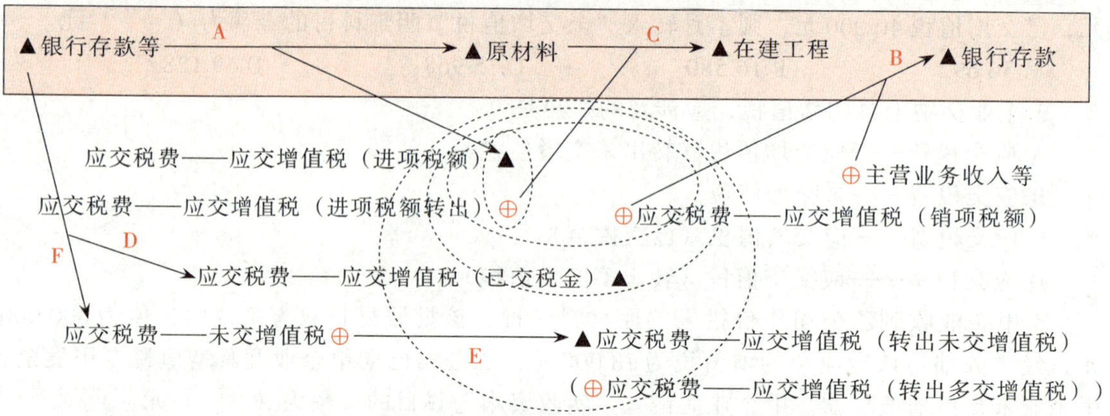

A.进项税额转出反映的是本期不能抵扣销项税额而需要从进项税额中转出的部分

B.进项税额转出的沙盘推演和累计折旧的推演完全一样，都是人为技术处理的结果

C.在沙盘推演的过程中，如不将进项税额从“固化”的地方挪开，我们就根本看不到“进项税额转出”这个项目（即看不到对应的那个沙坑）

D.进项税额和进项税额转出两个项目合在一起，即图中最小的圈，反映企业可以实际抵扣销项税额的进项税额

4.关于下图小圈、中圈、大圈和特大圈的经济含义表述准确的有（　　）。

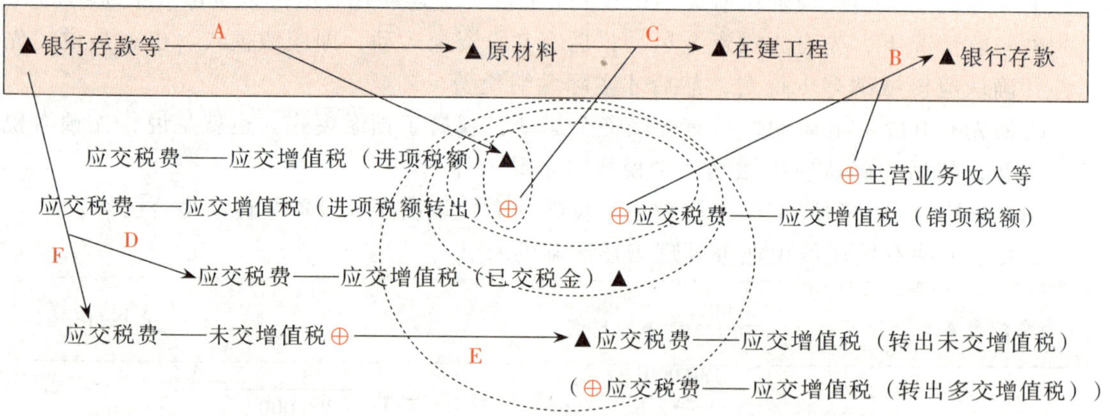

A.小圈内的金额反映企业本期可以抵扣销项税额的进项税实际金额

B.中圈内的金额反映企业销项税额抵扣进项税额后，应补缴的增值税额

C.大圈内的金额反映企业应补缴的增值税额扣除本期已经缴纳的增值税之后的余额

D. E段资金运动反映将大圈内的应交增值税余额转出到“未交增值税”项目中，从而导致特大圈内的金额应该为零。通过对E段资金运动的结转，本期增值税的余额全部转到了“应交税费——未交增值税”项目中

5.结合下图，有关应交增值税明细账户的期末余额表述准确的有（　　）。

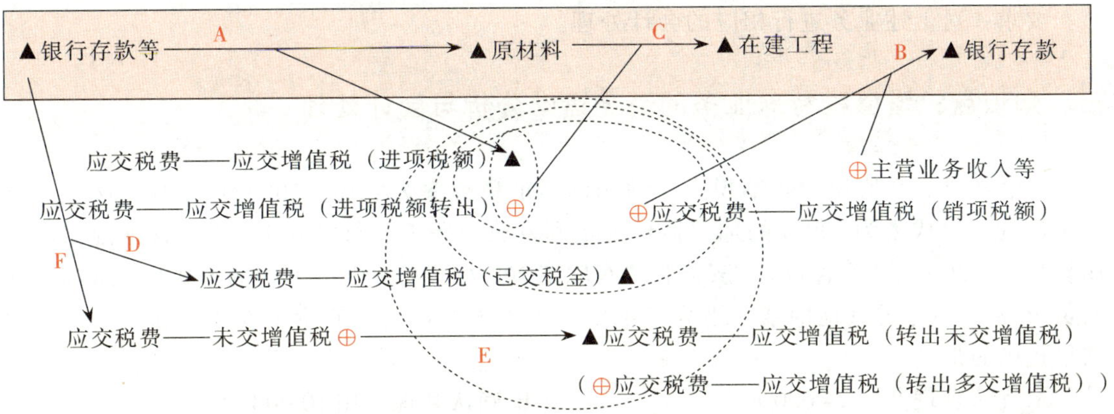

A.根据沙盘推演的约定，如某项目在模型上以沙堆的形式存在，其账户余额应该在借方；若以沙坑的形态存在，则其账户的余额在贷方。因此，“进项税额”“已交税金”“转出未交增值税”等明细账户余额在借方，而“销项税额”“进项税额转出”“转出多交增值税”等明细账户的余额在贷方

B.进项税额和已交税金的账户余额虽然在借方，但它们都是销项税额的抵减账户。如不进行人为的主动干预，我们就不会看到这两个项目，而是看到销项税额的直接减少

C.进项税额转出账户余额虽然在贷方，但它却是进项税额的抵减账户。如不进行人为的主动干预，我们就不会看到这个项目，而是看到进项税额的直接减少

D.转出未交增值税账户余额虽然在借方，但它却是期末应交未交增值税的抵减账户。如不进行人为干预，我们就不会看到这个项目，而是看到其他所有项目的余额被抹平。“转出多交增值税”项目的余额虽然在贷方，但它却是期末多交增值税的抵减账户。如不进行人为干预，我们就不会看到这个项目，而是看到其他所有项目的余额被抹平

（三）业务题

甲公司为增值税一般纳税人，适用增值税税率为13%。20×9年3月初，“应交税费——未交增值税”账户余额为120万元。本月发生了下列业务：

（1）3月10日，购进材料，价款120万元，增值税15.6万元，取得了增值税专用发票。该款项已用银行存款支付，材料尚未验收入库。

（2）3月15日，销售产品价款300万元，企业开出增值税专用发票，增值税税率为13%，货款尚未收到。该批产品的成本为110万元。

（3）3月17日，集体福利性质工程领用原材料20万元（不含税），该批材料的进项税额不能抵扣，应予以转出。

（4）3月20日销售材料，成本为40万元，售价为50万元（不含税），企业开出增值税专用发票，增值税税率为13%。货款已收存银行。

（5）3月28日，以银行存款缴纳增值税140万元，其中120万元是上月未交的税金。

（6）3月31日，计算本月底应交增值税期末余额，并进行期末余额结转。

（7）假如3月份“应交税费——应交增值税”项目的期末为借方余额34万元。

要求：对上述业务进行相应的会计处理。

三、知识点：增值税特殊业务的资金运动分析与会计处理

（一）单项选择题

1.甲公司是增值税一般纳税人，适用的增值税税率为13%。20×8年12月，该公司以其生产的每台成本为500元的加湿器作为福利发放给职工，每名职工1台。该加湿器的市场售价为1 200元（不含税）。该企业共有职工200人，其中生产工人为180人，总部管理人员20名，不考虑其他因素。下列各项中，关于该公司确认非货币性职工薪酬会计处理结果正确的是（　　）。

A.确认管理费用24 000元　　B.确认管理费用10 000元

C.计入生产成本90 000元　　D.确认应付职工薪酬271 200元

2.根据股东大会审议批准的利润分配方案，甲公司（一般纳税人）用自产的产品给股东分配股利，下列会计处理中正确的是（　　）。

A.借：应付股利

　　贷：利润分配——应付现金股利

B.借：应付股利

　　贷：主营业务收入

　　　　应交税费——应交增值税（销项税额）

C.不做会计处理

D.不做会计处理，只需在报表附注中进行披露

3.下列各项中，增值税一般纳税人需要作进项税额转出的是（　　）。

A.管理不善造成的材料盘亏　　B.自产产品用于对外投资

C.外购的生产用材料用于对外捐赠　　D.自产产品用于职工福利

4.甲公司为增值税一般纳税人，本月发生增值税进项税额1 300万元，销项税额3 900万元，进项税额转出39万元，同时，月末以银行存款缴纳本期增值税1 000万元，那本月尚未缴纳的增值税为（　　）万元。

A. 1 600　　B.1 561　　C.1 639　　D.1 661

5.甲公司本月发生增值税销项税额合计390 000元，因管理不善导致原材料毁损从而导致进项税额转出6 500元，增值税进项税额合计260 000元，当月用银行存款缴纳本期增值税150 000元。下列关于甲公司月末增值税的会计处理中，正确的是（　　）。

A.借：应交税费——未交增值税　　26 500

　　贷：应交税费——应交增值税（转出多交增值税）　　26 500

B.借：应交税费——未交增值税　　13 500

　　贷：应交税费——应交增值税（转出多交增值税）　　13 500

C.“应交税费——应交增值税”账户的余额为13 500元

D.不需要进行会计处理

6.甲租赁公司为增值税一般纳税人，某月出租一批汽车，取得租金收入226万元，出

租设备取得租金收入158.2万元，出租办公楼取得租金174.4万元。假定甲公司动产租赁适用的增值税税率为13%，不动产租赁适用的增值税税率为9%，假设以上收入均为含税收入。该公司本月增值税销项税额为（　　）万元。

A. 55.4　　B.57.3　　C.58.8　　D.58.6

7. 乙公司为增值税一般纳税人，20×8年10月，乙公司收购了农产品一批。收购发票上注明的买价为95万元，款项以银行存款支付。收购的农产品已验收入库，税法规定按9%的扣除率计算进项税额。乙公司还以银行存款支付了相关运输费，取得的增值税专用发票上注明的运输费1万元，增值税税额0.09万元。该批免税农产品的入账价值为（　　）万元。

A. 95　　B.96　　C.86.45　　D.87.45

8. 某企业为增值税一般纳税人，存货适用的增值税税率为13%，不动产适用的增值税税率为9%。20×8年12月建造厂房领用材料一批，该批材料的实际成本为30 000元，同类材料的市场价格为50 000元。该业务应计入在建工程成本的金额为（　　）元。

A. 30 000　　B.33 900　　C.50 000　　D.56 500

9. 丙公司为增值税小规模纳税人，适用的增值税税率为3%。原材料采用实际成本核算。该企业购入一批原材料，取得的增值税专用发票上注明的买价为40 000元，增值税税额为5 200元，款项已用银行存款支付，材料已验收入库。下列会计处理正确的是（　　）。

A. 借：原材料　　45 200
　　贷：银行存款　　45 200

B. 借：原材料　　40 000
　　　应交税费——应交增值税（进项税额）　　5 200
　　贷：银行存款　　45 200

C. 借：原材料　　41 200
　　贷：银行存款　　41 200

D. 借：原材料　　40 000
　　　应交税费——应交增值税（进项税额）　　1 200
　　贷：银行存款　　41 200

10. 某企业（一般纳税人）收购免税农产品一批，实际支付价款为200 000元（以现金支付）。另外，该企业以现金支付入库前的挑选整理费用500元。如果按9%的税率扣除，那么应记入“应交税费——应交增值税（进项税额）”账户借方金额为（　　）元。

A. 20 000　　B.18 000　　C.20 045　　D.180 450

11. 某一般纳税人企业原材料发生非正常损失（管理不善造成，尚未处理），经确认受损原材料的购进成本为5 000元，应分摊的增值税为650元。应编制的会计分录为（　　）。

A. 借：待处理财产损溢　　5 000
　　贷：原材料　　5 000

B. 借：待处理财产损溢　　5 650
　　贷：原材料　　5 000
　　　　应交税费——应交增值税（进项税额转出）　　650

C. 借：待处理财产损溢　　5 650

贷：生产成本　5 000

应交税费——应交增值税（进项税额转出）　650

D.借：待处理财产损溢　5 000

贷：生产成本　5 000

12.企业将20万元原材料以福利的形式发放给企业员工，该原材料估计售价为30万元。该企业的增值税税率为13%。则企业为职工提供的福利总额为（　　）元。

A. 200 000　B.300 000　C.226 000　D.339 000

（二）多项选择题

1.有关下图的资金运动描述准确的有（　　）。

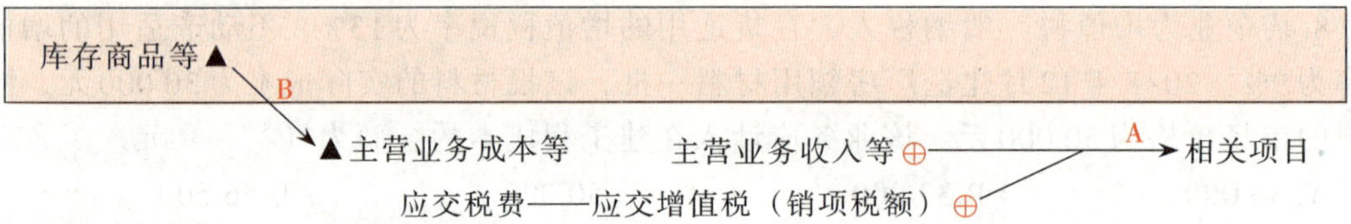

A.如图中相关项目是“应付职工薪酬”，那么该图资金运动反映的业务就是企业以其所生产的产品支付职工薪酬

B.如图中相关项目是“应付股利”，那该图资金运动反映的业务就是企业以其所生产的产品支付股东股利

C.如图中相关项目是“应付账款”，那该图资金运动反映的业务就是企业以其所生产的产品偿还债务

D.如图中相关项目是“长期股权投资”等非货币性资产，那该图资金运动反映的业务就是企业以其生产的产品换取其他非货币性资产

2.下图反映的是一个小规模纳税人相关业务引起的资金运动。有关下图的资金运动描述准确的有（　　）。

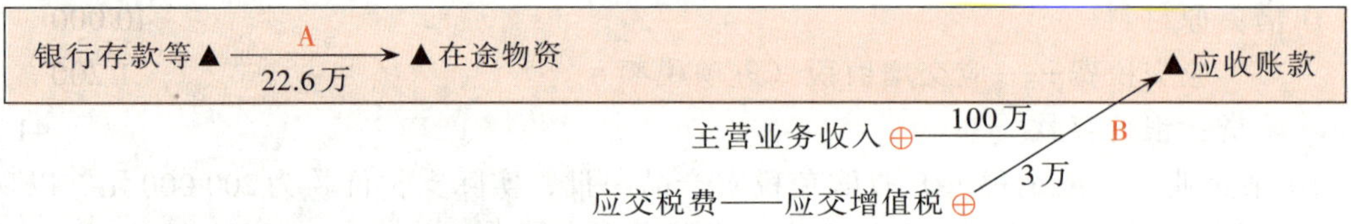

A.A段资金运动反映企业购买材料，价税合并在一起共22.6万元全部作为所购物资的成本

B.B段资金运动反映企业销售库存商品，售价100万元，增值税征收率为3%

C.在采用简易计税方法的情况下，企业缴税的金额以“应交税费——应交增值税”项目的金额为准

D.一般纳税人发生某些特殊业务，也可以采用简易计税方法进行处理

3.下图反映的是有关税控设备及其维修所引起的资金运动。有关下图资金运动描述准确的有（　　）。

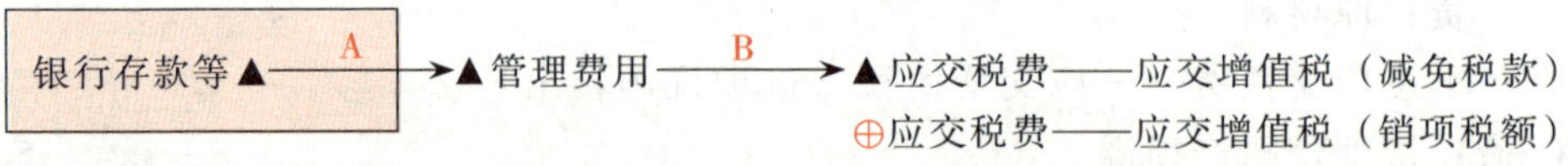

A. A段资金运动反映企业购买增值税税控设备（其金额包括买价和所支付的增值税进项税额）或者支付相关税控设备的维修费

B. 在B段资金运动中，资金从“管理费用”流出，本应直接冲减“应交税费——应交增值税（销项税额）”，从而实现税款的减免。但是，该资金运动受到了人为的管控，资金从管理费用流出但并没有直接冲销销项税额，而是在其附近停留下来，从而形成一个新的项目（新的沙堆▲），即：应交税费——应交增值税（减免税款）

C. A段资金运动发生的时点应该是在税控设备的购买时刻或相关维修费的发生时刻，B段资金运动发生的时点应在期末

D. 该资金运动流程图适用于一般纳税人。小规模纳税人与之的区别在于：B段资金运动的终点是“应交税费——应交增值税”。也就是说，小规模纳税人不单独设置“应交税费——应交增值税（减免税款）”账户来专门反映税款的减免

4. 下图是有关税控设备及其维修所引起的资金运动。有关下图资金运动描述准确的有（　　）。

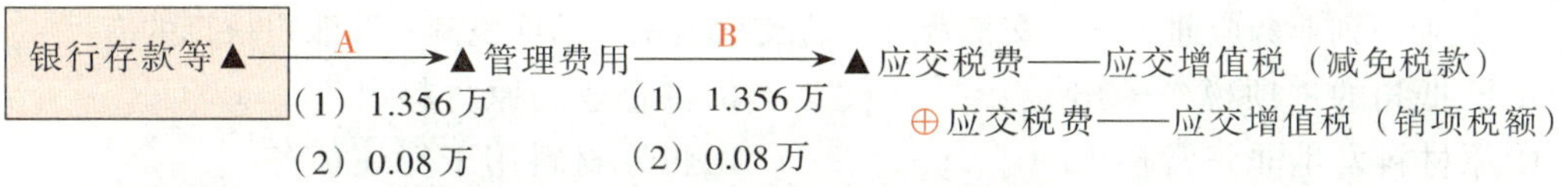

A. A段资金运动反映企业发生了两笔与税款减免有关的业务，其金额分别为1.356万元和0.08万元。企业暂时将其记在“管理费用”项目中

B. B段资金运动反映企业在期末将记在“管理费用”项目中的两笔支出确认为“应交税费——应交增值税（减免税款）”，从而冲减本期的应交增值税1.436万元

C. 将A段资金运动和B段资金运动结合起来看，“管理费用”项目在这里只起了一个临时的过渡作用，税款的减免不影响管理费用的总额

D. 从图中可知，由于企业发生的税款减免都确认为“应交税费——应交增值税（减免税款）”，而不是直接冲销“应交税费——应交增值税”，由此可以推断该企业属于一般纳税人

5. 小规模纳税人应设置的增值税相关账户主要有（　　）。

A. 应交税费——应交增值税　　B. 应交税费——应交增值税（税款减免）

C. 应交税费——转让金融商品应交增值税　　D. 应交税费——代扣代缴增值税

6. 下列项目中，购买时就确定不能抵扣销项税额的有（　　）。

A. 采用简易计税方法计税的项目　　B. 免征增值税的项目

C. 用于集体福利或个人消费的项目　　D. 用于不动产建造的项目

7. 下列项目属于税法所界定的“非正常损失”业务的有（　　）。

A. 因管理不善所造成的货物被盗、丢失、霉烂变质

B. 由于暴风、地震等自然灾害造成的货物损失

C. 因违反法律法规造成的货物或不动产被依法没收、销毁、拆除

D. 因非管理不善所造成的货物毁损

8.下列项目中需要通过“进项税额转出”处理的有（　　）。

A.因非正常损失（税务认定的）引起的购进货物所支付的进项税额

B.非正常损失（税务认定的）的不动产和不动产在建工程所耗费的物资所缴纳的进项税额

C.非正常损失（税务认定的）的在产品、产成品所耗用的货物缴纳的进项税额

D.非生产用固定资产或在建工程所耗费的原准备生产产品的原材料所对应的进项税额

9.下列各项业务的核算中，涉及“进项税额转出”的有（　　）。

A.购入免税农产品

B.购进的货物发生税务认定的非正常损失

C.在产品、产成品发生税务认定的非正常损失

D.购进货物用于销售

10.企业下列行为中，应视同销售并确认收入的业务有（　　）。

A.以某项资产抵偿债务

B.以某项资产对外投资或换取另一项资产

C.以某项资产发放股利

D.将自产产品用于职工个人福利

11.企业下列业务应通过“应交税费——应交增值税（销项税额）”账户核算的有（　　）。

A.已抵扣的进项税额转出

B.将企业的原材料出售

C.原材料发生非正常损失

D.将原材料用于偿还债务

12.下列有关小规模纳税人的表述准确的有（　　）。

A.小规模纳税人一般只能采用简易计税方法处理增值税业务

B.小规模纳税人一般不能对外开具增值税专用发票

C.小规模纳税人购入商品，无论是否取得增值税专用发票，都需要将价税合并计入所购物资成本

D.小规模纳税人期末需要根据销项税额抵扣进项税额后的余额缴纳增值税

13.下列增值税应计入有关成本的有（　　）。

A.一般纳税人以产成品对外投资应交的增值税销项税额

B.一般纳税人购建非生产用不动产项目所产生的增值税进项税额

C.小规模纳税企业购入商品已缴纳的增值税

D.一般纳税企业购入材料支付的增值税（取得增值税专用发票）

14.下列各项中，应确认“应交税费——应交增值税（进项税额转出）”的有（　　）。

A.用自产的产品抵偿债务

B.购买的货物被执法部门依法没收

C.自产的产品用于个人消费

D.管理不善导致存货盘亏

15.下列各项中，关于增值税一般纳税人会计处理表述正确的有（　　）。

A.已单独确认进项税额的购进货物用于对外投资的，应贷记“应交税费——应交增值税（进项税额转出）”账户

B.将委托加工的物资对外捐赠，应贷记“应交税费——应交增值税（销项税额）”账户

C.已单独确认进项税额的购进货物发生非正常损失的，应贷记“应交税费——应交增值税（进项税额转出）”账户

D.企业管理部门领用企业生产的产品，应贷记“应交税费——应交增值税（销项税

额）”账户

16.甲公司为增值税一般纳税人，购买数台增值税税控系统专用设备，取得的增值税专用发票上注明的价款为20 000元，增值税税额为2 600元，款项全部以银行存款支付。该公司下列会计处理中正确的有（　　）。

A.购入时：借：固定资产　　22 600
　　贷：银行存款　　22 600

B.购入时：借：管理费用　　22 600
　　贷：银行存款　　22 600

C.抵扣税款时：借：应交税费——应交增值税（减免税款）　　22 600
　　贷：固定资产　　22 600

D.抵扣税款时：借：应交税费——应交增值税（减免税款）　　22 600
　　贷：管理费用　　22 600

17.甲公司为增值税小规模纳税人，在增值税税款专用设备使用过程中发生专用设备维护费800元，以银行存款支付。该公司下列会计处理中正确的有（　　）。

A.发生维修费时：借：管理费用　　800
　　贷：银行存款　　800

B.抵扣税款时：借：应交税费——应交增值税（减免税款）　　800
　　贷：管理费用　　800

C.抵扣税款时：借：应交税费——应交增值税（销项税额）　　800
　　贷：管理费用　　800

D.抵扣税款时：借：应交税费——应交增值税　　800
　　贷：管理费用　　800

18.企业下列行为中，增值税一般纳税人不需要转出增值税的有（　　）。

A.自产产品用于职工福利

B.自产产品用于对外投资

C.自产产品因管理不善发生非正常损失

D.外购的生产用原材料改用于自建设备

19.企业下列行为中，应视同销售计算应纳增值税销项税额的有（　　）。

A.将自产产品作为福利发给职工

B.将自产产品用于对外投资

C.销售代销货物

D.委托他人保管货物

20.甲公司因地震灾害毁损了一批外购原材料，成本为10万元，增值税税额为1.3万元；甲公司另外毁损了一批自产库存商品，实际成本为20万元，其中所耗费货物或劳务的增值税进项税额为1.43万元。在批准处理之前，下列会计处理正确的有（　　）。

A.借记“待处理财产损溢”账户31.3万元

B.贷记“原材料”账户10万元

C.贷记“库存商品”账户20万元

D.贷记“应交税费——应交增值税（进项税额转出）”账户2.73万元

21.甲公司因管理不善毁损了一批外购原材料，成本为10万元，增值税税额为1.3万元；因管理不善毁损一批自产库存商品，实际成本为20万元，其中所耗费货物或劳务占其成本的55%，货物或劳务适用的增值税税率为13%。在批准处理之前，下列会计处理正确的有（　　）。

A.借记“待处理财产损溢”账户32.73万元

B.贷记“原材料”账户10万元

C.贷记“库存商品”账户20万元

D.贷记“应交税费——应交增值税（进项税额转出）”账户2.73万元

（三）判断题

1.企业作为小规模纳税人，购入固定资产发生的增值税进项税额应通过“应交税费——应交增值税”账户核算。（　　）

2.企业购进的货物发生非正常损失，或将购进的货物改变用途，用于集体福利设施，其进项税额应通过“应交税费——应交增值税（进项税额转出）”账户核算。（　　）

3.增值税一般纳税人取得普通发票可以抵扣增值税进项税额，取得增值税专用发票也可以抵扣增值税进项税额。（　　）

4.增值税小规模纳税人取得普通发票不可以抵扣增值税进项税额，但取得增值税专用发票是可以抵扣增值税进项税额的。（　　）

本章答案

一、知识点：增值税概述

多项选择题

1.答案：ACD

解析：一般计税方法主要适用于增值税一般纳税人，不适合增值税小规模纳税人。

2.答案：ABC

解析：增值税一般纳税人发生财政部和国家税务总局规定的特定应税行为，可以选择适用简易计税方法计税，但一旦选择，36个月内不得变更。

3.答案：ABCD

解析：这四个选项都是对增值税一般纳税人增值税业务的恰当描述。

4.答案：ABC

解析：从小规模纳税人处取得的增值税普通发票不能抵扣。

5.答案：ABCD

解析：一般纳税人采用的税率分别为13%、9%、6%和零税率。

二、知识点：一般纳税人增值税一般性业务分析

（一）单项选择题

1.答案：C

解析：应交未交的增值税结转如下图E段资金运动所示。如转出多交的增值税，则E段资金运动的终点应该为“应交税费——应交增值税（转出多交增值税）”，此时，E段资金运动的流量为负。

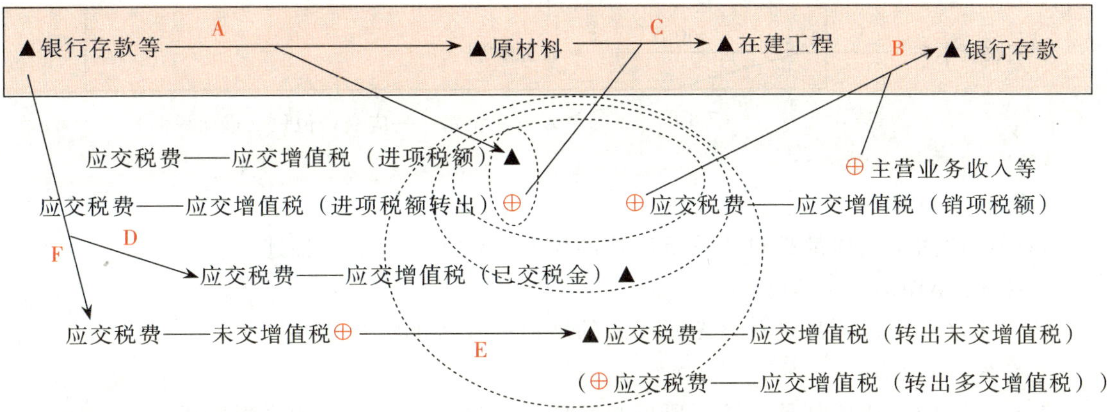

2.答案：C

解析：未交增值税=86 720-（33 300-2 548）-40 000=15 968（元）。其期末余额结转如下图E段资金运动所示。

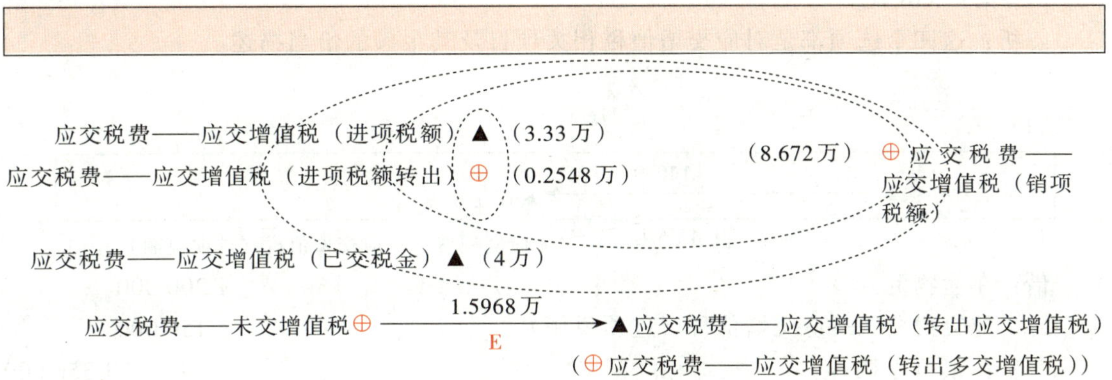

3.答案：B

解析：缴纳上期未缴的增值税，如下图F段资金运动所示。缴纳本期增值税，如下图D段运动所示。

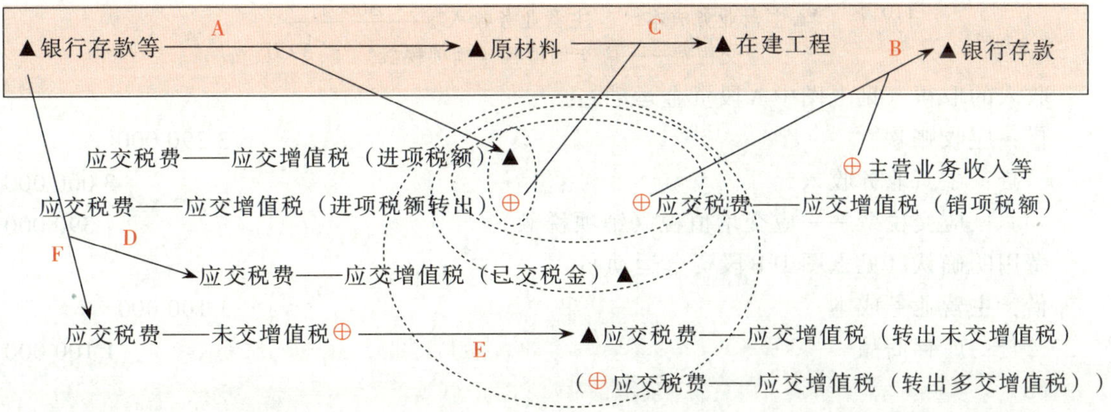

4.答案：B

解析：该笔业务引起的资金运动如下：

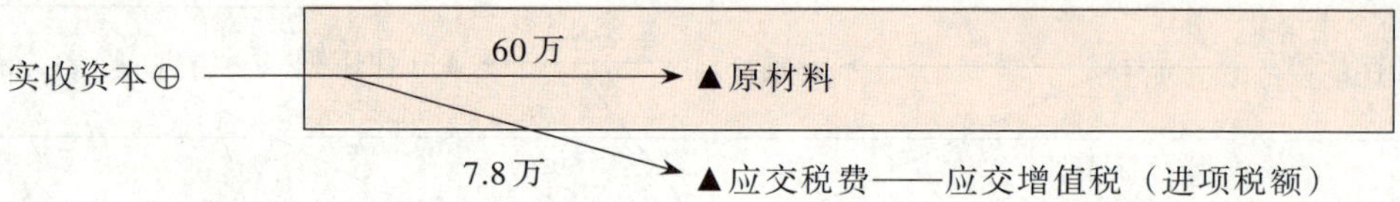

（二）多项选择题

1.答案：ABCD

解析：这四个选项都是对该图所反映的税费缴纳情况的恰当描述。

2.答案：ABCD

解析：这四个选项都是对该图所反映的增值税业务的恰当描述。

3.答案：ABCD

解析：这四个选项都是对该图所反映的增值税进项税额转出的恰当描述。

4.答案：ABCD

解析：这四个选项都是对该图所反映的应交增值税相关项目及其业务的恰当描述。

5.答案：ABCD

解析：这四个选项都是对应交增值税相关项目及其余额的恰当描述。

（三）业务题

（1）

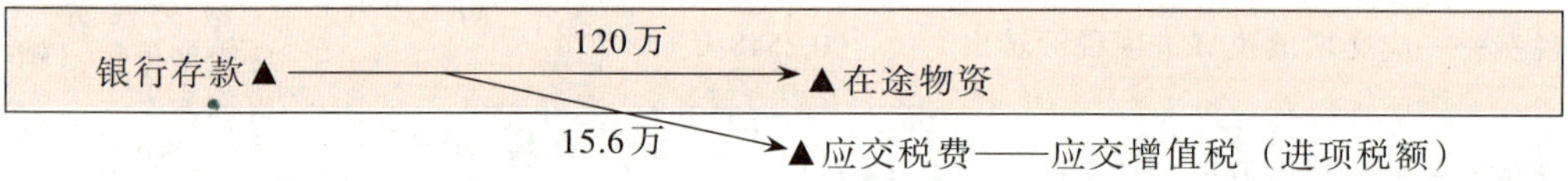

借：在途物资	1 200 000	
应交税费——应交增值税（进项税额）	156 000	
贷：银行存款		1 356 000

（2）

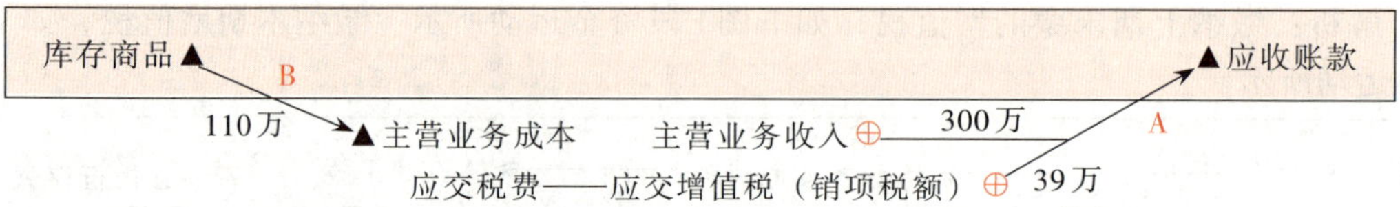

收入的取得（见上图中A段资金运动）：

借：应收账款	3 390 000	
贷：主营业务收入		3 000 000
应交税费——应交增值税（销项税额）		390 000

费用的确认（见上图中B段资金运动）：

借：主营业务成本	1 100 000	
贷：库存商品		1 100 000

（3）

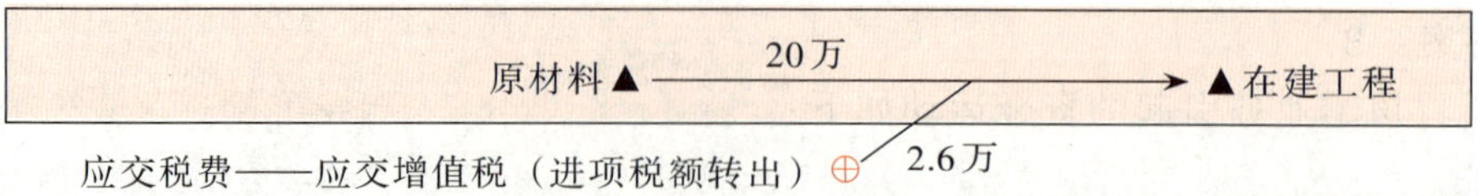

借：在建工程　226 000

　贷：原材料　200 000

　　应交税费——应交增值税（进项税额转出）　26 000

（4）

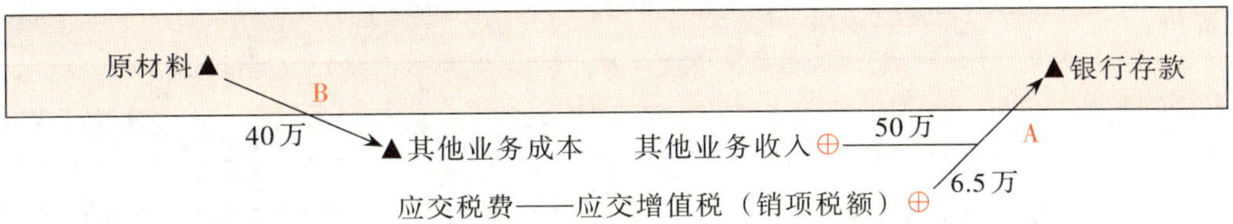

收入的取得（见上图中A段资金运动）：

借：银行存款　565 000

　贷：其他业务收入　500 000

　　应交税费——应交增值税（销项税额）　65 000

费用的确认（见上图中B段资金运动）：

借：其他业务成本　400 000

　贷：原材料　400 000

（5）

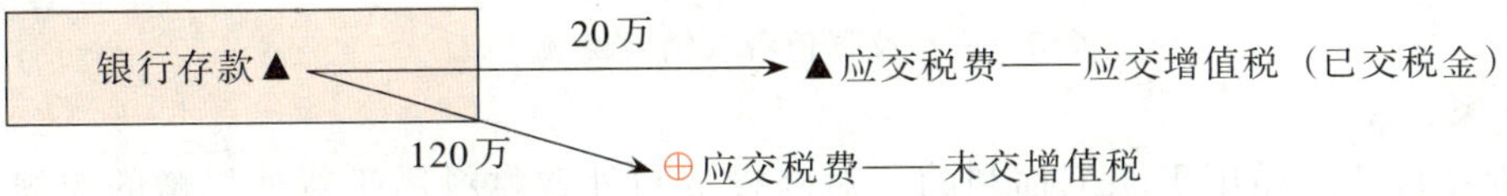

借：应交税费——未交增值税　1 200 000

　　应交税费——应交增值税（已交税金）　200 000

　贷：银行存款　1 400 000

（6）3月份应交增值税期末余额=39 +6.5-（15.6-2.6）-20=12.5（万元），该余额属于应交未交的税费。

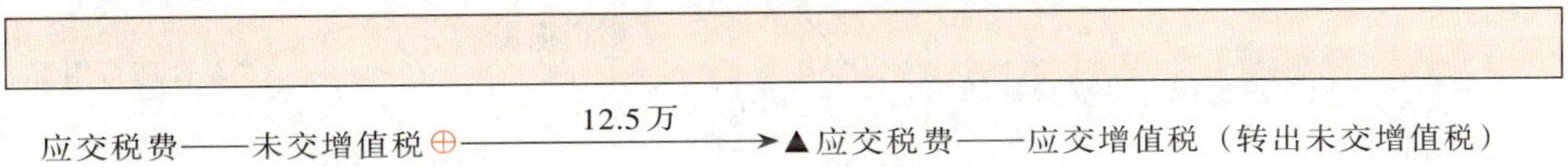

借：应交税费——应交增值税（转出未交增值税）　125 000

　贷：应交税费——未交增值税　125 000

（7）

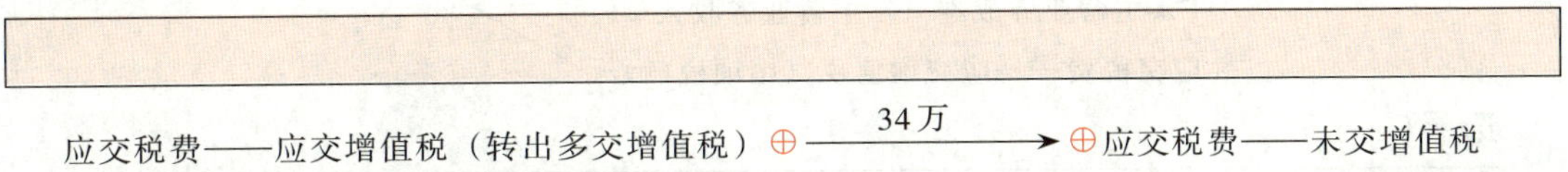

借：应交税费——未交增值税　340 000

　贷：应交税费——应交增值税（转出多交增值税）　340 000

三、知识点：增值税特殊业务的资金运动分析与会计处理

（一）单项选择题

1.答案：D

解析：

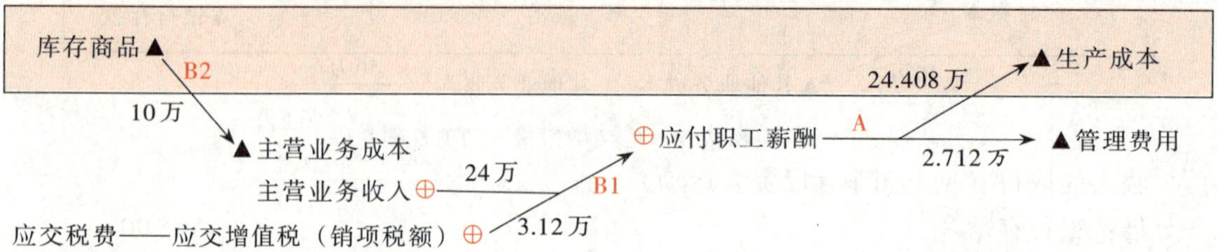

2.答案：B

解析：该业务属于视同销售业务中的“将自产、委托加工或购买的货物分配给股东或投资者”的情形。

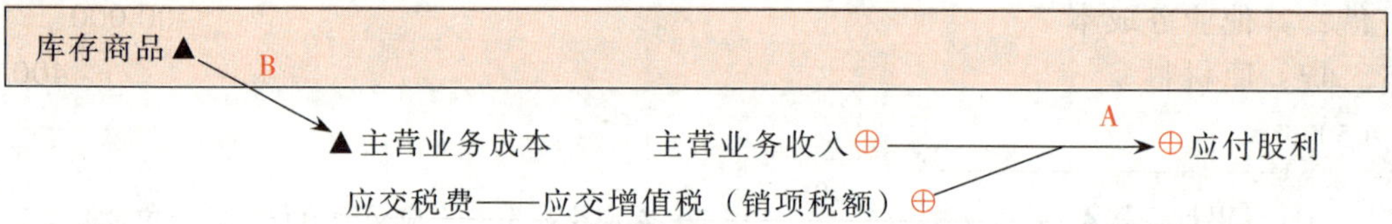

3.答案：A

解析：自产产品用于职工福利的、对外投资与外购材料用于对外捐赠的应视同销售，计算增值税销项税额。因管理不善造成的原材料盘亏，相关进项税额不得抵扣，应将其增值税进项税额转出。

选项A：

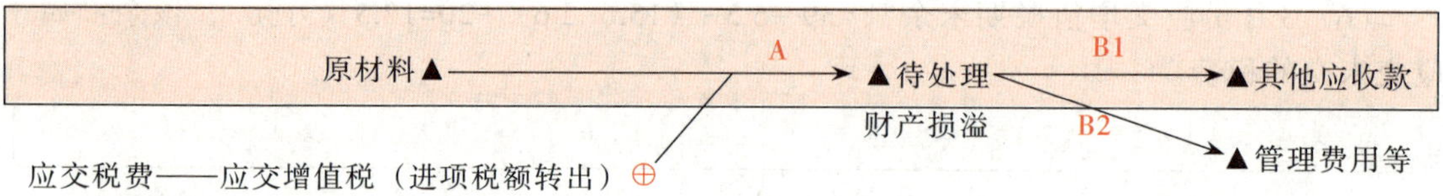

选项B：

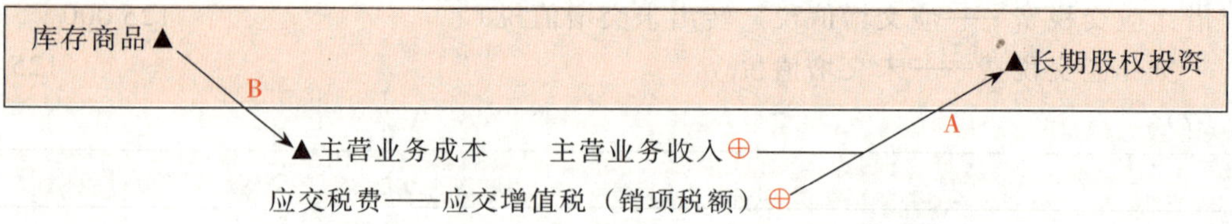

选项C：

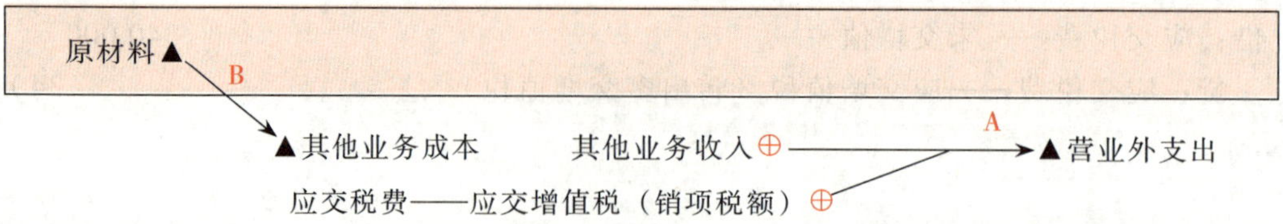

选项D：

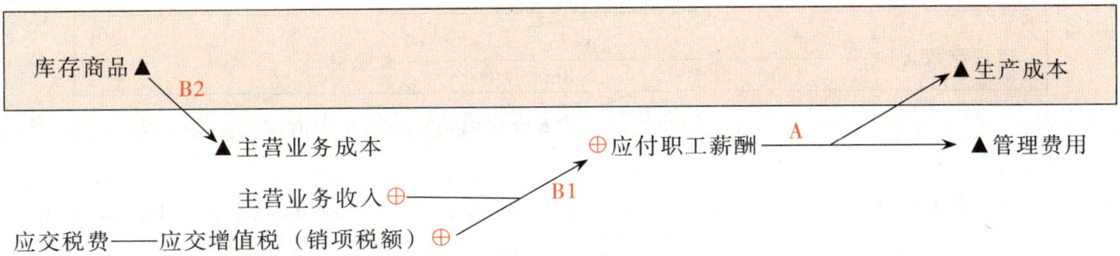

4.答案：C

解析：本月增值税期末余额=3 900-（1 300-39）-1 000=1 639（万元）。

其余额结转业务，如下图中E段资金运动所示。

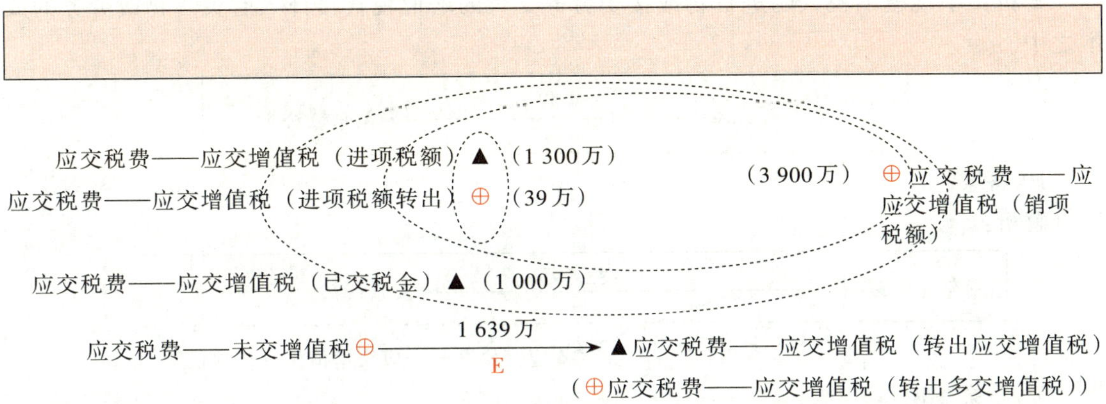

5.答案：B

解析：应交税费——应交增值税的期末余额=39-（26-0.65）-15= -1.35（万元）。

其资金运动流程如下图E段资金运动所示。

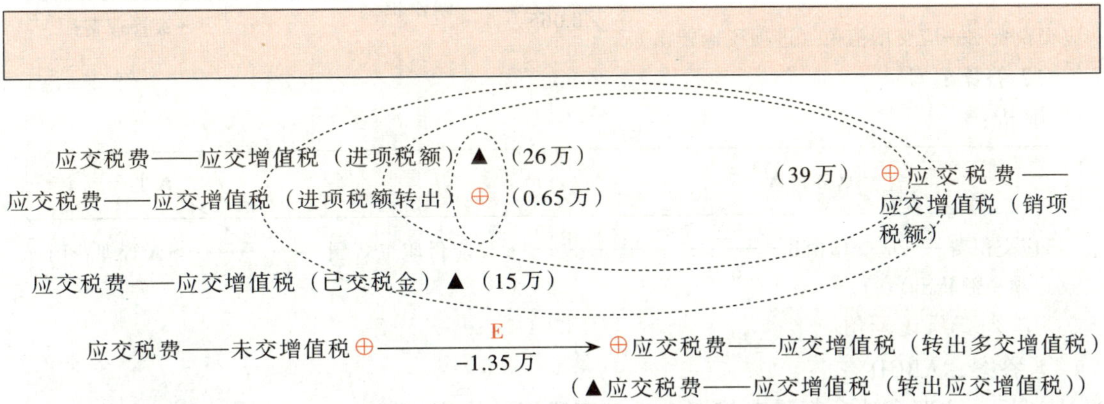

6.答案：D

解析：本月销项税额=226÷（1+13%）×13%+158.2÷（1+13%）×13%+174.4÷（1+9%）×9%= 58.6（万元）。

7.答案：D

解析：农产品的入账价值=95×（1-9%）+1=87.45（万元）。

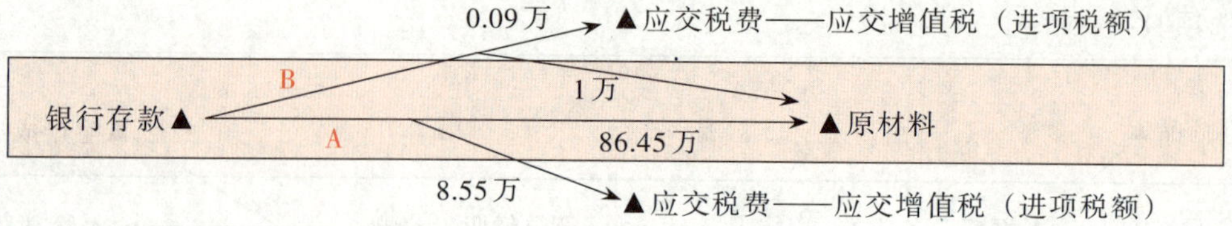

8. 答案：A

解析：用外购的原材料建造厂房，购入的原材料的进项税额可以抵扣，不需要转出。

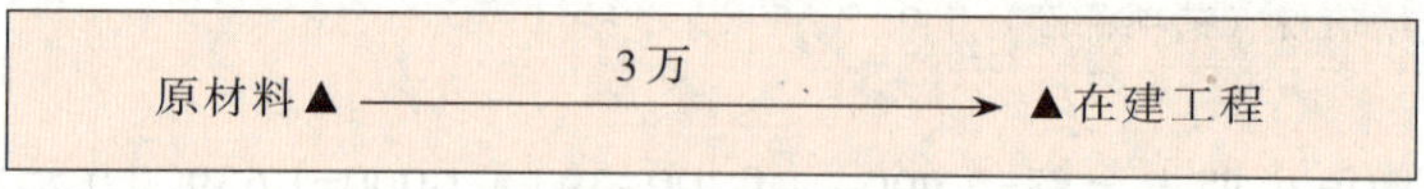

9. 答案：A

解析：小规模纳税人购进货物或接受劳务支付的增值税直接计入有关货物或劳务的成本之中。

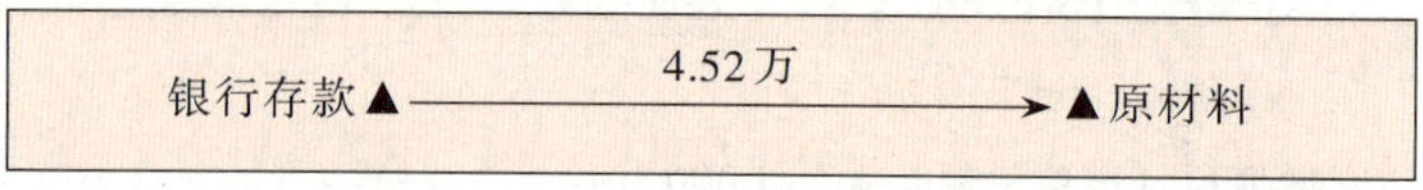

10. 答案：B

解析：

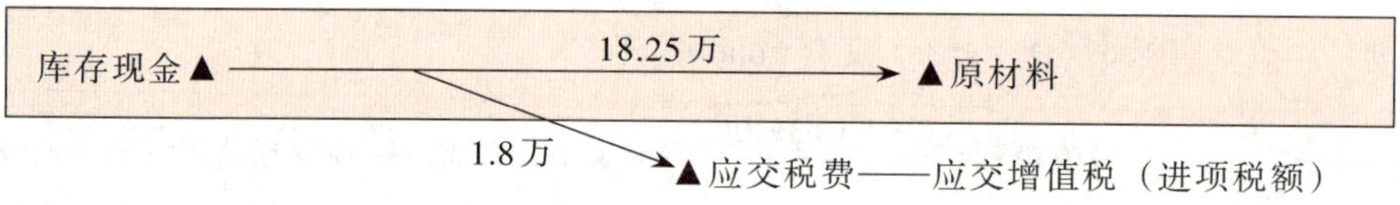

11. 答案：B

解析：

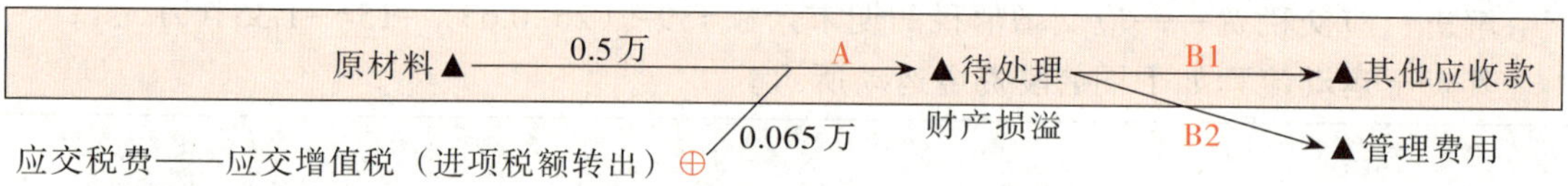

12. 答案：C

解析：

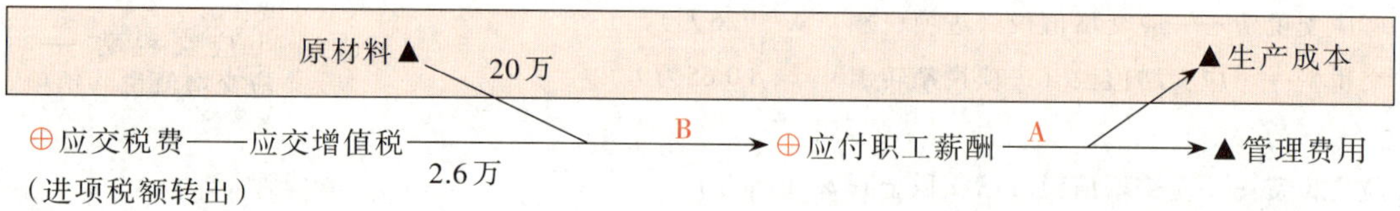

（二）多项选择题

1. 答案：ABCD

解析：这四个选项都是对该资金运动流程图的恰当描述。

2. 答案：ABCD

解析：这四个选项都是对该资金运动所反映的经济业务的恰当描述。

3. 答案：ABCD

解析：这四个选项都是对该资金运动所反映的经济业务的恰当描述。

4.答案：ABCD

解析：这四个选项都是对税款减免业务的恰当描述。

5.答案：ACD

解析：小规模纳税人在税款减免时并不单独设置“应交税费——应交增值税（减免税款）”项目，而是直接冲减“应交税费——应交增值税”项目。

6.答案：ABC

解析：不动产项目有生产用和非生产用两种。对于生产用不动产，其所购物资的进项税额可以抵扣，对于非生产用不动产（如集体福利等）则不能抵扣。

7.答案：AC

解析：税法所认定的非正常损失，特指因管理不善和违反法律法规造成的损失两种情况。

8.答案：ABCD

解析：这四个选项的表述都是恰当的。

9.答案：BC

解析：选项A不涉及进项税额；选项D中，货物用于销售，会产生销项税额，因此原购进货物所产生的进项税额可以抵扣，不存在转出的问题。

10.答案：ABCD

解析：选项A、选项C、选项D：

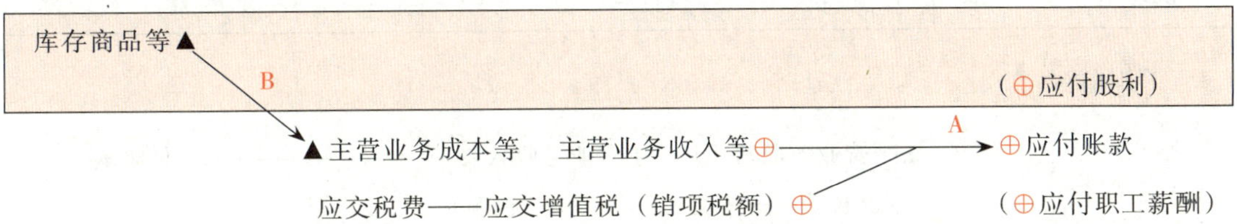

选项B：

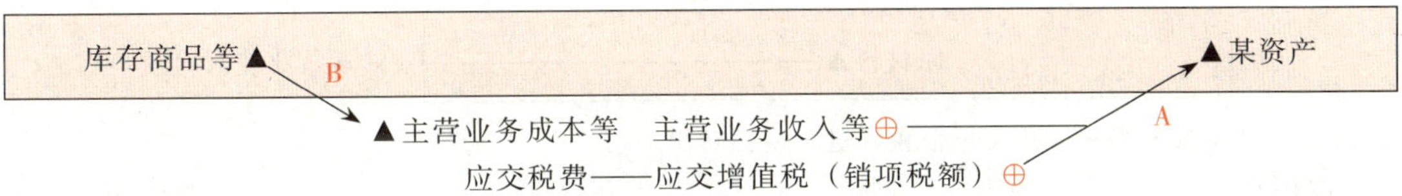

11.答案：BD

解析：选项AC需要通过“应交税费——应交增值税（进项税额转出）”进行核算。

选项C：

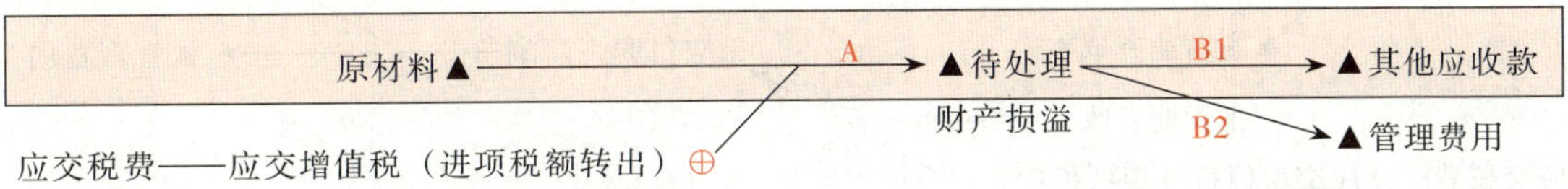

选项B：

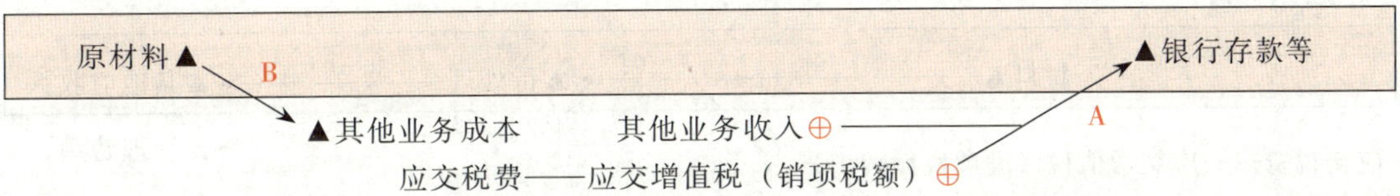

选项D：

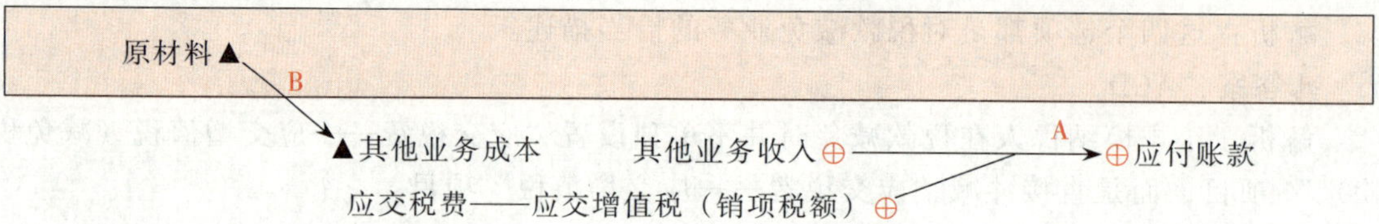

12.答案：ABC

解析：小规模纳税人缴纳增值税只能按照销售额乘以一定的征收率来确认所应缴纳的增值税。因此，选项D是错的。

13.答案：ABC

解析：一般纳税人对外投资，其销项税额应计入长期股权投资；一般纳税人非生产用不动产所支付的增值税进项税额应计入在建工程的成本之中；小规模纳税人购入商品所缴纳的增值税应计入所购物资的成本。一般纳税人取得增值税专用发票的，应作为进项税额单列，用以抵扣销项税额。

14.答案：BD

解析：自产的产品用于集体福利、个人福利的或用于抵偿债务的，企业应确认增值税销项税额。对于被依法没收的存货、管理不善的存货盘亏，企业都应该将其进项税额转出。

选项A：

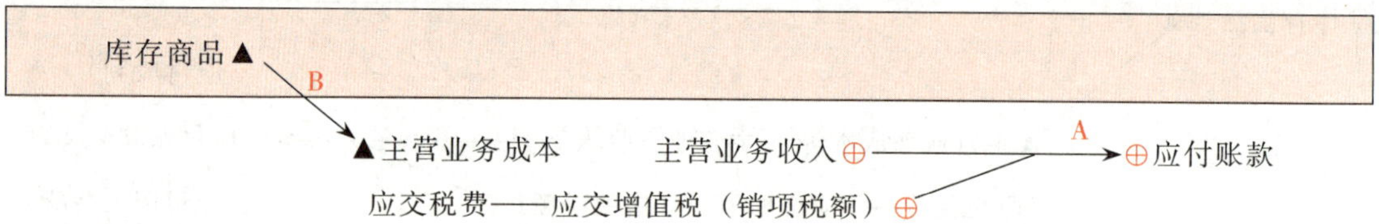

选项B：

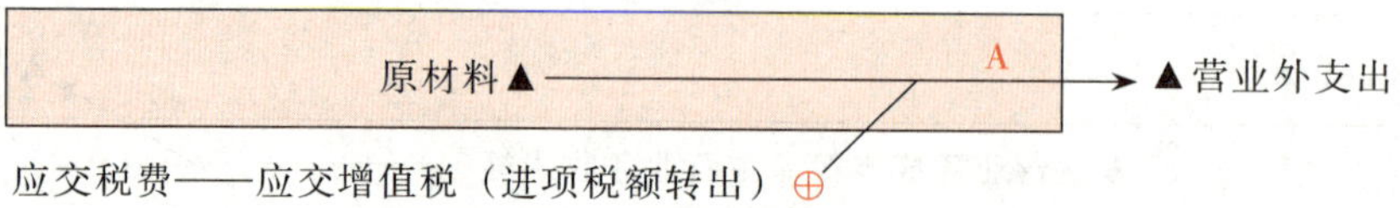

选项C：

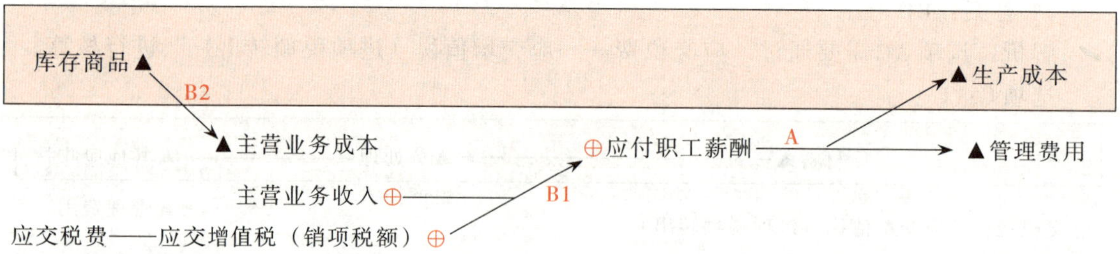

选项D：

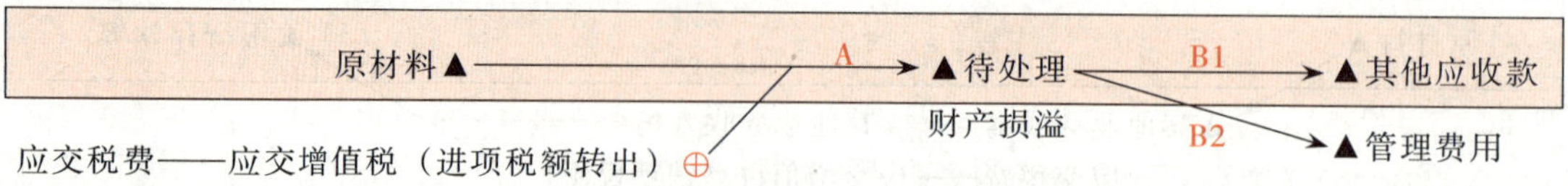

15.答案：BC

解析：外购货物用于对外投资，应视同销售，确认增值税销项税额，因此选项A是错的；委托加工的物资用于对外捐赠的，应视同销售，确认增值税销项税额，因此选项B是正确的；存货发生非正常损失，进项税额不得抵扣，应作为进项税额转出，因此选项C是正确的；企业管理部门领用自己的产品，应按成本领用，不涉及增值税，因此选项D是错的。

选项A：

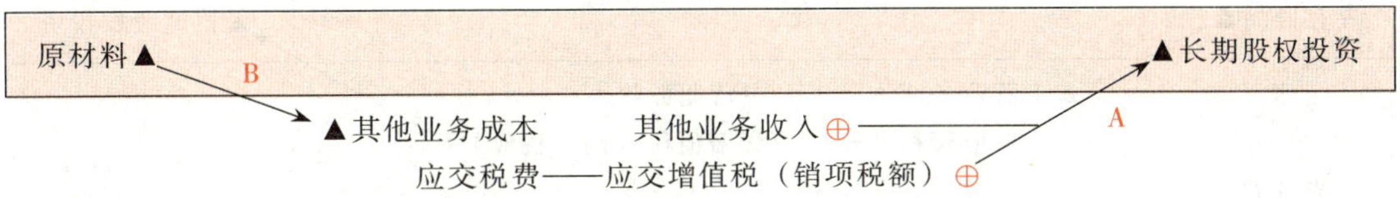

选项B：

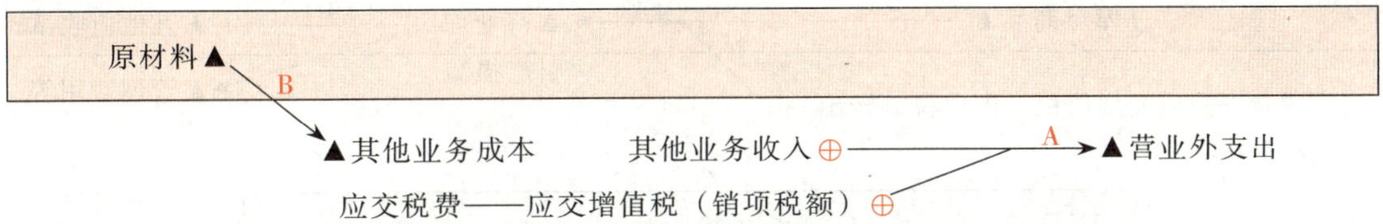

选项C：

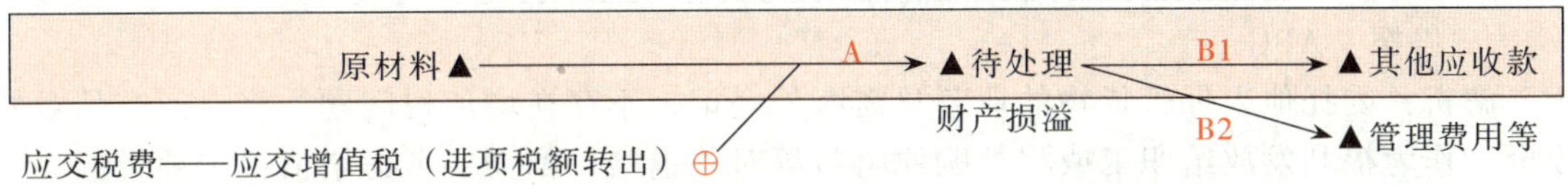

选项D：

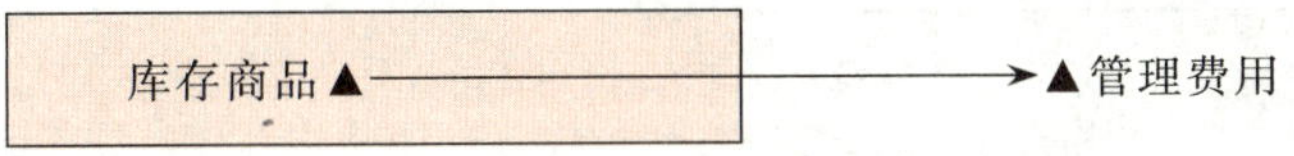

16.答案：BD

解析：

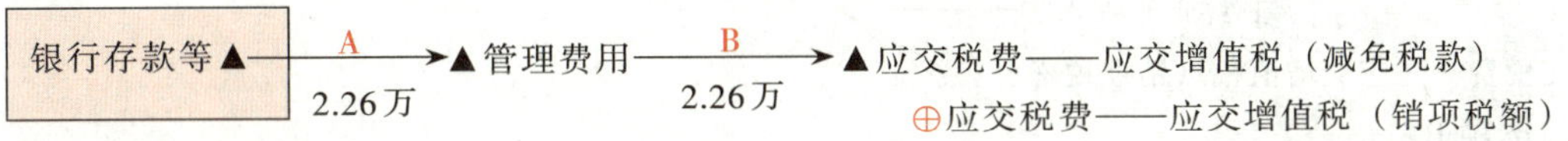

17.答案：AD

解析：

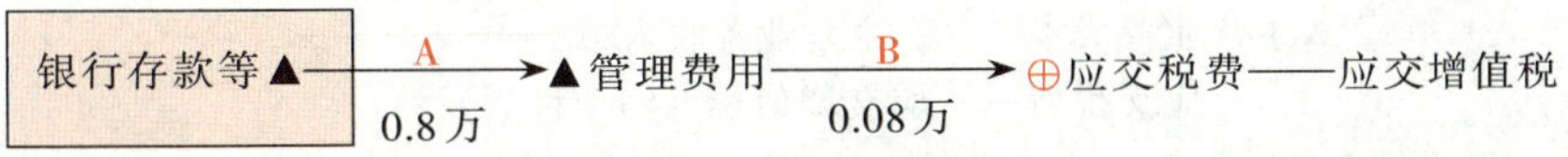

18.答案：ABD

解析：自产产品用于职工福利的、对外投资以及外购财物对外捐赠的，应视同销售，计算增值税销项税额。自产产品因管理不善发生非正常损失的，其所耗材料或劳务的进项税额应予以转出。外购的生产用原材料用于自建设备，其进项税额可以抵扣，不需要转出。

选项A：

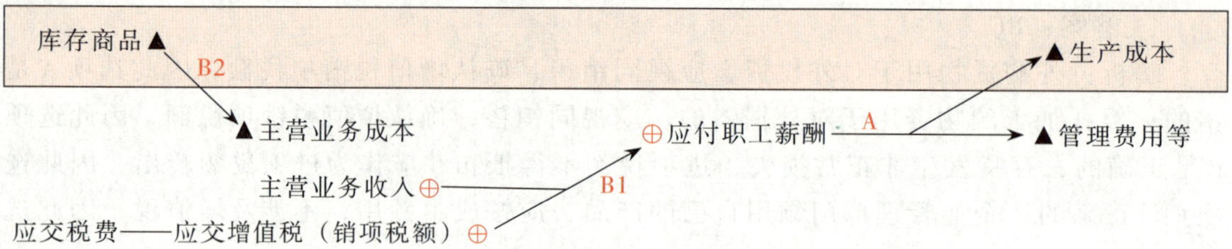

选项B：

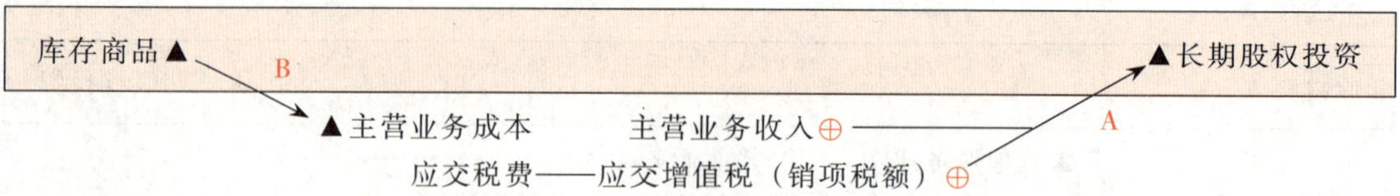

选项C：

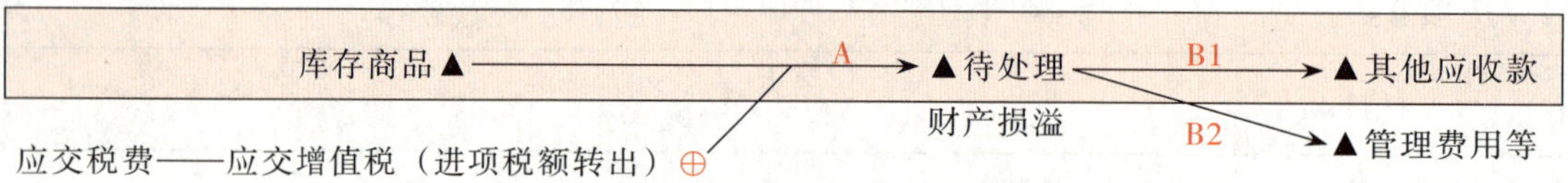

选项D：

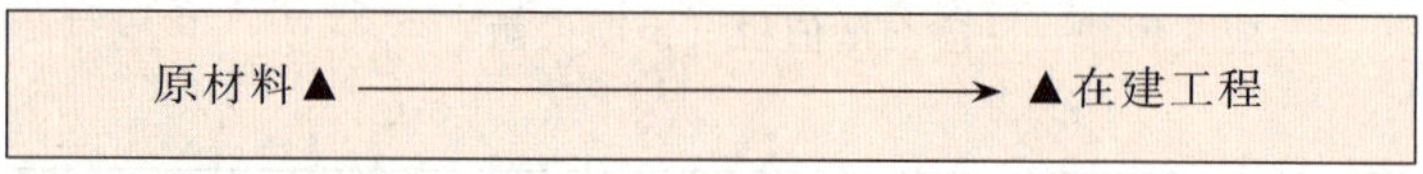

19. 答案：ABC

解析：委托他人保管货物的业务只需账外登记，不存在增值税问题。将自产产品对外投资、作为福利发放给职工或将外购原材料等对外捐赠，都需要考虑增值税销项税额。

选项A：

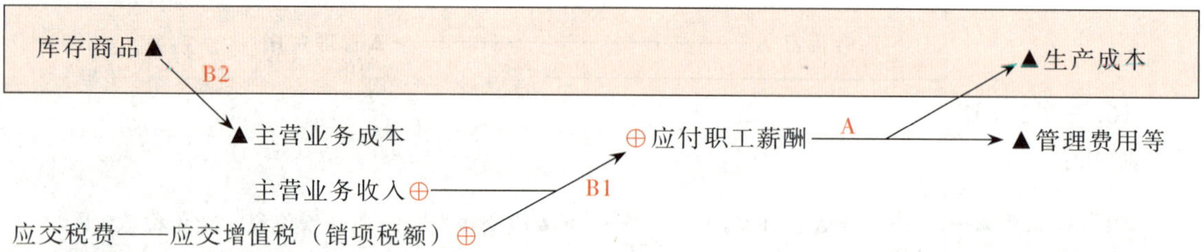

选项B：

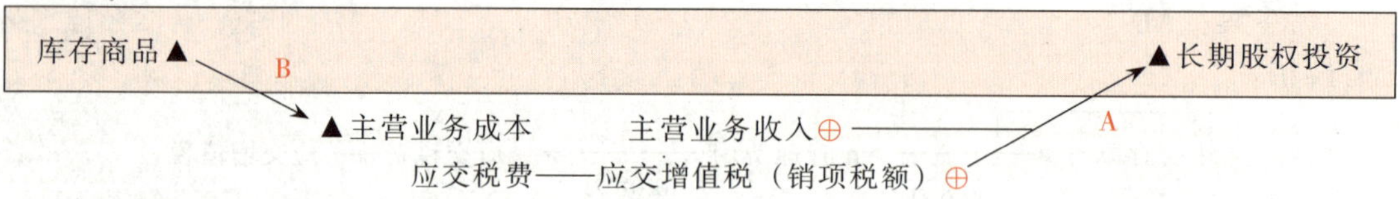

选项C：

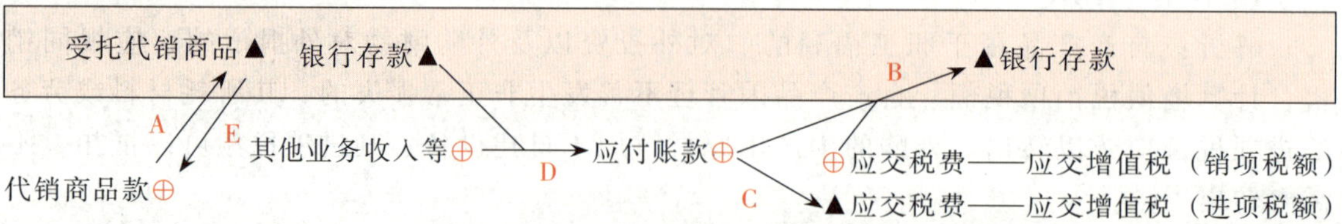

20.答案：BC

解析：自然灾害造成存货毁损的，不需要将毁损存货的进项税额转出。

21.答案：ABCD

解析：因管理不善造成存货毁损的，需要将毁损存货的进项税额转出。因库存商品毁损而应转出的增值税=20×55%×13%=1.43（万元）。

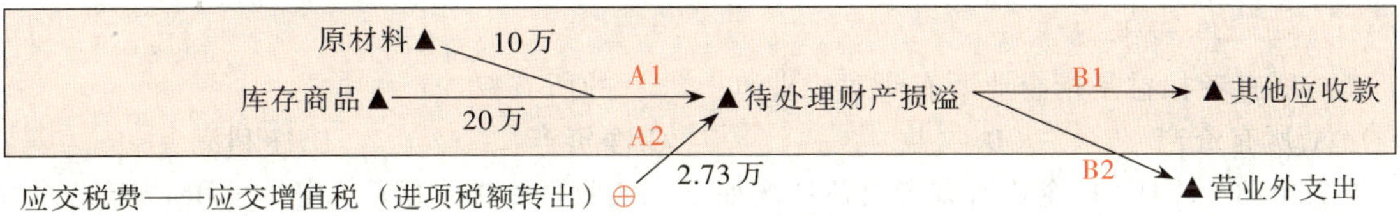

（三）判断题

1.答案：×

解析：企业作为小规模纳税人，购入固定资产发生的增值税进项税额不允许抵扣，应于发生时直接计入固定资产成本。

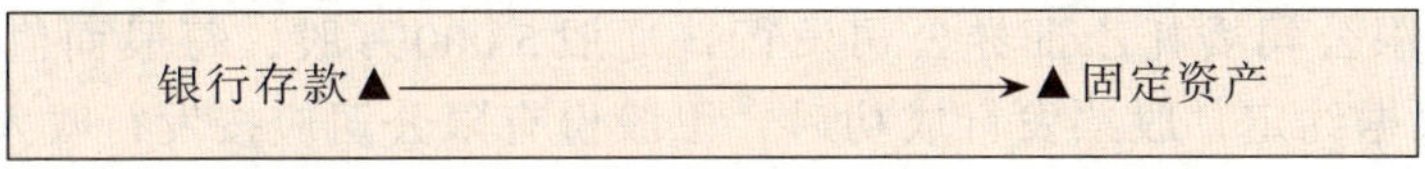

2.答案：√

解析：非正常损失主要包括因管理不善和违法违规行为造成的损失，其进项税额不得抵扣销项税额，应予以转出。用于集体福利设施的，其进项税应转入福利设施的成本之中。

企业购进的货物发生非正常损失：

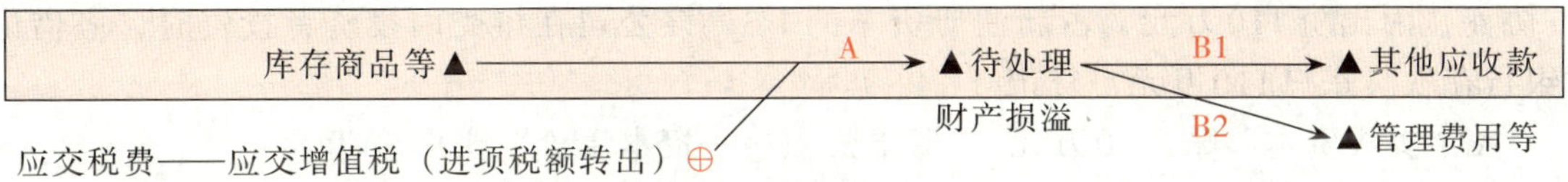

将购进的货物改变用途，用于集体福利设施：

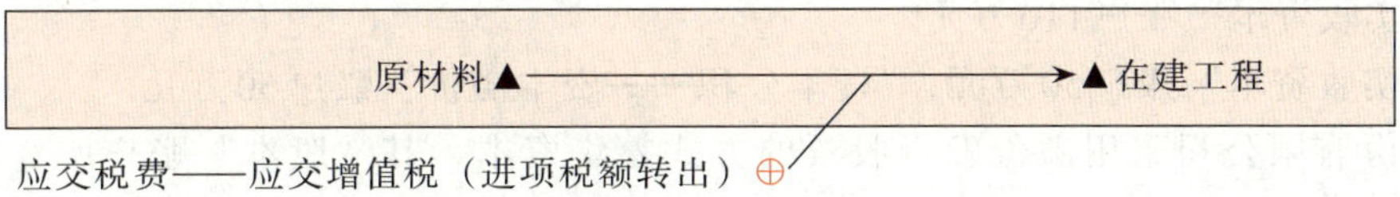

3.答案：×

解析：增值税一般纳税人取得普通发票不可以抵扣增值税进项税额，取得增值税专用发票可以抵扣增值税进项税额。

4.答案：×

解析：增值税小规模纳税人无论是取得增值税专用发票还是取得普通发票，均不可以抵扣进项税额，进项税额应计入其所购入的货物或劳务之中。

第三章　筹资环节资金运动分析与会计处理

一、知识点：权益性筹资概述+投入资本初始投入业务处理

（一）单项选择题

1.所有者权益是指企业所有者对企业（　　）的所有权。

A.所有资产　B.收益　C.净资产　D.净利润

2.20×8年1月1日企业所有者权益情况如下：实收资本200万元，资本公积17万元，盈余公积38万元，未分配利润37万元。则企业20×8年1月1日的留存收益为（　　）万元。

A. 32　B.38　C.75　D.87

3.下列各项中，不属于所有者权益的是（　　）。

A.盈余公积　B.其他权益工具　C.其他综合收益　D.营业外收入

4.甲股份有限公司委托乙证券公司发行普通股5 000万股，每股面值1元，每股发行价格为14元。根据约定，股票发行成功后，甲股份有限公司应按发行收入的5%向乙证券公司支付发行费。如果不考虑其他因素，股票发行成功后，甲股份有限公司记入“资本公积——股本溢价”账户的金额应为（　　）万元。

A. 70 000　B.66 500　C.61 500　D.61 750

5.某有限责任公司由甲、乙两个股东各出资50万元设立，设立时实收资本为100万元。经过3年的营运，这时丙投资者有意加入，公司决定将注册资本增至150万元。经各方协商，丙出资110万元，占新注册资本的1/3。该公司在接受丙投资者投资时，应借记“银行存款”账户110万元，贷记（　　）。

A.“实收资本”账户60万元，“资本公积——资本溢价”账户50万元

B.“实收资本”账户75万元，“资本公积——资本溢价”账户35万元

C.“实收资本”账户110万元

D.“实收资本”账户50万元，“资本公积——资本溢价”账户60万元

6.股份有限公司采用溢价发行股票的方式筹集资本，其“股本”账户所登记的金额是（　　）。

A.股票面值总额　B.实际收到的款项

C.实际收到的款项加上应付给证券商的费用　D.实际收到的款项减去应付证券商的费用

7.企业增资扩股时，投资者实际缴纳的出资额大于其按约定比例计算的在注册资本中所占份额的部分，应作为（　　）处理。

A.资本公积　B.实收资本　C.盈余公积　D.营业外收入

8.甲公司发行普通股2 000万股，每股面值1元，每股发行价为5元，支付手续费200万元，支付咨询费60万元。该公司发行股票计入股本的金额为（　　）万元。

A. 2 000　　B.9 920　　C.9 980　　D.10 000

9.乙公司发行普通股6 000万股，每股面值1元，每股发行价为4元，支付手续费、佣金等1 200万元。该业务应计入资本公积的金额为（　　）万元。

A. 18 000　　B.16 800　　C.20 000　　D.1 580

10.丙公司实收资本900万元，由两位投资者各出资450万元设立，两年后为了扩大生产经营，将实收资本增加到1 350万元，并吸收第三位投资者加入。按照协议的规定，新投资者需要投入600万元的货币资金，同时享有丙公司1/3的股份。丙公司吸收第三位投资者加入的会计分录正确的是（　　）。

A.借：银行存款　　600万
　贷：实收资本　　600万

B.借：银行存款　　600万
　贷：实收资本　　300万
　　资本公积——资本溢价　　300万

C.借：银行存款　　600
　贷：实收资本　　450万
　　资本公积——资本溢价　　150万

D.借：银行存款　　600万
　贷：实收资本　　450万
　　营业外收入　　150万

11.甲、乙公司均为增值税一般纳税人，增值税税率均为13%。甲公司接受乙公司投入的原材料一批，其账面价值为400 000元，投资协议约定的价值为500 000元，乙公司按公允价值提供了增值税专用发票。假设该投资约定的价值与公允价值相符，该项投资没有产生资本溢价。甲公司实收资本应增加（　　）元。

A. 400 000　　B.500 000　　C.452 000　　D.565 000

12.甲公司注册资本为2 000万元。20×8年5月10日，甲公司收到乙公司作为投资的一项设备，其原值为500万元，已提取折旧100万元，投资合同中约定该设备价值为420万元（不含增值税，增值税税率为13%），合同价值与公允价值相等，该投资占甲公司注册资本的20%。下列相关说法正确的是（　　）。

A.甲公司应计入实收资本的金额为420万元

B.乙公司应计入资产处置损益的金额为80万元

C.甲公司应计入资本公积的金额为74.6万元

D.乙公司应按照该设备的账面价值进行会计核算

13.下列关于资本公积的表述中，正确的是（　　）。

A.资本公积是企业收到的投资者投入的注册资本

B.资本公积是企业收到的投资者的投入资本

C.资本公积主要用来转增资本和弥补亏损

D.资本公积是企业参与财务经营决策或进行利润分配时的依据

14.采用权益法核算长期股权投资时，对于被投资企业发生的除净损益、其他综合收益和利润分配以外的其他所有者权益的变动，投资企业应按所拥有的表决权资本的比例计算应享有的份额，将其计入（ ）。

A.资本公积——其他资本公积　　B.资本公积——股本溢价

C.资本公积——资本溢价　　D.其他综合收益

15.某公司20×8年10月31日的股东权益情况如下：股本250万元，资本公积130万元，盈余公积150万元，未分配利润140万元。则该公司20×8年10月31日的留存收益为（ ）万元。

A. 140　　B.150　　C.290　　D.670

16.甲公司为一家股份有限公司，20×8年年末进行了新一轮股权融资。下列经济业务符合股权融资规定的是（ ）。

A.权益性融资时，股票可以溢价发行、平价发行或折价发行

B.收到的融资款项，记入“实收资本”账户

C.企业接受投资者作价投入的房屋、建筑物、机器设备等固定资产，应按投资合同或协议约定的价值（不公允的除外）作为固定资产的入账价值

D.投资合同或协议约定的价值（不公允除外）超过投资者在企业股本中所占份额的部分记入“资本公积——资本溢价”账户

17.甲公司收到乙公司作为资本投入的应税消费品一批（消费税税率为20%），投资合同中约定其价值为20万元（不含增值税，增值税税率为13%），并收到乙公司开具的增值税普通发票。假设不考虑其他因素，则下列表述中正确的是（ ）。

A.该批材料的入账价值为20万元

B.该批材料的入账价值为25万元

C.甲公司应按乙公司投入的应税消费品的合同约定金额、消费税金额与增值税进项税额之和作为实收资本

D.实收资本的入账金额为22.6万元

18.某有限责任公司由甲、乙两个股东各出资80万元设立，设立时实收资本为160万元。经过3年营运，这时丙投资者有意加入，公司决定将注册资本增至300万元。经各方协商达成一致，丙投资者以180万元出资，占公司新注册资本的1/3。注册资本剩余部分由甲、乙两个股东以货币资金平均分摊。所有出资款项都已全部到位并存入银行。本次交易导致该有限责任公司的资本公积增加（ ）万元。

A. 180　　B.140　　C.100　　D.80

（二）多项选择题

1.下列关于所有者权益的概念表述准确的有（ ）。

A.所有者权益是指企业所有者对企业净资产的要求权

B.净资产是指企业资产减去负债之后的余额

C.所有者权益是一种剩余权益

D.所有者权益又被称为股东权益

2.下列关于所有者权益与负债的差异表述准确的有（　　）。

A.在收益的获取上，所有者权益不具有固定性，而负债具有固定性

B.在本金的保障上，所有者权益不具有法定偿还性，而负债具有法定偿还性

C.在本息支付时点上，所有者权益不具有规定的时间性，而负债具有规定的时间性

D.在资金使用成本上，所有者权益几乎没有使用成本，而负债是需要支付利息的，因此所有者权益比债权人权益的使用成本要低

3.股份有限公司对发行股票支付的手续费、佣金等发行费用，有可能做出的会计处理有（　　）。

A.冲减未分配利润　B.计入财务费用　C.冲减盈余公积　D.从溢价中扣除

4.下列各项，不通过“资本公积”账户核算的有（　　）。

A.接受现金捐赠　B.向灾区捐赠现金　C.资本溢价　D.股本溢价

5.甲公司发行普通股2 000万股，每股面值1元，每股发行价为5元，支付手续费200万元，支付咨询费60万元。下列有关该业务表述正确的有（　　）。

A.该业务导致企业的股本增加2 000万元

B.该业务导致企业的资本公积——股本溢价增加7 740万元

C.该业务导致企业的资本公积——股本溢价增加7 800万元

D.该业务导致企业的管理费用增加60万元

6.下列各项中，关于股份公司溢价发行股票的会计处理表述不正确的有（　　）。

A.发行股票的溢价应计入资本公积

B.与发行股票相关的手续费应计入股本

C.与发行股票相关的手续费应从溢价中抵扣

D.发行股票取得的价款应全部计入股本

（三）判断题

1.企业所有的利得和损失都应该计入营业外收支，从而计入当期的利润表。（　　）

2.股份公司委托其他单位发行股票的手续费和佣金等，应先从发行股票的溢价收入中抵销，发行股票的溢价不够抵销或无溢价的，计入财务费用。（　　）

3.在溢价发行股票的情况下，股份公司的股本等于股票面值与股份总数的乘积。（　　）

4.在我国，股票只按面值发行，不允许按溢价、折价发行。（　　）

5.企业收到投资者投入的资金时，应全部记入“实收资本”或“股本”账户。（　　）

6.投资者投入的非现金资产，应当按照投资合同或协议约定的价值确定，但合同或协议约定价值不公允的除外。（　　）

7.收入能够导致企业所有者权益增加，但导致所有者权益增加的不一定都是收入。（　　）

8.所有者权益是所有者对企业净资产的要求权，负债是债权人对企业资产的要求权，二者的性质是不同的。（　　）

9.企业接受固定资产、无形资产等非现金资产投资时，应按照投资合同或协议约定的价值作为固定资产或无形资产的入账价值。如果投资合同或协议约定的价值不公允，那么

应按公允价值入账。 （ ）

10.股份公司发行股票的手续费、佣金等交易费用，如果是溢价发行股票且溢价收付足够冲减的，应从溢价中抵扣，冲减“资本公积——股本溢价”账户。 （ ）

11.实收资本的构成比例或股东的股份比例，是确定所有者在企业所有者权益中所占份额的基础，但不是企业进行利润分配或股利分配的依据。 （ ）

12.部分资本公积在满足企业会计准则规定的条件时，可以重分类进损益，从而成为企业利润的一部分。 （ ）

二、知识点：投入资本后续业务处理

（一）单项选择题

1.关于企业的所有者权益，下列说法中错误的是（ ）。

A.未分配利润可以弥补企业亏损 B.盈余公积可以按照规定转增资本

C.资本公积可以弥补企业亏损 D.资本公积可以按照规定转增资本

2.下列关于股份有限公司采用回购本公司股票的方式减资的说法中正确的是（ ）。

A.应按股票面值和注销股数计算的股票面值总额减少股本

B.应按股票面值和注销股数计算的股票面值总额减少库存股

C.应按股票面值和注销股数计算的股票面值总额增加股本

D.应按股票面值和注销股数计算的股票面值总额增加库存股

3.甲股份有限公司以每股4元的价格回购股票1 000万股，股票每股面值为1元，共支付回购款4 050万元。回购时，公司的股本为11 000万元，资本公积溢价为3 000万元（均为该股票当初发行时所产生），盈余公积为450万元，未分配利润为550万元。回购股票并注销后，甲股份有限公司的所有者权益总额为（ ）万元。

A. 15 000 B.14 000 C.11 950 D.10 950

4.某公司“盈余公积”账户的年初余额为100万元，本期提取135万元，转增资本85万元，该公司“盈余公积”账户的年末余额为（ ）万元。

A. 135 B.150 C.315 D.235

5.甲公司股本为1 000万元（每股面值为1元），资本公积（股本溢价）为150万元，盈余公积为100万元。经股东大会批准，以每股3元的价格回购本公司股票100万股并予以注销。不考虑其他影响因素，下列关于该公司注销库存股的会计处理正确的是（ ）。

A.借：股本 100万
　　资本公积——股本溢价 150万
　　盈余公积 50万
　贷：库存股 300万

B.借：股本 100万
　　资本公积——股本溢价 150万
　　盈余公积 50万
　贷：银行存款 300万

C.借：库存股　　300万

　贷：银行存款　　300万

D.借：股本　　300万

　贷：银行存款　　300万

6.某公司年末股本为5 000万元（每股面值为1元），资本公积（股本溢价）为900万元，盈余公积为650万元。经股东大会批准，公司以银行存款回购本公司股票600万股并予以注销。如果回购价为每股3元，则应冲减的盈余公积是（　　）万元。

A. 650　　B.350　　C.300　　D.0

7.甲公司20×8年12月31日的股本为30 000万股，每股面值为1元，资本公积（股本溢价）5 000万元，盈余公积3 000万元。经股东大会批准，甲公司以银行存款回购本公司股票3 000万股并注销。如果每股回购价为0.9元，则回购并注销后，甲公司资本公积的金额为（　　）万元。

A. 5 000　　B.5 300　　C.4 700　　D.300

8.下列经济业务中，不会引起甲公司股本或实收资本发生变化的是（　　）。

A.乙公司将甲公司所欠的货款转为对甲公司的投资

B.接受丙公司无偿捐赠的原材料一批

C.甲公司回购在外发行的股份

D.甲公司用资本公积转增股本

9.下列各项中，可能影响企业资本公积总额的是（　　）。

A.转销无法支付的应付账款　　B.接受固定资产捐赠

C.经股东大会批准将盈余公积转增资本　　D.企业回购并注销本公司股票

（二）多项选择题

1.有关下图所反映的库存股业务，下列表述准确的有（　　）。

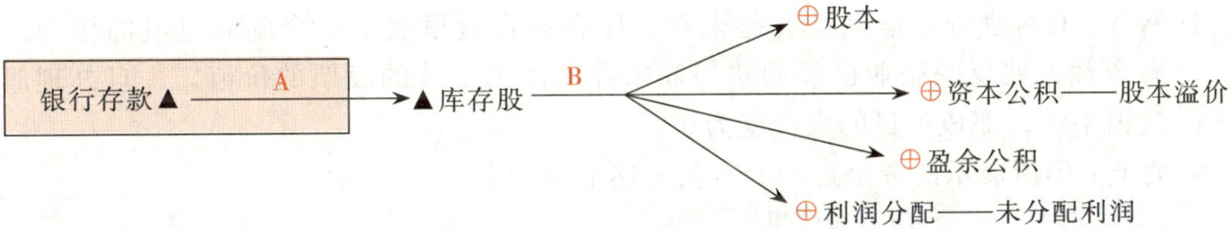

A.“库存股”项目产生的原因在于从股份的回购到实际的注销或转让有一个时间差，一旦处理完毕，“库存股”项目的余额为零

B.库存股属于所有者权益要素，但属于“负”所有者权益类项目。库存股的金额越大，说明企业实际流通在外的股份越少。库存股抵减现有的“所有者权益”项目，就可以得出目前真实的、剩余的所有者权益

C. A段资金运动反映本公司股票的回购，该段资金运动不会影响企业所有者权益总额

D. B段资金运动反映本公司股票的注销，该段资金运动并没有导致所有者权益总额发生变化，只是所有者权益内部项目的相互转化而已

2.假设每股面值为1元，关于下图库存股业务的表述准确的有（　　）。

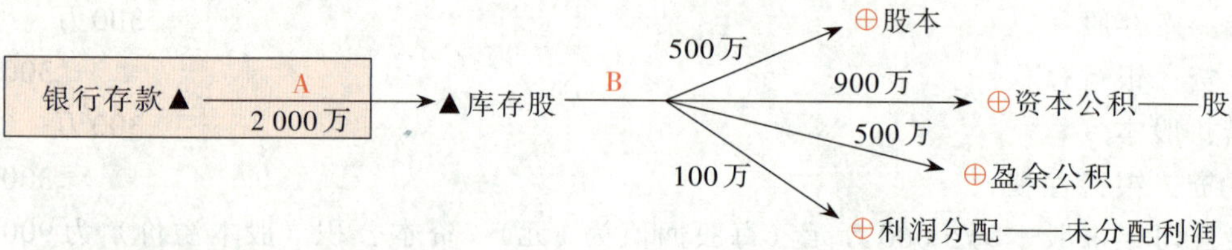

A. A段资金运动反映企业回购了股份，B段资金运动反映企业将回购的股份注销

B. 从上图可知，企业回购了400万股的普通股，每股回购价为5元

C. B段资金运动反映企业注销所回购的股份。具体注销情况为："股本"项目被冲销了500万元，"资本公积——股本溢价"项目被冲销了900万元，"盈余公积"项目被冲销了500万元，"利润分配——未分配利润"项目被冲销了100万元

D. 将A、B两段资金运动结合起来看，"库存股"项目在这里起了一个临时过渡的作用。如有余额，就反映企业已经回购但尚未办理注销手续的股票的价值。一旦办理股份注销手续，那该项目的余额就为0

3. 关于下图库存股业务，有关表述准确的有（　　）。

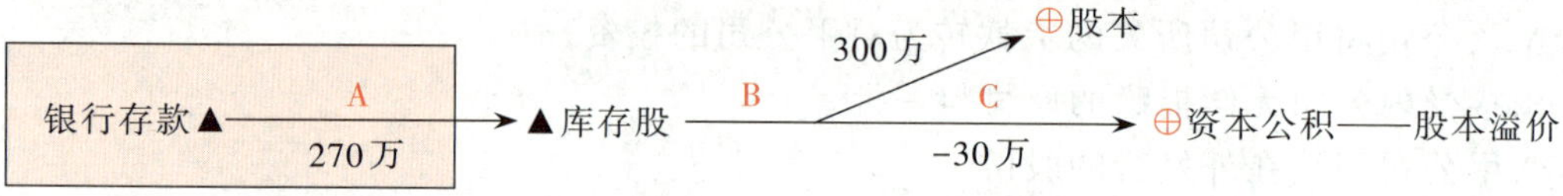

A. A段资金运动反映回购了企业的股份，B段资金运动和C段资金运动反映企业将回购的股份注销

B. 从上图可知，企业回购了300万股普通股，每股的回购价为0.9元

C. B段和C段资金运动反映企业注销所回购的股份。具体注销情况为：股本被冲销了300万元，资本公积——股本溢价被冲销了-30万元，也就是说，资本公积不仅没有减少，反而还增加了30万元，其原因是回购价低于所回购的股票的面值

D. 将A、B两段资金运动结合起来看，库存股在这里起了一个临时过渡的作用。如有余额，就反映企业已经回购但尚未办理注销手续的股票的价值。一旦办理股份注销手续，那该项目的余额就为0

4. 关于下图所展示的资金运动，有关表述准确的有（　　）。

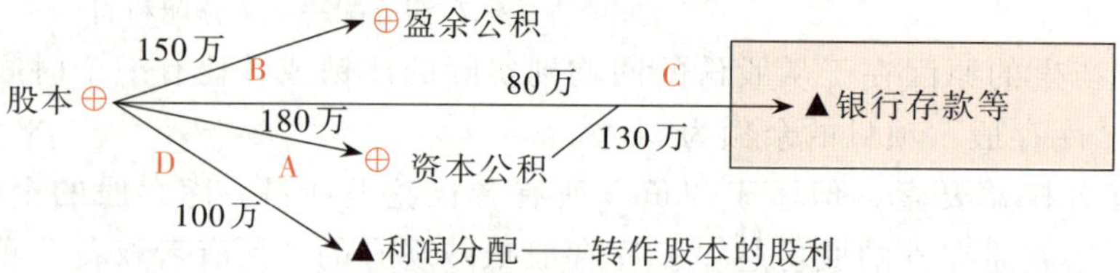

A. A段资金运动反映企业将资本公积180万元转增公司的股本

B. B段资金运动反映企业将盈余公积150万元转增公司的股本

C. C段资金运动反映企业接受投资者投资210万元，其中与注册资本对应的部分为80万元，接受投资中超过注册资本的金额130万元作为资本公积——股本溢价处理

D. D段资金运动反映企业分配股票股利100万元

5. 甲股份有限公司以回购本企业股票的方式减资，在进行会计处理时，可能涉及的会

计账户有（ ）。

A.股本　B.资本公积　C.财务费用　D.盈余公积

6.企业实收资本或股本增加的途径有（ ）。

A.经批准用资本公积转增　B.经批准用盈余公积转增

C.接受投资者实物投资　D.发放股票股利

7.企业减少资本的原因主要有（ ）。

A.资本过剩所导致的减资　B.企业因亏损而减资

C.企业因收缩经营规模而减资　D.企业因发放现金股利而减资

8.下列各项中，应通过所有者权益类账户核算的有（ ）。

A.减少的注册资本　B.接受非关联企业捐赠产生的利得

C.回购本公司股票但尚未注销的库存股　D.按面值发行股票筹集的资金金额

9.实收资本或股本增加的途径有（ ）。

A.接受投资者追加投资　B.当期实现的净利润

C.用盈余公积、资本公积转增资本　D.用未分配利润转增资本

10.下列关于回购与注销股票的说法中，正确的有（ ）。

A.注销库存股时，按股票面值和注销股数计算的股票面值总额，借记“股本”账户

B.如果回购股票支付的价款高于面值总额，按注销库存股的账面余额，贷记“库存股”账户，按库存股与股本的差额借记“资本公积——股本溢价”账户

C.回购股票将导致所有者权益减少

D.如果回购股票支付的价款低于面值总额，应按股票面值总额借记“股本”账户，按其差额贷记“资本公积——股本溢价”账户

11.企业实收资本或股本增加时，下列有关说法符合规定的有（ ）。

A.企业按规定接受投资者追加投资时，核算原则与投资者初次投入时相同

B.企业用资本公积和盈余公积转增资本时，应按转增的资本金额确认实收资本或股本

C.独资企业用盈余公积转增资本时，直接结转即可

D.有限责任公司用盈余公积、资本公积转增资本时，应按照原投资者各自出资比例相应增加各投资者的出资额

12.下列各项中，可能引起资本公积发生变动的有（ ）。

A.用资本公积转增资本　B.发行股票所支付的手续费、佣金等

C.溢价发行股票超过股本总额的部分　D.收到的外部捐款

（三）判断题

1.用盈余公积转增资本不影响所有者权益总额的变化，但会使企业净资产减少。（ ）

2.在注销本公司股份时，应依次注销相应的股本、资本公积——股本溢价、盈余公积和未分配利润。（ ）

（四）不定项选择题

1.甲公司20×8年年初股本余额为20 000万元，资本公积——股本溢价为60 000万元。20×8年至20×9年发生的与股票有关的业务如下：

（1）20×8年1月3日，经股东大会决议，并收到有关部门的核准，增发普通股3 000

万股，每股面值1元，每股发行价格为5元，按发行总价的2%支付手续费、佣金等，股款净额已全部收存银行。不考虑其他税费。

（2）20×8年6月30日，经股东大会决议，并报有关部门核准，以资本公积4 000万元转增股本。

（3）20×9年6月25日，经股东大会决议，并报有关部门核准，以银行存款回购本公司股票200万股，每股回购价为4元。

（4）20×9年6月29日，经股东大会决议，并报有关部门核准，将回购的本公司股票200万股注销。

要求：根据上述资料，不考虑其他因素，分析回答下列小题。

（1）根据资料（1），下列说法正确的有（　　）。

A.计入股本的金额是3 000万元　　B.计入股本的金额为14 700万元

C.计入股本溢价的金额是11 700万元　　D.计入股本溢价的金额是12 000万元

（2）根据资料（2），下列说法不正确的有（　　）。

A.用资本公积转增资本，会导致股本增加

B.用资本公积转增资本，不影响所有者权益总额

C.用资本公积转增资本，会导致资本公积增加

D.用资本公积转增资本，会导致所有者权益总额减少

（3）根据资料（3）和（4），下列会计处理正确的是（　　）。

A.回购股票时不做处理，注销时冲销股本

B.回购股票：

借：股本　　800万

　贷：银行存款　　800万

C.注销回购的股票：

借：股本　　800万

　贷：库存股　　800万

D.注销回购的股票：

借：股本　　200万

　资本公积　　600万

　贷：库存股　　800万

（4）根据上述资料，20×9年6月30日甲公司“股本”账户的余额为（　　）万元。

A. 26 800　　B.27 000　　C.26 400　　D.38 500

（5）根据上述资料，20×9年6月30日甲公司“资本公积”账户的余额为（　　）万元。

A. 67 000　　B.67 100　　C.66 900　　D.67 200

三、知识点：债务性筹资环节资金运动分析与会计处理

（一）单项选择题

1.某企业20×8年1月1日向银行借款200 000元，期限9个月，年利率9%。按银行规定，一般于每季度末收取短期借款利息，企业按月计提，按季支付。20×8年6月，企业对

短期借款利息应进行（ ）会计处理。

A.借：财务费用 4 500
  贷：银行存款 4 500

B.借：财务费用 3 000
  应付利息 1 500
  贷：银行存款 4 500

C.借：财务费用 1 500
  贷：银行存款 1 500

D.借：财务费用 1 500
  应付利息 3 000
  贷：银行存款 4 500

2.20×8年9月1日，甲企业向银行借入资金350万元用于生产经营，借款期限为3个月（到期日为11月30日），年利率为6%，到期一次还本付息，利息按月计提，下列各项中，关于该借款相关账户的会计处理结果正确的是（ ）。

A.借入款项时，借记“短期借款”账户350万元

B.每月预提借款利息时，贷记“财务费用”账户5.25万元

C.每月预提借款利息时，借记“应付利息”账户1.75万元

D.借款到期归还本息时，贷记“银行存款”账户355.25万元

3.20×8年1月1日，甲企业向银行借款60万元，期限6个月，年利率5%，借款利息分月计提，季末支付，本金到期一次性归还。下列各项中，20×8年3月31日，该企业支付借款利息的会计处理正确的是（ ）。

A.借：财务费用 5 000
  应付利息 2 500
  贷：银行存款 7 500

B.借：财务费用 7 500
  贷：银行存款 7 500

C.借：应付利息 7 500
  贷：银行存款 7 500

D.借：财务费用 2 500
  应付利息 5 000
  贷：银行存款 7 500

4.20×8年9月1日，甲企业向银行借入期限2个月、到期一次性还本付息的生产经营周转借款50万元，年利率6%。借款利息不采用预提的方式，于实际支付时确认。11月1日，企业以银行存款偿还借款本息的会计处理正确的是（ ）。

A.借：短期借款 500 000
  应付利息 5 000
  贷：银行存款 505 000

B.借：短期借款 500 000
  应付利息 2 500
  财务费用 2 500
  贷：银行存款 505 000

C.借：短期借款 500 000
  财务费用 5 000
  贷：银行存款 505 000

D.借：短期借款 505 000
  贷：银行存款 505 000

5.下列各项中，不符合负债基本特征的是（ ）。

A.负债预期会导致经济利益流出企业

B.负债是由过去的交易或事项形成的

C.负债是企业承担的现时义务

D.负债所导致的未来经济利益流出的金额能够可靠计量

6.下列各项中，会导致负债总额变化的是（　　）。

A.从银行借款直接偿还应付账款　　B.赊购商品

C.开出银行汇票　　D.用盈余公积转增资本

7.20×8年7月1日，甲企业向银行借入一笔经营周转资金300万元，期限为6个月，到期一次还本付息，年利率为6%，借款利息按月计提。则20×8年12月31日偿还该短期借款前，短期借款的账面价值为（　　）万元。

A. 309　　B.307.5　　C.300　　D.308

（二）多项选择题

1.下图中关于短期借款相关业务表述正确的有（　　）。

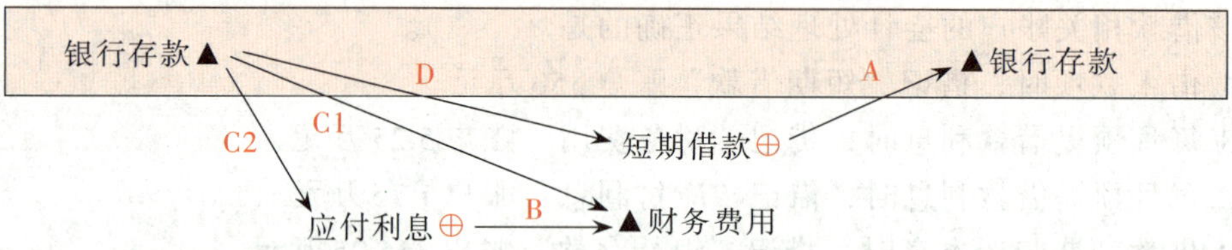

A. B段资金运动反映企业按权责发生制原则确认本期应负担的短期借款利息费用，并同步确认应付未付的利息

B. C1段资金运动反映企业确认并立刻支付本期的短期借款利息

C. C2段资金运动反映企业支付以前期间已确认，但尚未支付的短期借款利息

D.图中的"应付利息"项目也可以用"其他应付款"替代

2.下图中关于短期借款相关业务表述正确的有（　　）。

A. A段资金运动反映企业取得100万元的短期借款

B.由B段资金运动的（2）项可知，企业在本期确认了0.5万元的应付未付借款利息。从C1、C2段资金运动中的（3）项可知，企业以银行存款1万元支付了两部分利息，一部分是上期应付未付的应付利息0.5万元（从C2段资金运动中的（3）项可知），另一部分是本期的财务费用0.5万元（从C1段资金运动中的（3）项可知）

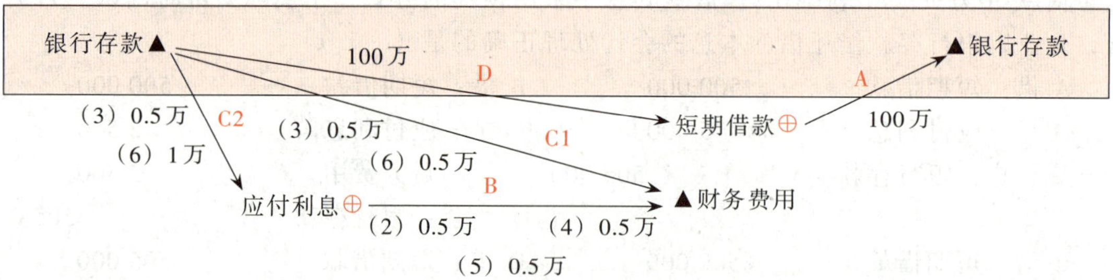

C.从B段资金运动的（4）、（5）项可知，企业在这两个期间分别确认了0.5万元应付未付的借款利息

D.从C段、D段资金运动可知，企业还本付息了。其中D段资金运动反映偿还本金100万元，C1段资金运动中的（6）项反映支付本期财务费用0.5万元，C2段资金运动中的（6）项反映支付以前已经确认的应付未付的借款利息1万元

3.负债按照债务的偿还期限可以分为（　　）。

A.流动负债　　B.长期负债　　C.短期负债　　D.非流动负债

4.下列各项说法正确的有（　　）。

A.不需要预提利息的短期借款的利息，支付时直接借记“应付利息”账户

B.需要预提利息的短期借款的利息，支付时借记“财务费用”账户

C.计提利息时，贷记“应付利息”账户

D.已计提的利息实际支付时，借记“应付利息”账户

5.下列各项中，关于制造企业预提短期借款利息的会计处理正确的有（　　）。

A.借记“财务费用”账户　　B.借记“制造费用”账户

C.贷记“应付账款”账户　　D.贷记“应付利息”账户

6.下列各项中，关于“应付利息”账户表述正确的有（　　）。

A.企业开出银行承兑汇票支付银行手续费，应记入“应付利息”账户借方

B.“应付利息”账户期末贷方余额反映企业应付未付的利息

C.按照短期借款合同的约定计算确认的应付利息，应记入“应付利息”账户借方

D.企业支付已经预提的利息，应记入“应付利息”账户借方

7.20×8年4月1日，甲公司因急需流动资金，从银行取得期限为5个月的借款100万元，年利率为6%，按月计提利息，8月31日到期偿还本息。假定不考虑其他因素，下列会计处理不正确的有（　　）。

A.取得借款时：

借：银行存款　　1 000 000

　贷：短期借款　　1 000 000

B.每月计提利息时：

借：财务费用　　5 000

　贷：短期借款——应计利息　　5 000

C.到期还本付息时：

借：短期借款　　1 000 000

　　应付利息　　20 000

　　财务费用　　5 000

　贷：银行存款　　1 025 000

D.到期还本付息时：

借：短期借款——本金　　1 000 000

　　　　　——应计利息　　25 000

　贷：银行存款　　1 025 000

8.下列关于负债的表述正确的有（　　）。

A.负债是由过去的交易或事项形成的、预期会导致经济利益流出企业的现时义务

B.流动负债是指在一年内（包括一年）需要偿还的债务

C.非流动负债是指偿还期在一年以上（不含一年）的债务

D.一年内到期的长期应付款属于企业的流动负债

（三）判断题

1.借入负债都需要支付利息，而所有者投入资金是没有约定收益的。因此，所有者提供的资金是没有成本的。（　　）

2.若银行于每季度末收取短期借款利息，企业的短期借款利息一般采用月末预提的方式进行核算。（　　）

3.预提的短期借款利息通过“短期借款”账户核算，影响短期借款的账面价值。（　　）

4.企业支付的银行承兑汇票手续费应当计入当期的管理费用。（　　）

5.到期还本付息的短期借款，如利息金额不大，可以不预提，而在实际支付时直接计入当期损益。（　　）

6.企业向银行或其他金融机构借入的各种款项所发生的利息都应当计入财务费用。（　　）

四、知识点：长期借款资金运动分析

（一）单项选择题

1.【单项选择题】企业借入各种长期借款时，按实际收到的款项，借记“银行存款”科目，贷记“长期借款——本金”科目，按其差额（　　）。

A.借记“长期借款——利息调整”科目

B.贷记“长期借款——利息调整”科目

C.借记或贷记“长期借款——利息调整”科目

D.不做任何处理

2.20×8年9月1日，甲企业向银行借入资金500万元用于购买一台不需要安装的设备，借款期限为3年，年利率为6%，利息按月计提，到期一次还本付息。下列各项中，关于该借款相关业务的会计处理正确的是（　　）。

A.借入款项时，借记“长期借款——本金”科目500万元

B.每月预提借款利息时，贷记“财务费用”科目2.5万元

C.每月预提借款利息时，贷记“应付利息”科目2.5万元

D.借款到期归还本息时，贷记“银行存款”科目590万元

3.20×8年1月1日，甲企业向银行借款600万元，期限2年，年利率6%，借款利息分月计提，季末支付，本金到期一次性归还。下列各项中，20×8年3月31日，该企业支付借款利息的会计处理正确的是（　　）。

A.借：财务费用	60 000	
应付利息	30 000	
贷：银行存款		90 000
B.借：财务费用	90 000	
贷：银行存款		90 000

C.借：应付利息　　90 000
　　贷：银行存款　　90 000
D.借：财务费用　　30 000
　　　应付利息　　60 000
　　贷：银行存款　　90 000

（二）多项选择题

1.长期借款所发生的利息费用，可能计入的项目有（　　）。

A.在建工程　　B.预提费用　　C.财务费用　　D.管理费用

2.结合下图，下列有关长期借款的表述恰当的有（　　）。

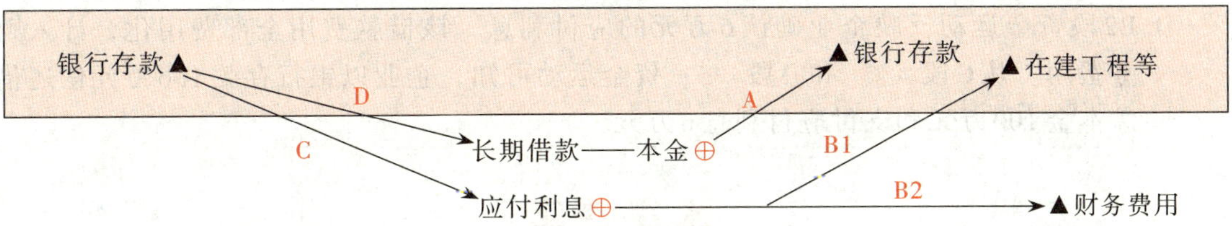

（长期借款——应计利息）

A.长期借款一般按实际发生额计量，不考虑货币的时间价值

B.分期支付利息的，应设置“应付利息”项目；到期连同本金一次性支付的，应在“长期借款”项目下设置“应计利息”明细项目反映

C.一般情况下，日常生产经营活动的借款利息应计入财务费用

D.符合资本化条件的借款利息应计入相关资产成本

3.有关下图中关于长期借款相关业务表述正确的有（　　）。

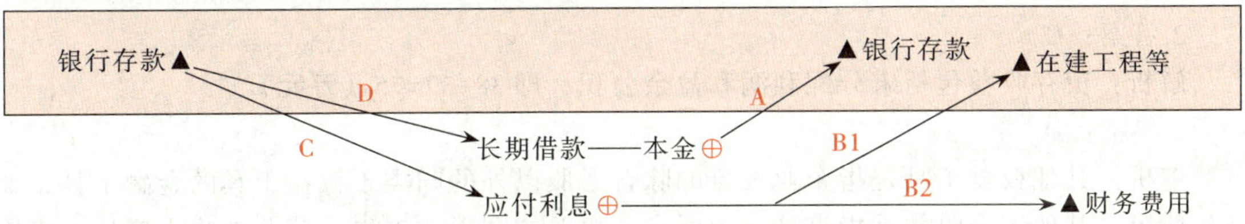

（长期借款——应计利息）

A. A段资金运动反映企业取得长期借款

B. B段资金运动反映企业确认长期借款所应支付的利息。其中，B1段资金运动反映借款费用资本化的部分，B2段资金运动反映借款费用费用化的部分

C. C段资金运动反映偿付利息，D段资金运动反映企业偿还借款本金

D.长期借款的利息如果是分期支付，则企业因此所确认的应付未付的利息应作为“应付利息”处理。如果相关应付未付的利息是到期与本金一并支付的，那该应付未付的利息应该计入“长期借款——应计利息”项目，作为非流动负债项目处理

4.下图是企业长期借款业务引起的资金运动，下图的序号是按照经济业务发生的先后顺序编排的，有关下图相关业务表述正确的有（　　）。

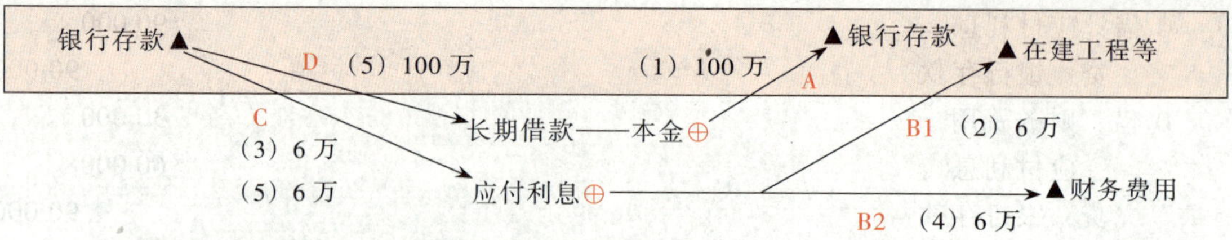

A. A段资金运动反映企业取得长期借款100万元

B. B1段资金运动反映企业确认本期应付借款利息6万元，即一方面确认应付利息6万元，另一方面将6万元的借款费用全部资本化，计入在建工程成本之中

C. C段（3）资金运动反映企业以银行存款6万元支付了应付利息

D. B2段资金运动反映企业确认6万元的应付利息，该借款费用全部费用化，计入财务费用。从C段（5）和D段（5）资金运动可知，企业以银行存款106万元偿还借款本金100万元和支付应付利息6万元

本章答案

一、知识点：权益性筹资概述+投入资本初始投入业务处理

（一）单项选择题

1. 答案：C

解析：所有者权益是企业所有者对企业净资产的要求权，又称为剩余权益。净资产即资产减去负债后的余额。

2. 答案：C

解析：留存收益包括未分配利润和盈余公积，即38+37=75（万元）。

3. 答案：D

解析：其他权益工具是指企业发行的除普通股以外的归类于权益工具的金融工具，如优先股等。其他综合收益是指直接计入所有者权益的利得和损失。营业外收入应计入当期损益，属于损益类项目。

4. 答案：C

解析：资本公积金额=5 000×14×（1−5%）−5 000=61 500（万元）。

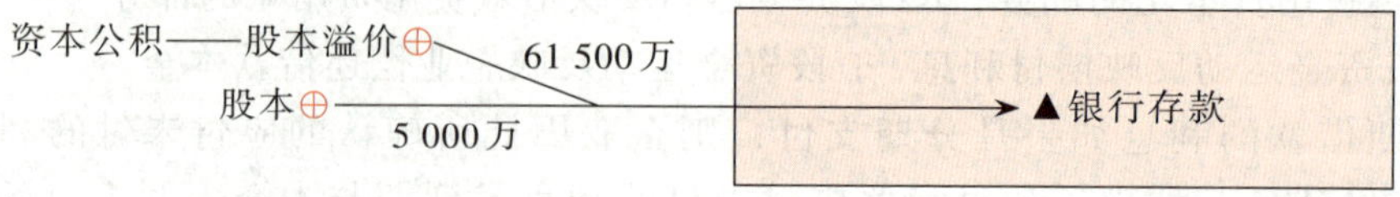

5. 答案：D

解析：丙投资者投资后占新注册资本150万元的1/3，即50万元。因此，丙投资者投入资本110万元中应有50万元作为实收资本，剩下的60万元作为资本公积——资本溢价。

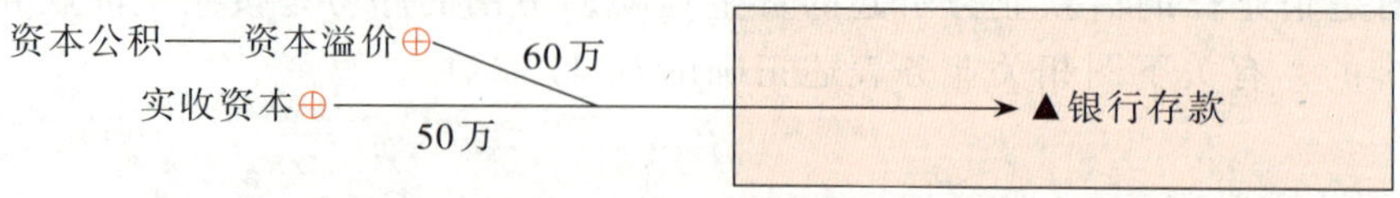

6.答案：A

解析：发行股票的公司，其注册资本即股本的金额：发行股票的股数×每股面值。

7.答案：A

解析：投入资本超过其在注册资本中所占份额的部分，应作为资本公积处理。

8.答案：A

解析：计入股本的金额=2 000×1=2 000（万元）。手续费200万元冲减溢价收入，资本溢价=2 000×4-200=7 800（万元）；咨询费应计入管理费用。

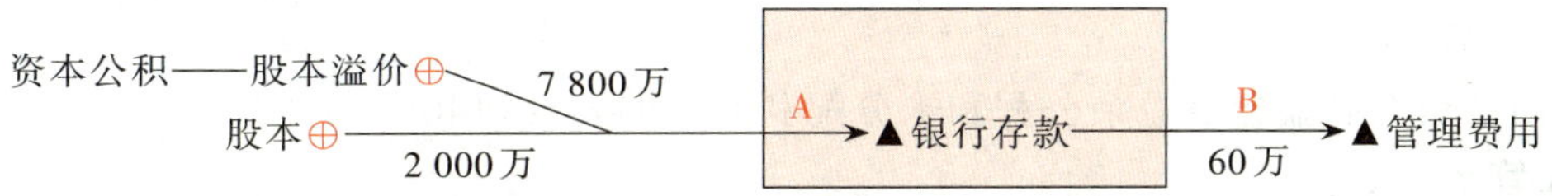

9.答案：B

解析：

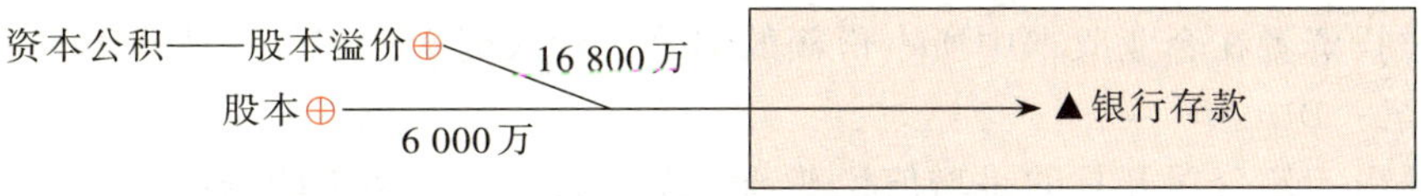

10.答案：C

解析：

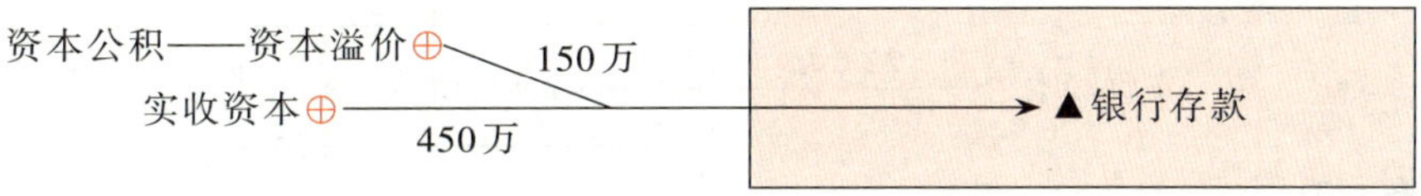

11.答案：D

解析：甲公司应增加的实收资本金额=500 000×（1+13%）=565 000（元）。

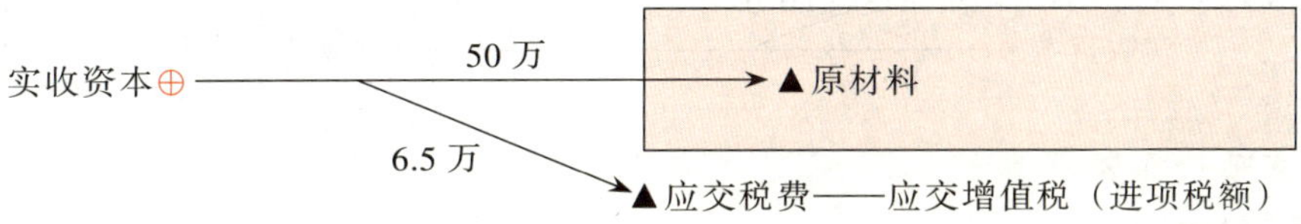

12.答案：C

解析：甲公司的资金运动图：

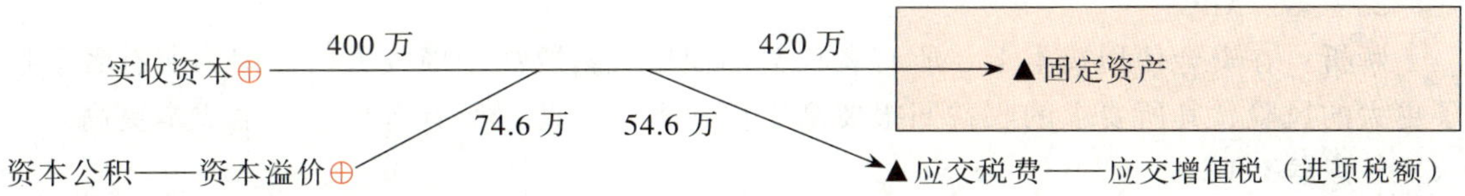

乙公司的资金运动图：

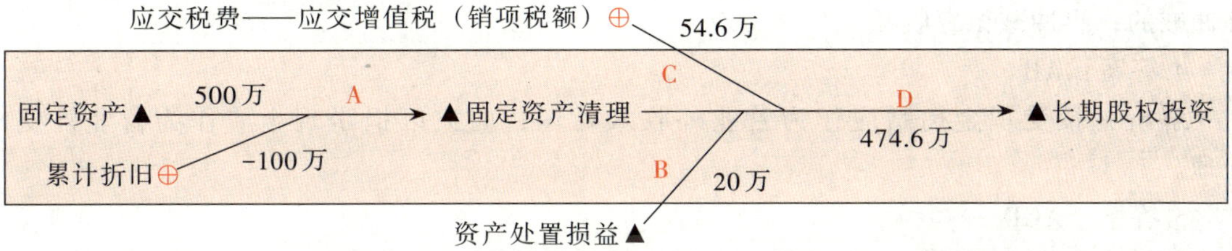

13. 答案：B

解析：资本公积不能用于弥补亏损。企业参与财务经营决策或进行利润分配的依据是持股比例，即实收资本或股本的构成比例。

14. 答案：A

解析：

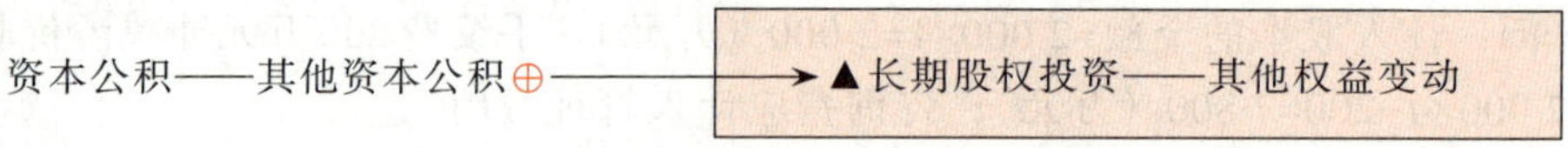

15. 答案：C

解析：留存收益包括盈余公积和未分配利润，即=150+140=290（万元）。

16. 答案：C

解析：股份公司发行股票时，既可以按面值发行，也可以溢价发行（我国目前不允许折价发行）。收到的融资款项，应计入股本等项目。投资合同或协议约定的价值（不公允除外）超过投资者在企业股本中所占份额的部分，计入资本公积——股本溢价。

17. 答案：D

解析：由于乙公司开具的是增值税普通发票，其进项税额不能抵扣，因此该批材料的入账价值为22.6万元。甲公司应按22.6万元确认实收资本。在本笔业务中，消费税只影响乙公司（即投资方）。

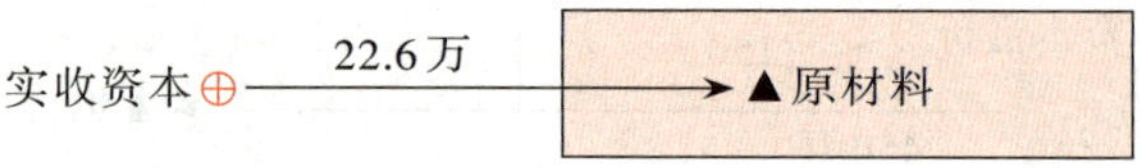

18. 答案：D

解析：实收资本新增的140万元构成：甲20万元、乙20万元、丙100万元。

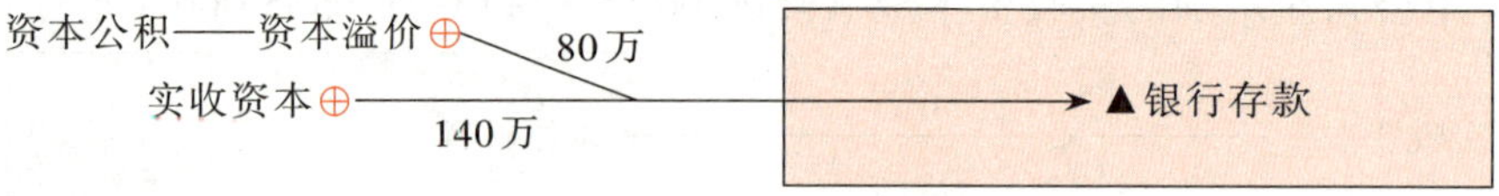

（二）多项选择题

1. 答案：ABCD

解析：这四个选项都是对所有者权益概念的准确描述。

2. 答案：ABC

解析：在资金使用成本上，所有者权益的使用成本要高于债权人的。因为所有者承担了更大的风险，其所要求的收益回报要高于债权人。因此，所有者权益资金成本更高。

3. 答案：ACD

解析：企业发行股票的手续费、佣金等发行费用，首先应冲减溢价收入；溢价收入不够冲减的，再冲减留存收益。

4. 答案：AB

解析：接受现金捐赠应作为营业外收入处理；向灾区捐赠现金应作为营业外支出处理。

5. 答案：ACD

解析：咨询费应计入当期的管理费用。手续费应冲减资本溢价。

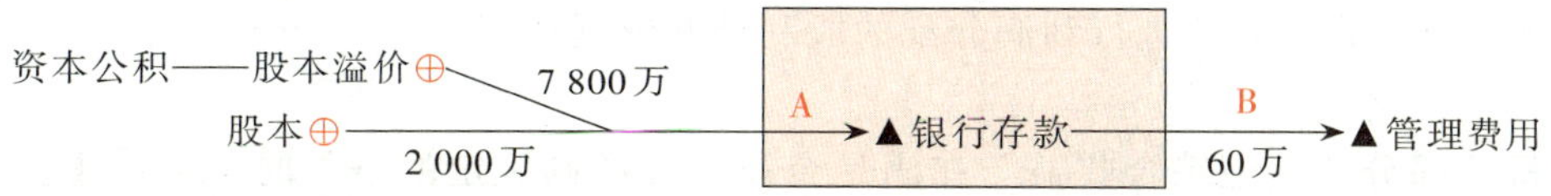

6.答案：BD

解析：发行股票的溢价计入资本公积；发行股票的手续费冲减资本公积——股本溢价，无溢价或溢价不足的依次冲减盈余公积和未分配利润；发行股票取得的价款计入银行存款，按股票的面值计入股本。

（三）判断题

1.答案：×

解析：企业所有的利得和损失都应分为两部分：一部分以损益的形式计入当期利润表；另一部分则以所有者权益的形式，通过“其他综合收益”计入企业的资产负债表。

2.答案：×

解析：发行股票的溢价不够抵销或无溢价的，应冲减留存收益。

3.答案：√

解析：发行股票的企业的股本就只取决于股票的数量与每股面值。

4.答案：×

解析：在我国，股票可以按面值发行，也可溢价发行，但不能折价发行。

5.答案：×

解析：企业收到投资者投入的资金时，与注册资本对应的部分，计入股本或实收资本；其差额部分计入资本公积。

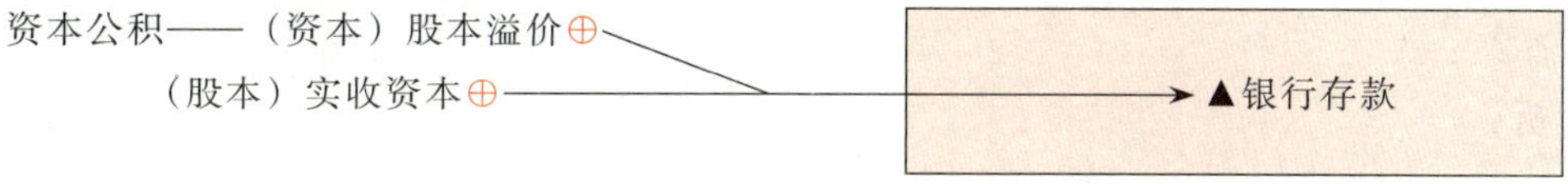

6.答案：√

解析：一般来说，对于投资者投入的非现金资产，应按合同或协议约定的价值确定，但合同或协议约定价值不公允的除外。

7.答案：√

解析：影响所有者权益增加的还有其他原因，如接受投资者投资、发行新股等。

8.答案：√

解析：所有者权益和负债同是权益，一个是对资产的要求权，一个是对净资产的要求权（剩余权益）。

9.答案：√

解析：入账价值肯定应该按照投资合同或协议约定的价值计量，但前提条件是其应该公允。如果不公允，应该按公允价值计量。

10.答案：√

解析：如果不是溢价发行或溢价不足以抵扣，依次冲减盈余公积、未分配利润。

11.答案：×

解析：实收资本的构成比例或股东的股份比例，是确定所有者在企业所有者权益中所占份额的基础，也是企业进行利润分配的股利分配依据。

12.答案：×

解析：部分“其他综合收益”在满足企业会计准则规定的条件时，可以重分类进损益，从而成为企业利润的一部分。

二、知识点：投入资本后续业务处理

（一）单项选择题

1.答案：C

解析：企业不能用资本公积弥补亏损。因为资本公积属于投资者的投入资本，用资本公积弥补亏损实际上是一种减资行为。

2.答案：A

解析：股票面值与注销的股数只能决定所应注销的股本数额。

3.答案：D

解析：剩余的所有者权益总额=11 000+3 000+450+550−4 050=10 950（万元）。

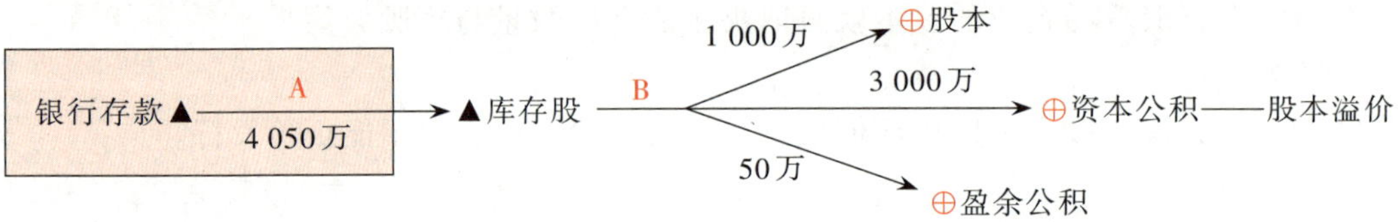

4.答案：B

解析：100+135−85=150（万元）。

5.答案：A

解析：

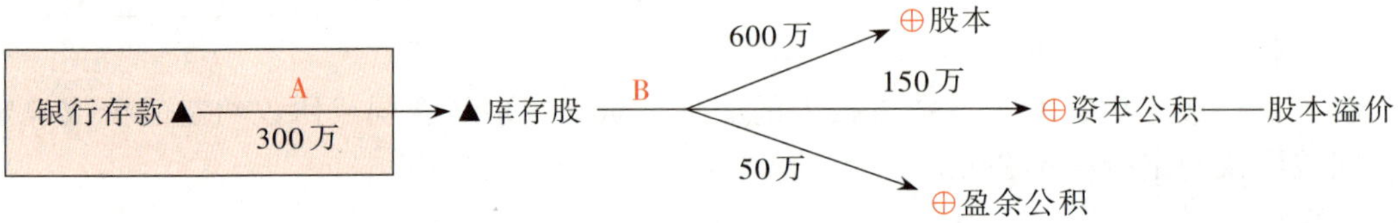

6.答案：C

解析：

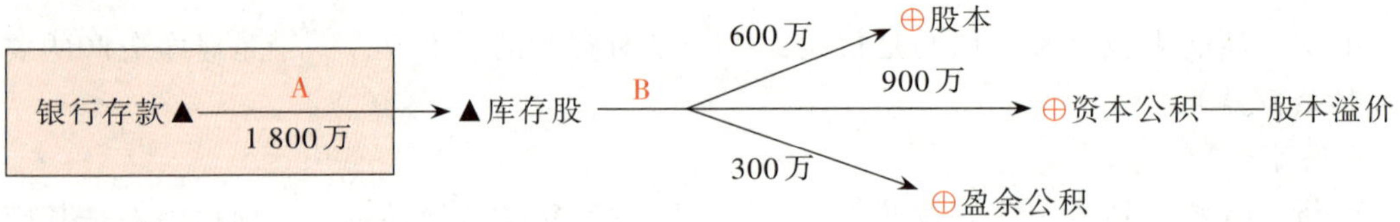

7.答案：B

解析：

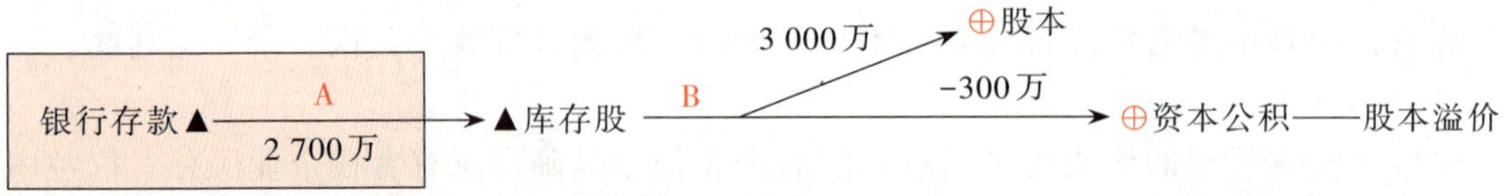

8.答案：B

解析：

选项A：

选项B：

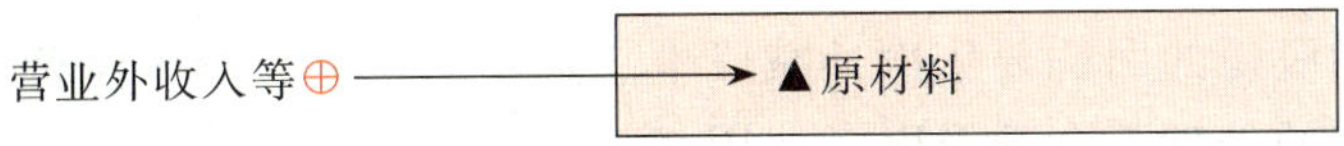

选项C：

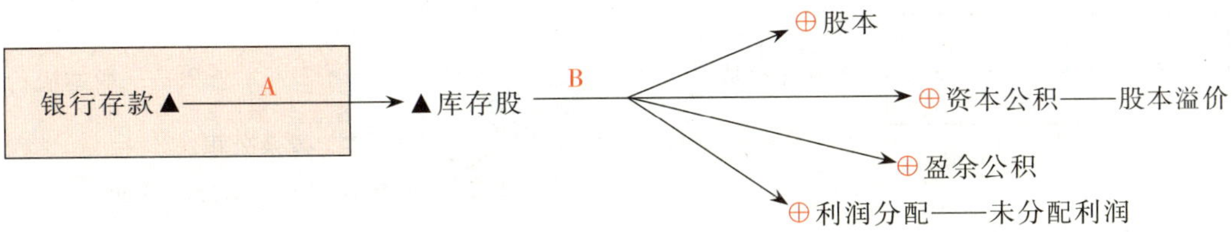

选项D：

9.答案：D

解析：

选项A：

选项B：

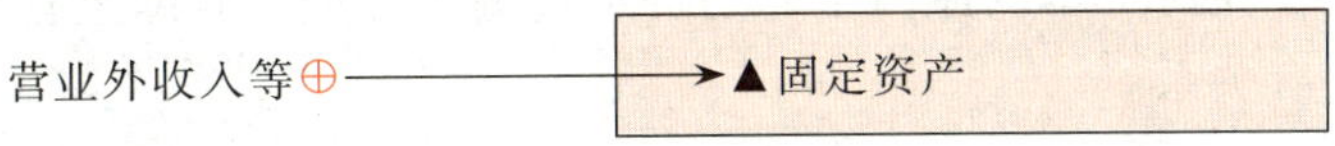

选项C：

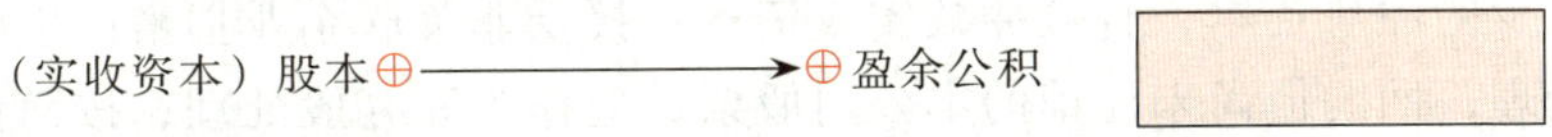

选项D：

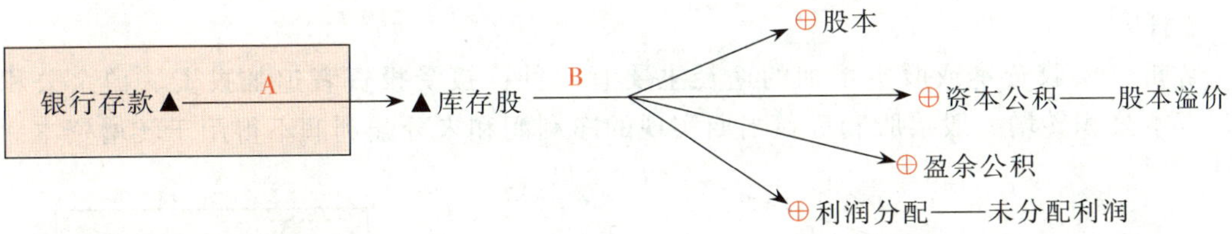

（二）多项选择题

1.答案：ABD

解析：A段资金运动反映股份的回购，该段资金运动会使企业所有者权益总额减少。因此选项C是错的。其他的选项A、B、D都是对业务恰当的描述。

2.答案：ACD

解析：从图中可知，企业回购了500万股的普通股，每股回购价为4元。因此选项B

是错的。其他的选项A、C、D都是对业务恰当的描述。

3.答案：ABCD

解析：这四个选项都是对业务恰当的描述。

4.答案：ABCD

解析：这四个选项都是对业务恰当的描述。

5.答案：ABD

解析：一般，股份的回购要依次冲减股本、资本公积——股本溢价、盈余公积和未分配利润。股份回购的处理不会涉及财务费用。

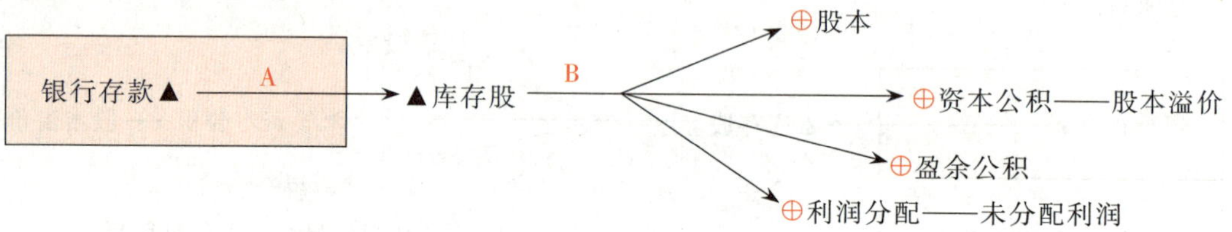

6.答案：ABCD

解析：这四种情况反映了企业资本或股本增加的途径。

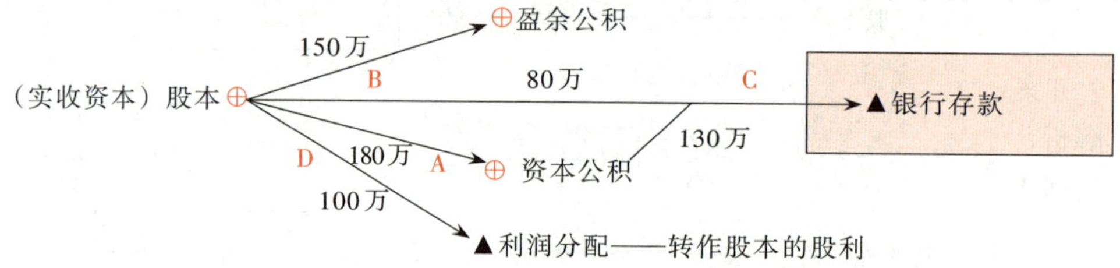

7.答案：ABC

解析：企业减少注册资本的原因主要是资本过剩、亏损、收缩经营规模等。企业发放现金股利与减资没有关系。

8.答案：ACD

解析：减少的注册资本，直接冲减实收资本；接受非关联企业捐赠产生的利得应作为营业外收入处理；回购但尚未注销的本公司股票，应作为库存股处理；按面值发行股票筹集的资金金额作为股本核算。

9.答案：AC

解析：实收资本或股本增加的途径主要有四种：接受投资者追加投资、盈余公积转增、资本公积转增、股票股利等。当期实现的净利润和未分配利润不得用于转增资本。

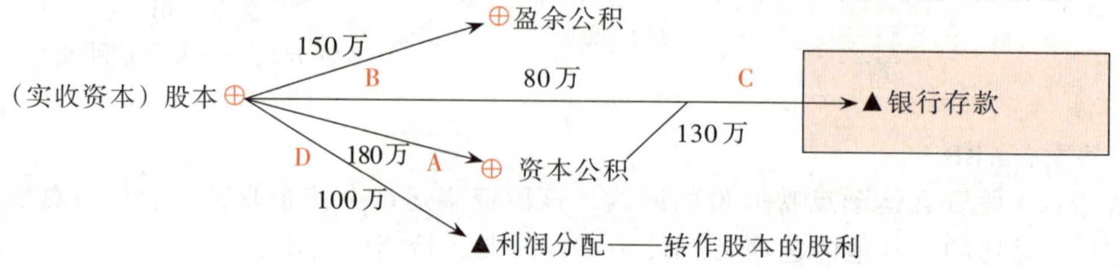

10.答案：ABCD

解析：

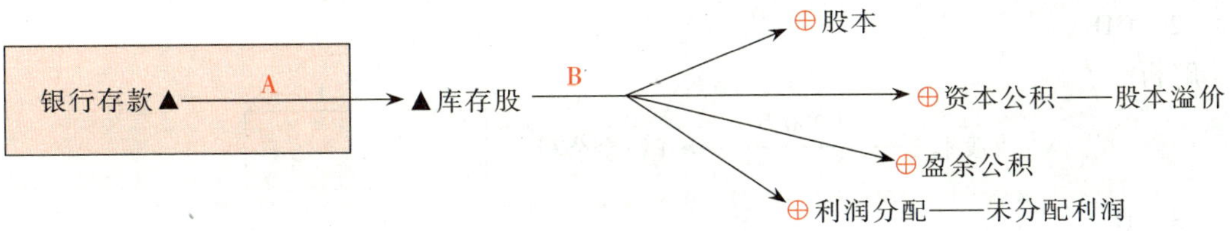

11.答案：ABCD

解析：由于资本公积和盈余公积均属于所有者权益，用其转增资本时，如果是独资企业，就比较简单，直接结转即可；如果是股份有限公司或有限责任公司，则应该按照原投资者各自出资比例相应增加各投资者的出资额。

12.答案：ABC

解析：收到的外部捐款应作为营业外收入处理。

选项A、选项B（冲减资本公积）、选项C：

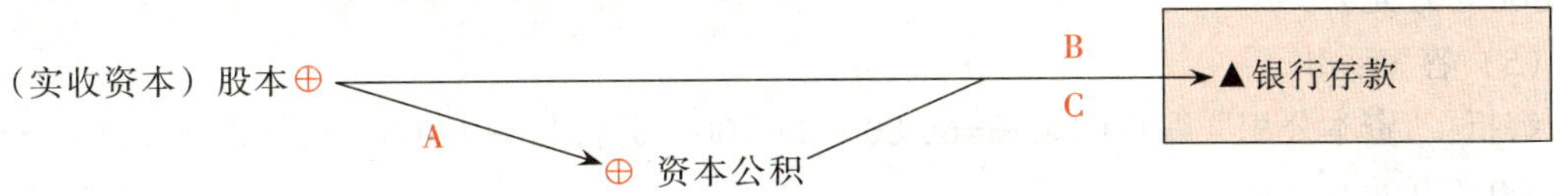

选项D：

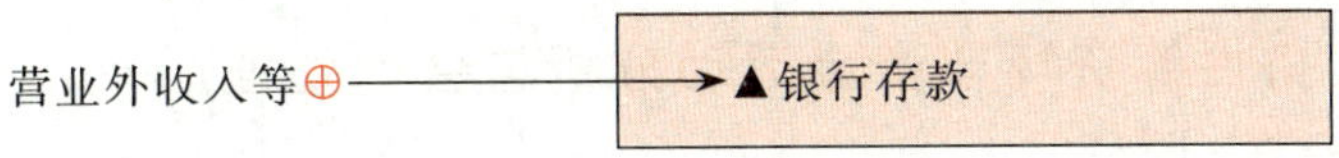

（三）判断题

1.答案：×

解析：用盈余公积转增资本不影响所有者权益总额的变化，自然就不会影响企业的净资产。因为净资产就是企业的所有者权益。

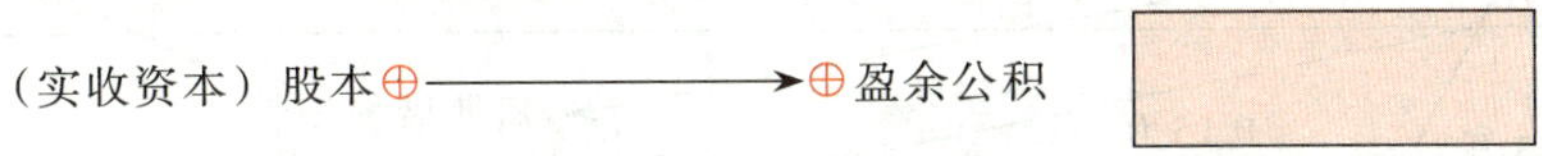

2.答案：√

解析：这句话是对库存股注销的正确解释。

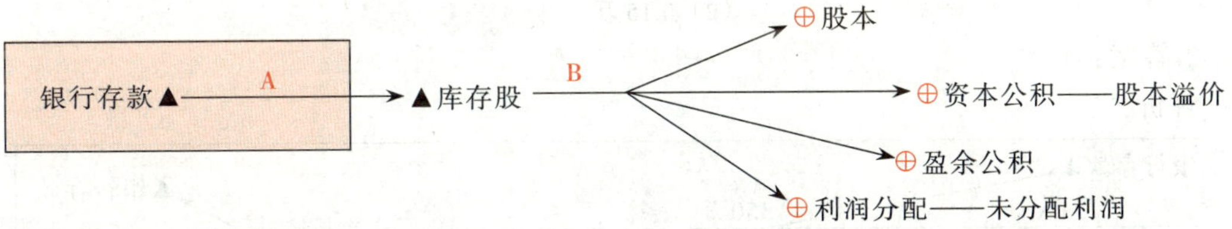

（四）不定项选择题

1.答案：

（1）AC。

解析：

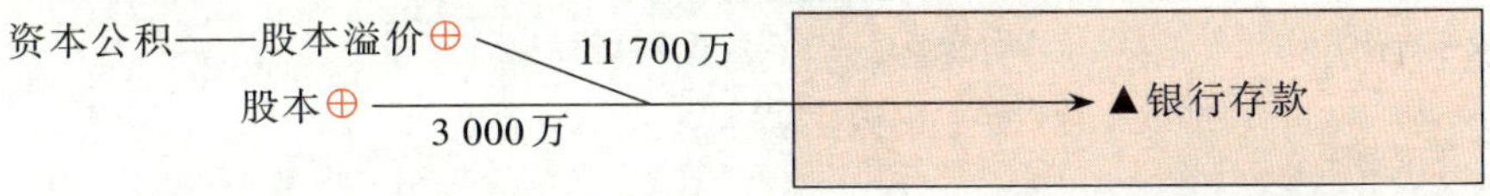

（2）CD

解析：

（3）D

解析：

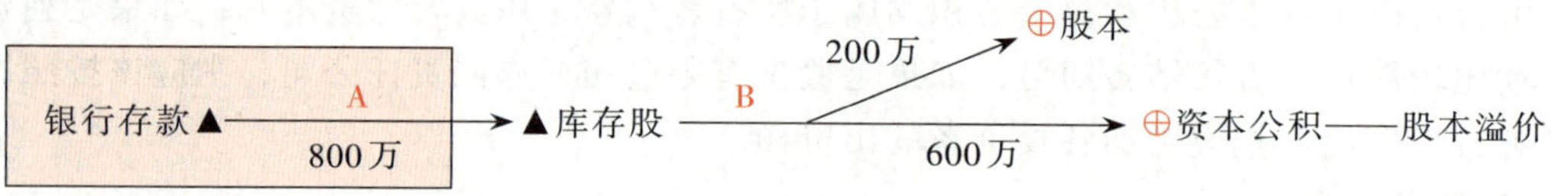

（4）答案：A

解析："股本"账户的余额=20 000+3 000（资料1）+4 000（资料2）−200（资料3）=26 800（万元）。

（5）答案：B

解析："资本公积"账户的余额=60 000+11 700（资料1）−4 000（资料2）−600（资料3）=67 100（万元）。

三、知识点：债务性筹资环节资金运动分析与会计处理

（一）单项选择题

1.答案：D

解析：

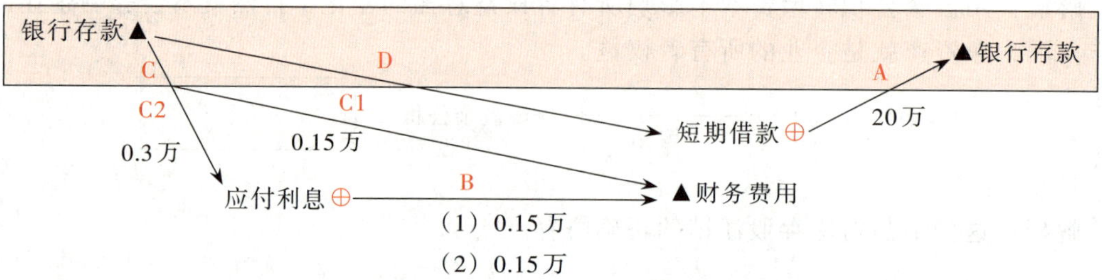

2.答案：D

解析：

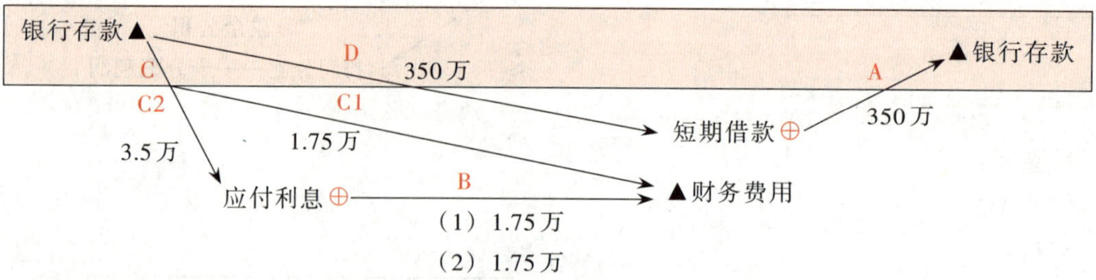

3.答案：D

解析：

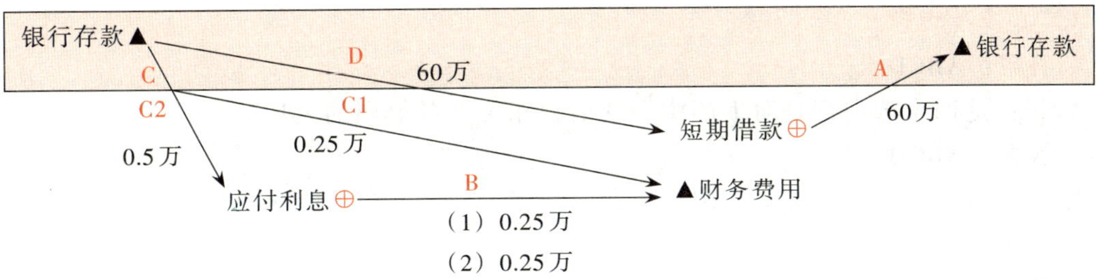

4.答案：C

解析：

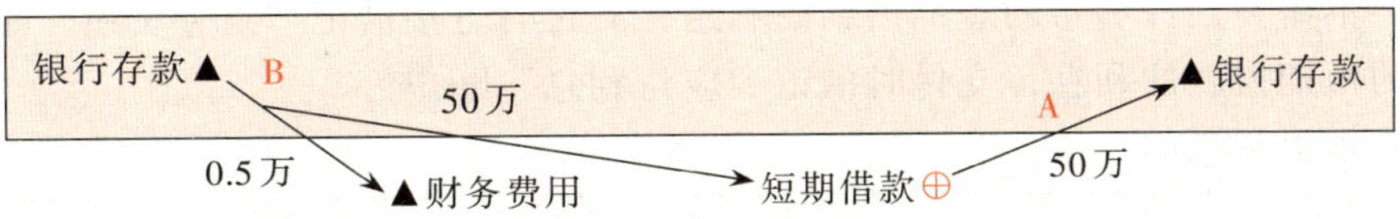

5.答案：D

解析：选项D，负债所导致的未来经济利益流出的金额能够可靠计量，属于负债确认的条件之一，不属于负债的基本特征。

6.答案：B

解析：

选项A：

选项B：

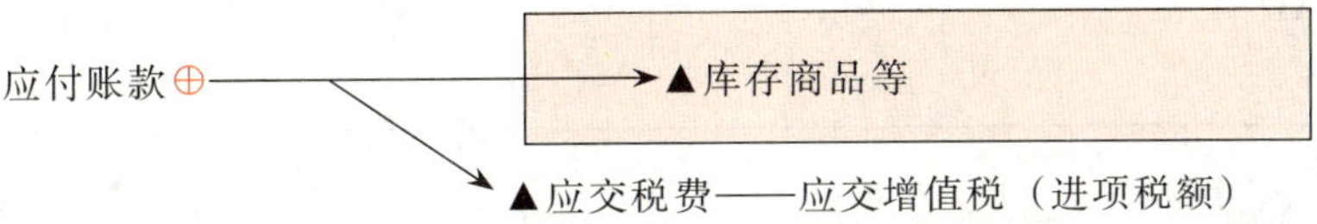

选项C：

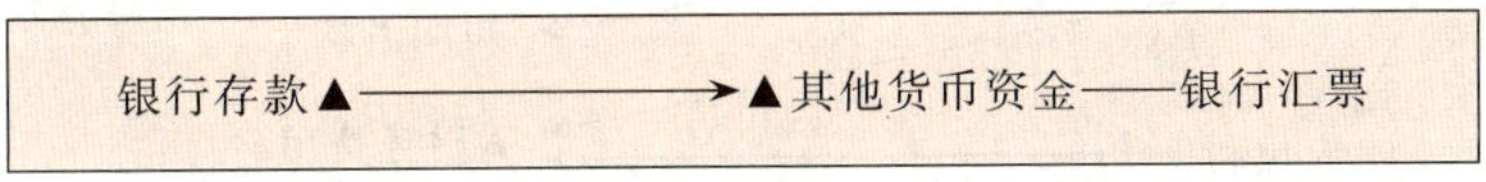

选项D：

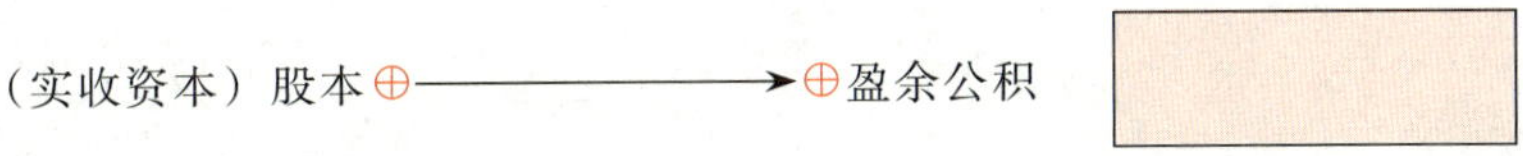

7.答案：C

解析：短期借款利息应计入应付利息，不计入短期借款，所以短期借款的账面价值依然为300万元。

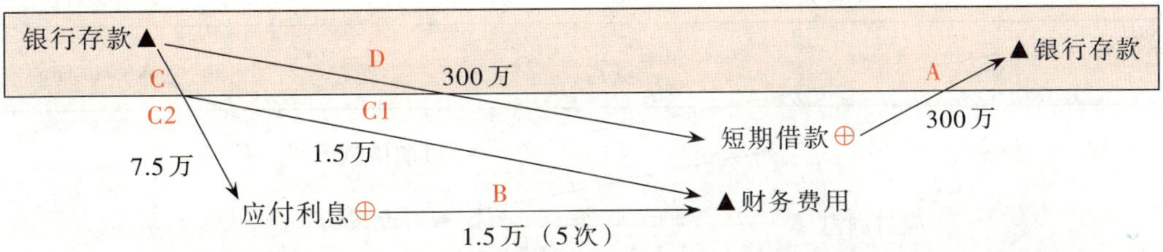

（二）多项选择题

1.答案：ABCD

解析：这四个选项都是对上图中短期借款相关业务恰当的表述。

2.答案：ABCD

解析：这四个选项都是对上图中短期借款相关业务恰当的表述。

3.答案：AD

解析：负债按照债务偿还期限的长短可以划分为流动负债和非流动负债。

4.答案：CD

解析：不需要预提利息的短期借款的利息，支付时直接借记“财务费用”账户；需要预提利息的短期借款的利息，支付时借记“应付利息”账户。

不需要预提利息的：

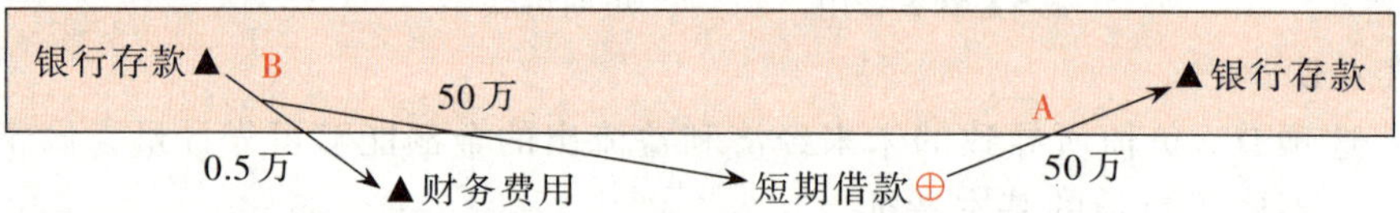

需要预提利息的：

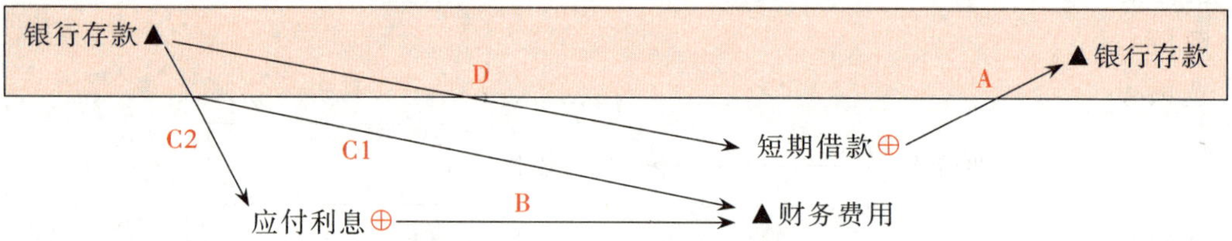

5.答案：AD

解析：

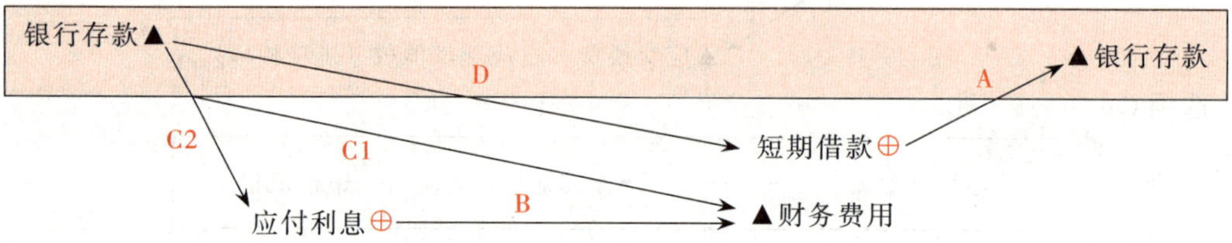

6.答案：BD

解析：

选项A：

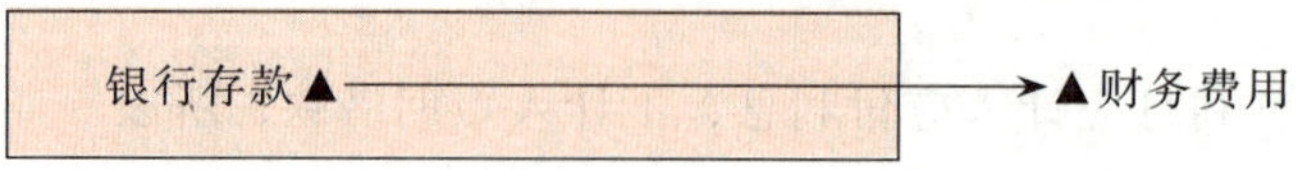

与选项B、C、D相关的：

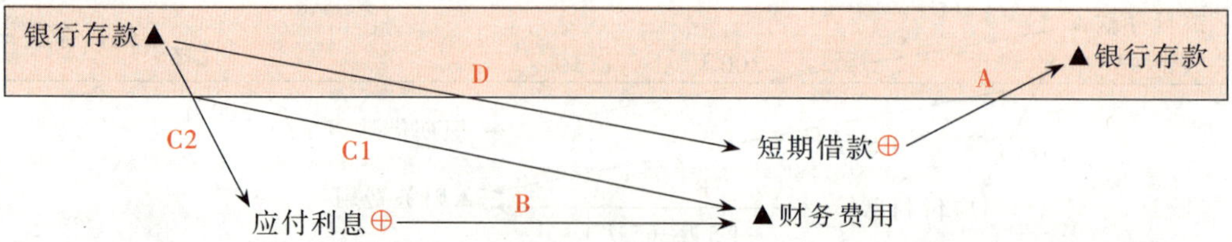

7.答案：BD

解析：

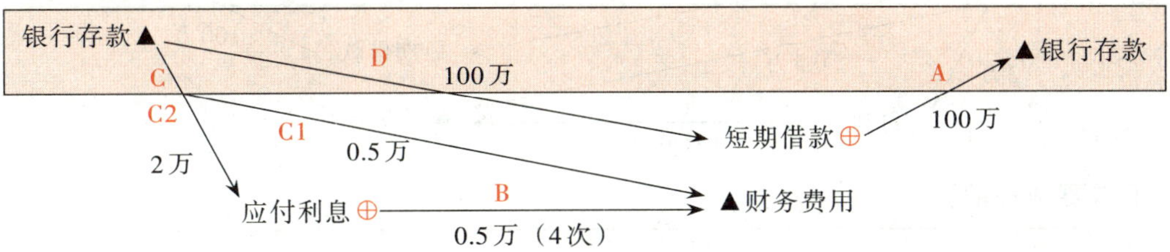

8.答案：ABCD

解析：选项D，属于流动负债，在资产负债表“一年内到期的非流动负债”项目中列示。

（三）判断题

1.答案：×

解析：虽然所有者投入资金没有约定收益回报，但所有者承担了比债权人更大的风险，因此，其要求获得更高的回报。因此，所有者投入的资金也是有成本的，而且其资金成本比债权人的还要高。

2.答案：√

解析：如每季度支付一次利息，则企业应在每月末计提应付利息。

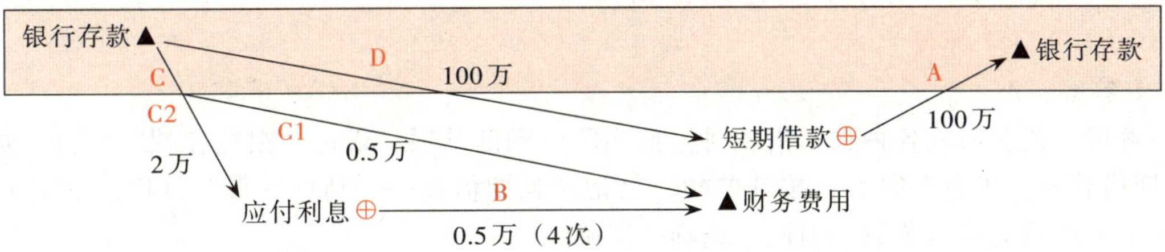

3.答案：×

解析：预提的短期借款利息通过“应付利息”账户核算，不影响短期借款的账面价值。

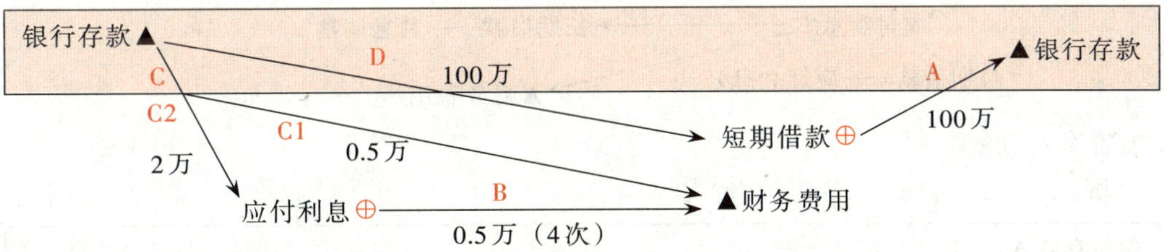

4.答案：×

解析：

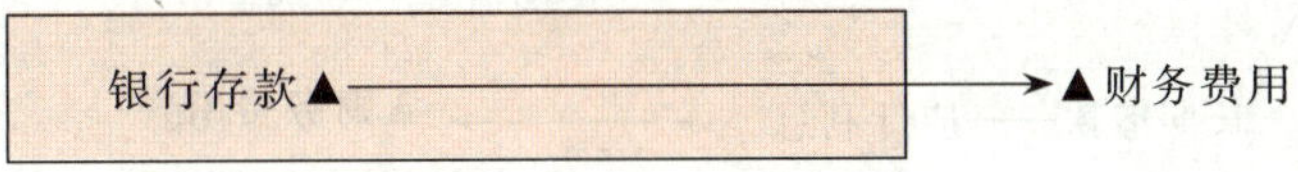

5.答案：√

解析：需要预提的，要通过应付利息和财务费用来反映。

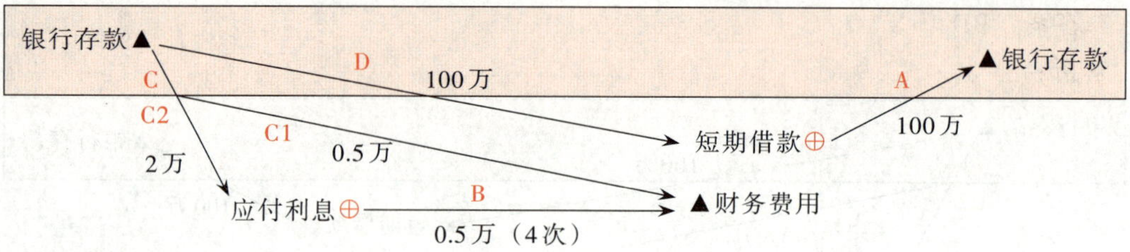

不需要预提的：

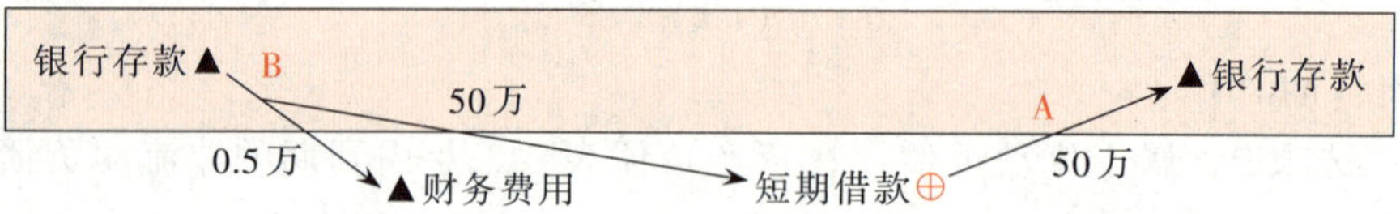

6.答案：×

解析：企业向银行或其他金融机构借入的各种款项所发生的利息除可能计入财务费用外，还可能计入在建工程、制造费用等（满足借款费用资本化条件的）。

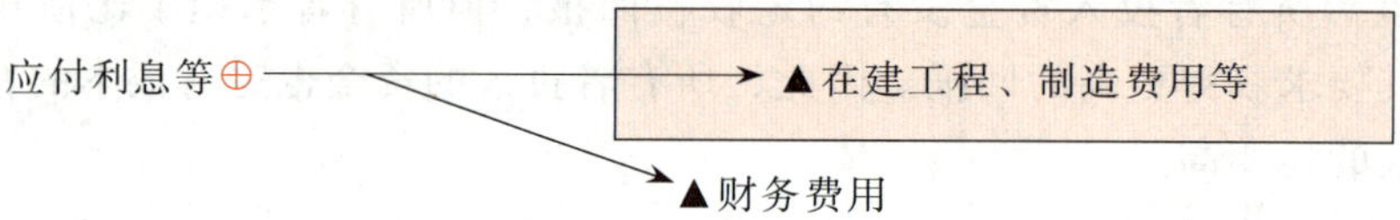

四、知识点：长期借款资金运动分析

（一）单项选择题

1.答案：A

解析：企业借入各种长期借款时，按实际收到的款项，借记“银行存款”科目，贷记“长期借款——本金”科目，按其差额，借记“长期借款——利息调整”科目，下图中A2段资金运动的流量为负数。因此，选项A正确。

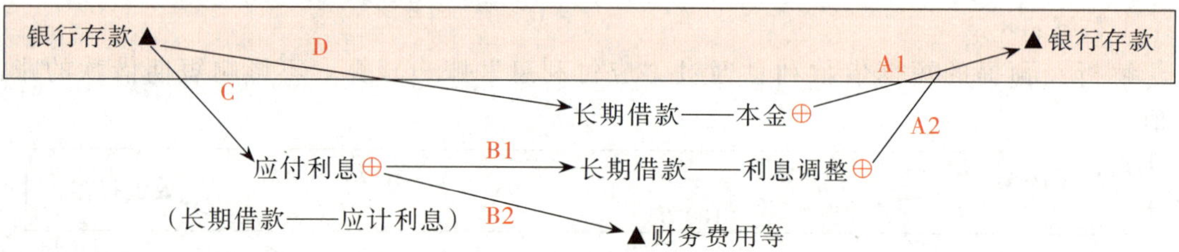

2.答案：D

解析：

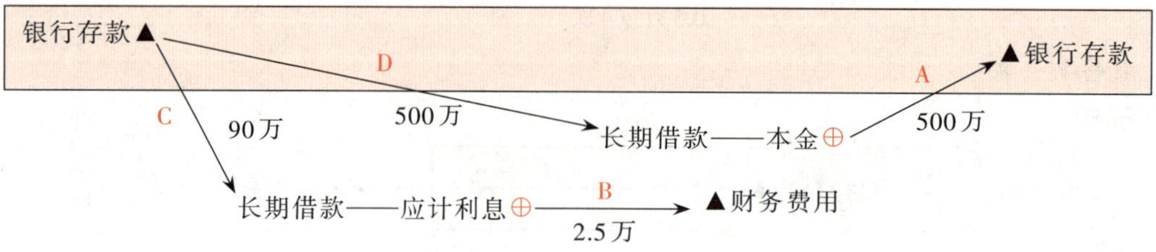

3.答案：D

解析：

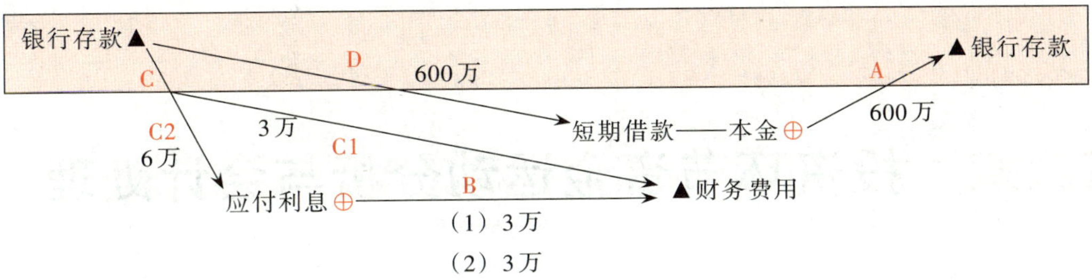

（二）多项选择题

1.答案：AC

解析：长期借款所发生的利息支出等，满足资本化条件的应资本化计入在建工程；不满足条件的，应计入当期的财务费用。

2.答案：ABCD

解析：这四个选项都是对长期借款业务的恰当表述。

3.答案：ABCD

解析：这四个选项都是对长期借款相关业务的恰当表述。

4.答案：ABCD

解析：这四个选项都是对长期借款相关业务的恰当表述。

04-需要增加的

第四章 投资环节资金运动分析与会计处理

一、知识点：固定资产概述+固定资产取得

（一）单项选择题

1.企业购入建造固定资产所需的材料，应记入（　　）科目借方。

A.“固定资产”　　B.“工程物资”　　C.“原材料”　　D.“管理费用”

2.不属于企业自有固定资产的是（　　）的设备。

A.非生产经营用　　B.租出　　C.不需用　　D.经营租入

3.一揽子购入多项没有单独标价的固定资产时，确定的各项固定资产的入账价值是（　　）。

A.各项固定资产的净值

B.各项固定资产的历史成本

C.各项固定资产的重置成本

D.按各项固定资产公允价值比例对总成本进行分配后的金额

4.下列项目中，不应计入固定资产入账价值的是（　　）。

A.固定资产安装过程中领用生产用原材料

B.固定资产达到预定可使用状态前发生的借款手续费用

C.固定资产改良过程中领用自产产品负担的消费税

D.固定资产达到预定可使用状态后发生的借款利息

5.一般纳税人购入生产用固定资产的增值税进项税额计入（　　）。

A.制造费用　　B.固定资产

C.应交税费——应交增值税（进项税额）　　D.营业外支出

6.某企业购入一台需要安装的设备，取得的增值税专用发票上注明的设备买价为100万元，增值税为13万元。支付运输费1万元，取得增值税专用发票，发票中注明运输费1万元，增值税0.09万元。设备安装时，领用工程用材料价值3 000元；发生安装人员工资2 000元（该工资尚未支付）；另外直接以银行存款1万元从市场购买安装材料，增值税0.13万元。该固定资产的成本为（　　）万元。

A. 102　　B.101　　C.102.5　　D.118.76

7.甲公司注册资本为200万元。20×8年6月5日，其接受乙公司以一台不需要安装的设备投资。双方经协商确认，该设备价值为110万元（不含增值税），增值税专用发票上注明的税额为14.3万元。接受乙公司的投资后，注册资本增至300万元，乙占其注册资本的30%。则“资本公积——资本溢价”的金额为（　　）万元。

A. 14.3　　B.10　　C.24.3　　D.34.3

8.某企业为增值税一般纳税人，其适用的增值税税率为13%。该企业采用自营方式购建一条生产线。购入的工程物资总额为200万元（不含增值税），全部用于工程项目。建造生产线过程中，领用企业外购的原材料一批，成本为30万元，市场售价为45万元；领用企业自产的产品一批，成本80万元，实际售价为100万元。假定不考虑其他因素，则该生产线的入账价值为（　　）万元。

A. 330　　B.345　　C.325　　D.310

9.甲公司为增值税一般纳税人，购入一台需要安装的设备，取得的增值税专用发票上注明的价款为30万元，增值税税款为3.9万元。应付安装人工费3万元，领用原购入的原材料1万元。为使设备达到预定可使用状态，支付专业人员服务费2万元（不考虑增值税）。另外发生员工培训费1万元。则该固定资产的入账成本为（　　）万元。

A. 34　　B.36　　C.37　　D.39.9

10.20×8年9月10日，甲公司自行建造厂房，购入一批建筑材料，取得的增值税专用发票上注明的价款为2 000万元，增值税税款为260万元，全部用于工程建设。领用本企业生产的水泥一批，成本为40万元，售价为50万元；领用本企业的原材料5万元；工程应付薪酬10万元；支付其他费用并取得增值税专用发票，注明安装费30万元（不含税），税率9%。工程完工达到预定可使用状态，甲公司将其作为固定资产核算。该固定资产的入账金额为（　　）万元。

A. 2 095　　B.2 085　　C.2 345　　D.2 347.7

11.某企业以银行存款购入一台不需要安装的设备，增值税专用发票注明：设备价格为300 000元，增值税为39 000元。另外以现金支付运杂费，取得运费增值税专用发票，其上注明运费2 500元，增值税225元。该固定资产的入账价值为（　　）万元。

A. 30　　B.33.9　　C.30.25　　D.34.15

12.20×9年3月8日，甲公司接受乙公司捐赠的不需要安装的新设备一台。增值税专用发票注明的买价为40万元，增值税进项税额为5.2万元。甲公司以银行存款支付相关的运杂费，并取得增值税专用发票，运输费3 000元，增值税进项税额为270元。该固定资产的入账价值为（　　）万元。

A. 40　　B.45.2　　C.40.3　　D.45.5

13.20×9年6月5日，甲公司接受乙公司以一台不需要安装的设备作为投资。经双方协商确认，该设备价值为500 000元（不含增值税），增值税专用发票上注明的进项税额为65 000元。乙公司投资后占甲公司注册资本100万元的30%。该笔业务导致甲公司的资本公积金额增加（　　）万元。

A. 0　　B.6.5　　C.20　　D.26.5

（二）多项选择题

1.下图是购买需要安装的固定资产所引起的资金运动，该公司为增值税一般纳税人。下列描述正确的有（　　）。

A. A段资金运动反映企业购买需要安装的设备。从A段流量可以推测，企业可能支付了两笔款项，一笔是购买设备200万元及增值税进项税额26万元，一笔是支付运输费1万元，增值税0.09万元。所有款项均以银行存款支付

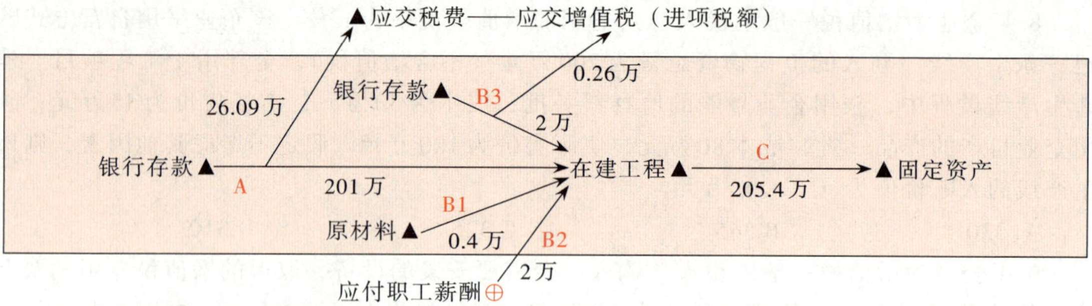

B. B1段资金运动反映企业从仓库领用材料0.4万元投入安装。B2段资金运动反映企业发生2万元的安装人员薪酬

C. B3段资金运动反映企业以银行存款外购2万元的材料等用于安装，其增值税进项税额为0.26万元

D. C段资金运动反映设备安装完毕，达到预定可使用状态，转入固定资产，其金额总计为205.4万元

2. 下图是企业采用出包方式取得固定资产引起的资金运动。该企业为增值税一般纳税人。有关下图的描述正确的有（　　）。

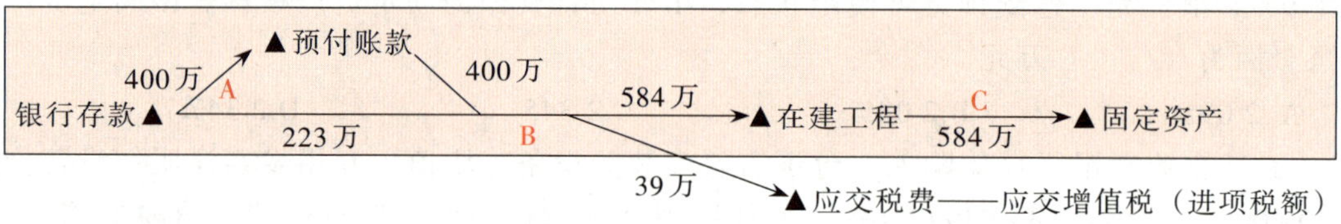

A. A段资金运动反映企业以银行存款预付了400万元的工程出包款

B. B段资金运动起点反映企业在工程完工时补付工程款223万元

C. B段资金运动终点反映在企业总付出的623万元中，有584万元形成在建工程成本，有39万元涉及增值税进项税额

D. C段资金运动反映该出包工程已达到预定可使用状态，将其转为固定资产，成本为584万元，该固定资产应该属于服务于企业集体福利事业的固定资产

3. 下图反映的是企业自营工程资金运动。有关下图描述正确的有（　　）。

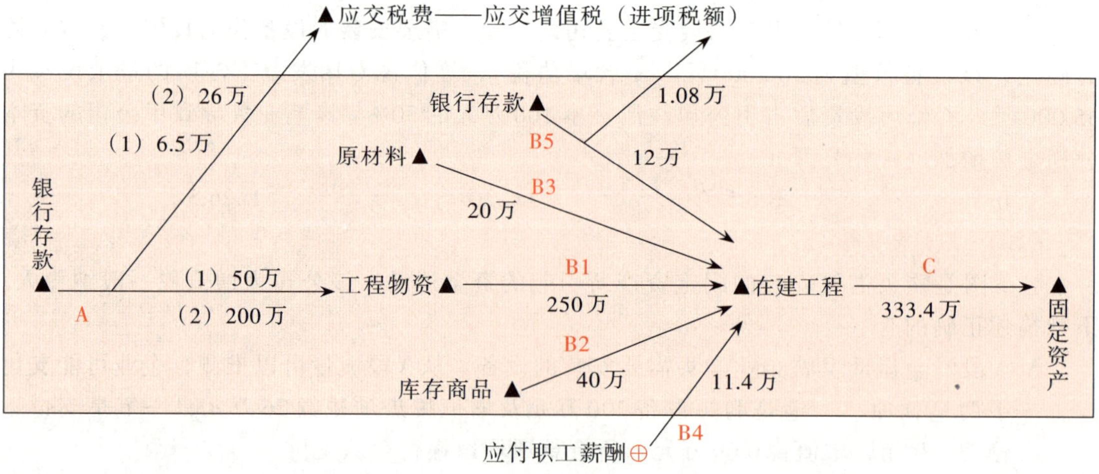

A. A段资金运动反映企业购买了两批工程物资，购价分别为50万元和200万元，这两批工程物资的进项税额分别为6.5万元和26万元。B1段资金运动是将250万元的工程物资投入在建工程

B. B2段资金运动反映企业将本企业生产的产品投入在建工程，其成本为40万元。B3段资金运动反映企业将原材料20万元改变用途，投入在建工程。B4段资金运动反映确认在建工程人员薪酬，其金额为11.4万元

C. B5段资金运动反映企业以银行存款支付安装劳务支出等，其价款为12万元，增值税为1.08万元，增值税税率为9%

D. C段资金运动反映该在建工程达到预定可使用状态，将其转为固定资产，其成本为333.4万元

4.外购固定资产的入账价值包括（　　）。

A.买价　　B.运杂费　　C.途中保险费　　D.进口关税

5.关于固定资产，下列说法中正确的有（　　）。

A.购置的不需要经过建造过程即可使用的固定资产，按实际支付的买价、包装费、运输费、安装成本、交纳的有关税费等，作为入账价值

B.自行建造的固定资产，按建造该项资产并使其达到预定可使用状态前所发生的必要支出，作为入账价值

C.投资者投入的固定资产，按投资方原账面价值作为入账价值

D.盘盈的固定资产一般按重置成本计价

6.下列项目中，构成一般纳税企业固定资产价值的有（　　）。

A.支付的买价

B.支付的耕地占用税

C.进口设备的关税

D.自营在建工程达到预定可使用状态后发生的借款利息

7.下列有关固定资产的特征和确认条件的描述中，正确的有（　　）。

A.为生产商品、提供劳务、出租、出售或经营管理而持有

B.使用寿命超过一个会计年度

C.固定资产是有形资产

D.所有权发生转移，是判断与固定资产所有权相关的风险和报酬转移的唯一标志

8.下列有关不动产建造过程中所涉及的物资业务描述正确的有（　　）。

A.外购的工程物资，其进项税额要全额计入工程成本

B.工程物资发生报废或毁损的，应将其净损失计入营业外支出

C.企业领用本企业的完工产品投入生产用在建工程，应按库存商品成本结转

D.未使用完的外购工程物资，无论是对外销售还是转为企业的一般原材料，都需要将其由“工程物资”转入“原材料”

（三）判断题

1.已达到预定可使用状况、暂按估计价值确定成本的固定资产在办理竣工结算后，应按实际成本调整原来的暂估价值，但不需要调整原已计提的折旧额。（　　）

2.以一笔款项购入多项没有单独标价的固定资产，应按各项固定资产的公允价值的比例对总成本进行分配，分别确定各项固定资产的成本。（ ）

二、知识点：固定资产折旧+后续支出

（一）单项选择题

1.采用年数总和法计提折旧，每年的折旧额（ ）。

A.逐年递减 B.逐年递增 C.各年不变 D.有时增加有时减少

2.某项固定资产原值为155 000元，预计使用年限为5年，预计净残值为5 000元，按双倍余额递减法计提折旧，则第一年折旧额为（ ）元。

A. 60 000 B.62 000 C.55 000 D.57 000

3.某企业20×8年4月购入并投入使用不需要安装设备一台，原值860万元，预计使用年限5年，预计净残值5万元，采用年数总和法计提折旧，则该企业在20×8年应计提的折旧额为（ ）万元。

A. 285 B.286.7 C.190 D.191

4.20×8年6月10日，甲公司购入一台设备，入账价值为28万元，预计使用寿命为5年，预计净残值率为5%。采用直线法计提折旧。则该设备在20×8年应计提的折旧额为（ ）万元。

A. 5.6 B.2.8 C.5.32 D.2.66

5.20×8年9月20日，甲公司自行建造一条生产线投入使用。该生产线建造成本为500万元，预计使用寿命为5年，预计净残值为20万元。采用双倍余额递减法计提折旧。则该设备在20×8年应计提的折旧额为（ ）万元。

A. 100 B.50 C.96 D.48

6.20×7年12月，甲公司购入一台设备，其入账价值为290万元，设备于当月交付使用，预计使用寿命为5年，预计净残值为5万元，采用年数总和法计提折旧。不考虑其他因素，20×9年该设备应计提的折旧金额为（ ）万元。

A. 76 B.78 C.82 D.83

7.下列固定资产中，应计提折旧的是（ ）。

A.未提足折旧提前报废的房屋 B.闲置的房屋

C.已提足折旧继续使用的房屋 D.已毁损的房屋

8.下列各项中，关于固定资产计提折旧的表述正确的是（ ）。

A.承租方短期租赁租入的房屋应计提折旧 B.提前报废的固定资产应补提折旧

C.已提足折旧继续使用的房屋应计提折旧 D.暂时闲置的库房应计提折旧

9.甲企业对一条生产线进行改建，该设备的原始价值为1 000万元，已经提取折旧400万元。改建过程中发生支出共计300万元（不含增值税），另外以银行存款支付增值税26万元。同时替换一台设备，该设备账面原值300万元，已经提取折旧120万元；将其出售取得收入5万元，增值税0.65万元，款项已存入银行。则改建后该生产线的入账价值为（ ）万元。

A. 1 000 B.1 300 C.900 D.720

10.20×8年4月，由于生产技术进步，甲公司将一条生产线进行技术更新改造。该生产线为20×4年4月购入，原值300万元，预计使用年限10年，预计净残值为0，采用年限平均法计提折旧，至20×8年4月已使用4年。该生产线更新改造期间，发生相关支出30万元，替换新设备价值60万元，被替换旧设备账面价值为36万元。20×8年1月1日，该生产线改造完工。假设不考虑其他因素，则更新改造后该固定资产的账面价值为（　　）万元。

A. 300　　B.270　　C.390　　D.234

11. 甲公司对其购买的一条生产线进行更新改造，该生产线原价500万元，预计使用年限10年，预计净残值为0，按照直线法计提折旧，已计提折旧3年。在更新改造过程中发生相关资本化支出70万元，被替换部分原价为60万元。该生产线更新改造后的成本为（　　）万元。

A. 420　　B.378　　C.510　　D.360

（二）多项选择题

1. 下图是企业固定资产改扩建所引起的资金运动。有关下图的描述正确的有（　　）。

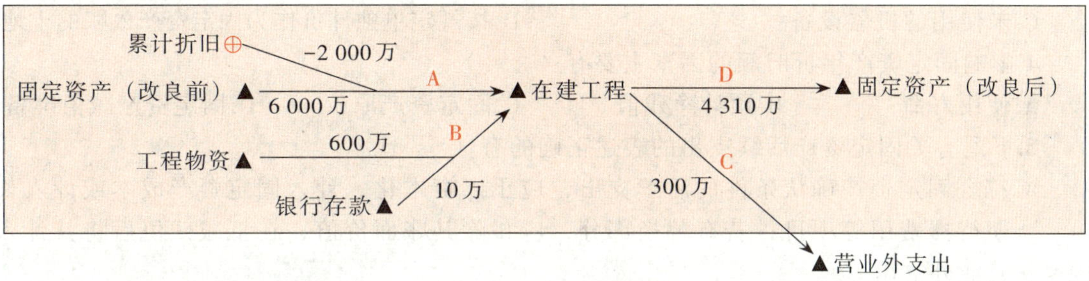

A. A段资金运动反映企业将该固定资产转入改扩建。该固定资产原值6 000万元，已提取折旧2 000万元

B. B段资金运动反映企业投入改扩建工程的各种工程物资600万元，以银行存款支付其他费用10万元

C. C段资金运动反映企业在改扩建过程中拆下的部分资产尚未折旧完的价值为300万元，由于该拆下来的部分没有任何处置价值，因此将这300万元全部转为营业外支出处理

D. D段资金运动反映该改扩建工程完工，达到预定可使用状态，将其转为固定资产，其新的成本为4 310万元

2. 下图是企业固定资产改扩建所引起的资金运动。有关下图的描述正确的有（　　）。

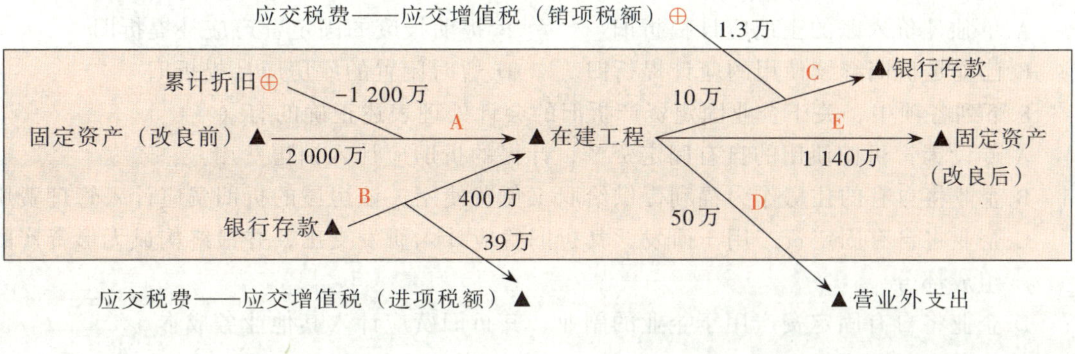

A. A段资金运动反映企业将该固定资产转入改扩建。该固定资产原值2 000万元，已计提折旧1 200万元

B. B段资金运动反映企业为改扩建工程支付了439万元，其中包含39万元的进项税额。但从图中可知B段的流量一定有问题，即发生的支出为400万元，进项税额应该是52万元，但图中却只有39万元

C. C段和D段资金运动反映改扩建过程中拆下来的部件的处理。C段资金运动反映该拆下来的部件售价10万元，另外收到1.3万元的增值税销项税额。D段资金运动反映拆下来的部件尚未折旧完的价值扣除10万元的处置收益后还有50万元全部转为营业外支出

D. E段资金运动反映该改扩建工程完工，达到预定可使用状态，将其转为固定资产，其金额为1 140万元。从图中可以推断，该工程属于非生产用固定资产

3.下列固定资产中应计提折旧的有（　　）。

A.季节性停用的机器设备　　B.大修理停用的机器设备

C.未使用的机器设备　　D.按规定单独计价作为固定资产入账的土地

4.影响固定资产年折旧额的因素主要有（　　）。

A.使用寿命　　B.预计净残值　　C.固定资产原价　　D.固定资产减值准备

5.下列有关固定资产后续支出的表述正确的有（　　）。

A.符合固定资产确认条件的后续支出，应予以资本化，计入固定资产成本或计入长期待摊费用等项目；若有替换部分，应扣除其账面价值，在抵减残值后将其计入营业外支出

B.对租入固定资产的改良支出应予以资本化，计入长期待摊费用进行分期摊销

C.固定资产改良支出应增加固定资产的账面价值，但不能超过其可收回金额，超出的部分要转入营业外支出

D.后续支出不符合资本化条件的，应予以费用化，应当在发生时计入当期损益

6.下列各项中，关于工业企业固定资产折旧的会计表述正确的有（　　）。

A.基本生产车间使用的固定资产，其计提的折旧应计入制造费用

B.租出的固定资产，其计提的折旧应计入其他业务成本

C.建造厂房使用的自有固定资产，其计提的折旧应计入在建工程

D.行政管理部门使用的固定资产，其计提的折旧应计入管理费用

7.下列各项中，关于固定资产计提折旧的表述错误的有（　　）。

A.单独计价入账的土地应计提折旧　　B.提前报废的固定资产应补提折旧

C.已提足折旧继续使用的应计提折旧　　D.暂时闲置的库房应计提折旧

8.下列各项中，关于企业固定资产折旧的会计处理表述正确的有（　　）。

A.专设销售机构使用的自有固定资产，计提的折旧应计入销售费用

B.企业将自有的住房作为福利提供给职工免费使用，该房屋的折旧费应计入管理费用

C.企业将自有固定资产用于研发，其折旧费应计入研发支出，并最终构成无形资产的组成部分

D.企业将自有固定资产用于企业的副业，其折旧费应计入其他业务成本

9.20×5年12月1日，甲公司购入一台生产设备作为固定资产核算，入账价值为36万元，预计使用寿命为5年，预计净残值为1.8万元，采用双倍余额递减法计提折旧，则下列说法中正确的有（　）。

A.20×5年12月，该设备不需要计提折旧

B.该设备20×6年的折旧额为14.4万元

C.该设备20×8年应计提的折旧额为5.184万元

D.该设备20×9年应计提的折旧额为3.888万元

10.20×8年6月20日，甲公司以租赁方式租入一栋具有使用权的办公楼并开始装修，装修时领用生产材料80万元，相关增值税税额10.4万元已经抵扣。装修过程中发生有关人员薪酬费用20万元。7月30日，该办公楼达到预定可使用状态并交付使用，则下列各项中说法正确的有（　）。

A.应确认长期待摊费用100万元

B.应确认在建工程110.4万元

C.按租赁期限与预计可使用年限两者孰短进行摊销

D.按10年进行摊销

（三）判断题

1.企业至少应当于每年年度终了对固定资产的预计使用寿命、预计净残值和折旧方法进行复核，使用寿命预计数与原先估计数有差异的应当调整固定资产使用寿命。（　）

2.企业在计提固定资产折旧时，当月增加的固定资产当月不提折旧，下月起开始计提折旧；当月减少的固定资产当月照提折旧，下月起不再计提折旧。（　）

3.固定资产无论采用哪种折旧方法计提折旧，其累计提取的折旧额不应超过该项固定资产应计提的折旧总额。（　）

4.提前报废的固定资产不需要补提折旧。（　）

5.长期待摊费用是指企业已经发生但应该由本期和以后各期分摊的各项费用。（　）

（四）不定项选择题

1.甲公司为增值税一般纳税人，与固定资产有关的资料如下：

（1）20×7年4月5日，甲公司自行建造一条生产线。为建造该生产线领用自产产品，其成本120万元，其售价为150万元；同时领用以前外购的原材料一批，其购入成本为40万元，购入时其进项税额为5.2万元，现在的售价为50万元。

（2）20×7年4月至6月，应付建造该生产线的工程人员的工资为30万元，用银行存款支付其他费用10万元。

（3）20×7年6月30日，该生产线达到预定可使用状态。其预计使用寿命为5年，预计净残值为0，采用双倍余额递减法计提折旧。

（4）20×9年6月30日，甲公司对该生产线的某一重要部件进行更换，合计发生支出30万元（符合固定资产确认条件）。已知该部件的账面原值为20万元，被替换部分的变价收入为4万元（不含增值税，增值税税率13%）。20×9年7月31日，达到预定可使用状态，更新改造后的生产线预计使用年限和计提折旧的方法并未发生改变，预计净残值为0。

根据上述资料，不考虑其他条件，回答下列各小题。

（1）下列固定资产中，需要计提折旧的有（　　）。

A.短期租出的机器设备　　B.单独计价入账的土地

C.日常修理期间的固定资产　　D.闲置不用的厂房

（2）根据资料（1），关于领用自产产品用于在建工程的相关说法中，应计入在建工程的金额为（　　）万元。

A. 120　　B.150　　C.135.6　　D.169.5

（3）根据资料（1），关于领用外购原材料用于在建工程的相关说法中，应计入在建工程的金额为（　　）万元。

A. 40　　B.45.2　　C.50　　D.56.5

（4）根据资料（1）至（3），该生产线的入账价值为（　　）万元。

A. 226　　B.200　　C.219.5　　D.240

（5）该条生产线在更换重要部件后，重新达到预定可使用状态时的入账价值是（　　）万元。

A. 97.8　　B.102.8　　C.94.8　　D.96.2

2.甲公司为增值税一般纳税人，增值税税率为13%。20×8年第三季度发生的固定资产业务如下：

（1）7月10日，公司管理部门购入一台不需要安装的M设备，取得的增值税专用发票上注明的设备价款为40万元，增值税税款为5.2万元；另外发生运输费2万元，增值税0.18万元，款项均通过银行存款支付，根据税法的规定，相关增值税都可以抵扣。

（2）M设备经过调试后，于7月12日投入使用，预计使用10年，预计净残值率为5%，采用双倍余额递减法计提折旧。

（3）7月25日，公司生产车间购入一台需要安装的N设备，取得的增值税专用发票上注明的设备价款为300万元，增值税税款为39万元；另外发生保险费2万元（未取得增值税专用发票），款项均通过银行存款支付。根据税法的规定，相关增值税可以抵扣。

（4）8月2日，将N设备投入安装，以银行存款支付安装费8万元（不考虑增值税）。N设备于8月22日达到预定可使用状态并投入使用。

（5）N设备采用工作量法计提折旧，预计净残值为10万元，预计总工时为5万小时。9月N设备实际使用720小时。

除上述资料外，不考虑其他因素。

要求：根据上述资料，回答下列问题。

（1）M设备的入账价值为（　　）万元

A. 40　　B.45.2　　C.42　　D.47.38

（2）20×8年8月M设备的折旧额为（　　）万元。

A. 0.7　　B.0.665　　C.0.72　　D.0.82

（3）购入N设备时，应记入的科目是（　　）。

A.“固定资产”　　B.“工程物资”　　C.“在建工程”　　D.“固定资产清理”

（4）甲公司支付N设备安装费以及设备到达预定可使用状态时的会计处理正确的有（　　）。

A.借：在建工程　　80 000
　　贷：银行存款　　80 000

B.借：固定资产　　80 000
　　贷：银行存款　　80 000

C.借：固定资产　　3 100 000
　　贷：在建工程　　3 100 000

D.借：在建工程　　3 100 000
　　贷：固定资产　　3 100 000

（5）N设备20×8年9月份的折旧额为（　　）万元。

A. 4.32　　B.4.27　　C.4.464　　D.4.68

3. 甲公司为增值税一般纳税人，存货、动产适用的增值税税率为13%，不动产适用的增值税税率为9%。在生产经营期间以自营方式改良一条生产线和建造一栋厂房，这两项工程同时进行。20×8年5月至12月发生的与两项工程相关的经济业务如下：

（1）20×8年5月31日，开始对生产线进行改良并转入在建工程。该生产线为20×6年5月31日取得的，原值为600万元，预计使用年限为10年，预计净残值为0，采用年限平均法计提折旧。

（2）20×8年6月1日，为改良该生产线购入工程物资M一批，取得的增值税专用发票上注明的物资价款为120万元，增值税税款为15.6万元，根据税法的规定，该增值税可以抵扣。为建造厂房购入工程物资N一批，取得的增值税专用发票上注明的物资价款为800万元，增值税税款为104万元，根据税法的规定，该增值税可以抵扣。所有款项均在购买当时立即予以支付。

（3）20×8年6月20日，改良生产线领用工程物资M共计100万元，建造厂房领用工程物资N共计800万元。

（4）20×8年8月31日，改造生产线的工程人员薪酬85万元，建造厂房的工程人员薪酬200万元。该薪酬均已以银行存款支付。

（5）20×8年8月31日，工程建设领用生产用原材料合计40万元，其中生产线耗用原材料5万元，厂房耗用35万元。

（6）20×8年8月31日，生产线和厂房同时达到预定可使用状态，并交付使用。

要求：根据上述资料，回答下列小题。

（1）关于生产线转入在建工程的下列表述中正确的有（　　）。

A.按照生产线原值转入在建工程　　B.生产线的账面价值为600万元

C.改良时已计提的折旧为120万元　　D.按照生产线账面价值转入在建工程

（2）关于甲公司改良生产线的会计处理，下列说法中正确的有（　　）。

A. 20×8年5月31日转入在建工程为480万元

B.为改良生产线购入工程物资M的入账价值为135.6万元

C.为改良生产线购入工程物资M的入账价值为120万元

D.为改良生产线发生的职工薪酬应当计入当期损益

（3）关于甲公司建造厂房的会计处理，下列说法中正确的是（　　）。

A.为建造厂房购入的工程物资N的入账价值为800万元

B.为建造厂房购入的工程物资N的入账价值为904万元

C.为建造厂房领用的工程物资N所涉及的进项税额应当全部作为进项税额转出

D.为建造厂房所发生的职工薪酬应当计入当期管理费用

（4）生产线达到预定可使用状态并交付使用的入账价值为（　　）万元。

A. 670　　B.190　　C.790　　D.185

（5）下列表述正确的有（　　）。

A.为购建生产用不动产购进的工程物资进项税额不予抵扣

B.为购建生产用不动产购进的工程物资进项税额可以抵扣

C.生产车间管理人员的薪酬应计入管理费用

D.生产车间管理人员的薪酬应计入制造费用

三、知识点：固定资产处置+固定资产清查+固定资产减值

（一）单项选择题

1.20×8年4月30日，甲公司出售一栋自建的建筑物，原价2 000万元，已计提折旧1 200万元；该建筑物原建造时所涉及增值税已全部计入其成本。用银行存款支付相关处置费用5万元。取得出售收入1 030万元（含增值税，采用简易计税办法，其税率为3%），款项已存入银行。则该固定资产处置的净收益为（　　）万元。

A. 1 000　　B.1 030　　C.200　　D.195

2.20×8年3月31日，甲公司出售一台设备，原价100万元，已计提折旧94万元，将其转入清理。在原取得该设备时，其增值税已作为进项税额进行抵扣。用银行存款支付清理费用1万元。取得出售收入3万元（不含增值税，其税率为13%），款项已存入银行。则该固定资产处置净损失为（　　）万元。

A. 6　　B.4　　C.7　　D.6.52

3.下列固定资产减少，不通过“固定资产清理”账户核算的是（　　）。

A.因盘亏减少固定资产　　B.因出售减少固定资产

C.因报废减少固定资产　　D.因毁损减少固定资产

4.甲公司20×8年12月27日进行财产清查时发现，有未入账设备一台，其重置价值为30万元。该企业适用的所得税税率为25%，其按照净利润的20%提取盈余公积。则该笔错账更正最终导致留存收益调增的金额为（　　）万元。

A. 30　　B.22.5　　C.18　　D.4.5

5.20×8年6月20日，某企业自行建造的一条生产线投入使用，该生产线建造成本为370万元，预计使用年限为5年，预计净残值为10万元，采用年数总和法计提折旧，20×8年12月31日该生产线的可收回金额为298万元，20×8年12月31日该生产线应计提的减值准备为（　　）万元。

A. 10　　B.12　　C.70　　D.60

6.企业某固定资产原值100万元，净残值为0，可使用10年，按年限平均法计提折旧。截至20×8年12月31日，已使用4年，已提取折旧额40万元（含当年）。经测算，此时该固定资产可收回金额为36万元，其可使用年限还有6年。20×9年度全年该固定资产的折旧额为（　　）万元。

A. 10　　B.7　　C.6　　D.8

7.下列关于固定资产的相关表述中，正确的是（　　）。

A.企业出售固定资产，按照固定资产的账面原值转入固定资产清理

B.企业固定资产清理一定会影响营业利润

C.毁损报废的固定资产净收益，通过资产处置损益核算

D.盘盈的固定资产不影响利润总额

8.某企业出售一台设备，原价23万元，已折旧5万元。出售该设备取得的增值税专用发票上注明的价款为20万元，增值税税额为2.6万元，发生清理费用1.5万元。不考虑其他因素，该企业出售设备应确认的净收益为（　　）万元。

A.-2.9　　B.0.5　　C.20　　D.2

9.某企业出售一项固定资产收回的价款为80万元，该资产原价为100万元，已折旧60万元，计提减值准备5万元，处置发生清理费用5万元。不考虑其他因素，处置该资产对当期利润总额的影响金额为（　　）万元。

A. 40　　B.80　　C.50　　D.35

10.下列各项中，按照管理权限经批准后计入营业外支出的是（　　）。

A.因管理不善造成的存货盘亏　　B.固定资产盘亏净损失

C.无法查明原因的现金短缺　　D.由过失人赔付的库存商品毁损

11.下列各项中，不会导致固定资产账面价值发生增减变化的是（　　）。

A.盘盈固定资产　　B.短期租入设备

C.以固定资产对外投资　　D.计提减值准备

12.某公司20×8年12月30日购入一台设备，其入账价值为300万元，预计使用寿命为10年，预计净残值为30万元，采用直线法计提折旧。20×9年12月31日，该设备存在减值迹象，经测试其预计可收回金额为240万元。20×9年12月31日该设备账面价值为（　　）万元。

A. 270　　B.240　　C.273　　D.238

13.下列各项中，通过“待处理财产损溢”账户核算的是（　　）。

A.报废、毁损固定资产　　B.盘盈固定资产

C.盘亏固定资产　　D.对外捐赠固定资产

14.某企业因管理不善丢失了一台笔记本电脑，购入时原价为1.5万元，增值税进项税额为0.195万元，企业购买当初作为固定资产核算。截至丢失时，已计提折旧0.6万元，应收责任人赔款0.2万元。应计入营业外支出的金额为（　　）万元。

A. 1.3　　B.0.7　　C.0.895　　D.0.817

15.甲公司20×7年12月1日购入一台生产用设备，作为固定资产核算，入账价值为36万元，预计使用年限为5年，预计净残值为1.8万元，采用直线法计提折旧。20×8年12月31日，该设备的可收回金额为24万元，预计尚可使用年限和净残值不变，则该设备20×9年应计提的折旧额为（　　）万元。

A. 5.55　　B.4.44　　C.6　　D.6.84

（二）多项选择题

1.下图是固定资产处置所引起的资金运动。有关下图的描述正确的有（　　）。

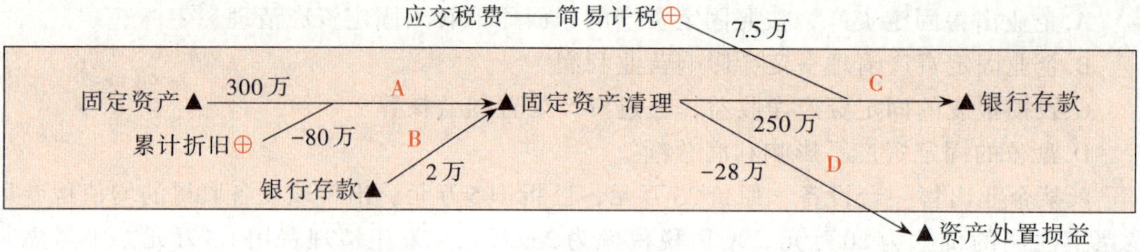

A. A段资金运动反映企业将该固定资产转入清理。该固定资产原值300万元，已计提折旧80万元。在不考虑减值准备的情况下，其账面价值为220万元

B. B段资金运动反映企业发生了2万元的固定资产清理费

C. C段资金运动反映企业将该固定资产出售，取得银行存款250万元，增值税7.5万元，该增值税业务采用简易计税办法处理

D. D段资金运动流量为-28万元，反映企业处置该固定资产发生净亏损28万元

2.下图是固定资产处置所引起的资金运动。有关下图的描述正确的有（　　）。

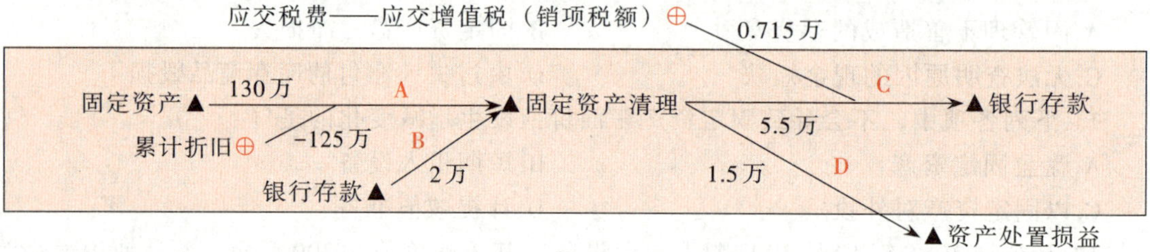

A. A段资金运动反映企业将该固定资产转入清理。该固定资产原值130万元，已计提折旧125万元。在不考虑减值准备的情况下，其账面价值为5万元

B. B段资金运动反映企业发生了2万元的固定资产清理费

C. C段资金运动反映企业将该固定资产出售，取得银行存款5.5万元，增值税0.715万元。该增值税业务采用简易计税办法处理

D. D段资金运动流量为1.5万元，反映企业处置该固定资产发生净收益1.5万元

3.结合下图，“固定资产清理”账户贷方登记的项目有（　　）。

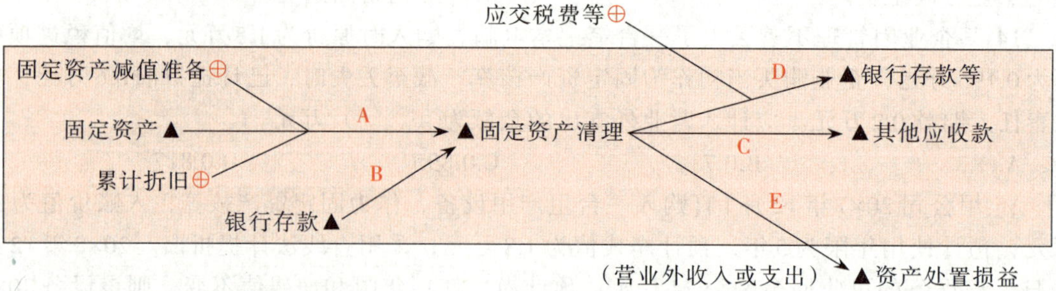

A.转入清理的固定资产净值　　B.变价收入

C.结转的清理净收益　　D.结转的清理净损失

4.结合下图，“固定资产清理”账户借方核算的内容包括（　　）。

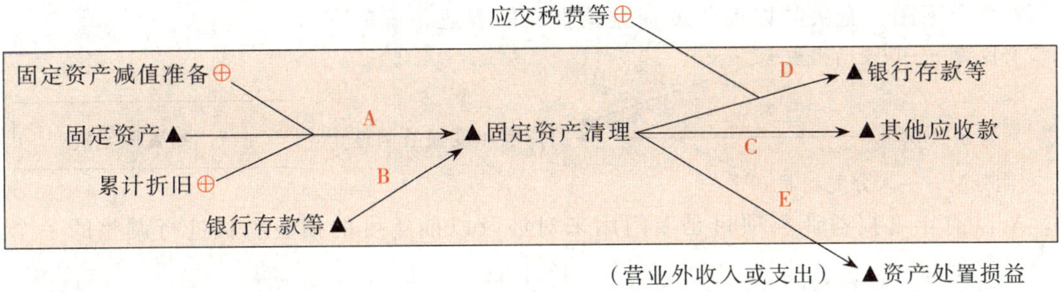

A.转入清理的固定资产净值　　　　B.发生的清理费用

C.结转的清理净损失　　　　　　　D.结转的清理净收益

5.下图是有关固定资产盘盈所引起的资金运动。有关下图的描述正确的有（　　）。

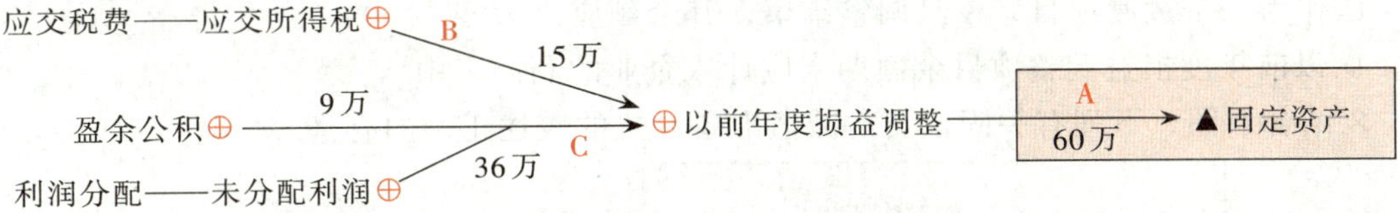

A. A段资金运动反映企业盘盈固定资产，其公允价值为60万元。企业将其作为错账更正，因此所采用的项目是“以前年度损益调整”。通过A段资金运动的终点确保账实相符，通过其起点“以前年度损益调整”项目拟对以前的错账进行修正。从本题来看，以前的错账主要是盘亏了这台设备

B. B段资金运动反映企业将这笔错账对应交所得税的影响进行调整。通过B段资金运动将因以前的错账少缴纳的所得税予以补提，其金额为15万元

C. C段资金运动反映企业将这笔错账对留存收益的影响进行调整。通过C段资金运动将因以前的错账少提的留存收益予以补提，其金额为45万元

D.从C段资金运动流量可知，企业当年提取盈余公积的比例为15%

6.下图是有关固定资产盘亏所引起的资金运动，当初取得该固定资产的增值税税率为13%，增值税2.6万元已全额抵扣。有关下图的描述正确的有（　　）。

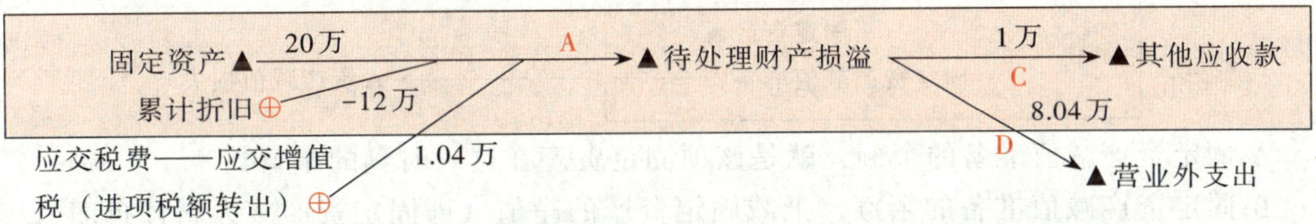

A. A段资金运动反映企业发生固定资产盘亏，该固定资产原值20万元，已折旧12万元，原已抵扣的增值税的40%转出。A段资金运动的起点确保企业账实相符，A段资金运动的终点反映尚未处理的盘亏事项

B. B段资金运动反映有关责任人或保险公司对该盘亏损失所承担的赔偿责任为1万元

C. C段资金运动反映将盘亏的金额扣除相关赔偿后的余额8.04万元计入营业外支出

D.总体来看，“待处理财产损溢”像一座桥梁，起了一个过渡的作用。最终结果是企业盘亏固定资产，由此造成的损失中有1万元由责任人赔偿，剩下的作为公司的损失处理

7.结合下图，有关“以前年度损益调整”的表述正确的有（　　）。

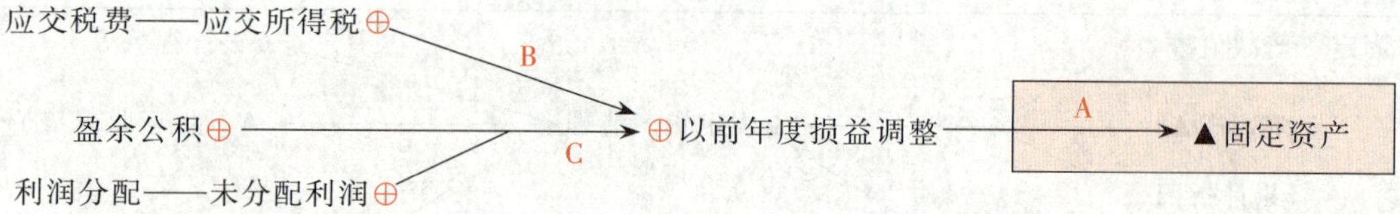

A.以前年度损益调整项目是专门用来对涉及以前年度的损益项目进行调整的一个过渡项目

B.如需要对以前年度的损益类账户进行调整，由于这些项目在发生时的期末余额都为零，导致无法对其进行直接调整，而只能调整其所影响的有余额的项目（可能影响到企业应缴纳的所得税、留存收益等）

C.作为一个过渡项目，一旦调整结束，其余额应该为零

D.以前年度损益调整项目余额期末应计入企业的利润表中

8.结合下图，下列有关固定资产减值准备设置的表述正确的有（　　）。

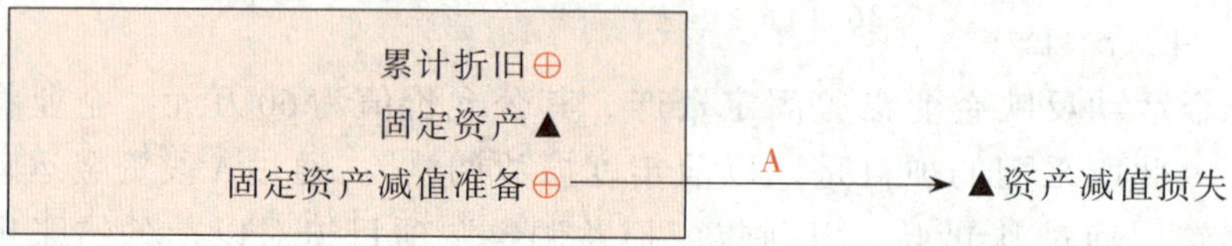

A.固定资产减值准备产生的沙盘推演过程和累计折旧的推演过程基本一致

B.之所以在固定资产减值准备的推演过程中进行人为的技术处理，是为了解决既要遵守稳健性原则又要遵守历史成本原则的“两难”问题

C.通过A段资金运动，确保固定资产减值准备项目的余额反映固定资产的减值情况

D.将固定资产原值、累计折旧和固定资产减值准备结合起来，就可以知道固定资产的账面价值

9.结合下图，下列有关固定资产减值准备发生额和余额的表述正确的有（　　）。

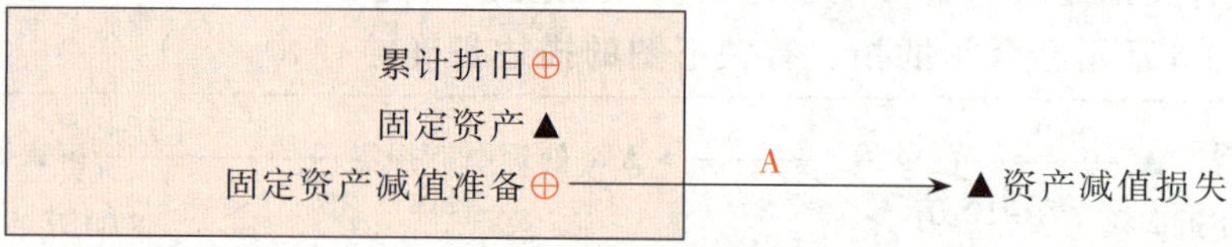

A.固定资产减值准备的余额，就是该项固定资产在这一时刻的减值数

B.固定资产减值准备的余额，抵减固定资产的净值（即固定资产减去累计折旧），就可以得到固定资产的账面价值。该账面价值就是该资产列示在资产负债表中的金额

C.A段资金运动流量代表本期提取的减值准备数，该数额就是固定资产减值本期的发生额

D.A段资金运动的目的就是对固定资产减值准备现有的余额进行调整，以确保调整之后的余额就是期末计价所需要的金额，即该资产在这一时刻的减值数

10.下列各项中，应通过“固定资产清理”账户进行核算的有（　　）。

A.固定资产盘亏的账面价值　　B.固定资产更新改造支出

C.固定资产毁损净损失　　　　D.固定资产出售的账面价值

11.下列与固定资产相关的说法中，正确的有（　　）。

A.对固定资产计提折旧，固定资产的账面余额会减少

B.对固定资产提取减值准备，减少了固定资产账面净值

C.对固定资产提取减值准备，减少了固定资产账面价值

D.固定资产盘亏导致固定资产账面价值减少

12.下列各项中，导致企业固定资产账面价值减少的有（　　）。

A.计提固定资产折旧　　　　B.提前报废固定资产

C.盘亏固定资产　　　　D.确认固定资产减值损失

13.下列各项中，企业应在“固定资产清理”账户借方登记的有（　　）。

A.企业因清理固定资产而转出的账面价值

B.清理固定资产过程中支付的相关税费

C.清理固定资产所发生的净损失

D.清理固定资产所取得的残料价值和变价收入

14.下列各项中，企业应在“固定资产清理”账户贷方登记的有（　　）。

A.清理固定资产所发生的清理净损失

B.清理固定资产过程中应由相关责任人或保险公司赔偿的金额

C.清理固定资产所取得的残料价值和变价收入

D.清理固定资产所发生的清理净收益

（三）判断题

1.固定资产出售、报废、毁损的净损益，均应转入营业外收入。（　　）

2.在固定资产清理时，发生变价收入，涉及增值税时，其项目应该是“应交税费——应交增值税（销项税额）”。（　　）

3.盘盈固定资产通过“待处理财产损溢”账户核算，其净收益计入当期营业外收入。（　　）

4.固定资产减值准备的提取，不会影响企业后续期间折旧提取金额。（　　）

5.企业因经营业务调整出售固定资产而发生的处置净损失，应计入营业外支出。（　　）

6.企业计提的固定资产减值准备会减少固定资产的账面价值。（　　）

7.引起固定资产减值的因素消失，可在原已确认的减值损失范围内予以转回。（　　）

8.本期固定资产盘亏净损失会减少企业的营业利润。（　　）

（四）不定项选择题

1.甲公司为从事机械设备加工生产与销售的增值税一般纳税人，适用的增值税税率为13%，所得税税率为25%。20×8年度至20×9年度发生的有关固定资产业务如下：

（1）20×8年12月20日，甲公司一次性购入三台不同型号且具有不同生产能力的M、N、X设备，共支付价款1 000万元，增值税税额130万元；包装费及运杂费1万元，增值税0.09万元；另外支付M设备的安装费5万元，其他设备不需要安装。同时，支付购置合

同签订费、差旅费等相关费用1万元。款项全部以银行存款支付。

（2）20×8年12月28日，三台设备均达到预定可使用状态并投入使用。三台设备的公允价值分别为500万元、360万元和240万元。甲公司按照每台设备的公允价值的比例对总价款进行分配，并分别确认其入账价值。

（3）三台设备的预计使用寿命均为5年，预计净残值率均为2%，均采用双倍余额递减法计提折旧。

（4）20×9年3月，支付M、N、X设备的日常维修费，其金额分别为1.3万元、0.6万元和0.1万元。

（5）20×9年12月31日，对固定资产进行减值测试，发现N设备存在减值迹象，其预计可收回金额低于账面价值的差额为40万元。其他各项资产未发生减值。

要求：根据上述资料，回答下列问题。

（1）根据资料（1）和（2），下列各项中，关于固定资产取得的会计处理正确的有（　　）。

A.固定资产应该按照公允价值进行初始计量

B.支付的相关增值税税额不应当计入固定资产的取得成本

C.固定资产的取得成本与其公允价值的差额应计入当期损益

D.购买价款、包装费、运输费、安装费等费用应计入固定资产的取得成本

（2）根据资料（1）和（2），下列各项中，计算结果正确的有（　　）。

A. M设备的入账价值为460万元

B. N设备的入账价值为327.6万元

C. X设备的入账价值为218.4万元

D. M设备分配购建固定资产总价款的比例为40%

（3）根据资料（1）和（2），固定资产购置业务引起下列账户增减变化正确的有（　　）。

A.银行存款减少1 136.09万元

B.管理费用增加1万元

C.制造费用增加1万元

D.应交税费——应交增值税（进项税额）增加130.09万元

（4）根据资料（3），下列各项中，关于甲公司固定资产折旧的表述正确的有（　　）。

A.前3年计提折旧所使用的折旧率为40%

B. M设备20×9年度应计提的折旧额为184万元

C. N设备20×9年度应计提 的折旧额为131.04万元

D.计提前3年折旧额时不需要考虑净残值的影响

（5）根据资料（5），甲公司计提资产减值准备对其利润表项目的影响是（　　）。

A.资产减值损失增加40万元　　B.营业利润减少40万元

C.利润总额减少40万元　　D.净利润减少30万元

2.甲公司为增值税一般纳税人。自20×6年至20×9年发生的与固定资产有关的业务如下：

（1）20×6年12月1日，公司购入需安装的生产线，取得的增值税专用发票上注明的

生产线价款700万元；发生保险费2.5万元，均以银行存款支付；没有发生其他相关税费。安装期间领用生产用材料，其实际成本和计税价格均为8万元，发生安装人员薪酬3.5万元，没有其他相关税费。该材料未计提存货跌价准备。

（2）20×6年12月31日，该生产线达到预定可使用状态，当日投入使用。该生产线预计使用年限10年，预计净残值为13万元，采用直线法计提折旧。

（3）20×7年12月31日，该公司对该生产线进行检查时发现其已经减值。该公司确定该生产线的可收回金额为598万元，预计使用年限和预计净残值不变。

（4）20×8年6月30日，该公司采用出包方式对该生产线进行改良。当日，该生产线停止使用，开始进行改良。在改良过程中，以银行存款支付工程总价款48.5万元。

（5）20×8年8月20日，改良工程完工验收合格并于当日投入使用，预计尚可使用年限为5年，预计净残值为14万元，采用直线法计提折旧。20×8年12月31日，该生产线未发生减值。

（6）20×9年4月30日，该公司将生产线出售。当日，该公司与购买方办理完毕财产移交手续，并开具增值税专用发票，发票上注明的价款为700万元。

要求：根据上述资料，回答下列小题。

（1）根据资料（1），下列表述不正确的有（　　）。

A.购入生产线时应计入在建工程的金额为700万元

B.发生保险费2.5万元应计入固定资产成本

C.领用材料时应确认进项税额转出1.04万元

D.发生安装人员薪酬3.5万元应计入应付职工薪酬

（2）根据资料（2），20×7年度该生产线应计提的折旧额为（　　）万元。

A. 70　　B.70.1　　C.71.504　　D.71.4

（3）根据资料（3），下列表述中正确的有（　　）。

A.该生产线应计提固定资产减值准备45.9万元

B.该生产线应计提固定资产减值准备32.9万元

C.计提的固定资产减值准备应该贷记“固定资产”账户

D.计提的固定资产减值准备在以后期间可以转回

（4）根据资料（4）和（5），下列表述中正确的有（　　）。

A.改良时按照固定资产的原值转入在建工程

B. 20×8年度该生产线改良前计提的折旧额为32.5万元

C. 20×8年8月20日改良工程达到预定可使用状态后该生产线的成本为636万元

D.改良时，需要将原计提的累计折旧的金额予以转出

（5）根据资料（6），处置该生产线时应确认的处置净收益为（　　）万元。

A. 180　　B.166　　C.-180　　D.-136

3.甲公司为增值税一般纳税人，适用的增值税税率为13%，20×8年度至20×9年度发生的有关固定资产的经济业务如下：

（1）20×8年6月1日，自行建造一条生产线，建造过程中领用工程物资550万元，领用原材料100万元，发生工资费用70万元，用银行存款支付其他相关费用10万元。以上

支出均符合资本化的条件。

（2）20×8年6月30日，该生产线达到预定可使用状态，采用直线法计提折旧，预计使用年限为10年，预计净残值为10万元。

（3）20×8年12月5日，公司决定对现有生产线进行改扩建，以提高其生产能力，共发生材料支出10万元，人工支出20万元，均符合固定资产确认条件。其中被更换部件的账面价值为24万元，更换新部件价值为100万元。20×8年12月31日，该生产线达到预定可使用状态，预计仍可使用10年，净残值为8万元。

（4）20×9年1月1日，甲公司将该生产线对外经营出租，租期1年，每月租金10万元（不含增值税，增值税税率为13%）。

（5）20×8年12月31日，甲公司将一台设备出售，该设备已计提折旧80万元，其账面原值为400万元，取得处置收入500万元存入银行（不含增值税，增值税税率为13%），支付清理费用5万元。

要求：根据上述资料，回到下列小题。

（1）根据资料（1），下列账务处理正确的是（　　）。

A.领用工程物资，应做进项税额转出　　B.领用原材料，应做进项税额转出

C.支付的相关税费，计入管理费用　　D.计入在建工程的金额合计为730万元

（2）根据资料（2），下列表述正确的有（　　）。

A.计提折旧的开始月份为6月

B.计提折旧的开始月份为7月

C.每月计提折旧金额为6万元

D.到使用年限终了，应计提折旧总计720万元

（3）根据资料（3），关于对生产线的更新改造，下列表述正确的有（　　）。

A.更新改造之前，生产线的账面价值为684万元

B.更新改造之前，生产线的账面价值为694万元

C.更新改造之后，生产线的账面价值为810万元

D.更新改造之后，生产线的账面价值为800万元

（4）关于生产线对外出租，下列说法正确的有（　　）。

A.出租固定资产的收入应计入营业外收入

B.出租固定资产的收入应计入其他业务收入

C.出租的固定资产不必计提折旧

D.每月计入其他业务成本的折旧金额为6.6万元

（5）根据资料（5），企业处置该项设备对净损益的影响金额为（　　）万元。

A. 175　　B.95　　C.100　　D.105

4.甲公司为增值税一般纳税人。企业本月发生的经济业务资料如下：

（1）20×8年11月，购入需要安装的设备一台，增值税专用发票上注明的设备价款为600万元，增值税税款为78万元。20×8年12月达到预定可使用状态，发生安装费20万元。所有款项均以银行存款支付。该设备预计使用年限为5年，预计净残值率为5%，采用双倍余额递减法计提折旧。

（2）20×9年12月末，由于使用不当导致设备报废，应由保险公司赔偿250万元，款项尚未收到。

（3）20×9年7月计划筹建一座厂房，工程总价款为700万元（不含增值税），出包给其他公司承建，按合理估计的发包进度和合同规定向该公司结算进度款。10月31日取得增值税专用发票，注明的工程款为420万元，增值税为37.8万元。厂房于20×9年12月交付使用，并支付剩余款项，取得增值税专用发票。该增值税进项税额都可以抵扣。

该厂房按平均法计提折旧，预计使用年限为5年，预计净残值率为5%，不动产施工涉及的增值税税率为9%。

要求：根据上述资料，回答下列小题。

（1）根据资料（1），该设备的入账价值为（　　）万元。

A. 620　　B.678　　C.600　　D.698

（2）根据资料（1），该设备20×9年应计提的折旧额为（　　）万元。

A. 248　　B.271.2　　C.240　　D.279.2

（3）根据资料（2），假设不考虑增值税因素，下列表述正确的有（　　）。

A.应由保险公司赔偿的250万元应计入应收账款

B.应由保险公司赔偿的250万元应计入其他应收款

C.报废固定资产净损失为180万元

D.报废固定资产净损失为122万元

（4）根据资料（3），下列会计分录正确的有（　　）。

A.借：在建工程	4 200 000	
应交税费——应交增值税（进项税额）	378 000	
贷：银行存款		4 578 000
B.借：在建工程	4 200 000	
应交税费——应交增值税（进项税额）	226 800	
应交税费——待抵扣进项税额	151 200	
贷：银行存款		4 578 000
C.借：在建工程	7 000 000	
贷：银行存款		7 000 000
D.借：固定资产	7 000 000	
贷：在建工程		7 000 000

（5）根据资料（3），该厂房20×9年度的折旧额为（　　）万元。

A. 114　　B.68.4　　C.0　　D.9.5

四、知识点：无形资产概述+无形资产取得

（一）单项选择题

1.20×8年2月18日，甲公司购入一项专利权，支付价款为50万元，增值税3万元，为使用该专利权发生员工培训费1万元，为推广该专利权发生广告宣传费3万元。则该专利权的入账价值为（　　）万元。

A. 50　　B.53　　C.54　　D.57

2.下列各项中不能作为企业无形资产入账的是（　　）。

A.自创的专利权　　B.购入的专利权　　C.自创的商誉　　D.购入的商标权

3.甲公司接受乙公司以其所拥有的非专利技术投资，双方商定的价值为100万元（不含增值税）。其增值税专用发票上注明的进项税额为6万元。甲公司注册资本为1 000万元，乙公司投资后占甲公司注册资本的8%。则该笔业务引起资本公积增加（　　）元。

A. 200 000　　B.260 000　　C.800 000　　D.60 000

4.甲公司自20×8年3月1日开始自行开发成本管理软件，在研究阶段发生材料费用等12万元。在开发阶段发生开发人员工资100万元、材料费10万元、机器设备折旧费20万元。开发阶段的支出满足资本化条件。20×9年3月16日，该成本管理软件研制成功，并依法申请了专利，支付注册费1万元、律师费2.5万元，甲公司20×9年3月20日为向社会展示其成本管理软件，特举办了大型宣传活动，支付费用10万元，则甲公司无形资产的入账价值应为（　　）万元。

A. 155.5　　B.143.5　　C.133.5　　D.130

5.某企业研究开发一项新产品。在研究阶段，本年度内花费材料费700 000元，应付人工费850 000元，相关设备折旧费50 000元。则本期应计入管理费用的金额为（　　）元。

A. 1 600 000　　B.700 000　　C.1 550 000　　D.850 000

（二）多项选择题

1.下图是企业自行开发无形资产所引起的资金运动。有关下图描述正确的有（　　）。

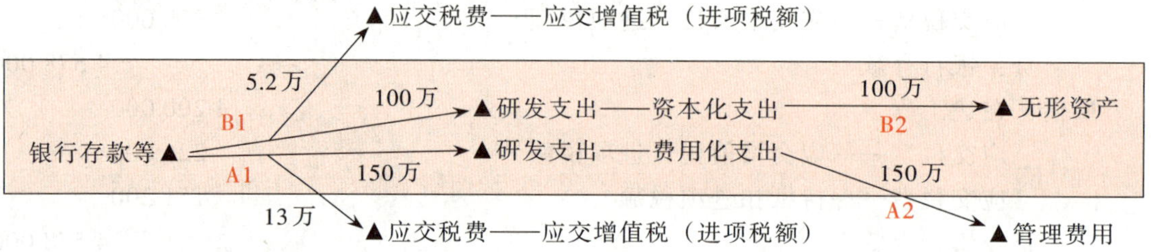

A.从A1段、A2段资金运动可知，企业发生150万元的研发费用（不含增值税），由于不满足资本化的条件，在发生时先计入研发支出——费用化支出；期末时再将这150万元的研发支出转入当期的管理费用

B.从B1、B2段资金运动可知，企业发生100万元的研发费用（不含增值税），由于满足资本化的条件，在发生时先计入研发支出——资本化支出，在研发成功时再将这100万元的研发支出转入无形资产

C.从图中可知，无论是研究阶段发生的增值税支出还是开发阶段发生的增值税支出，一般情况下都可以将其确认为进项税额，从而抵扣企业的销项税额

D.从A段资金运动来看，如将A1段与A2段合并为一段，其所反映的经济含义与原来不合并是完全一样的

2.下列项目中，应计入无形资产成本的有（　　）。

A.支付的购买价款　　B.无形资产研究支出

C.符合资本化条件的无形资产开发支出　　D.无形资产的后续支出

3.关于无形资产的确认，应同时满足的条件有（　　）。

A.符合无形资产的定义

B.与该资产有关的经济利益很可能流入企业

C.该无形资产的成本能够可靠计量

D.必须是企业外购的

4.下列符合无形资产定义的有（　　）。

A.不具有实物形态　　B.是企业拥有或者控制的

C.是可辨认的非货币性资产　　D.是可辨认的货币性资产

5.下列项目中，可以确认为无形资产的有（　　）。

A.购买的版权　　B.商誉

C.企业购入的专利权　　D.有偿取得的特许经营权

6.下列条件符合无形资产可辨认性标准的有（　　）。

A.能够从企业中分离出来

B.能够单独或者与相关合同、资产或负债一起，用于出售、转移、授予许可、租赁或交换

C.源自合同性权利或其他法定权利

D.这些合同性权利必须可以从企业或其他权利和义务中转移或者分离

7.外购无形资产的成本包括（　　）。

A.购买价款

B.进口关税

C.其他税费

D.直接归属于使该项资产达到预定用途所发生的其他支出

8.下列关于无形资产研发支出的说法，正确的有（　　）。

A.企业研究阶段的支出，应在发生时记入“研发支出”账户，期末转入管理费用

B.企业研究阶段的支出，应在发生时计入无形资产的成本

C.企业开发阶段的支出，符合资本化条件时可以资本化

D.企业开发阶段的支出，在期末一定转入当期损益

9.企业自行研究开发无形资产，下列关于开发阶段的说法中正确的有（　　）。

A.开发阶段发生的支出应全部费用化

B.开发阶段发生的支出应区分资本化部分和费用化部分

C.开发阶段发生的支出应全部计入无形资产成本

D.只有开发阶段发生的资本化支出才可以计入无形资产成本

（三）判断题

1.企业内部研究开发项目的支出，应当区分研究阶段支出与开发阶段支出。（　　）

2.无形资产相关准则规定，企业研究阶段支出全部费用化，在发生时直接记入“管理费用”账户。（　　）

3.企业应设置“研发支出”一级账户核算企业进行研究与开发无形资产过程中发生的

各项支出。（　）

4.企业如果无法可靠区分研究阶段的支出和开发阶段的支出，应将发生的研究支出全部资本化，在“研发支出——资本化支出”账户中汇集。（　）

五、知识点：无形资产的使用和处置+无形资产减值

（一）单项选择题

1.企业转让无形资产的所有权，转让净损失应记入“（　）”账户。

A.管理费用　B.其他应收款　C.营业外支出　D.资产处置损益

2.关于无形资产的后续计量，下列说法正确的是（　）。

A.无形资产的摊销方法只有直线法

B.企业无形资产的摊销方法，应当反映与该项无形资产有关的经济利益的预期实现方式

C.使用寿命不确定的无形资产应按系统、合理的方法摊销

D.使用寿命不确定的无形资产应按10年期限摊销

3.企业自用的无形资产的摊销金额一般应计入（　）。

A.生产成本　B.长期待摊费用　C.管理费用　D.无形资产

4.某企业20×6年1月1日以4 000 000元购入一项专利权，其摊销年限为8年，每年平均摊销。20×8年1月1日，该企业将该专利权以3 500 000元对外出售（不含增值税，税率6%），款项已存入银行。出售该专利权实现的资产处置净收益为（　）元。

A. 3 500 000　B.3 710 000　C.500 000　D.3 000 000

5.甲公司20×6年年初开始进行新产品研究开发，20×6年度投入研究费用300万元，20×7年度投入开发费用500万元（假定均符合资本化条件），至20×8年年初研发成功，并向国家专利局提出专利权申请且获得专利权，实际发生注册登记费等50万元。该项专利权法律保护年限为10年，预计使用年限11年。按年限平均法摊销，则甲公司对该项专利权20×8年度应摊销的金额为（　）万元。

A. 55　B.50　C.85　D.5

6.某企业将一项专利权出租。每年租金10万元（不含增值税，增值税税率6%），其成本每年需要分摊6万元。则企业在摊销无形资产成本时，其贷记的项目是（　）。

A.“无形资产”　B.“累计折旧”　C.“累计摊销”　D.“其他业务成本”

7.会计期末，公司无形资产的账面价值高于其可收回金额的差额，应当计入（　）。

A.营业外支出　B.管理费用　C.其他业务成本　D.资产减值损失

8.某公司于20×6年7月1日以50万元的价格转让一项无形资产，增值税专用发票上列示的增值税金额为3万元，价款53万元已存入银行。该无形资产系20×3年7月1日购入并投入使用的，其入账价值为300万元，预计使用年限为5年，法律规定的有效使用年限为6年。截至出售当日，该无形资产已提取减值准备5万元。转让该无形资产发生的净损失为（　）万元。

A. 65　B.70　C.95　D.98

9.甲企业20×5年1月1日购入一个计算机软件程序，价款为1 181.25万元，预计使用年限为5年，法律规定有效使用年限为7年，预计净残值为0。20×6年12月31日该无形资

产的可收回金额为720万元，则20×6年12月31日其账面价值为（　　）万元。

A. 708.75　　B.720　　C.703.35　　D.843.75

10.甲公司20×3年1月1日购入一项无形资产。该无形资产的实际成本为500万元，摊销年限为10年，采用直线法摊销。20×7年12月31日，该无形资产发生减值，预计可收回金额为180万元。计提减值准备后，该无形资产原摊销年限不变。20×8年12月31日，该无形资产的账面价值为（　　）万元。

A. 500　　B.214　　C.200　　D.144

11.某企业将其自行开发完成的管理系统软件出租给乙公司使用，每年收取的使用费为24万元（不含增值税，增值税税率为6%），双方约定的租赁期限为5年。该管理系统软件的总成本为60万元。该企业按月计提摊销。不考虑其他因素，该企业对其计提累计摊销的会计处理正确的是（　　）。

A.借：管理费用　　20 000

　贷：累计摊销　　20 000

B.借：其他业务成本　　20 000

　贷：累计摊销　　20 000

C.借：管理费用　　10 000

　贷：累计摊销　　10 000

D.借：其他业务成本　　10 000

　贷：累计摊销　　10 000

12.20×8年8月，甲企业转让一项专利权，开具的增值税专用发票上注明的价款为150万元，增值税税款为9万元，全部款项已存入银行。该专利权成本为240万元，已摊销144万元，不考虑其他因素，甲企业转让该专利权对利润总额的影响金额是（　　）万元。

A.-90　　B.54　　C.-84　　D.63

13.甲公司一项无形资产的账面原值为600万元，摊销期限为10年，预计净残值为0，采用直线法摊销，截至20×8年12月31日已摊销6年。20×8年12月31日经减值测试，该无形资产的可收回金额为200万元。假设不考虑其他因素，20×8年12月31日该项无形资产应计提的减值准备为（　　）万元。

A. 400　　B.160　　C.0　　D.40

14.20×8年7月1日，甲公司购入一项商标权作为无形资产核算，入账价值为240万元，法律规定受益年限为10年，甲公司采用年限平均法按月计提摊销。20×9年12月5日，因业务调整，甲公司将该商标权出售，取得不含税价款220万元，应缴纳的增值税为13.2万元。甲公司因该项商标权影响20×9年损益的金额为（　　）万元。

A. 14　　B.-20　　C.-8　　D.-10

15.20×8年12月20日，甲公司经批准将内部研发成功的某非专利技术替代原有的M专利技术，并将M专利技术予以转销（即注销）。转销时，M专利技术的成本为2 800 000元，已计提累计摊销2 600 000元，已计提减值准备150 000元，该M专利技术的净残值为0。假定不考虑其他相关因素。该无形资产的转销导致营业利润减少（　　）万元。

A. 5　　　　B.20　　　　C.3.75　　　　D.0

（二）多项选择题

1.下图是企业处置无形资产所引起的资金运动。有关下图的描述正确的有（　　）。

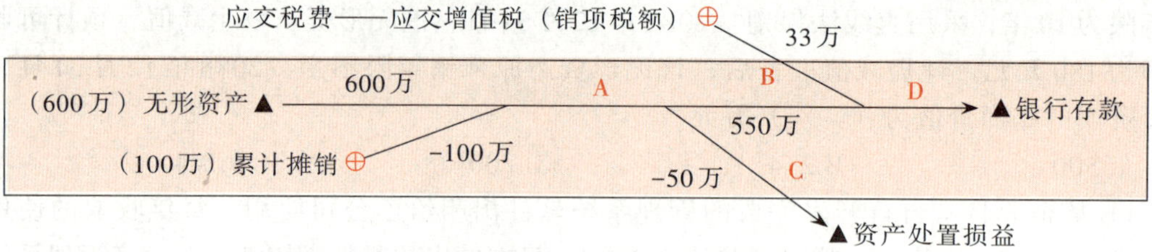

A.从图中可知，无形资产账面原值为600万元，已摊销100万元，在不考虑减值准备的情况下，无形资产的账面价值为500万元

B.从图中可知，无形资产的售价为550万元，其与账面价值500万元的差额应确认为资产转让收益50万元

C.从图中C段资金运动可知，其流量为-50万元，反映资产处置发生亏损50万元，这与前面的分析发生了矛盾。这说明图中有关金额出现了自相矛盾的问题

D.从图中可知，企业在出售无形资产时还确认了33万元的增值税销项税额

2.下图是企业处置无形资产所引起的资金运动。有关下图的描述正确的有（　　）。

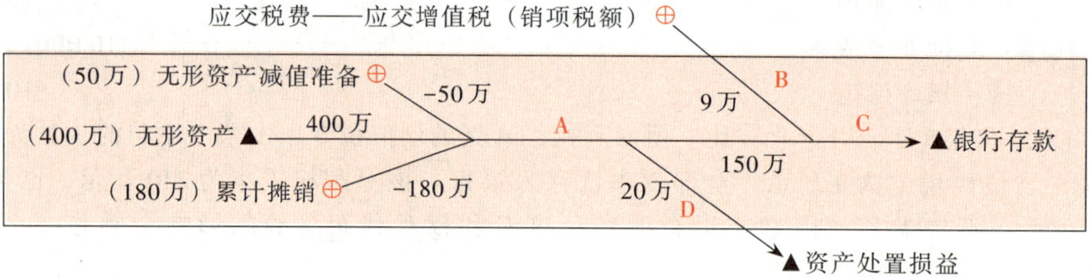

A.从图中可知，无形资产账面原值为400万元，已摊销180万元，已减值50万元，无形资产的账面价值为170万元

B.从图中可知，无形资产的售价为150万元，其与账面价值170万元的差额应确认资产转让损失20万元

C.从图中D段资金运动可知，其流量为20万元，反映资产处置发生亏损20万元

D.从图中B段资金运动可知，企业在出售无形资产时还确认了9万元的增值税。企业对于该笔销售业务所涉及的增值税采用的是简易计税办法

3.下列表述中，按无形资产准则的规定，不正确的有（　　）。

A.无形资产出租收入应确认为其他业务收入，无形资产的摊销应确认为其他业务成本

B.无形资产成本应自取得当月按直线法摊销

C.无形资产研究与开发费用应在发生时计入当期损益

D.无形资产均应按期进行摊销

4.以下符合无形资产摊销有关规定的有（　　）。

A.源自合同性权利或其他法定权利的无形资产，摊销年限不应超过合同性权利或其他法定权利的期限

B.合同和法律都有使用年限规定的，摊销期遵循孰短原则

C.合同和法律都没有使用年限规定且无法正确判断使用年限的无形资产不应摊销

D.法律和合同都没有明确规定的，摊销期一般不超过10年

5.下列关于固定资产和无形资产的表述正确的有（　　）。

A.当月增加的固定资产当月开始计提折旧，当月增加的无形资产当月开始摊销

B.使用寿命不确定的无形资产，按10年摊销

C.固定资产和无形资产的使用寿命的变更作为会计估计变更处理

D.出售固定资产和无形资产的净损益都通过“资产处置损益”账户核算

6.下列各项中，企业摊销管理用的无形资产应记入的会计科目有（　　）。

A.“制造费用”　　B.“管理费用”　　C.“其他业务成本”　D.“累计摊销”

7.甲公司为增值税一般纳税人。20×8年1月4日购入一项无形资产，取得的增值税专用发票上注明的价款为880万元，增值税税款为52.8万元。该无形资产使用年限为5年，按年进行摊销，预计净残值为0。下列关于该项无形资产的会计处理中，正确的有（　　）。

A.20×8年1月4日取得该项无形资产的成本为880万元

B.20×8年12月31日该项无形资产的累计摊销额为176万元

C.该项无形资产自20×8年2月开始摊销

D.该项无形资产的应计摊销总额为932.8万元

8.下列各项中，关于无形资产摊销的说法正确的有（　　）。

A.使用寿命有限的无形资产应进行摊销

B.使用寿命不确定的无形资产不应进行摊销

C.使用寿命有限的无形资产，通常其净残值视为0

D.无形资产的摊销方法包括直线法、生产总量法等

9.下列关于无形资产摊销的表述中，正确的有（　　）。

A.对于使用寿命有限的无形资产，应当自可供使用次月起开始摊销，处置次月起不再摊销

B.使用寿命不确定的无形资产不应进行摊销

C.无形资产摊销的方法包括年限平均法、生产总量法等

D.无法可靠确定与无形资产有关的经济利益的预期实现方式的，应该采用年限平均法摊销

10.下列关于无形资产摊销的会计处理中，正确的有（　　）。

A.无形资产的摊销应计入当期损益

B.出租的无形资产，其摊销金额应计入其他业务成本

C.企业管理用的无形资产，其摊销金额应计入管理费用

D.对于使用寿命不确定的无形资产，其摊销金额计入管理费用

（三）判断题

1.无形资产的摊销应计入其他业务成本。（　　）

2.当月减少的无形资产当月仍需要摊销。（　　）

3.企业已计提减值准备的无形资产的价值如果又得以恢复，则应在原已计提减值准备

的范围内将计提的减值损失予以全部或部分转回。 （ ）

4.使用寿命确定的无形资产应自可供使用（即其达到预定用途）下月起开始摊销，处置当月照常摊销。 （ ）

5.使用寿命不确定的无形资产按10年进行摊销。 （ ）

6.无形资产转让出售净损益、转销净损失都会影响企业的营业利润。 （ ）

（四）不定项选择题

1.甲公司为增值税一般纳税人。20×8年1月1日，甲公司开始自行研发一项专利技术，发生如下与该项专利技术相关的经济业务：

（1）1月31日，该项专利技术研究阶段结束，共发生研发人员薪酬50万元，共发生固定资产折旧费60万元。本月用银行存款支付其他研发支出，取得的增值税专用发票上注明的价款为40万元，增值税税款为2.4万元。

（2）2月1日，研发活动进入开发阶段。该阶段领用原材料成本为120万元（不含增值税），确认研发人员薪酬146元，确认研发支出所用固定资产折旧费30万元，用银行存款支付其他研发费用，取得的增值税专用发票上注明的价款为20万元，增值税税款为1.2万元。开发阶段的全部支出中共有20万元不符合资本化支出条件。

（3）7月2日，该专利技术达到预定用途，并按法律程序申请获得专利权，以银行存款支付注册登记费4万元。7月18日，交付企业行政管理部门使用。专利权采用直线法分5年进行摊销，预计净残值为0。

（4）20×9年1月1日，将该专利权出租给乙公司使用，租期为10个月，每月租金为8万元（不含增值税，增值税税率为6%），每月摊销额为5万元。

要求：根据上述资料，不考虑其他因素，分析回答下列小题。

（1）根据资料（1），下列各项中，关于研究阶段研发支出的会计处理正确的有（ ）。

A.发生其他研发支出时：

借：研发支出——费用化支出 400 000

　　应交税费——应交增值税（进项税额） 24 000

　贷：银行存款 424 000

B.确认研发人员薪酬时：

借：研发支出——费用化支出 500 000

　贷：应付职工薪酬 500 000

C.1月末结转研究阶段支出时：

借：管理费用 1 500 000

　贷：研发支出——费用化支出 1 500 000

D.1月末结转研究阶段支出时：

借：无形资产 1 500 000

　贷：研发支出——费用化支出 1 500 000

（2）根据资料（2），下列各项中，关于开发阶段研发支出的会计处理表述正确的有（ ）。

A.借记“研发支出——资本化支出”账户316万元

B.借记“研发支出——资本化支出”账户296万元

C.借记“研发支出——费用化支出”账户316万元

D.借记“研发支出——费用化支出”账户20万元

（3）根据资料（2）至资料（3），下列各项中，该企业相关会计处理结果正确的有（　　）。

A.专利权的入账价值为300万元

B. 20×8年专利权的摊销额为30万元

C. 20×8年专利权的摊销额为32万元

D.专利权的入账价值为296万元

（4）根据资料（4），下列各项中，关于专利权出租的会计处理表述正确的有（　　）。

A.摊销费计入营业外支出　　B.摊销费计入其他业务成本

C.租金收入计入其他业务收入　　D.租金计入营业外收入

（5）根据资料（1）至（4），截至20×9年10月末，上述业务对甲公司20×8年至20×9年营业利润的影响合计金额为（　　）万元。

A.-250　　B.-160　　C.-170　　D.-130

2.甲公司是增值税一般纳税人，销售无形资产适用的增值税税率为6%。有关业务如下：

（1）20×5年12月15日，以银行存款购入一台需要安装的生产线，取得的增值税专用发票上注明的价款为250万元（不含增值税，增值税税率13%）。支付运杂费等2万元（不含增值税，增值税税率9%）。

（2）在安装上述生产线时，领用外购材料10万元（不含增值税）；领用本企业生产的商品一批，成本为40万元，计税价格为60万元；应付工程人员工资80万元；用银行存款支付其他费用2万元。

（3）20×6年3月25日，该项工程完工并达到预定可使用状态，并投入第一基本生产车间使用。

（4）该设备预计使用年限为5年，预计净残值率为5%，采用双倍余额递减法计提折旧。

（5）甲公司20×7年1月10日以银行存款50万元购入一项商标的所有权（不含增值税，增值税税率6%），该商标法律规定的有效期限为20年，甲公司预计使用年限为10年，预计净残值为0，采用直线法进行摊销。

（6）20×7年12月25日，甲公司将该生产线出租，年租金收入为120万元，租入方于年末支付租金，假设折旧方法与折旧年限没有改变。

（7）20×8年12月27日，甲公司将该生产线对外出售，取得的增值税专用发票上注明的价款为150万元，增值税税额为19.5万元。

（8）20×9年7月18日，将上述无形资产出售，收到不含税价格为30万元。

要求：根据上述资料，回答下列问题。

（1）关于安装生产线的表述，正确的有（　　）。

A.将购买的原材料用于该在建工程，属于进项税额可以抵扣的情况，不需要通过进

项税额转出进行明细核算

B.将本公司生产的产品用于在建工程，不确认销项税额

C.该生产线完工后入账价值为384万元

D.工程人员工资应通过“应付职工薪酬”账户核算

（2）生产线20×7年应计提的折旧额为（　　）万元。

A. 107.52　　B.107　　C.110　　D.112

（3）关于出租生产线的表述不正确的有（　　）。

A. 20×8年应计提的折旧额为64.512万元　　B.20×8年应计提的折旧额应计入制造费用

C.收到的租金应确认为营业外收入　　D.计提的折旧额应计入其他业务成本

（4）出售生产线时确认的损益金额为（　　）万元

A. 53.232　　B.52.232　　C.55.232　　D.54.232

（5）出售无形资产时确认的损益金额为（　　）万元。

A.−7.5　　B.−7.8　　C.−7.25　　D.−7

3. 甲公司为增值税一般纳税人，20×7年度至20×8年度发生的与无形资产有关业务如下：

（1）20×7年1月18日，甲公司自行研发一项行政管理部门用非专利技术，截至20×7年5月31日，用银行存款支付外单位协作费63.6万元（含增值税，增值税税率6%），领用本单位原材料成本26万元（不含增值税），使用本单位固定资产应承担的折旧费为5万元，应付本单位研发人员薪酬7万元。经测试，该项活动已完成研究阶段。

（2）20×7年6月8日，研发活动进入开发阶段。该阶段发生研发人员薪酬支出45万元，领用材料成本95万元（不含增值税），使用本单位固定资产应承担的折旧费16万元，全部符合资本化条件。20×7年12月4日，该项研发活动结束，最终形成一项非专利技术并投入使用。该非专利技术预计可使用年限为5年，预计净残值为0，采用直线法摊销。

（3）20×8年1月7日，甲公司将该非专利技术出租给乙公司使用，租期为2年，每月末以银行转账结算方式收取租金价款5万元（不含增值税，税率6%）并开具增值税专用发票。

（4）20×9年12月31日，租赁期限届满。经减值测试，该非专利技术的可收回金额为52万元。

要求：根据上述资料，不考虑其他因素，分析回答下列小题。

（1）根据资料（1）和（2），甲企业自行研究开发无形资产的入账价值为（　　）万元。

A. 101　　B.156　　C.257　　D.165

（2）根据资料（1）至（3），下列各项中，关于甲企业该非专利技术摊销的会计处理表述正确的有（　　）。

A.应当自可供使用的下月起开始摊销

B.应当自可供使用的当月起开始摊销

C.该非专利技术出租前的摊销额应计入管理费用

D.摊销方法应当反映与该非专利技术有关的经济利益的预期实现方式

（3）根据资料（3），下列业务中，甲企业20×8年1月出租无形资产和收取租金的会计处理正确的有（　　）。

A.借：其他业务成本　　26 000
　　贷：累计摊销　　26 000

B.借：管理费用　　26 000
　　贷：累计摊销　　26 000

C.借：银行存款　　53 000
　　贷：其他业务收入　　50 000
　　　　应交税费——应交增值税（销项税额）　　3 000

D.借：银行存款　　53 000
　　贷：营业外收入　　50 000
　　　　应交税费——应交增值税（销项税额）　　3 000

（4）根据资料（4），甲企业非专利技术的减值金额是（　　）万元。

A. 0　　B.39　　C.38　　D.40

（5）根据资料（4），甲企业20×9年12月31日应列入资产负债表“无形资产”项目的金额是（　　）万元。

A. 52　　B.70　　C.72　　D.88

4.甲企业为增值税一般纳税人，20×8年“无形资产”账户借方余额为850万元，当年发生以下经济业务：

（1）1月，接受乙企业作为资本投入的一项非专利技术，公允价值为150万元，增值税税额为9万元，占本企业实收资本份额为100万元。

（2）1月，M研发项目的研究阶段结束，该阶段共投入220万元。

（3）2月，M研发项目进入开发阶段，10月20日研发成功，形成M无形资产并交付使用，共发生开发费用800万元，符合资本化支出的投入为720万元，预计使用寿命为10年，预计净残值为0。

（4）5月，将N无形资产的所有权转让给乙企业，开具的增值税专用发票上注明的价款为300万元，增值税税额为18万元，其中取得该项无形资产的成本为240万元，这项无形资产的使用寿命无法确定。

（5）11月，将M无形资产的使用权转让给乙企业，开具的增值税专用发票上注明的价款为360万元，增值税税额为21.6万元，使用期限为3年，不提供后续服务，一次性收取转让费。

（6）12月31日，“累计摊销”账面余额为190万元，未发生减值。

要求：根据上述资料，回答下列小题。

（1）关于资料（1），下列说法正确的是（　　）。

A.应增加本企业的实收资本150万元

B.应增加本企业的资本公积59万元

C.应增加企业的无形资产账面价值150万元

D.该项非专利技术与商誉一样，均应作为企业的无形资产核算

（2）关于资料（2）和（3），下列说法不正确的有（　　）。

A.研究阶段的支出均应计入无形资产成本

B.开发阶段的支出，应区分能否予以资本化

C. M无形资产的入账价值为1 020万元

D. M无形资产开始计提摊销的时间是20×8年10月

（3）根据资料（4），下列表述正确的有（　　）。

A.转让无形资产的所有权，应确认其他业务收入300万元

B.转让无形资产所有权的净损益，应作为资产处置损益处理

C. N无形资产应该按照10年摊销

D.该笔业务对损益的影响为60万元

（4）根据资料（5），20×8年11月，下列会计处理正确的有（　　）。

A.转让收入：

借：银行存款　　3 600 000

　贷：预收账款　　3 600 000

借：预收账款　　1 200 000

　贷：其他业务收入　　1 200 000

B.转让收入：

借：银行存款　　3 816 000

　贷：其他业务收入　　3 600 000

　　应交税费——应交增值税（销项税额）　　216 000

C.该月计提摊销：

借：其他业务成本　　60 000

　贷：累计摊销　　60 000

D.该月计提摊销：

借：营业外支出　　60 000

　贷：累计摊销　　60 000

（5）20×8年12月31日，无形资产账面价值为（　　）万元。

A. 1 290　　B.1 298　　C.1 300　　D.1 288

5.20×8年6月初，甲企业无形资产账面价值为1 500万元，采用直线法摊销。6月份发生有关业务如下：

（1）1日，该企业自行研发某项非专利技术，当月研发成功并投入使用，其中研究阶段支出180万元，开发阶段符合资本化条件的支出为300万元，不符合资本化条件的支出为120万元。该项无形资产无法确定其预计使用年限。

（2）5日，出租一项特许权，账面余额为500万元，已摊销150万元，本月应摊销5万元，收到本月租金12万元存入银行（不含增值税）。假定适用的增值税税率为6%。

（3）20日，以有偿方式取得一项土地使用权供管理部门使用，实际成本为3 600万元，预计使用年限为30年。

（4）29日，出售一项专利，该专利账面余额为400万元，已摊销80万元，计提减值

准备30万元。取得收入260万元，税法规定该项业务免征增值税。

（5）30日，企业自行研发的非专利技术的可收回金额为265万元。

要求：根据上述资料，不考虑其他因素，分析回答下列小题。

（1）根据资料（1），下列处理正确的有（　　）。

A.该项非专利技术的入账价值为480万元　　B.研究阶段的支出应计入管理费用

C.该项非专利技术应按照10年进行摊销　　D.该项非专利技术不应计提摊销

（2）根据资料（2），关于出租特许权的处理中，错误的有（　　）。

A.借：银行存款　　120 000

　　贷：营业外收入　　120 000

B.借：银行存款　　127 200

　　贷：其他业务收入　　120 000

　　　　应交税费——应交增值税（销项税额）　　7 200

C.借：其他业务成本　　50 000

　　贷：累计摊销　　50 000

D.借：营业外支出　　50 000

　　贷：累计摊销　　50 000

（3）根据资料（3），下列表述正确的有（　　）。

A.该土地使用权应作为无形资产核算　　B.该项土地使用权的成本为3 600万元

C.每年摊销额为120万元　　D.将摊销金额作为其他业务收入

（4）根据资料（4），专利权的出售对于利润总额的影响金额为（　　）万元。

A.-35　　B.0　　C.-20　　D.-30

（5）6月末，无形资产的账面价值为（　　）万元。

A. 5 060　　B.5 070　　C.5 050　　D.5 080

六、知识点：投资性房地产业务

（一）单项选择题

1.下列关于企业投资性房地产业务的说法中，正确的是（　　）。

A.投资性房地产的租金收入应作为企业的营业外收入

B.企业将自有的办公楼用于出租后，应将其作为投资性房地产核算

C.房地产开发企业将持有已备增值后转让的土地使用权作为投资性房地产核算

D.企业将自有房地产出租给职工住宿，收取租金，应作为投资性房地产核算

2.20×8年6月20日，甲公司购买一款土地使用权，购买价款为1 800万元，支付相关手续费30万元，契税50万元，差旅费30万元，款项全部以银行存款支付。企业购买后用于对外出租。不考虑其他因素，则该项投资性房地产的初始入账价值为（　　）。

A.1 800万元　　B.1 830万元　　C.1 880万元　　D.1 910万元

3.关于投资性房地产的后续计量方法，下列表述中不正确的有（　　）。

A.同一企业可以同时采用成本模式和公允价值模式对投资性房地产进行后续计量

B.已经采用公允价值模式计量的企业不能转换为成本模式

C.在满足条件的情况下，采用成本模式计量的投资性房地产可以转为采用公允价值模式计量

D.采用成本模式计量的投资性房地产，需要计提折旧或摊销，还需要考虑减值准备

4.下列各项中，不影响企业当期损益的是（　　）。

A.采用成本计量模式，期末投资性房地产的可收回金额低于账面价值

B.采用成本计量模式，期末投资性房地产的可收回金额高于账面价值

C.采用公允价值计量模式，期末投资性房地产的公允价值高于账面价值

D.自用的房地产转为采用公允价值模式计量的投资性房地产时，转换日房地产的公允价值小于账面价值

5.下列各项中有关投资性房地产后续计量的表述中不正确的是（　　）。

A.采用公允价值模式进行后续计量的投资性房地产不计提折旧或摊销

B.采用成本模式进行后续计量的投资性房地产计提折旧和摊销

C.采用成本模式后续计量的投资性房地产需要考虑减值损失

D.采用公允价值模式计量的投资性房地产，其公允价值变动应计入其他综合收益。

6.甲公司对投资性房地产采用公允价值计量模式进行后续计量。20×8年1月1日，甲公司将其持有的一项投资性房地产进行处置，取得价款6 000万元，出售时投资性房地产的账面价值为5 500万元（其中成本5 000万元，公允价值变动500万元），该项投资性房地产最初由企业自用房地产转换而来，转换时公允价值大于其账面价值200万元。假设不考虑相关税费的影响，甲公司处置该项投资性房地产应确认的处置损益的金额为（　　）。

A.1 200万元　　B.700万元　　C.1 000万元　　D.500万元

7.20×8年10月1日，甲公司与乙公司签订租赁协议，约定将甲公司当日购买的一栋写字楼自当日起租给乙公司使用，租赁期为5年。该写字楼的购买价为6 000万元，款项已以银行存款支付。20×8年12月31日，该写字楼的公允价值上涨了200万元。假设甲公司采用公允价值计量模式。假设不考虑相关税费，20×8年12月31日，该投资性房地产的账面价值是（　　）。

A.6 000万元　　B.200万元　　C.5 800万元　　D.6 200万元

（二）多项选择题

1.下列有关采用公允价值模式对投资性房地产进行后续计量的说法中，正确的有（　　）。

A.将作为存货的房地产转换为投资性房地产的，应按其在转换日的公允价值确认为投资性房地产的价值，其与账面价值的差额计入公允价值变动损益或其他综合收益之中

B.资产负债表日，企业应按投资性房地产的公允价值高于其账面价值的差额，借记“投资性房地产——公允价值变动”项目，贷记“公允价值变动损益”项目。

C.在出售投资性房地产时，应将的成本结转到“其他业务成本”项目

D.出售时，应将公允价值变动损益和其他综合收益转入“其他业务收入”项目之中

2.甲公司对投资性房地产采用公允价值模式进行后续计量。20×8年12月31日，甲公司收回租赁期届满的一项投资性房地产，并将其处置，取得价款7 500万元。该项投资性房地产在处置前的账面价值为7 200万元（其中成本为7 800万元，公允价值变动损益为贷

方600万元)。下列有关甲公司处置该项投资性房地产的表述中正确的有（　　）。

A.应确认处置收益300万元　　B.应确认投资收益-300万元

C.应确认其他业务成本7 200万元　　D.应增加公允价值变动损益600万元

3.甲公司对投资性房地产采用成本模式进行后续计量。20×8年12月31日，甲公司收回租赁期届满的一项投资性房地产，并将其处置，取得价款7 500万元。该项投资性房地产在处置前的账面价值为7 200万元（其中账面原值为9 000万元，投资性房地产累计折旧1 800万元）。下列有关甲公司处置该项投资性房地产的表述中正确的有（　　）。

A.应确认处置收益300万元　　B.应确认其他业务收入7 500万元

C.应确认其他业务成本7 200万元　　D.应增加公允价值变动损益600万元

七、知识点：使用权资产业务

（一）单项选择题

1.20×8年1月1日，甲公司自乙公司租入一项设备，租期3年，每年年末支付租金50万元，假设该项租赁的租赁内含利率为7%。为将该设备运回甲公司，甲公司另支付运杂费等3万元。为获得该设备，甲公司向促成此项交易的中介机构支付了1万元佣金，同时作为对甲公司的奖励，乙公司以银行存款向甲公司补偿了0.4万元的中介佣金。不考虑其他因素，甲公司取得的该项使用权资产的入账价值为（　　）万元。（（P/A，7%，3）=2.6243）

A.150　　B.153.6　　C.138.815　　D.134.815

2.20×8年1月1日，甲公司自乙公司租入一项设备，租期3年，每年年末支付租金50万元，假设该项租赁的租赁内含利率为7%。为将该设备运回甲公司，甲公司另支付运杂费等3万元。为获得该设备，甲公司向促成此项交易的中介机构支付了1万元佣金，同时作为对甲公司的奖励，乙公司以银行存款向甲公司补偿了0.4万元的中介佣金。不考虑其他因素，甲公司20×8年12月31日应确认的财务费用金额为（　　）万元。（（P/A，7%，3）=2.6243）

A.9.28505　　B.9.38505　　C.9.18505　　D.11.18505

（二）多项选择题

1.下图是租赁负债和使用权资产初始确认资金运动流程图。下列有关下图资金运动所反映的经济业务描述正确的有（　　）。

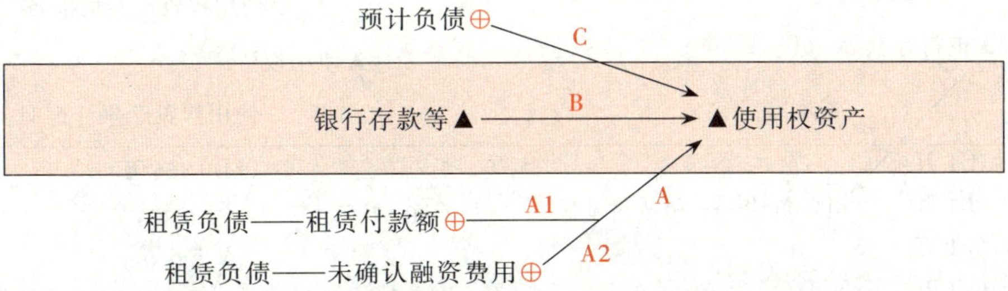

A. A段资金运动反映根据租赁负债的现值确认使用权资产价值，其中A1段流量反映未考虑货币时间价值时每年租赁付款额的总和；A2段流量为负数，该段流量抵减A1段流量后就可以得出租赁负债的现值

B. B段资金运动反映承租人可能发生的租赁初始费用以及期初支付的租赁预付款

C.如果承租人收到出租人支付的租赁奖励款，那么其所引起的资金运动如上图中B段运动所示，但其流量应该为负数

D.C段资金运动反映承租人预计将要拆卸及移除租赁资产、复原租赁资产所在场所或将租赁资产恢复至租赁条款约定状态而发生的成本，这些成本将以其实际发生的金额计入使用权资产成本之中

2.下图是承租人租赁业务所引起的资金运动流程图。下列有关下图资金运动所反映的经济业务描述正确的有（　　）。

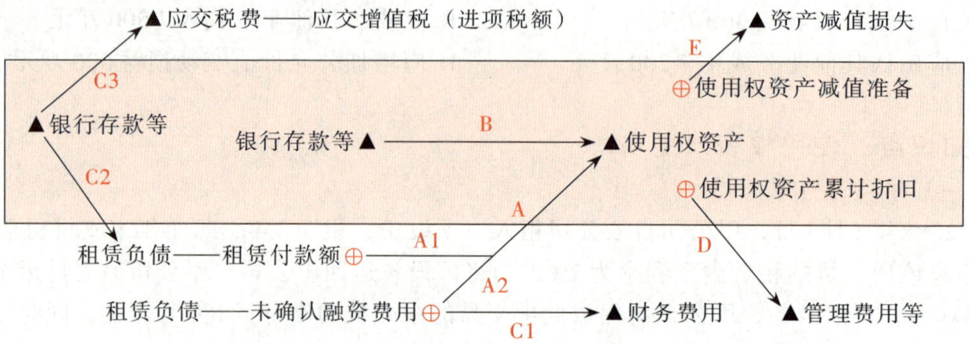

A. C1段资金运动反映企业承租人按租赁折现率确认每期的融资费用，并将该费用计入当期的财务费用之中

B. C2段和C3段资金运动反映承租人按期支付租金及相关的增值税进项税额业务

C. D段资金运动反映承租人按期对使用权资产计提折旧

D.E段资金运动反映承租人对使用权资产计提减值准备

3.下图是甲公司租赁业务资金运动流程图。该租赁期限为5年，每年年末支付租金1万元，增值税税率为13%。下列有关下图资金运动所反映的经济业务描述正确的有（　　）。

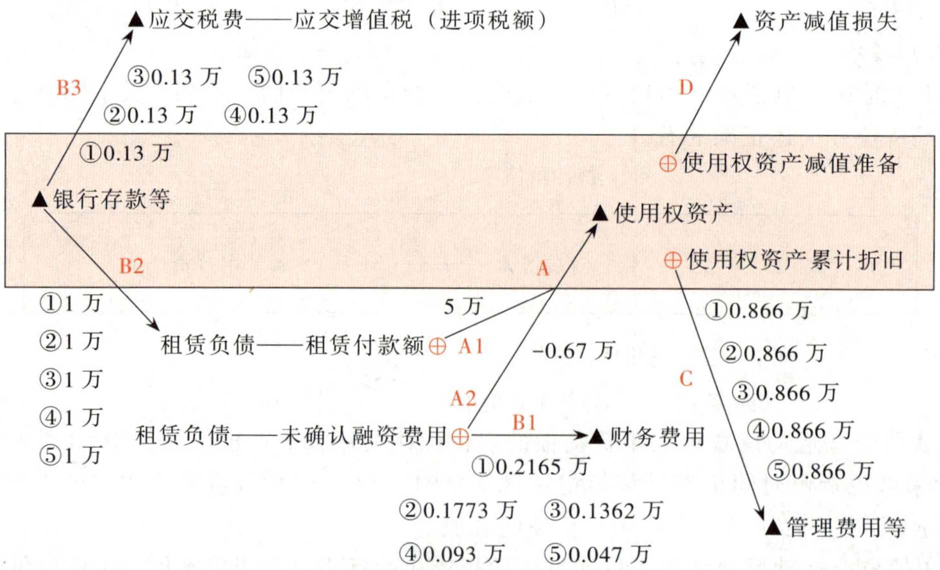

A.从A段资金运动可知，租赁负债的现值为4.33万元，其中不折现的租赁付款额为5

万元，未确认的融资费用为0.67万元。甲企业按租赁负债4.33万元确认了使用权资产的账面价值

B.从B1段资金运动可知，在5年的租期内企业对未确认的融资费用0.67万元进行分期、分量确认，并转入到各期的财务费用之中，最终导致“租赁负债——未确认融资费用”的余额不断减少，直至最后变为0

C.从B2段资金运动可知，甲企业每年支付租金1万元，导致“租赁负债——租赁付款额”项目金额不断减少，直至最后变为0。从C段资金运动可知，甲企业按年平均提取折旧费，每年提取0.866万元，该折旧的提取导致使用权资产的账面价值不断减少，直至最后为0

D.从A段资金运动和B1段资金运动可知，承租人甲公司的折现率为4.5%

4.下图是甲公司行使购买选择权业务资金流程图。下列关于下图资金运动所反映的经济业务描述正确的有（　　）。

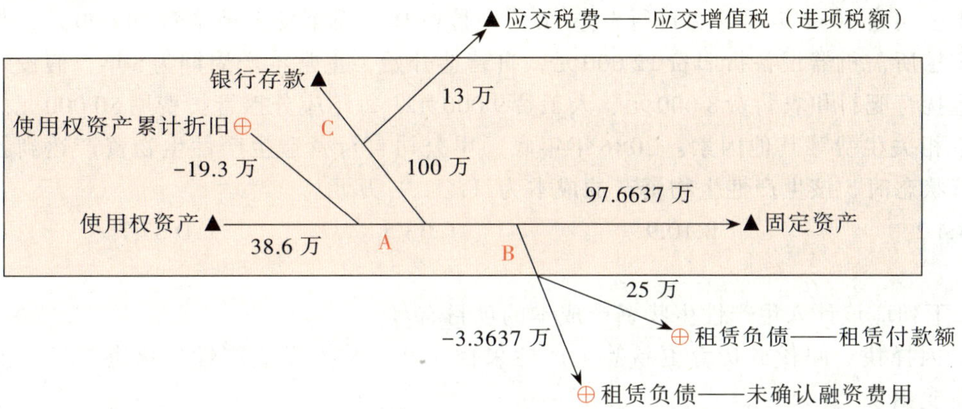

A.从A段资金运动可知，在甲公司行使购买选择权时，使用权资产的账面价值为19.3万元

B.从B段资金运动可知，在甲公司行使购买选择权时，甲公司所确认的租赁负债的现值为21.6363万元

C.从C段资金运动可知，甲公司以100万元（不含增值税）行使购买选择权，同时以银行存款13万元支付购买租赁资产所应支付的进项税额

D.从上图可知，使用权资产的账面价值19.3万元加上企业所支付的购买价100万元，在抵销租赁负债的现值后，剩下的部分97.6637万元全部作为所购固定资产的入账价值。

5.承租人在对使用权资产进行初始计量时，一般应考虑的因素有（　　）。

A.租赁负债的初始计量金额

B.在租赁期开始日或之前支付的租赁款项

C.尚未享受的租赁激励相关金额

D.承租人为拆除及移除租赁资产、复原租赁资产所在场所或将租赁资产恢复至租赁条款约定状态预计将要发生的成本

6.20×8年1月1日，甲公司自乙公司租入一项设备，租期3年，每年年末支付租金50

万元，假设该项租赁的租赁内含利率为7%。为将该设备运回甲公司，甲公司另支付运杂费等3万元。为获得该设备，甲公司向促成此项交易的中介机构支付了1万元佣金，同时作为对甲公司的奖励，乙公司以银行存款向甲公司补偿了0.4万元的中介佣金。不考虑其他因素，甲公司20×8年12月31日相关的表述正确的有（　）。（（P/A，7%，3）=2.6243）

A.“租赁负责——租赁付款额”项目的余额为100万元

B.“租赁负责”项目的余额为90.40005万元

C.“使用权资产累计折旧”的金额为44.9383万元

D.“使用权资产”的账面价值为84.815万元

八、知识点：生产性生物资产

（一）单项选择题

甲公司自20×2年初开始自行营造20公顷橡胶林，当年发生种苗费30 000元，平整土地和定植所需机器设备折旧费12 000元，自营造开始，正常生产周期为5年。假设每年均匀发生抚育肥料和农药费8 000元、人工费9 000元、每年应分摊管护费用50 000元。假定不考虑相关税费等其他因素。20×6年年底，甲公司自行营造生产性生物资产达到预定生产经营状态时，该生产性生物资产的成本为（　　）万元。

A.4.2　　B.10.9　　C.33.5　　D.37.7

（二）多项选择题

1.下列应该计入生产性生物资产成本的项目有（　　）。

A.因择伐、间伐或抚育更新等生产性采伐而补植林木类生产性生物资产发生的后续支出

B.自营林木类生产性生物资产，达到预定生产经营目的前发生的造林费、抚育费、营林设施费、良种试验费、调查设计费和应分摊的间接费用的必要支出

C.自行繁殖的产畜和役畜，达到预定生产经营目的前发生的饲料费、人工费和应分摊的间接费用等必要支出

D.生产性生物资产发生的管护、饲养费用等后续支出

2.下列有关育肥畜与产畜或役畜相关转群的表述正确的有（　　）。

A.育肥畜转为产畜或役畜的，应按其账面价值转为生产性生物资产，同时结转消耗性生物资产和消耗性生物资产累计折旧

B.育肥畜转为产畜或役畜的，应按其账面价值转为生产性生物资产，同时结转消耗性生物资产

C.产畜或役畜转为育肥畜的，应按转群时其账面价值确认为消耗性生物资产，同时结转生产性生物资产的原价，按已计提的累计折旧结转生产性生物资产累计折旧的余额

D.产畜或役畜转为育肥畜的，应按转群时生产性生物资产的原价确认为消耗性生物资产，不需要考虑已计提的生产性生物资产累计折旧

3.下列有关生产性生物资产折旧和减值的描述正确的有（　　）。

A.生产性生物资产可选择的折旧方法包括年限平均法、工作量法、产量法和双倍余额递减法

B.企业至少应该于每年年度终了对生产性生物资产的使用寿命、预计净残值和折旧方法复核

C.企业至少应该于每年年度终了对生产性生物资产进行检查，有确凿证据表明由于遭受自然灾害、病虫害、动物疫情侵袭或市场需要变化等原因，使其可收回金额小于其账面价值的，应按照可收回金额低于账面价值的差额，计提生产性生物资产减值准备

D.影响生产性生物资产减值的原因消失导致其价值恢复的，应在原计提的减值准备金额内转回

4.甲公司自20×2年年初开始自行营造20公顷橡胶林，当年发生种苗费50 000元，平整土地和定植所需机器设备折旧费30 000元，自营造开始，正常生产周期为5年。假设每年均匀发生抚育肥料和农药费18 000元、人工费32 000元、每年应分摊管护费用60 000元。假定不考虑相关税费等其他因素。下列有关该生产性生物资产业务表述正确的有（　　）。

A.甲公司20×2年发生的种苗费、平整土地和定植所需机器设备费，应借记“生产性生物资产——未成熟生产性生物资产”项目80 000元

B.在正常的5年生产周期内，每年发生额抚育肥料和农药费、人工费和每年应分摊的管护费用，应分别贷记“原材料”18 000元、“应付职工薪酬”32 000元和“银行存款”等60 000元

C.20×6年年底，该生产性生物资产达到预定生产经营目的时，应借记“生产性生物资产——成熟生产性生物资产”，贷记“生产性生物资产——未成熟生产性生物资产”

D.该成熟生产性生物资产的成本为550 000元

九、知识点：交易性金融资产——理论分析+举例

（一）单项选择题

1.下列资产中，已确认的减值损失应在其已计提的减值准备金额内转回的是（　　）。

A.存货　　B.无形资产　　C.交易性金融资产　　D.固定资产

2.20×8年10月，甲公司向证券公司划拨投资款，用于购入上市公司乙公司的股票。10月末甲公司收到乙公司分派的现金股利，甲公司对收到的现金股利所进行的会计处理中，应借记的会计科目是（　　）。

A.“银行存款”　　B.“其他货币资金”　　C.“应收股利”　　D.“投资收益”

3甲公司从证券市场购入股票100万股，每股8.3元，包含已宣告但尚未发放的现金股利每股0.3元。另外支付证券公司的手续费，取得的增值税专用发票上注明的手续费为1万元，增值税税款为0.06万元。甲公司将其划分为交易性金融资产进行管理和核算。该交易性金融资产的入账价值为（　　）万元。

A. 830　　B.800　　C.831　　D.831.06

4.甲公司从证券市场购入乙公司债券，总价款为103万元，包括已到付息期但尚未支付的利息3万元。另外支付交易手续费等，取得的增值税专用发票上注明的价款为0.5万

元，增值税税款为0.03万元。所有款项均已支付。甲公司将所购买的债券确认为交易性金融资产。该交易性金融资产的入账价值为（　　）万元。

A. 103.53　　B.103.5　　C.103　　D.100

5.甲公司于20×8年6月1日从证券市场购入乙公司发行在外的股票200万股，购入时作为交易性金融资产核算。购入时每股价款为8元，另外支付相关费用，取得的增值税专用发票上注明的价款为1万元，增值税税款为0.06万元。20×8年6月30日，该股票的公允价值为1 630万元。不考虑其他因素，则20×8年6月30日，甲公司应确认的公允价值变动损益为（　　）万元。

A. 29　　B.−29　　C.30　　D.−30

6.20×8年7月18日，甲公司在证券市场购入股票作为交易性金融资产核算，支付买价500万元。20×8年12月31日，该股票的公允价值上升为535万元；20×9年6月30日，甲公司将该股票全部予以出售，取得价款529万元。假设不考虑其他税费因素，则20×9年出售该交易性金融资产应确认的投资收益为（　　）万元。

A. 29　　B.35　　C.−6　　D.6

7.下列关于交易性金融资产的说法中，正确的是（　　）。

A.交易性金融资产初始投资成本应该按照公允价值计量，但买价中包含的应收股利或利息应计入投资收益

B.处置交易性金融资产时要将持有期间确认的公允价值变动损益转入投资收益

C.转让交易性金融资产按照卖出价和买入价的差额计算转让金融商品应交增值税

D.交易性金融资产处置时点影响公允价值变动损益

8.20×8年12月1日，甲公司“交易性金融资产”账户借方余额为100万元；12月31日，该股票的公允价值为105万元。不考虑其他因素，下列各项中，该企业关于持有该股票相关会计科目的处理正确的是（　　）。

A.借记“投资收益”5万元　　B.贷记“资本公积”5万元

C.贷记“公允价值变动损益”5万元　　D.贷记“营业外收入”5万元

9.下列各项中，关于交易性金融资产相关会计处理的表述正确的是（　　）。

A.资产负债表日，其公允价值与账面价值之间的差额计入投资收益

B.按取得时的公允价值作为初始入账金额

C.出售时其公允价值与账面价值的差额计入公允价值变动损益

D.取得时发生相关交易费用计入初始入账金额

10.20×5年12月10日，甲公司购入乙公司股票10万股，将其划分为交易性金融资产，购买日支付的价款为249万元，另外支付交易费用0.6万元。20×5年12月31日，该股票的公允价值为258万元。不考虑企业因素，甲公司20×5年度利润表中“公允价值变动收益”项目本期金额为（　　）万元。

A. 9　　B.9.6　　C.0.6　　D.8.4

11.下列项目中不属于金融资产项目的有（　　）。

A.应收账款、应收票据　　B.贷款

C.固定资产　　D.债权投资和股权投资

（二）多项选择题

1. 下图是有关交易性金融资产业务所引发的资金运动流程图。有关该图的表述正确的有（　　）。

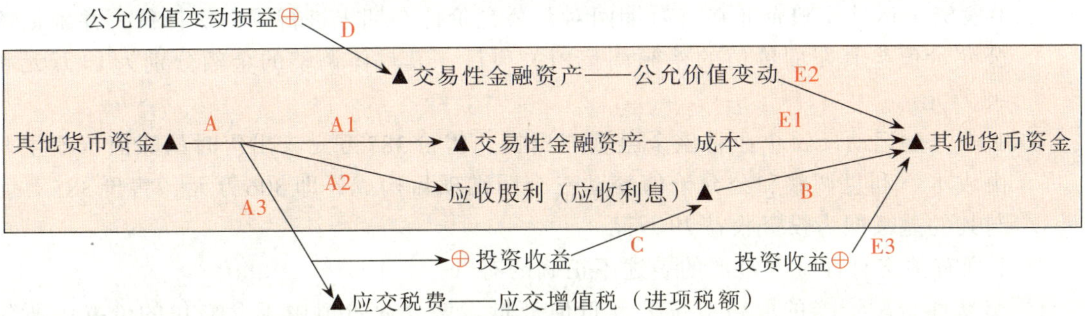

A. A段资金运动反映企业取得交易性金融资产。按照该金融资产的公允价值作为其初始投资成本。如买价包含了已到付息期但尚未领取的利息或已宣告但尚未发放的现金股利，该部分应单独作为应收利息或应收股利处理。相关的交易费用在发生时直接通过投资收益冲减当期损益

B. B段资金运动反映企业收到现金股利或应收利息，该股利或利息既可能是购入时所包含的应收未收股利或利息（如图中A2段资金运动所示），也可能是持有期间所确认的（如图中C段资金运动所示）

C. D段资金运动反映期末按公允价值对其进行计量，其公允价值与账面价值之间存在的差额应调整相关项目。其流量可能是正数也可能是负数，从而导致“交易性金融资产——公允价值变动”项目在模型上既可能以一个沙堆形态存在，也可能以一个沙坑形态存在

D. E段资金运动反映企业将该金融资产出售。其售价与账面价值的差额确认为投资收益。一般情况下，其账面价值主要由“成本”和“公允价值变动”两个明细项目构成

2. 下图是有关一笔交易性金融资产业务所引起的资金运动。关于下图资金运动所反映的业务描述正确的有（　　）。

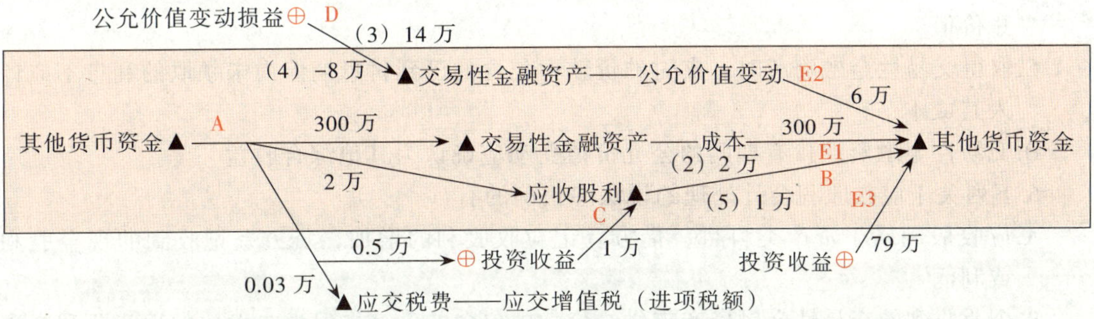

A. A段资金运动反映企业购买一笔交易性金融资产，该交易性金融资产的公允价值为300万元。另外支付了2万元将其所含的已宣告但尚未支付的现金股利权利买回。企业还支付了0.5万元的交易费用，该交易费用直接冲减当期的投资收益，并确认

了0.03万元的增值税进项税额

B. B段资金运动运动反映收到了两次现金股利，一次是购买时确认的应收未收的应收股利2万元，另一个是持有期间确认的1万元应收股利

C. D段资金运动反映企业在持有期间对其公允价值在期末进行了两次计价，并根据该公允价值与其账面价值的差额调整相关项目，其具体调整的金额分别为14万元和-8万元

D. E段资金运动反映企业将该金融资产出售，售价385万元。出售时的账面价值主要由成本、利息调整和公允价值变动三个明细项目构成，即306万元，售价385万元与其的差额即为投资收益79万元

3. 下列有关交易性金融资产的表述不正确的有（　　）。

A. 交易性金融资产的取得应按公允价值计量。该公允价值中不含支付的价款中所包含的、已到付息期但尚未领取的利息或已宣告但尚未发放的现金股利，该部分应单独作为应收利息或应收股利处理。相关的交易费用在发生时应该与其公允价值一并构成初始投资成本

B. 交易性金融资产在持有期间应收的股利或利息应冲减投资成本

C. 在资产负债表日，交易性金融资产应按公允价值计价。该金融资产的公允价值与原账面价值的差额，应记入"公允价值变动损益"项目

D. 相关的交易费用在发生时直接通过投资收益计入当期损益

4. 下列关于资产减值的说法中，正确的有（　　）。

A. 固定资产减值损失、无形资产减值损失一经提取，不得转回

B. 存货跌价准备、坏账准备一经提取，不得转回

C. 交易性金融资产计提的减值损失如果在以后会计期间影响原计提减值损失的因素消失后，可以转回

D. 应收账款计提的坏账准备，通过"信用减值损失"账户核算

5. 下列有关交易性金融资产的说法中，正确的有（　　）。

A. 购入交易性金融资产时，支付的相关交易费用应计入投资收益

B. 企业取得交易性金融资产时，应当按照该金融资产取得时的公允价值确认其初始入账价值

C. 取得交易性金融资产时，支付的价款中包含的已到付息期但尚未领取的利息不应计入其成本

D. 交易性金融资产持有期间的公允价值变动应确认为其他综合收益

6. 下列关于应收股利会计处理的说法中正确的有（　　）。

A. 应收股利属于资产类科目，借方登记应收股利的增加，贷方登记收到的现金股利或利润

B. 企业收到的交易性金融资产支付的价款中包含的已宣告但尚未发放的现金股利应该计入交易性金融资产的初始入账成本

C. 企业收到的交易性金融资产支付的价款中包含的已宣告但尚未发放的现金股利应该计入应收股利

D.企业取得长期股权投资等资产时，如果实际支付的价款中包含了已宣告但尚未分派的现金股利，不应作为应收股利单独核算

7.下列各项业务中，不会引起期末交易性金融资产账面价值发生增减变动的有（　　）。

A.被投资单位宣告发放现金股利　　B.收到被投资单位发放的现金股利

C.期末交易性金融资产的公允价值变动　　D.期末处置部分交易性金融资产

8.甲公司将购入的乙公司股票划分为交易性金融资产，下列各项中，对甲公司当期损益产生影响的有（　　）。

A.乙公司宣告发放现金股利　　B.收到乙公司发放的现金股利

C.资产负债表日，乙公司股票持续上升　　D.资产负债表日，乙公司股价严重下跌

9.下列各项经济业务中，应通过“投资收益”账户核算的有（　　）。

A.持有期间被投资单位宣告分派的现金股利

B.取得时支付的交易费用

C.出售时公允价值与其账面价值之间的差额

D.出售金融商品确认需要缴纳的应交增值税时调整投资收益

10.下列各项中，关于交易性金融资产的会计处理表述正确的有（　　）。

A.持有期间发生的公允价值变动计入公允价值变动损益

B.持有期间被投资单位宣告分派的现金股利计入投资收益

C.取得时支付的价款中包含的应收股利计入初始成本

D.取得时支付的相关交易费用计入投资收益

（三）判断题

1.企业取得交易性金融资产所支付价款中包含了已宣告但尚未发放的现金股利的，应单独确认为应收股利项目。（　　）

2.交易性金融资产持有期间，被投资单位宣告发放现金股利，企业应冲减交易性金融资产的成本。（　　）

3.出于谨慎性原则的考虑，资产负债表日，交易性金融资产应当按照公允价值与成本孰低计量。（　　）

4.企业出售交易性金融资产时，应将原计入公允价值变动损益的该金融资产的公允价值变动转出，由公允价值变动损益转为投资收益。（　　）

5.交易性金融资产持有期间，投资单位收到投资前被投资单位已宣告但尚未分派的现金股利时，应确认为投资收益。（　　）

（四）不定项选择题

1.甲公司为增值税一般纳税人，20×8年发生如下与交易性金融资产相关的经济业务：

（1）4月1日，从深圳证券交易所购入乙公司当日平价发行的债券20 000份，其面值总计100万元，票面利率为8%。另支付相关交易费用3 000元，取得的增值税专用发票上所注明的增值税税款为180元。甲企业将其划分为交易性金融资产。

（2）6月30日，甲公司持有乙公司债券的市价为103.2万元。

（3）7月1日，甲公司计提第二季度债券利息2万元。7月10日，甲公司收到乙公司向其发放的债券利息。假定不考虑相关税费。

（4）7月31日，将持有的乙公司债券全部出售，售价为105万元。甲公司转让该金融资产应交增值税为4 020元。

要求：根据上述资料，不考虑其他因素，分析回答下列小题。

（1）根据资料（1），甲公司购入该交易性金融资产的初始入账价值为（　　）万元。

A. 100.318　　B.100.282　　C.100.3　　D.100

（2）根据资料（1）和（2），下列各项中，甲公司6月30日应计入公允价值变动损益的金额是（　　）万元。

A. 2.9　　B.3.2　　C.2.882　　D.2.718

（3）根据资料（1）和（3），下列各项中，关于甲公司应收利息的会计处理结果表述正确的是（　　）。

A.计提利息时，确认投资收益2万元

B.实际收到利息时，确认投资收益2万元

C.计提利息时，确认公允价值变动损益2万元

D.实际收到利息时，冲减交易性金融资产成本2万元

（4）根据资料（1）至（4），下列各项中，甲公司出售乙公司债券的会计处理正确的是（　　）。

A.借：公允价值变动损益	32 000	
贷：投资收益		32 000
B.借：投资收益	32 000	
贷：公允价值变动损益		32 000
C.借：其他货币资金	1 050 000	
贷：交易性金融资产——成本		1 000 000
——公允价值变动		32 000
投资收益		18 000
D.借：投资收益	4 020	
贷：应交税费——转让金融商品应交增值税		4 020

（5）根据资料（1）至（4），该交易性金融资产业务增加甲公司20×8年营业利润的金额为（　　）万元。

A. 6.198　　B.6.7　　C.6.58　　D.6.298

2.甲公司从市场上购买股票作为交易性金融资产，有关资料如下：

（1）20×7年5月10日，甲公司以930万元购得乙公司股票100万股作为交易性金融资产核算。另外支出手续费2万元，取得的增值税专用发票上注明的税款为0.12万元。

（2）20×7年6月30日，该股票每股市价为9.5元。

（3）8月10日，乙公司宣告分派现金股利，每股0.3元。

（4）8月20日，甲公司收到分配的现金股利。

（5）12月31日，甲公司仍然持有该股票，期末每股市价为10.3元。

（6）20×8年1月3日，甲公司以1 040万元出售该交易性金融资产，适用的增值税税率为6%。假定甲公司每年6月30日和12月31日对外提供财务报告。

要求：根据上述资料，不考虑其他因素，分析回答下列小题。

（1）甲公司20×7年5月10日取得交易性金融资产时，下列各项中正确的是（　　）。

A.交易性金融资产取得时入账价值为930万元

B.交易性金融资产取得时入账价值为932万元

C.交易性金融资产取得时入账价值为932.12万元

D交易性金融资产取得时入账价值为930.12万元

（2）关于甲公司20×7年交易性金融资产的会计处理，下列各项中正确的有（　　）。

A. 20×7年8月10日应确认投资收益30万元

B. 20×7年8月10日应冲减交易性金融资产成本30万元

C. 20×7年度确认投资收益28万元

D. 20×7年应确认公允价值变动损益100万元

（3）关于甲公司20×7年与交易性金融资产相关的会计处理，下列各项中正确的有（　　）。

A. 20×7年5月10日购入时：

借：交易性金融资产——成本　　9 300 000
　　投资收益　　20 000
　　应交税费——应交增值税（进项税额）　　1 200
　贷：其他货币资金　　9 321 200

B. 20×7年6月30日确认公允价值变动时：

借：交易性金融资产——公允价值变动　　200 000
　贷：公允价值变动损益　　200 000

C. 20×7年8月10日宣告分派现金股利时：

借：应收股利　　300 000
　贷：投资收益　　300 000

D. 20×7年12月31日确认公允价值变动时：

借：交易性金融资产——公允价值变动　　800 000
　贷：公允价值变动损益　　800 000

（4）甲公司出售该金融资产，有关公允价值变动损益的说法，正确的是（　　）。

A.需要转入投资收益

B.不需要进行任何会计处理

C.转入“交易性金融资产——公允价值变动”

D.转入“交易性金融资产——成本”

（5）下列关于20×8年1月3日处置该交易性金融资产的表述中，正确的有（　　）。

A.处置该交易性金融资产应缴纳的增值税税额为6.226415万元

B.处置该交易性金融资产发生的增值税借方为管理费用

C.处置该交易性金融资产发生的增值税借方为投资收益

D.如果买价中包含的已宣告但尚未发放的现金股利为20万元，计算增值税税额时应

将其扣除

3.甲公司从市场上购得债券作为交易性金融资产核算，有关资料如下：

（1）20×6年1月1日购入M公司债券，共支付价款1 050万元。另支付交易费用1.5万元，取得的增值税专用发票上注明的税款为0.09万元。该债券面值为1 000万元，票面利率为5%，每年1月2日和7月2日付息。

（2）20×6年6月30日，该债券的公允价值为1 040万元。

（3）20×6年7月2日，收到该债券20×6年上半年的利息。

（4）20×6年12月31日，该债券的公允价值为1 070万元。

（5）20×7年1月2日，收到该债券20×6年下半年的利息。

（6）20×7年3月31日，甲公司将该债券以1 087.1万元的价格予以出售，交易费用2万元，税率为6%，已收到相关款项。

要求：根据上述资料，回答下列小题。

（1）关于购入该项交易性金融资产的表述中，正确的有（　　）。

A.交易性金融资产的入账价值为1 000万元

B.交易费用1.5万元和增值税0.09万元计入购买价款

C.交费费用1.5万元和增值税0.09万元不计入购买价款

D.交易性金融资产的入账价值为1 050万元

（2）关于公允价值变动的处理，下列正确的有（　　）。

A. 20×6年6月30日，确认借方投资收益10万元

B. 20×6年6月30日，确认借方公允价值变动损益10万元

C. 20×6年12月31日，确认贷方投资收益30万元

D. 20×6年12月31日，确认贷方公允价值变动损益30万元

（3）该公司转让金融商品应缴纳的增值税税额是（　　）万元。

A. 2.226　　B.2.1　　C.0　　D.5.1

（4）处置该项交易性金融资产时，对损益的影响金额为（　　）万元。

A. 15.1　　B.13.1　　C.13　　D.17.1

（5）关于交易性金融资产利息收益的处理，下列表述正确的有（　　）。

A.实际利率与票面利率不一致的，应按实际利率计提利息

B.计提的利息应计入投资收益

C.利息应于实际收到时计入公允价值变动损益

D.买价中包含的已到付息期但尚未领取的利息，应计入应收利息

4.甲公司20×8年有关交易性金融资产的经济业务如下：

（1）3月1日，从证券市场购入乙公司股票，并将其划分为交易性金融资产，支付价款为1 240万元，其中包含乙公司已宣告但尚未支付的现金股利40万元，另支付交易费用1万元，取得的增值税专用发票上注明的增值税税款为0.06万元。

（2）3月20日，甲公司收到该现金股利40万元。

（3）3月31日，该股票的市价为1 170万元，甲公司每月进行一次公允价值变动的调整。

（4）4月25日，甲公司出售了所持有的乙公司股票，售价为1 250万元。并支付相关

交易费用1.1万元，取得的增值税专用发票上注明的增值税税款为0.066万元。

要求：根据以上资料，不考虑其他因素，分析回答下列小题。

（1）3月1日取得乙公司股票时，该交易性金融资产的入账价值为（　）万元。

A. 1 100　　B.1 200　　C.1 240　　D.1 241

（2）3月20日，收到现金股利的会计处理中，可能涉及的会计科目有（　）。

A. “其他货币资金”　B. “投资收益”　C. “应收股利”　D. “应付股利”

（3）3月31日，应确认的公允价值变动损益为（　）万元。

A. 30　　B.-20　　C.-30　　D.-40

（4）4月25日，处置乙公司股票时，应确认的投资收益为（　）万元。

A. 20　　B.60　　C.80　　D.78.9

（5）甲公司持有交易性金融资产产生的累计损益为（　）万元。

A. 80　　B.48.9　　C.47.9　　D.49.9

5. 甲公司20×8年度至20×9年度发生如下与股票投资有关的业务：

（1）20×8年4月1日，购买乙公司股票4 000股作为交易性金融资产核算，每股买入价为20.5元，其中包括已宣告但尚未支付的现金股利每股0.5元。另支付相关交易费用0.1万元，取得增值税专用发票上注明的增值税税款为0.006万元。4月18日收到该现金股利。

（2）20×8年10月1日购入丙公司股票5万股，并准备随时变现，每股买价8元。另支付相关交易费用0.2万元，取得的增值税专用发票上注明的增值税税款为0.012万元。

（3）20×8年12月18日甲公司出售了所持有的丙公司股票，售价45万元。另支付相关交易费用0.3万元，取得的增值税专用发票上注明的增值税税款为0.018万元。

（4）20×8年12月31日，所购入的乙公司股票的公允价值为每股20.5元。

（5）20×9年2月3日，出售持有的乙公司股票3 000股，实得价款为6.5万元。

（6）20×9年4月15日，乙公司宣布发放现金股利，每股派发1元。4月30日，收到派发的现金股利。

要求：根据上述资料，不考虑其他因素，回答下列小题。

（1）根据资料（1），甲公司取得乙公司的股票作为交易性金融资产，会计处理正确的是（　）。

A.借：交易性金融资产——成本　　81 060
　　　应收股利　　2 000
　　贷：其他货币资金　　83 060

B.借：交易性金融资产——成本　　80 000
　　贷：其他货币资金　　80 000

C.借：交易性金融资产——成本　　83 060
　　贷：其他货币资金　　83 060

D.借：交易性金融资产——成本　　80 000
　　　应收股利　　2 000
　　　投资收益　　1 000
　　　应交税费——应交增值税（进项税额）　　60

贷：其他货币资金　　83 060

（2）根据资料（2），下列关于甲公司购买丙公司股票的会计处理正确的是（　　）。

A.购入的股票作为交易性金融资产核算　　B.该股票的入账价值为35.4万元

C.支付的相关交易费计入成本　　D.支付的相关交易费计入投资收益

（3）根据资料（3），甲公司因处置丙公司股票而确认的处置损益为（　　）万元。

A. 9.35　　B.9.6　　C.4.7　　D.10

（4）根据资料（5），甲公司出售乙公司股票时，应确认的投资收益为（　　）万元。

A. 0.5　　B.0.2　　C.0.35　　D.-0.25

（5）根据上述资料，甲公司下列会计处理正确的是（　　）。

A. 20×8年4月18日，甲公司的会计分录是：借记应收股利，贷记投资收益，金额为0.2万元

B. 20×8年12月31日，甲公司的会计分录是：借记交易性金融资产，贷记公允价值变动损益，金额为0.2万元

C. 20×9年4月15日，甲公司确认的投资收益为0.4万元

D. 20×9年4月30日，甲公司收到的现金股利为0.1万元

十、知识点：长期投资

（一）单项选择题

1.下列有关投资企业与被投资企业关系的表述不正确的有（　　）。

A.投资企业能够控制被投资企业的，两者形成母子关系，投资企业是母公司，被投资企业是子公司

B.投资企业能够共同控制被投资企业的，两者形成母子公司关系，被投资企业是投资企业的子公司

C.投资企业能够对被投资企业施加重大影响的，被投资企业是投资企业的联营企业

D.投资企业不能控制、不能共同控制、也不能施加重大影响的，投资企业应按照《企业会计准则第22号——金融工具确认和计量》的规定将该投资作为金融资产进行核算

2.甲公司、乙公司同属于丙公司的子公司。甲公司获得乙公司60%的股份。甲公司支付的对价为无形资产，该无形资产账面价值为6 000万元，公允价值为9 000万元（该无形资产属于免征增值税项目）。乙公司所有者权益的账面价值为7 000万元，其公允价值为11 000万元。乙公司所者权益在最终控制方的合并财务报表之中的账面价值为8 000万元。则甲企业长期股权投资的初始投资成本为（　　）万元。

A.4 200　　B.6 600　　C.5 400　　D.4 800

3.甲公司获得乙公司60%的股份。甲公司支付的对价为无形资产，该无形资产账面价值为6 000万元，公允价值为9 000万元（该无形资产属于免征增值税项目）。乙公司所有者权益的账面价值为7 000万元，其公允价值为11 000万元。乙公司所者权益在最终控制方的合并财务报表之中的账面价值为8 000万元。甲公司、乙公司没有关联方关系。则甲企业长期股权投资的初始投资成本为（　　）万元。

A.6 000　　B.9 000　　C.6 600　　D.4 800

4.甲公司20×2年6月30日以银行存款购入丙公司60%的股份，并准备长期持有。20×2年丙公司全年净利润400万元。则甲企业本年度应确认的投资收益为（　　）万元。

A.240　　B.120　　C.80　　D.0

5.甲公司于20×4年3月1日以本公司的设备对乙公司投资，取得乙公司20%的股份。该设备原值1 500万元，已计提折旧400万元，已计提减值50万元。在投资当日，该设备的公允价值为1 236万元（含增值税，该增值税按简易计税处理）。20×4年3月1日，乙公司所有者权益公允价值为7 000万元。则甲公司该项投资的投资成本为（　　）万元。

A.1 500　　B.1 050　　C.1 236　　D.1 400

6.甲公司持有乙公司40%的股权，能施加重大影响。20×1年12月31日，该项长期股权投资的账面价值为3 000万元。除此之外，甲公司还拥有一项对乙公司的长期应收款400万元，该款项并不是因销售等日常活动产生的，乙公司到目前为止还没有明确的还款计划。另外，甲公司还与乙公司签订了一项协议，在乙公司严重亏损，甲公司承担的亏损金额超过了甲公司在乙公司的长期权益金额后，甲公司需要额外确认长期权益金额部分的30%。乙公司20×2年由于一项主要经营业务市场条件发生变化，当年亏损10 000万元。则甲本期应承担的投资亏损为（　　）万元。

A.4 000　　B.3 000　　C.3 400　　D.3 580

7.甲公司拥有乙公司有表决权股份的30%，能够对乙公司施加重大影响。20×4年12月30日，甲公司出售乙公司的全部股权，所得价款为3 500万元，全部存入银行。截至12月30日，该项长期股权投资的账面价值为3 200万元，其中投资成本为3 000万元，损益调整400万元，其他权益变动100万元，其他综合收益贷方余额120万元，长期股权投资减值准备180万元。则甲公司处置该笔长期股权投资所确认的投资收益总额为（　　）万元。

A.300　　B.400　　C.520　　D.280

（二）多项选择题

1.下列有关同一控制下企业合并的表述正确的有（　　）。

A.同一控制下的企业合并是指在合并之前和合并之后，两家公司都受同一个最终控制方的控制。

B.在同一控制下，整个投资行为不应该被视为一项交易，因此不需要考虑公允价值，投资方既不需要考虑付出对价的公允价值，也不需要考虑其所获得的对方股权的公允价值，因而投资方也不存在确认损益的问题。

C.在同一控制下，投资方应该以占被投资方净资产账面价值的份额作为初始投资成本

D.投资方付出的对价的账面价值与初始投资成本的差额，应调整投资企业的所有者权益部分

2.下列有关非同一控制企业合并的表述正确的有（　　）。

A.在非同一控制下，合并双方在合并之前不受同一最终控制方的控制

B.在非同一控制下，应该将整个投资行为视为一项公平交易，因此需要考虑公允价值，投资方需要考虑其付出对价的公允价值，而该对价在投资企业是有账面价值

的，因此投资方需要确认该对价的公允价值与账面价值之间的差额，作为资产处置损益等项目处理

C.在非同一控制下，投资方应该以其所付出对价的公允价值加相关手续费等作为初始投资成本

D.在非同一控制下，当投资方获得对方股权的公允价值大于其初始投资成本时，需要将该初始投资成本进行相应调整，哪个金额大就按照哪个金额记账

3.下列有关长期股权投资成本法核算正确的有（　　）。

A.长期股权投资成本法适用于企业持有的能够对被投资单位实施控制的长期股权投资，即对子公司的投资

B.在成本法下，长期股权投资以取得股权时的初始投资成本计价入账后，除了投资企业追加或收回投资外，长期股权投资的账面价值一般应保持不变

C.企业应当按照享有被投资单位宣告发放的现金股利或利润确认投资收益，不管有关利润分配是属于对取得投资前还是取得投资后被投资单位实现净利润的分配

D.企业应当按照享有被投资单位宣告发放的现金股利或利润确认投资收益，该分配应该属于对取得投资后被投资单位实现净利润的分配

4.采用权益法核算法时，有关长期股权投资初始投资成本表述正确的有（　　）。

A.企业取得长期股权投资，按实际支付的购买价款或所支付的资产的公允价值（包括支付的税金、手续费等相关费用）作为初始投资成本

B.企业为取得长期股权投资所发生的评估、审计、咨询等费用，也构成初始投资成本

C.投资企业应享有被投资单位可辨认净资产公允价值的相应份额大于初始投资成本的，应将初始投资成本按照被投资企业可辨认净资产公允价值和持股比例进行调整，其差额作为营业外收入处理

D.投资企业应享有被投资单位可辨认净资产公允价值的相应份额小于初始投资成本的，应将初始投资成本按照被投资企业可辨认净资产公允价值和持股比例进行调整，其差额作为营业外支出处理

（三）不定项选择题

1.甲公司为一家小企业。20×6年1月1日，甲公司从二级市场上购入乙公司债券，支付价款合计820 000元（含已宣告但尚未领取的利息20 000元），另支付交易费用12 000元。该债券面值为800 000元，剩余期限为2年，票面利率为5%，每半年付息一次，其具体付息时间为该半年度结束后的下个月3号支付。合同现金流特征仅为本金和以偿付本金金额为基础的利息的支付。甲公司准备持有至到期，因此将其分类为长期债券投资进行核算与管理。假设不考虑增值税等其他因素影响。根据上述业务，回答下列问题。

（1）下列有关小企业长期投资业务表述正确的有（　　）。

A.小企业长期债券投资溢折价的摊销应采用实际利率法

B.小企业长期股权投资应采用成本法核算

C.小企业应在“长期债券投资”科目下设“成本”“利息调整”“应计利息”等明细科目

D.小企业长期投资发生减值损失的，应采用直接转销法。在其实际发生时，应按其

可收回金额与账面价值的差额确认营业外支出

（2）20×6年1月1日，甲公司取得该项投资的业务处理正确的有（　　）。

A.支付的价款中所含的已宣告但尚未领取的利息20 000元应作为应收利息处理

B.交易费用12 000元应冲减投资收益

C.应按债券面值确认“长期债券投资——面值”800 000元

D.应确认“长期债券投资——溢折价”12 000元

（3）在持有债券的2年内，甲公司每半年应确认投资收益的金额为（　　）。

A.20 000元　　B.3 000元　　C.17 000元　　D.40 000元

（4）20×6年6月30日，甲公司对该投资业务的会计处理正确的有（　　）。

A.借：长期债券投资——应计利息　20 000
　　贷：投资收益　20 000

B.借：长期债券投资——应计利息　20 000
　　贷：长期债券投资——溢折价　3 000
　　　　投资收益　17 000

C.借：应收利息　20 000
　　贷：投资收益　20 000

D.借：应收利息　20 000
　　贷：长期债券投资——溢折价　3 000
　　　　投资收益　17 000

（5）20×8年1月3日，甲公司收回债券本金和利息的业务处理正确的有（　　）。

A.借：银行存款　800 000
　　贷：长期债券投资——面值　800 000

B.借：银行存款　820 000
　　贷：长期债券投资——面值　800 000
　　　　长期债券投资——应计利息　20 000

C.借：银行存款　820 000
　　贷：长期债券投资——成本　800 000
　　　　应收利息　20 000

D.借：银行存款　820 000
　　贷：长期债券投资——面值　800 000
　　　　应收利息　20 000

2.20×3年1月1日，甲公司通过发行普通股股票1 000万股与乙公司股东进行交换并取得乙公司有表决权股份的20%，从而使甲公司对乙公司财务和经营决策具有重大影响，甲企业准备长期持有该股份。该股票的面值为每股1元，其市场价格为每股3元，为此甲企业还以存款支付了相关费用20万元。同日，乙公司可辨认净资产的公允价值为16 000万元。20×3年，乙公司全年取得净收益6 000万元。20×4年5月18日，乙公司股东大会宣告发放现金股利4 000万元；6月20日，乙公司支付了现金股利。假设甲公司和乙公司在会计政策、会计期间等方面完全一致。根据上述资料，回答如下问题：

（1）下列有关长期股权投资权益法的核算思路表述正确的有（　　）。

A.长期股权投资权益法核算的基本思路是其账面价值随被投资单位所有者权益的变动而变动

B.影响被投资企业所有者权益变化的原因之一是被投资企业本期的净利润或净亏损。因此，针对这种变化，投资企业需要设置“长期股权投资——损益调整”明细项目对相关影响进行反映

C.影响被投资企业所有者权益变化的原因之二是被投资企业不计入当期损益的利得和损失，被投资企业将其通过“其他综合收益”项目计入了所有者权益总额。因此，针对这种变化，投资企业需要设置“长期股权投资——其他权益变动”明细项目对相关影响进行反映

D.影响被投资企业所有者权益变化的原因之三是被投资企业本身资本公积等项目发生变动。因此，针对这种变化，投资企业需要设置“长期股权投资——其他综合收益”明细项目对相关影响进行反映

（2）下列有关甲公司于20×3年1月1日取得乙公司股权的业务表述正确的（　　）。

A.应确认“资本公积——股本溢价”项目金额2 000万元

B.应确认“营业外收入”项目金额200万元

C.应确认“长期股权投资——投资成本”项目金额3 200万元

D.应确认“管理费用”项目金额20万元

（3）20×3年12月31日，甲公司应确认投资收益的金额为（　　）。

A.1 200万元　　B.800万元　　C.1 180万元　　D.0

（4）20×4年5月18日，甲公司确认现金股利时，应贷记的账户是（　　）。

A.“投资收益”　　B.“长期股权投资——损益调整”

C.“应收股利”　　D.“其他综合收益”

（5）20×4年6月20日，甲公司收到现金股利时，应贷记的账户是（　　）。

A.银行存款　　B.长期股权投资——损益调整

C.利润分配　　D.应收股利

本章答案

一、知识点：固定资产概述+固定资产取得

（一）单项选择题

1.

答案：B

解析：

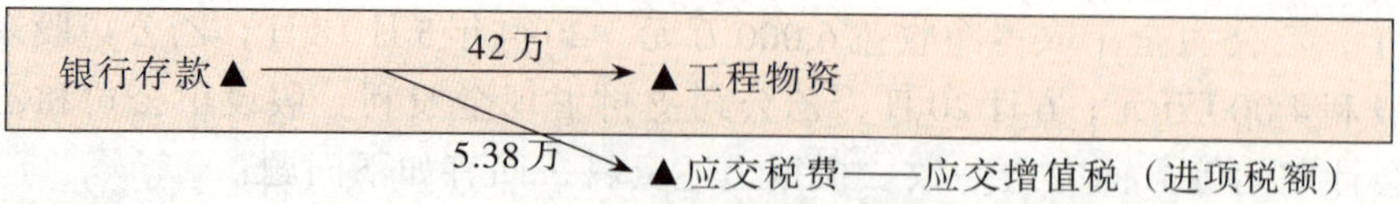

2.

答案：D

解析：经营租入的固定资产不能作为企业的资产处理。企业在账上只能反映租金的确认与支付。

3.

答案：D

解析：对于这种一揽子购入的，原则上都应该按公允价值分配。

4.

答案：D

解析：达到预定可使用状态后的借款利息应该费用化，计入财务费用。

5.

答案：C

解析：购入生产用固定资产的增值税应作为进项税额单列，以便抵扣销项税额。

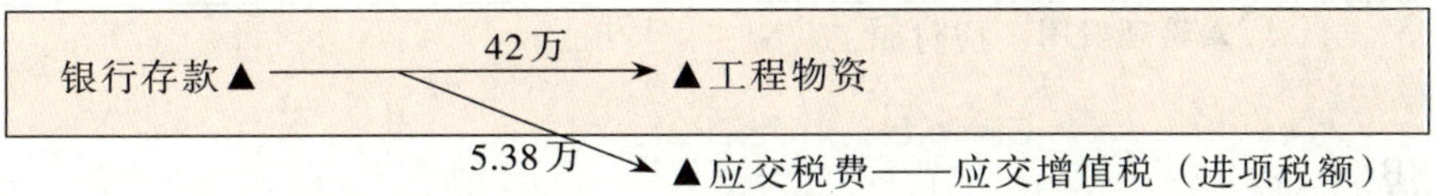

6.

答案：C

解析：

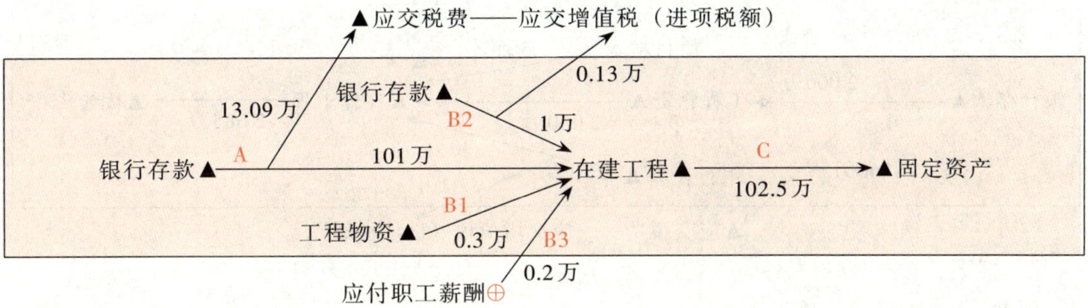

7.

答案：D

解析：

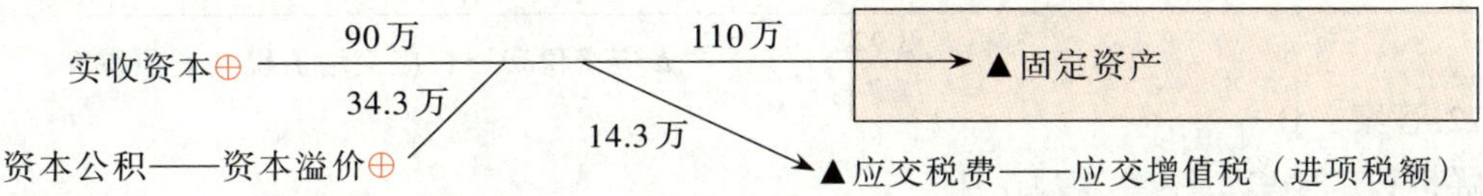

8.

答案：D

解析：入账价值=200+30+80=310（万元）。

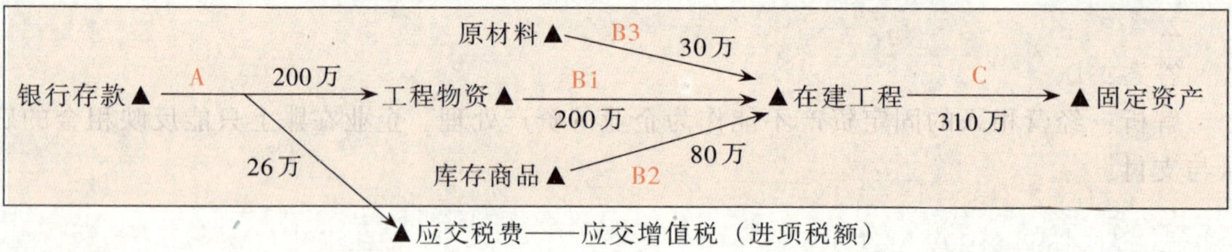

9.

答案：B

解析：发生的员工培训费应该在发生时计入当期损益。

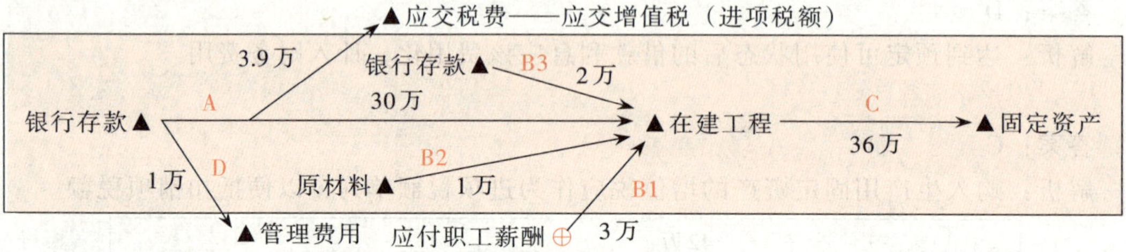

10.

答案：B

解析：

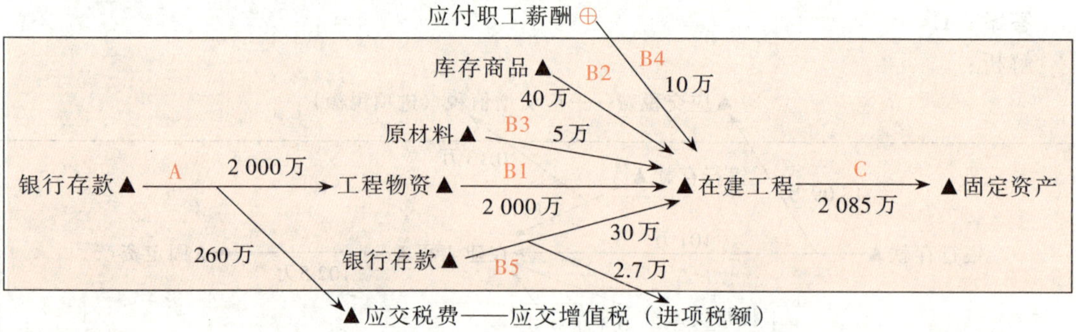

11.答案：C

解析：

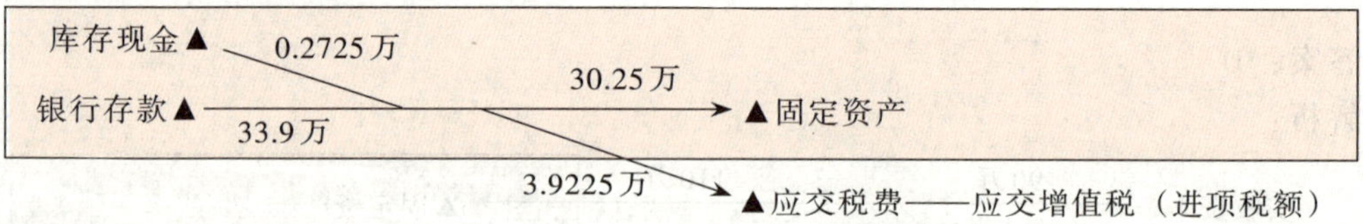

12.答案：C

解析：

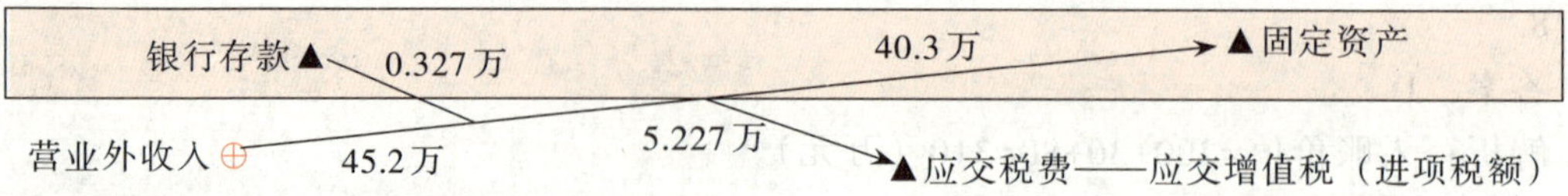

13.答案：D

解析：

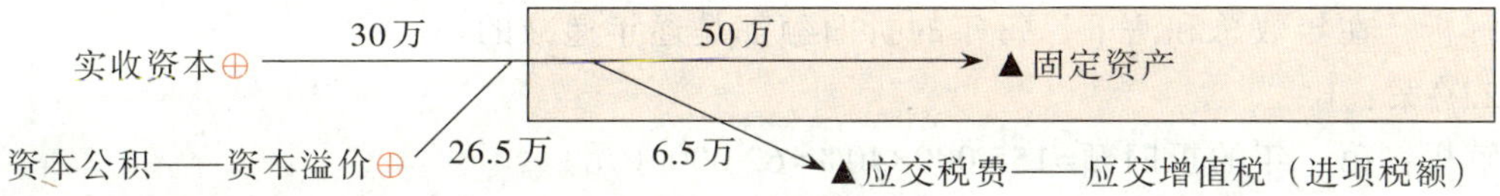

（二）多项选择题

1.答案：ABCD

解析：ABCD都是对业务的恰当描述。

2.答案：ABC

解析：D是错的。从图中进项税额可以抵扣可知，该固定资产属于服务于企业生产用的固定资产。如果属于非生产用的，那么增值税进项税额就不能抵扣，只能全部计入固定资产成本。其他的选项都是对业务的恰当描述。

3.答案：ABCD

解析：这四项描述都是对图中资金运动所做的恰当描述。

4.答案：ABCD

解析：这些都是使固定资产达到预定可使用状态之前所必须发生的合理支出，都应该计入固定资产的成本。

5.答案：ABD

解析：投资者投入的固定资产，按投资双方协商或合同约定的金额作为入账价值，协商价或合同约定的价格不公允的，按公允价值计量。

6.答案：ABC

解析：自营工程达到预定可使用状态之后所发生的借款利息，应费用化，计入财务费用。

7.答案：BC

解析：取得固定资产不是出于销售的目的；所有权是否转移，并不是判断的唯一标志。要强调实质重于形式。因此选项A和D是错的。

8.答案：CD

解析：外购的工程物资，用于生产用不动产的，其进项税额可以全额抵扣；用于福利性质的不动产的，其进项税额要全额计入工程成本。工程物资报废或毁损的，应将其净损失计入在建工程。

（三）判断题

1.答案：√

解析：已达到预定可使用状况但尚未办理财产竣工结算手续的，应暂估入账，并计提折旧。待以后办理财产竣工结算手续后，按实际成本调整其价值，但不调整已计提的折旧额。

2.答案：√

解析：以一笔款项购入多项没有单独标价的固定资产，应按各项固定资产的公允价值的比例对总成本进行分配，分别确定各项固定资产的成本。

二、知识点：固定资产折旧+后续支出

（一）单项选择题

1.答案：A

解析：在年数总和法下，每年的折旧额都是逐年递减的。

2.答案：B

解析：第一年的折旧额=155 000×40%=62 000（元）。

3.答案：C

解析：20×8年应计提折旧额=（860–5）×（5/15）×（8/12）=190（万元）。

4.答案：D

解析：应计提的折旧额=28×（1–5%）÷5÷2=2.66（万元）。

5.答案：B

解析：应计提的折旧=500×40%×（1/4）=50（万元）。

6.答案：A

解析：应计提的折旧=（290–5）×（4/15）=76（万元）。

7.答案：B

解析：未提足折旧但提前报废的，应将其净损失（含未提取的折旧）转入固定资产清理。已提足折旧的不再提取。

8.答案：D

解析：承租方短期租赁租入的房屋，出租方计提折旧，承租方不计提折旧；提前报废的固定资产无须补提折旧；已提足折旧仍在继续使用的房屋不需要计提折旧。

9.答案：D

解析：

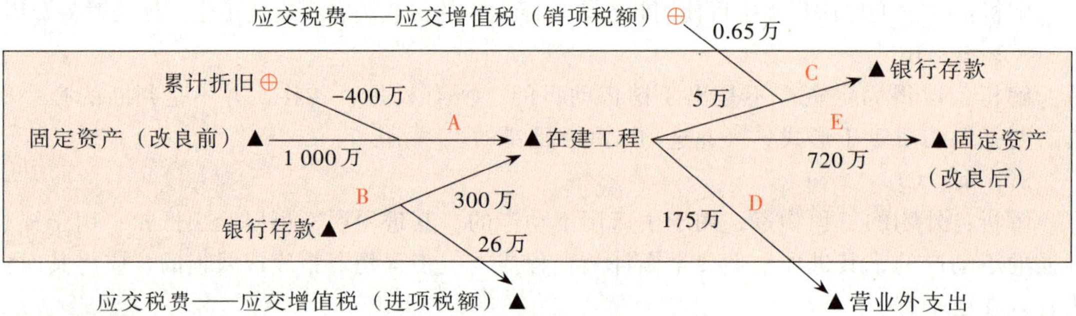

10.答案：D

解析：

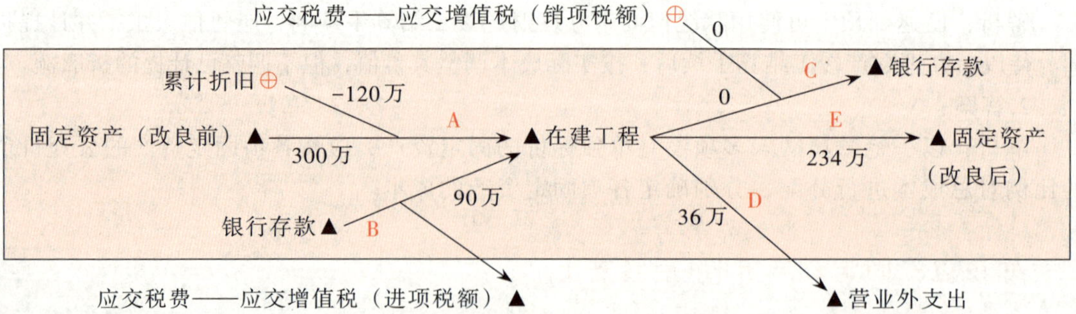

11.答案：B

解析：该生产线改造后成本=500-500÷10×3+70-（60-60÷10×3）=378（万元）。

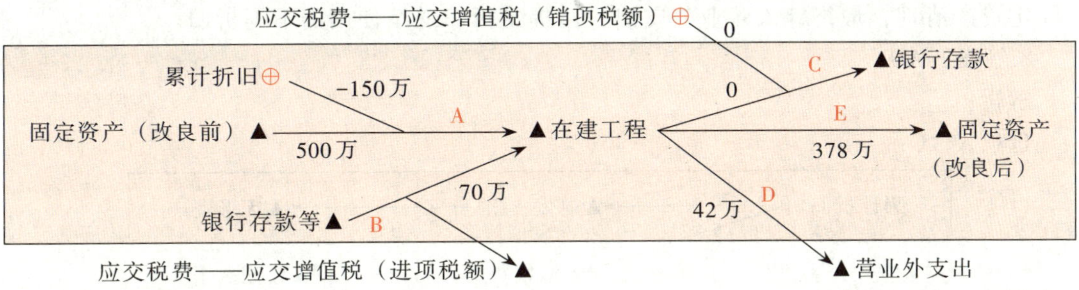

（二）多项选择题

1.答案：ABCD

解析：这四个选项都是对固定资产改扩建业务的恰当描述。

2.答案：AC

解析：B段资金运动反映企业投入改扩建工程支付了439万元，其中包含39万元的进项税额，另外剩下的400万元全部转入固定资产。这400万元如果全部是原材料并且所有原材料采购都获得了增值税专用发票，B段运动的进项税额金额就会有问题。但可能这400万元不一定都是原材料，也可能存在所购买的原材料未取得增值税专用发票的情况，因此选项B是错的。另外，B段资金运动的进项税额39万元可以全额抵扣，所以该工程应该属于生产用固定资产。

3.答案：ABC

解析：按规定，单独计价作为固定资产入账的土地，不提折旧。

4.答案：ABCD

解析：固定资产原价、预计净残值和固定资产减值准备影响折旧总额。而折旧总额和预计使用年限共同影响年度折旧额。

5.答案：ABCD

解析：这四个选项都是对固定资产后续支出的恰当描述。

6.答案：ABCD

解析：

选项A、C、D：

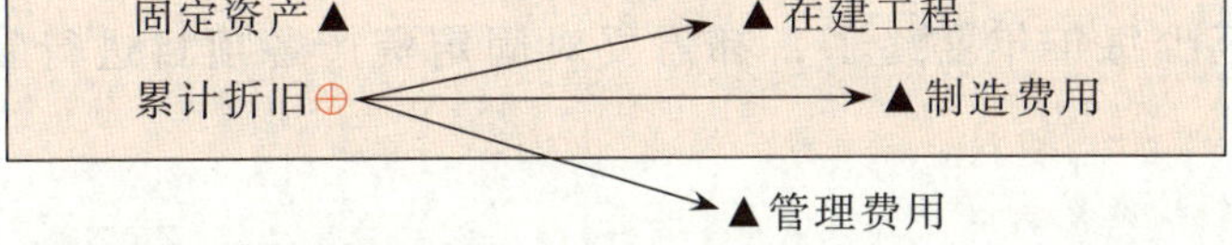

选项B：

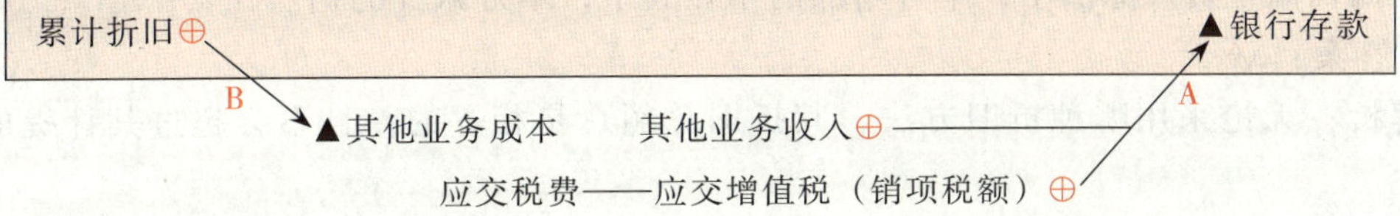

7.答案：ABC

解析：单独计价入账的土地不提折旧；提前报废的固定资产不补提折旧，而是全部转入固定资产清理，最终计入营业外支出；已提足折旧继续使用的不提折旧。

8.答案：AD

解析：

选项A、C：

选项B：

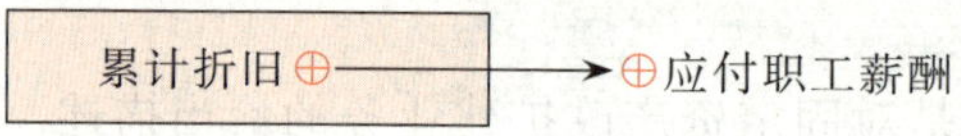

选项D：

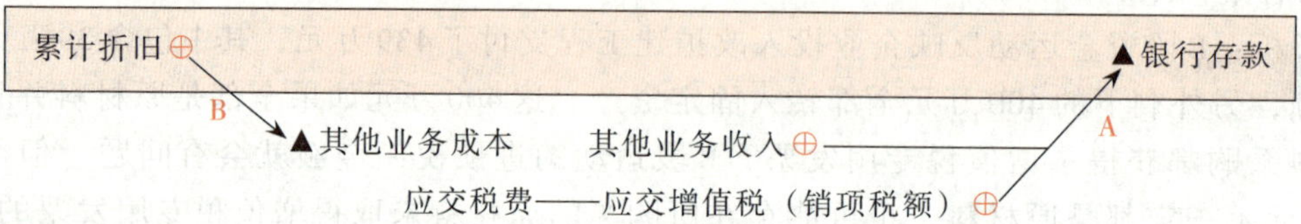

9.答案：ABC

解析：本月增加，本月不提折旧，从下月开始，因此20×5年12月该设备不需要计提折旧；该设备20×6年的折旧额=36×40%=14.4（万元）；该设备20×7年应计提的折旧额=（36−14.4）×40%=8.64（万元）；该设备20×8年应计提的折旧额=（36−14.4−8.64）×40%=5.184（万元）；20×9年应计提的折旧额=（36−14.4−8.64−5.184−1.8）÷2=2.988（万元）。

10.答案：AC

解析：租赁方式租入的使用权资产发生的改良支出应通过长期待摊费用核算，其金额=80+20=100（万元）。相关改良支出应按租赁期限与预计可使用年限两者孰短进行摊销。

（三）判断题

1.答案：√

解析：企业至少每年年度终了，都需要对固定资产各项目进行复核，并相应进行调整。

2.答案：√

解析：之所以会这样，是因为固定资产的折旧是以期初固定资产原始价值为基础计提的。在期初固定资产原值中，本月增加的不在其中，本月减少的仍然在其中。

3.答案：√

解析：无论采用哪种折旧方法，其折旧总额总是相等的，且不会超过其计提的折旧总额。

4. 答案：√

解析：提前报废的固定资产，其尚未折旧完的价值会转入固定资产清理。

5. 答案：×

解析：分摊期限应该在一年以上才行，否则不需要通过“长期待摊费用”账户核算。

(四) 不定项选择题

1. 答案：

(1) ACD

解析：单独计价入账的土地以及已提足折旧但仍在继续使用的固定资产，不需要计提折旧。

(2) A

解析：领用自产产品用于在建工程，应将产品成本转入在建工程。见下图A段资金运动。

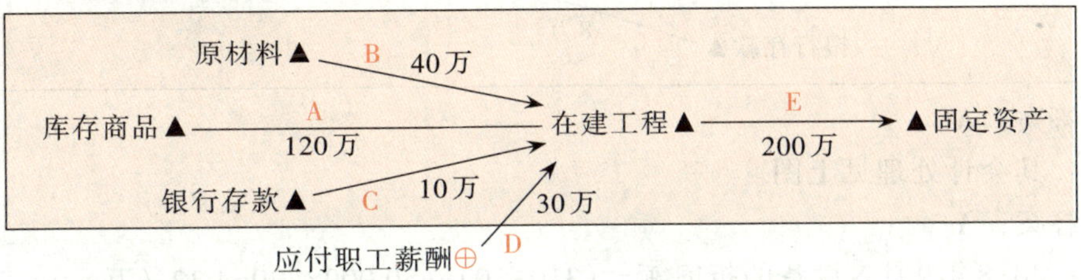

(3) A

解析：外购的原材料用于在建工程，应将原材料成本转入在建工程。见上图B段资金运动。

(4) B

解析：该生产线的入账价值=120+40+30+10=200（万元）。见上图E段资金运动。

(5) C

解析：该设备前2年折旧合计=200×40%+（200−200×40%）×40%=128（万元）。替换部分账面原值20万元，前2年折旧合计=20×40%+（20−20×40%）×40%=12.8（万元），未折旧完的价值=20−12.8=7.2（万元）。

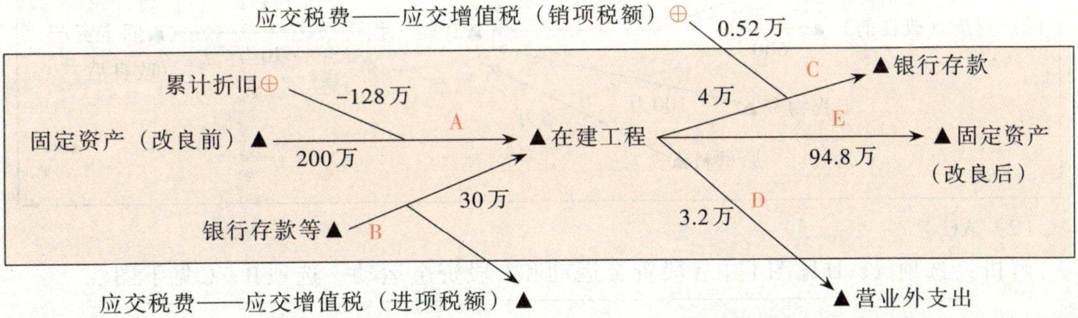

2. 答案：

(1) C

解析：

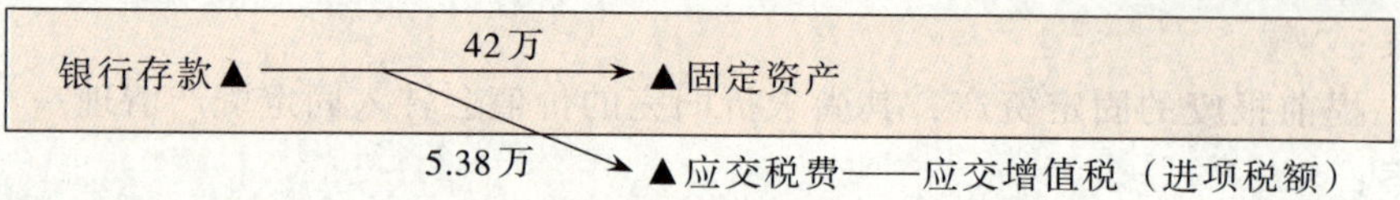

（2）答案：A

解析：20×8年8月M设备的折旧额=42×（2/10）÷12=0.7（万元）。

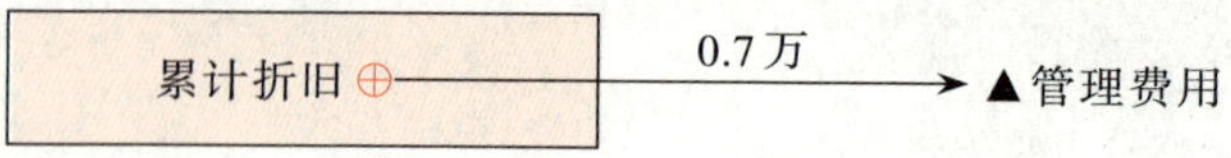

（3）答案：C

解析：

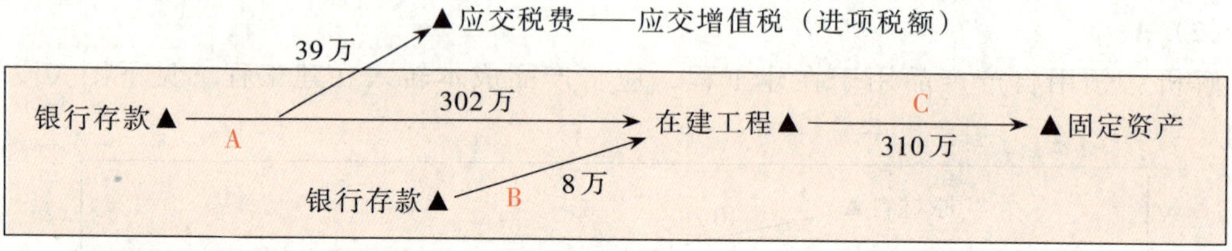

（4）答案：AC

解析：其会计处理见上图。

（5）答案：A

解析：20×8年9月N设备的折旧额=（310−10）÷50 000×720=4.32（万元）。

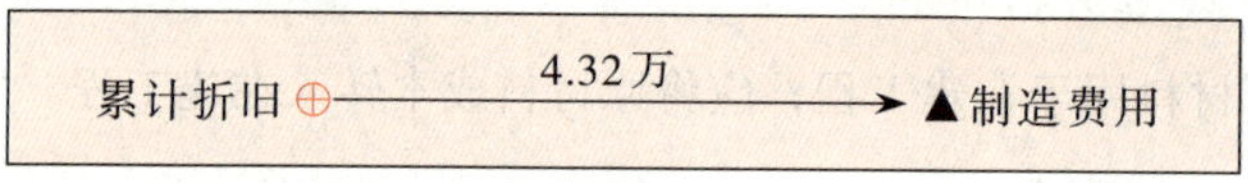

3.答案：

（1）CD

解析：我们把下面这幅图称为图1。

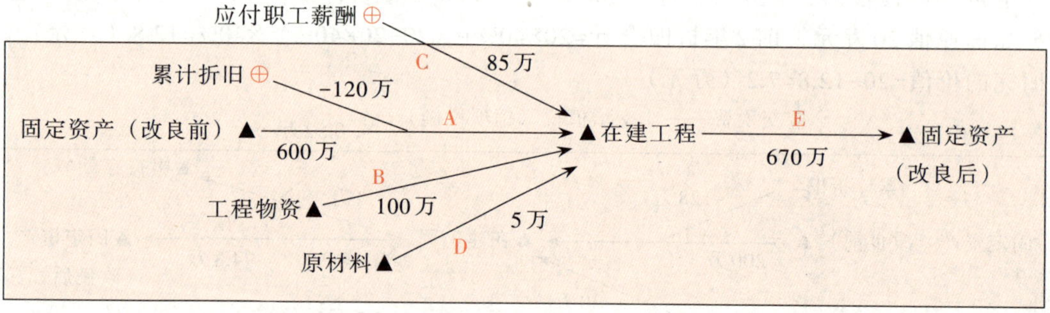

（2）AC

解析：选项A、D见图1中A段资金运动和C段资金运动。选项B、C见下图。

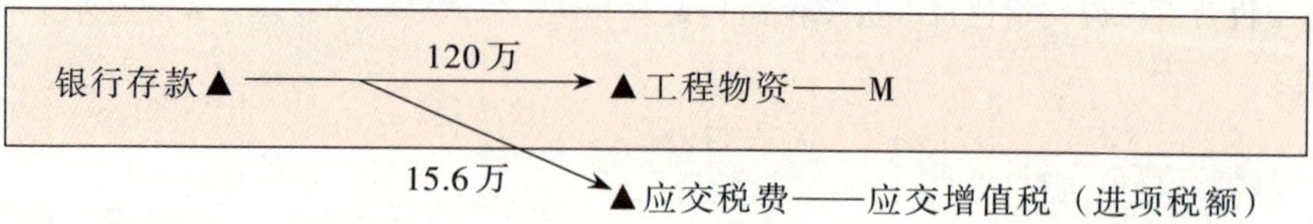

（3）A

解析：

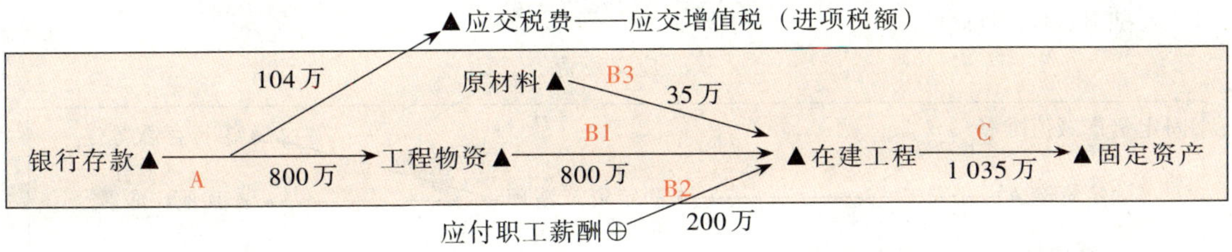

（4）A

解析：见图1。

（5）BD

解析：为购建生产用不动产购进的工程物资进项税额可以抵扣；生产车间管理人员的薪酬应计入制造费用。

三、知识点：固定资产处置+固定资产清查+固定资产减值

（一）单项选择题

1.答案：D

解析：

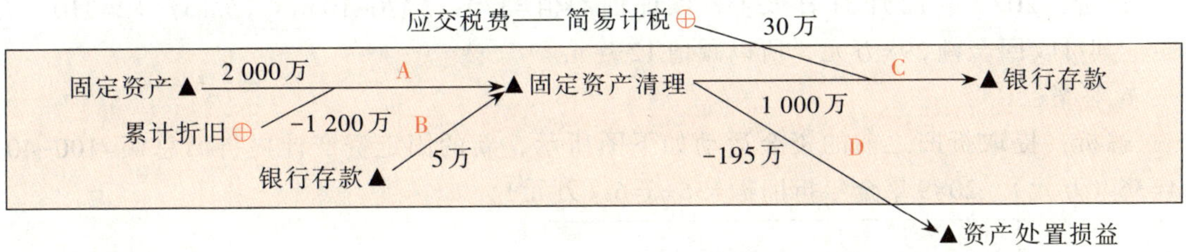

2.答案：B

解析：

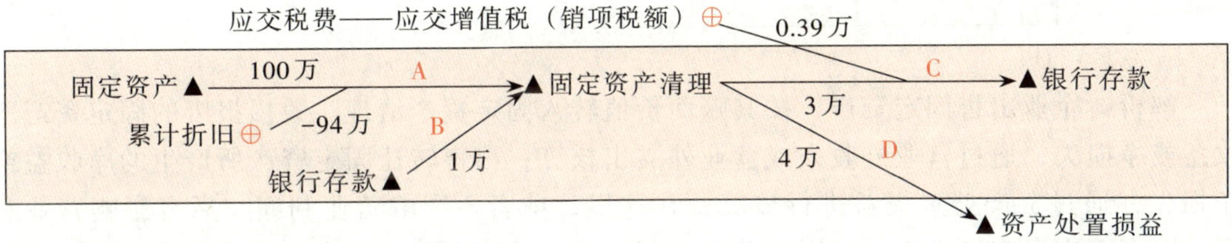

3.答案：A

答案：固定资产盘亏要通过“待处理财产损溢”账户来进行核算。其他三个项目都需要通过“固定资产清理”账户进行核算。

选项A：

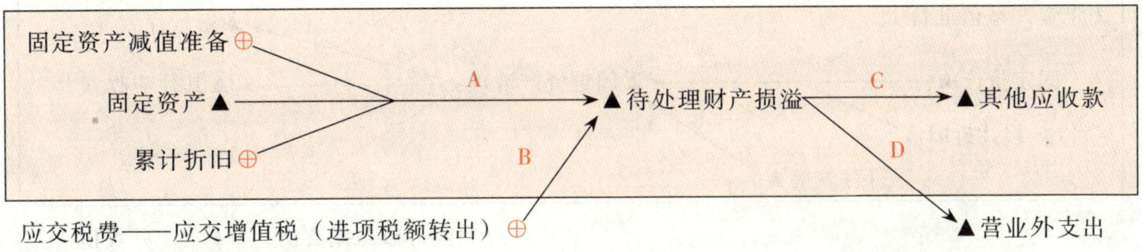

选项B、C、D：

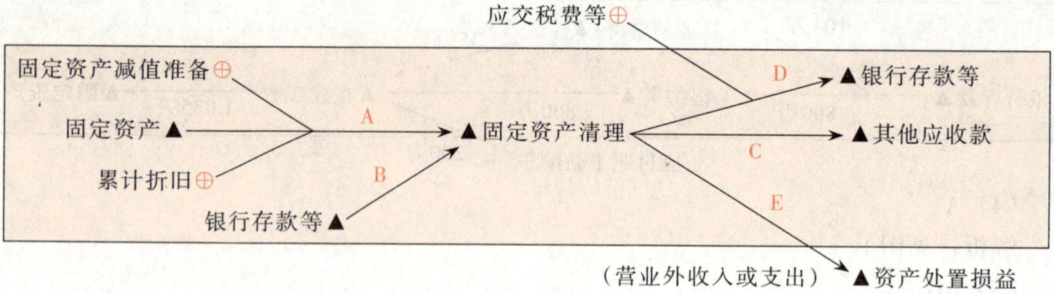

4.答案：B

解析：

5.答案：B

解析：20×8年12月31日该生产线账面净值=370-（370-10）×（5/15）÷2=310（万元）。其可收回金额298万元，所以减值12万元。

6.答案：C

解析：提取折旧之前的资金运动如下图所示，新的固定资产计提折旧总额=100-40-24=36（万元）。20×9年全年折旧额=36÷6=6（万元）。

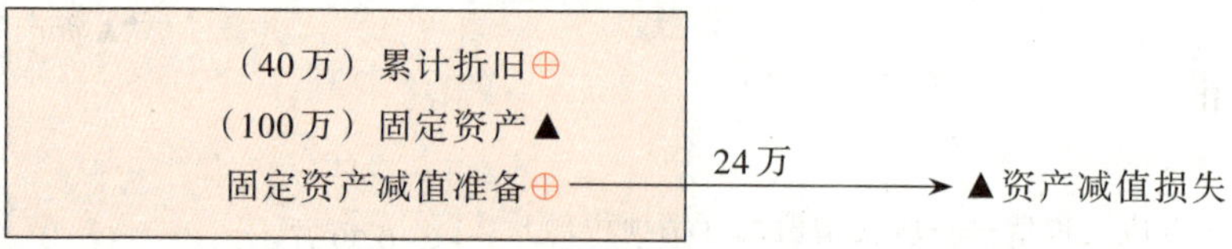

7.答案：D

解析：企业出售固定资产，按其账面价值转入固定资产清理。毁损报废的固定资产净收益或净损失，通过营业外收入或营业外支出核算；出售转让固定资产所产生的净收益或净损失，通过资产处置损益进行核算；在这里，前者不影响营业利润，后者影响营业利润，因而固定资产清理不一定影响营业利润。盘盈的固定资产要作为错账更正，不影响利润总额。

选项A、B、C：

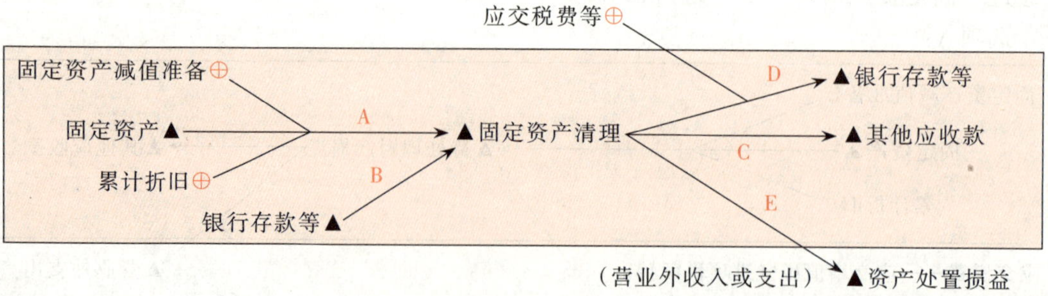

选项D：

8.答案：B

解析：

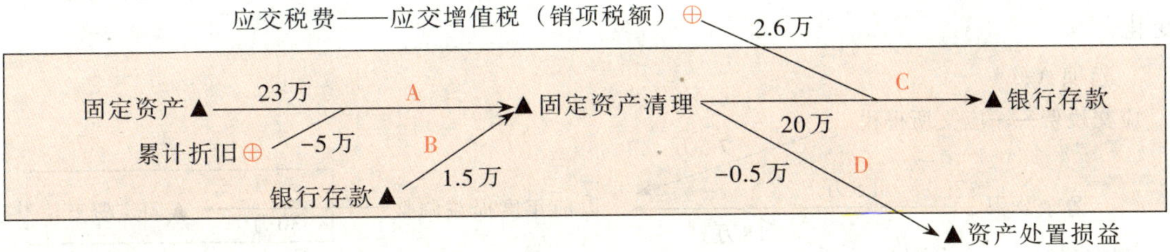

9.答案：A

解析：净收益=80-（100-60-5）-5=40（万元）。

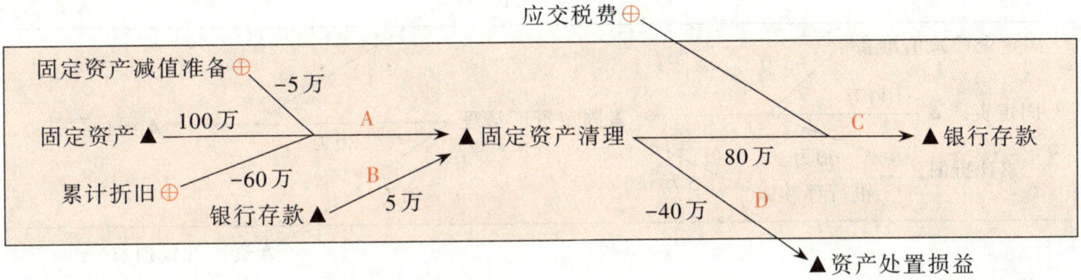

10.答案：B

解析：因管理不善造成的存货盘亏，计入管理费用；无法查明原因的现金短缺计入管理费用；由过失人赔付的库存商品毁损应计入其他应收款。

选项A、D：

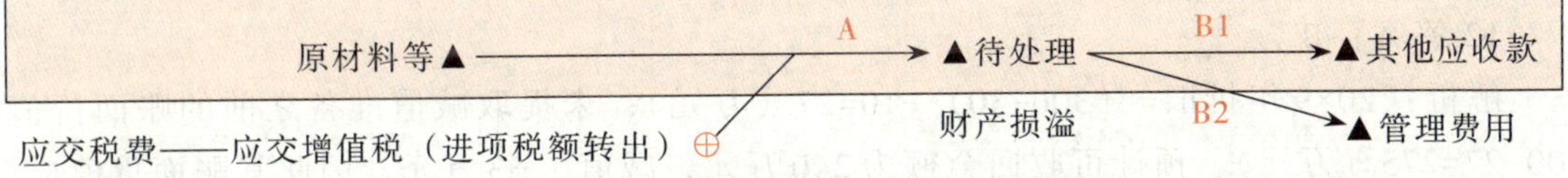

选项B：

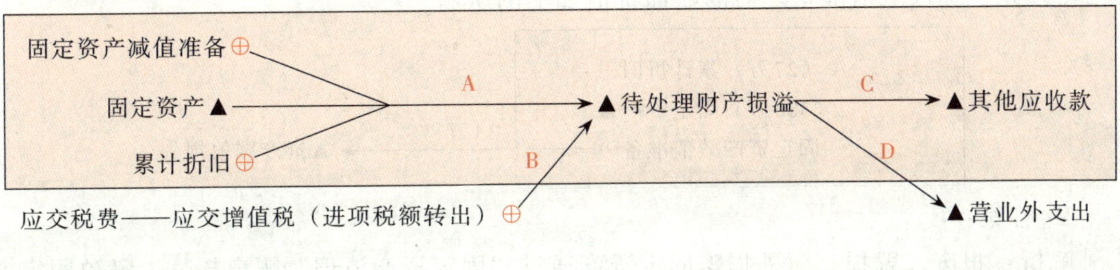

选项C：

11. 答案：B

解析：固定资产账面价值包括固定资产原值、累计折旧和固定资产减值准备三个项目。短期租入设备不属于企业的固定资产，不会导致固定资产账面价值发生增减变化。

选项A：

选项C：

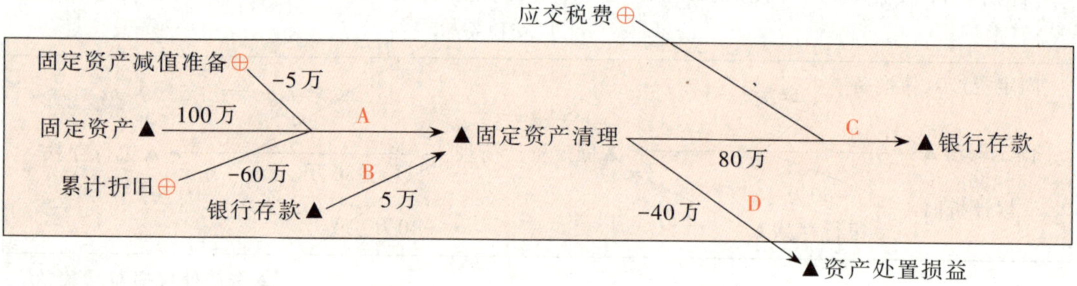

选项D：

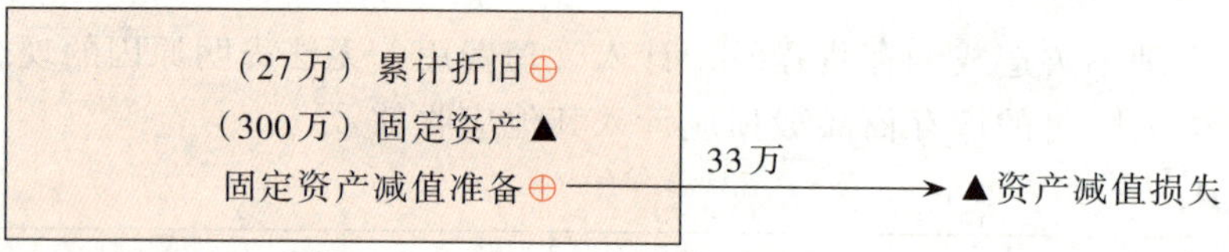

12. 答案：B

解析：20×9年折旧=（300-30）÷10=27（万元）；未提取减值准备之前的账面价值=300-27=273（万元）。预计可收回金额为240万元，减值了33万元。因此其账面价值应该为240万元。提取减值准备之后的账面价值如下图所示。

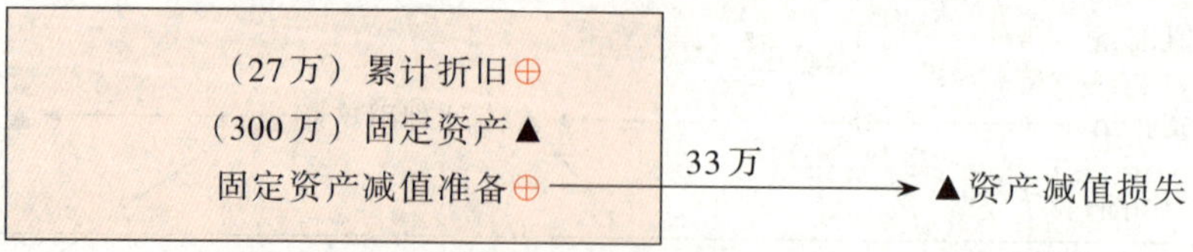

13. 答案：C

解析：报废、毁损、对外捐赠固定资产通过“固定资产清理”账户核算，盘盈固定资产通过“以前年度损益调整”账户核算。

选项A、D：

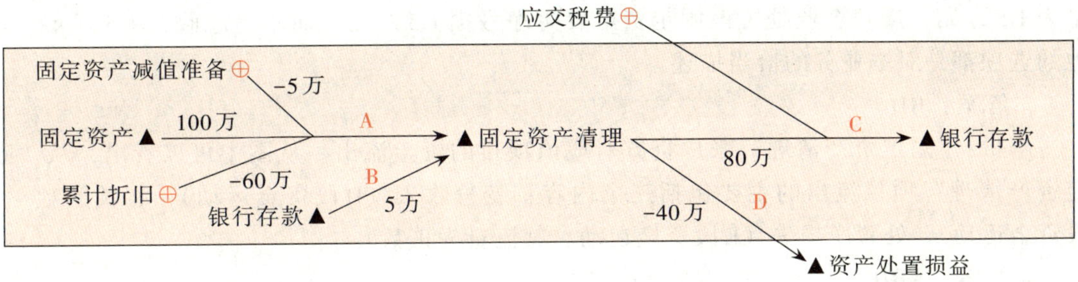

选项B：

选项C：

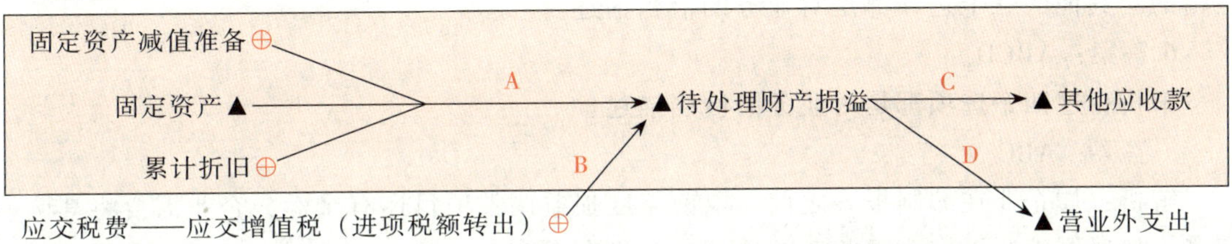

14.答案：D

解析：应计营业外支出金额=（1.5-0.6+0.195×0.6）-0.2=0.817（万元）。

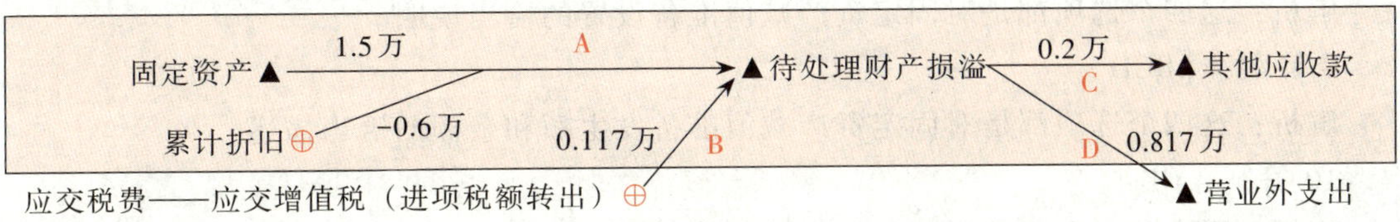

15.答案：A

解析：提取折旧之前的资金运动如下图所示。应计提折旧金额=（24-1.8）÷4=5.55（万元）。

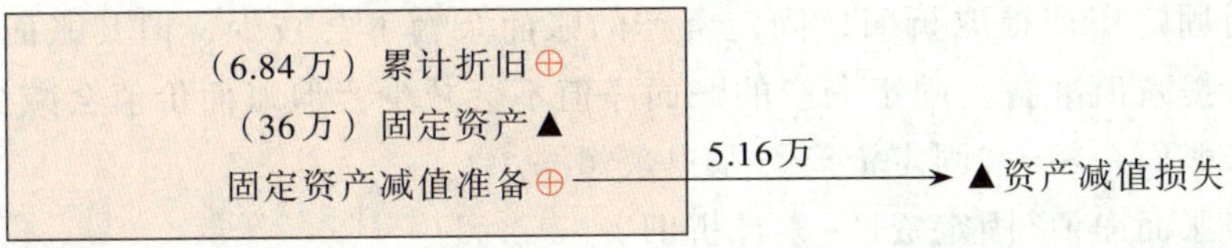

（二）多项选择题

1.答案：ABC

解析：D段资金运动流量为-28万元，反映企业处置该固定资产发生净收益28万元，而不是净亏损28万元。其他的三个选项都是对本业务的恰当描述。

2.答案：AB

解析：C段资金运动反映企业将该固定资产出售，取得银行存款5.5万元，增值税

0.715万元。该增值税处理采用的是一般计税方法。因此选项C是错的。D段资金运动流量为1.5万元，反映企业处置该固定资产发生净亏损1.5万元，而不是净收益1.5万元。其他的选项都是对本业务的恰当描述。

3.答案：BD

解析："固定资产清理"账户贷方对应该项目的资金流出。从图中可以看出，从"固定资产清理"项目流出的主要包括三个内容：变价收入（D段资金运动），相关赔款（C段资金运动），处置净损失（E段资金运动，其流量为正数）。

4.答案：ABD

解析："固定资产清理"账户借方对应该项目的资金流入。从图中可以看出，流入到"固定资产清理"项目的主要包括三个内容：固定资产账面价值（A段资金运动），发生的清理费（B段资金运动），处置净收益（E段资金运动，其流量为负数）。

5.答案：ABC

解析：从C段资金运动流量可知，企业当年提取盈余公积的比例为20%。因此选项D是错的。其他的三个选项都是对业务的恰当描述。

6.答案：ABCD

解析：这四个选项都是对业务的恰当描述。

7.答案：ABC

解析：如企业在编制报表之前，以前年度损益调整项目还有余额，企业需要将其调整完毕，然后再编制报表。因此，该项目本身没有余额，也就不会出现在报表之中。

8.答案：ABCD

解析：这四个选项都是对固定资产减值准备设置的恰当说明。

9.答案：ABCD

解析：这四个选项都是对固定资产减值准备发生额和余额的恰当描述。

10.答案：CD

解析：固定资产盘亏的账面价值应计入待处理财产损溢；固定资产更新改造支出应计入在建工程。

11.答案：CD

解析：对固定资产提取折旧，固定资产的账面余额不会减少，但其账面净值会减少；对固定资产计提减值准备，固定资产的账面净值不会减少，但账面价值会减少。

固定资产账面余额="固定资产"账户余额

固定资产账面净值=固定资产-累计折旧

固定资产账面价值=固定资产-累计折旧-固定资产减值准备

选项A、B、C：

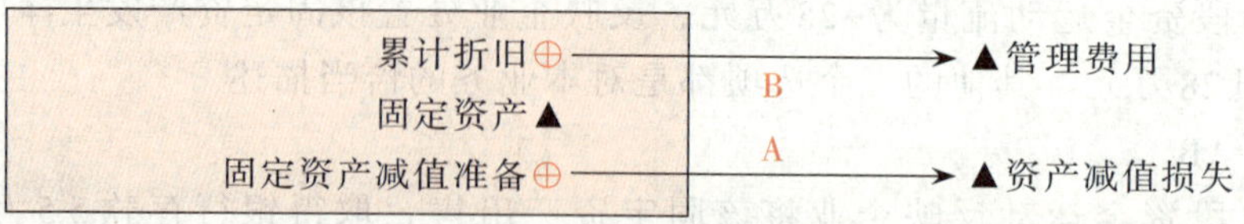

选项D：

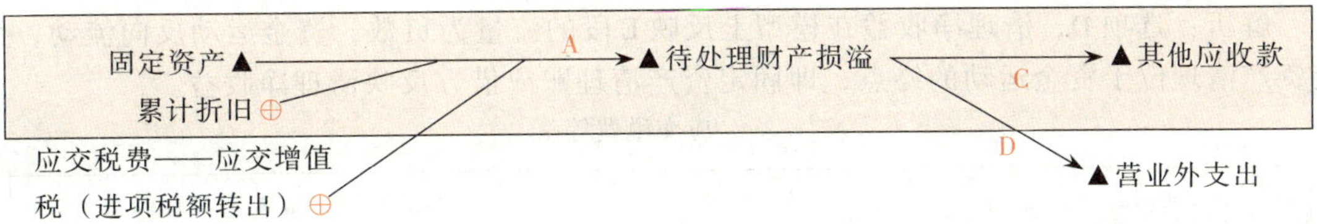

12.答案：ABCD

解析：固定资产账面价值=固定资产-累计折旧-固定资产减值准备。计提折旧导致累计折旧增加，账面净值减少，进而导致账面价值减少；提前报废，未折旧完的账面价值转为固定资产清理，导致其账面价值减少；盘亏的固定资产，未折旧完的账面价值转为待处理财产损溢，导致其账面价值减少；确认减值损失，导致减值准备增加，进而导致账面价值减少。

选项A、D：

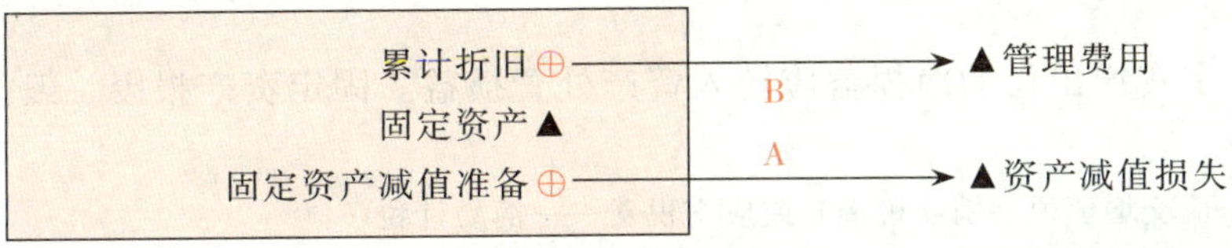

选项B：

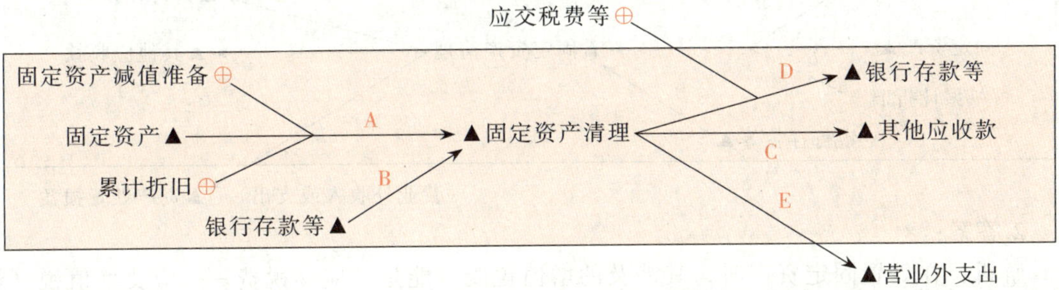

选项C：

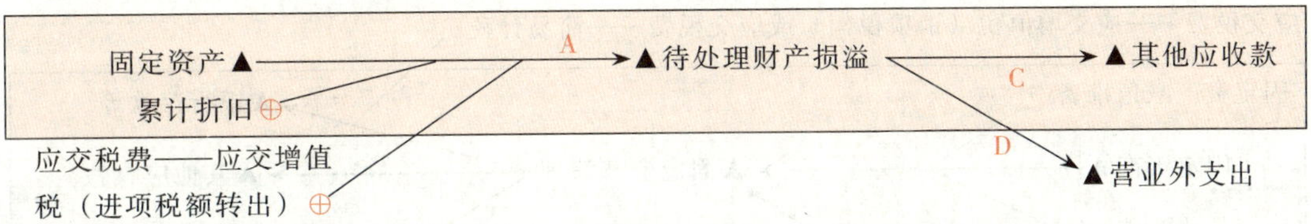

13.答案：AB

解析：

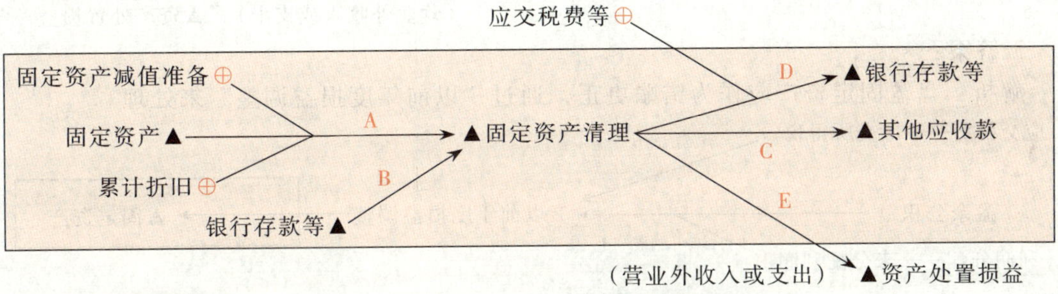

14.答案：ABC

解析：选项D，清理净收益在模型上反映E段的流量为负数，资金运动反向流动，固定资产清理位于资金运动的终点，即固定资产清理账户借方反映清理净收益。

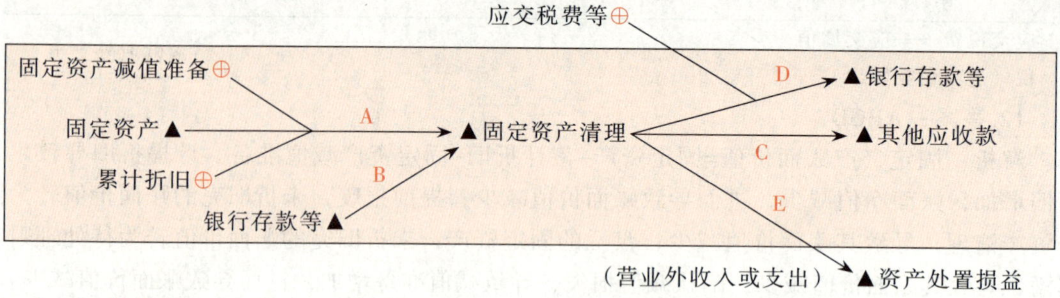

（三）判断题

1.答案：×

解析：固定资产出售的净损益应转入资产处置损益。固定资产报废、毁损净损失应转入营业外支出。

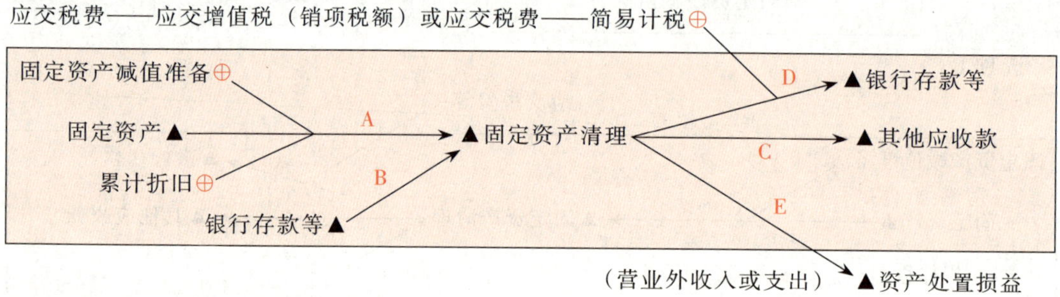

2.答案：×

解析：在处置固定资产时，其涉及的增值税既可能是“应交税费——应交增值税（销项税额）”项目，也可能是“应交税费——简易计税”项目。

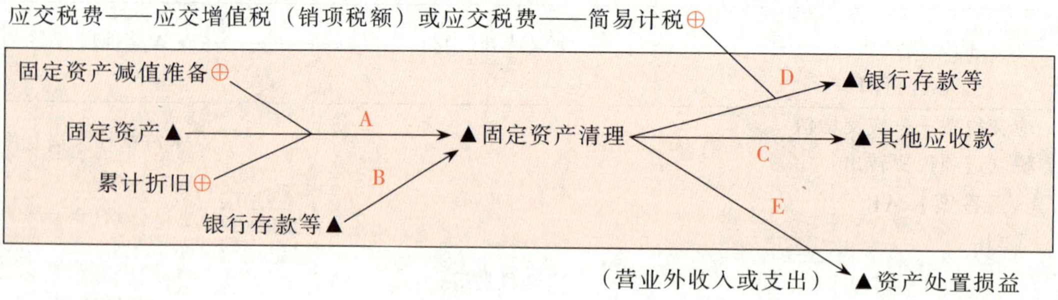

3.答案：×

解析：盘盈固定资产应作为错账更正，通过“以前年度损益调整”来处理。

4.答案：×

解析：固定资产一旦提取减值准备，就改变了固定资产的账面价值；相应地，也就改变了后续期间折旧计提总额，从而影响了后续期间折旧的提取。

应计提折旧总额=固定资产原值-累计折旧-预计净残值-固定资产减值准备

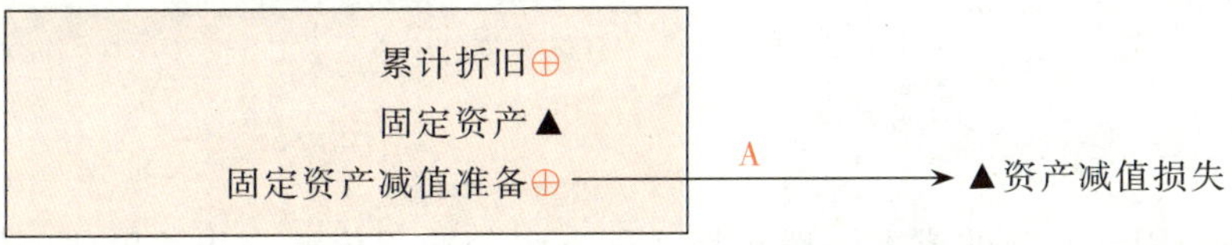

5.答案：×

解析：企业因经营业务调整出售固定资产而发生的处置净损失，应计入资产处置损益。因报废、毁损所造成的净损失或净收益，应计入营业外支出或营业外收入。

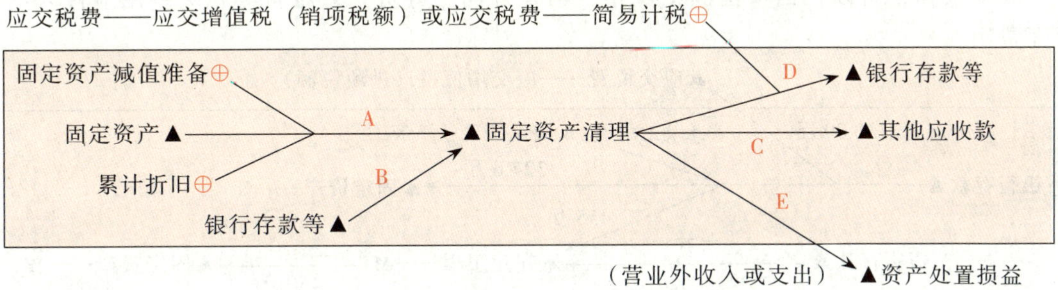

6.答案：√

解析：固定资产账面价值=固定资产-累计折旧-固定资产减值准备

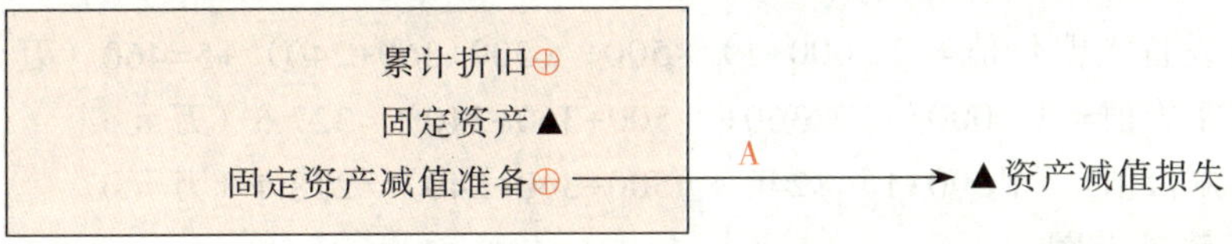

7.答案：×

解析：固定资产减值一旦提取，不得转回。固定资产减值准备只有在固定资产实物发生变动时，即出售、报废、毁损、对外投资、对外捐赠、盘亏等情况下，才可能冲销。

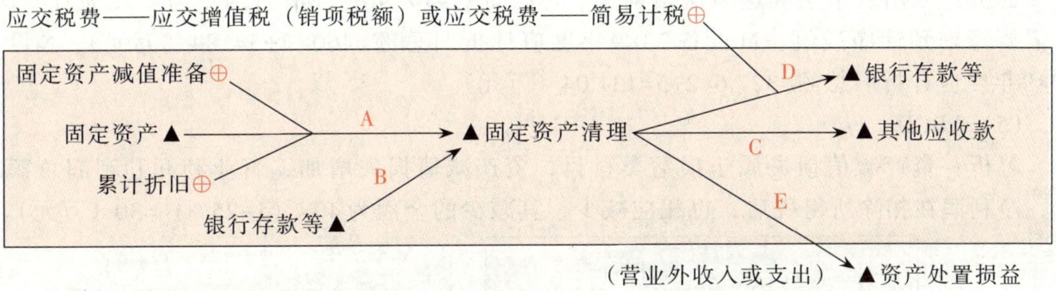

8.答案：×

解析：该盘亏净损失应确认为营业外支出，不影响营业利润，但影响利润总额。

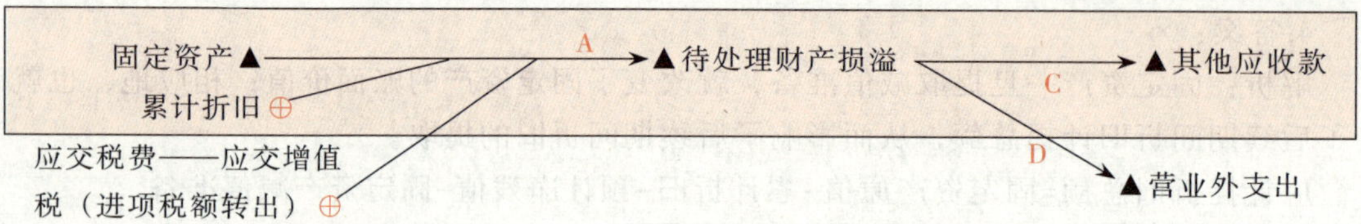

（四）不定项选择题

1.答案：

（1）BD

解析：外购固定资产的成本一般包括实际支付的购买价款、相关税费、使固定资产达到预定可使用状态前所发生的可归属于该项资产的运输费、装卸费、安装费和专业人士服务费等。甲公司作为增值税一般纳税人，购进机器设备等固定资产的进项税额不纳入固定资产成本核算，可以在销项税额中抵扣。购置合同签订费、差旅费等相关费用应计入当期管理费用。

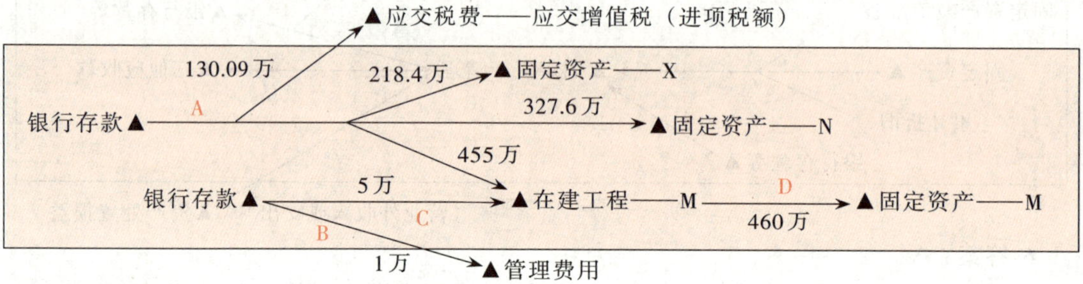

（2）ABC

解析：M设备入账价值=（1 000+1）×500÷（500+360+240）+5=460（万元）。

N设备入账价值=（1 000+1）×360÷（500+360+240）=327.6（万元）。

X设备入账价值=（1 000+1）×240÷（500+360+240）=218.4（万元）。

其资金运动见上图。

（3）BD

解析：其资金运动见上图。银行存款应减少1 137.09万元。

（4）ABCD

解析：采用双倍余额递减法，前3年的折旧率都为40%，最后两年需要改为直线法，才需要考虑预计净残值。M设备20×9年度应计折旧总额=460×2÷5=184（万元）；N设备20×9年度应计折旧总额=327.6×2÷5=131.04（万元）。

（5）ABCD

解析：资产减值损失属于损益类科目，资产减值损失增加，营业利润和利润总额减少，净利润在扣除所得税后，也相应减少，其减少的金额为40×（1-25%）=30（万元）。

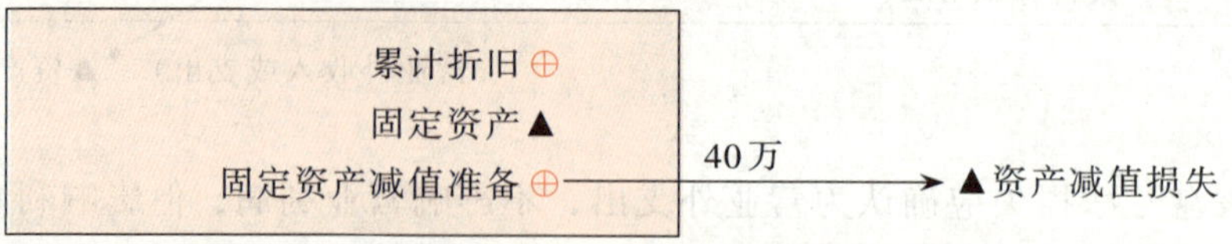

2.答案：

（1）AC

解析：

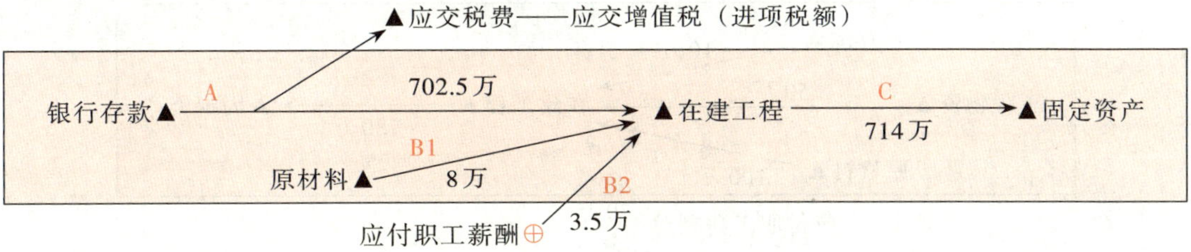

（2）B

解析：应计提的折旧额=（714−13）÷10=70.1（万元）。

（3）A

解析：应计提的减值准备=（714−70.1）−598=45.9（万元）。该减值准备一经提取，不得转回。

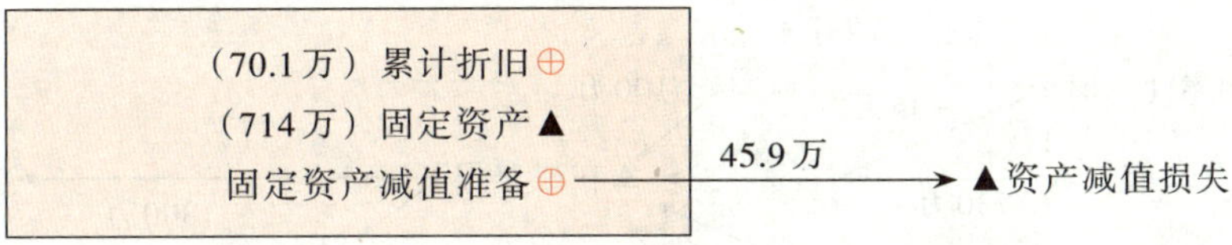

（4）BD

解析：20×8年度该生产线改良前计提的折旧=（598−13）÷9÷2=32.5（万元）。

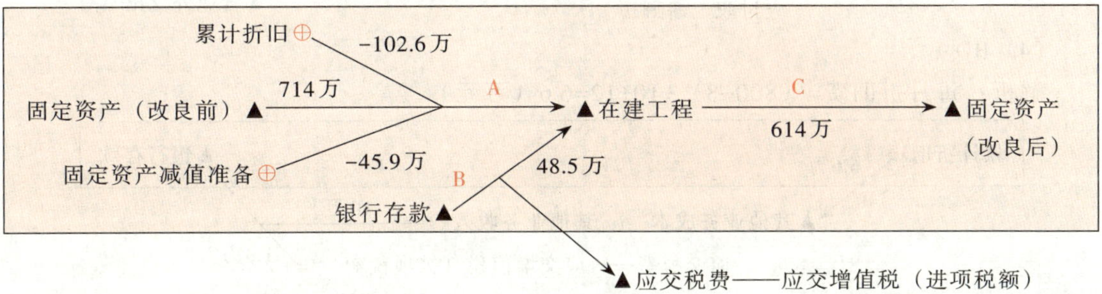

（5）B

解析：20×8年度该生产线改良后每月计提的折旧=（614−14）÷5÷12=10（万元），截至20×9年4月30日计提的折旧额=10×8=80（万元）；出售该生产线的损益=700−（614−80）=166（万元）。

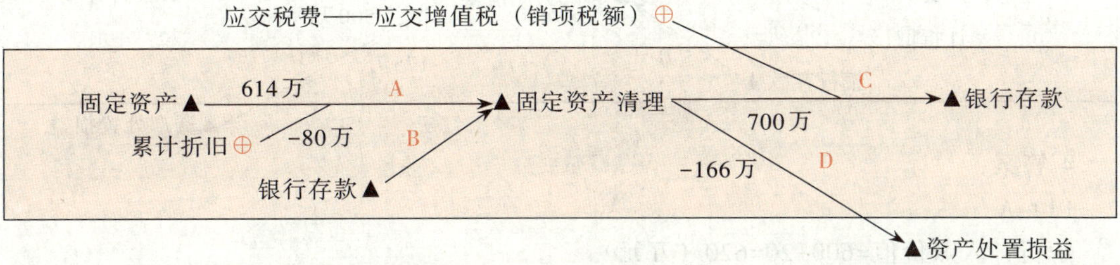

3.答案：

（1）D

解析：

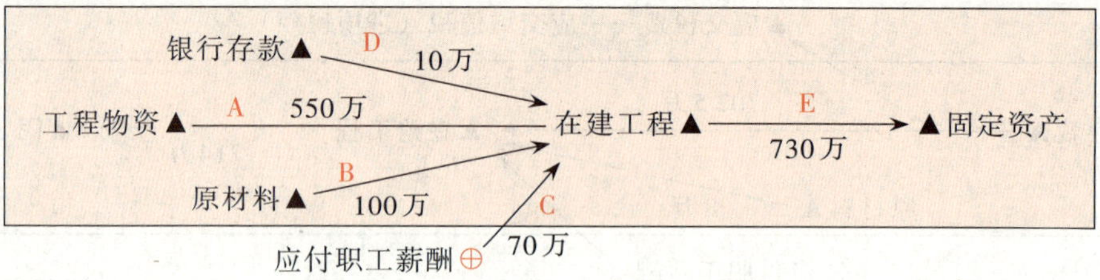

（2）BCD

解析：资金运动图如上，每月计提折旧=（730-10）÷10÷12=6（万元），计提折旧总额=730-10=720（万元）。

（3）BD

解析：已折旧6个月，即36万元。

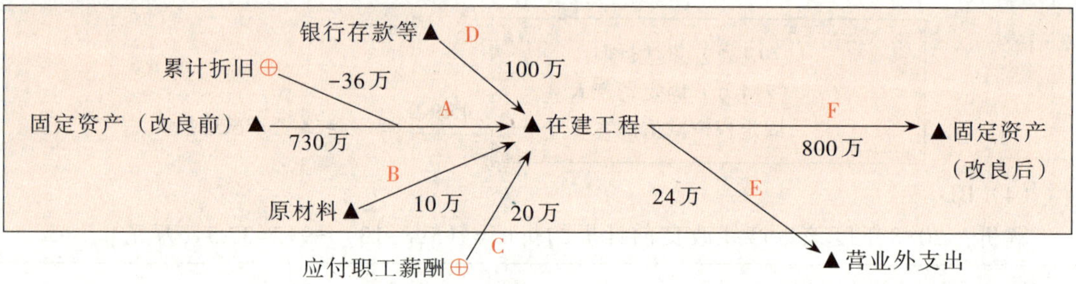

（4）BD

解析：每月折旧费=（800-8）÷10÷12=6.6（万元）。

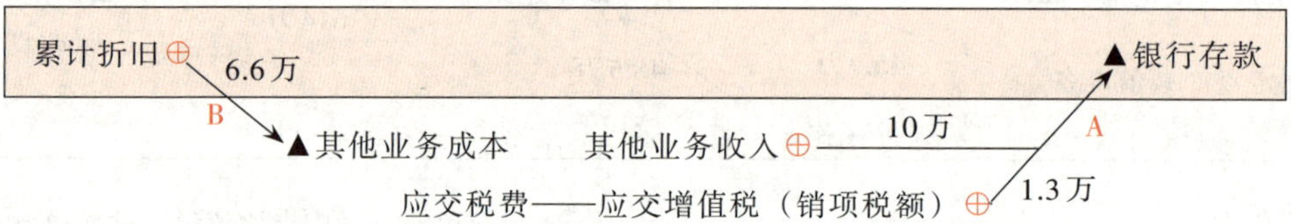

（5）A

解析：

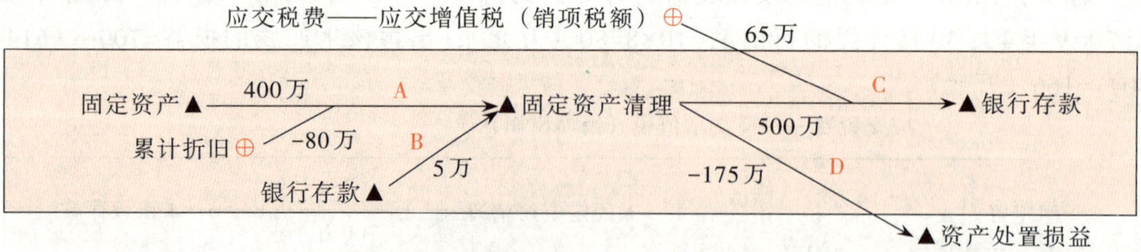

4.答案：

（1）A

解析：入账价值=600+20=620（万元）。

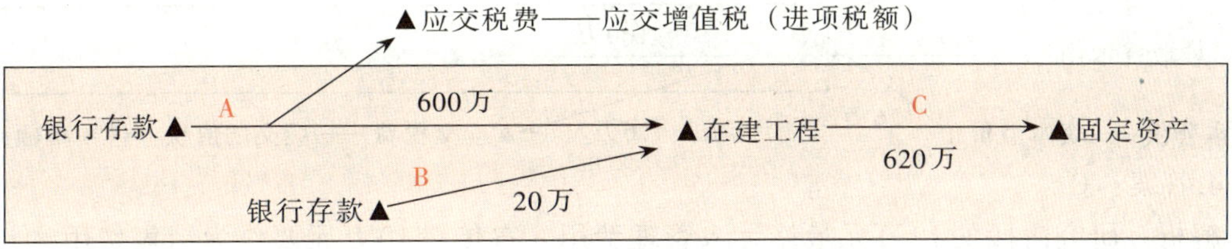

（2）A

解析：年折旧率40%，20×9年折旧额=620×40%=248（万元）。

（3）BD

解析：刚好折旧1年，即248万元。

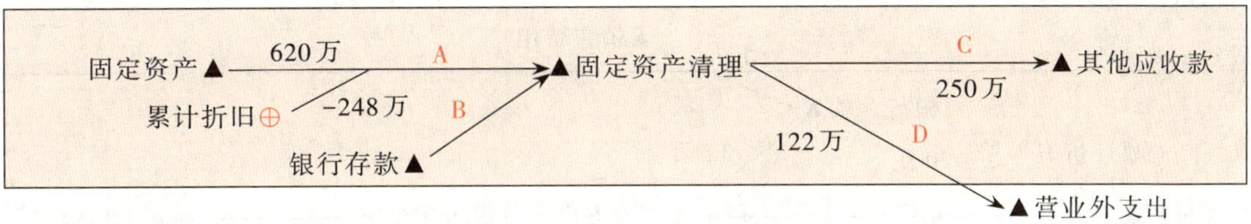

（4）AD

解析：

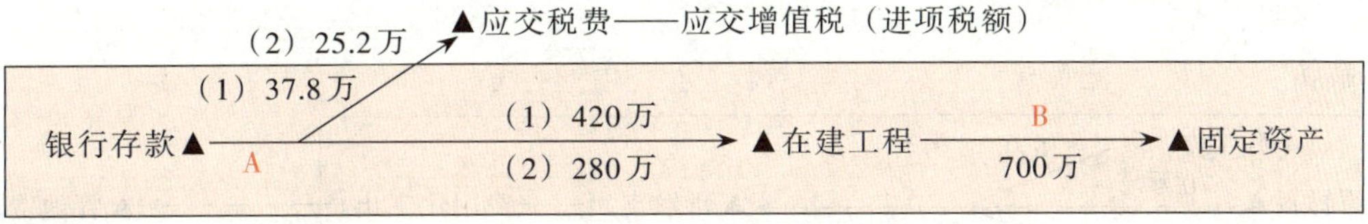

（5）C

解析：当月增加的固定资产当月不提折旧。20×9年12月完工，当月不提折旧。

四、知识点：无形资产概述+无形资产取得

（一）单项选择题

1.答案：A

解析：为使用该专利权发生的员工培训费，以及为推广该专利权发生的广告费均应于发生时直接计入当期损益，不计入无形资产成本。

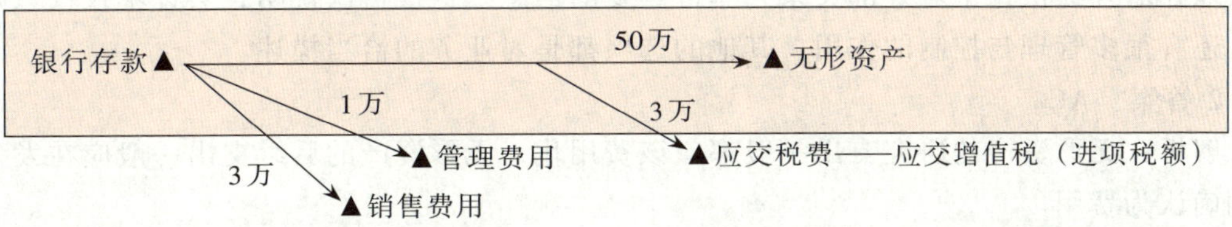

2.答案：C

解析：自创的商誉不符合无形资产定义中的可辨认性。

3.答案：B

解析：

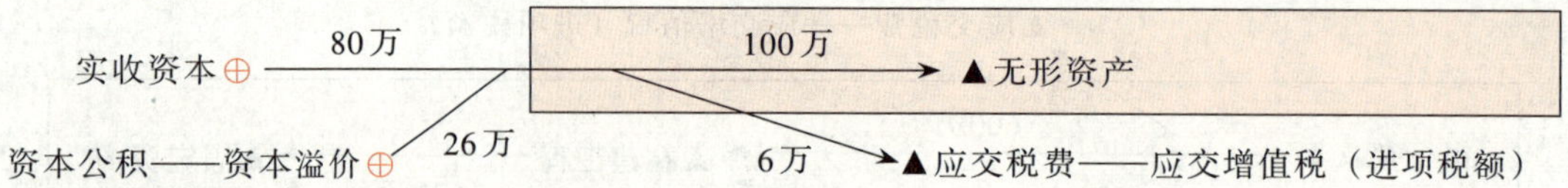

4.答案：C

解析：研究阶段的12万元最终计入管理费用。宣传费10万元要作为销售费用。

研究阶段支出：

开发阶段支出：

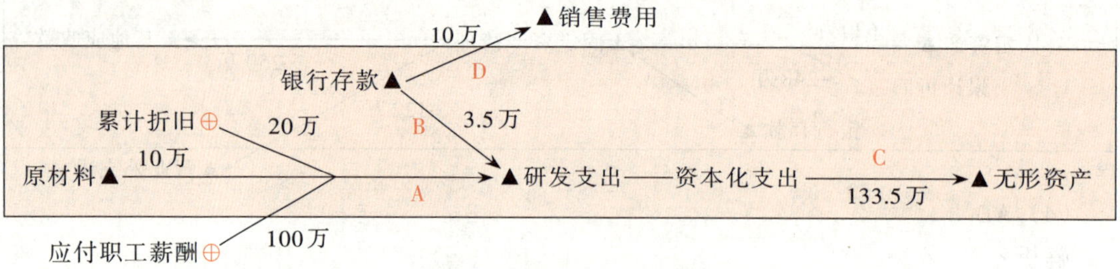

5.答案：A

解析：

（二）多项选择题

1.答案：ABC

解析：选项D，从会计的角度来看，A1段与A2段是完全可以合并为一段的，即不满足资本化条件的研发费用在发生的当初就直接计入当期的管理费用。但如果这样做，就失去了一个可以汇集企业研发支出的机会与过程。虽然A1、A2段的资金运动最终不影响研发支出的余额，但“研发支出”项目还是在其发生额中对其进行了反映。我们还是可以据此获取并对外提供这个对外部关系人非常重要的信息。这也再次说明，会计不仅仅只是记账，还有很多管理与控制的作用。其他的选项都是对业务的恰当描述。

2.答案：AC

解析：无形资产的研究支出一般都应该费用化；无形资产的后续支出一般应在发生的当期确认为费用。

3.答案：ABC

解析：无形资产可以是自行研发的，也可以是外购的，这不构成无形资产的确认条件。其他三个选项都是对无形资产确认的恰当描述。

4.答案：ABC

解析：无形资产是企业拥有或控制的、没有实物形态的、可辨认的非货币性资产。

5. 答案：ACD

解析：自创的商誉一般不确认。但外购的商誉，如非同一控制下吸收合并，可以确认，一般情况下直接确认为“商誉”项目。

6. 答案：ABC

解析：选项D是错的。产生于合同性权利或其他法定权利，无论这些权利是否可以从企业或其他权利和义务中转移或者分离，都属于可以辨认。剩下的ABC选项都是对可辨认性标准的恰当描述。

7. 答案：ABCD

解析：这四个选项都是对外购无形资产成本界定的恰当描述。

8. 答案：AC

解析：研究阶段的支出，发生时计入研发支出，期末再转入管理费用；开发阶段的支出，符合资本化条件的，应予以资本化。

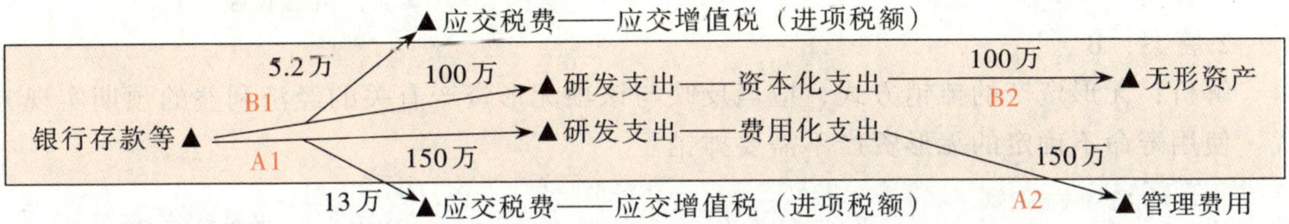

9. 答案：BD

解析：企业自行研发无形资产的，研发过程分为研究阶段和开发阶段，研究阶段的支出应全部费用化。开发阶段的支出应区分费用化支出和资本化支出，费用化支出的部分期末应计入管理费用，资本化支出的部分最终应计入无形资产成本。

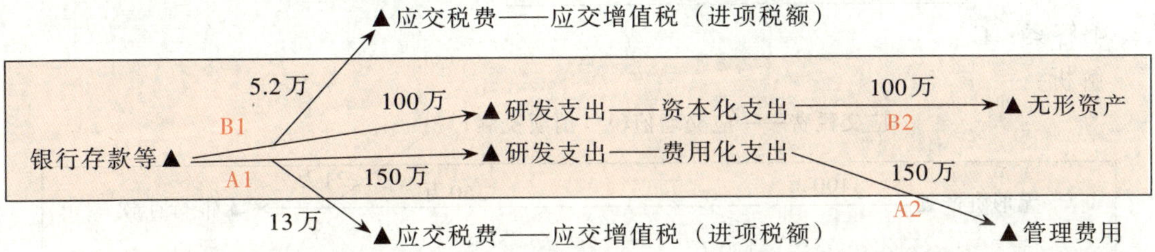

（三）判断题

1. 答案：√

解析：不同阶段的研发支出处理是不一样的。

2. 答案：×

解析：研究阶段的支出分两步处理：发生时计入研发支出，期末再转入管理费用。

3. 答案：√

解析：“研发支出”账户分设两个明细账户：费用化支出和资本化支出。

4. 答案：×

解析：企业如果无法可靠区分研究阶段的支出和开发阶段的支出，应将发生的研究支出全部费用化，计入当期损益。

五、知识点：无形资产的使用和处置+无形资产减值

（一）单项选择题

1.答案：D

解析：固定资产、无形资产等非流动资产处置，其净损益应转入资产处置损益。

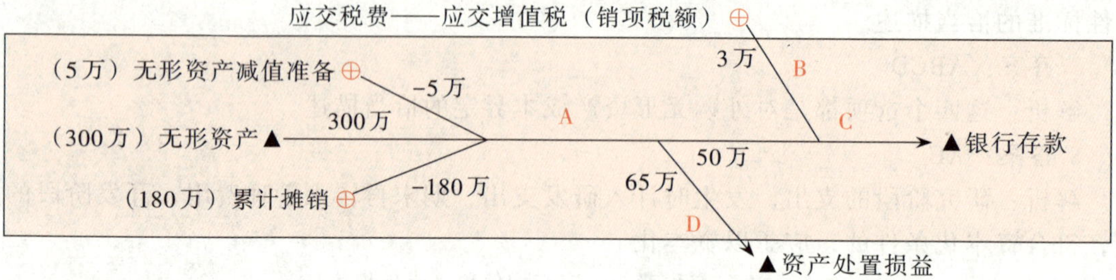

2.答案：B

解析：无形资产的摊销方式，应当反映与该项无形资产有关的经济利益的预期实现方式。使用寿命不确定的无形资产不需要摊销。

3.答案：C

解析：企业自用的无形资产，其摊销应转入企业的管理费用。

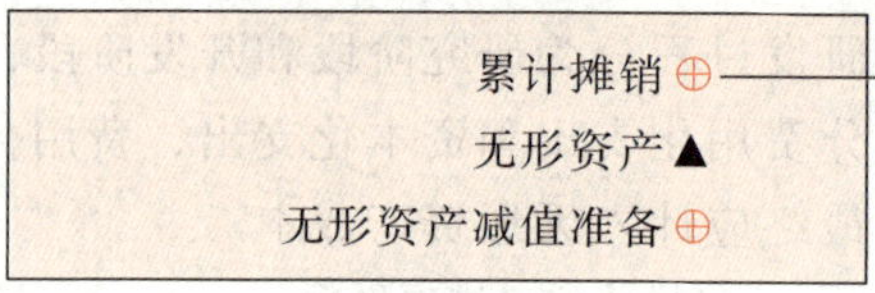

4.答案：C

解析：

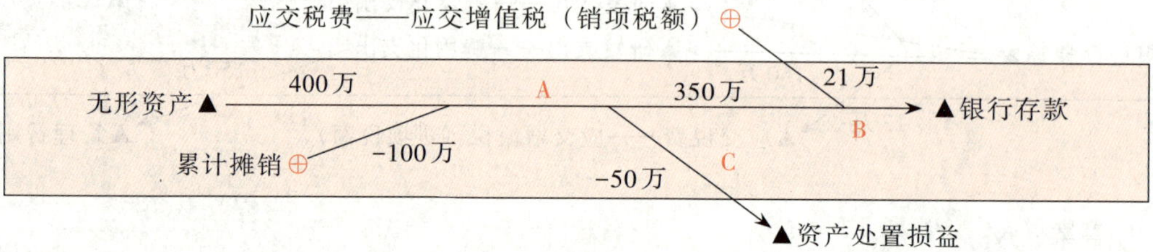

5.答案：A

解析：如下图C段资金流量。摊销期选一个短的，即10年。每年摊销额为55万元。

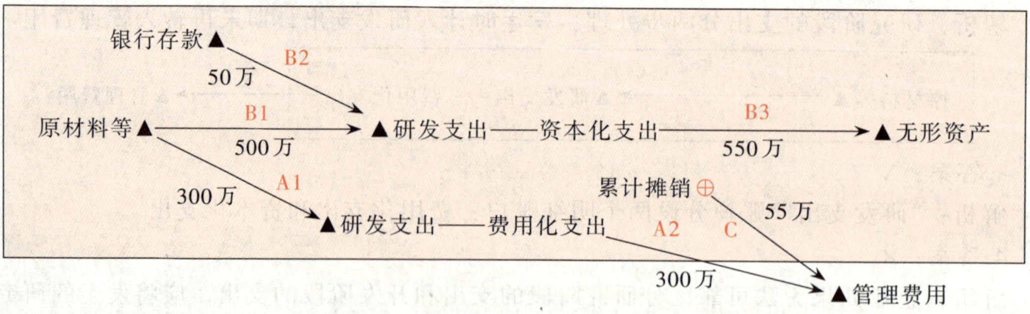

6.答案：C

解析：

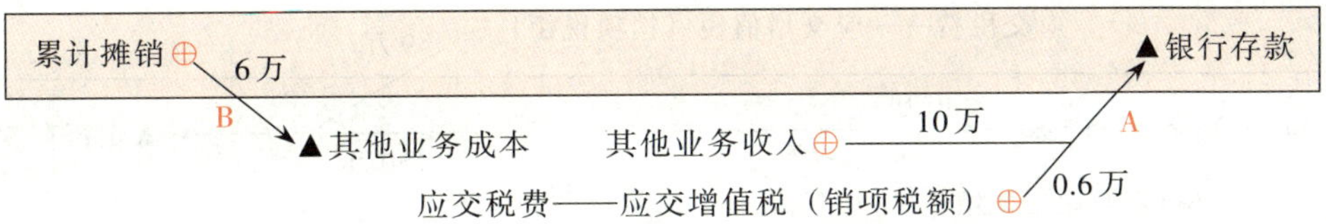

7.答案：D

解析：会计期末，无形资产账面价值高于其可收回金额的差额，计提无形资产减值准备，并确认资产减值损失。

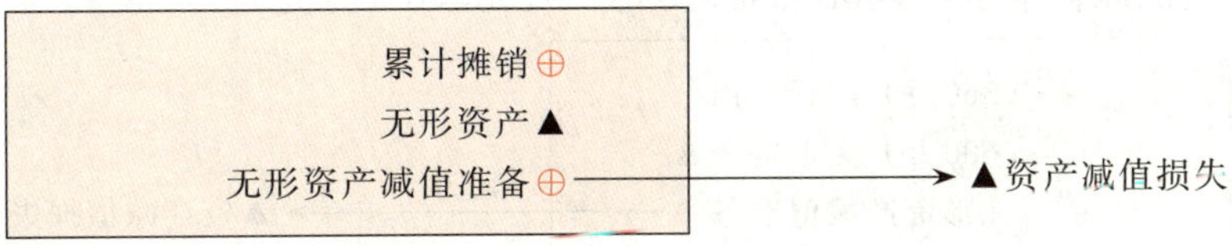

8.答案：A

解析：

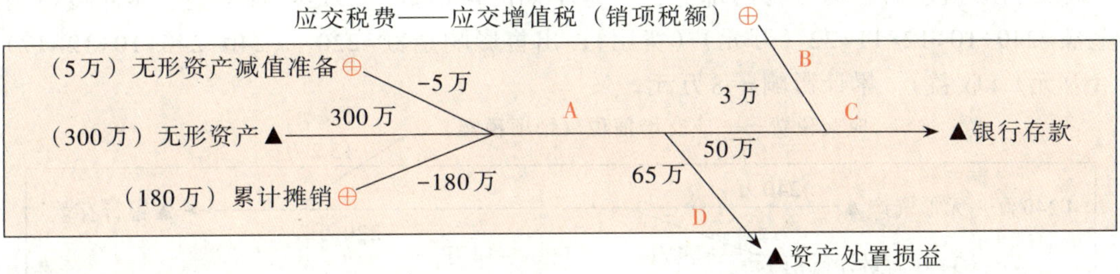

9.答案：A

解析：提取减值之前的账面价值=1 181.25×（3/5）=708.75（万元）。而可收回金额为720万元。这说明无形资产没有减值。所以账面价值依然为708.75万元。

10.答案：D

解析：减值后的账面价值为180万元，摊销年限为5年，每年发生36万元摊销额。所以剩下144万元。

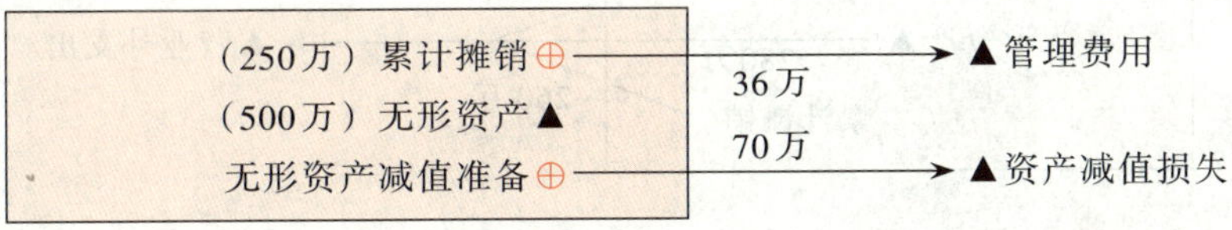

11.答案：D

解析：企业每月摊销金额=60÷5÷12=1（万元）；该无形资产用于出租，无形资产计提的摊销额应计入其他业务成本。

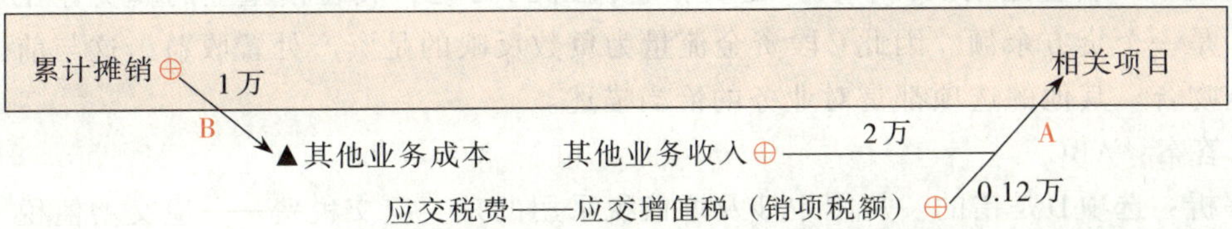

12. 答案：B

解析：

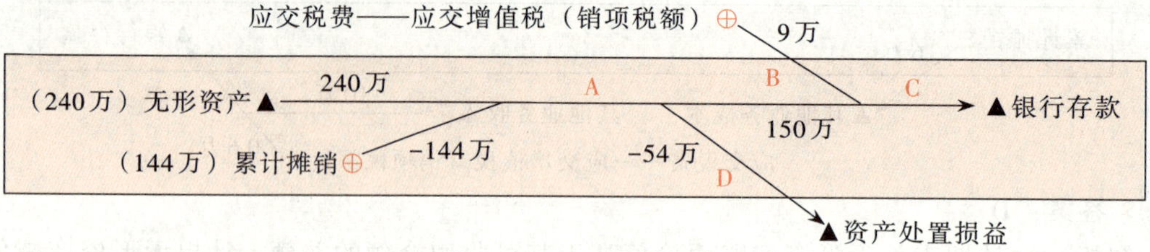

13. 答案：D

解析：计提的减值准备=（600-600÷10×6）-200=40（万元）。

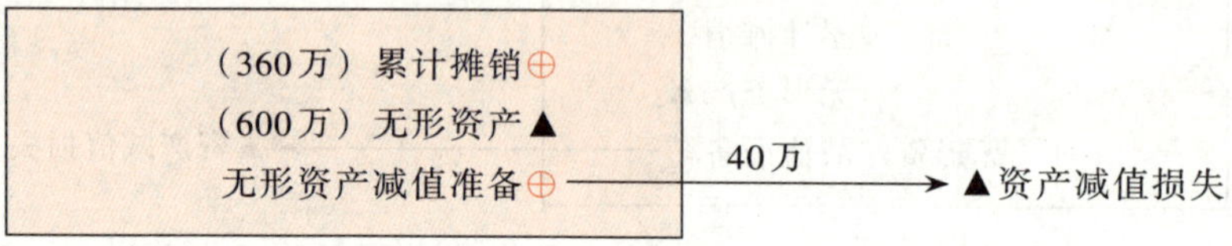

14. 答案：C

解析：对损益的影响分为两部分：一是本期的摊销费；二是处置损益。本年度摊销影响金额=240÷10÷12×11=22（万元）（费用）；出售影响金额=220-（240-240÷10÷12×17）=14（万元）（收益）。累计影响=-8万元。

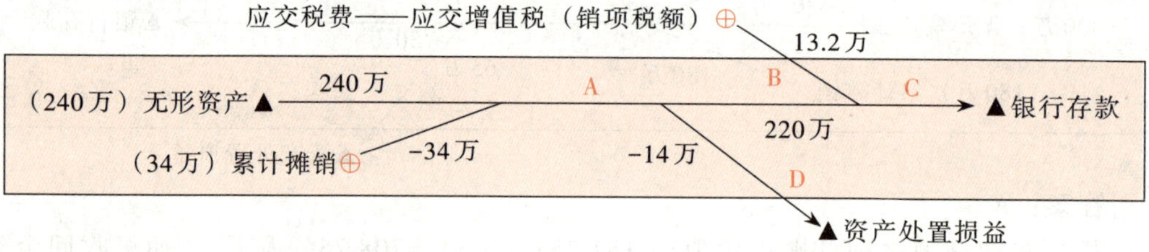

15. 答案：D

解析：无形资产的注销净损失应计入营业外支出，因而不影响企业的营业利润，但影响企业的利润总额。

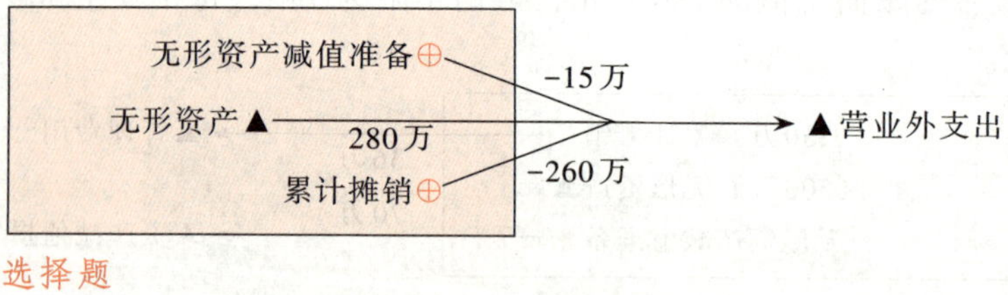

（二）多项选择题

1. 答案：ABD

解析：选项C是错的。从图中C段资金运动可知，其流量为-50万元。在将其负号去掉的情况下，资金运动反向，资产处置损益流出50万元，其在模型上的真实存在是一个沙坑，是一个贷方余额。因此C段资金流量为负数反映的是资产处置收益，这与前面的分析完全吻合。其他的选项都是对业务的恰当描述。

2. 答案：ABC

解析：选项D是错的。从图中涉及增值税采用的是“应交税费——应交增值税（销项税额）”项目就可以知道，企业采用的一般计税方法。其他的选项都是对业务的恰当描述。

3.答案：BCD

解析：无形资产除按直线法摊销外，还有其他的摊销方式，比如产量法和加速摊销法等。无形资产的研发费用，在发生的时候都先要作为研发支出处理，后续再根据资本化还是费用化进行不同的处理。使用寿命不确定的无形资产不需要摊销。因此选项B、C、D是错的，应选BCD。

4.答案：ABCD

解析：这四个选项都是对无形资产摊销的恰当描述。

5.答案：CD

解析：当月增加的固定资产当月不提折旧，从下月起开始计提折旧；当月减少的固定资产当月继续提取折旧，从下月起不再计提折旧。当月增加的无形资产，当月摊销；当月减少的无形资产，当月不再摊销。使用寿命不确定的无形资产，其成本不需要摊销。

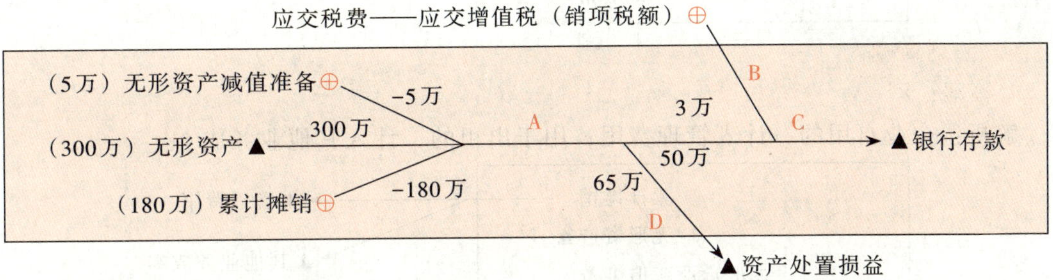

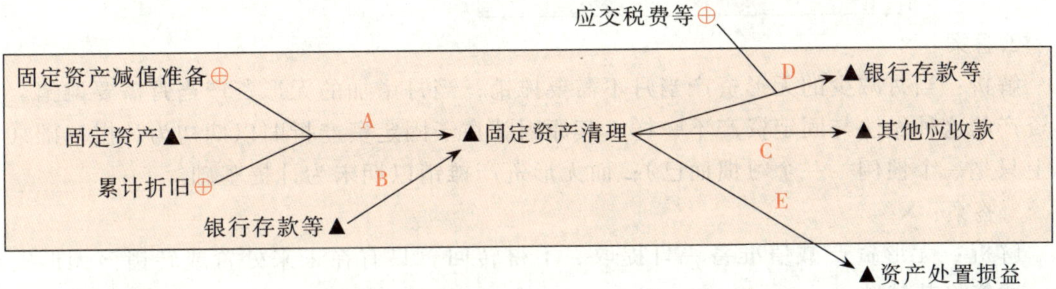

6.答案：BD

解析：

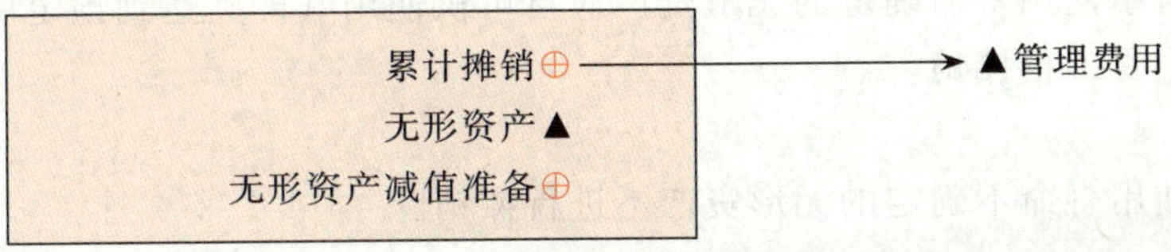

7.答案：AB

解析：无形资产按取得时的初始成本880万元进行计量；无形资产的净残值为0，因此其应计摊销额就是880万元。对于使用寿命有限的无形资产应当自可供使用当月起开始摊销，即自20×8年1月开始摊销。

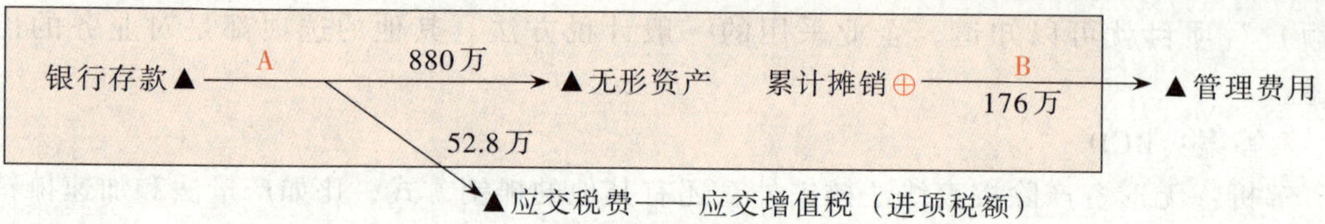

8.答案：ABCD

解析：这四个选项都是对无形资产摊销的恰当描述。

9.答案：BCD

解析：对于使用寿命有限的无形资产，应当自可供使用当月起开始摊销，处置当月起不再摊销。

10.答案：ABC

解析：对于使用寿命不确定的无形资产，不予摊销。

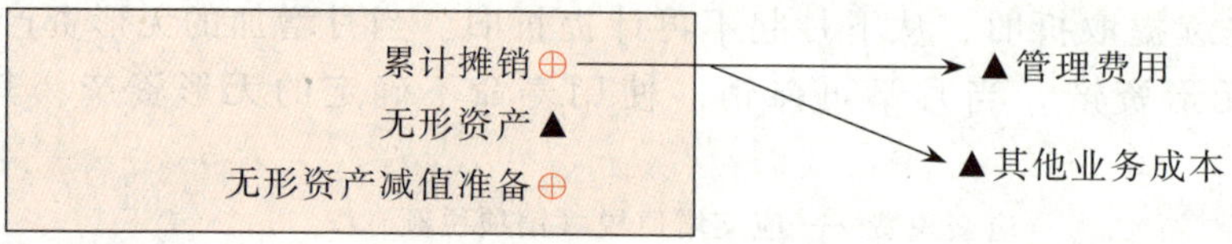

（三）判断题

1.答案：×

解析：企业自用的，计入管理费用；用于出租的，计入其他业务成本。

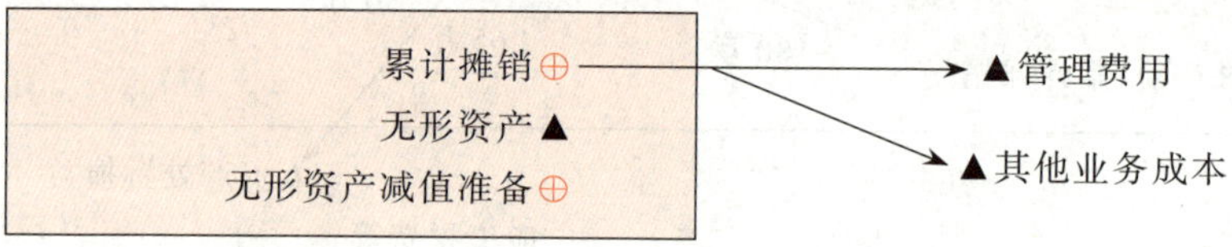

2.答案：×

解析：当月减少的无形资产当月不需要摊销；当月增加的无形资产当月需要摊销。无形资产的这种做法与固定资产不一样，其原因就在于固定资产折旧以期初为计提基础（实际上只是一个惯例、一个习惯而已）；而无形资产摊销以期末为计提基础。

3.答案：×

解析：无形资产减值准备一旦提取，不得转回。只有在未来处置或转销该无形资产时，才能将其转销。

4.答案：×

解析：对于使用寿命确定的无形资产应自可供使用（即其达到预定用途）当月起开始摊销，处置当月不再摊销。

5.答案：×

解析：使用寿命不确定的无形资产不进行摊销。

6.答案：×

解析：无形资产转让出售净损益，应计入资产处置损益，从而影响企业的营业利润；无形资产转销净损失应计入营业外支出，不影响营业利润，但影响利润总额。

无形资产转让出售：

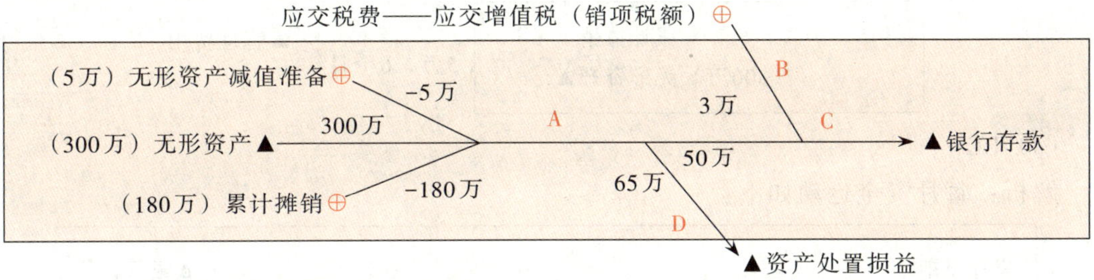

无形资产转销：

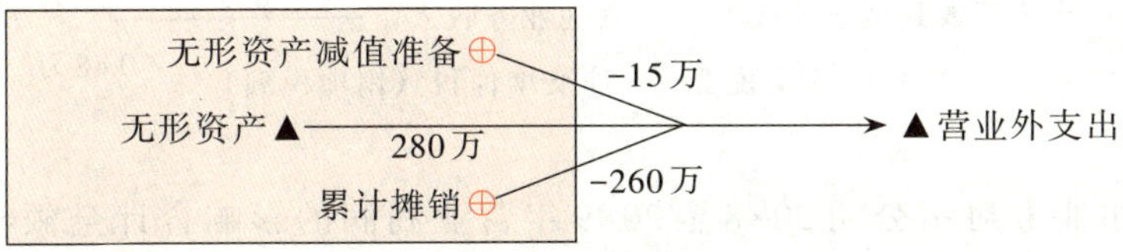

（四）不定项选择题

1.答案：

（1）ABC

解析：

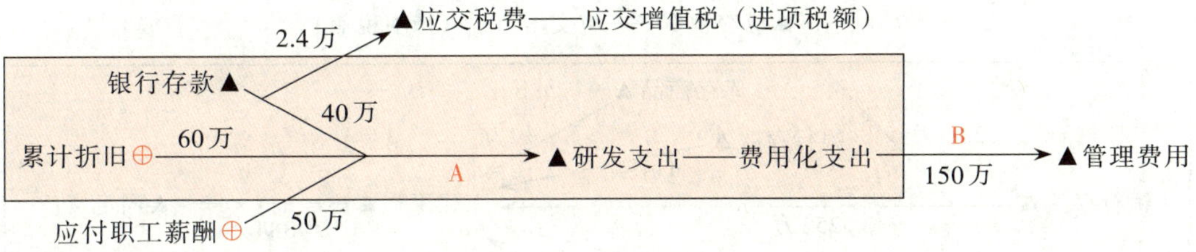

（2）BD

解析：

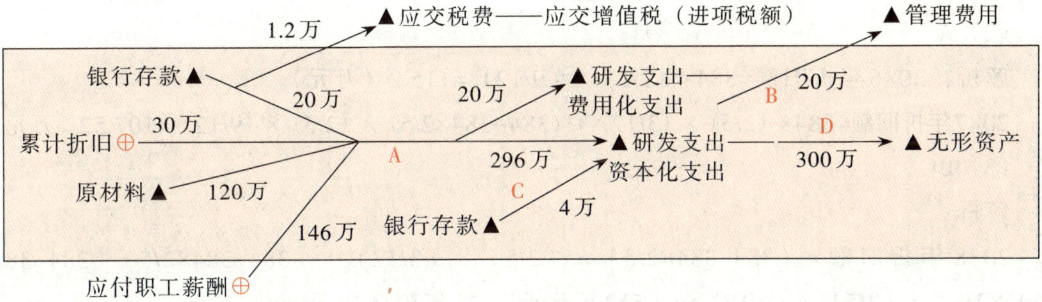

（3）AB

解析：资金运动图见上图。

无形资产开发阶段符合资本化条件的金额296万元，注册登记费4万元，所以无形资产的入账价值为300万元。20×8年摊销期6个月，其摊销金额=300÷5÷12×6=30（万元）。无形资产摊销的资金运动如下图所示。

（4）BC

解析：每月资金运动如下：

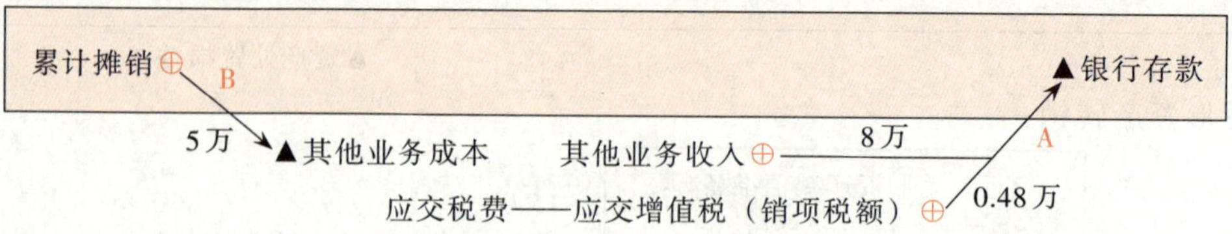

（5）C

解析：上述业务对甲公司20×8至20×9年营业利润的影响合计金额=-（50+60+40）（资料1）-20（资料2）-30（资料3）+8×10（资料4）-5×10（资料4）=-170（万元）。

2.答案：

（1）ABCD

解析：

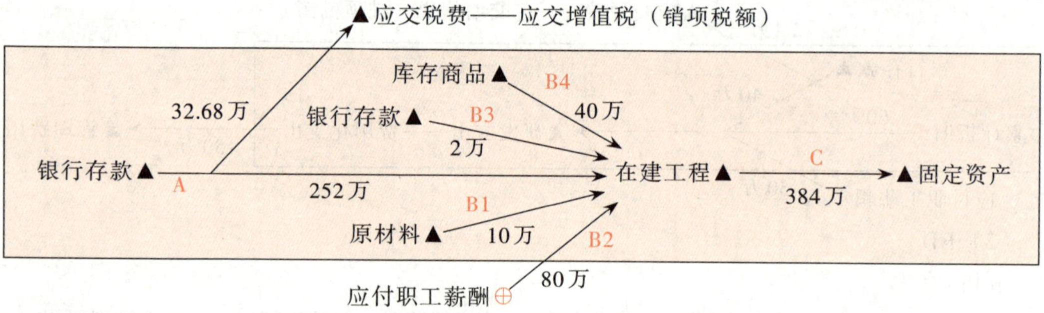

（2）A

解析：20×6年折旧额=384×（2/5）×（9/12）=115.2（万元）。

20×7年折旧额=384×（2/5）×（3/12）+（384-384×2/5）×（2/5）×（9/12）=107.52（万元）。

（3）BC

解析：

20×8年折旧额=（384-384×2/5）×（2/5）×（3/12）+［384-384×2/5-（384-384×2/5）×2/5］×（2/5）×（9/12）=64.512（万元）。按年确认如下：

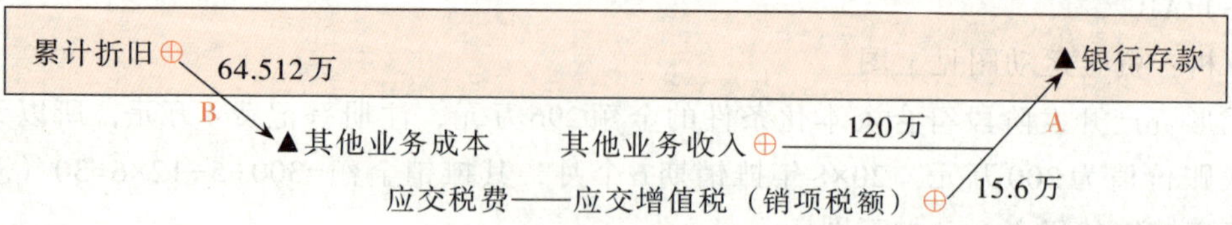

（4）A

解析：

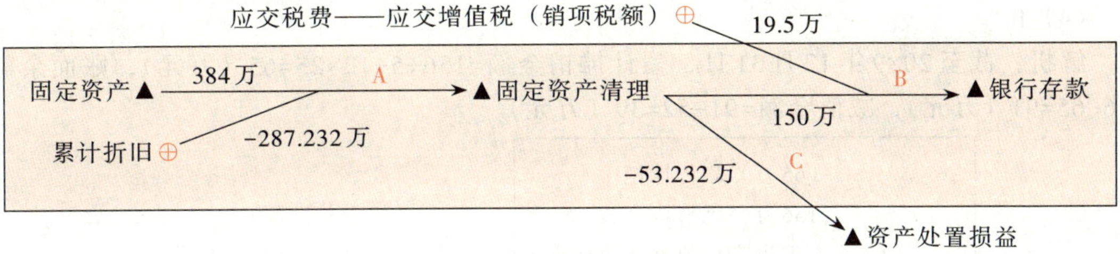

（5）A

解析：

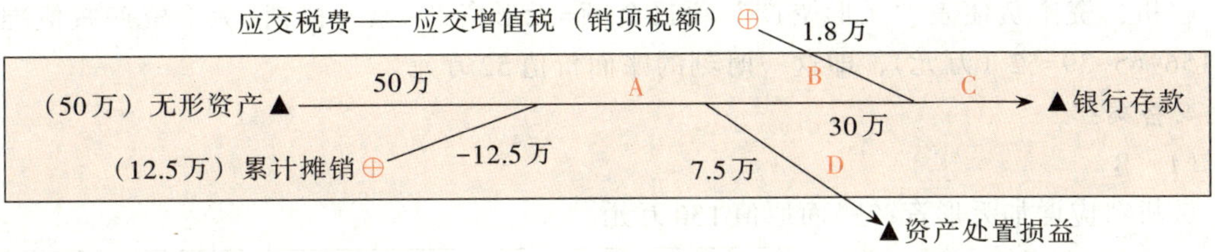

3.答案：

（1）B

解析：研究阶段资金运动如下：

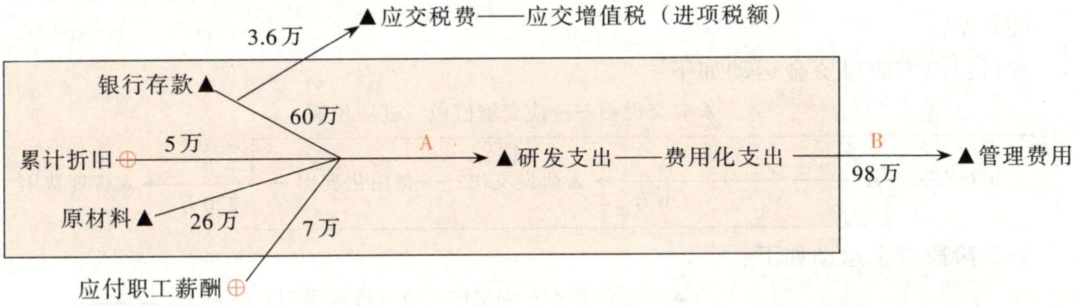

开发阶段资金运动如下：

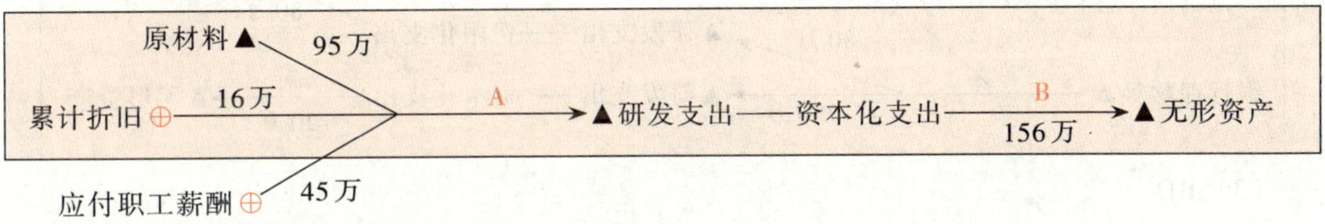

（2）BCD

解析：无形资产自可供使用当月起开始摊销，处置当月不再摊销。

（3）AC

解析：每月摊销额=156÷5÷12=2.6（万元）。

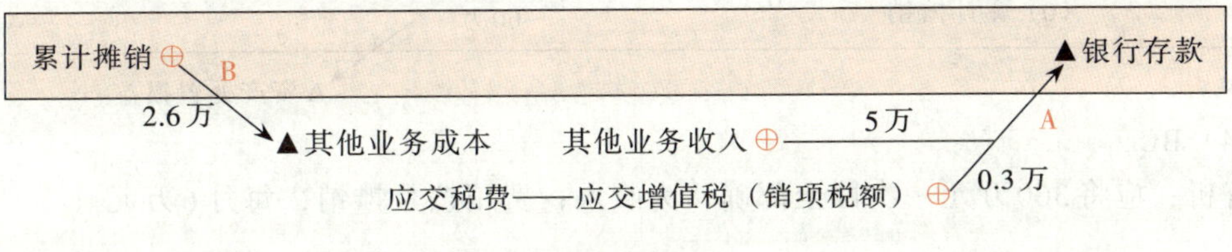

（4）B

解析：截至20×9年12月31日，累计摊销金额=156÷5÷12×25=65（万元），账面余额=156-65=91（万元），减值金额=91-52=39（万元）。

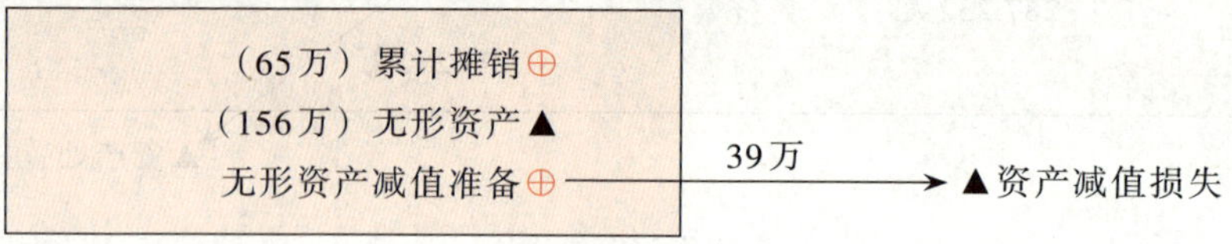

（5）A

解析：资产负债表“无形资产”项目金额=无形资产-累计摊销-无形资产减值准备，即=156-65-39=52（万元），即这一时刻的账面价值52万元。

4.答案：

（1）B

解析：应增加无形资产账面原值150万元。

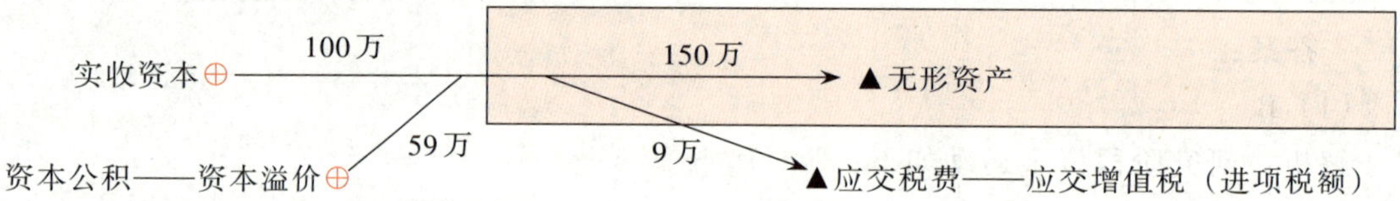

（2）AC

解析：研究阶段资金运动如下：

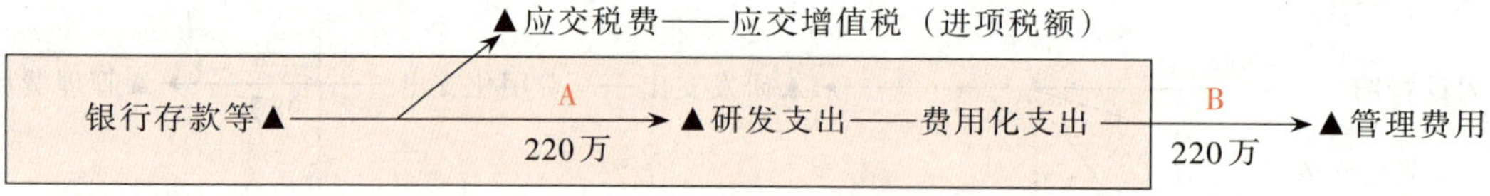

开发阶段资金运动如下：

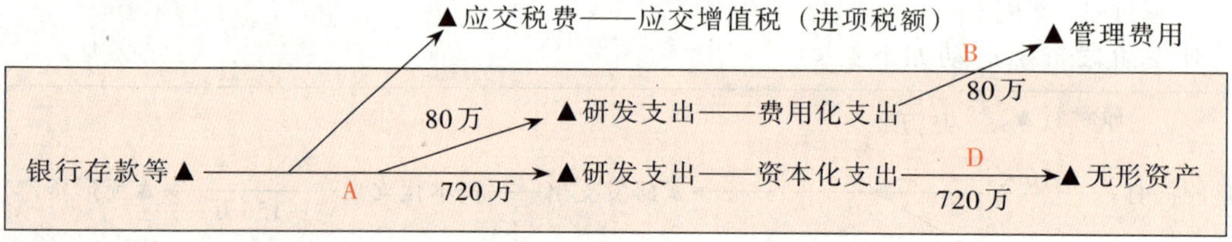

（3）BD

解析：

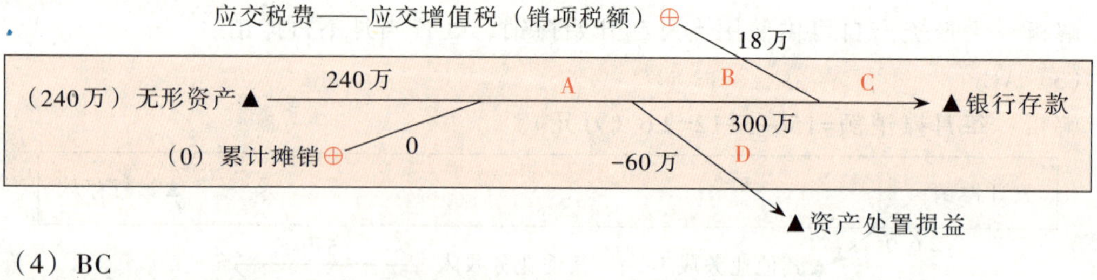

（4）BC

解析：应将360万元一次性全部确认为收入；费用按月摊销，每月6万元。

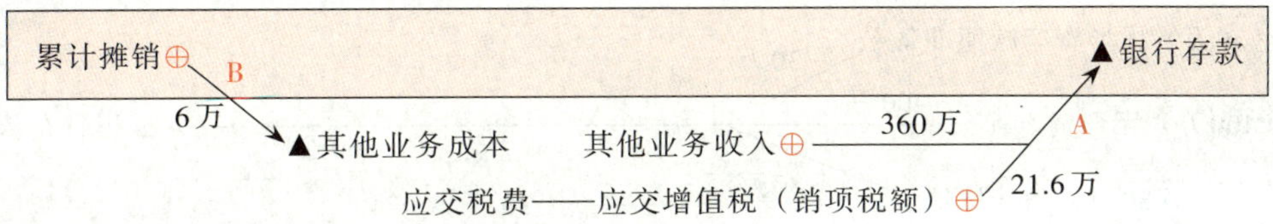

（5）A

解析：20×8年12月31日，无形资产账面价值=期初借方余额850+150（资料1）+720（资料3）−240（资料4）−190（资料6）=1 290（万元）。

5.答案：

（1）BD

解析：研究阶段支出以及开发阶段不符合资本化条件的支出，均应计入管理费用。使用寿命不确定的无形资产不用计提摊销。

研究阶段资金运动如下：

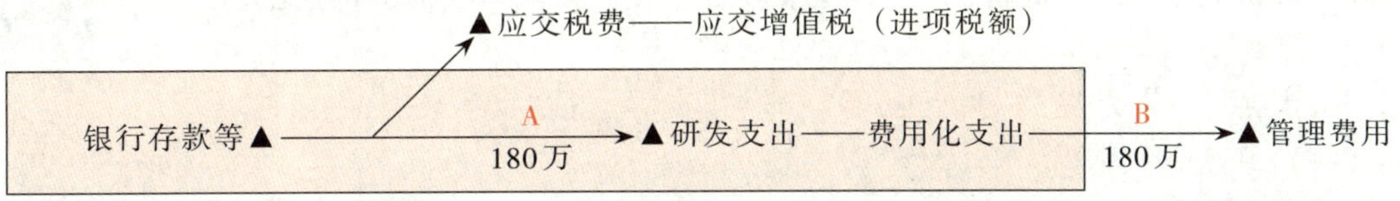

开发阶段资金运动如下：

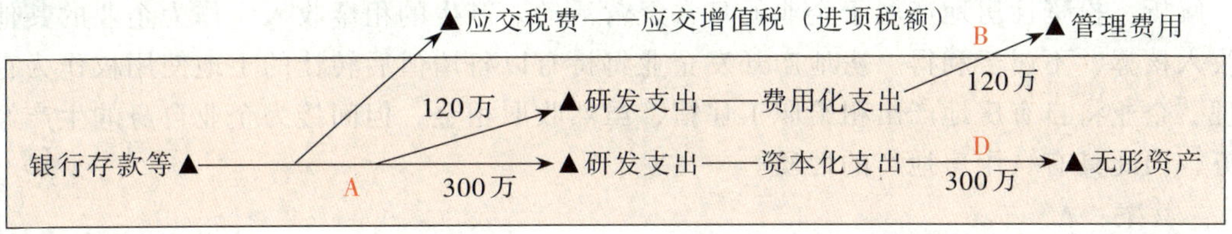

（2）AD

解析：

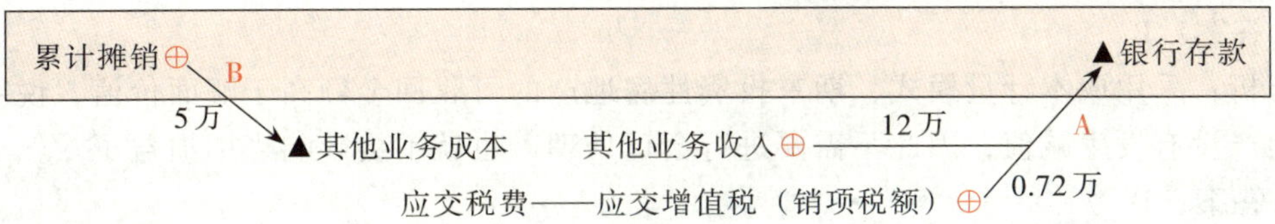

（3）ABC

解析：

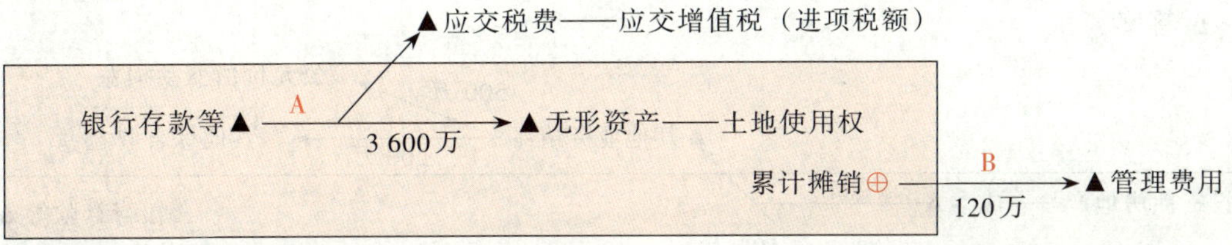

（4）D

解析：

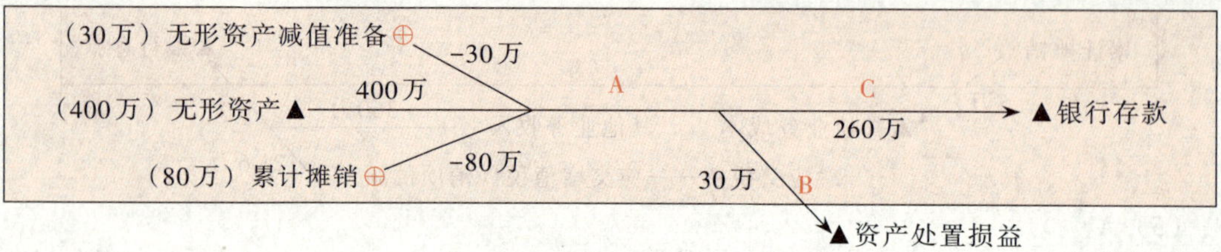

（5）A

解析：根据资料（5），应对非专利技术计提减值准备35万元。

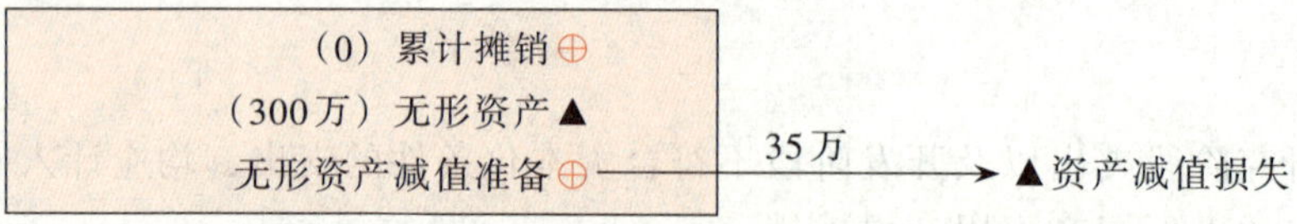

6月末无形资产的账面价值=1 500+（300（资料1）-35（资料5））-5（资料2）+（3 600-3 600÷30÷12）（资料3）-（400-80-30）（资料4）=5 060（万元）。

六、知识点：投资性房地产业务

（一）单项选择题

1.答案：B

解析：投资性房地产属于企业的日常经营活动，产生的租金收入应作为企业的其他业务收入核算，不属于利得。房地产开发企业将持有以备增值后转让的土地使用权作为存货处理。企业将自有房地产出租给职工住宿，虽然收取租金，但间接为企业自身的生产经营服务，因此具有自用房地产的性质。

3.答案：A

解析：同一企业不能同时采用成本模式和公允价值模式对投资性房地产进行后续计量，只能选择其中一种模式对所有投资性房地产项目进行核算。

4.答案：B

解析：采用成本计量模式，期末投资性房地产的可收回金额高于账面价值，说明投资性房地产没有发生减值，因此不需要进行会计处理，也就不会影响当期损益了。

5.答案：D

解析：采用公允价值模式计量的投资性房地产，其公允价值变动应计入公允价值变动损益。

6.答案：B

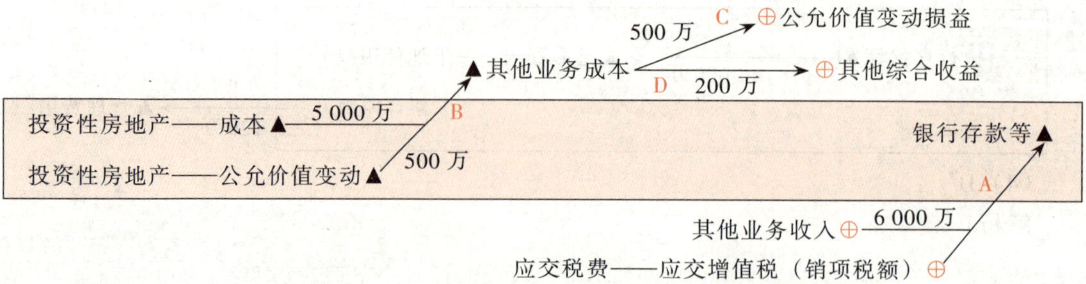

解析：

7. 答案：D

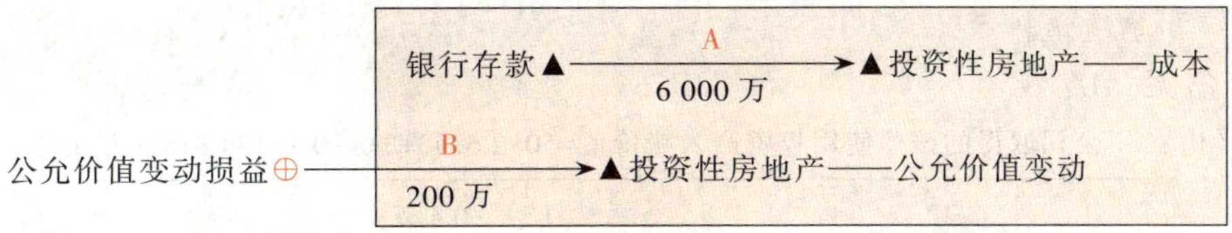

解析：

（二）多项选择题

1. 答案：ABC

解析：出售时，应将公允价值变动损益和其他综合收益转入“其他业务成本”项目之中。

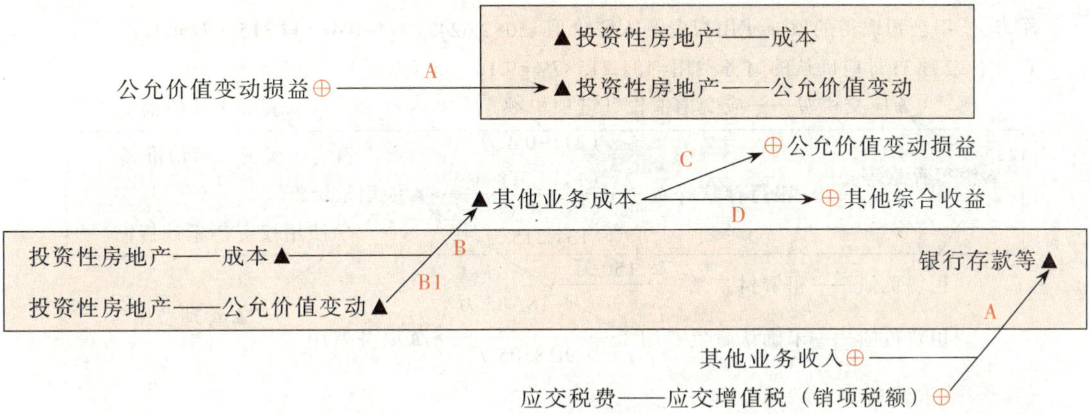

2. 答案：AD

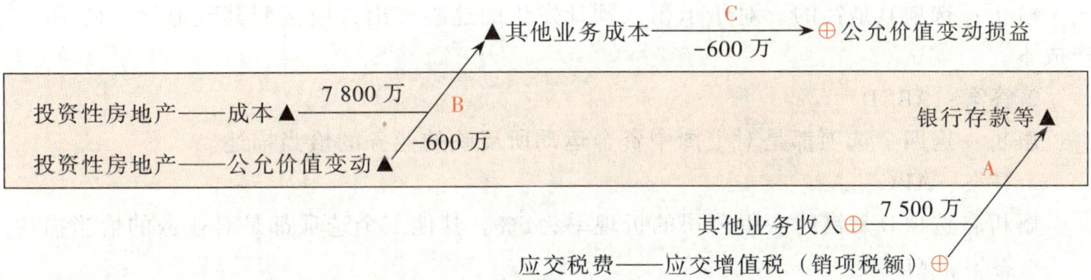

解析：

3. 答案：ABC

解析：

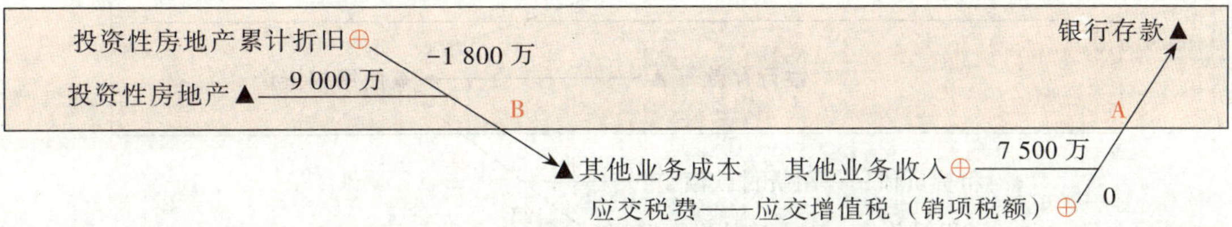

七、知识点：使用权资产业务

（一）单项选择题

1.答案：D

解析：甲公司取得的该项使用权资产入账价值=50×2.6243+3+1−0.4=134.815（万元）

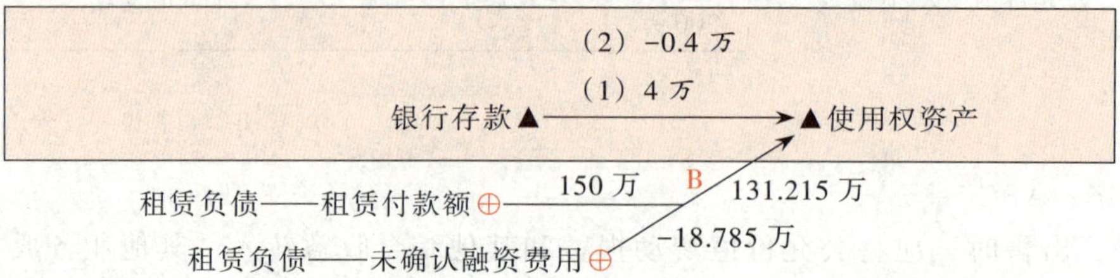

2.答案：C

解析：甲公司取得的该项使用权资产入账价值=50×2.6243+3+1−0.4=134.815（万元）

20×8 年 12 月 31 日应确认的财务费用=131.215×7%=9.18 505（万元）

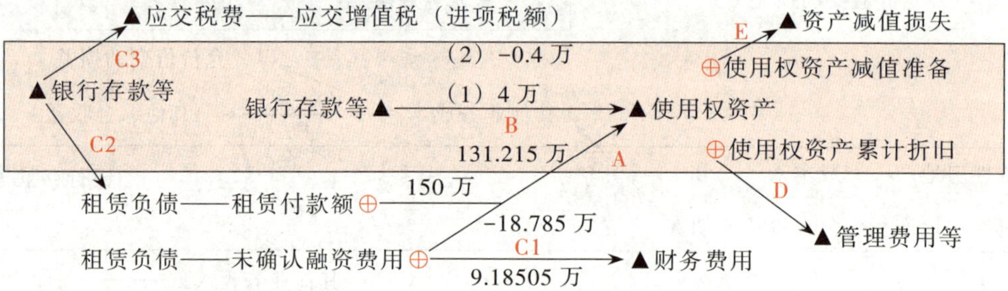

（二）多项选择题

1.答案：ABC

解析：选项 D 是错的。对于承租人预计发生的这些支出，应按照其现值计入使用权资产成本。

2.答案：ABCD

解析：这四个选项都是对上图中资金运动所反映的业务的恰当描述。

3.答案：ABC

解析：选项 D 是错的。甲公司的折现率为 5%。其他三个选项都是对业务的恰当描述。

4.答案：ABCD

解析：这四个选项都是对该图资金运动所反映的业务的恰当描述。

5.答案：ABD

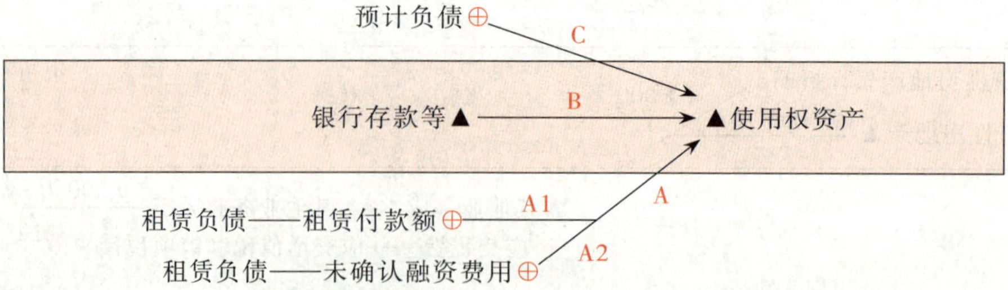

解析：承租人对使用权资产进行初始计量时，存在租赁激励的，应扣除已享受的租赁激励相关金额；尚未享受的租赁激励金额不应该扣除。

6.答案：ABC

解析：甲公司取得的该项使用权资产入账价值=50×2.6243+3+1−0.4=134.815（万元）

20×8年12月31日使用权资产账面价值=134.815−44.9383=89.8767（万元）

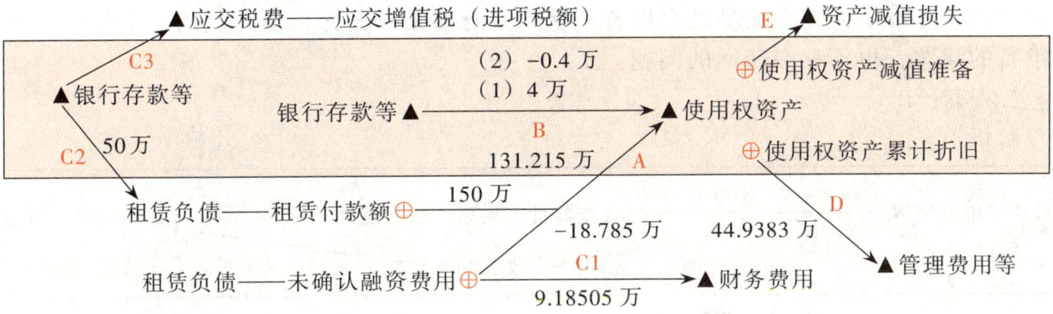

八、知识点：生产性生物资产

（一）单项选择题

答案：D

解析：该生产线生物资产的成本=4.2+6.7×5=37.7（万元）

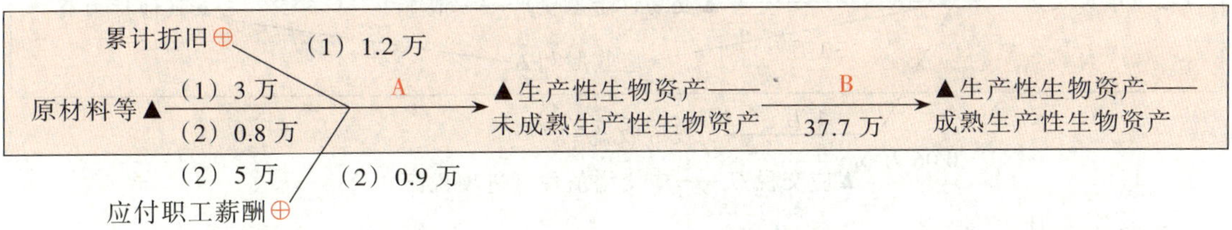

（二）多项选择题

1.答案：ABC

解析：生产性生物资产发生的管护、饲养费用等后续支出，应计入管理费用。

2.答案：BC

解析：消耗性生物资产不计提累计折旧，因此A是错的。产畜或役畜转为育肥畜时，需要考虑原生产性生物资产的累计折旧。

3.答案：BC

解析：生产性生物资产可选择的折旧方法不包括双倍余额递减法；生产性生物资产减值准备一经计提，不得转回。

4.答案：ABC

解析：该成熟生产性生物资产的成本为630 000元。

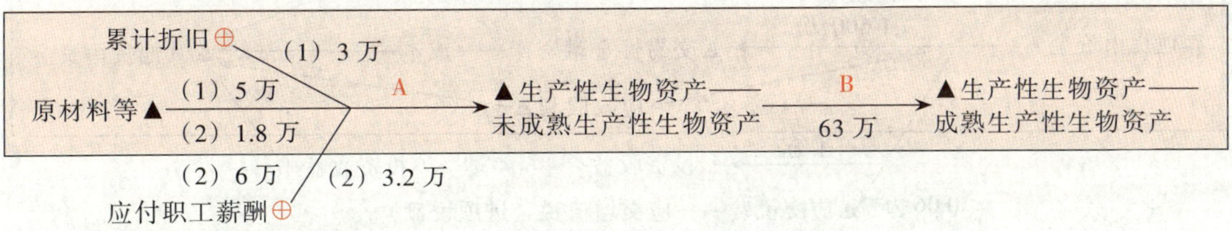

九、知识点：交易性金融资产——理论分析+举例

（一）单项选择题

1.答案：A

解析：无形资产、固定资产计提的减值准备，在资产的持有期间内不得转回，除非处置、出售等才准予冲销。交易性金融资产期末本身就是按公允价值计量的，不存在计提减值准备的问题，更不存在转回的问题。

2.答案：B

解析：

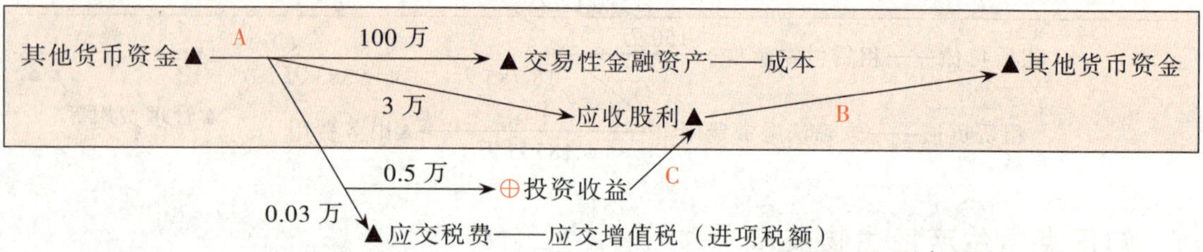

3.答案：B

解析：

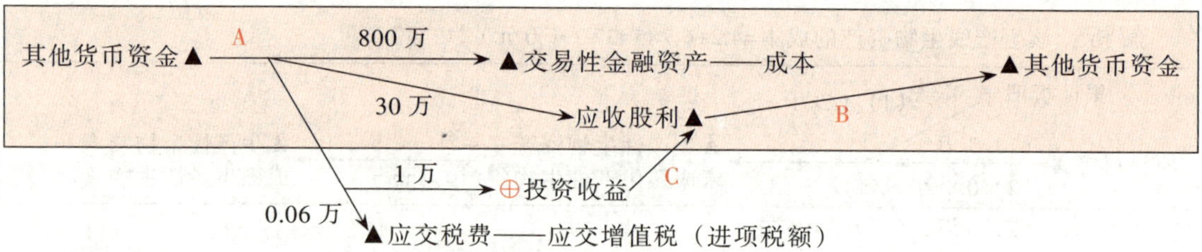

4.答案：D

解析：

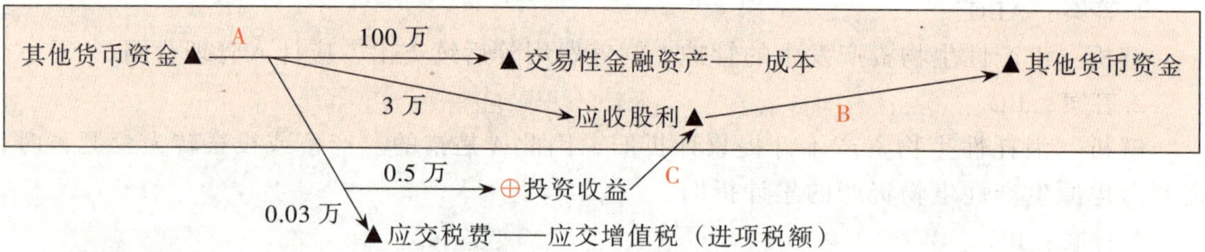

5.答案：C

解析：

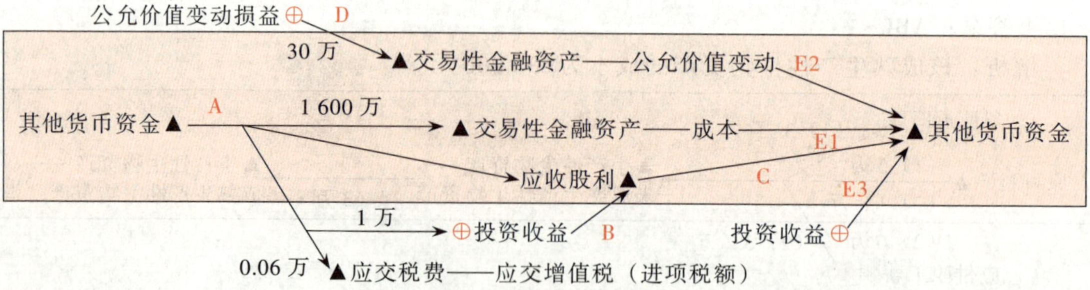

6.答案：C

解析：

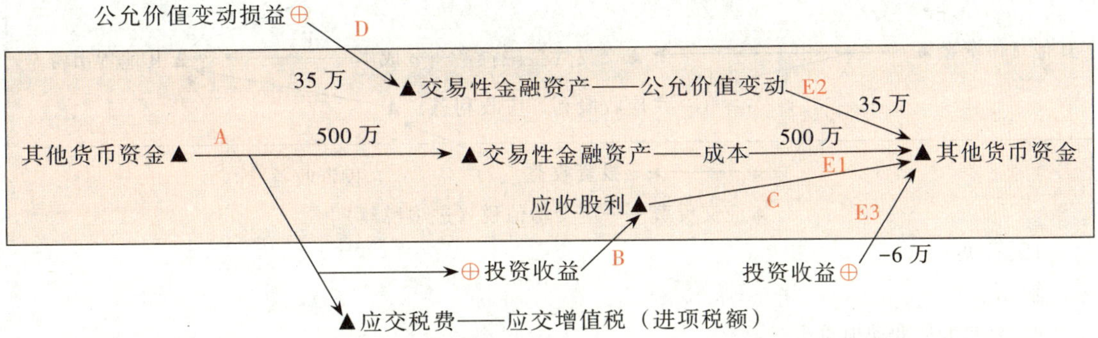

7.答案：C

解析：买价中所包含的已到付息期但尚未支付的利息或已宣告但尚未支付的现金股利，应单独确认为应收利息或应收股利。处置交易性金融资产时不需要将持有期间确认的公允价值变动损益转入投资收益。交易性金融资产处置时点不影响公允价值变动损益。

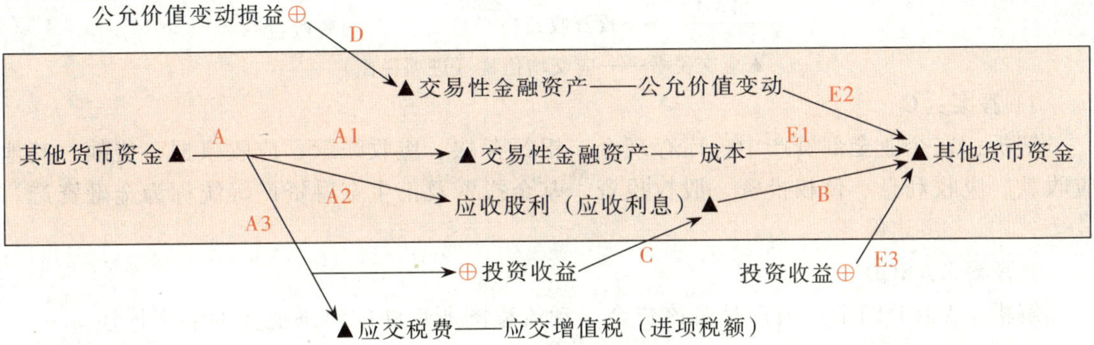

8.答案：C

解析：

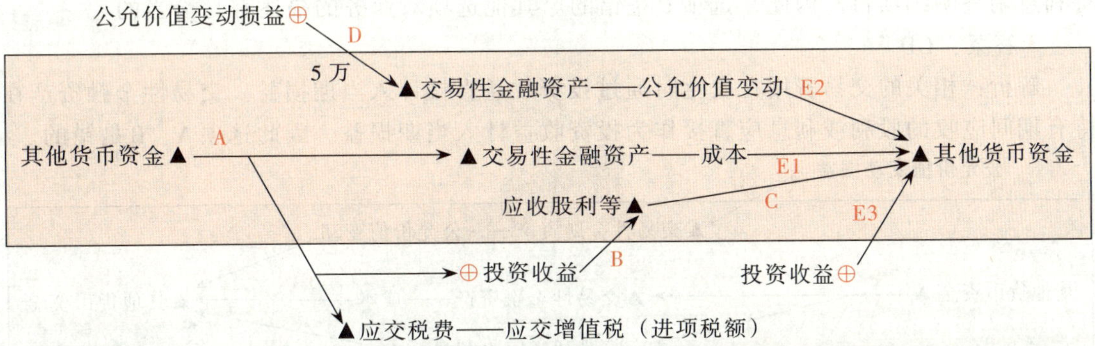

9.答案：B

解析：资产负债表日，其公允价值与账面价值之间的差额计入公允价值变动损益，相关的交易费用计入投资收益；出售时其公允价值与账面价值的差额计入投资收益。

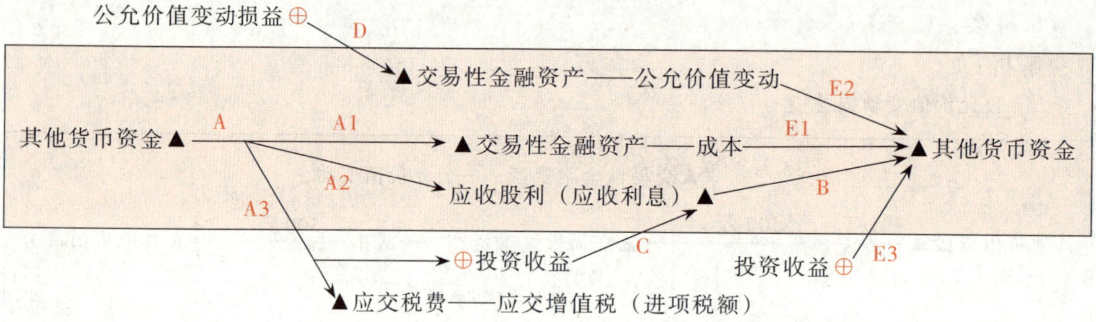

10.答案：A

解析：

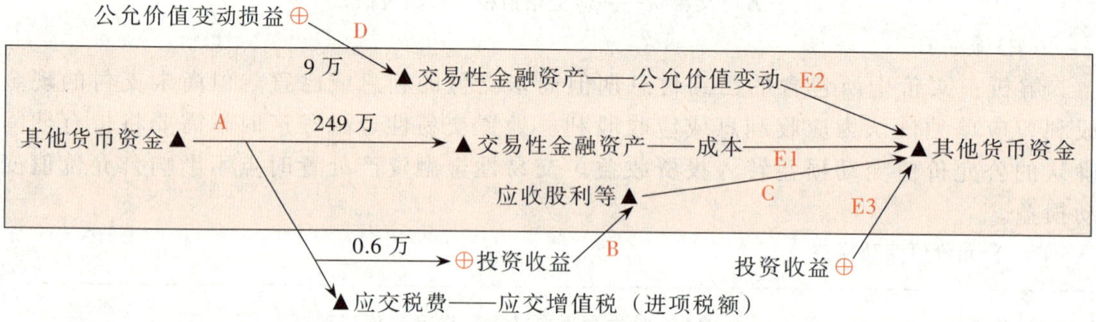

11.答案：C

解析：在企业全部资产中，库存现金、银行存款、应收账款、应收票据、贷款、其他应收款、应收利息、债权投资、股权投资、基金投资及衍生金融资产等统称为金融资产。

（二）多项选择题

1.答案：ABCD

解析：ABCD四个选项都是对该资金运动流程图所反映的经济业务的恰当描述。

2.答案：ABC

解析：交易性金融资产的账面价值应该由成本和公允价值变动两个明细项目构成，没有利息调整明细项目。因此，选项D是错的。其他选项对业务的描述都是恰当的。

3.答案：CD

解析：相关的交易费用在发生时通过投资收益直接计入当期损益。交易性金融资产在持有期间应收的股利或利息应直接作为投资收益计入当期损益。因此选项A、B是错的。

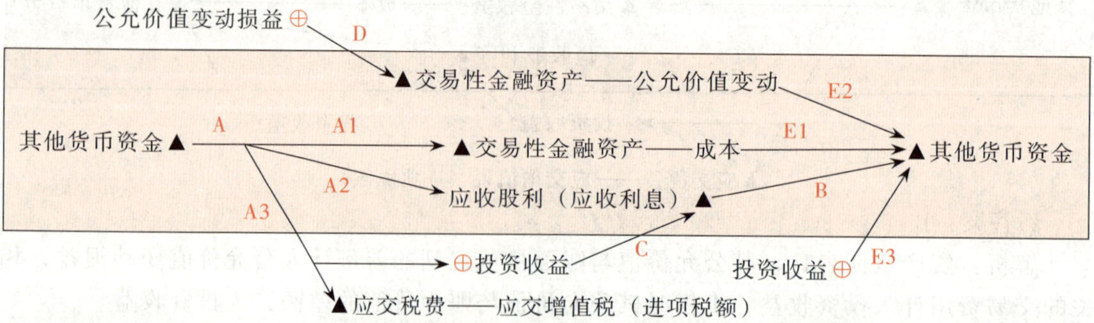

4.答案：AD

解析：存货跌价准备、坏账准备在影响减值的因素消除后，可以在原计提减值的金额范围内转回。交易性金融资产期末按公允价值计量，不需要计提减值准备。

5.答案：ABC

解析：交易性金融资产持有期间的公允价值变动应计入公允价值变动损益。

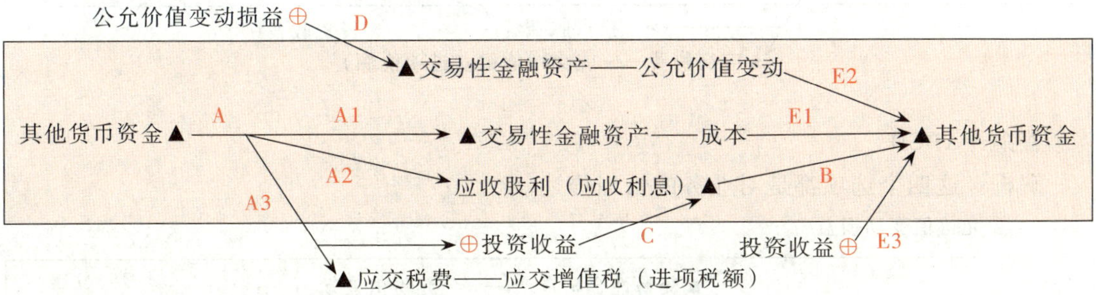

6.

答案：AC

解析：企业取得交易性金融资产、长期股权投资等资产时，如果实际支付的价款中包含了已宣告但尚未分派的现金股利，应作为应收股利单独核算。

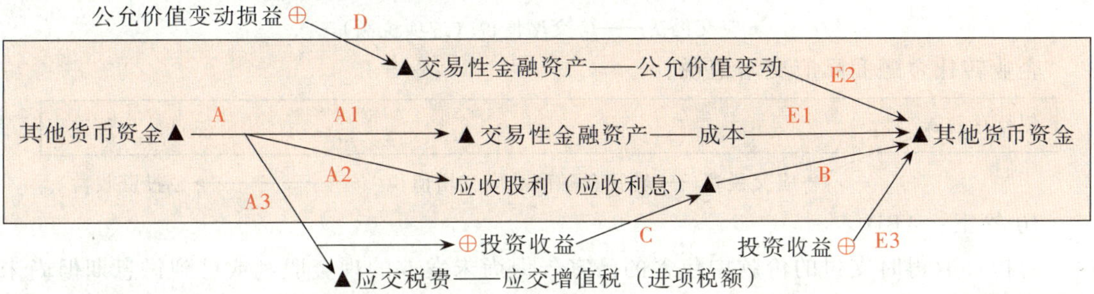

7.答案：AB

解析：

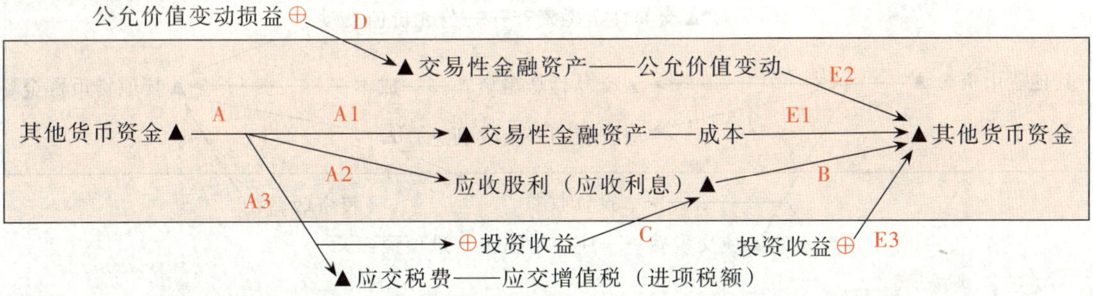

8.答案：ACD

解析：

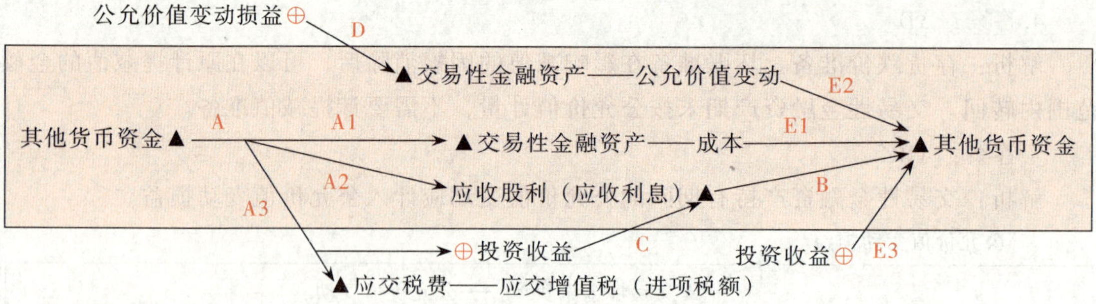

9.

答案：ABCD

解析：这四个选项都是对业务的恰当描述。

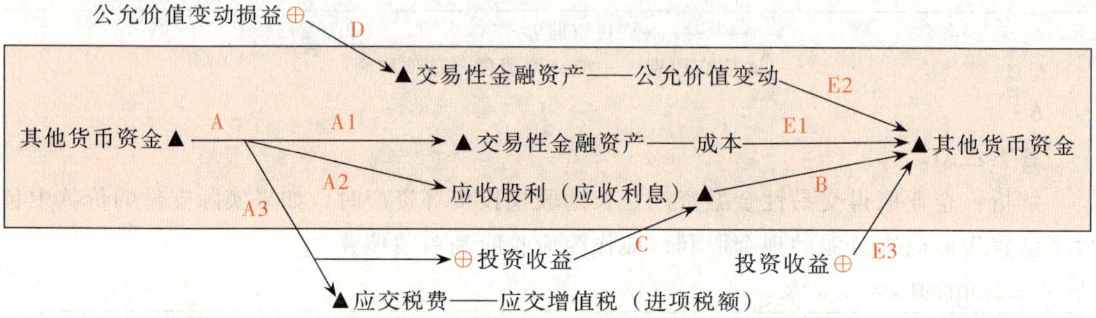

企业转让金融商品应交增值税：

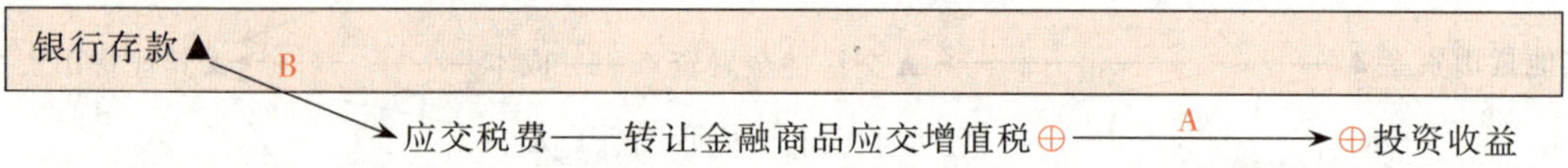

10.答案：ABD

解析：取得时支付的价款中包含的已宣告但尚未发放的现金股利或已到付息期但尚未领取的债券利息，应单独确认为应收项目，不计入投资成本。

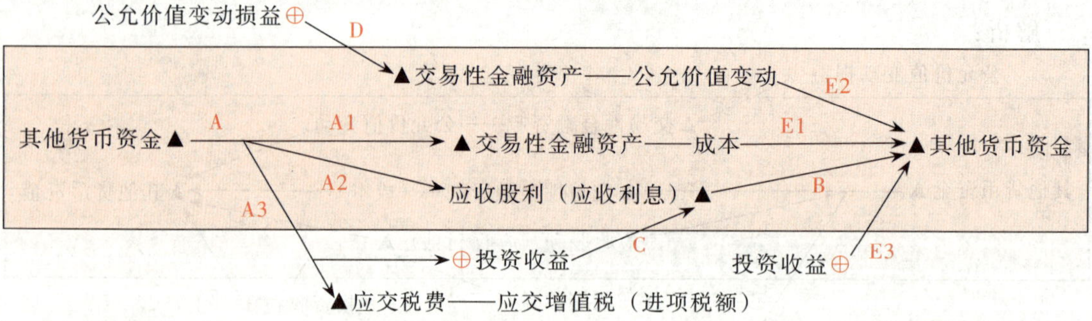

（三）判断题

1.答案：√

解析：企业取得交易性金融资产所支付价款中包含了已宣告但尚未发放的现金股利的，应单独确认为应收股利项目，不应该计入交易性金融资产的成本。

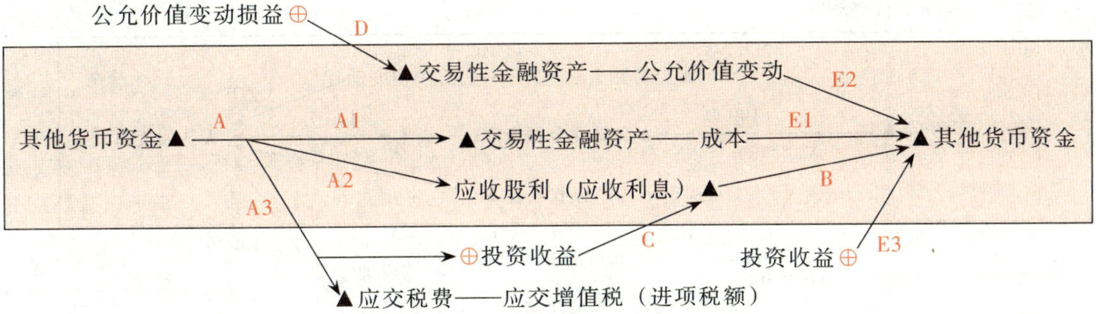

2.答案：×

解析：

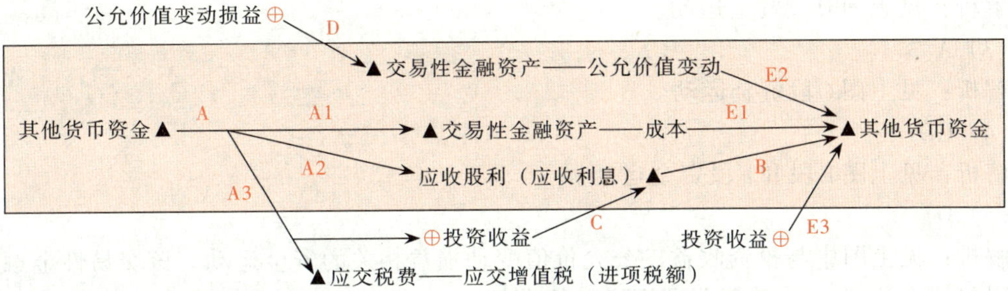

3.答案：×

解析：资产负债表日，交易性金融资产应当按照公允价值计量，公允价值与账面价值的差额计入当期损益。

4.答案：×

解析：企业出售交易性金融资产时，无须将原计入公允价值变动损益的累计金额转为投资收益。

5.答案：×

解析：交易性金融资产持有期间，投资单位收到投资前被投资单位已宣告但尚未分派的现金股利时，应冲减应收股利。

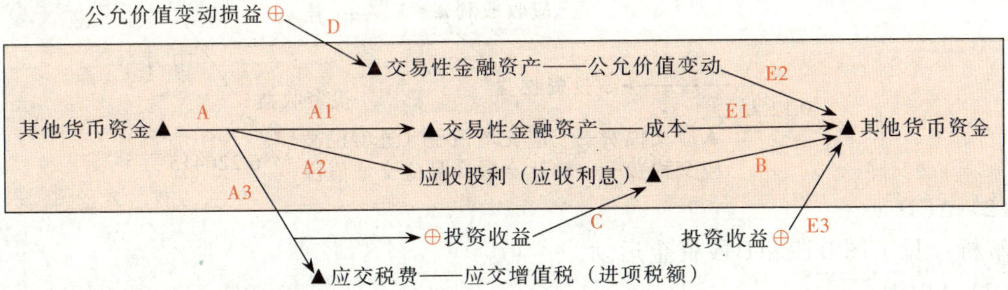

（四）不定项选择题

1.答案：

（1）D

解析：见下图A段资金运动。

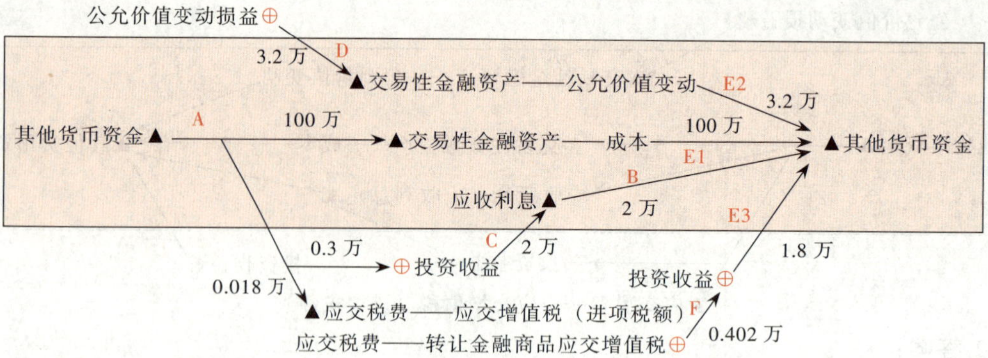

（2）B

解析：见上图D段资金运动。

（3）A

解析：见上图C段资金运动。

（4）CD

解析：见上图E段和F段资金运动。

（5）D

解析：见上图中与投资收益、公允价值变动损益相关的资金运动。该交易性金融资产业务引起的甲公司20×8年营业利润增加的金额=-0.3+3.2+2+1.8-0.402=6.298（万元）。

2.答案：

（1）A

解析：见下图中A段资金运动。

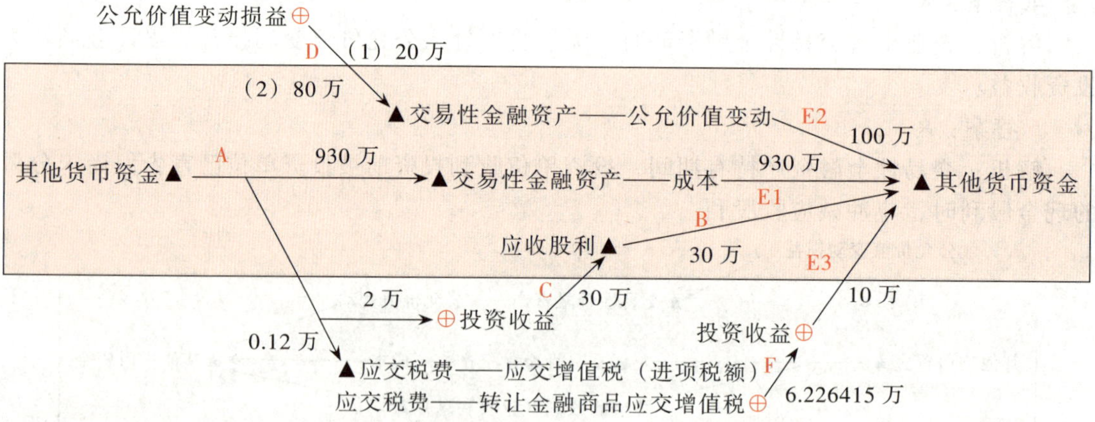

（2）ACD

解析：见上图D段和C段资金运动。

（3）ABCD

解析：见上图A段、D段、C段资金运动。

（4）B

解析：交易性金融资产处置时，持有期间累计确认的公允价值变动损益无须转入投资收益。

（5）AC

解析：见上图E段和F段资金运动。

处置该交易性金融资产应缴纳的增值税税额=（1 040−930）÷（1+6%）×6%=6.226415（万元）。金融商品转让按照卖出价扣除买入价（不需要扣除已宣告但尚未发放现金股利和已到付息期但尚未支付的利息）后的余额作为销售额计算增值税。

3.答案：

（1）CD

解析：见下图A段资金运动。

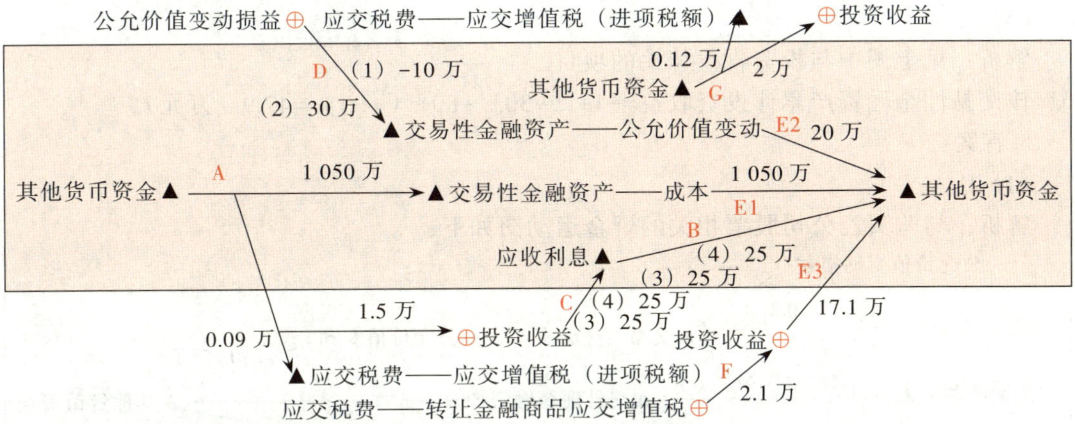

（2）BD

解析：见上图D段资金运动。

（3）B

解析：见上图F段资金运动。应缴纳增值税=（1 087.1−1 050）÷1.06×6%=2.1（万元）

（4）C

解析：见上图E段、F段和G段资金运动。出售价款与成本之间差额为17.1万元，交易费用2万，应交税费2.1万。所以净额为13万元。

（5）BD

解析：见上图A段和C段资金运动。购入债券作为交易性金融资产的，应按债券面值和债券票面利率计算利息收益。

4.答案：

（1）B

解析：见下图A段资金运动。

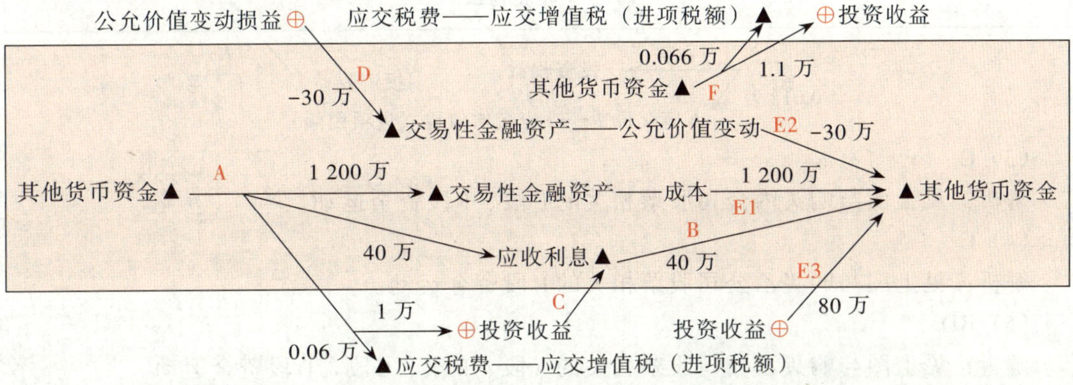

（2）AC

解析：见上图B段资金运动。

（3）C

解析：见上图D段资金运动。

（4）D

解析：见上图E段、F段资金运动。

（5）C

解析：见上图中与投资收益相关的项目。

该交易性金融资产累计投资收益=-1+（-30）+80+（-1.1）=47.9（万元）。

5. 答案：

（1）D

解析：与购买乙公司股票相关的资金运动图如下：

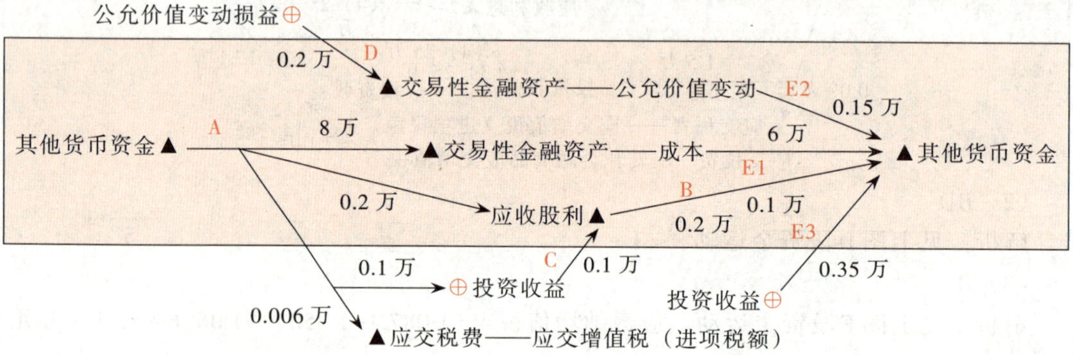

（2）AD

解析：与购买丙公司股票相关的资金运动如下图所示。

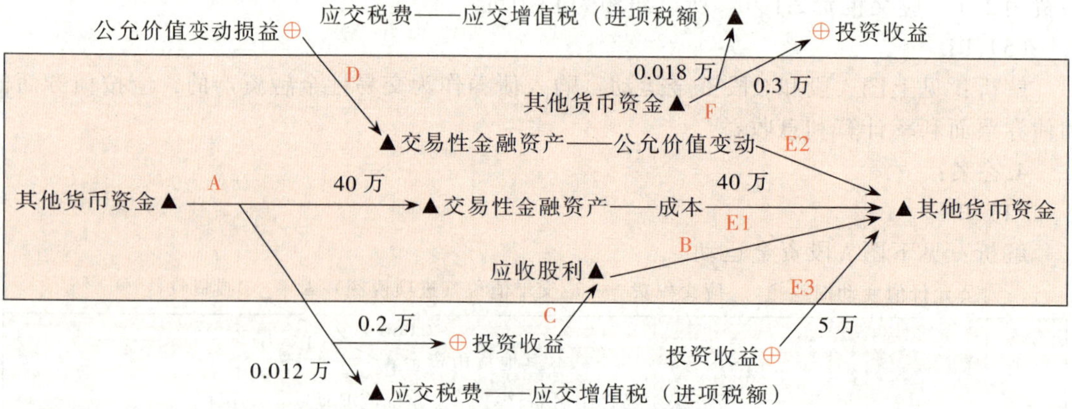

（3）C

解析：见上图与购买丙公司股票相关的E段、F段资金运动。

（4）C

解析：见上图与购买乙公司股票相关的E段资金运动。

（5）BD

解析：见上图与购买乙公司股票相关的A段、B段、C段、D段资金运动。

十、知识点：长期投资

（一）单项选择题

1.答案：B

解析：投资企业能够共同控制被投资企业的，被投资企业是投资企业的合营公司。

2.答案：D

解析：在同一控制下，投资方应该以所占被投资方在最终控制方的合并财务报表中的净资产的账面价值的份额作为初始投资成本，而不是以占被投资方本身的净资产账面价值的份额作为初始投资成本。即8 000×60%=4 800（万元）。

3.答案：B

解析：在非同一控制下，投资方应该用其所付出对价的公允价值加相关手续费等作为初始投资成本。甲企业付出的对价是无形资产，其公允价值为9 000万元。

4.答案：D

解析：在成本法下，企业应当按照享有被投资单位宣告发放的现金股利或利润确认投资收益，不管有关利润分配是属于对取得投资前还是取得投资后被投资单位实现净利润的分配。也就是说，成本法下投资收益的确认是以对方是否分配现金股利为标准的，而不是以对方是否盈余以及盈利多少为标准的。

5.答案：D

解析：甲公司付出对价的公允价值（含税）为1 236万元，但获得乙公司股份的公允价值为7 000×20%=1 400（万元）。因此，甲公司需要将初始投资成本由1 236万元调高到1 400万元，对于两者的差额164万元，应确认为营业外收入。

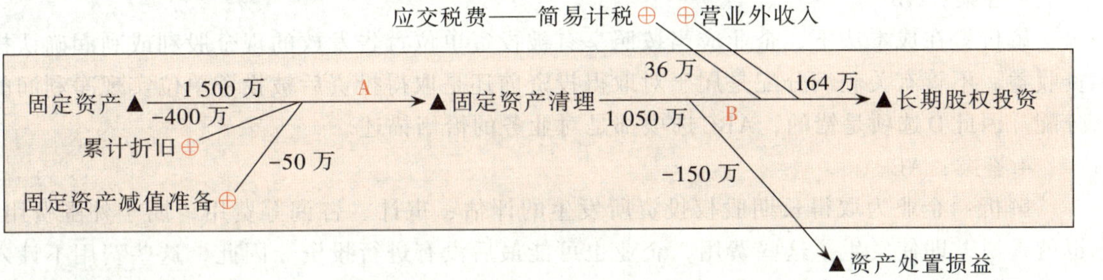

6.答案：D

解析：应确认的投资亏损=3 000+400+（4 000−3 400）×30%=3 580（万元）。

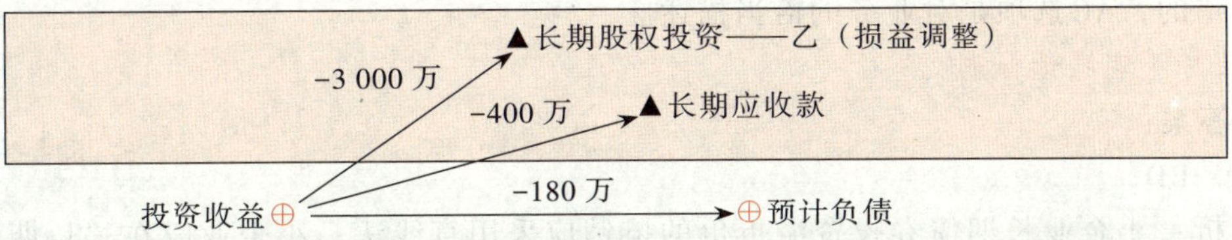

解析：该投资收益由两部分组成：一部分是售价3 500万元与账面价值3 200万元的差额300万元，另一部分是记在其他综合收益和资本公积中的累计金额结转投资收益-20万元（100−120），两部分合计280万元。

7.答案：D

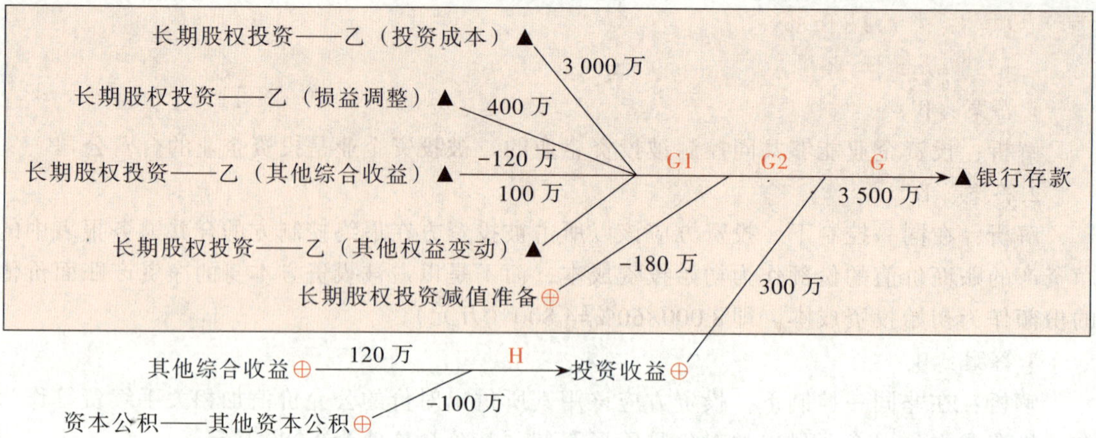

（二）多项选择题

1.答案：ABD

解析：在同一控制下，投资方应该以所占被投资方在最终控制方的合并财务报表中的净资产的账面价值的份额作为初始投资成本，而不是以占被投资方净资产账面价值的份额作为初始投资成本。因此，C选项是错的，ABD三个选项都是对业务的恰当描述。

2.答案：ABC

解析：在非同一控制下，投资方应该以其所付出的对价的公允价值加相关手续费等的金额作为初始投资成本，不需要考虑所获得的对方股权的公允价值。因此D选项是错的，ABC选项都是对业务的恰当描述。

3.答案：ABC

解析：在成本法下，企业应当按照享有被投资单位宣告发放的现金股利或利润确认投资收益，不管有关利润分配是属于对取得投资前还是取得投资后被投资单位实现净利润的分配。因此D选项是错的，ABC选项都是对业务的恰当描述。

4.答案：AC

解析：企业为取得长期股权投资所发生的评估、审计、咨询等费用，属于外围费用。也就是说，即使发生了这些费用，企业也可能最后没有进行投资。因此，这些费用不计入初始投资成本，而是在发生时直接计入当期损益。投资企业应享有被投资单位可辨认净资产公允价值的相应份额小于初始投资成本的，不需要对初始投资成本进行调整。因此BD选项是错的，AC选项是对业务的恰当描述。

（三）不定项选择题

1.答案：

（1）BD

解析：小企业长期债券投资溢折价的摊销应采用直线法；小企业应在“长期债券投资”项目下设“面值”“溢折价”“应计利息”等明细科目，因此AC选项是错的。

（2）ACD

解析：交易费用12 000元应计入“长期债券投资——溢折价”项目，如下图中A段运动所示。

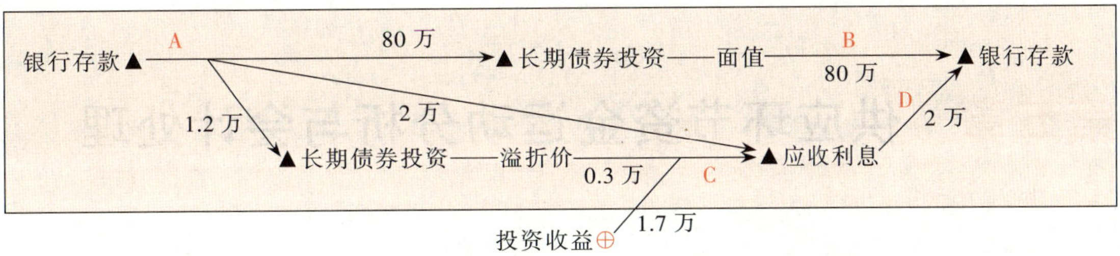

（3）C

解析：投资收益=800 000×5%÷2-12 000÷4=17 000（元）

（4）D

解析：具体的资金运动如上图中C段运动所示。

（5）D

解析：具体的资金运动如上图中B段、D段资金运动所示。

2.答案：

（1）答案：AB

解析：CD选项对投资企业项目设置的表述是错误的。对于影响被投资企业所有者权益的不计入当期损益的利得和损失，投资企业需要设置“长期股权投资——其他综合收益”项目来反映。对于影响被投资企业所有者权益变动的资本公积等项目，投资企业需要设置“长期股权投资——其他权益变动”明细项目来反映。AB选项是对业务的恰当描述。

（2）答案：AC

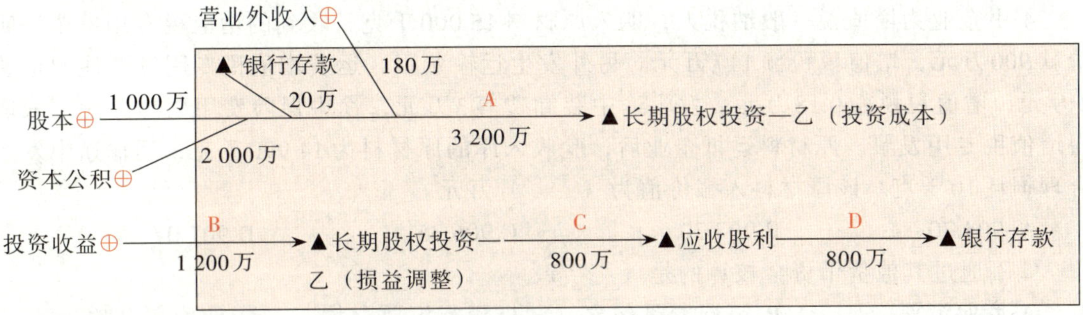

解析：具体资金运动如下图A段运动所示。

（3）答案：A

解析：具体资金运动如上图中B段运动所示。

（4）答案：B

解析：具体资金运动如上图中C段运动所示。

（5）答案：D

解析：具体资金运动如上图中D段运动所示。

第五章　供应环节资金运动分析与会计处理

一、知识点：供应环节业务概述+货币资金业务

（一）单项选择题

1.甲企业为增值税小规模纳税人，本期购买材料一批，购买价格为50 000元，增值税为6 500元。入库前发生的挑选整理费用为500元，该批原材料入账价值为（　　）元。

A. 50 000　　B.56 500　　C.50 500　　D.57 000

2.甲企业为增值税小规模纳税人，本期购买材料一批，购买价格为50 000元，增值税为6 500元。入库前发生的挑选整理费用为500元，验收入库时发现材料短缺20千克。该短缺经查属于合理损耗。该批材料的入账价值为（　　）元。

A. 50 000　　B.56 500　　C.50 500　　D.57 000

3.下列与原材料相关的损失项目中，应计入营业外支出的是（　　）。

A.计量差错引起的原材料盘亏　　B.人为因素造成的原材料损失

C.自然灾害造成的原材料损失　　D.原材料运输途中发生的合理损耗

4.甲企业为增值税一般纳税人，购入原材料15 000千克，收到的增值税专用发票注明价款900万元，增值税税额117万元。另外发生运输费用，运费增值税专用发票注明运费2万元，增值税税额0.18万元。发生途中装卸费等3万元，途中保险费用2.70万元，未取得增值税专用发票。原材料运抵企业后，验收入库的原材料为14 990千克，运输途中发生合理损耗10千克。该原材料入账价值为（　　）万元。

A. 904.70　　B.907.70　　C.906.35　　D.907.07

5.不通过其他货币资金核算的是（　　）。

A.商业汇票　　B.银行本票存款　　C.银行汇票存款　　D.信用卡存款

6.企业将准备用于证券投资的资金转入证券公司指定的账户，应借记的科目是（　　）。

A. “银行存款”　　B. “交易性金融资产”

C. “其他应收款”　　D. “其他货币资金”

7.20×8年10月19日，甲公司向银行申请并获得银行汇票金额为200 000元。10月24日，公司用银行汇票支付采购材料价款，购入材料20吨，价款总计170 000元，增值税进项税额22 100元，材料尚未验收入库。10月25日，公司以转账支票支付材料的运输费5 000元（不含增值税，增值税税率9%）。10月26日，公司收到开户银行转来银行汇票多余款7 900元的收账通知。10月26日，该材料在验收入库的过程中，发现材料损耗50千克，经查，属于运输途中的合理损耗。该批原材料入账价值为（　　）元。

A. 170 000　　B.197 200　　C.175 500　　D.175 000

8.企业发现现金短款属于无法查明的其他原因，按照管理权限经批准应由出纳个人赔偿时，在（　　）科目核算。

A.“其他应收款”　B.“其他应付款”　C.“管理费用”　D.“财务费用”

9.企业在编制银行存款余额调节表时应（　　）。

A.指定专人定期核对账目，每月至少核对一次

B.指定专人定期核对账目，每年至少核对一次

C.指定出纳定期每月核对

D.由会计每年核对一次

10.甲企业现金盘点时发现库存现金短缺351元，经批准后需由出纳员赔偿200元，其余短缺无法查明原因。关于现金短缺相关会计科目处理正确的是（　　）。

A.借记“管理费用”账户151元　　B.借记“其他应付款”账户200元

C.借记“营业外支出”账户151元　　D.借记“财务费用”账户151元

11.企业在现金清查中，发现现金短缺，无法查明原因，经批准后应记入的会计科目是（　　）。

A.“营业外支出”　B.“财务费用”　C.“管理费用”　D.“其他业务成本”

12.下列各项中，关于企业无法查明原因的现金溢余，经批准后会计处理表述正确的是（　　）。

A.冲减财务费用　B.计入其他应付款　C.冲减管理费用　D.计入营业外收入

13.企业在现金清查中发现有待查明原因的现金短缺或溢余，已按管理权限批准，下列各项中，有关会计处理不正确的是（　　）。

A.属于无法查明原因的现金溢余，应借记“待处理财产损溢”，贷记“营业外收入”

B.属于应由保险公司或出纳赔偿的现金短缺，应借记“其他应收款”，贷记“待处理财产损溢”

C.属于应支付给其他单位的现金溢余，应借记“待处理财产损溢”，贷记“其他应付款”

D.属于无法查明原因的现金短缺，应借记“营业外支出”，贷记“待处理财产损溢”

14.根据现金管理制度，下列各项中，企业不能使用库存现金进行交易的业务是（　　）。

A.按规定颁发给科技人员的创新奖励　　B.发放给职工的劳保福利

C.向外单位支付的机器设备款　　D.向个人收购农副产品的价款

15.下列各项中，不会引起其他货币资金发生增减变动的是（　　）。

A.企业销售产品收到银行承兑汇票

B.企业用银行本票购买办公用品

C.企业将款项汇往外地开立的采购专用账户

D.企业为购买股票，将资金存入证券公司指定银行开立的投资款专户

16.下列业务中，能够导致银行存款增加的是（　　）。

A.从银行取得短期借款　　B.从银行提取现金

C.销售商品收到对方开出的商业承兑汇票　　D.销售货物尚未收到货款

（二）多项选择题

1.结合下图，下列有关其他货币资金业务表述正确的有（　　）。

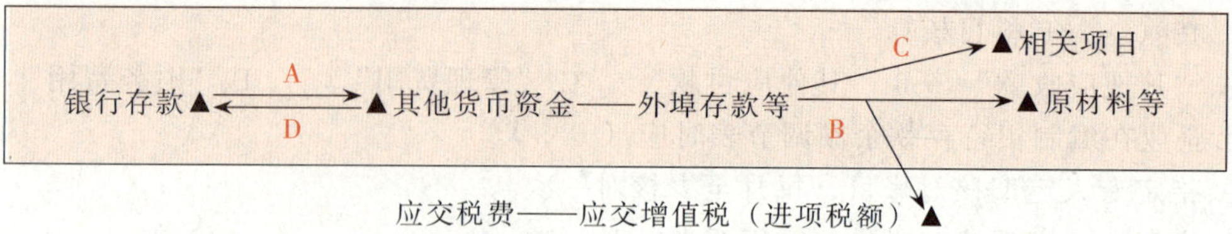

A. A段资金运动反映取得其他货币资金。一般情况下，企业取得其他货币资金的途径主要是通过银行存款转入，即企业在取得其他货币资金的同时，原有的银行存款被冻结

B. B段资金运动反映企业使用其他货币资金的具体情况。可能是买了原材料，也可能是买入了有价证券资产等

C. D段资金运动反映未使用的其他货币资金解冻，重新转回为银行存款

D. 对于银行汇票存款、银行本票存款、信用证存款的使用，只需要将其他货币资金的明细外埠存款进行替换即可

2. 这是一笔购买材料业务（含运输费支付）。结合下图，下列有关该资金运动所反映的业务表述正确的有（　　）。

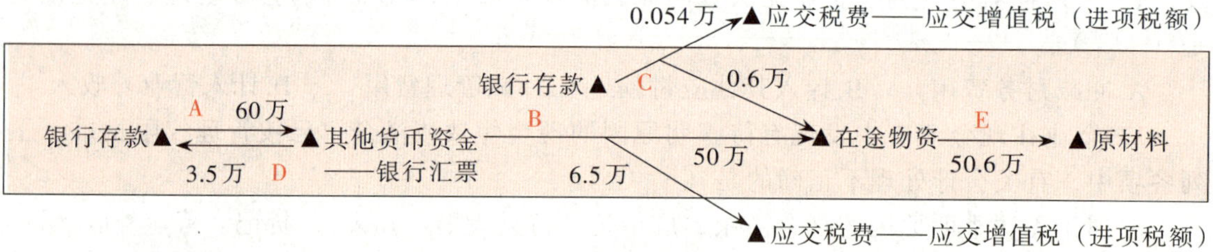

A. A段资金运动反映企业取得60万元的银行汇票。与此同时，企业的银行存款有60万元被冻结，该被冻结的资金被称为“其他货币资金——银行汇票”

B. B段资金运动反映企业使用银行汇票购买材料，买价50万元，增值税进项税额6.5万元。材料尚未验收入库

C. C段资金运动反映企业为购买该材料，以银行存款支付了0.654万元的运输费（含增值税进项税额0.054万元）

D. D段资金运动反映企业将银行汇票中剩余的3.5万元重新转回为银行存款。E段资金运动反映所购材料验收入库，其成本为50.6万元

3.结合下图，下列相关经济业务描述正确的有（　　）。

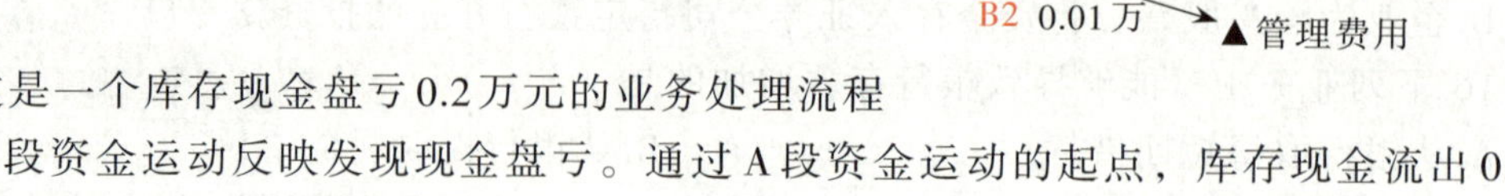

A. 这是一个库存现金盘亏0.2万元的业务处理流程

B. A段资金运动反映发现现金盘亏。通过A段资金运动的起点，库存现金流出0.2万元，将库存现金调整为账实相符；其资金运动的终点反映这盘亏的0.2万元尚未处理

C. B段资金运动反映对现金盘亏的处理。通过B段资金运动的终点，我们可以知道，这盘亏的0.2万元中，出纳个人应赔偿0.19万元，公司承担0.01万元

D.将A与B两段资金运动结合在一起可以发现，“待处理财产损溢”只是一个过渡性项目。一旦处理结束，其项目的余额即为零

4.结合下图，下列相关经济业务描述正确的有（　　）。

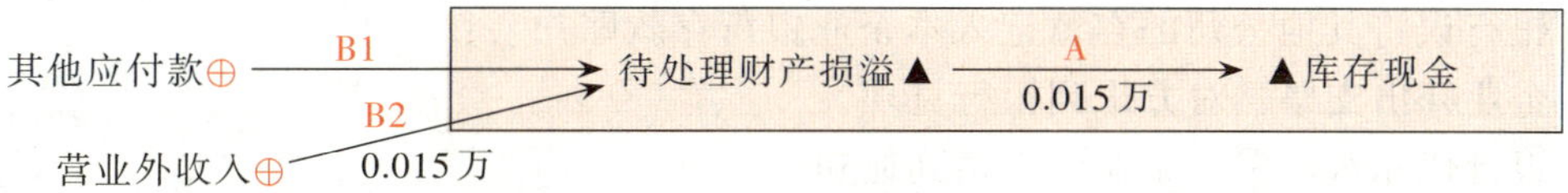

A.这是一个库存现金盘盈150元的业务处理流程

B. A段资金运动反映发现现金盘盈。通过A段资金运动，有150元的资金流动到终点的库存现金之上，从而导致账上库存现金增加，即将库存现金调整为账实相符；其资金运动的起点反映盘盈的150元尚未处理

C. B段资金运动反映对现金盘盈的处理。通过B段资金运动的起点，我们可以知道，这盘盈的150元实在无法查明原因，作为公司的营业外收入处理

D.将A与B两段资金运动结合在一起可以发现，“待处理财产损溢”只是一个过渡性项目。一旦处理结束，其项目的余额即为零

5.货币资金按存放的地方与用途不同，可以分为（　　）。

A.库存现金　　B.其他货币资金　　C.外埠存款　　D.银行存款

6.下列各项中，可以采用现金结算的是（　　）。

A.支付职工工资2 800元　　B.向个人收购农副产品1 200元

C.向一般纳税人企业购入材料50 800元　　D.采购员随身携带差旅费3 200元

7.“银行存款”账户核算的内容包括（　　）。

A.外埠存款　　B.外币存款　　C.银行本票存款　　D.人民币存款

8.下列有关货币资金的表述正确的有（　　）。

A.库存现金是指存放在企业的库存人民币和外币现款

B.银行存款是指开户在公司本地的、活期的、用于往来结算的、不受限制的、存在银行或金融机构的货币资金

C.企业的库存现金一般按单位3~5天日常零星开支所需要为限，超过的要送存银行

D.企业不得坐支现金，即不能用收到的货币资金直接支付所需要的支出，即强调收支两条线

9.需要在“其他货币资金”账户核算的包括（　　）。

A.银行汇票　　B.银行本票　　C.商业承兑汇票　　D.银行承兑汇票

10.以下各项属于其他货币资金的有（　　）。

A.信用证存款　　B.外埠存款　　C.存出投资款　　D.信用卡存款

11.下列各项中，属于未达账项的有（　　）。

A.银行代企业支付电话费6 800元，但企业在收到银行付款通知后，将银行存款减少额登记为680元

B.企业将收取的转账支票送存银行，并登记银行存款增加，但银行尚未记账

C.企业开出转账支票，并登记银行存款减少，但收款单位尚未持票到银行办理转账，银行尚未记账

D.银行代企业支付水费，并登记企业银行存款减少，但企业尚未收到银行付款通知，尚未记账

12.在下列各项中，使得企业银行存款日记账余额小于银行对账单余额的有（　　）。

A.银行误将其他公司的存款记入本企业银行存款账户

B.企业开出支票，对方未到银行兑现

C.银行代扣水电费，企业尚未接到通知

D.银行收到委托收款结算方式下的结算款项，但企业尚未收到通知

13.下列应通过“其他货币资金”账户核算的有（　　）。

A.企业将款项汇往外地开立的采购专用账户

B.用银行本票购买办公用品

C.销售商品收到商业汇票

D.用银行汇票购入原材料

14.下列各项中，应通过“应收票据”账户核算的有（　　）。

A.企业购买材料所开出的商业承兑汇票，购买设备开出的银行承兑汇票

B.企业支付外购材料开出的银行汇票、银行本票

C.企业销售收到的银行承兑汇票

D.企业收到的以商业承兑汇票偿付的货款

15.下列各项中，应通过“其他货币资金”账户核算的有（　　）。

A.申请信用卡而转存银行的款项　　B.赊购材料开具的商业承兑汇票

C.赊销商品取得的银行承兑汇票　　D.为取得银行本票而转存银行的款项

16.下列各项中，关于现金溢余的会计处理正确的有（　　）。

A.无法查明原因的现金溢余计入营业外收入

B.应支付给有关单位或个人的现金溢余应计入其他应付款

C.无法查明原因的现金溢余冲减管理费用

D.应支付给有关单位的现金溢余应计入应付账款

17.下列关于现金清查的相关表述中，正确的有（　　）。

A.对于现金短缺，应由责任方赔偿的部分，计入其他应收款

B.对于现金短缺，无法查明原因的，计入营业外支出

C.对于现金溢余，应支付给有关人员或单位的，计入其他应付款

D.对于现金溢余，无法查明原因的，计入营业外收入

18.根据现金管理暂行条例的规定，下列经济业务中，可使用现金支付的有（　　）。

A.出差人员随身携带的差旅费900元　　B.支付特约作者的稿酬800元

C.支付货款2 000元　　D.向个人购买农产品支付1 500元

19.下列各项中，应通过其他货币资金核算的有（　　）。

A.银行汇票存款　　B.信用卡存款

C.信用证保证金存款　　D.存出投资款

20.下列各项经济业务中，将导致其他货币资金增加的有（ ）。

A.用信用卡支付购书款30万元 B.收到乙公司转来的商业汇票50万元

C.向开户行申请开具银行本票20万元 D.向证券公司划出80万元用于购买股票

（三）判断题

1.采购费用，凡是能直接分清的，可以直接计入各种物资的采购成本。凡是不能分清的，可直接计入当期的管理费用。（ ）

2.对于因未达账项导致的企业银行存款日记账余额和银行对账单余额的差异，无须作账面调整，待结算凭证到达后再进行账务处理，登记入账。（ ）

3.企业与银行核对银行存款账目时，对已发现的未达账项，应当编制银行存款余额调节表进行调节，并以银行存款余额调节表作为原始凭证进行相应的账务处理。（ ）

4.企业采购商品或接受劳务采用银行汇票结算时，应通过“应付票据”账户核算。（ ）

5.企业支付的银行承兑汇票手续费应当计入当期的管理费用。（ ）

6.单位信用卡账户可以从单位基本存款账户转账转入，也可缴存现金。（ ）

二、知识点：应付款+预付款+委托加工物资

（一）单项选择题

1.甲企业为增值税一般纳税人，从其他企业购入原材料一批，货款为200 000元，增值税为26 000元，对方代垫的运杂费为4 360元（含增值税，增值税税率为9%），该原材料已经验收入库。该购买业务所发生的应付账款入账价值为（ ）元。

A. 226 000 B.200 000 C.230 360 D.204 000

2.企业如果发生无法支付的应付账款，应计入（ ）。

A.营业外收入 B.管理费用 C.营业外支出 D.资本公积

3.甲公司是增值税一般纳税人。20×8年3月10日购入A材料一批，取得的增值税专用发票上注明的材料价款为100万元，增值税为13万元，发票等结算凭证已到，货款尚未支付，公司开出一张金额为113万元的无息商业承兑汇票，该材料尚未验收入库。3月11日公司取得运输费增值税专用发票，运费6 000元，增值税540元，以现金支票支付。3月12日，该批材料验收入库。该购买业务所发生的材料入账价值为（ ）元。

A. 1 000 000 B.1 160 000 C.1 006 000 D.1 166 600

4.企业开出的银行承兑汇票如到期无法兑付，则应转入（ ）。

A.营业外收入 B.管理费用 C.应付账款 D.短期借款

5.企业开出的商业承兑汇票如到期无法兑付，则应转入（ ）。

A.营业外收入 B.管理费用 C.应付账款 D.短期借款

6.企业委托其他企业加工材料（非金银首饰）发生原材料费用50万元，加工费4万元（不含增值税，增值税税率13%），由受托方代收代缴消费税6万元，所有款项以银行存款支付。材料完工入库，准备继续用于加工应税消费品。该材料的入库成本应该为（ ）万元。

A. 60 B.54 C.57.5 D.70.2

7.企业委托其他企业加工材料（非金银首饰）发生原材料费用50万元，加工费4万元（不含增值税，增值税税率13%），由受托方代收代缴消费税6万元，所有款项以银行存款支付。材料完工入库，准备直接对外销售（不再涉及消费税）。该材料的入库成本应该为（　　）万元。

A. 60　　B.54　　C.57.5　　D.70.2

8.甲公司委托乙公司加工材料一批（属于应税消费品），该材料实际成本为50万元，支付的加工费为10万元（不含增值税），该增值税进项税额可以抵扣，该加工物资的消费税税率为20%，材料加工完成验收入库。双方适用的增值税税率均为13%。该委托加工物资计算消费税的计税价格为（　　）万元。

A. 50　　B.60　　C.10　　D.75

9.甲、乙公司均属于增值税一般纳税人。甲公司委托乙公司加工一批用于连续生产应税消费品的半成品。该公司的原材料实际成本为210万元，支付的加工费为10万元，增值税1.3万元以及消费税30万元。不考虑其他因素，甲公司收回该半成品的入账价值为（　　）万元。

A. 220　　B.250　　C. 221.3　　D.251.3

10.甲公司是增值税一般纳税人，委托乙公司加工一批应交消费税的M材料，发出材料的成本为5万元，加工费为1万元，取得的增值税专用发票上注明的增值税税款为0.13万元。由乙公司代收代缴的消费税为0.4万元。甲公司收回M材料直接用于销售。不考虑其他因素，甲公司收回委托加工M材料的成本为（　　）万元。

A. 6　　B.6.53　　C. 6.4　　D.6.13

11.下列各项中，应借记“应收票据”账户的是（　　）。

A.提供服务收到的商业承兑汇票　　B.销售材料收到的银行汇票

C.提供服务收到的银行本票　　D.销售商品收到的转账支票

12.甲公司委托乙公司加工一批材料。发出材料的成本为500万元，以银行存款支付运杂费2万元，取得的增值税专用发票上注明的税款为0.18万元，支付的加工费为30万元，取得的增值税专用发票上注明的增值税为3.9万元。支付消费税60万元。假设该材料收回后用于连续生产应税消费品，则计入委托加工物资的金额为（　　）万元。

A. 532　　B.592　　C. 562　　D.502

13.甲公司为增值税一般纳税人，20×8年8月7日从乙公司购入一批产品并验收入库，增值税专用发票上注明的价款为80万元，增值税税款为10.4万元。合同中规定的现金折扣条件为2/10、1/20、N/30。假设计算现金折扣时不考虑增值税。甲公司20×8年8月16日付清货款。甲公司实际支付的款项为（　　）万元。

A. 80　　B.78.4　　C. 90.4　　D.88.8

14.下列有关应付及预收款项的说法中，正确的是（　　）。

A.附有现金折扣条件的购货业务，应按照扣除现金折扣后的应付款净额入账

B.到期无力偿还的银行承兑汇票，需转为短期借款

C.带息应付票据计提的利息，应通过“应付利息”账户核算

D.预收账款业务不多的企业，可以不单独设置“预收账款”账户，将预收的款项直

接记入“应付账款”账户的贷方

15.下列关于“预付账款”账户的表述中，不正确的是（　　）。

A.预付账款账户属于负债类账户

B.期末余额在借方，反映企业实际预付的款项

C.期末余额在贷方，反映企业应付或应补付的款项

D.预付情况不多的企业，可以不设“预付账款”账户，预付的款项通过“应付账款”账户核算

16.甲公司为增值税一般纳税人，委托乙公司（小规模纳税人）加工产品一批，11月2日发出材料一批，成本为160 000元；11月20日，支付加工费（含税）103 000元，取得税务局代开的增值税专用发票，增值税征收率为3%。11月25日，委托加工物资完工后收回，验收合格后入库。上述产品的入库成本为（　　）元。

A. 160 000　　B.260 000　　C. 263 000　　D.266 000

17.甲公司为增值税一般纳税人，适用的增值税税率为13%。甲公司从乙公司赊购一批原材料，货款为100万元，增值税为13万元，对方代垫运杂费6 540元（含增值税，增值税税率为9%），原材料已验收入库。假设不考虑其他因素，甲公司该项购买业务应确认的应付账款金额的入账价值为（　　）万元。

A. 113.654　　B.100　　C. 113　　D.100.6

18.甲公司为增值税一般纳税人，适用的增值税税率为13%。甲公司从乙公司赊购一批原材料，货款为100万元，增值税为13万元，对方代垫运杂费6 540元（含增值税，增值税税率为9%），原材料已验收入库。假设不考虑其他因素，甲公司该项购买业务应确认的原材料金额的入账价值为（　　）万元。

A. 113.654　　B.100　　C. 113　　D.100.6

19.甲公司为增值税一般纳税人，适用的增值税税率为13%。20×8年12月10日从乙公司赊购一批商品，取得的增值税专用发票上注明的价款为400万元，增值税税款为52万元。乙公司给予甲公司的现金折扣条件为：2/10、1/20、N/30，假设该现金折扣只针对货款，不包括增值税。甲公司于20×8年12月18日交付货款。假定不考虑其他因素，下列表述中正确的是（　　）。

A.库存商品的入账价值为452万元

B.甲公司于12月10日将确认的现金折扣额冲减财务费用

C.甲公司因该笔业务计入应付账款的金额为444万元

D.甲公司按照总额法确认应付账款的金额，不考虑现金折扣

20.下列关于应付票据会计处理的说法中，不正确的是（　　）。

A.企业到期无力支付的商业承兑汇票，应按账面余额转入“短期借款”

B.企业支付的银行承兑汇票手续费，应计入财务费用

C.企业到期无力支付的银行承兑汇票，应按账面余额转入“短期借款”

D.企业开出商业汇票，应当按照其票面金额作为应付票据的入账金额

（二）多项选择题

1.这是一笔以银行承兑汇票支付的购买材料业务（含运输费支付）。结合下图，下列

有关该资金运动所反映的业务表述正确的有（　　）。

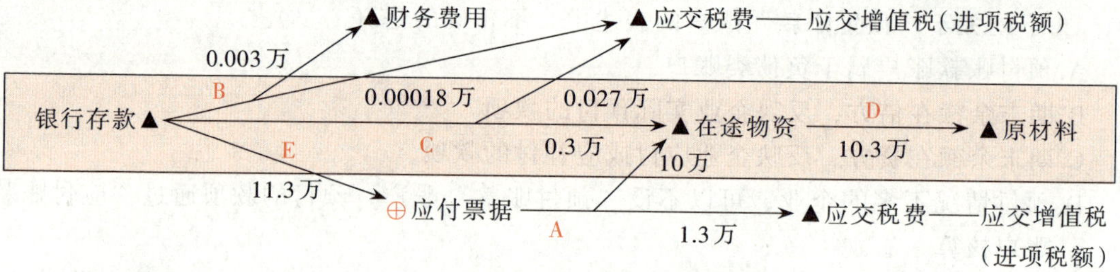

A. A段资金运动反映企业购买材料，买价10万元，增值税进项税额1.3万元。材料尚未验收入库，企业开出一张商业票据11.3万元

B. B段资金运动可能反映企业支付银行承兑汇票的手续费30元，增值税1.8元

C. C段资金运动反映企业为购买该材料，以银行存款支付了0.327万元的运输费（含增值税进项税额0.027万元）

D. D段资金运动反映所购材料验收入库，其成本为10.3万元，E段资金运动反映应付票据到期，企业以银行存款11.3万元支付该应付票据

2. 结合下图，有关预付款业务描述正确的有（　　）。

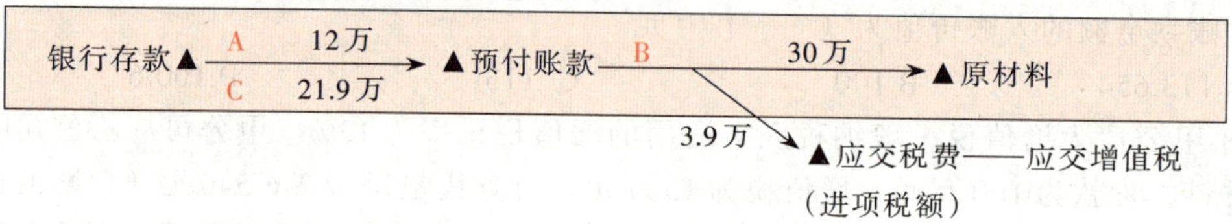

A. 这是一个只使用预付账款项目的预付款购买商业模式

B. A段资金运动反映以银行存款支付预付款12万元；B段资金运动反映采购材料33.9万元（含增值税），扣除预付款12万元，余款21.9万元尚未支付。该余款21.9万元依然记在预付账款项目之上，从而导致其在模型上转化为一个沙坑，此时预付账款已转为应付账款

C. 如只看C段资金运动，则该段运动反映企业支付了一笔21.9万元的预付款。但结合B段资金运动来看，C段运动的真实含义是偿还以前应付未付的购货款21.9万元

D. 在A段资金运动中，预付账款项目反映预付款；在B段和C段资金运动中，预付账款项目反映的都是应付账款业务。由此可见，预付账款项目是可以代替应付账款项目的

3. 结合下图，有关预付款业务描述正确的有（　　）。

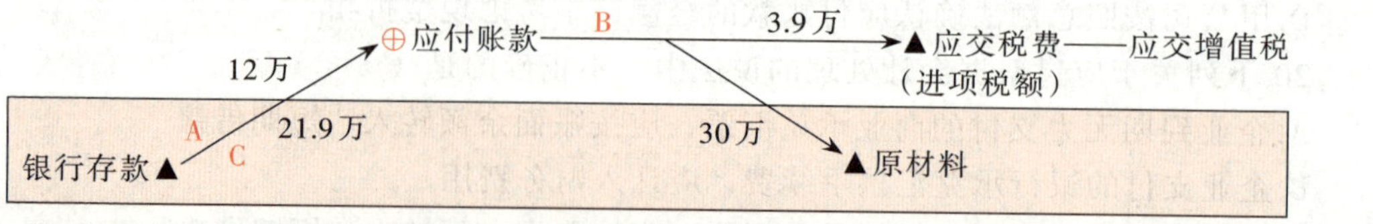

A. 这是一个只使用应付账款项目的预付款购买商业模式

B. 只从A段资金运动来看，反映的是以银行存款偿还以前的欠款。但由于此前并未欠对方的款项，因此这笔款项的实质是一笔预付款项12万元

C. B段资金运动反映采购材料33.9万元（含增值税），扣除预付款12万元，余款21.9万元尚未支付。该余款21.9万元就记在应付账款项目上。此时的应付账款又恢复了其本色，反映应付未付的款项21.9万元。C段运动反映偿还以前应付未付的款项

D.在A段资金运动中，应付账款项目反映的是预付款业务；在B段和C段运动中，应付账款项目又恢复了其本色，反映应付未付的款项。由此可见，应付账款项目是可以代替预付账款项目的

4.这是一笔与委托加工物资相关的业务。结合下图，下列有关该资金运动所反映的业务表述正确的有（　　）。

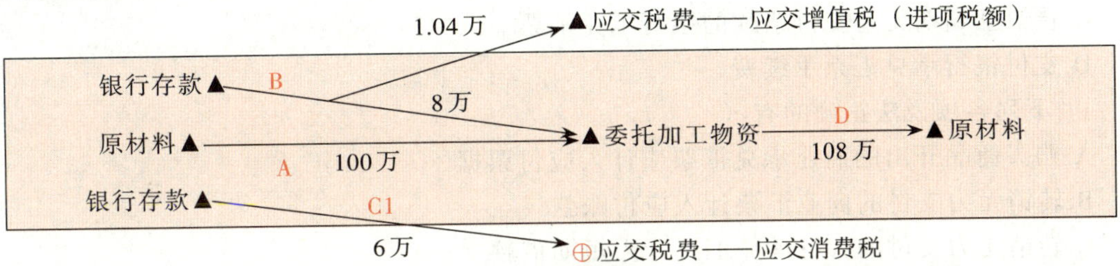

A. A段资金运动反映企业将成本100万元的原材料发出，委托外单位加工

B. B段资金运动反映企业以银行存款支付加工费8万元，缴纳增值税进项税额1.04万元

C. C1段资金运动反映企业以银行存款支付加工物资所涉及的消费税6万元。该消费税支付后，企业将该材料进行后续加工、生产与销售，再也不会涉及消费税

D. D段资金运动反映企业将加工完的材料收回，作为原材料处理，其成本为108万元

5.一般纳税企业委托其他单位加工材料，收回后用于直接对外出售的（即不再涉及消费税），其发生的下列支出中，应计入委托加工物资成本的有（　　）。

A.加工费　　B.增值税

C.发出材料的实际成本　　D.受托方代收代缴的消费税

6.下列各项中，增值税一般纳税企业要计入收回委托加工物资成本的有（　　）。

A.随同加工费缴纳的增值税

B.缴纳的收回后用于在建工程的委托加工物资的消费税

C.缴纳的收回后继续加工应税消费品的委托加工物资的消费税

D.缴纳的收回后直接销售的委托加工物资的消费税

7.根据承兑人不同，商业汇票可以分为（　　）。

A.商业承兑汇票　　B.带息票据　　C.银行承兑汇票　　D.不带息票据

8.下列各项中，应计入加工收回后直接出售的委托加工物资成本的有（　　）。

A.由受托方代收代缴的消费税　　B.支付委托加工物资的往返运输费

C.实际耗用的原材料费用　　D.支付的加工费

9.甲公司委托乙公司加工一批物资，发出的原材料的实际成本为100万元，支付运杂费3万元，加工费2万元（均不含增值税，加工费增值税税率13%，运杂费增值税税率9%）。乙企业代收代缴消费税8万元，该物资收回后用于连续生产应税消费品。不考虑其

他因素，下列说法中，关于甲企业委托加工物资会计处理表述正确的有（　　）。

A.支付的运杂费3万元应计入委托加工物资成本

B.乙企业代收代缴的消费税8万元应计入委托加工物资成本

C.乙企业代收代缴的消费税8万元应借记“应交税费——应交消费税”账户

D.委托加工物资成本为105万元

10.下列各项中，引起“应付票据”账户金额发生增减变动的有（　　）。

A.开出商业承兑汇票购买原材料

B.转销已到期无力支付票款的商业承兑汇票

C.转销已到期无力支付票款的银行承兑汇票

D.支付银行承兑汇票手续费

11.下列各项说法正确的有（　　）。

A.购买商品开出的商业承兑汇票应计入应付票据

B.转销无力支付的商业汇票计入应付账款

C.转销无力支付的银行承兑汇票计入短期借款

D.无力支付的商业承兑汇票计入营业外收入

12.甲公司采用实际成本核算存货。20×8年4月18日购入一批M材料，材料已验收入库，但月末发票账单未收到，也无法确定其实际成本。甲公司暂估该材料的成本为5万元。下列有关甲公司账务处理的说法中，正确的有（　　）。

A.4月末，该批材料应按暂估价5万元入账

B.甲公司尚未收到发票账单不应确认原材料

C.甲公司应将收到的材料计入材料采购

D.5月初，甲公司应冲减暂估材料价值，待收到发票账单时按其实际成本入账

13.下列各项中，增值税一般纳税人不能计入收回委托加工物资成本的有（　　）。

A.支付的加工费

B.随同加工费支付的增值税

C.支付的收回后连续加工应税消费品的消费税

D.支付的收回后直接销售的委托加工物资的消费税

14.下列关于应付账款的说法正确的有（　　）。

A.企业预付款业务不多的企业，可以不设预付账款账户，而是直接通过应付账款账户核算企业的预付账款

B.所购货物已经验收入库，但发票账单尚未到达，待月末暂估入账时应该贷记应付账款

C.企业在购入资产时形成的应付账款账面价值是已经扣除了商业折扣和现金折扣后的金额

D.确认无法支付的应付账款，直接转入营业外收入

（三）判断题

1.企业采购货物，在货物已到达但发票账单尚未收到的情况下，应在月份终了按暂估价值记入“应付账款”账户。（　　）

2.企业预付账款不多的，可以不设置“预付账款”账户。企业预付货款时，直接将其记入“应付账款”账户的贷方。（　　）

3.委托加工物资收回后，直接用于对外销售的，委托方应将缴纳的消费税计入委托加工物资的成本。（　　）

4.企业向供货单位采购原材料支付货款开出的银行承兑汇票，应通过“应付账款”账户核算。（　　）

5.企业委托外单位加工材料时发生的加工费、消费税、运杂费等都应计入委托加工物资的成本之中。（　　）

6.存货的购买价款是指企业购入的材料或商品的发票账单上列明的价款，但不包括按照规定可以抵扣的增值税进项税额。（　　）

7.企业对于已验收入库但尚未取得增值税专用发票扣税凭证的存货，应当在月末按照暂估价值计算增值税进项税额并登记入账。（　　）

8.应付商业承兑汇票，企业无力支付票款的，应将应付票据账面余额转入应付账款。（　　）

9.企业购买商品有现金折扣的，如果现金折扣实际发生了，则应按照扣除现金折扣的含税金额作为应付账款的入账价值。（　　）

（四）不定项选择题

1.甲公司为增值税一般纳税人，适用的增值税税率为13%，原材料按实际成本核算。20×8年12月，M材料的账面余额为100万元。该公司12月份发生的业务如下：

（1）7日，购入M材料2 000千克，增值税专用发票上注明的价款为80万元，增值税为10.4万元。购入该批材料发生保险费1万元，取得的增值税专用发票上注明的增值税为0.06万元；发生运杂费0.9元，取得的增值税专用发票上注明的增值税为0.081万元；运输过程中发生合理损耗10千克。材料已验收入库，款项均已通过银行付讫。

（2）15日，委托外单位加工N材料（属于应税消费品），发出N材料的成本为10万元，支付加工费5万元，取得的增值税专用发票上注明的增值税税款为0.65万元，由受托方代收代缴消费税3.75万元。材料加工完毕验收入库，款项均已支付。材料收回后用于继续生产应税消费品。

（3）22日，领用M材料1万元，用于企业专设销售机构办公设备的日常维修，购入M材料时支付的相关增值税为0.13万元。

（4）28日，生产领用M材料一批，该批材料成本为120万元。

根据上述资料，不考虑其他因素，分析回答下列小题。

（1）根据资料（1），下列各项中，应计入外购原材料实际成本的有（　　）。

A.运输过程中的合理损耗　　B.采购过程中发生的保险费

C.增值税专用发票上注明的购买价款　　D.增值税专用发票上注明的税款

（2）根据资料（1），下列各项中，关于甲企业采购M材料的会计处理结果正确的有（　　）。

A.记入“原材料”账户的金额为81.9万元

B.记入“原材料”账户的金额为81万元

C.记入“应交税费——应交增值税（进项税额）”账户的金额为10.541万元

D.记入“应交税费——应交增值税（进项税额）”账户的金额为10.46万元

（3）根据资料（2），下列各项中，关于甲公司委托加工业务会计处理正确的有（　　）。

A.收回委托加工物资的成本为15万元

B.收回委托加工物资的成本为18.75万元

C.受托方代收代缴的消费税3.75万元应计入委托加工物资成本

D.受托方代收代缴的消费税3.75万元应记入“应交税费——应交消费税”账户的借方

（4）根据资料（3），下列各项中，甲公司专设销售机构办公设备日常维修领用M材料的会计处理正确的是（　　）。

A.借：销售费用　10 000

　贷：原材料——M材料　10 000

B.借：在建工程　11 300

　贷：原材料——M材料　10 000

　　应交税费——应交增值税（进项税额转出）　1 300

C.借：销售费用　11 300

　贷：原材料——M材料　10 000

　　应交税费——应交增值税（进项税额转出）　1 300

D.借：在建工程　10 000

　贷：原材料——M材料　10 000

（5）根据期初资料以及资料（1）至（4），甲公司12月31日的M材料的结存成本为（　　）万元。

A. 63　　B.62.6　　C. 57.6　　D.60.9

三、知识点：原材料按计划成本核算

（一）单项选择题

1.20×8年10月8日，甲公司委托当地开户银行汇款1 200 000元给采购地银行开立专户，款已汇出。10月18日，采购员交来货物发票：增值税专用发票上注明购入A材料20吨，总价款1 000 000元，增值税进项税额为130 000元。同时以银行存款支付运输费10 000元，增值税900元。10月19日原材料已验收入库，其计划成本为49 000元/吨。则该批材料成本结转时的材料成本差异为（　　）。

A.借方2万元　　B.贷方2万元　　C.借方3万元　　D.贷方3万元

2.甲公司对原材料采用计划成本核算。20×8年11月12日，甲公司通过银行转账向乙公司预付购货款50 000元。11月25日，甲公司收到向乙公司购入的A材料，取得的增值税专用发票上注明的材料价款为200 000元，增值税为26 000元，发票等结算凭证已到，货款除抵销预付账款外，余款尚未支付。该材料已验收入库，其计划成本为21万元。11月28日，甲公司以银行存款向乙公司补付购货款。则该批材料成本结转时的材料成本差异为（　　）。

A.借方1万元　　B.贷方1万元　　C.借方0万元　　D.贷方0万元

3.下列各项中，关于收回后用于连续生产应税消费品的委托加工物资在加工过程中发生的相关税费，不应计入委托加工物资成本的是（　　）。

A.发出加工物资所应当负担的材料成本差异

B.由受托方代收代缴的消费税

C.企业支付给受托方的加工费

D.企业发出物资应支付的运费

（二）多项选择题

1.结合下图，下列有关实际成本法核算的表述正确的有（　　）。

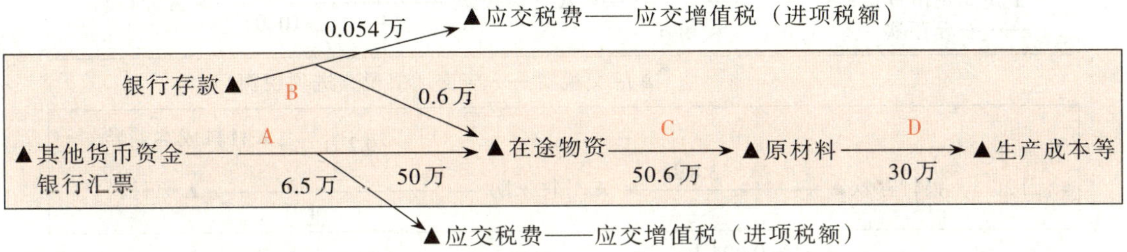

A.实际成本法是指企业的原材料按实际成本进行核算

B.所谓实际成本核算，从原材料入库的角度来看，入库材料的成本就是以其实际的购买成本入账；也就是说，花多少钱买的，就按多少钱入账。从原材料领用的角度来看，领用材料的成本就以仓库中原材料的实际成本记账，即仓库的材料成本是多少，就按多少记账。即C段流量50.6万元金额的确定

C.在实际成本法下，仓库中原材料可能存在几个不同的价格。因此在领用材料时，需要采用先进先出法、加权平均法等方法对其进行计量。即对D段流量30万元进行确认

D.在实际成本法下，企业对于已购买但尚未确认为原材料的材料，通过"在途物资"账户进行核算

2.结合下图，下列有关计划成本法核算的表述正确的有（　　）。

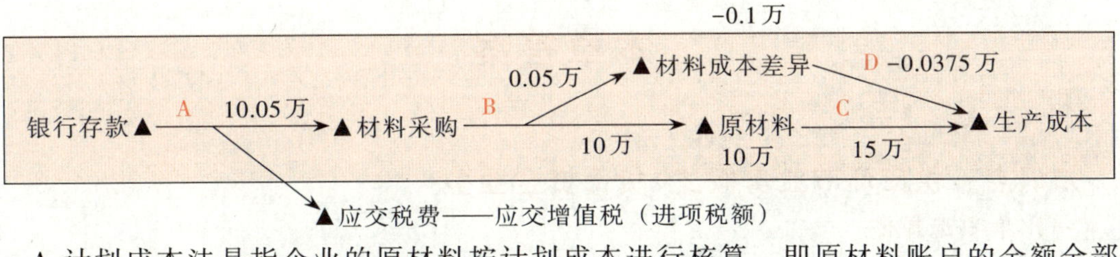

A.计划成本法是指企业的原材料按计划成本进行核算。即原材料账户的金额全部是计划成本，并不反映实际成本

B.所谓计划成本核算，从原材料入库的角度来看，无论入库材料的实际购买成本是多少，入库的原材料一律按计划成本核算；也就是说，仓库的原材料一律按计划成本核算，见B段资金运动。从原材料领用的角度来看，领用材料的成本就以仓库中原材料的计划成本记账；企业还需要将这个计划成本进行调整，以还原其实际成本，见C段、D段资金运动

C.在计划成本法下，仓库中同样的原材料只有一个价格，即计划价格。因此不存在几个不同的价格；在领用材料时，也不需要采用先进先出法、加权平均法等方法对其进行计量。即对C段的15万元进行确认

D.在计划成本法下，企业对于已购买但尚未确认为原材料的材料，通过“材料采购”账户进行核算

3.结合下面的图1、图2，下列有关计划成本法核算的表述正确的有（　　）。

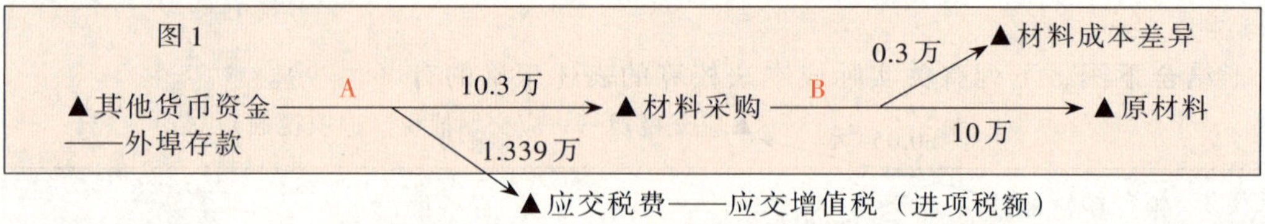

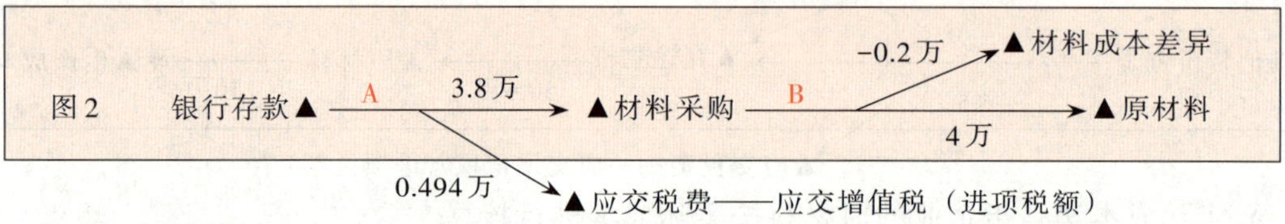

A.在计划成本法下，无论材料是否验收入库，企业都需要通过“材料采购”账户来汇集采购材料的各种实际支出

B.在结转原材料成本时，“原材料”一律按计划成本入账，而实际成本“材料采购”与“原材料”的差额，要设置“材料成本差异”来进行核算。即图中B段资金运动

C.在实际成本大于计划成本的情况下，材料成本差异属于超支差异，该账户是一个附加账户，即材料成本差异附加原材料，就可以得出原材料的实际成本。如本题中图1所示

D.在实际成本小于计划成本的情况下，材料成本差异属于节约差异，该账户是一个抵减账户，即材料成本差异抵减原材料，就可以得出原材料的实际成本。如本题中图2所示

本章答案

一、知识点：供应环节业务概述+货币资金业务

（一）单项选择题

1.答案：D

解析：小规模纳税人，价款及相关费用都应该构成材料成本。

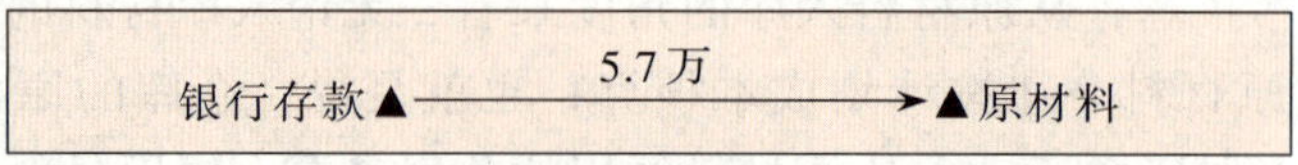

2.答案：D

解析：小规模纳税人，价款及相关费用都应该构成材料成本。其合理损耗不影响总成本，但需要增加单价。原材料成本=50 000+6 500+500=57 000（元）。

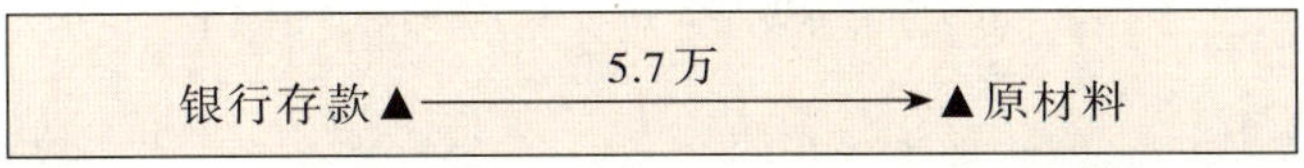

3.答案：C

解析：原材料计量差错引发的盘亏，一般应计入管理费用；人为责任造成的原材料损失一般应由相关责任人赔偿，差额部分一般应计入管理费用；原材料运输途中的合理损耗一般不影响总成本，但会增加其单位成本。

4.答案：B

解析：原材料入账价值=900+2+3+2.70=907.70（万元）。运输途中的合理损耗不影响材料的总成本，但会增加其单位成本。

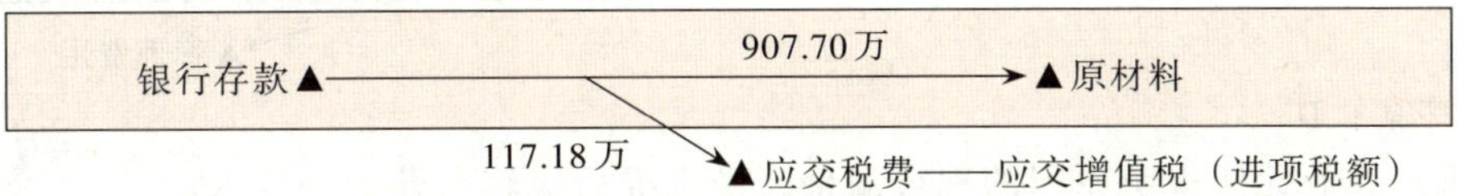

5.答案：A

解析：商业票据不属于其他货币资金。对于开出商业票据的企业而言就是应付票据；对于接受商业票据的企业而言，就是应收票据。

6.答案：D

解析：见下图A段运动。B段运动反映购买；C段运动反映将资金转回。

7.答案：D

解析：见下图。

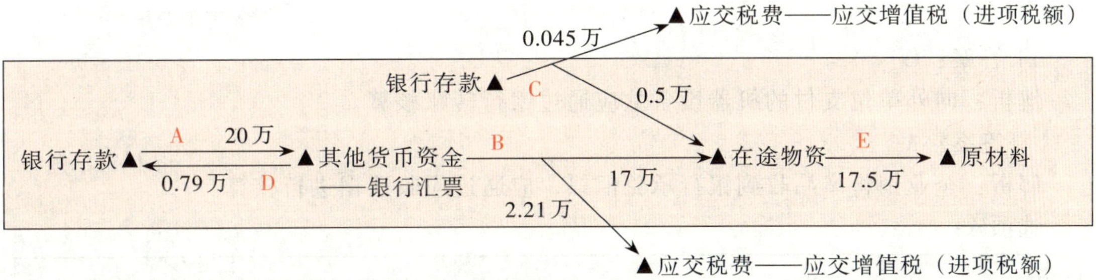

8.答案：A

解析：应由有关责任人赔偿的部分，先作为“其他应收款”处理。后续收到赔款时再转为银行存款等。

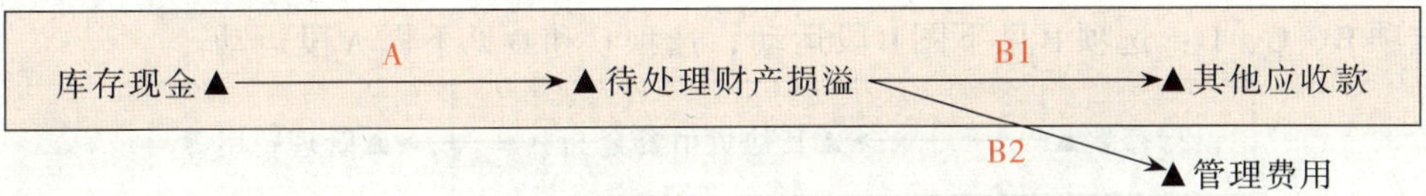

9.答案：A

解析：企业应该指定专人定期核对账目，每月至少应该核对一次。

10. 答案：A

解析：

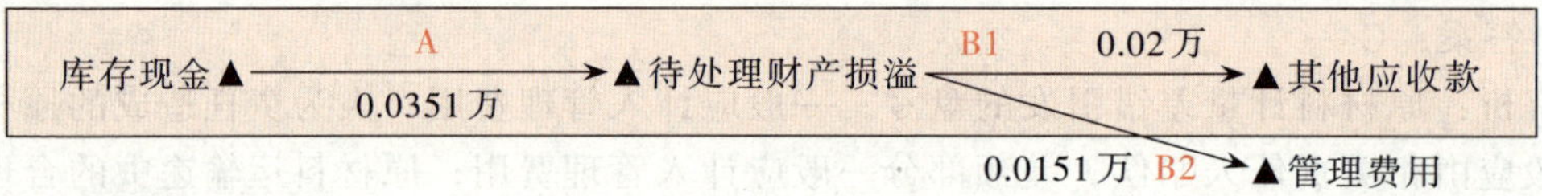

11. 答案：C

解析：现金清查中，发现现金短缺，无法查明原因，经批准后应计入管理费用。

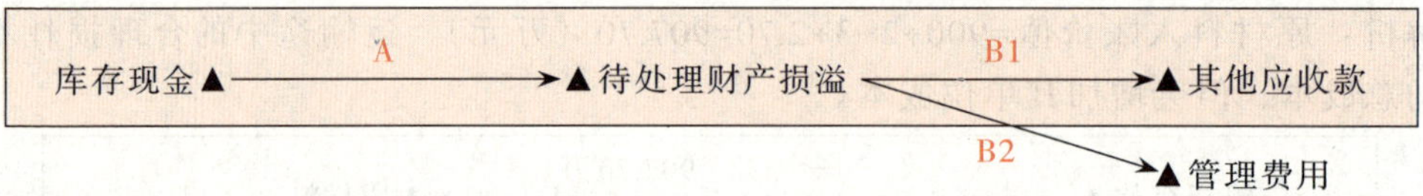

12. 答案：D

解析：企业无法查明原因的现金溢余，经批准后应转入营业外收入。

13. 答案：D

解析：

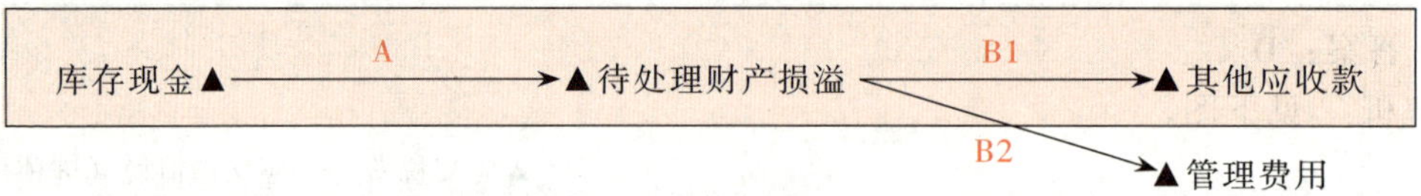

14. 答案：C

解析：向外单位支付的机器设备款应通过银行转账核算。

15. 答案：A

解析：企业销售产品收到银行承兑汇票，应通过应收票据进行核算。

选项A：

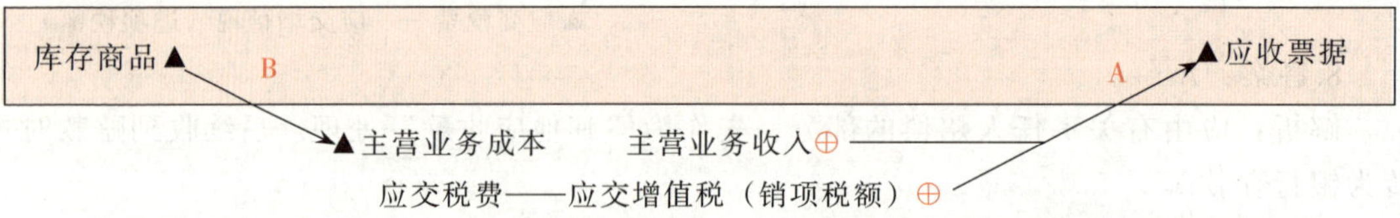

选项B、C、D：选项B见下图B段运动，选项C和D见下图A段运动。

16. 答案：A

解析：从银行提取现金，银行存款减少；销售商品收到对方开出的商业承兑汇票，导致应收票据增加；销售货物尚未收到货款导致应收账款增加。

选项 A：

选项 B：

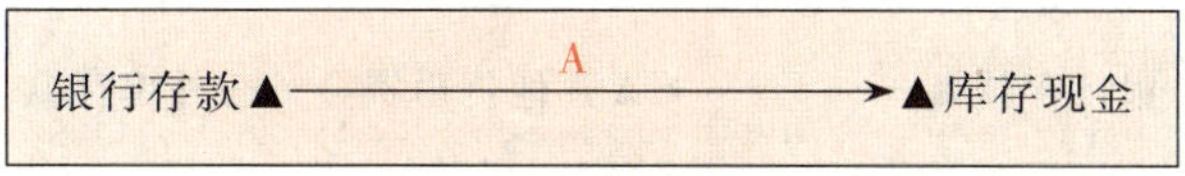

选项 C 和 D：

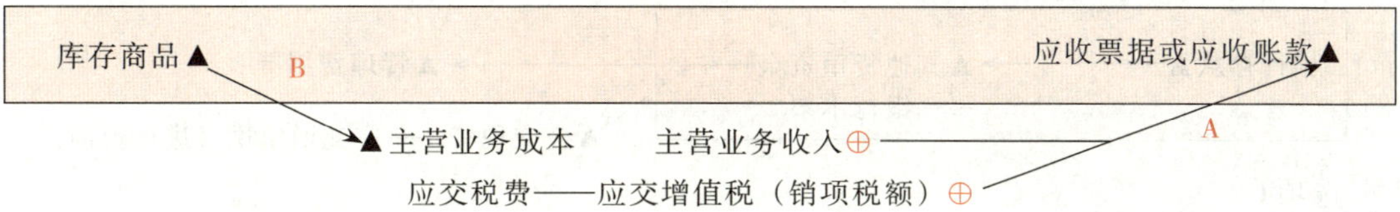

（二）多项选择题

1. 答案：ABCD

解析：这四个选项都是对其他货币资金业务恰当的描述。

2. 答案：ABCD

解析：这四个选项都是对该业务恰当的描述。

3. 答案：ABCD

解析：这四个选项都是对库存现金盘亏业务恰当的描述。

4. 答案：ABCD

解析：这四个选项都是对库存现金盘盈业务恰当的描述。

5. 答案：ABD

解析：货币资金按存放的地方与用途不同，可以分为库存现金、银行存款和其他货币资金。外埠存款是其他货币资金的一个组成部分。

6. 答案：ABD

解析：向一般纳税人企业购入材料，应通过银行转账结算，不允许采用现金交易。

7. 答案：BD

解析：外埠存款和银行本票存款都属于其他货币资金。

8. 答案：ABCD

解析：这四个选项都是对货币资金的恰当描述。

9. 答案：AB

解析：商业承兑汇票和银行承兑汇票都是针对商业票据而言的，都是对票据的一种到期支付的承诺。

10. 答案：ABCD

解析：这四个选项都属于其他货币资金的内容。

11. 答案：BCD

解析：A 选项属于错账。其他的选项都属于未达账项。

12.答案：ABD

解析：选项C会导致企业银行存款日记账余额大于银行对账单余额。

13.答案：ABD

解析：销售商品收到商业汇票，应通过“应收票据”进行核算。

选项A：

选项B：

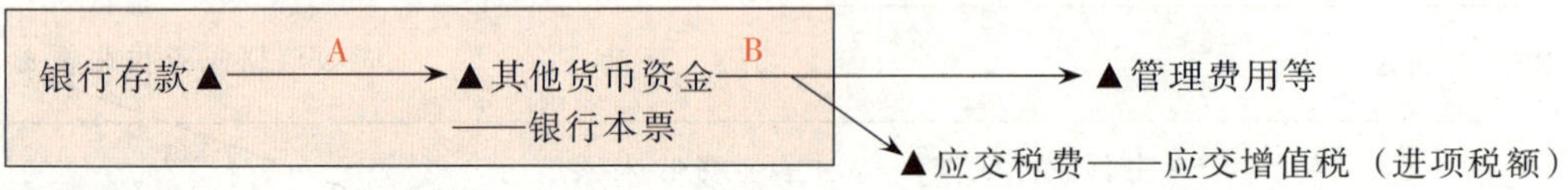

选项C：

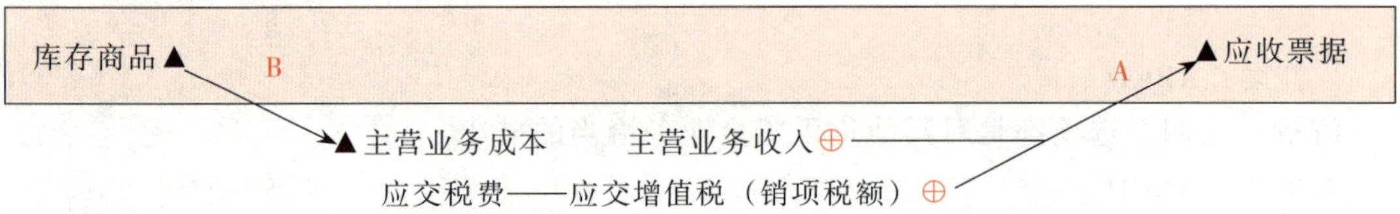

选项D：

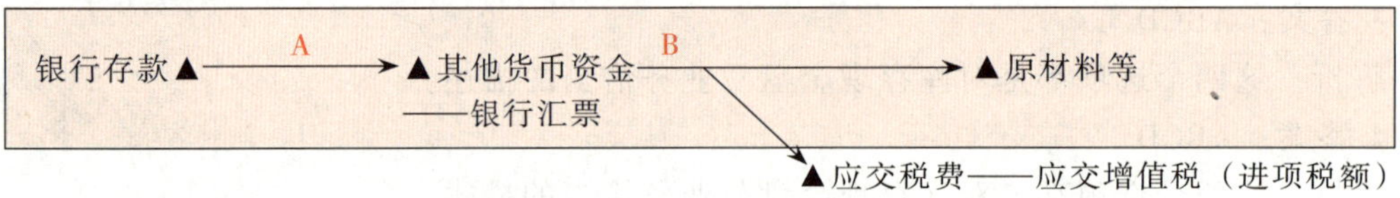

14.答案：CD

解析：

选项A：

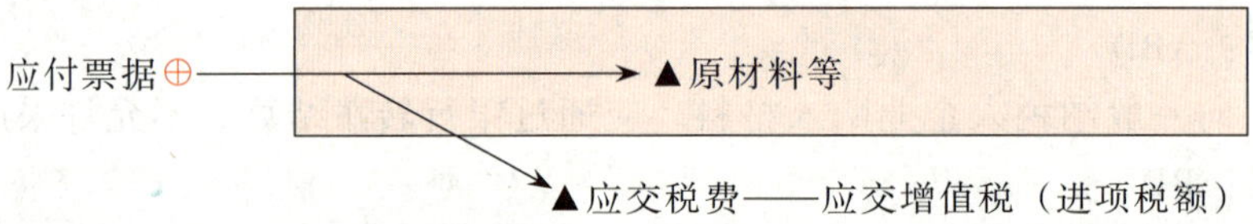

选项B：

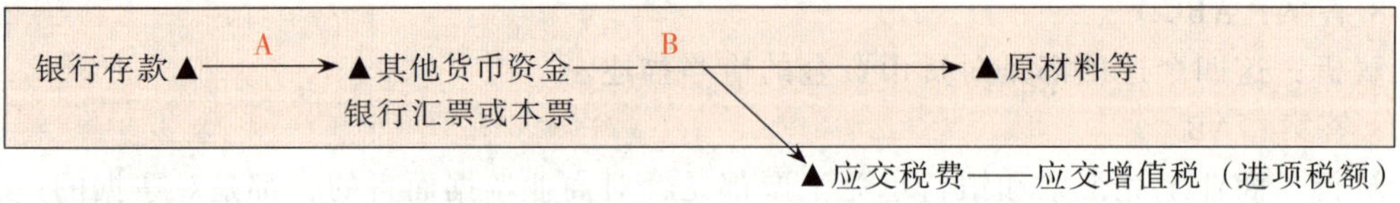

选项C：

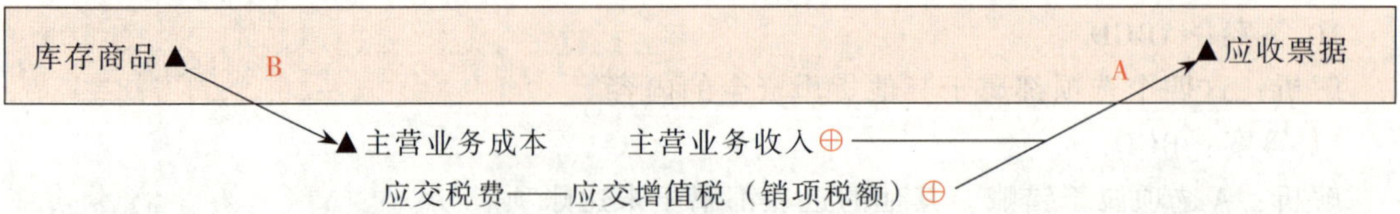

选项D：

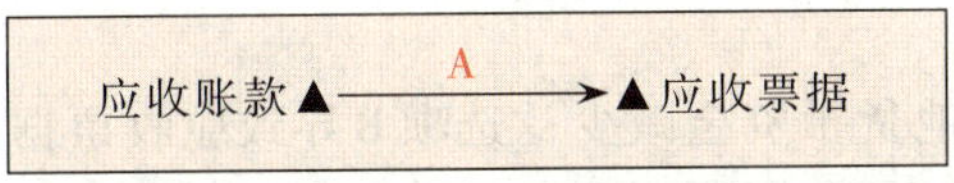

15.答案：AD

解析：赊购材料开具的商业承兑汇票应通过“应付票据”核算；赊销商品取得的银行承兑汇票应通过“应收票据”进行核算。

选项A、D：

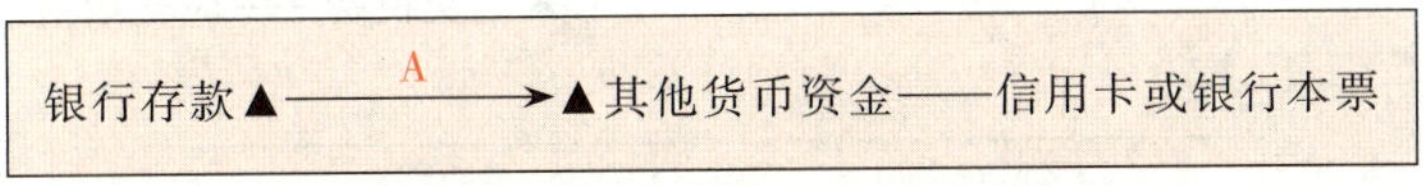

选项B：

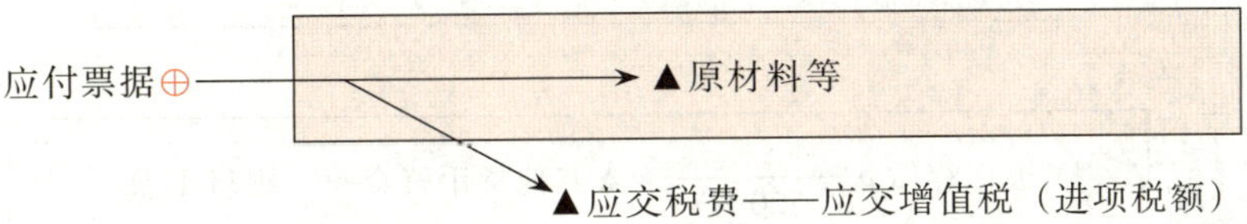

选项C：

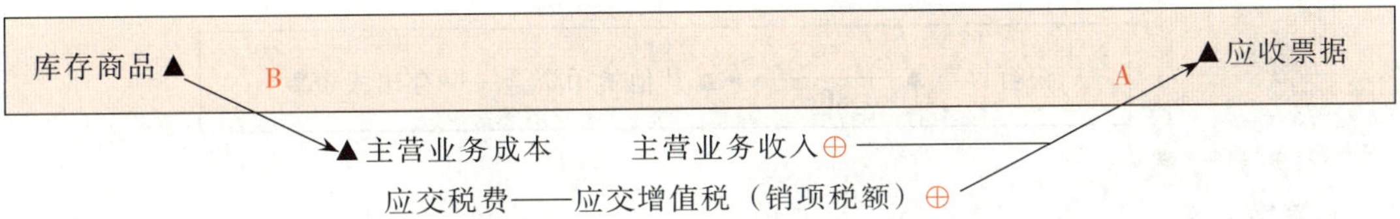

16.答案：AB

解析：

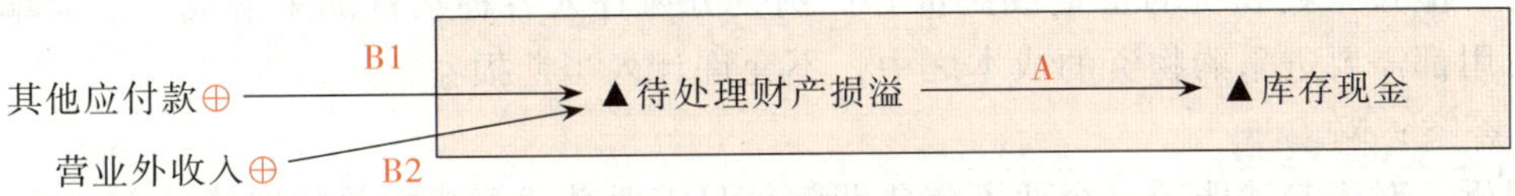

17.答案：ACD

解析：对于现金短缺，无法查明原因的，计入管理费用。

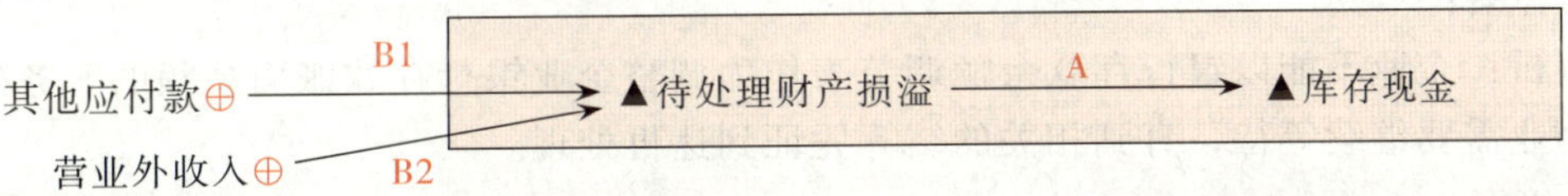

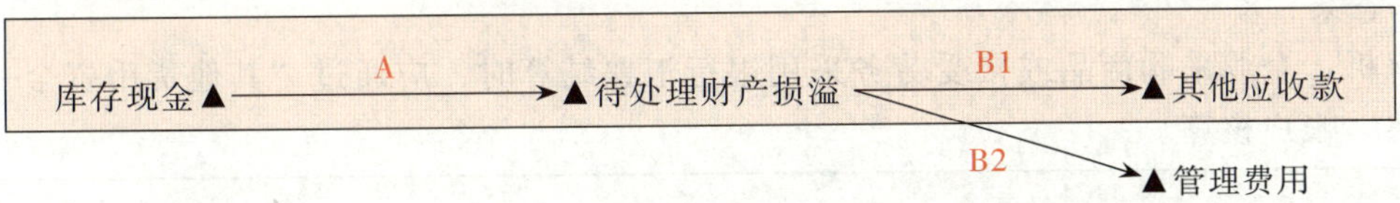

18.答案：ABD

解析：结算起点（1 000元）以下的零星支出一般通过现金结算，但向个人收购农副产品等价款和出差人员的差旅费可以超过1 000元。

19.答案：ABCD

解析：其他货币资金的核算范围包括：银行汇票存款、银行本票存款、信用卡存款、信用证保证金存款、存出投资款和外埠存款等。

20.答案：CD

选项：选项A导致其他货币资金减少；选项B导致应收票据减少。

选项A：

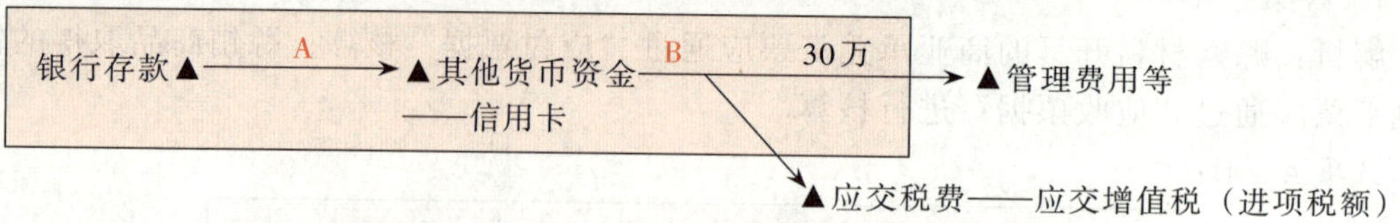

选项B：

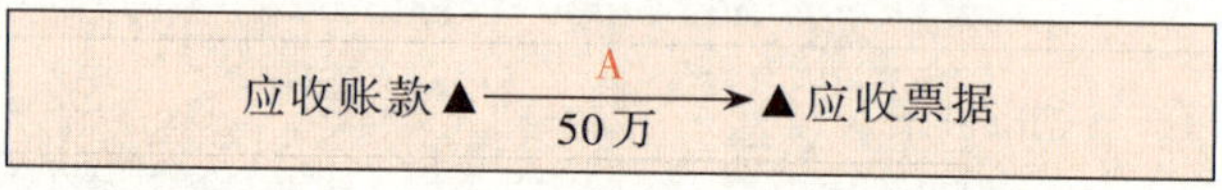

选项C：

选项D：

（三）判断题

1.答案：×

解析：采购费用，凡是能直接分清的，可以直接计入各种物资的采购成本。凡是不能分清的，应按采购物资的重量或买价等比例，分摊计入各种物资的采购成本。简单地说，采购费用都需要进采购物资的成本之中，不允许计入当期损益。

2.答案：√

解析：对于未达账项，企业不需要调整，只需要继续等待相关的结算凭证到达，然后再进行会计处理即可。

3.答案：×

解析：企业不能以银行存款余额调节表作为调整企业银行存款账面余额的账务处理依据。企业需要继续等待，直到相关的结算凭证到达再处理。

4.答案：×

解析：企业采购商品或接受劳务采用银行汇票结算时，应通过“其他货币资金——银行汇票”账户核算。

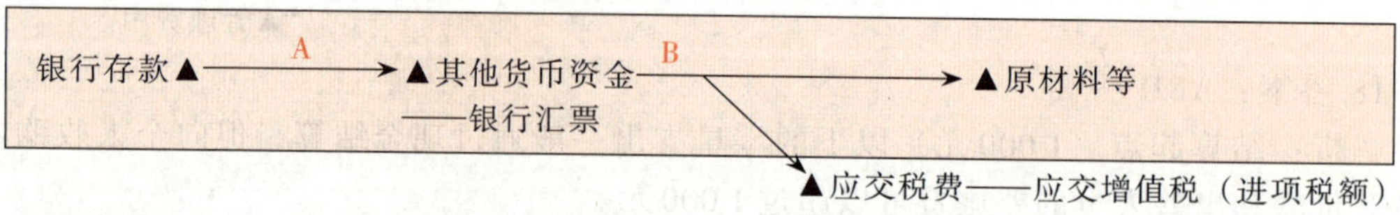

5.答案：×

解析：

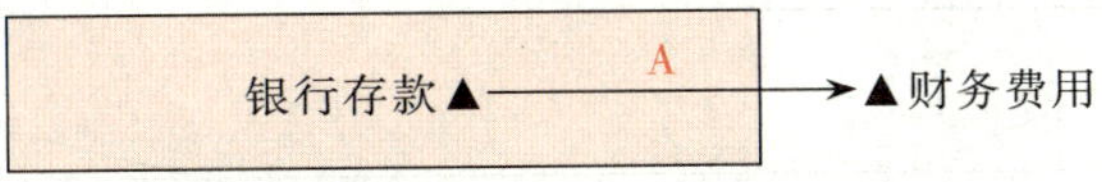

6.答案：×

解析：信用卡存款单位卡账户的资金一律从其基本存款账户转入，不得缴存现金，也不得将销售收入的款项存入其账户。

二、知识点：应付款+预付款+委托加工物资

（一）单项选择题

1.答案：C

解析：

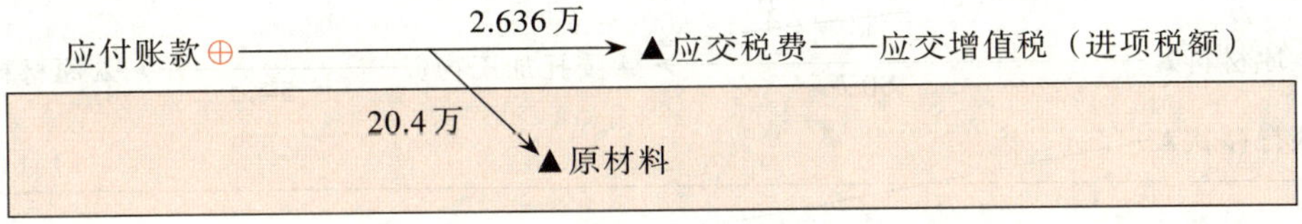

2.答案：A

解析：

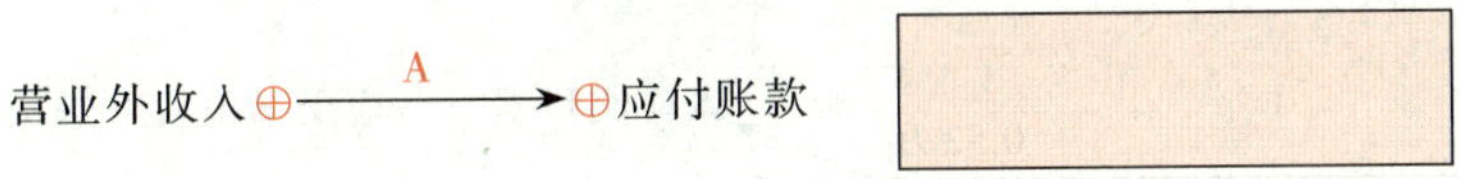

3.答案：C

解析：

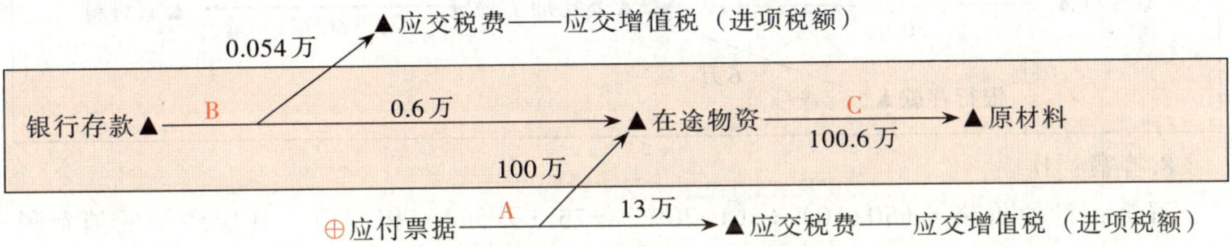

4.答案：D

解析：见下图C4段运动。

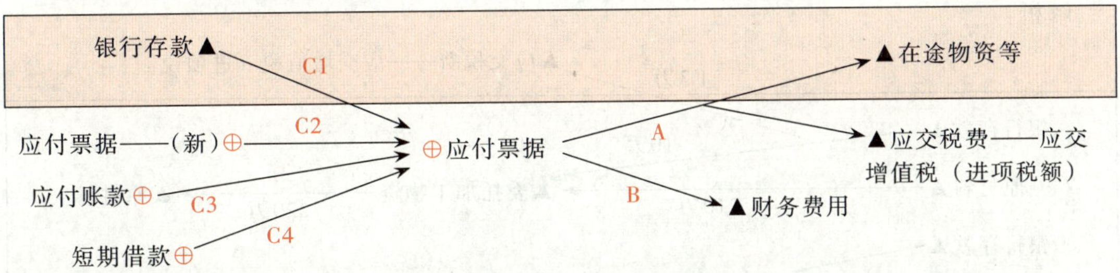

5.答案：C

解析：见下图C3段运动。要注意的是应付账款项目的明细；如承兑企业已帮忙兑付，其明细应为承兑企业；如承兑企业没有承兑，则其明细应为最初的销售企业。

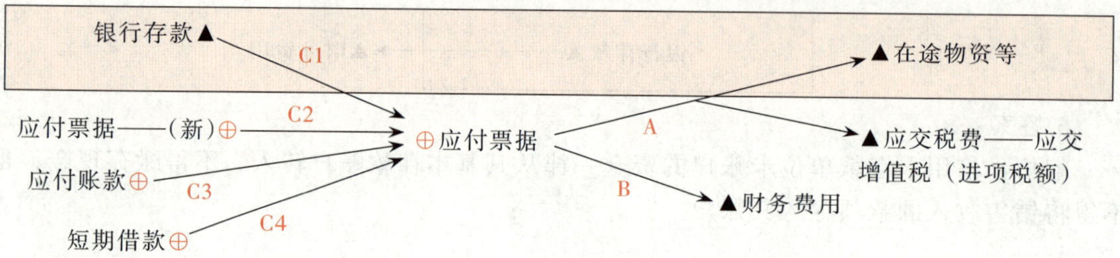

6.答案：B

解析：

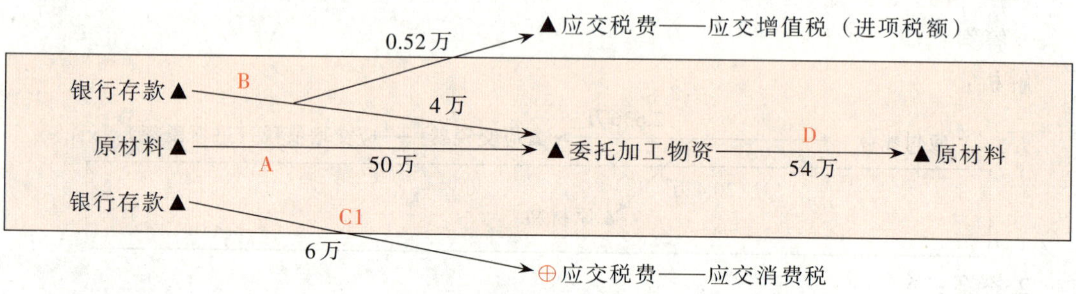

7.答案：A

解析：

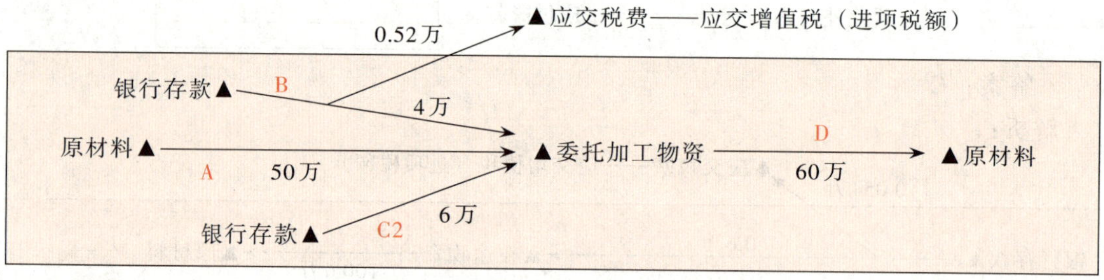

8.答案：D

解析：计税价格=（50+10）÷（1-20%）=75（万元）。相应地，其应缴纳的消费税=75×20%=15（万元）。

9.答案：A

解析：

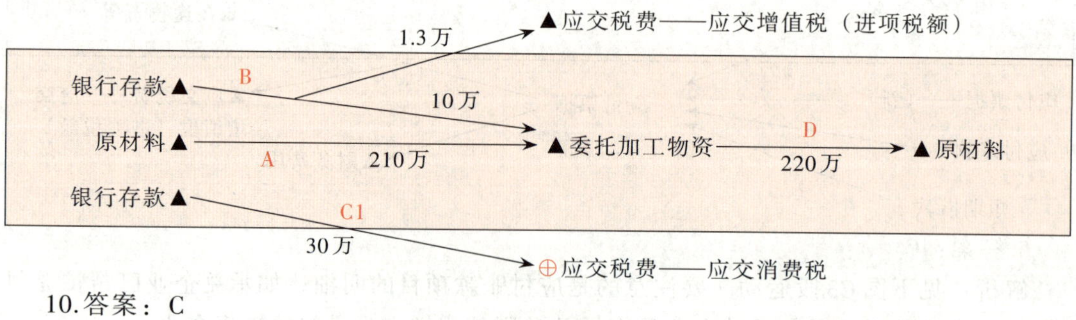

10.答案：C

解析：

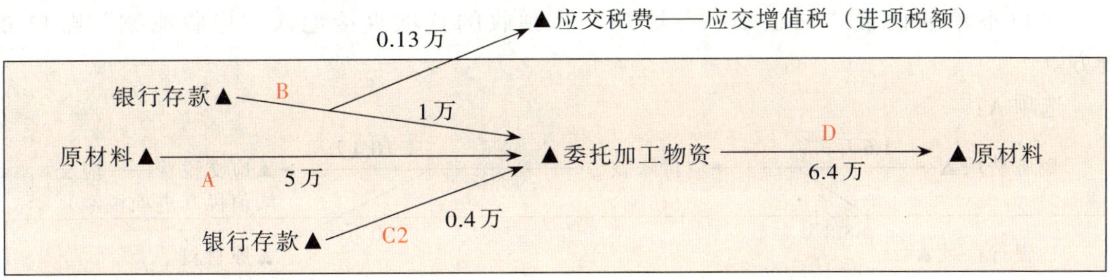

11.答案：A

解析：销售材料收到的银行汇票，提供服务收到的银行本票应记入“其他货币资金——银行汇票或银行本票”账户；销售商品收到的转账支票应记入“银行存款”账户。

选择A：

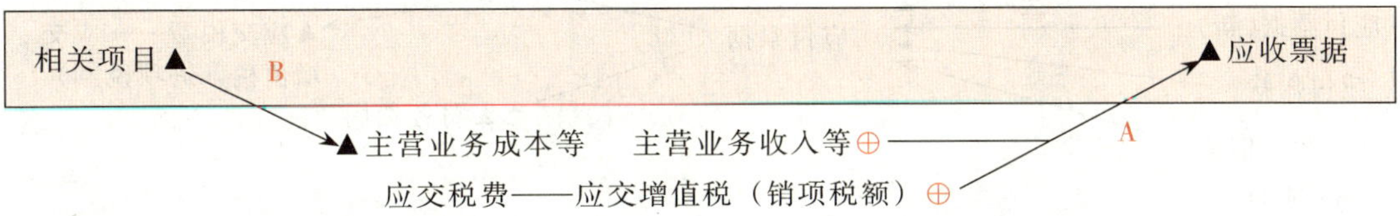

选项B、C、D：

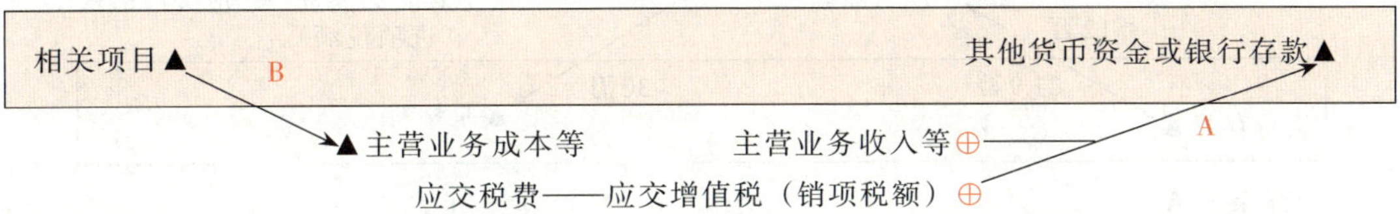

12.答案：A

解析：

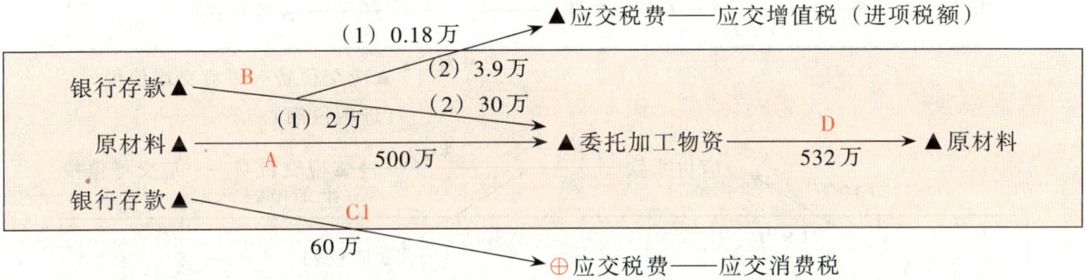

13.答案：D

解析：甲公司实际支付的款项=80×（1−2%）+10.4=88.8（万元）。

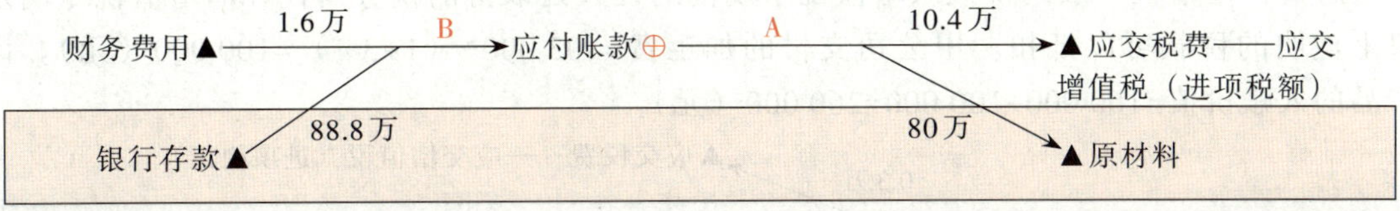

14.答案：B

解析：附有现金折扣条件的购货业务，应按照扣除现金折扣之前的应付款总额入账；带息应付票据计提的利息，应通过“应付票据”账户核算；预收账款业务不多的企业，可以不单独设置“预收账款”账户，将预收的款项直接记入“应收账款”账户的贷方。

选项A：

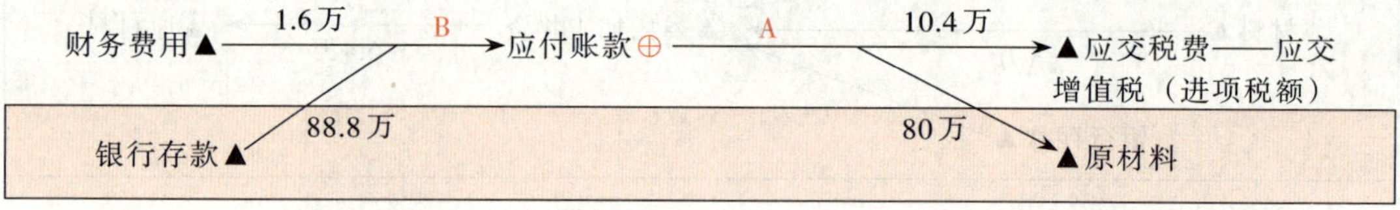

选项B和C：选项B如下图C4段运动所示；选项C如下图B段运动所示。

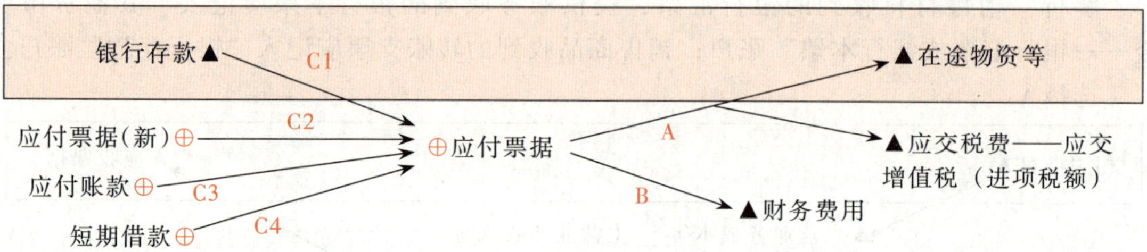

选项D：

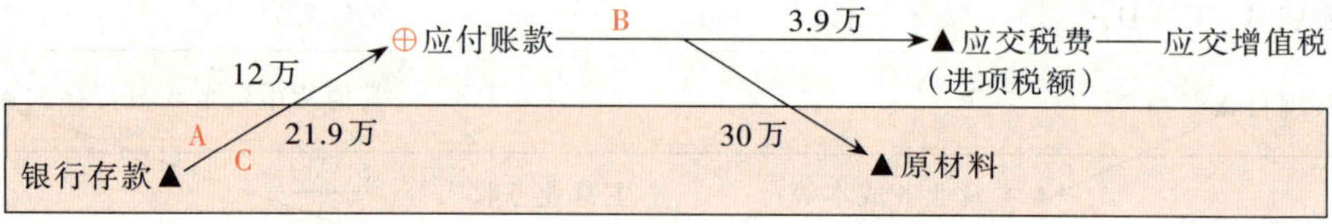

15.答案：A

解析：预付账款账户属于资产类账户。

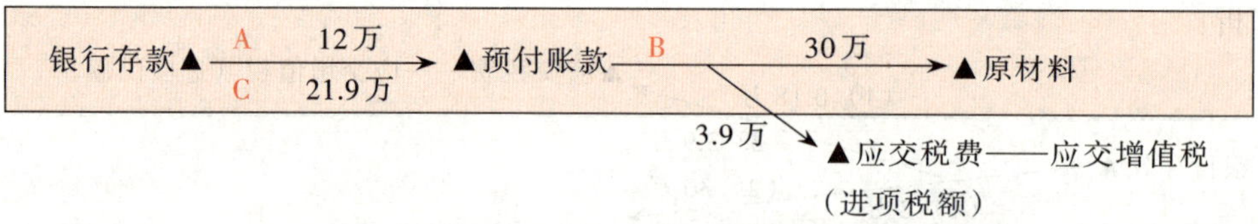

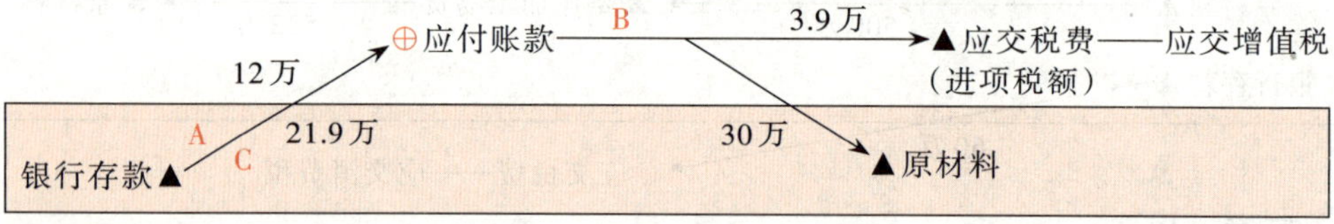

16.答案：B

解析：增值税一般纳税人从增值税小规模纳税人处取得的税务局代开的增值税专用发票上注明的税款可以抵扣。甲公司支付的加工费=103 000÷（1+3%）=100 000（元）。该产品的入账价值=160 000+100 000=260 000（元）。

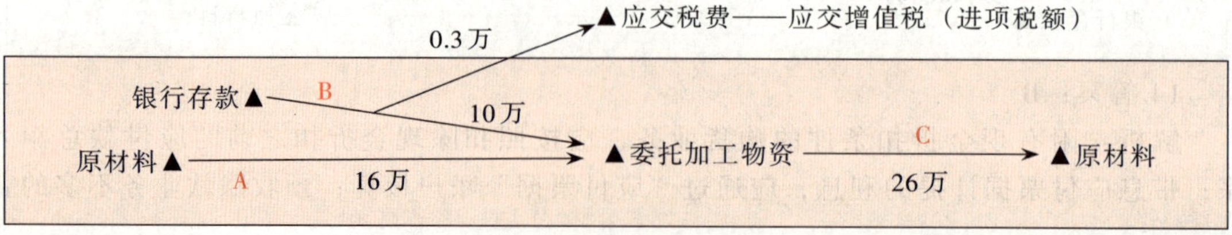

17.答案：A

解析：

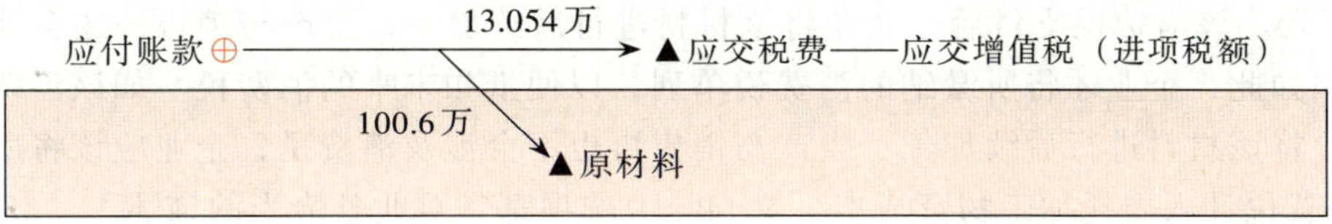

18.答案：D

解析：

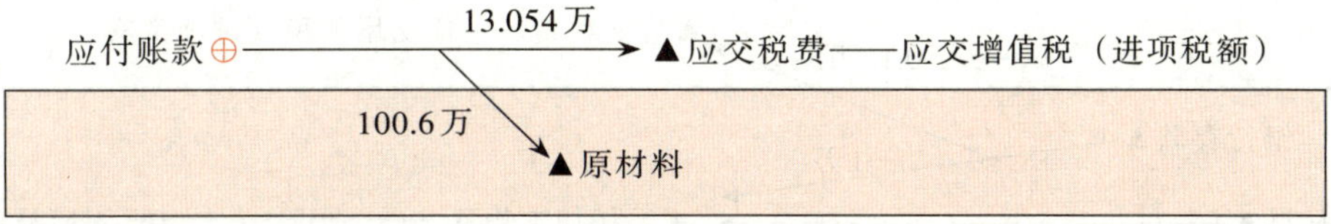

19.答案：D

解析：现金折扣冲减财务费用的时间应该是12月18日。

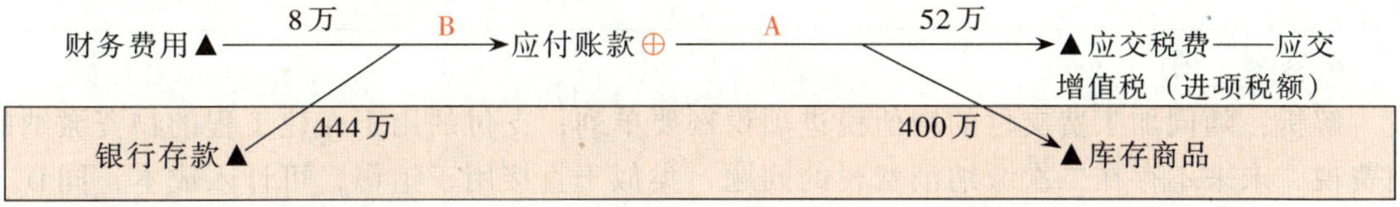

20.答案：A

解析：企业到期无力支付的商业承兑汇票，应按账面余额转入“应付账款”。

选项A、C、D：选项A如下图C3段所示；选项C如下图C4段所示；选项D如下图A段所示。

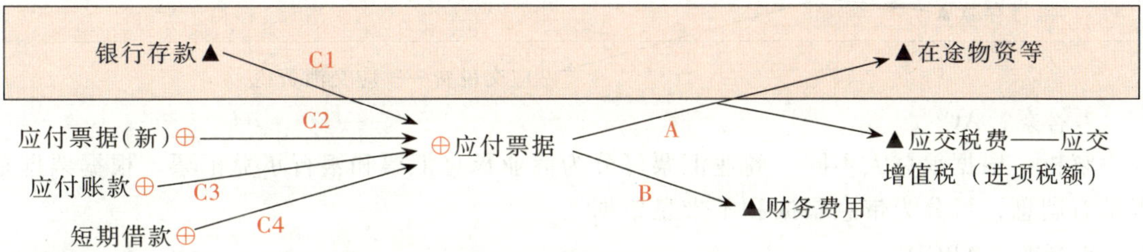

选项B：

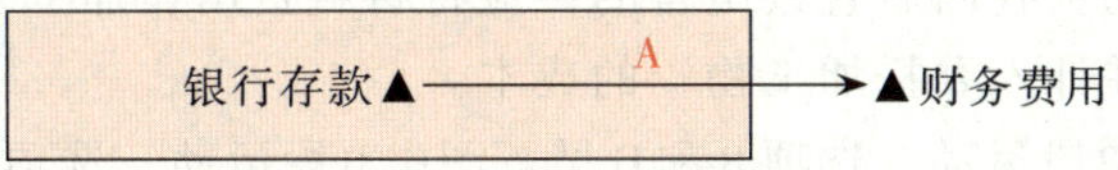

（二）多项选择题

1.答案：ABCD

解析：这四个选项都是对资金运动所反映的经济业务的恰当描述。

2.答案：ABCD

解析：这四个选项都是对资金运动所反映的预付款采购业务的恰当描述。

3.答案：ABCD

解析：这四个选项都是对资金运动所反映的预付款采购业务的恰当描述。

4.答案：ABD

解析：选项C是错的。C1段资金运动反映企业以银行存款支付加工物资所涉及的消费税6万元。该消费税支付后，企业将该材料进行后续加工、生产与销售，还会涉及消费税；正因如此，企业才将所缴纳的消费税单列，以便抵扣未来的消费税。如该消费税支付后，企业将该材料进行后续加工、生产与销售再也不会涉及消费税，企业应该将所缴纳的6万元消费税计入委托加工物资成本。A、B、D选项都是对业务恰当的描述。

5.答案：ACD

解析：见下图中A段的发出成本、B段的加工费、C2段消费税的支付，都需要计入成本。

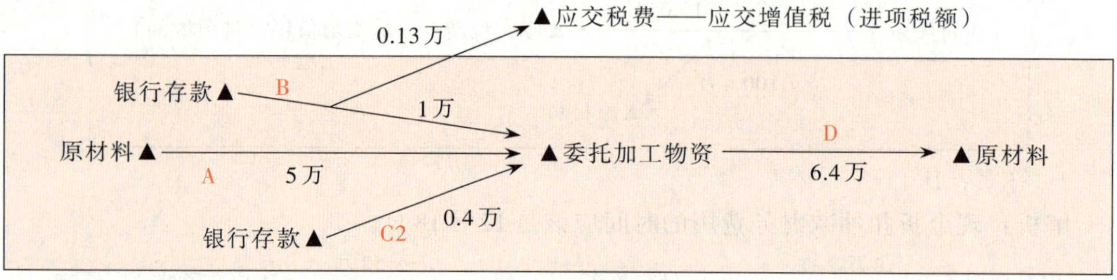

6.答案：BD

解析：随同加工费支付的增值税进项税额要单列；支付的用于在建工程的物资缴纳的消费税，未来不存在二次缴纳消费税的问题，类似于直接用于销售，可计入成本，同D。

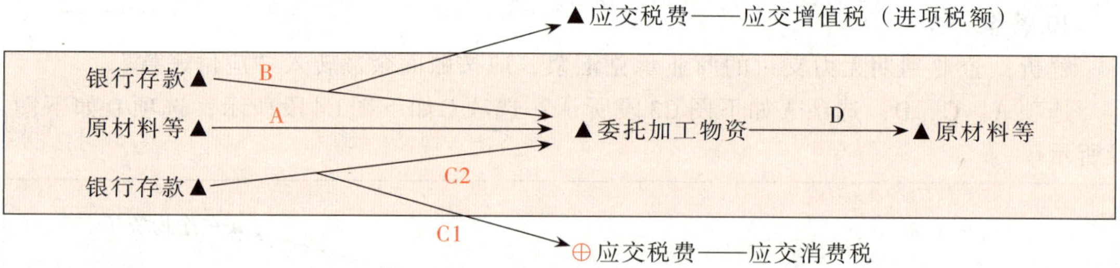

7.答案：AC

解析：根据承兑人不同，商业汇票可分为商业承兑汇票和银行承兑汇票。根据票据是否带有利息，可分为带息票据和不带息票据。

8.答案：ABCD

解析：委托加工物资收回后直接出售的，应将材料费用、加工费、运输费以及受托方代收代缴的消费税一并计入委托加工物资的成本。

选项A见下图中C2段运动，选项B和D见下图中B段运动，选项C见下图中A段运动。

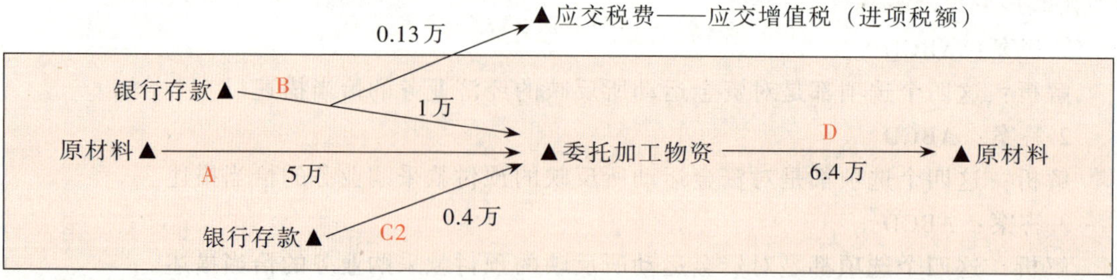

9.答案：ACD

解析：

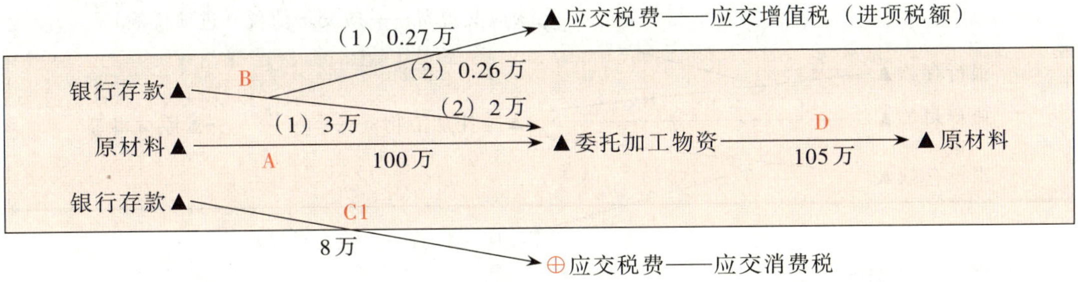

10.答案：ABC

解析：支付银行承兑汇票的手续费应计入财务费用。

选项A如下图A段运动所示；选项B如下图C3段运动所示；选项C如下图C4段运动所示。

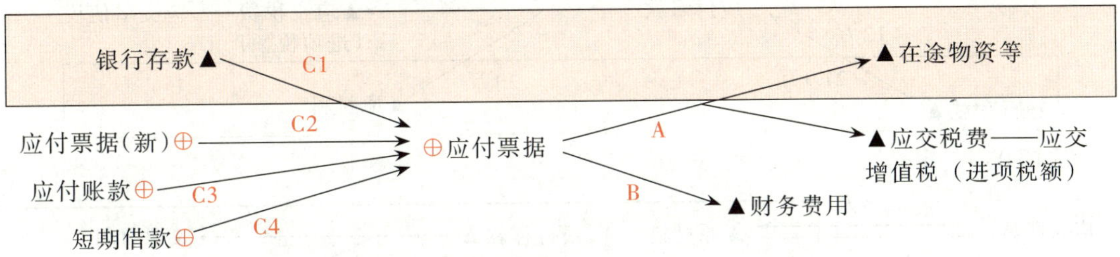

选项D：

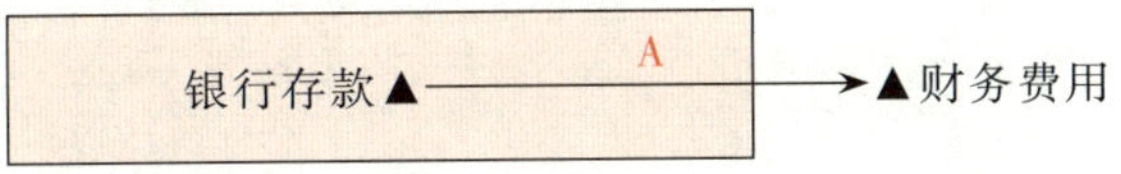

11.答案：AC

解析：转销无力支付的商业汇票，应视商业汇票是银行承兑还是商业承兑来进行，银行承兑的，转入短期借款；商业承兑的，转入应付账款。

选项A见下图A段运动，选项B见下图C3和C4。选项C见下图C4。选项D见下图C3。

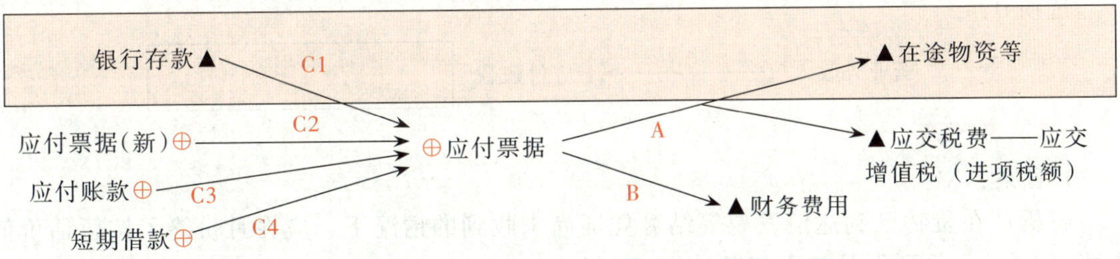

12.答案：AD

解析：选项A见下图A段运动，选项D见下图B段运动。待收到发票账单时见下图C段运动。

13.答案：BC

解析：

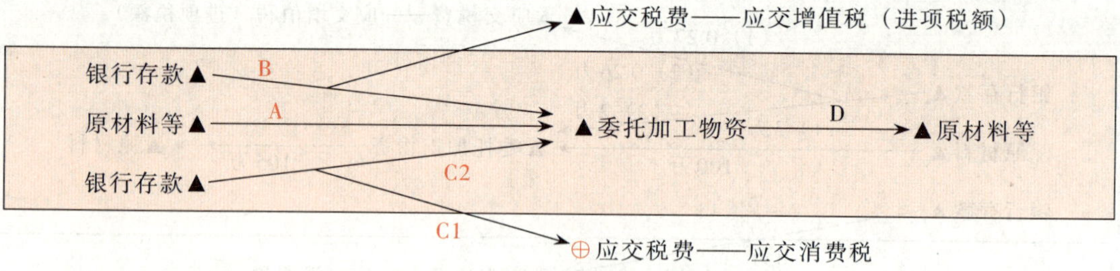

14.答案：ABD

解析：企业购入资产时所形成的应付账款账面价值不应该扣除现金折扣。

选项A：

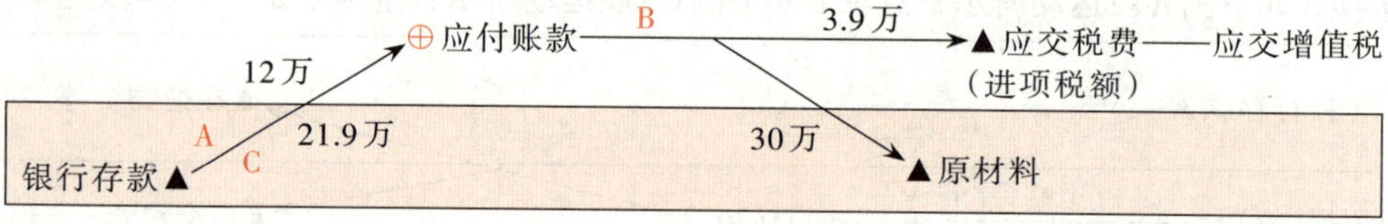

选项B：

选项C：

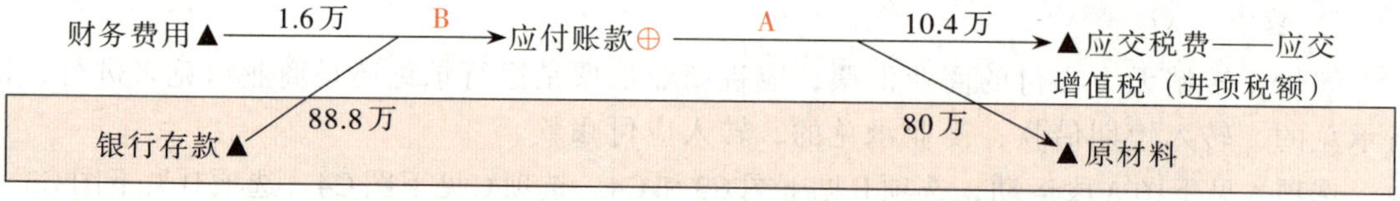

选项D：

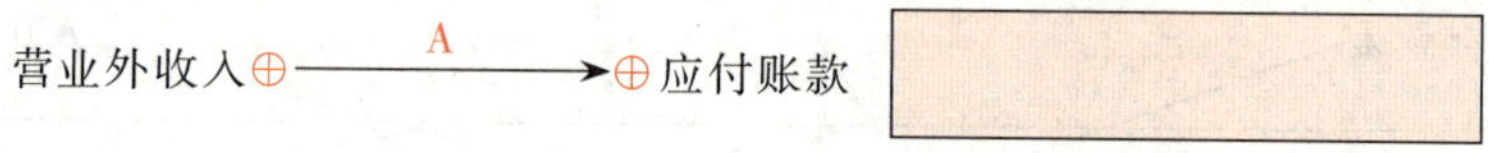

（三）判断题

1.答案：√

解析：在货物已到达但发票等结算凭证尚未收到的情况下，应在月份终了按暂估价值入账（A段）。等到下月初再将其冲销（B段），然后继续等待（C段）。

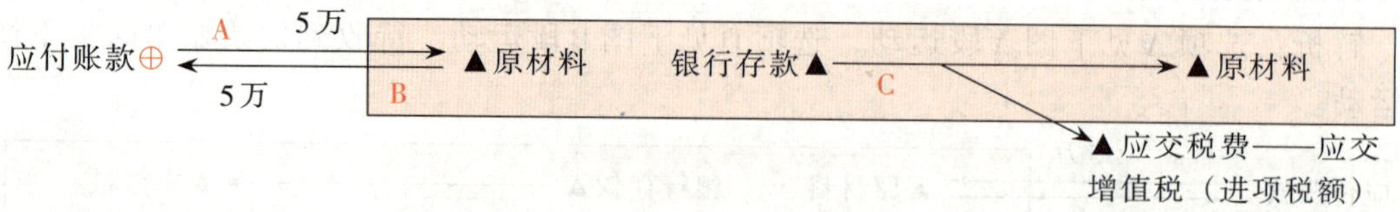

2.答案：×

解析：企业预付账款不多的，可以不设置“预付账款”账户。企业预付货款时，直接将其记入“应付账款”账户的借方。如下图A段运动所示。

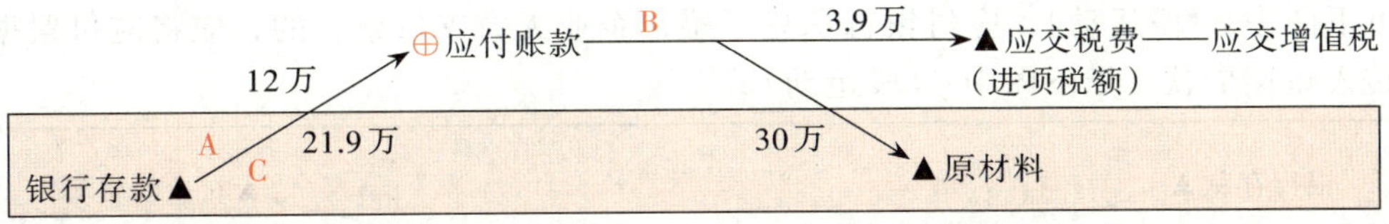

3.答案：√

解析：见下图中的C2段运动。

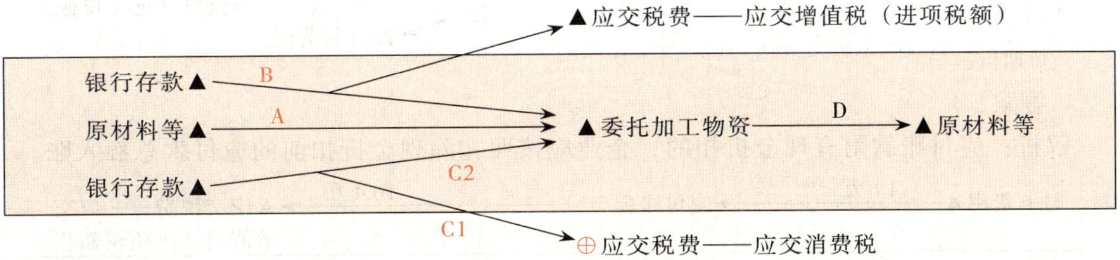

4.答案：×

解析：企业向供货单位采购原材料支付货款开出的银行承兑汇票，应通过“应付票据”账户核算。

5.答案：×

解析：企业委托加工物资如果收回后直接用于销售，那受托方代收代缴的消费税要计入委托加工物资的成本之中（见下图C2段运动）；如收回后用于连续生产应税消费品，那受托方代收代缴的消费税要单列，以便抵扣未来应交的消费税（见下图C1段运动）。

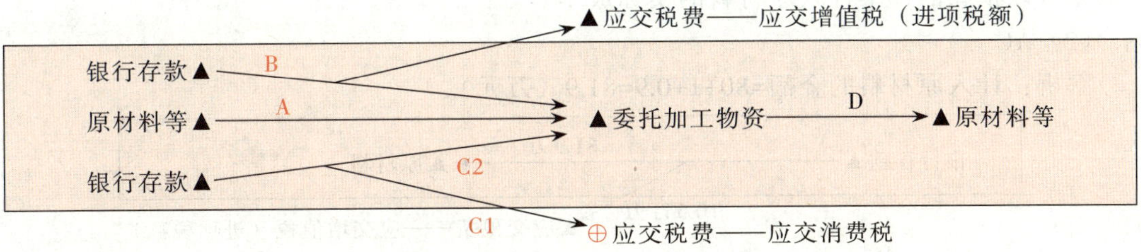

6.答案：√

解析：允许抵扣的增值税应作为“应交税费——应交增值税（进项税额）”核算。

7.答案：×

解析：对于材料已验收入库，但发票账单未到不能确认其成本的，期末应按照暂估价入账（暂估入账时不需要考虑增值税，见下图A段运动）并反映在月末资产负债表的有关负债项目之中；待下月初，用红字冲销原暂估入账的金额（见下图B段运动），待收到发票账单后再按实际金额计算增值税进项税额（见下图C段运动）。

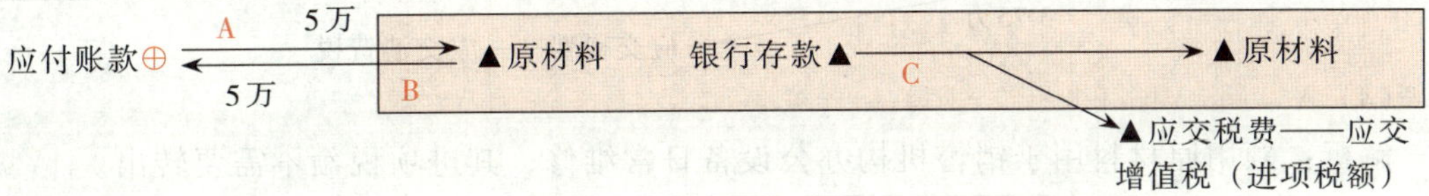

8.答案：√

解析：应付商业承兑汇票，企业无力支付票款的，应将应付票据账面余额转入应付账款（见下图中C3段运动）。应付银行承兑汇票，企业无力支付票款的，应将应付票据账面余额转入短期借款（见下图中C4段运动）。

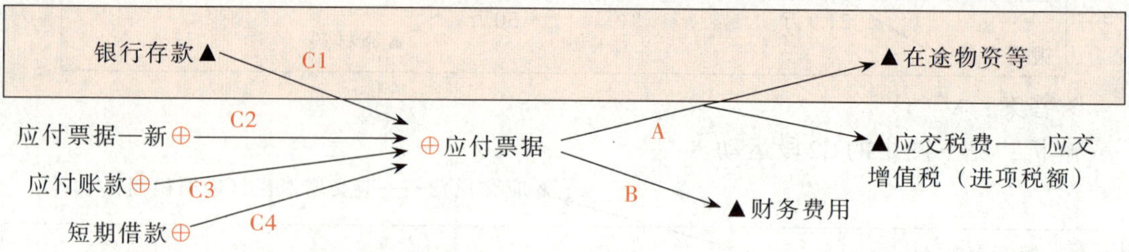

9.答案：×

解析：应付账款附有现金折扣的，企业应按照扣除现金折扣前的应付款总额入账。

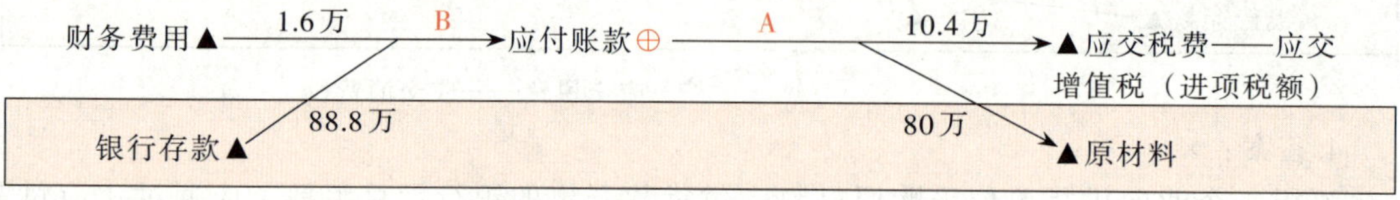

（四）不定项选择题

1.答案：

（1）ABC

解析：购入材料的实际成本包括买价、运杂费、运输途中的合理损耗、入库前的挑选整理费用、购入物资负担的税金（如关税等）和其他费用。一般纳税人购进原材料的进项税额是可以抵扣的，不计入原材料的实际成本。

（2）AC

解析：计入原材料的金额=80+1+0.9=81.9（万元）。

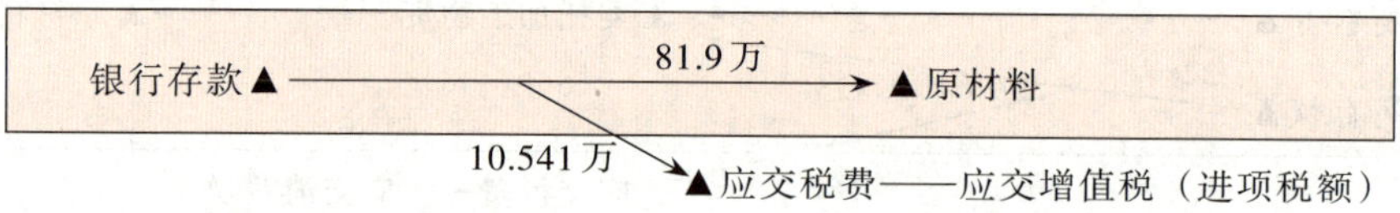

（3）AD

解析：

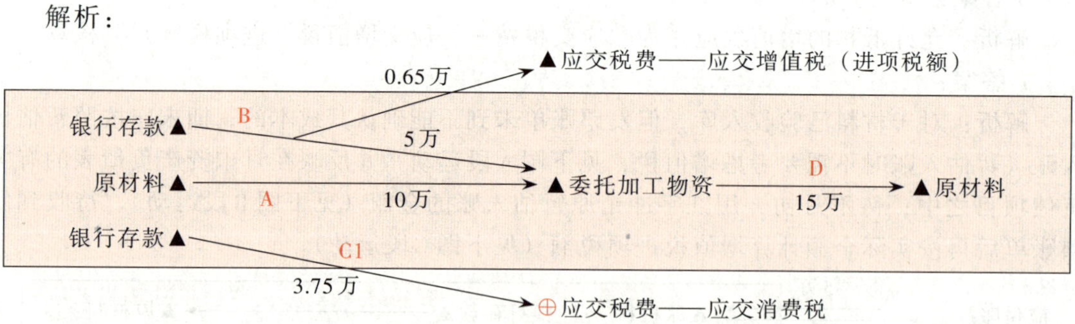

（4）A

解析：领用原材料用于销售机构办公设备日常维修，其进项税额不需要转出。

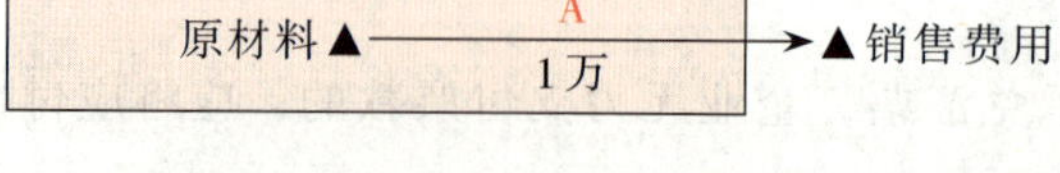

（5）D

解析：甲公司12月31日M材料的结存成本=100（期初）+81.9（资料1）-1（资料3）-120（资料4）=60.9（万元）。

三、知识点：原材料按计划成本核算

（一）单项选择题

1.答案：C

解析：见下图。

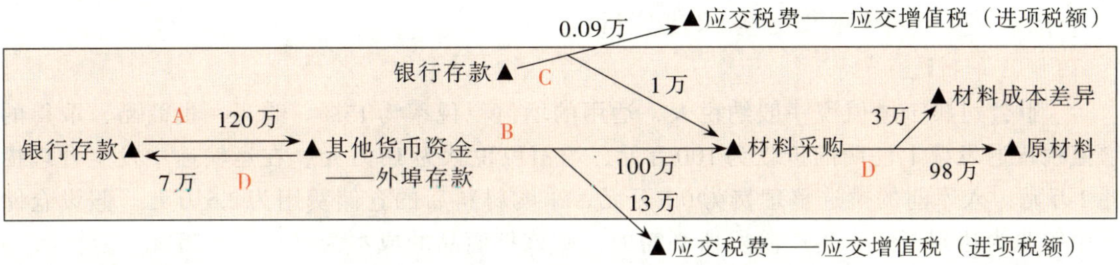

2.答案：B

解析：见下图。

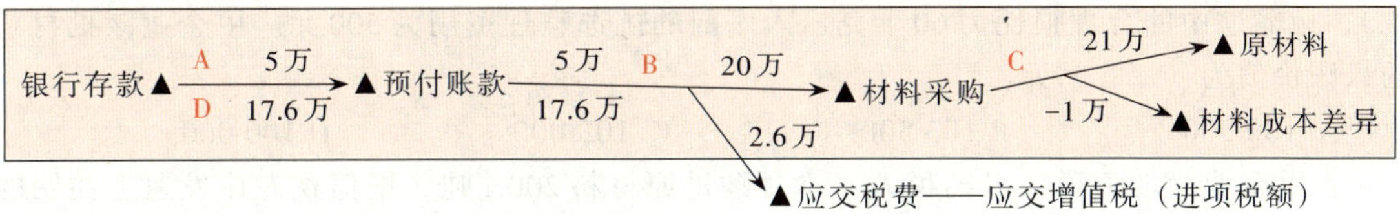

3.答案：B

解析：

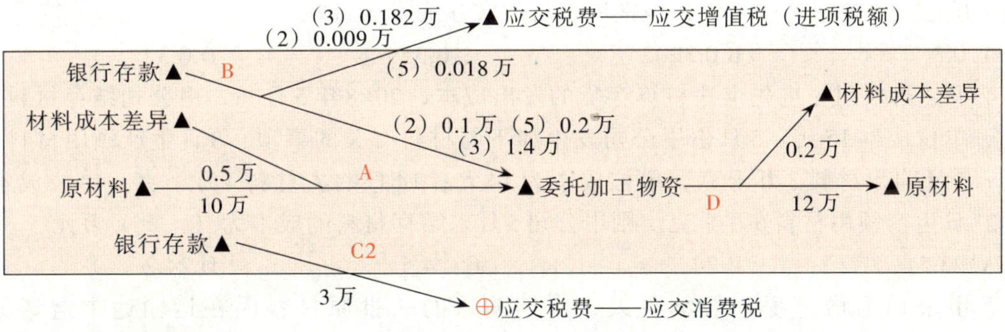

（二）多项选择题

1.答案：ABCD

解析：这四个选项都是对实际成本法核算的恰当描述。

2.答案：ABCD

解析：这四个选项都是对计划成本法核算的恰当描述。

3.答案：ABCD

解析：这四个选项都是对计划成本法核算的恰当描述。

第六章　生产环节资金运动分析与会计处理

一、知识点：生产环节业务综合分析

（一）单项选择题

1.甲公司属于增值税一般纳税人，适用的增值税税率为13%。购买一批商品，取得的增值税普通发票上注明的价款为100万元，增值税税款为13万元，在运输途中发生合理损耗2万元，入库前的挑选整理费为0.5万元，采购材料后的仓储费用为2.5万元。假设仓储费用并非为达到下一个生产阶段所必需的，则该批商品的成本为（　　）万元。

A. 100.5　　B.102　　C. 105　　D.113.5

2.甲企业为增值税小规模纳税人，本月采购原材料2 060千克，每千克50元（含增值税），运输途中的合理损耗为60千克，入库前的挑选整理费用为500元。甲企业该批材料的入账价值为（　　）元。

A. 100 500　　B.103 500　　C. 103 000　　D.100 000

3.甲企业为增值税一般纳税人。本月购进原材料200.1吨，增值税专用发票上注明的价款为60万元，增值税税额为7.8万元；支付的保险费为3万元，取得的增值税专用发票上注明的增值税税额为0.18万元 。运输途中的合理损耗为100千克。入库前的挑选整理费用为1万元。不考虑其他因素，该批原材料的实际成本为每吨（　　）万元。

A. 0.3　　B.0.3202　　C. 0.359　　D.0.32

4.甲公司采用先进先出法核算存货的发出成本，20×8年5月初，甲公司结存材料4万千克，单位成本15元。5月份甲公司发生如下与材料有关的事项：3日生产领用材料3万千克；5日购入材料3万千克，单位成本为14元；14日购入材料4万千克，单位成本12元；27日生产领用材料6万千克。则甲公司5月末结存材料的成本为（　　）万元。

A. 23.5　　B.24　　C. 24.5　　D.24.2

5.甲公司为增值税一般纳税人，本期购入的一批原材料因在运输途中遭遇泥石流，全部毁损。采购该批原材料所发生的购买价款、运输费用等最终应记入的科目是（　　）。

A.“存货成本”　　B.“管理费用”　　C.“营业外支出”　　D.“待处理财产损溢”

6.甲公司为工业企业，20×8年9月1日，仓库结存M材料200千克，成本为400万元；9月6日购入150千克，每千克2.1万元；9月13日，车间领用M材料300千克；9月26日，购入140千克，每千克2.11万元。企业采用月末一次加权平均法核算原材料成本。则9月30日结存M材料的成本为（　　）万元。

A. 391.98　　B.391.97　　C. 391.78　　D.391.99

7.甲公司为商品流通企业，9月1日，库存商品150万元，数量100件；9月6日，购入80件，单价1.5675万元；9月16日，售出70件。企业采用移动加权平均法计算存货成本，则9月16日库存的商品成本为（　　）万元。

A. 168　　B.168.3　　C. 169　　D.169.3

（二）多项选择题

1.下列项目属于存货的有（　　）。

A.在途物资　　B.生产成本　　C.制造费用　　D.委托加工物资

2.下列项目不属于存货的有（　　）。

A.委托加工物资　　B.委托代销商品　　C.工程物资　　D.受托代销商品

3.完工产品成本的构成项目主要有（　　）。

A.直接材料费　　B.长期待摊费用　　C.制造费用　　D.直接人工费

4.下列有关存货成本的确定表述正确的有（　　）。

A.外购存货的成本主要由买价和采购费用构成

B.投资者投入的存货要按照投资各方确认的价值作为实际成本

C.盘盈的存货要按照同类或类似存货的市场价格作为实际成本

D.接受捐赠的存货，如对方提供了发票，应按发票上的金额加上支付的相关税费作为实际成本；没有提供发票的，应参照同类或类似存货的市场价格加上应支付的相关税费作为实际成本

5.下列项目属于企业存货范围的有（　　）。

A.已经购入但尚未运达本企业的货物

B.已售出但货物尚未运离本企业的存货

C.已经运离企业但尚未售出的存货

D.未购入但存放在企业的存货

6.对商品流通企业的进货费用，可采用的处理方法有（　　）。

A.直接计入销售费用　　B.直接计入商品成本

C.直接计入管理费用　　D.先进行归集，然后分配计入存货成本

7.下列关于存货的采购成本的相关说法中，正确的有（　　）。

A.增值税一般纳税人取得的增值税普通发票上注明的增值税进项税额，应计入采购成本

B.采购物资在运输途中发生的非正常损耗，应计入存货采购成本；进口关税应计入税金及附加

C.为达到下一阶段所必需的仓储费用应计入存货的成本

D.为特定顾客设计产品所发生的可直接确定的设计费用应计入存货成本

8.下列各项中，应计入企业存货成本的有（　　）。

A.存货加工过程中发生的直接人工费

B.为特定顾客设计产品发生的可直接确定的设计费用

C.购买存货时支付的进口关税

D.存货采购运输途中发生的定额内损耗

9.下列各项中，属于材料采购成本的有（　　）。

A.材料采购运输途中的合理损耗　　B.材料入库前的挑选整理费用

C.购买材料价款　　D.购买材料的运杂费

10.下列各项中，应计入存货成本的是（　　）。

A.采购过程中发生的保险费

B.运输途中的合理损耗

C.验收入库后的仓储费用（不包括在生产过程中为达到下一阶段所需的仓储费）

D.允许抵扣的增值税进项税额

11.在实际成本核算方式下，企业可以采用的发出存货成本的计价方法有（　　）。

A.个别计价法　　B.先进先出法

C.月末一次加权平均法　　D.移动加权平均法

（三）判断题

1.生产车间发生的非正常消耗的直接材料费、直接人工费及制造费用，应当计入存货成本。（　　）

2.企业设计产品所发生的设计费用通常都应计入当期损益。但是企业为特定客户设计产品所发生的、可直接确定的设计费用应计入该产品成本。（　　）

3.采用月末一次加权平均法核算材料成本，只在月末一次计算加权平均单价，有利于简化成本计算工作。（　　）

二、知识点：生产环节中的存货业务

（一）单项选择题

1.某企业为增值税一般纳税人，原材料按计划成本核算，20×8年6月1日“原材料”账户余额为100 000元，“材料成本差异”账户贷方余额为2 000元，当月10日购入材料一批，增值税专用发票上注明的价款为200 000元，增值税为26 000元，材料计划成本为192 000元，材料已验收入库，款项已支付。若本月只购买了这一批材料，则当月材料成本差异率为（　　）。

A. 3.33 %　　B.4%　　C.2.67%　　D.2.05%

2.某企业月初结存B材料的计划成本为100 000元，成本差异为节约1 000元；本月入库B材料的计划成本为100 000元，成本差异为超支500元。当月生产车间领用B材料的计划成本为150 000元。假定该企业按月末计算的材料成本差异率分配和结转材料成本差异，则当月生产车间领用B材料应负担的材料成本差异为（　　）元。

A. 375　　B.-375　　C.1 125　　D.-1 125

3.某制造业企业采用计划成本对原材料进行核算。本月月初结存原材料的计划成本为100 000元。本月购入原材料的计划成本为60 000元，发出材料的计划成本为150 000元；月初材料成本差异的借方余额为4 200元，本月购入材料成本差异为节约差异1 000元。本月结存材料的实际成本为（　　）元。

A. 10 325　　B.10 000　　C.10 200　　D.10 208

4.20×8年1月5日，甲公司出租新包装物，价值10 000元，收到租金6 000元（不含增值税，增值税税率为6%），款已存入银行。该包装物价值摊销采用五五摊销法。其在领用时价值摊销的会计处理是（　　）。

A.借：管理费用　　5 000
　　贷：周转材料——包装物　　5 000

B.借：销售费用　　5 000
　　贷：周转材料——包装物　　5 000

C.借：其他业务成本　　5 000
　　贷：周转材料——包装物　　5 000

D.借：长期待摊费用　　5 000
　　贷：周转材料——包装物　　5 000

5.20×6年7月1日，甲企业销售商品领用不单独计价包装物的计划成本为6万元，材料成本差异率为-5%。下列各项中，关于包装物的会计处理正确的是（　　）。

A.借：销售费用　　63 000
　　贷：周转材料——包装物　　60 000
　　　　材料成本差异　　3 000

B.借：销售费用　　57 000
　　　材料成本差异　　3 000
　　贷：周转材料——包装物　　60 000

C.借：其他业务成本　　57 000
　　　材料成本差异　　3 000
　　贷：周转材料——包装物　　60 000

D.借：其他业务成本　　63 000
　　贷：周转材料——包装物　　60 000
　　　　材料成本差异　　3 000

6.随同商品出售且单独计价的包装物，应按其实际成本记入的会计科目是（　　）。

A.“管理费用”　B.“其他业务成本”　C.“营业外支出”　D.“销售费用”

7.甲公司采用计划成本核算存货的成本。20×8年3月初，结存材料的计划成本为120万元，材料成本差异为超支差异4.8万元。本月购入材料的实际成本为330.6万元，计划成本为340万元；本月发出材料的计划成本为400万元，则该企业本月的材料成本差异率为（　　）。

A.-1%　B.1%　C. 7.67%　D.-7.67%

8.甲公司采用计划成本核算存货的成本。20×8年3月初，结存材料的计划成本为120万元，材料成本差异为超支差异4.8万元。本月购入材料的实际成本为330.6万元，计划成本为340万元；本月发出材料的计划成本为400万元，则该企业月末结存材料的实际成本为（　　）万元。

A. 60　B.66　C. 60.6　D.59.4

9.甲公司为一家商品流通企业，采用毛利率法核算商品成本。20×8年3月初，结存商品的成本为2 000万元，本月购进商品3 000万元，本月销售商品4 500万元。上月该类商品的毛利率为15%。则甲公司月末结存商品的成本为（　　）万元。

A. 1 190　　B.1 178　　C. 1 170　　D.1 175

10.某超市采用售价金额法进行核算。20×8年3月1日，纺织品进价成本为60万元，售价总额为100万元；本期购进纺织品的进价成本为62.4万元，售价总额为80万元，本月取得实际销售收入120万元。本月结转的纺织品销售成本金额为（　　）万元。

A. 84.6　　B.82.6　　C. 81.6　　D.83.6

11.甲企业材料采用计划成本核算。月初结存材料计划成本为200万元，材料成本差异为节约20万元。当月购入材料一批，实际成本为310万元，计划成本为300万元；领用材料的计划成本为400万元。该企业当月领用材料的实际成本为（　　）万元。

A. 392　　B.393　　C. 394　　D.395

（二）多项选择题

1.甲企业原材料按计划成本核算，期初原材料有10万元，材料成本差异贷方余额1.1万元。结合下图，下列有关资金运动的表述正确的有（　　）。

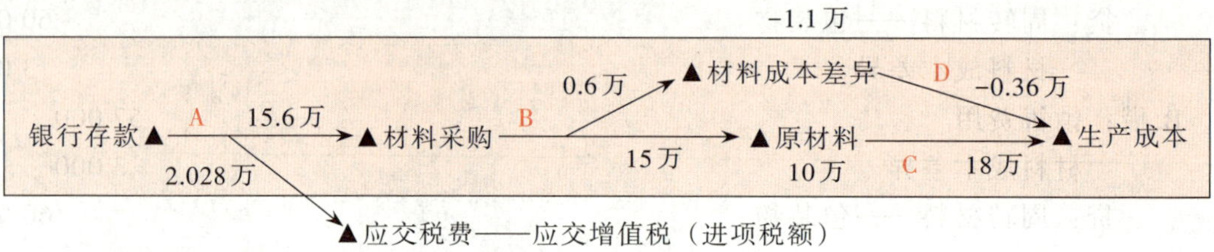

A. A段资金运动反映企业购买材料，实际购买成本为15.6万元，增值税进项税额为2.028万元。所有款项以银行存款支付

B. B段资金运动反映企业所采购的材料验收入库，其计划成本为15万元，超支的0.6万元作为材料成本差异处理

C. C段资金运动反映企业领用材料投入产品生产，其材料的实际成本为18万元

D. D段资金运动反映企业分摊生产产品领用的材料所应承担的材料成本差异-0.36万元，从而抵减生产成本0.36万元。由此可以推断，其材料成本差异率为2%

2.甲企业原材料按计划成本核算，期初原材料有10万元，材料成本差异借方余额1.1万元。结合下图，下列有关资金运动表述正确的有（　　）。

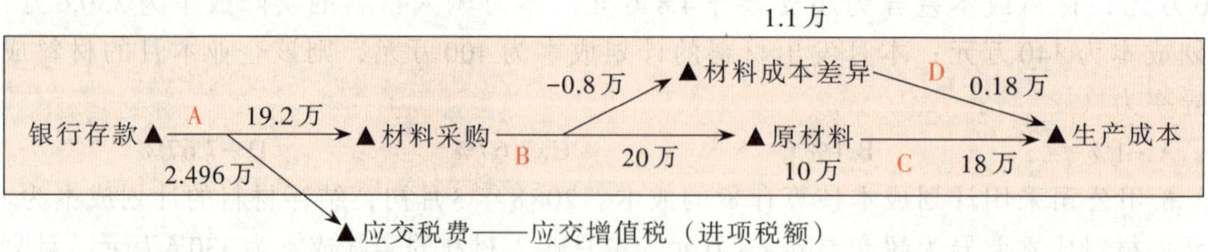

A. A段资金运动反映企业购买材料，实际购买成本为19.2万元，增值税进项税额为2.496万元。所有款项以银行存款支付

B. B段资金运动反映企业所采购的材料验收入库，其计划成本为20万元，节约的0.8万元作为材料成本差异处理

C. C段资金运动反映企业领用材料投入产品生产，其材料的计划成本为18万元。D段资金运动反映企业分摊生产产品领用的材料所应承担的材料成本差异0.18万元，从而导致生产成本增加0.18万元。由此可以推断，其材料成本差异率为1%

D. 整个资金运动结束后，原材料余额为12万元，反映其实际成本；材料成本差异余额为0.12万元，反映为节约差异

3. 结合下图来看，“材料成本差异”账户借方可以用来登记（　　）。

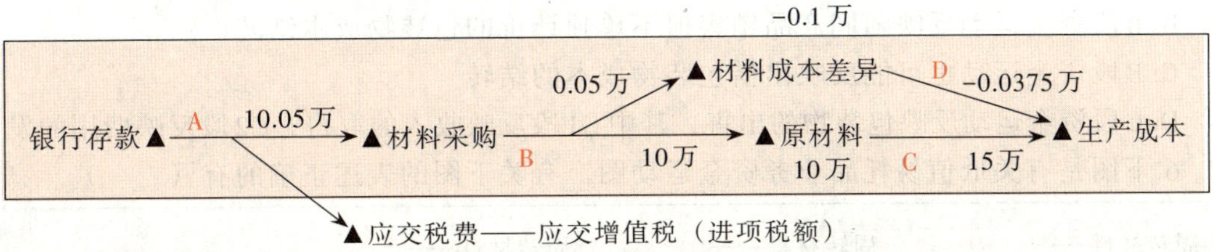

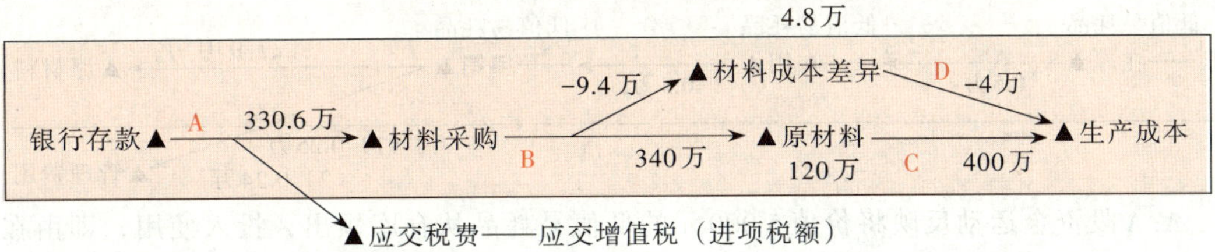

A. 购进材料实际成本小于计划成本的差额

B. 发出材料应负担的超支差异

C. 发出材料应负担的节约差异

D. 购进材料实际成本大于计划成本的差额

4. 下列项目中，应通过“材料成本差异”账户贷方核算的有（　　）。

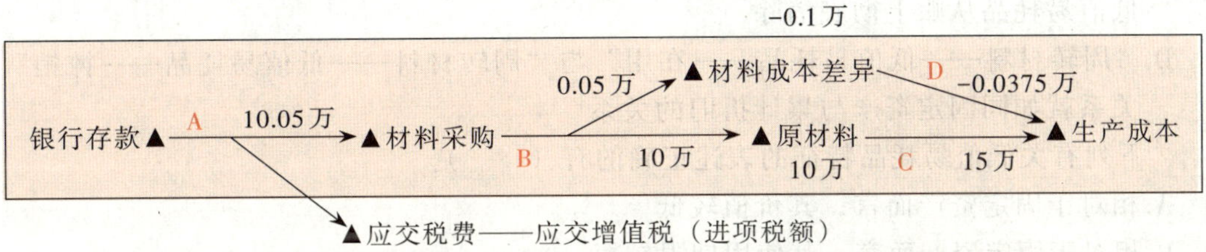

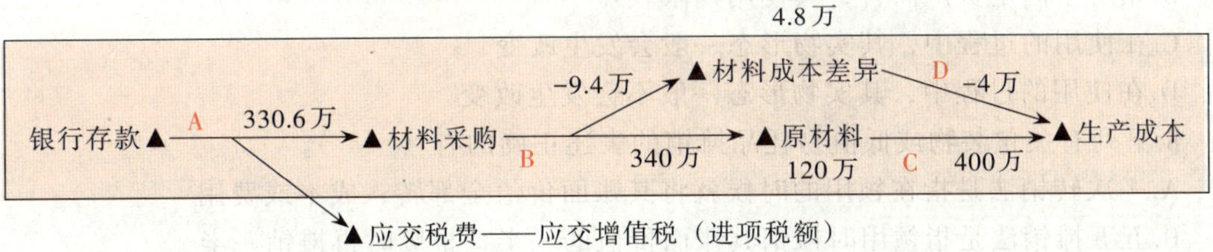

A. 入库材料的成本超支额

B. 入库材料的成本节约额

C. 库存材料账面价值超过其可变现净值的差额

D. 发出材料应负担的超支差异

5. 下图是包装物业务资金运动图。有关下图的表述正确的有（　　）。

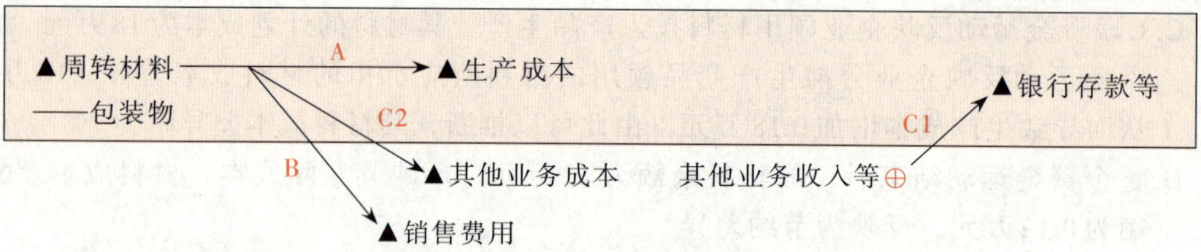

A. A段资金运动反映生产过程中使用的包装物，应计入产品成本

B. B段资金运动反映随同产品销售但不单独计价的包装物成本结转

C. B段资金运动也可能反映出借包装物成本的结转

D. C段资金运动反映包装物的出售，其中C1段反映收入的取得，C2段反映费用的发生

6. 下图是有关低值易耗品业务资金运动图。有关下图的表述正确的有（　　）。

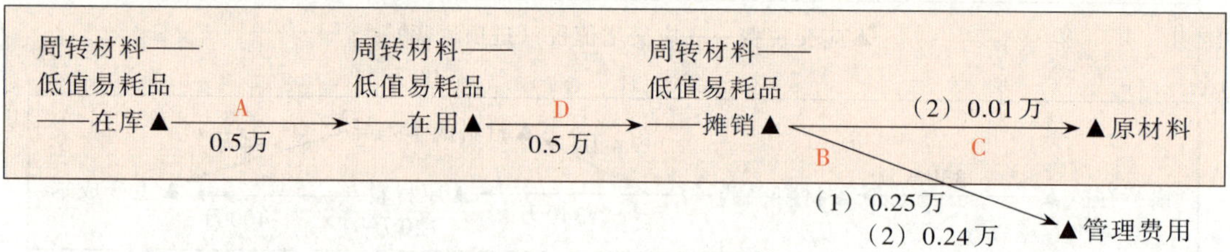

A. A段资金运动反映将价值5 000元的低值易耗品从仓库领出，投入使用，即由在库转为在用

B. B段资金运动反映低值易耗品的摊销。从其流量上看，应该是采用五五摊销法，即领用时摊销一半2 500元，报废时再摊销一半2 400元（扣除残值100元，见C段资金运动）

C. D段资金运动反映低值易耗品报废，将在用5 000元与摊销5 000元对冲，从而将该低值易耗品从账上彻底消除

D. “周转材料——低值易耗品——在用”与“周转材料——低值易耗品——摊销”的关系就如同固定资产与累计折旧的关系

7. 下列有关低值易耗品特征的表述正确的有（　　）。

A. 相对于固定资产而言，其价值较低

B. 相对于固定资产而言，其使用期限较短

C. 在使用的过程中，其实物形态一般会发生改变

D. 在使用的过程中，其实物形态一般不会发生改变

8. 下列有关包装物或低值易耗品摊销的表述正确的有（　　）。

A. 一次转销法是指在领用的时候就将其账面价值全部转入成本或费用

B. 五五摊销法是指领用时摊销其账面价值的一半，报废时再摊销一半

C. 分次摊销法是指将其账面价值分次计入相关的成本或费用

D. 一次摊销法和五五摊销法其实就是分次摊销法的两种特殊情况

9. 下列各项中，关于发出包装物的会计处理表述正确的有（　　）。

A. 随同商品出售且单独计价的包装物成本，应计入其他业务成本

B. 生产领用作为产品组成部分的包装物成本直接计入生产成本

C.随同商品销售但不单独计价的包装物成本，应计入销售费用

D.生产车间一般耗费包装物摊销额应计入制造费用

10.下列各项中，有关包装物的会计处理表述正确的有（　　）。

A.随同商品出售但不单独计价的包装物成本，计入销售费用

B.生产领用的包装物成本，计入生产成本

C.随同商品出售且单独计价的包装物成本，计入其他业务成本

D.多次出借并反复使用的包装物，根据使用次数分期摊销计入相应的成本费用

11.下列有关周转材料的表述中，正确的有（　　）。

A.多次使用的包装物应当根据使用次数分次进行摊销

B.随同商品出售而不单独计价的包装物，应于包装物发出时，按其实际成本计入销售费用

C.随同商品出售而单独计价的包装物取得的收入应于发生时冲减管理费用

D.低值易耗品金额较小的，可在领用时一次性计入成本费用

（三）判断题

1.发出存货应负担的成本差异，可以在季末或年末一次分摊。（　　）

2.实务中，企业发出的存货可以按实际成本核算，也可以按计划成本核算。如果采用计划成本核算，会计期末资产负债表中存货应按计划成本列示。（　　）

3.商品流通企业购入的商品采用售价金额法核算的，商品售价和进价之间的差额，可以通过"商品进销差价"账户来核算。（　　）

（四）不定项选择题

1.甲公司为增值税一般纳税人，适用的增值税税率为13%，该企业生产主要耗用一种原材料M，该材料按计划成本进行日常核算，M材料计划单位成本为每千克10元。20×8年5月初，"原材料"账户期初余额为40万元，"材料成本差异"账户月初借方余额4万元。该企业5月份发生以下经济业务：

（1）3日，从乙公司购入M材料10万千克，增值税专用发票上注明的价款为97万元，增值税税额为12.61万元，全部款项以银行存款付清，材料尚未到达企业。

（2）6日，从乙公司购入的M材料到达企业，验收入库时发现短缺100千克，经查明，该短缺为运输途中的合理损耗，按实际数量入库。

（3）18日，从丙公司购入M材料6万千克，增值税专用发票上注明的价款为66万元，增值税税款为8.58万元。材料已验收入库，货款尚未支付。

（4）5月份，甲公司共领用M材料16万千克用于产品生产。

要求：根据上述资料，假定不考虑其他因素，分析回答下列小题。

（1）下列关于5月3日购入M材料的会计处理，正确的是（　　）。

A.应借记"材料成本差异"97万元　　B.应借记"在途物资"97万元

C.应借记"材料采购"97万元　　D.应借记"原材料"97万元

（2）根据资料（1）（2），计算5月3日购入M材料的成本差异计算结果正确的是（　　）。

A.超支差异3万元　B.节约差异3万元　C.超支差异4万元　D.节约差异4万元

（3）本月材料成本差异率是（　　）。

A. 4.5%　　B.-3.5%　　C. 3.5%　　D.-4.5%

(4) 本月发出材料应负担的材料成本差异是（　　）万元。

A. 5.6　　B.-5.6　　C. 5.8　　D.-5.8

(5) 下列关于库存材料成本表述正确的有（　　）。

A.结存材料为超支差异　　B.结存材料的实际成本为41.4万元

C.结存材料为节约差异　　D.结存材料的实际成本为39.6万元

2.甲公司为增值税一般纳税人，材料按实际成本核算，存货、动产适用的增值税税率为13%，不动产适用的增值税税率为9%，商标权适用的增值税税率为6%。20×8年5月份发生下列经济业务：

(1) 1日，建造仓库领用自产产品18万元，该批产品的计税价格为30万元。

(2) 4日，购入一批材料，取得的增值税专用发票上注明的材料价款为200万元，增值税税款为26万元。货款已付，材料已验收入库。

(3) 9日，出售一项无形资产（商标权），价税合计106万元已存入银行，该项无形资产的账面余额为80万元，已累计摊销50万元。

(4) 14日，购入一栋办公楼，价款2 000万元，增值税税额为180万元，款项已以银行存款支付。增值税专用发票已取得。

(5) 15日，出售一台设备，该设备原价150万元，已折旧50万元，出售价款120万元，增值税税款为15.6万元，款项已存入银行。增值税专用发票已开出。

(6) 19日，销售一批产品，开出的增值税专用发票上注明的价款为200万元，增值税税款为26万元，货款尚未收到，该批产品成本为120万元。

(7) 21日，销售一批产品给小规模纳税人，开出增值税专用发票，收到款项（价税合计）67.8万元已存入银行，该批产品成本为35万元。

(8) 24日，购入免税农产品一批作为原材料，价款90万元，规定的扣除率为9%，货物尚未达到企业，货款已以银行存款支付。

要求：根据上述资料，不考虑其他因素，分析回答下列小题。

(1) 根据资料（1），下列各种说法不正确的有（　　）。

A.建造仓库领用自产产品应确认增值税销项税额

B.建造仓库领用自产产品应确认销售收入

C.建造仓库领用自产产品应将产品成本和增值税销项税额转入在建工程

D.建造仓库领用自产产品应将产品售价和增值税销项税额转入在建工程

(2) 根据资料（2）至（4），下列各项中，会计处理正确的有（　　）。

A. 5月4日

借：原材料	2 000 000	
应交税费——应交增值税（进项税额）	260 000	
贷：银行存款		2 260 000

B. 5月9日

借：银行存款	1 060 000	
累计摊销	500 000	

贷：无形资产　800 000

应交税费——应交增值税（销项税额）　60 000

资产处置损益　700 000

C. 5月9日

借：税金及附加　60 000

贷：应交税费——应交增值税（销项税额）　60 000

借：银行存款　1 000 000

累计摊销　500 000

贷：无形资产　800 000

资产处置损益　700 000

D. 5月14日

借：固定资产　20 000 000

应交税费——应交增值税（进项税额）　1 800 000

贷：银行存款　21 800 000

（3）根据资料（5），下列说法中正确的有（　　）。

A. 出售固定资产收到的增值税销项税额不影响当期损益

B. 出售固定资产收到的增值税销项税额影响资产处置损益

C. 出售固定资产净收益应通过营业外收支来进行反映

D. 出售固定资产净收益计入资产处置损益

（4）根据资料（6）至（8），下列各项中，会计处理正确的是（　　）。

A. 5月19日

借：应收账款　2 260 000

贷：主营业务收入　2 000 000

应交税费——应交增值税（销项税额）　260 000

借：主营业务成本　1 200 000

贷：库存商品　1 200 000

B. 5月21日

借：银行存款　678 000

贷：主营业务收入　600 000

应交税费——应交增值税（销项税额）　78 000

借：主营业务成本　350 000

贷：库存商品　350 000

C. 5月21日

借：银行存款　678 000

贷：主营业务收入　678 000

借：主营业务成本　350 000

贷：库存商品　350 000

D. 5月24日

借：在途物资　　819 000

　　应交税费——应交增值税（进项税额）　　81 000

　　贷：银行存款　　900 000

（5）根据资料（1）至（8），下列关于甲公司增值税的表述中，正确的有（　　）。

A.“应交税费——应交增值税（进项税额）”合计为214.1万元

B.“应交税费——应交增值税（销项税额）”合计为55.4万元

C.“应交税费——应交增值税（进项税额）”合计为215.1万元

D.“应交税费——应交增值税（销项税额）”合计为54.4万元

三、知识点：职工薪酬业务

（一）单项选择题

1.企业按照规定计算并提取的住房公积金应该贷记的账户是（　　）。

A.“其他应付款”　B.“管理费用”　C.“应付职工薪酬”　D.“应付账款”

2.下列职工薪酬不需要根据职工提供服务的受益对象计入成本费用的是（　　）。

A.因解除与职工的劳动关系给予的补偿

B.构成工资总额的各组成部分

C.工会经费和职工教育经费

D.医疗保险费、养老保险费、失业保险费、工伤保险费和生育保险费等社会保险费

3.下列各项中，不属于企业职工薪酬准则中规定的职工范畴的是（　　）。

A.临时雇员　B.兼职会计

C.监事人员　D.为企业提供审计服务的注册会计师

4.下列各项中不应通过“应付职工薪酬”账户核算的是（　　）。

A.住房公积金　B.非货币性福利

C.工会经费和职工教育经费　D.教育费附加

5.甲公司为增值税一般纳税人，适用的增值税税率为13%。20×8年1月甲公司董事会决定将本公司生产的500件产品作为福利发放给公司员工，其中服务于生产的员工为400人，企业管理部门员工为100人。该批产品的单件成本为1.2万元，市场销售价格为每件2万元（不含增值税）。不考虑其他相关税费，甲公司在20×8年因该项业务应计入管理费用的金额为（　　）万元。

A. 120　B.904　C.200　D.226

6.甲公司为总部各部门经理级别以上职工提供汽车免费使用，同时为副总裁以上高级管理人员每人租赁一套住房。总部共有部门经理以上职工20人，其中副总裁以上的5人（均计入管理费用）。每辆汽车每月折旧为3 000元。副总裁以上员工每人租赁一套月租金为5 000元的公寓（不含增值税，增值税税率为9%），本月的租金甲公司已付，并取得增值税专用发票，其金额为25 000元，增值税为2 250元。本月因本笔业务导致管理费用增加（　　）万元。

A. 9　B.8.54　C.8.725　D8.75

7.甲公司20×8年4月以其生产的每台成本为800元的微波炉作为非货币性福利发放给

生产工人，发放数量为100台。该型号的微波炉不含增值税的市场售价为1 000元，适用的增值税税率为13%。不考虑其他因素，该公司确认的职工薪酬的金额为（　　）万元。

A. 9.04　　B.8　　C. 10　　D.11.3

8.甲纺织企业为增值税一般纳税人，适用的增值税税率为13%。该企业以其生产的服装作为福利发放给100名生产车间管理人员，每人一套，每套服装不含税售价为350元，成本为280元。不考虑其他因素，下列各项中，该企业关于非货币性福利的会计处理正确的是（　　）。

A.确认管理费用3.955万元　　B.确认应付职工薪酬3.955万元

C.确认主营业务收入3.955万元　　D.确认增值税销项税额0.364万元

9.企业将自有房屋无偿提供给本企业行政管理人员使用。下列各项中，关于计提房屋折旧的会计处理表述正确的有（　　）。

A.借记“其他业务成本”，贷记“累计折旧”

B.借记“其他应收款”，贷记“累计折旧”

C.借记“营业外支出”，贷记“累计折旧”

D.借记“管理费用”，贷记“应付职工薪酬”；同时借记“应付职工薪酬”，贷记“累计折旧”

10.20×8年12月25日，甲公司（增值税一般纳税人）向职工发放一批自产的空气净化器作为福利，该批产品不含税售价为10万元，成本为7.5万元，按计税价格计算的增值税销项税额为1.3万元。不考虑其他因素，该笔业务应确认的应付职工薪酬为（　　）万元。

A. 7.5　　B.11.3　　C. 10　　D.8.8

11.下列各项中，不属于职工薪酬的是（　　）。

A.企业向职工提供的防暑降温费

B.离职后福利

C.职工出差报销的差旅费

D.企业提供给职工的以权益方式结算的认股权证

12.甲企业根据“工资结算汇总表”结算本月车间管理部门职工工资总额80.2万元，其中代扣职工房租6万元（尚未代交），企业代垫职工家属医药费2.2万元，实发工资72万元。该企业的下列会计处理中，不正确的有（　　）。

A.借：管理费用　　802 000
　　贷：应付职工薪酬——工资　　802 000

B.借：应付职工薪酬——工资　　60 000
　　贷：其他应付款　　60 000

C.借：应付职工薪酬——工资　　22 000
　　贷：其他应收款——代垫医药费　　22 000

D.借：应付职工薪酬——工资　　720 000
　　贷：银行存款　　720 000

13.甲公司为增值税一般纳税人，适用的增值税税率为13%，年末将100台企业自产的冰箱作为福利发放给本企业职工，该冰箱的成本为每台1 200元，市场售价为每台2 400

元（不含增值税）。则下列说法中正确的是（　　）。

A.实际发放时，计入应付职工薪酬的金额为24万元

B.实际发放时，计入应交税费——应交增值税（销项税额）的金额为1.56万元

C.将自产产品作为福利发放给职工视同销售，并且要确认收入与结转成本

D.将自产产品作为福利发放给职工不视同销售，但需要确认收入和结转成本

14.某饮料生产企业为增值税一般纳税人，年末将本企业生产的一批饮料发放给职工作为福利。该饮料的市场售价为30万元（不含增值税），增值税税率为13%，实际成本为10万元。假设不考虑其他因素，该企业应确认的应付职工薪酬为（　　）万元。

A. 10　　B.11.3　　C. 30　　D.33.9

15.甲企业根据所在地政府的规定，按照职工工资总额的12%计提基本养老保险费，缴存当地的社会保险经办机构。20×8年8月份，该企业缴存的基本养老保险费，应计入生产成本的金额为57.6万元，应计入制造费用的金额为12.6万元，应计入管理费用的金额为10.872万元，应计入销售费用的金额为2.088万元。下列关于此项业务完整正确的表述是（　　）。

A.借：生产成本——基本生产成本　　576 000
　　制造费用　　126 000
　　管理费用　　108 720
　　销售费用　　20 880
　贷：应付职工薪酬——设定提存计划——基本养老保险　　831 600

B.借：生产成本——基本生产成本　　576 000
　　制造费用　　126 000
　贷：应付职工薪酬——设定提存计划——基本养老保险　　702 000

C.借：管理费用　　108 720
　　销售费用　　20 880
　贷：应付职工薪酬——设定提存计划——基本养老保险　　129 600

D.借：应付职工薪酬——设定提存计划——基本养老保险　　831 600
　贷：生产成本——基本生产成本　　576 000
　　制造费用　　126 000
　　管理费用　　108 720
　　销售费用　　20 880

16.甲公司累积带薪缺勤制度规定：每个职工每年可享受5个工作日的带薪缺勤，未使用完的只能往后结转一个日历年度；超过1年未使用的权利作废，不能在职工离开公司时获得现金支付；职工带薪缺勤以后进先出法为基础，即首先应从当年可享受的权利中扣除，再从上年结转的带薪缺勤中扣除。20×8年12月31日，每个员工当年未使用完的带薪缺勤平均为2天。甲公司1 000名员工预计有980名在20×9年将享受不超过5天的带薪缺勤，剩余20名职工每人将享受6天半的带薪缺勤，假定这20人全部为公司的各部门经理，平均每人每日的工资为400元。20×8年12月31日的账务处理正确的是（　　）。

A.借：管理费用　　12 000

贷：应付职工薪酬——带薪缺勤——短期带薪缺勤——可累积　　12 000

B.借：管理费用　　15 000

贷：应付职工薪酬——带薪缺勤——短期带薪缺勤——可累积　　15 000

C.借：制造费用　　12 000

贷：应付职工薪酬——带薪缺勤——短期带薪缺勤——可累积　　12 000

D.借：制造费用　　15 000

贷：应付职工薪酬——带薪缺勤——短期带薪缺勤——可累积　　15 000

（二）多项选择题

1.下图是有关非货币性职工薪酬业务的资金运动图。有关表述正确的有（　　）。

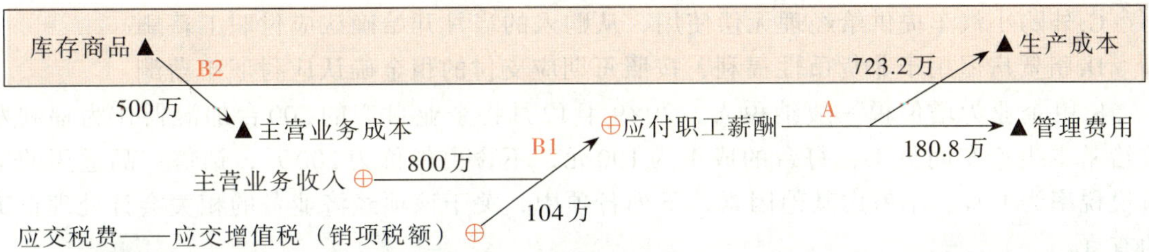

A. A段资金运动反映企业非货币性职工薪酬的确认与分配。本笔业务确认非货币性职工薪酬总额904万元；并分配薪酬费用，其中管理费用承担180.8万元，生产成本承担723.2万元

B. B段资金运动反映非货币性职工薪酬的发放。B1段反映非货币性职工薪酬支付的对价的公允价值及增值税确认，B2段反映非货币性职工薪酬支付对价的成本结转

C.从A段资金运动可知，生产车间直接生产人员数量和车间管理人员数量的比例是7：3

D.如将非货币性职工薪酬支付对价改为原材料，其所引起的资金运动与本图大致相同。只需将主营业务收入改为其他业务收入、将主营业务成本改为其他业务成本、将库存商品改为原材料即可

2.下列属于职工薪酬中所说的职工的有（　　）。

A.全职、兼职职工　　B.董事会成员

C.内部审计委员会成员　　D.劳务用工合同人员

3.下列各项支出中，应在企业应付职工薪酬的福利费中列支的有（　　）。

A.职工因工伤赴外地就医的路费　　B.困难职工的补助

C.职工医疗保险费　　D.因解除与职工的劳动关系给予职工的补偿

4.下列各项中，有关短期薪酬理解正确的有（　　）。

A.短期薪酬是指企业在职工提供相关服务的年度报告期间结束后12个月内需要全部予以支付的职工薪酬

B.因解除与职工的劳动关系给予的补偿属于短期薪酬

C.短期薪酬包括：职工工资，职工福利费，医疗保险费、工伤保险费和生育保险费等社会保险费，住房公积金，工会经费和职工教育经费，短期带薪缺勤，短期利润分享计划，其他短期薪酬

D.非货币性福利属于短期薪酬

5.下列项目中，属于企业职工薪酬的项目有（　　）。

A.短期薪酬　　B.离职后福利　　C.辞退福利　　D.其他长期薪酬

6.下列项目中，属于非货币性职工薪酬的有（　　）。

A.将自己生产的产品发放给职工　　B.将外购商品发放给职工

C.企业为职工免费体检　　D.免费给员工提供使用的住房

7.下列各项中，关于非货币性福利的说法正确的有（　　）。

A.将自产产品作为非货币性福利发放给职工，按照成本在各受益对象之间进行分配

B.将外购的商品作为福利发放给职工，其进项税额不得抵扣，按其成本加增值税金额确认应付职工薪酬

C.外购小汽车提供给经理无偿使用，从购入的当月开始确认应付职工薪酬

D.租赁房屋用于非货币性福利，按照每期应支付的租金确认应付职工薪酬

8.甲企业为增值税一般纳税人，20×9年12月将企业自产的500台加湿器作为福利发放给基本生产车间员工，每台的成本为100元，不含税售价为200元，销售产品适用的增值税税率为13%。不考虑其他因素，下列各项中，关于该项经济业务的相关会计处理正确的有（　　）。

A.借记“主营业务成本”5万元

B.贷记“应付职工薪酬”6.6万元

C.贷记“应交税费——应交增值税（销项税额）”1.3万元

D.借记“生产成本”11.3万元

9.下列关于应付职工薪酬的理解正确的有（　　）。

A.从薪酬的涵盖时间和支付方式来看，职工薪酬包括企业职工在职期间和离职后给予的所有货币性薪酬和非货币性薪酬

B.从支付的对象上看，职工薪酬包括提供给职工本人、配偶、子女或被赡养人的福利

C.企业应该在职工实际发生缺勤的会计期间确认与累积带薪缺勤相关的职工薪酬

D.企业以自产产品作为非货币性福利发放给职工的，应根据受益对象，按照该产品的公允价值和相关的增值税税额，计入相关的资产成本或当期损益

10.下列关于职工薪酬的处理，表述正确的有（　　）。

A.职工福利费为非货币性福利的，应当按照公允价值计量

B.企业应当将辞退福利分类为设定提存计划和设定受益计划

C.短期薪酬是指企业在职工提供相关服务的年度开始12个月内需要全部支付的职工薪酬

D.在职工提供服务从而增加了其未来享有的带薪缺勤权利时，企业应确认与累积带薪缺勤相关的职工薪酬

11.企业职工薪酬中所称的职工应当包括（　　）。

A.与企业签订了固定期限、无固定期限的劳动合同的所有人员

B.与企业签订了以完成一定工作为期限的劳动合同的所有人员

C.未与企业签订劳动合同但由企业正式任命的人员，如所聘请的独立董事、外部监事等

D.通过企业与劳务中介公司签订用工合同而向企业提供服务的人员

12.下列关于职工薪酬的表述中正确的有（　　）。

A.我国企业职工的探亲假、病假期间等都属于累积带薪缺勤

B.养老保险、医疗保险、失业保险、工伤保险都属于短期薪酬

C.工会经费、职工教育经费属于短期薪酬

D.长期利润分享计划属于其他长期职工福利

13.下列各项职工薪酬中，计提时一般不影响当期损益的有（　　）。

A.在建工程人员的薪酬　　　　B.销售人员薪酬、行政管理人员薪酬

C.研发人员薪酬　　　　D.生产人员薪酬

14.下列关于非货币性职工薪酬，说法正确的有（　　）。

A.企业将所拥有的房屋等资产无偿提供给职工使用的，应当根据其受益对象，按照住房的公允价值计入相关资产成本或当期损益，同时确认应付职工薪酬

B.难以认定受益对象的非货币性福利，直接计入当期损益和应付职工薪酬

C.企业租赁住房等资产供职工无偿使用的，应当根据其受益对象，将每期应付的租金计入相关资产或当期损益，并确认应付职工薪酬

D.企业以其自产产品作为非货币性福利发放给职工的，应当根据受益对象，按照产品的账面价值，计入相关资产成本或当期损益，同时确认应付职工薪酬

15.下列各项中，关于企业以自产产品作为福利费发放给职工的会计处理表述不正确的有（　　）。

A.按产品的账面价值确认主营业务成本

B.按产品的账面价值确认主营业务收入

C.按产品的账面价值加上增值税销项税额确认应付职工薪酬

D.按产品的公允价值加上增值税销项税额确认应付职工薪酬

（三）判断题

1.企业管理人员外出从事公务活动所发生的差旅费用，不应计入应付职工薪酬。（　　）

2.应由在建工程、无形资产负担的职工薪酬，计入建造固定资产或无形资产成本。（　　）

3.非货币性福利不需要通过“应付职工薪酬”账户归集。（　　）

4.职工薪酬包括以商业保险形式提供的保险待遇。（　　）

5.企业发生了两笔业务：(1）企业以货币资金10万元直接购买大米作为春节福利发放给职工（不含增值税，增值税税率为13%），企业取得了增值税专用发票；(2）企业将其准备用于生产产品的价值10万元的大米（其估计售价为11万元，增值税税率为13%）作为春节福利发放给职工。这两笔业务的会计处理是没有区别的。（　　）

6.企业在资产负债表日，为换取职工在会计期间提供的服务而应向单独主体缴存的提存金，应确认为其他应付款。（　　）

7.我国企业职工的婚假、产假、丧假、探亲假、病假期间通常属于非累积带薪缺勤。（　　）

8.企业提前解除劳动合同而给予职工解除劳动关系的补偿，应通过“应付职工薪

酬——辞退福利”账户进行核算。（ ）

9.员工向企业申请的婚假属于短期薪酬中的累积带薪缺勤。（ ）

10.企业为职工缴纳的基本养老保险、补充养老保险，以及为职工购买的商业养老保险，均属于企业提供的职工薪酬。（ ）

11.租赁住房等资产供职工无偿使用的，应将受益对象每期应付的租金计入管理费用，并确认应付职工薪酬。（ ）

12.企业为获得职工提供的服务而在职工退休或与企业解除劳动关系后，提供的各种形式的报酬和福利作为辞退福利。（ ）

13.企业提供给职工配偶、子女、受赡养人、已故职工遗属及其他受益人等的福利不属于职工薪酬。（ ）

（四）不定项选择题

1.甲公司为增值税一般纳税人，销售和购买商品适用的增值税税率为13%，20×8年8月发生的与职工薪酬有关的事项如下：

（1）8月2日，支付本月职工宿舍的租金25万元（不含增值税，增值税税率为9%），该宿舍为免费提供给生产人员的福利。

（2）8月4日，公司专设销售部门发生固定资产维修费1万元，全部为修理人员薪酬。

（3）8月10日，实际发放工资总额108万元，其中生产人员工资73万元，管理人员工资12万元，销售人员工资10万元，财务人员工资3万元，在建工程人员工资10万元。

（4）8月17日，支付辞退人员福利33万元。

（5）8月18日，将公司自产产品作为福利发放给公司管理人员，该批产品成本为15万元，市场售价为20万元（不含增值税）。

（6）8月28日，为职工垫付医药费2万元，报销行政管理人员差旅费1.8万元。

要求：根据上述资料，不考虑其他因素，分析回答下列小题。

（1）下列各项中，应作为职工薪酬核算的有（ ）。

A.应付职工的工资、奖金

B.应付职工的医疗保险费

C.作为福利发放给职工的自产产品

D.因解除与职工的劳动关系给予的补偿

（2）下列各项中，说法正确的有（ ）。

A.为生产人员支付的职工宿舍的租金应计入生产成本

B.支付的辞退人员福利应计入管理费用

C.垫付的职工医药费应计入管理费用

D.报销行政管理人员的差旅费应计入管理费用

（3）8月18日，企业将自产产品发放给公司管理人员应做的会计处理包括（ ）。

A.计提职工薪酬时：

借：生产成本　200 000

　贷：应付职工薪酬——非货币性福利　200 000

B.计提职工薪酬时：

借：管理费用　150 000

　贷：应付职工薪酬——非货币性福利　150 000

C.实际发放时：

借：应付职工薪酬——非货币性福利 226 000

贷：主营业务收入 200 000

应交税费——应交增值税（销项税额） 26 000

D.结转成本时：

借：主营业务成本 150 000

贷：库存商品 150 000

（4）甲公司本月应计入生产成本的金额为（ ）万元。

A. 97　　B.100　　C. 100.25　　D.99

（5）甲公司本月应计入管理费用的金额为（ ）万元。

A. 69.4　　B.67.4　　C. 74.4　　D.72.4

2.甲公司为增值税一般纳税人，适用的增值税税率为13%。20×8年5月发生的与职工薪酬有关的交易或事项如下：

（1）对行政管理部门使用的设备进行日常维修，应付企业内部维修人员工资1.6万元。

（2）建造一项工程，计提企业内部在建工程人员工资80万元。假定全部符合资本化的条件。

（3）对外购的生产线进行改良，应付企业内部改良工程人员工资70万元。

（4）将50台自产产品作为福利发放给本企业销售人员，该批产品成本为120万元，估计售价为200万元（不含增值税）。

（5）公司将一批外购库存商品用于管理部门职工食堂补贴。该批商品购入时的总价款为120万元，发生的增值税进项税额为15.6万元，取得了增值税专用发票。

（6）月末，分配职工工资300万元，其中直接生产产品人员工资240万元，车间管理人员工资10万元，公司行政管理人员工资20万元，专设销售机构人员工资30万元。

（7）从应付公司职工张某的工资中，扣回上月代垫的应由其本人承担的医药费1万元。

（8）以银行存款支付职工李某生活困难补助3万元。

（9）按规定计算代扣代缴职工个人所得税16万元。

（10）以银行存款缴纳职工养老保险、医疗保险共计53万元。

要求：根据上述资料，回答下列小题。

（1）根据上述资料，下列处理正确的有（ ）。

A.资料（1），维修人员的工资应计入管理费用

B.资料（1），维修人员的工资应计入制造费用

C.资料（2），建造工程人员工资应计入生产成本

D.资料（2），建造工程人员工资应计入在建工程

（2）根据上述资料，下列处理不正确的有（ ）。

A.资料（3），改良工程人员工资因应计入制造费用

B.资料（3），改良工程人员工资因应计入在建工程

C.资料（8），应借记应付职工薪酬

D.资料（8），应贷记应付职工薪酬

（3）关于资料（5），下列说法不正确的是（　　）。

A.将一批外购库存商品用于管理部门职工食堂补贴，应计入管理费用

B.应确认应付职工薪酬135.6万元

C.应确认收入120万元

D.所涉及的增值税进项税额应作转出处理

（4）关于资料（6），下列说法正确的是（　　）。

A.计入生产成本金额为250万元

B.计入管理费用金额为30万元

C.车间管理人员工资应通过“制造费用”账户核算

D.车间管理人员工资应通过“管理费用”账户核算

（5）根据上述资料，下列会计处理不正确的有（　　）。

A.资料（7）

借：管理费用　10 000

　贷：其他应收款　10 000

B.资料（7）

借：应付职工薪酬　10 000

　贷：其他应收款　10 000

C.资料（9）

借：管理费用　160 000

　贷：应交税费——应交个人所得税　160 000

D.资料（10）

借：应付职工薪酬　530 000

　贷：银行存款　530 000

3.甲公司为增值税一般纳税人，其适用的增值税税率为13%。20×8年7月该企业发生有关交易或事项如下：

（1）4日，计提供专设销售机构职工免费使用的10辆小汽车的折旧费，每辆小汽车折旧费为0.3万元。

（2）12日，以自产的产品作为非货币性福利发放给生产工人，该产品的实际售价总额为20万元（不含增值税），成本总额为12万元。

（3）31日，预计由于职工累积未使用的带薪休假权利而导致的预期支付的金额为4.5万元。假定该企业实现累积带薪休假制度，使用范围仅限于中层以上管理人员（全部由管理费用承担）。

（4）31日，除上述职工薪酬外，本月确认的工资如下：生产车间人员工资95万元，车间管理人员工资10万元，行政管理人员工资15万元，销售人员工资20万元。该企业职工基本医疗保险和基本养老保险分别按工资总额的10%和12%计提。

要求：根据上述资料，不考虑其他因素，分析回答下列小题。

（1）根据资料（1），对轿车计提折旧的账务处理正确的是（　　）。

A.借：管理费用　30 000
　　贷：累计折旧　30 000
B.借：销售费用　30 000
　　贷：应付职工薪酬　30 000
C.借：销售费用　30 000
　　贷：累计折旧　30 000
D.借：销售费用　30 000
　　贷：应付职工薪酬　30 000
借：应付职工薪酬　30 000
　贷：累计折旧　30 000

(2) 根据资料（2），下列各项中，该企业关于职工非货币性福利的处理正确的有（　　）。

A.主营业务收入增加20万元　B.生产成本增加22.6万元

C.主营业务成本增加12万元　D.库存商品减少20万元

(3) 根据资料（3），带薪缺勤属于（　　）。

A.设定的短期提存计划资金　B.设定的长期提存分享资金

C.短期薪酬　D.离职后福利

(4) 根据资料（2）至（4），下列各项中，关于应付职工薪酬的处理结果正确的有（　　）。

A.确认应付职工薪酬——非货币性福利22.6万元

B.确认应付职工薪酬——医疗保险费12万元

C.确认应付职工薪酬——设定提存计划16.8万元

D.确认应付职工薪酬——带薪缺勤4.5万元

(5) 根据资料（4），下列表述正确的有（　　）。

A.生产成本确认金额118.9万元　B.制造费用确认金额12.2万元

C.管理费用确认金额18.3万元　D.销售费用确认金额24.4万元

4.甲公司为增值税一般纳税人，适用的增值税税率为13%。20×8年5月1日，“应付职工薪酬”账户贷方余额为72.6万元（全部为工资）。该公司20×8年5月发生的有关薪酬业务如下：

(1) 1日，企业租入（短期租赁）房屋5套供管理人员免费使用，月租金共计2万元（含增值税），每月月末支付租金。企业于当月31日以银行存款支付本月租金2万元。

(2) 6日，从月初应付职工薪酬中扣除企业代扣的由个人承担的个人所得税2.6万元（尚未缴纳）、为职工代垫的家属医药费为1.5万元。通过银行转账实际发放工资68.5万元。

(3) 20日，企业以其生产的产品作为福利发放给直接从事生产活动的员工。该批产品成本为5万元，市场售价为9万元（不含增值税）。

(4) 31日，本月各部门工资计算结果见下表：

20×8年5月份部门工资计算简表

单位：元

部门	车间生产部门	车间管理部门	行政管理部门	销售部门	施工部门	合计
金额	308 000	30 000	83 400	94 100	60 000	575 500

假设社会保险费的计提比例为工资总额的20%，住房公积金的计提比例为工资总额的15%。

要求：根据上述资料，不考虑其他因素，分析回答下列小题。

（1）根据资料（1），下列各项中，该企业会计处理正确的有（　）。

A.借：管理费用　20 000
　贷：银行存款　20 000

B.借：管理费用　20 000
　贷：应付职工薪酬——非货币薪酬　20 000

C.借：应付职工薪酬——非货币薪酬　20 000
　贷：银行存款　20 000

D.借：应付职工薪酬——非货币薪酬　20 000
　贷：管理费用　20 000

（2）根据资料（3），下列各项中，该企业会计处理正确的有（　）。

A.库存商品减少9万元　B.生产成本增加10.17万元

C.制造费用增加10.17万元　D.主营业务成本增加5万元

（3）根据资料（2）至（4），下列各项中，应通过“应付职工薪酬”账户核算的有（　）。

A.企业为职工缴纳的社会保险费　B.企业为职工家属代垫的医药费

C.企业为职工缴纳的住房公积金　D.企业将自产产品作为福利发放给职工

（4）根据资料（4），下列各项中，该企业分配职工薪酬的会计处理正确的有（　）。

A.制造费用增加4.05万元　B.管理费用增加11.259万元

C.销售费用增加12.7035万元　D.管理费用增加12.5685万元

（5）根据资料（4），该企业5月份分配职工薪酬直接影响利润表中“营业利润”项目的金额是（　）万元。

A. 22.5685　B.24.013　C. 23.9625　D.22.572

四、知识点：消耗性生物资产业务

（一）单项选择题

1.甲公司是一家林业有限责任公司，其下属的森林班统一组织培植、管护一片森林。20×8年2月，甲公司发生森林管护费共计3 000 000元，其中本月应付职工薪酬2 000 000元，仓库领用库存肥料800 000元，计提管护设备折旧200 000元。管护森林的总面积为10 000公顷，其中作为用材林的杨树林共计8000公顷（已郁闭的占80%），作为水土保护林的马尾松共计2000公顷，已全部郁闭。假设管护费用按照森林面积比例分配，则甲公司应计入消耗性生物资产的金额为（　）万元。

A.300　B.240　C.48　D.252

2.下列不应计入消耗性生物资产成本的项目有（　）。

A.自行栽培的大田作物和蔬菜在收获前发生的必要支出

B.因择伐、间伐或抚育更新性质采伐而补种林木类消耗性生物资产发生的后续支出

C.林木类消耗性生物资产达到郁闭后发生的管护费用等后续支出

D.自行繁育的育肥畜、水产养殖的动植物在出售前发生的必要支出

（二）多项选择题

下列有关消耗性生物资产业务会计处理正确的有（　　）。

A.自行营造的林木类消耗性生物资产，应按照郁闭前发生的必要支出，确认为消耗性生物资产；林木类消耗性生物资产达到郁闭后发生的管护费用等后续支出，应直接计入当期的管理费用

B.农业生产过程中发生的应归属于消耗性生物资产的费用，按照应分配的金额，确认为消耗性生物资产

C.消耗性生物资产收获为农产品时，按照实际发生的支出确认为农产品

D.消耗性生物资产减值的影响因素已经消失的，减记金额应当予以恢复，并在原已计提的跌价准备金额内转回，转回的金额计入当期损益

五、知识点：存货清查+存货减值

（一）单项选择题

1.企业发生的原材料盘亏或毁损损失中，不应作为管理费用列支的是（　　）。

A.自然灾害造成的毁损净损失　　B.保管中发生的定额内自然损耗

C.收发计量造成的盘亏损失　　D.管理不善造成的盘亏损失

2.20×8年1月24日，丁公司因管理不善发生火灾，烧毁成本为10万元的库存商品，其料、工、费比例为5∶4∶1，增值税税率为13%。则“待处理财产损溢”项目的金额为（　　）万元。

A. 10.8　　B.10.65　　C.5　　D.10

3.甲公司20×8年12月31日存货账面余额为1 000万元，预计可变现净值为930万元。20×9年12月31日，甲公司存货账面余额为1 000万元，预计可变现净值为1 050万元。假设存货减值准备不随同存货销售结转，而是期末一次性调整，则20×9年年末甲公司应冲减的存货跌价准备金额为（　　）万元。

A. 30　　B.50　　C.70　　D.100

4.乙公司某存货期初实际成本为150万元，期初“存货跌价准备”账户贷方余额为4万元。本期购入该产品实际成本55万元，领用100万元。期末，该产品可变现净值为95万元。则本期应计提的存货跌价准备为（　　）万元。

A. 6　　B.9　　C.10　　D.15

5.甲公司期末存货采用成本与可变现净值孰低法计价。20×8年9月26日甲公司与乙公司签订销售合同：由甲公司于20×9年3月6日向乙公司销售笔记本电脑10 000台，每台1.5万元。20×8年12月31日甲公司库存笔记本电脑13 000台，单位成本1.4万元，账面成本为18 200万元。20×8年12月31日市场销售价格为每台1.3万元，预计销售税费均为每台0.05万元。则20×8年12月31日笔记本电脑的账面价值为（　　）万元。

A. 18 250　　B.18 700　　C.18 200　　D.17 750

6.20×8年3月31日，某企业乙存货的实际成本为90万元，加工该存货至完工产成品

估计还将发生成本40万元，估计销售费用和相关税费为8万元，估计用该存货生产的产成品售价为130万元。假定乙存货月初“存货跌价准备”账户贷方余额为20万元，20×8年3月31日应计提的存货跌价准备为（　　）万元。

A.-12　　B.0　　C.8　　D.12

7.甲企业为增值税一般纳税人。20×8年6月20日因管理不善造成一批库存材料毁损。该批材料账面价值为2万元，增值税进项税额为0.26万元，未计提存货跌价准备，收回残料价值为0.1万元，应由责任人赔偿0.5万元。不考虑其他因素，该企业应确认的材料毁损净损失为（　　）万元。

A. 1.4　　B.2　　C. 1.76　　D.1.66

8.下列各项中，关于企业原材料盘亏及毁损会计处理的表述正确的是（　　）。

A.管理员过失造成的损失赔偿，计入管理费用

B.由台风造成的净损失，计入营业外支出

C.应由保险公司赔偿的部分，计入营业外支出

D.经营活动造成的净损失，计入其他业务成本

9.甲企业因洪水毁损一批实际成本为50万元的库存商品。其残料价值为5万元已验收入库，应由保险公司赔偿30万元。不考虑其他因素，下列选项中，关于毁损库存商品的会计处理正确的是（　　）。

A.批注处理前：

借：待处理财产损溢	500 000	
贷：库存商品		500 000

B.批准处理后：

借：原材料	50 000	
其他应收款	300 000	
营业外支出	150 000	
贷：待处理财产损溢		500 000

C.批准处理后：

借：管理费用	150 000	
贷：待处理财产损溢		150 000

D.批注处理前：

借：待处理财产损溢	150 000	
贷：库存商品		150 000

10.企业对于已记入“待处理财产损溢”账户的存货盘亏及毁损事项进行会计处理时，应计入管理费用的是（　　）。

A.管理不善造成的存货净损失　　B.自然灾害造成的存货净损失

C.应由保险公司赔偿的存货损失　　D.应由过失人赔偿的存货损失

11.甲公司20×8年4月30日，M存货的实际成本为230万元，加工该存货至完工产成品估计还将发生成本40万元，估计相关销售费用和相关税费为3万元。该存货所生产的产品的估计售价为262万元。假定M存货月初“存货跌价准备”账户余额为3万元，20×8年

4月30日应计提的存货跌价准备为（ ）万元。

A. 11　　B.14　　C. 8　　D.0

12.20×8年12月1日，甲企业为生产M产品购入N材料一批，支付价款90万元，N材料可以用于生产M产品3件。12月31日，N材料尚未领用。12月31日，M产品的市场价格下跌为每件40万元，预计销售费用每件0.5万元，假定全部N材料加工成M产品尚需发生加工费36万元，N材料以前未计提减值准备。20×8年12月31日应计提的存货跌价准备金额为（ ）万元。

A. 0　　B.10　　C. 8.5　　D.7.5

13.甲公司为增值税一般纳税人，适用的增值税税率为13%，12月销售一批钢材，取得含税价款339万元（开出增值税专用发票）。该批钢材账面余额为320万元，已计提减值准备30万元。此项经济业务影响利润总额的金额为（ ）万元。

A.-20　　B.19　　C. 10　　D.49

（二）多项选择题

1.结合下图，下列有关“存货跌价准备”账户的表述正确的有（ ）。

A.“存货跌价准备”账户产生的沙盘推演过程和固定资产减值准备的推演过程基本一致

B.之所以在存货跌价准备的推演过程中进行人为的技术处理，是为了解决既要遵守稳健性原则又要遵守历史成本原则的“两难”问题

C.通过A段资金运动，确保“存货跌价准备”账户的余额反映存货的减值情况。当需要补提减值准备时，其流量为正数；当存货跌价准备原金额大于需要保留的金额时，其流量为负数

D.通过将存货原值和存货跌价准备结合起来，就可以知道存货的账面价值

2.结合下图，下列有关存货跌价准备发生额和余额的表述正确的有（ ）。

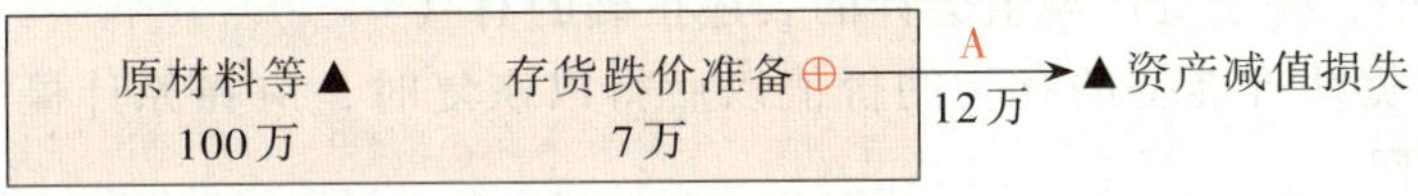

A.存货跌价准备的余额数（19万元），就是该项存货在这一时刻的减值数

B.存货跌价准备的余额数（19万元），抵减存货的账面余额（100万元），就可以得到存货的账面价值（81万元）。该账面价值就是该资产列示在资产负债表中的金额

C. A段资金运动流量（12万元）代表本期提取的减值准备数，该数额就是存货减值本期的发生额。该金额既可能是正数也可能是负数，这取决于存货跌价准备原有的余额与现在需要保留的余额孰大孰小

D. A段资金运动的目的，就是对存货跌价准备现有的余额（7万元）进行调整，以确保调整之后的余额（19万元）就是期末所需要的金额，即该资产在这一时刻的减值数

3.下列有关存货盘盈盘亏业务的表述正确的有（ ）。

A.按照惯例，存货盘盈一般都冲减企业的管理费用

B.自然损耗所产生的定额内损耗，一定作为企业的管理费用处理

C.属于计量收发错误和管理不善造成的，应扣除残值、可收回的保险赔偿和过失人的赔偿后，计入企业的管理费用

D.属于自然灾害或意外事故造成的，扣除残值和可收回的赔款后，作为营业外支出处理

4.存货发生税法所认定的“非正常损失”时，其进项税额不得抵扣。税法所指的“非正常损失”主要是指（　　）。

A.因管理不善造成的存货被盗、丢失、霉烂变质

B.因自然灾害或意外事故造成存货毁损

C.因违反法律法规造成存货或者不动产被依法没收、销毁、拆除

D.因自然损耗造成定额内的存货损耗

5.下列关于各项资产清查的说法中，不正确的有（　　）。

A.盘盈的存货按照存货的重置成本入账，并冲减公司的管理费用

B.自然灾害导致的存货盘亏，其相应的增值税进项税额不得抵扣，应转出，按照盘亏的净值，计入营业外支出

C.盘盈的固定资产按照重置成本入账

D.管理不善导致的存货毁损，其相应的增值税进项税额可以抵扣

6.下列各项中，关于企业存货减值的相关会计处理的表述正确的有（　　）。

A.企业结转存货销售成本时，对于已计提的存货跌价准备也可以一并结转

B.资产负债表日，当存货期末账面价值低于可变现净值时，企业存货应按可变现净值计量

C.资产负债表日，存货应该按照成本与可变现净值孰低计量

D.资产负债表日，当存货的期末公允价值高于其可变现净值时，企业存货应该按账面价值计量

7.下列各项中，关于资产减值会计的表述正确的有（　　）。

A.已计提存货跌价准备的存货的价值以后得以恢复时，应在原计提的跌价准备金额范围内转回

B.已计提减值准备的无形资产的价值以后得以恢复时，应在原计提的减值准备金额范围内转回

C.已计提的应收账款坏账准备，在以后会计期间可以转回

D.固定资产减值损失一经确认，以后会计期间内不得转回

8.下列关于存货减值的表述中，正确的有（　　）。

A.存货期末应当按照成本与可变现净值孰低计量

B.当存货成本高于可变现净值时，企业应当计提存货跌价准备

C.“存货跌价准备”账户的期末余额一般在借方，反映企业已计提但尚未转销的存货跌价准备

D.企业计提的存货跌价准备在持有期间不可以进行转回

9.下列各项中，企业发现存货盘亏，报经管理权限批准后，正确的会计处理有（　　）。

A.入库的残料价值，应记入“原材料”等账户

B.应由保险公司或过失人赔偿的，计入其他应收款

C.由于管理不善造成的存货盘亏净损失，应计入营业外支出

D.由于非常原因造成的存货盘亏净损失，应计入营业外支出

10.下列各项中，会引起企业期末存货账面价值发生变动的有（　　）。

A.已发出商品但尚未确认销售收入

B.委托外单位加工发出的材料

C.发生的存货盘亏

D.冲回多计提的存货跌价准备

（三）判断题

1.如果以前减计存货价值的影响因素已经消失，则应在原已计提的存货跌价准备的金额内转回，转回的金额应计入营业外收入。（　　）

2.所有存货的可变现净值都是该存货的估计售价减去其估计的相关销售税费之后的余额。（　　）

（四）不定项选择题

1.甲公司为增值税一般纳税人，适用的增值税税率为13%。采用实际成本对存货成本进行核算。20×8年12月1日，该企业“原材料——M材料”账户期初结存数量为10 000千克，单位成本为30元，未计提减值准备。12月发生的有关M材料收发业务或事项如下：

（1）10日，购入M材料4 020千克，增值税专用发票上注明的价款为128 000元，增值税税款为16 640元，销售方代垫运杂费4 000元（不含增值税，增值税税率为9%），运输途中发生合理损耗20千克，材料已验收入库，货款尚未支付。

（2）20日，销售M材料1 000千克，开出的增值税专用发票上注明的价款为40 000元，增值税税款为5 200元，材料已发出，并已向银行办妥托收手续。

（3）25日，本月生产产品耗用M材料9 000千克，生产车间一般耗费100千克。

（4）31日，采用月末一次加权平均法计算发出M材料成本。

（5）31日，预计M材料可变现净值为140 000元。

要求：根据上述资料，不考虑其他因素，分析回答下列小题。

（1）根据资料（1），下列各项中，该公司购入M材料的会计处理结果正确的有（　　）。

A.M材料的实际入库数量为4 000千克

B.M材料运输过程中的合理损耗使入库总成本增加656.72元

C.M材料入库单位成本为33元/千克

D.M材料入库总成本为132 000元

（2）根据资料（2），下列各项中，该公司销售M材料的会计处理结果正确的有（　　）。

A.银行存款增加45 200元

B.主营业务收入增加40 000元

C.其他业务收入增加40 000元

D.应收账款增加45 200元

（3）根据资料（3），下列各项中，关于该公司发出材料会计处理的表述正确的有（　　）。

A.生产产品耗用原材料应计入制造费用

B.生产产品耗用原材料应计入生产成本

C.生产车间一般耗费原材料应计入管理费用

D.生产车间一般耗费原材料应计入制造费用

（4）根据期初资料，及资料（1）至（4），下列各项中，关于结转销售材料成本的会计处理正确的有（　　）。

A.M材料加权平均单价为30.81元　　B.其他业务成本增加30 860元

C.其他业务成本增加30 810元　　D.M材料加权平均单价为30.86元

（5）根据期初资料，及资料（1）至（5），下列各项中，关于该公司12月末M材料的会计处理结果的表述正确的有（　　）。

A.12月末应计提存货跌价准备19 646元

B.12月末列入资产负债表"存货"项目的原材料金额为120 354元

C.12月末结存M材料的成本为120 354元

D.12月末M材料成本高于其变现净值，应计提存货跌价准备

2.甲公司为增值税一般纳税人，适用的增值税税率为13%，原材料采用实际成本核算，发出材料采用月末一次加权平均法计算。20×8年12月1日，甲公司M材料库存数量为1 200千克，每千克成本为200元。20×8年12月该公司发生有关存货业务如下：

（1）3日，以面值为24万元的银行汇票购买M材料1 000千克，每千克不含税价格为210元，取得的增值税专用发票上注明的增值税税额为2.73万元。另外以银行存款支付装卸费0.6万元，取得的增值税专用发票上所注明的增值税为0.036万元。材料已验收入库，多余款项通过银行退回。

（2）12日，收到乙公司作为资本投入的M材料3 000千克，并验收入库，乙公司已开具增值税专用发票，投资合同约定该材料不含税价格为61万元，允许抵扣的增值税进项税额为7.93万元。假定合同价值与公允价值相同，乙公司在甲公司注册资本中的份额为60万元。

（3）31日发料汇总表中M材料记录为：生产领用3 600千克，车间一般性耗费100千克，行政管理部门耗用50千克，销售部门领用50千克。

（4）31日，财产清查中发现盘亏材料的成本为2万元，经查是保管员的过失造成的，按规定应由保管员赔偿0.4万元，款项尚未收到。

要求：根据上述资料，不考虑其他因素，分析回答下列小题。

（1）根据资料（1），下列各项中，甲公司会计处理正确的有（　　）。

A.购买原材料：

借：在途物资	216 000	
应交税费——应交增值税（进项税额）	27 660	
贷：其他货币资金		237 300
银行存款		6 360

B.申请签发银行汇票：

借：其他货币资金	240 000	
贷：银行存款		240 000

C.返还银行汇票多余款项：

借：银行存款	2 700	

贷：其他货币资金　　2 700

D.购买原材料：

借：在途物资　　210 000

　　应交税费——应交增值税（进项税额）　　27 300

　贷：其他货币资金　　237 300

（2）根据资料（2），下列甲公司的会计处理正确的有（　　）。

A.资本公积增加8.93万元　　B.原材料增加61万元

C.应交税费减少7.93万元　　D.实收资本增加68.93万元

（3）根据期初资料以及资料（1）和资料（2），甲公司发出M材料的平均单价为（　　）元/千克。

A. 210　　B.205　　C. 206　　D.211

（4）根据资料（3），下列甲公司的会计处理正确的有（　　）。

A.行政管理部门领用材料计入管理费用1.025万元

B.车间一般性耗费原材料应计入制造费用2.05万元

C.生产产品领用的材料应计入生产成本73.8万元

D.销售部门领用材料应计入销售费用1.025万元

（5）根据资料（4），下列各项会计处理正确的有（　　）。

A.原材料减少2万元　　B.其他应收款增加0.4万元

C.管理费用增加2万元　　D.应收账款增加0.4万元

3.甲公司为增值税一般纳税人，适用的增值税税率为13%。该材料采用实际成本核算，销售产品作为主营业务，该公司的存货未计提减值准备。20×8年8月发生的有关经济业务如下：

（1）购入M材料一批，增值税专用发票上注明的价款为20万元，增值税税款为2.6万元；另支付材料运输费0.4万元，取得的增值税专用发票上注明的税款为0.036万元。款项均通过银行予以支付，材料已验收入库。

（2）委托外单位加工N材料（非金银首饰），原材料价款为20万元，支付加工费4万元，取得增值税专用发票上注明的税款为0.52万元；由受托方代收代缴消费税6万元，材料加工完毕并验收入库，款项均已支付。收回的材料用于连续生产应税消费品。

（3）将50台自产产品作为福利分配给本公司销售人员，该批产品的成本为24万元，实际售价为36万元（不含增值税），当月发生销售费用40.68万元。

（4）购买不需要安装生产经营用设备一台，增值税专用发票上注明价款为17万元，增值税税款为2.21万元。

（5）生产用在建工程领用M材料2万元。

（6）盘亏原材料M一批，成本为2万元，原支付的增值税进项税额为0.26万元，经查是由于管理不善造成的，其盘亏净损失尚未处理。

（7）对外销售产品一批，产品成本为3万元，交易价格为5万元，增值税税率为13%，消费税税率为10%。满足收入确认条件，款项尚未收到。

（8）出售房屋一幢，账面原值300万元，已折旧80万元，取得不含税收入280万元，清理完毕，其适用的增值税税率为9%。

（9）本月缴纳本期增值税12万元，缴纳消费税6万元。

（10）本月计提管理部门用固定资产折旧费4万元。

其他资料：20×8年7月31日资产负债表中的固定资产项目金额为1 250万元，存货为500万元。应付职工薪酬为0.2万元（贷方），应交税费为1.4万元（贷方）。

要求：根据上述资料，回答下列小题。

（1）根据资料（1），下列会计处理正确的是（　　）。

A.借：原材料　　204 000

　　应交税费——应交增值税（进项税额）　　26 360

　贷：银行存款　　230 360

B.借：在途物资　　204 000

　　应交税费——应交增值税（进项税额）　　26 360

　贷：银行存款　　230 360

C.借：原材料　　204 000

　贷：银行存款　　204 000

D.借：在途物资　　204 000

　贷：银行存款　　204 000

（2）下列说法中，正确的是（　　）。

A.资料（2），委托加工后收回的物资成本为30万元

B.资料（6），盘亏原材料的进项税额0.26万元不可以抵扣，应转出

C.资料（7），应确认销项税额

D.资料（8），出售固定资产净损益为60万元

（3）本月月末，资产负债表中“固定资产”项目的金额为（　　）万元。

A. 1 053　　B.1 043　　C. 1 050　　D.1 040

（4）本月末，资产负债表中“存货”项目的金额为（　　）万元。

A. 438.5　　B.493.5　　C. 438.4　　D.493.4

（5）根据资料（1）至资料（10），甲公司20×8年8月利润表中“营业利润”的金额为（　　）万元。

A. 28.82　　B.29.82　　C. 28.84　　D.29.84

4.甲公司为增值税一般纳税人，适用的增值税税率为13%。原材料采用实际成本核算，月末采用全月一次加权平均法计算发出M材料的成本。20×8年5月发生有关事项如下：

（1）月初结存M材料1 500千克，每千克的实际成本为250元；6日，购入M材料800千克，每千克的单价为261.5元；20日发出M材料2 000千克，其中用于仓库日常维修200千克，财务部房屋日常维修100千克，其余材料全部用于产品生产。

（2）月末，计提固定资产折旧费80万元，其中车间管理用设备折旧55万元，企业总部办公楼折旧10万元、行政管理部门用汽车折旧费5万元、专设销售机构折旧费10万元。

（3）本月发生管理部门日常固定资产维修费3.2万元，全部以银行存款支付。

（4）31日，对记入“待处理财产损溢”账户的资产盘亏、盘盈原因进行了查实，其中原材料盘盈0.5万元属于收发计量错误，固定资产盘亏净损失12万元属于偶发意外事项，现金短缺0.15万元无法查明原因。

要求：根据资料，回答下列小题。

（1）根据期初资料和资料（1），该企业发出M材料的每千克实际成本为（　　）元。

A. 255　　B.254　　C. 256　　D.257

（2）根据资料（1），下列各项中，领用M材料会计处理正确的有（　　）。

A.计入管理费用7.62万元　　B.计入生产成本43.18万元

C.计入财务费用2.64万元　　D.计入在建工程6.08万元

（3）根据资料（3），下列各项中，关于管理部门发生固定资产日常维修费的处置正确的是（　　）。

A.借：在建工程　32 000
　　贷：银行存款　32 000

B.借：营业外支出　32 000
　　贷：银行存款　32 000

C.借：生产成本　32 000
　　贷：银行存款　32 000

D.借：管理费用　32 000
　　贷：银行存款　32 000

（4）根据资料（2），下列关于固定资产折旧的会计处理中正确的有（　　）。

A.制造费用增加55万元　　B.管理费用增加10万元

C.销售费用增加10万元　　D.管理费用增加15万元

（5）根据资料（4），下列各项中正确的有（　　）。

A.原材料盘盈应记入“管理费用”账户的贷方

B.固定资产盘亏净损失应记入“管理费用”账户的借方

C.现金短缺应记入“管理费用”账户的借方

D.固定资产盘亏净损失应记入“营业外支出”账户的借方

5.甲公司为增值税一般纳税人，存货、不动产适用的增值税税率分别为13%和9%。20×8年9月发生以下经济业务事项（以下业务不考虑增值税以外的其他相关税费）：

（1）9月1日，从乙公司购入一批产品500件，每件购买价300元，甲公司支付了价款并取得了增值税专用发票；途中发生运输费0.4万元，增值税税率9%，已取得增值税专用发票，还支付保险费1万元、装卸费等0.6万元（不考虑增值税）。验收入库时发现短缺20件，经查属于定额内损耗。

（2）9月5日，出售一栋办公楼，该办公楼于20×4年12月31日购买，购买时不含税价款为255万元（增值税可以抵扣），另外支付相关手续费等2.3万元，款项均以银行存款支付。该办公楼预计可使用年限为10年，预计净残值为5.3万元，采用直线法计提折旧。假设不考虑固定资产减值因素，处置当日取得价款200万元（不含增值税，增值税税率为9%），发生清理费用0.2万元（不考虑增值税）。

（3）9月12日，购入丙公司股票15万股作为交易性金融资产，每股买价10元，另支付手续费0.4万元，取得的增值税专用发票上注明的税款为0.024万元。

（4）9月30日，取得一项专利技术的租金收入3万元（不含增值税，税率6%），该专利技术于20×8年3月20日开始研发，发生研发费用72万元，其中符合资本化条件的金额为60万元；20×8年6月30日，研发成功并申请了专利，预计使用年限为10年（从下月开始摊销），采用直线法摊销，预计净残值为0。税费规定，该专利免征增值税。

（5）月末进行财产清查，发现购入乙公司的产品盘亏5万元，其中应转出的增值税进项税额为0.26万元。经查属于管理不善造成的霉烂变质，其中应由责任人赔偿0.6万元。

要求：根据上述资料，回答下列小题。

（1）下列关于资料（1）的说法正确的有（　　）。

A.产生的增值税进项税额为1.986万元

B.该批产品的入账价值为17万元

C.购入过程中发生的保险费、装卸费等应计入管理费用

D.短缺的20件的成本属于合理损耗，不能从产品成本中扣除

（2）下列关于资料（2）的说法正确的有（　　）。

A.办公楼到出售时的折旧费用为94.5万元

B.出售办公楼时，应按办公楼的账面价值转为固定资产清理

C.出售办公楼时，应按办公楼的账面价值转为累计折旧

D.发生清理费用的会计分录为借记“固定资产清理”，贷记“银行存款”

（3）资料（3）中交易性金融资产的入账价值为（　　）万元。

A. 150　　B.150.4　　C. 150.424　　D.149.6

（4）下列关于资料（4）的说法正确的有（　　）。

A.无形资产每月的摊销额为0.5万元

B.无形资产计提的摊销额应借记“管理费用”

C.无形资产每月摊销金额为0.6万元

D.无形资产计提的摊销额应借记“其他业务成本”

（5）下列关于资料（5）的说法正确的有（　　）。

A.应计入其他应收款的金额为0.6万元

B.由于管理不善造成的存货盘亏净损失应计入营业外支出

C.由于管理不善造成的存货盘亏净损失应计入管理费用

D.财产清查时发现产品盘亏，直接计入营业外支出

本章答案

一、知识点：生产环节业务综合分析

（一）单项选择题

1.答案：D

解析：仓储费用并非为达到下一个生产阶段所必需的，应该在发生时计入当期损益；运输途中的合理损耗只影响存货单位成本，不影响存货总价；取得的增值税普通发票的进项税额不能抵扣，其进项税额要计入所购材料的成本之中。

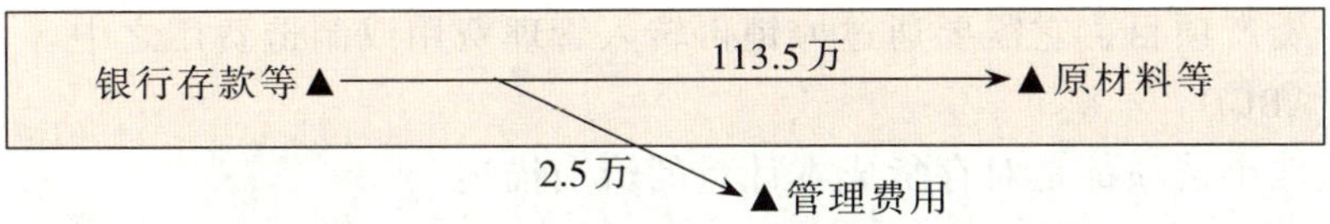

2.答案：B

解析：增值税小规模纳税人不考虑增值税抵扣问题，运输途中的合理损耗应计入采购成本之中；入库前的挑选整理费用应计入成本之中。该材料的入账价值=2 060×50+500=103 500（元）。

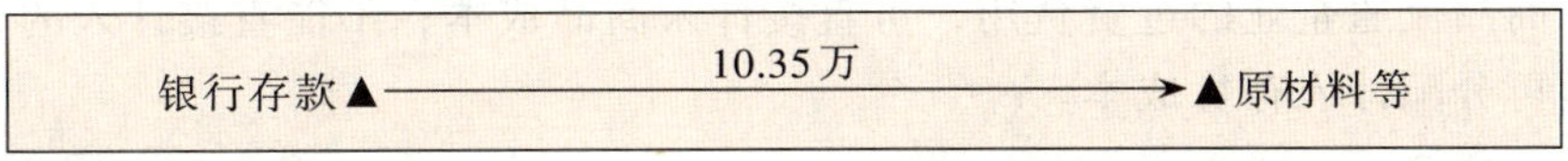

3.答案：D

解析：每吨单位成本=（60+3+1）÷（200.1−0.1）=0.32（万元/吨）。

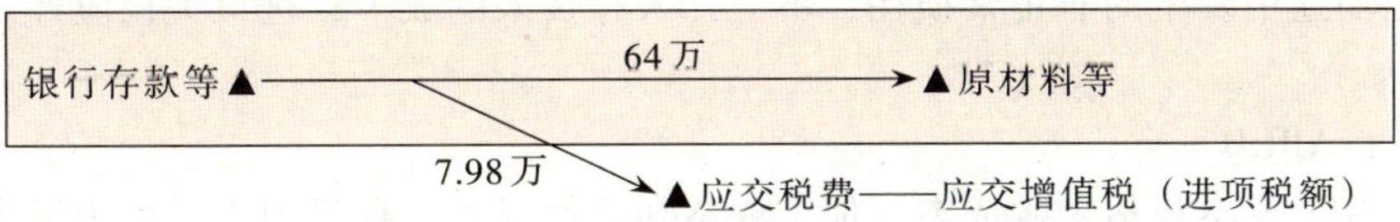

4.答案：B

解析：5月3日领用成本=3×15=45（万元）；5月27日领用成本=1×15+3×14+2×12=81（万元）；5月末结存成本=2×12=24（万元）。

5.答案：C

解析：因自然灾害造成的在途物资毁损，不属于合理损耗，不应计入存货成本，应计入营业外支出，但其增值税进项税额仍然可以抵扣，不需要转出。

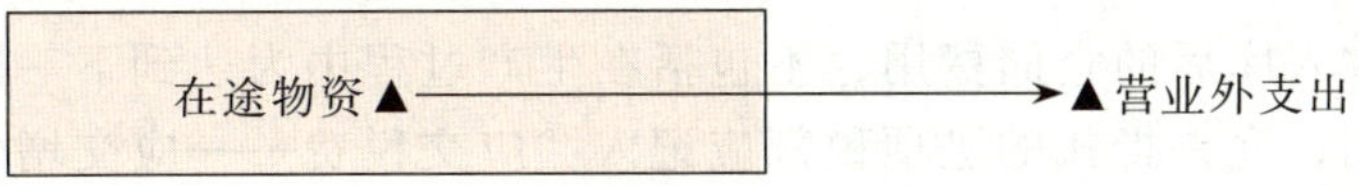

6.答案：C

解析：9月末M材料的单位成本=（400+150×2.1+140×2.11）÷（200+150+140）=2.062（万元/千克）。9月末结存M材料成本=（200+150−300+140）×2.062=391.78（万元）。

7.答案：B

解析：9月6日单位成本=（150+80×1.5675）÷（100+80）=1.53（万元/件），9月16日库存的商品成本=（100+80−70）×1.53=168.3（万元）。

（二）多项选择题

1.答案：ABCD

解析：在途物资反映正在采购的原材料；生产成本和制造费用共同反映在产品成本；委托加工物资属于企业的存货，只不过实物放在别的企业加工而已。

2.答案：CD

解析：委托加工物资和委托代销商品都属于企业的存货。工程物资属于非流动资产；受托代销商品不属于本企业的商品，应属于对方企业的商品。

3.答案：ACD

解析：完工产品成本主要由直接材料费、直接人工费和制造费用三部分构成。长期待摊费用是一个资产项目，它需要通过摊销再转入管理费用或制造费用之中。

4.答案：ABCD

解析：这四个选项都是对存货成本计量的恰当描述。

5.答案：AC

解析：选项A、C的所有权属于企业。选项B、D的所有权不属于企业，不是企业的资产。

6.答案：BD

解析：商品流通企业的进货费用，可直接计入商品成本；不能直接计入的，应先进行归集，然后再分配计入存货成本。

7.答案：ACD

解析：取得的增值税普通发票上注明的进项税额不能抵扣，应计入所购物资成本；采购物资在运输途中发生的非正常损耗，不应计入存货采购成本；进口关税应计入所购货物的成本。

8.答案：ABCD

解析：存货成本包括采购成本、加工成本和其他成本。存货加工过程中发生的直接人工费属于加工成本；企业为特定顾客设计产品所发生的可直接确定的设计费用，属于存货的其他成本；购买存货所支付的进口关税属于存货的采购成本；存货采购运输途中发生的定额内损耗属于存货的采购成本。

9.答案：ABCD

解析：采购成本是指在采购过程中发生的支出。这四个选项都属于材料的采购成本。

10.答案：AB

解析：验收入库后的仓储费用，不包括在生产过程中为达到下一阶段所需的仓储费，要计入管理费用；允许抵扣的进项税额应记入“应交税费——应交增值税（进项税额）”账户。

11.答案：ABCD

解析：这四种存货计价方法都是可以的。但后进先出法准则不允许。

（三）判断题

1.答案：×

解析：生产车间发生的非正常消耗的直接材料费、直接人工费及制造费用，应直接计入当期损益，不应该计入存货成本。

2.答案：√

解析：后者属于专属费用，有明确的承担对象，因此应计入其成本。

3.答案：√

解析：但不利于成本核算工作的及时进行。因为在全月一次加权平均法下，不到月末就无法计算单位成本，导致成本核算工作都集中到月末进行。

二、知识点：生产环节中的存货业务

（一）单项选择题

1. 答案：D

解析：（8 000−2 000）÷（100 000+192 000）×100%=2.05%。

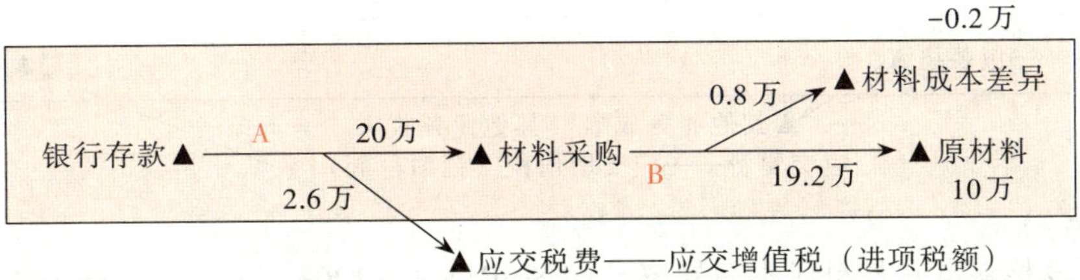

2. 答案：B

解析：差异率=（−1 000+500）÷（100 000+100 000）×100%= −0.25%。

应分摊的差异=150 000×（−0.25%）=−375（元）。

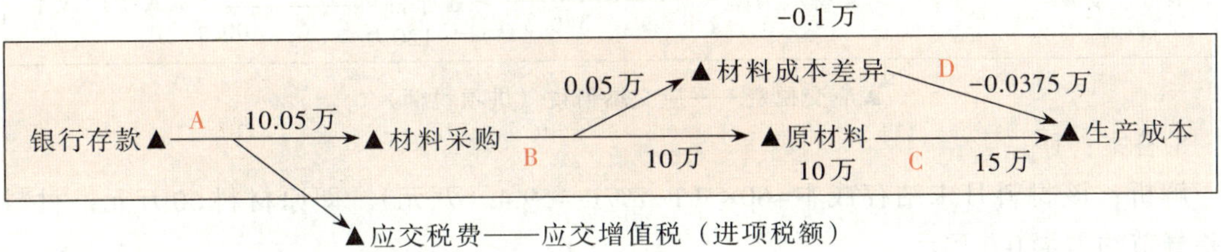

3. 答案：C

解析：差异率=（4 200−1 000）÷（100 000+60 000）×100%=2%。

应分摊的差异=150 000×2%=3 000（元）。

期末结存材料的实际成本为=10 000+200=10 200（元）。

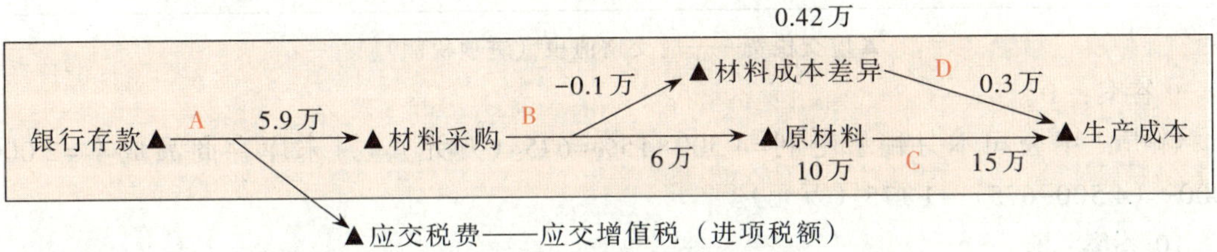

4. 答案：C

解析：

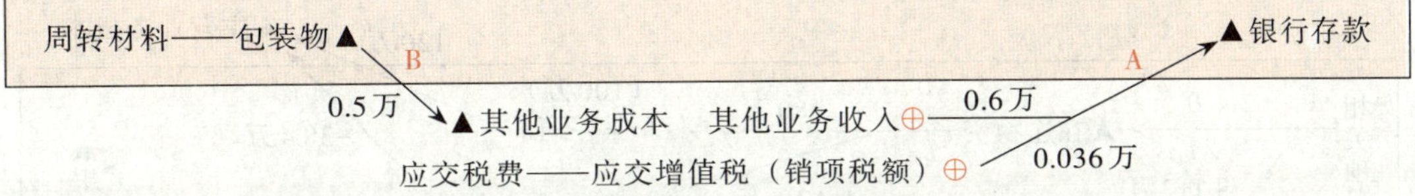

5. 答案：B

解析：

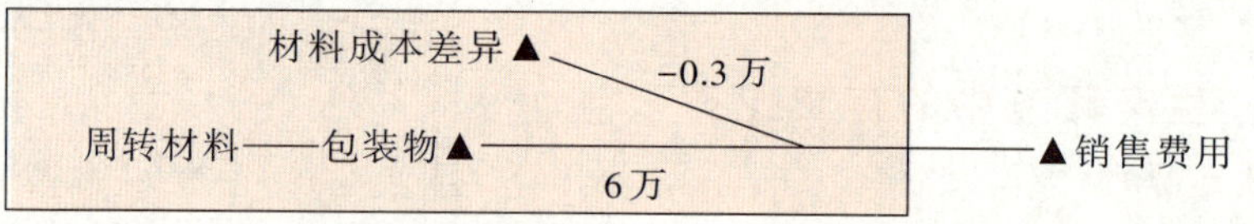

6.答案：B

解析：

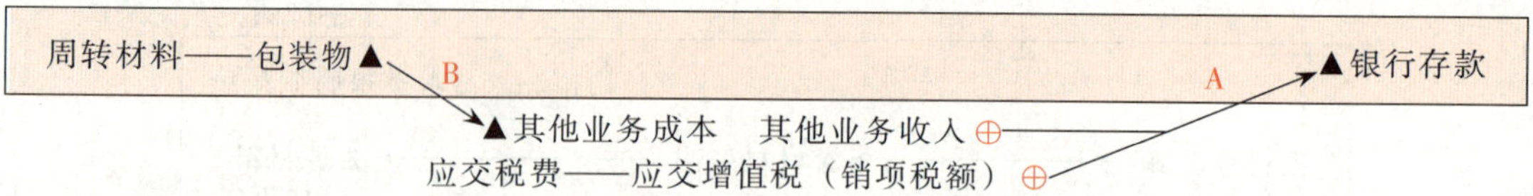

7.答案：A

解析：该材料本月材料成本差异率=（4.8−9.4）÷（120+340）×100%=−1%。

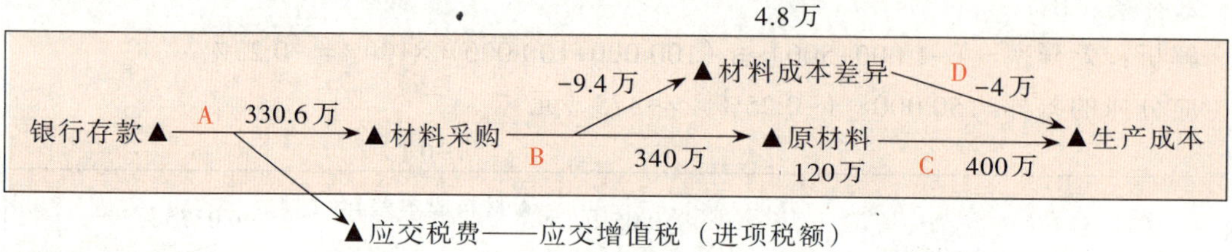

8.答案：D

解析：该材料月末结存成本=60×（1−1%）=59.4（万元）。即原材料60万元，材料成本差异节约差异0.6万元。

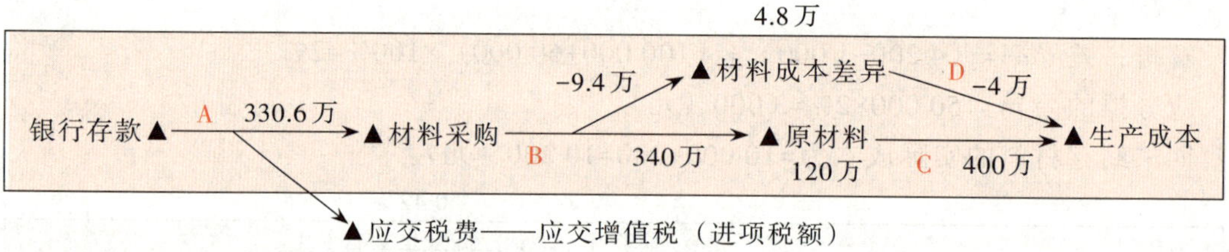

9.答案：D

解析：甲公司本月销售毛利=4 500×15%=675（万元）。月末库存商品成本=2 000+3 000−（4 500−675）=1 175（万元）。

10.答案：C

解析：商品进销差价率=（40+17.6）÷（100+80）×100%=32%，已销纺织品应承担的进销差价=120×32%=38.4（万元），本期销售纺织品的实际成本=120−38.4=81.6（万元）。

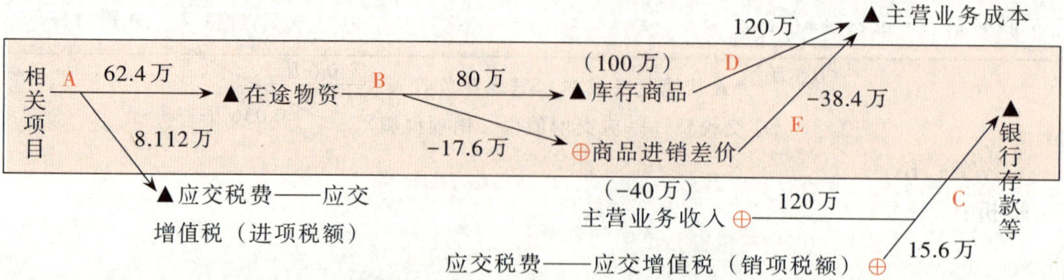

11. 答案：A

解析：材料成本差异率=（-20+10）÷（200+300）×100%=-2%；领用材料应分摊的材料成本差异=400×（-2%）=-8（万元）；当月领用材料实际成本=400-8=392（万元）。

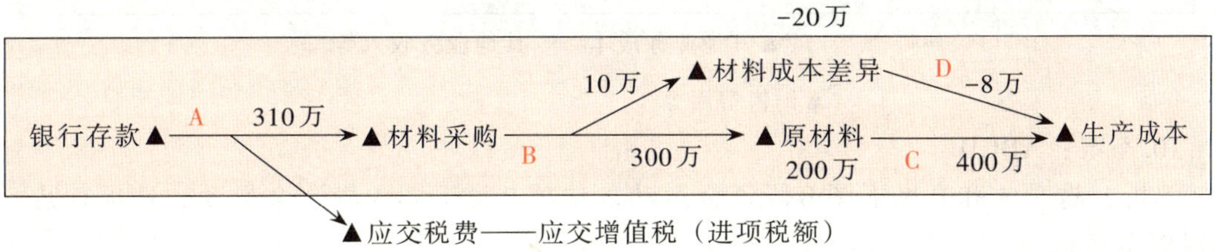

（二）多项选择题

1. 答案：AB

解析：C段资金运动反映，企业领用材料投入产品生产，其材料的计划成本为18万元，而不是实际成本18万元。因此选项C是错的。D段资金运动反映，企业分摊生产产品领用的材料所应承担的材料成本差异-0.36万元，从而抵减生产成本0.36万元。由此可以推断，其材料成本差异率是-2%，是一个节约差异，而不是超支差异。因此选项D是错的。

2. 答案：ABC

解析：整个资金运动结束后，原材料余额为12万元，反映其计划成本；材料成本差异余额为0.12万元，反映为超支差异。因此选项D是错的。其他的选项是对业务的恰当描述。

3. 答案：CD

解析：借方登记流入量，即位于资金运动的终点：B段相关流量为正，D段相关流量为负。

4. 答案：BD

解析：贷方登记流出量，即位于资金运动的起点：D段相关流量为正，B段相关流量为负。

5. 答案：ABCD

解析：这四个选项的表述都是对包装物业务的恰当描述。

6. 答案：ABCD

解析：这四个选项的表述都是对低值易耗品业务的恰当描述。

7. 答案：ABD

解析：低值易耗品在使用的过程中，其实物形态一般不会发生改变。

8. 答案：ABCD

解析：这四个选项都是对周转材料摊销方法的恰当描述。

9. 答案：ABCD

解析：选项A见下图C2段资金运动，选项B和D见下图A段资金运动；选项C见下图

B段资金运动。

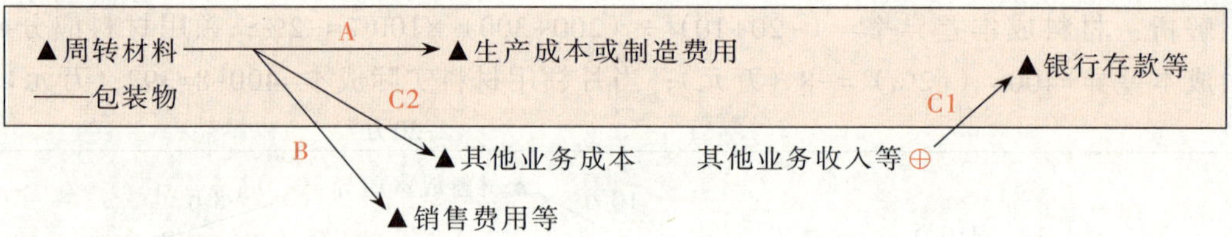

10.答案：ABCD

解析：选项A和D见下图B段资金运动，选项B见下图A段资金运动，选项C见下图C2段资金运动。

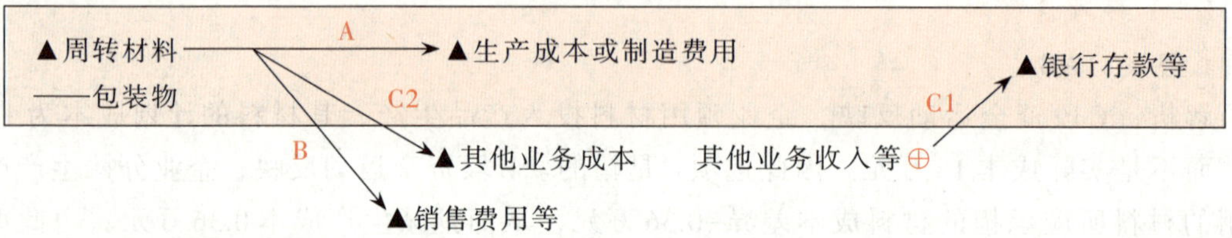

11.答案：ABD

解析：随同商品出售而单独计价的包装物取得的收入应确认为其他业务收入，结转的包装物成本，应计入其他业务成本。

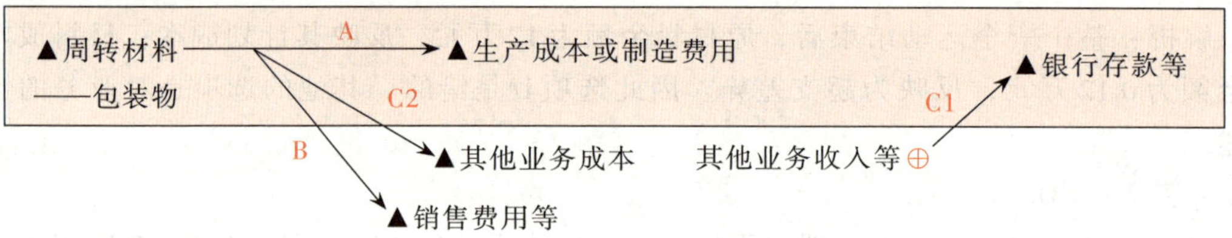

（三）判断题

1.答案：×

解析：发出存货应负担的成本差异，必须按月分摊，不得在季末或年末一次分摊。

2.答案：×

解析：如果采用计划成本核算，会计期末应将其调整为实际成本，并在资产负债表中按实际成本列示。

3.答案：√

解析：在这种情况下，库存商品成本是一个按售价核算的假成本，企业需要将其与商品进销差价结合起来，才能得到其实际成本。

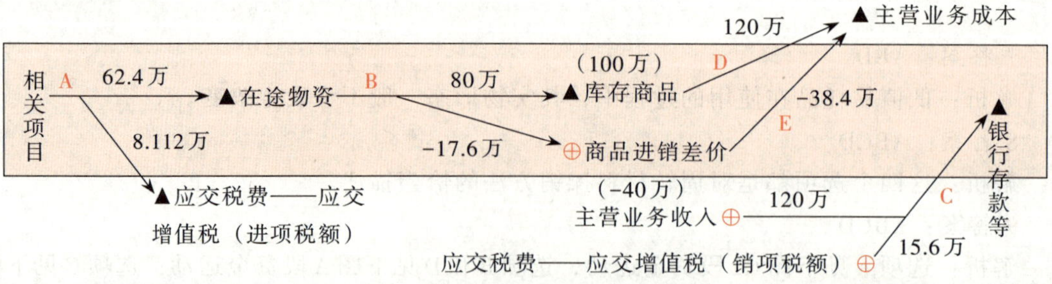

（四）不定项选择题

1. 答案：

（1）C

解析：见下图A段资金运动。

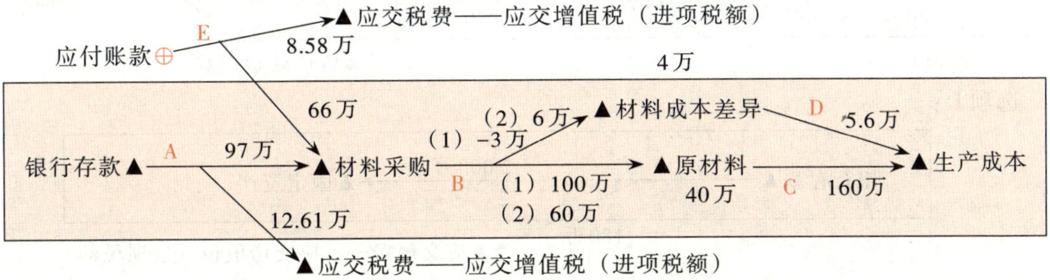

（2）B

解析：见上图B段中（1）所示。

（3）C

解析：期初超支差异4万元（借方）；资料（1）和（2）产生的节约差异3万元（贷方）；资料（3）产生超支差异6万元（借方）。材料成本差异率=（4-3+6）÷（40+100+60）×100%=3.5%。

（4）A

解析：发出材料应负担的差异=16×10×3.5%=5.6（万元）。见上图D段运动。

（5）AB

解析：期末结存材料的实际成本=（40+4）（期初资料）+（100-3）（资料1和2）+（60+6）（资料3）-（160+5.6）（资料4）=41.4（万元），即原材料40万元，材料成本差异超支差异1.4万元。

2. 答案：

（1）ABCD

解析：建造仓库领用自产产品，产品未离开核算主体，不应确认收入，应按其成本计入在建工程；建造不动产属于增值税纳税范围，所以领用自产产品不需要确认增值税销项税额。

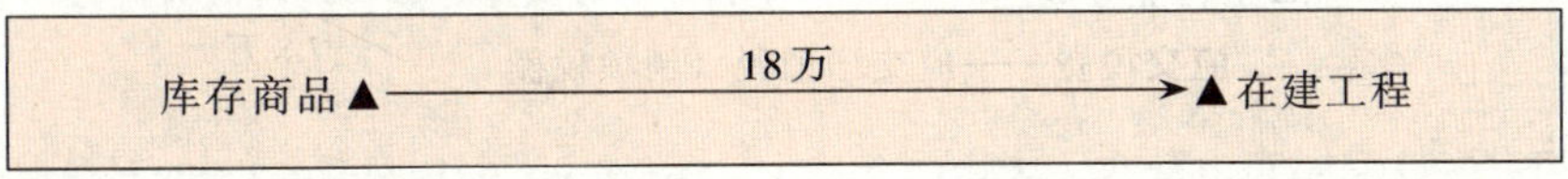

（2）ABD

解析：

选项A：

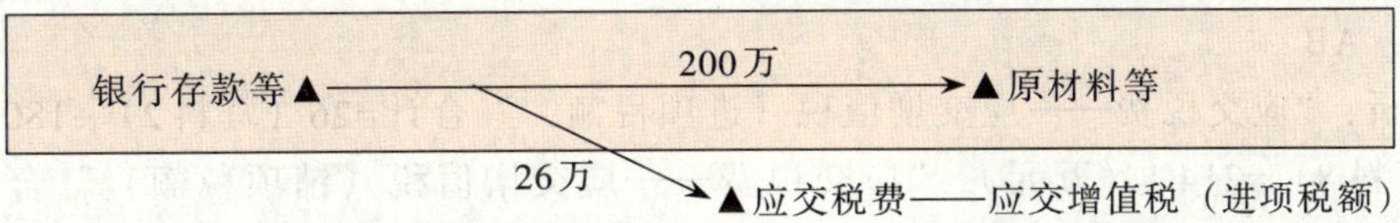

选项 B：

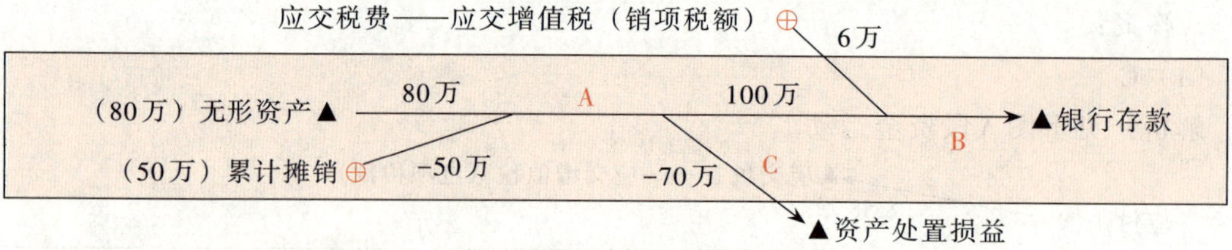

选项 D：

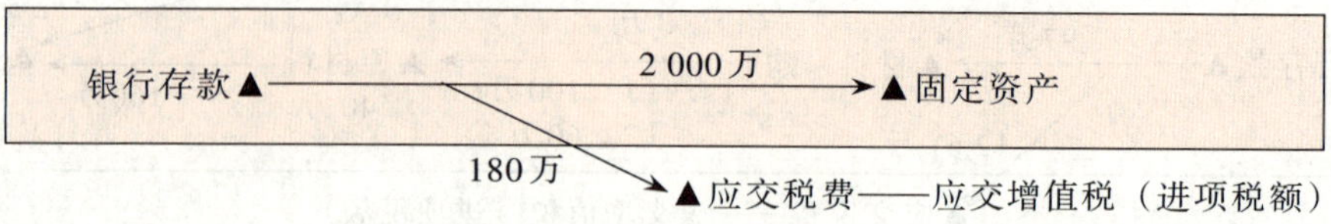

（3）AD

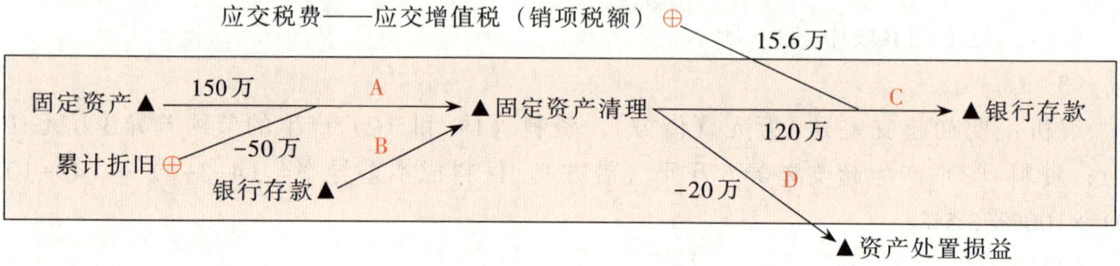

（4）ABD

解析：

选项 A：

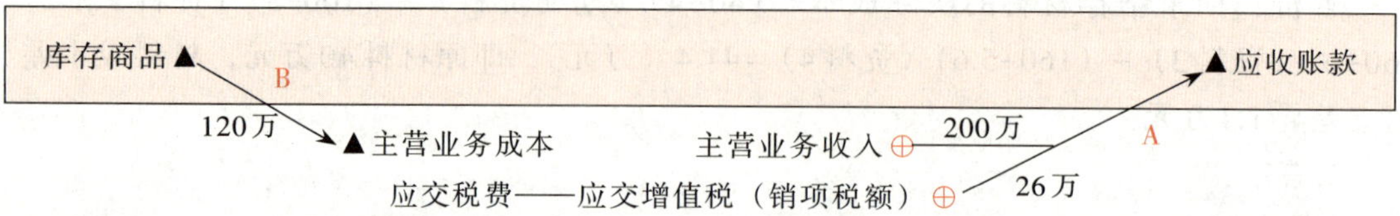

选项 B：

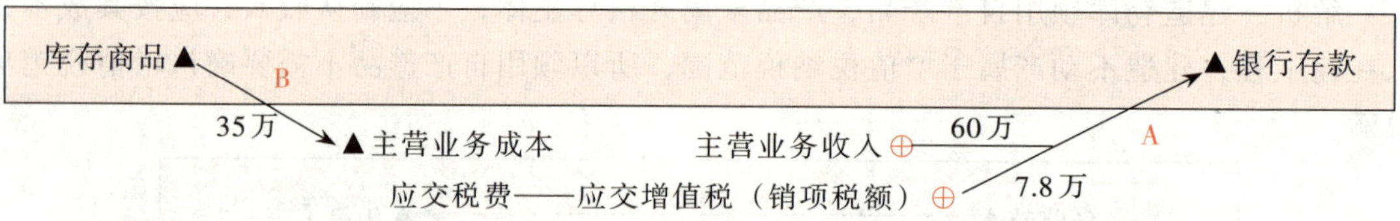

选项 D：

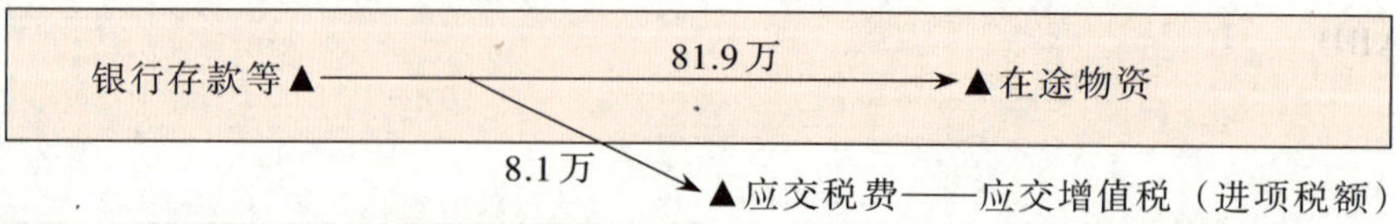

（5）AB

解析："应交税费——应交增值税（进项税额）"合计=26（资料2）+180（资料4）+8.1（资料8）=214.1（万元）。"应交税费——应交增值税（销项税额）"合计=6（资料

3）+15.6（资料5）+26（资料6）+7.8（资料7）=55.4（万元）。

三、知识点：职工薪酬业务

（一）单项选择题

1.答案：C

解析：企业应该在“应付职工薪酬”下设置“工资”“职工福利”“医疗保险费”“住房公积金”“工会经费”“职工教育经费”“非货币性福利”“累积带薪缺勤”“利润分享计划”“设定提存计划”“设定受益计划”“辞退福利”等明细分类账。

2.答案：A

解析：因解除与职工的劳动关系给予的补偿，要全额计入当期的管理费用。其他的都需要在各个成本或费用之间进行分摊。

3.答案：D

解析：为企业提供审计服务的注册会计师不属于企业职工的范畴，不能通过应付职工薪酬来处理，而应该在以银行存款支付审计费用的时候直接反映管理费用的增加。

4.答案：D

解析：教育费附加属于国家税费的一个组成部分，应该通过“应交税费——应交教育费附加”来反映。

5.答案：D

解析：管理费用金额=100×2×（1+13%）=226（万元）。

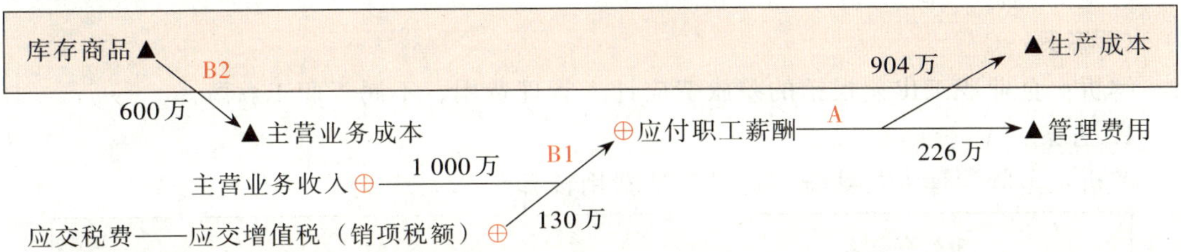

6.答案：C

解析：管理费用金额=20×0.3+5×0.5×（1+9%）=8.725（万元）。

7.答案：D

解析：应付职工薪酬金额=100×0.1×（1+13%）=11.3（万元）。

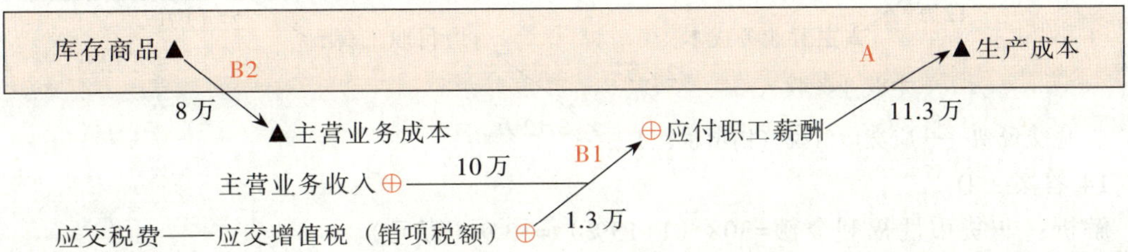

8. 答案：B

解析：应付职工薪酬金额=100×0.035×（1+13%）=3.955（万元）。

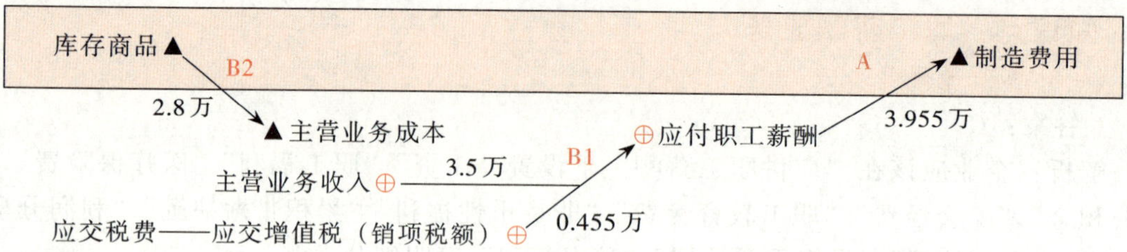

9. 答案：D

解析：

10. 答案：B

解析：非货币性福利金额=10×（1+13%）=11.3（万元）。

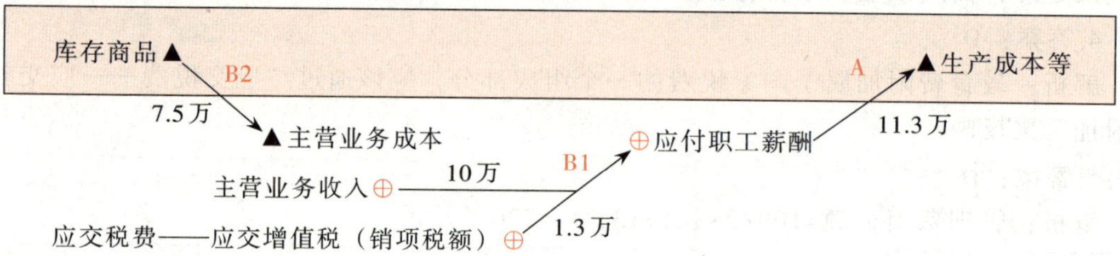

11. 答案：C

解析：企业职工出差报销的差旅费应计入管理费用，不属于职工薪酬。

12. 答案：A

解析：车间管理人员薪酬应通过制造费用核算。

13. 答案：C

解析：非货币性福利金额=100×0.24×（1+13%）=27.12（万元）。

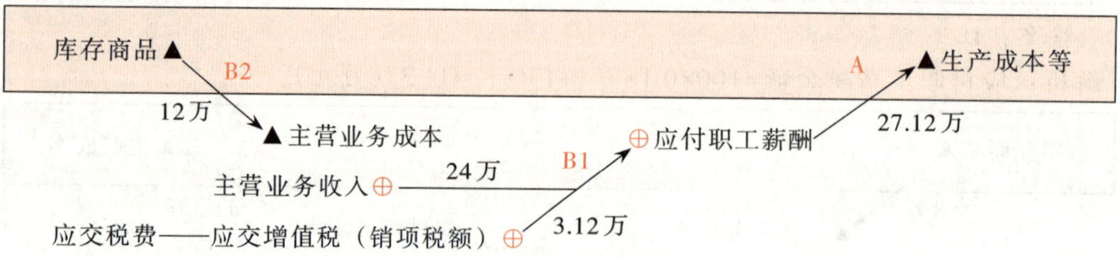

14. 答案：D

解析：非货币性福利金额=30×（1+13%）=33.9（万元）。

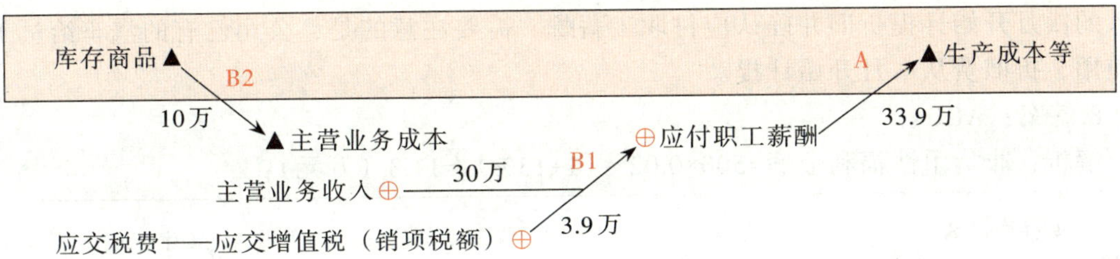

15.答案：A

解析：

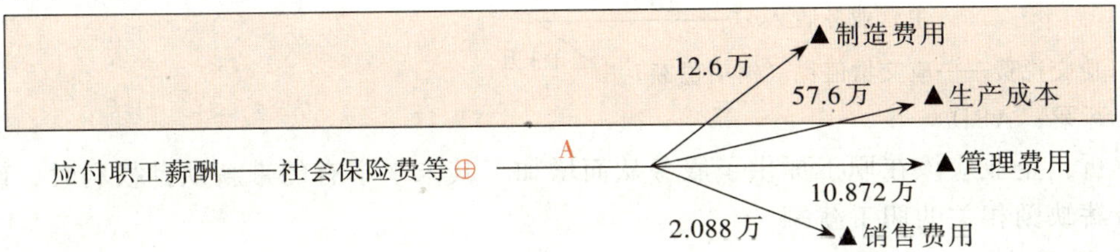

16.答案：A

解析：甲公司在20×8年12月31日应当预计由于职工累积未使用带薪缺勤权利而导致的预期支付义务，即=20×1.5×400=12 000（元）。

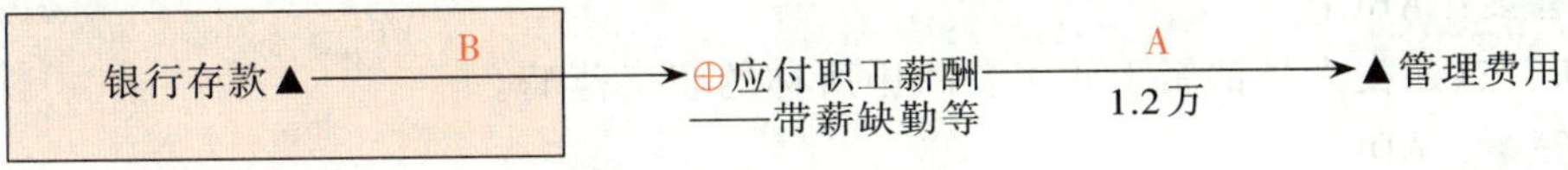

（二）多项选择题

1.答案：ABD

解析：从A段资金运动可知，生产车间直接生产人员数量和车间管理人员数量的比例是8∶2。其他的选项都是对业务的恰当描述。

2.答案：ABCD

解析：这四个项目所反映的内容都属于企业职工薪酬中的职工范畴。

3.答案：AB

解析：职工因工伤赴外地就医路费、困难职工的补助应由应付职工薪酬中的职工福利费列支。

4.答案：ACD

解析：因解除与职工的劳动关系而给予的补偿，不属于短期薪酬，应属于辞退福利。非货币性福利属于短期薪酬。

5.答案：ABCD

解析：这四个选项所对应的项目都属于职工薪酬的范畴。

6.答案：ABCD

解析：这四个选项都属于非货币性职工薪酬的范畴。

7.答案：BD

解析：将自产产品作为非货币性福利发放给职工，应按商品的公允价值加相关增值税确认应付职工薪酬，并在各受益对象之间进行分配；外购小汽车提供给经理无偿使用，从购入的次月开始计提折旧并确认应付职工薪酬。需要注意的是，公司已有的汽车给员工免费使用，折旧费从本月开始计提。

8.答案：ACD

解析：非货币性福利金额=500×0.02×（1+13%）=11.3（万元）。

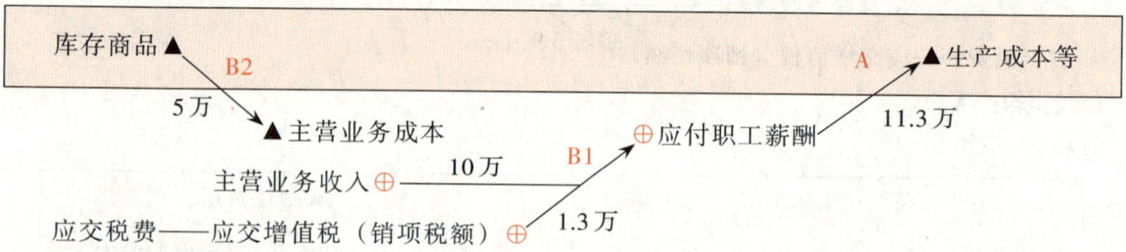

9.答案：ABD

解析：企业应该在职工提供了服务从而增加了其未来享有的带薪缺勤权利时，确认与累积带薪缺勤相关的职工薪酬。

10.答案：AD

解析：企业应当将离职后福利分类为设定提存计划和设定受益计划；短期薪酬是指企业在职工提供相关服务的年度报告期间结束后12个月内需要全部支付的职工薪酬。

11.答案：ABCD

解析：这四类人员都属于职工薪酬中所称的职工范畴。

12.答案：CD

解析：我国企业职工的探亲假、病假、婚假、产假、丧假期间等都属于非累积带薪缺勤；医疗保险、工伤保险属于短期薪酬。

13.答案：AD

解析：

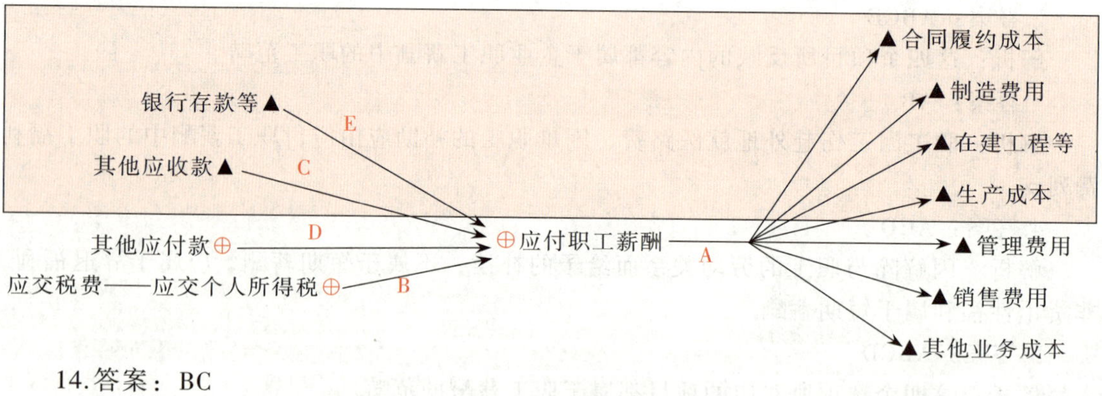

14.答案：BC

解析：企业将所拥有的房屋等资产无偿提供给职工使用的，应当根据其受益对象，按照住房每期应计提的折旧额计入相关资产成本或当期损益，同时确认应付职工薪酬；企业以其自产产品作为非货币性福利发放给职工的，应当根据受益对象，按照产品的公允价值（含增值税），计入相关资产成本或当期损益，同时确认应付职工薪酬。

选项A和C：选项A见下图A、B1段资金运动；选项C见下图A、B2段资金运动。

选项D：

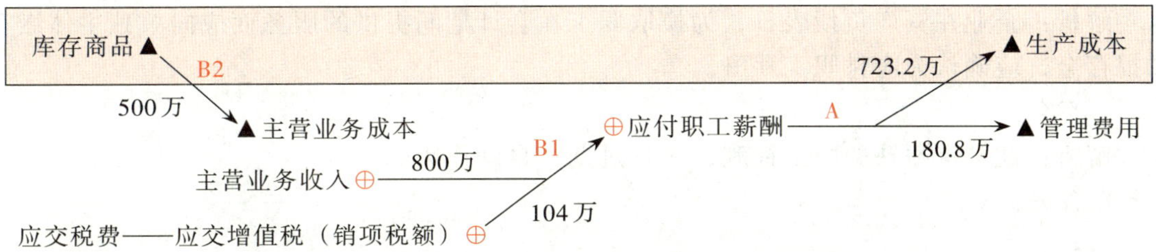

15.答案：BC

解析：

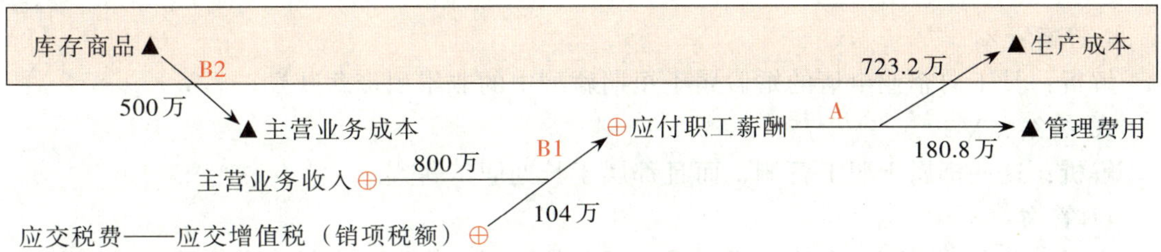

（三）判断题

1.答案：√

解析：应作为差旅费处理，与薪酬无关。

2.答案：√

解析：按照权责发生制原则，谁受益谁承担，服务于在建工程和无形资产的职工薪酬，应计入在建工程或无形资产的成本。

3.答案：×

解析：非货币性福利属于短期薪酬，应通过“应付职工薪酬”项目进行核算。

4.答案：√

解析：只要是企业为职工提供的，都属于职工薪酬的范畴。

5.答案：×

解析：大米的用途很重要：是为了发给职工而买的，还是改变用途而发给职工？

第一笔业务直接反映银行存款的减少（是为了发给职工而买的）：

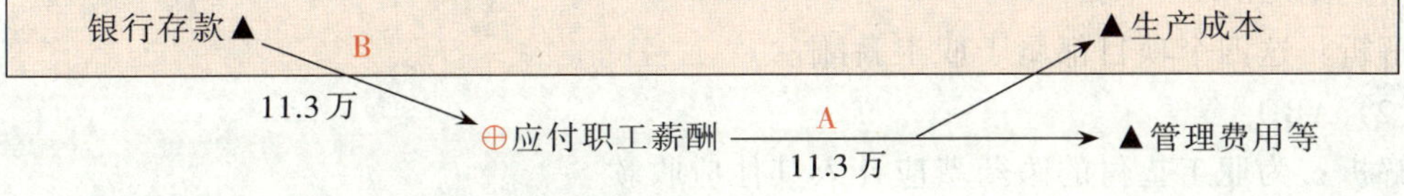

第二笔业务要将原已抵扣的进项税额转出：

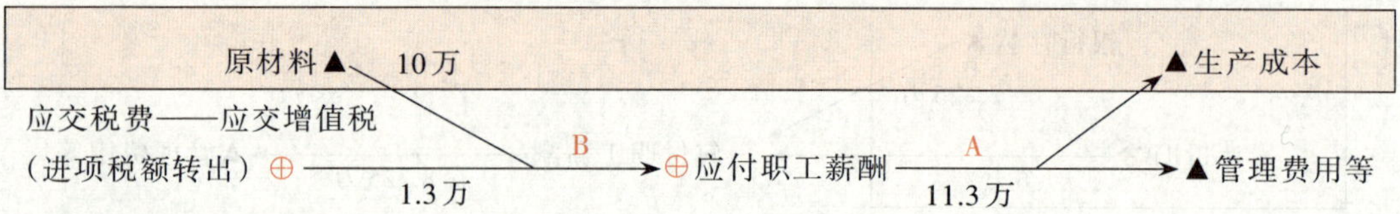

6. 答案：×

解析：企业在资产负债表日，为换取职工在会计期间提供的服务而应向单独主体缴存的提存金，应确认为应付职工薪酬。

7. 答案：√

解析：此类带薪缺勤职工福利，一旦过期，自动作废。

8. 答案：√

解析：

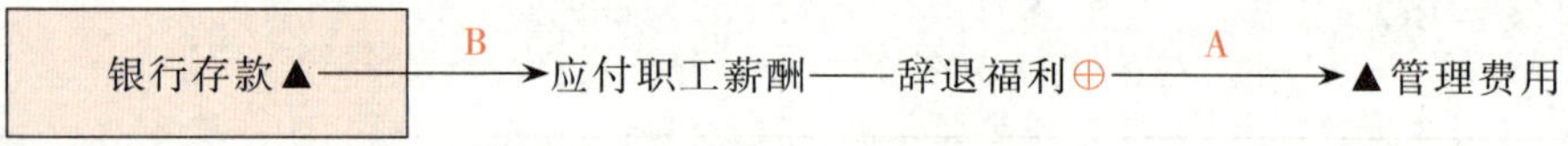

9. 答案：×

解析：员工向企业申请的婚假属于短期薪酬中的非累积带薪缺勤。

10. 答案：√

解析：这些都属于职工薪酬，而且都属于长期职工薪酬。

11. 答案：×

解析：此种情况下，企业应根据受益对象的不同，将每期应付的租金计入相关资产成本或当期损益，同时确认应付职工薪酬。

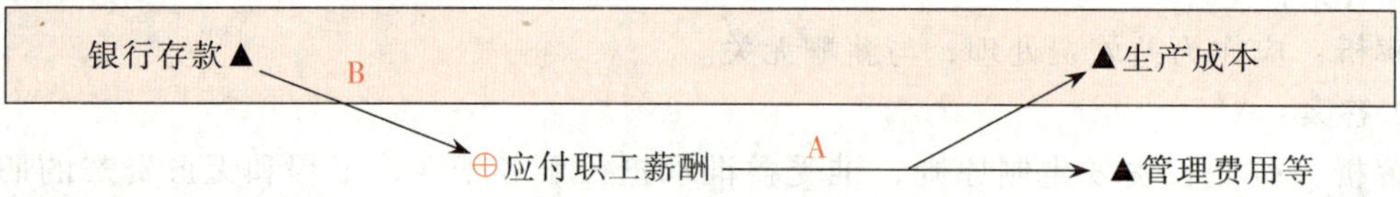

12. 答案：×

解析：离职后福利，是指企业为获得职工提供的服务而在职工退休或解除劳动关系后，提供的各种形式的报酬和福利，短期薪酬和辞退福利除外。

13. 答案：×

解析：企业提供给职工配偶、子女、受赡养人、已故职工遗属及其他受益人等的福利，均属于职工薪酬。

（四）不定项选择题

1. 答案：

（1）ABCD

解析：这四个项目都属于职工薪酬。

（2）ABD

解析：为职工垫付的医药费应计入其他应收款。

选项A：

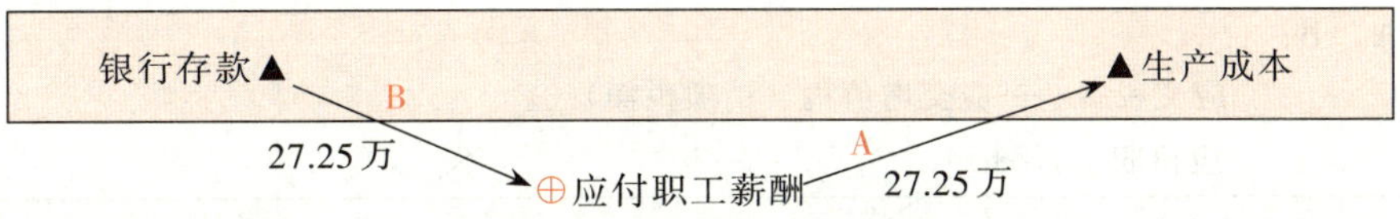

选项B：

选项C：

选项D：

（3）CD

解析：

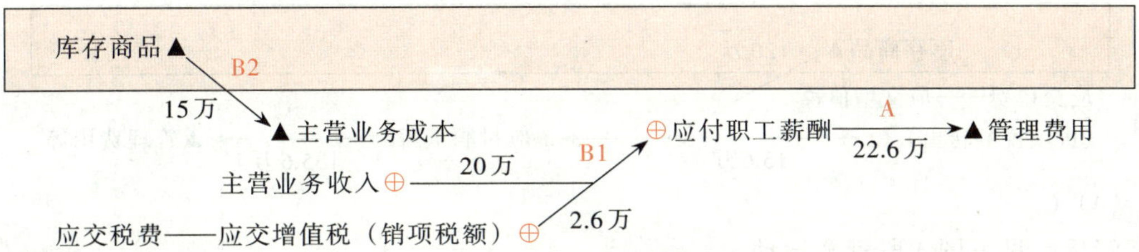

（4）C

解析：甲公司本月应计入生产成本的金额=27.25（资料1）+73（资料3）=100.25（万元）。

（5）D

解析：甲公司本月应计入管理费用的金额=12（资料3）+3（资料3）+33（资料4）+22.6（资料5）+1.8（资料6）=72.4（万元）。

2.答案：

（1）AD

解析：

选项A：机器设备的维修费一般都计入管理费用。

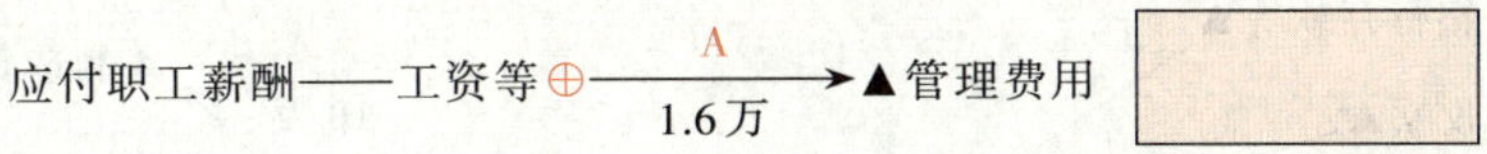

选项D：

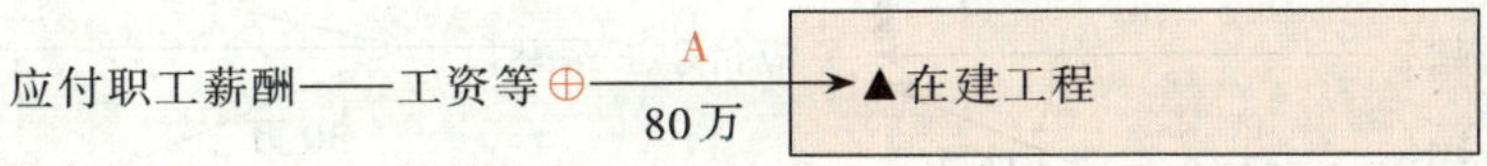

（2）AD

解析：

选项A、B：

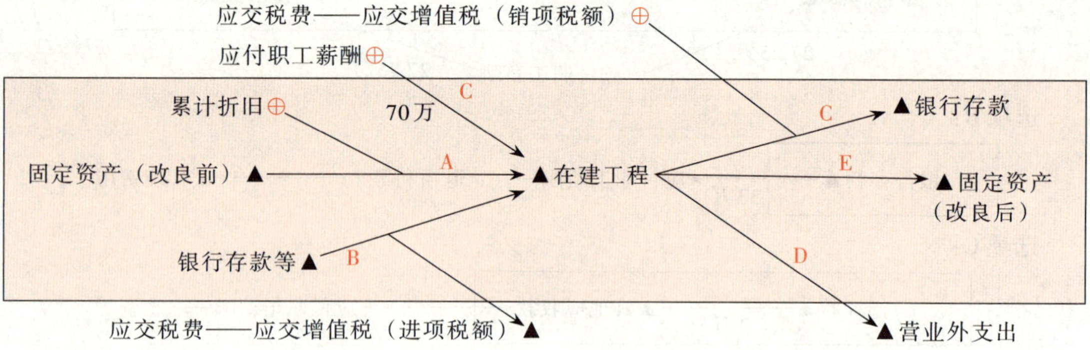

选项C、D：

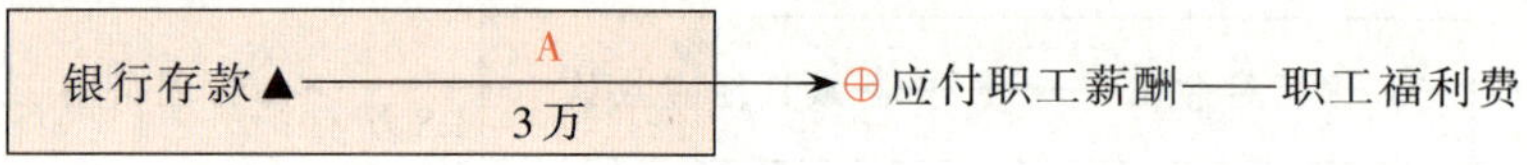

（3）C

解析：按库存商品成本结转，进项税额也应转出。

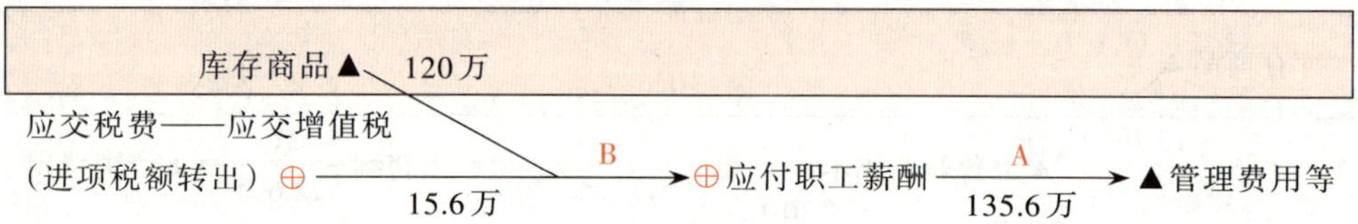

（4）C

解析：见下图A段资金运动。

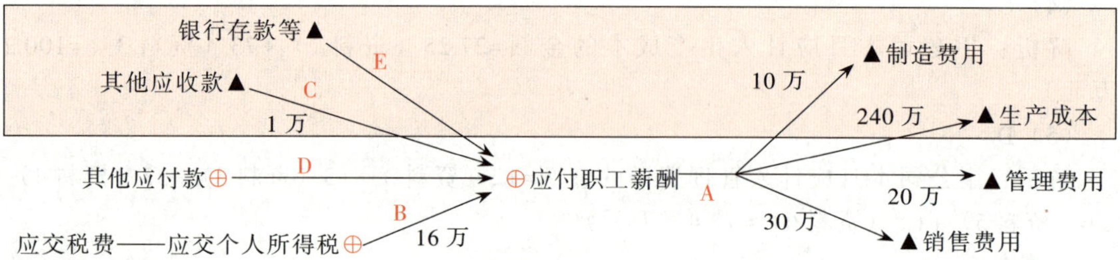

（5）ACD

解析：

选项A、B、C：选项A、B见下图C段；选项C见下图B段。

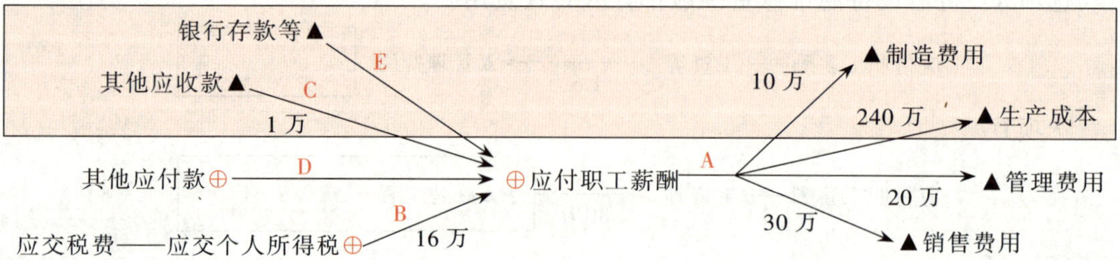

选项D：本选项错在企业代缴的分为两部分，一部分由企业承担，见下图C1段资金运动；另一部分由职工自己承担，见下图C2段资金运动。

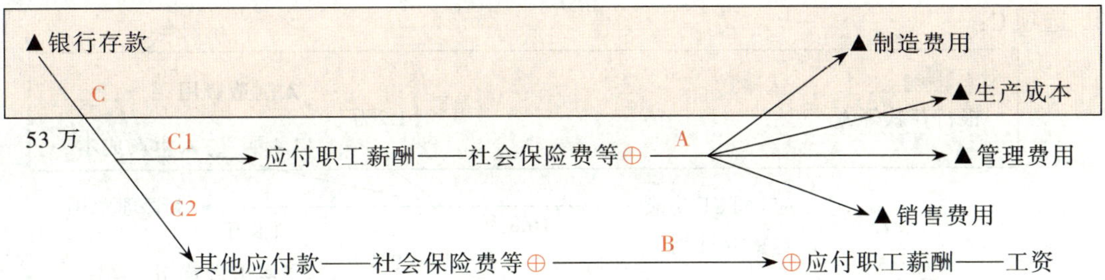

3. 答案：

(1) D

解析：

(2) ABC

解析：

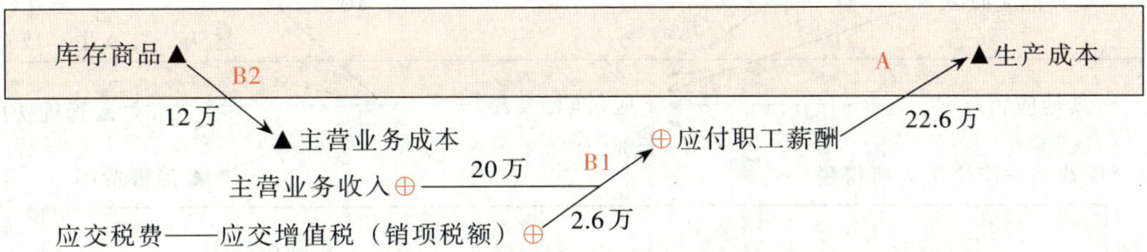

(3) C

解析：短期带薪缺勤，是指职工虽然缺勤但企业仍向其支付报酬的安排，包括年休假、病假、婚假、产假、丧假、探亲假等。短期带薪缺勤属于短期薪酬。

(4) ACD

解析：

选项 A：

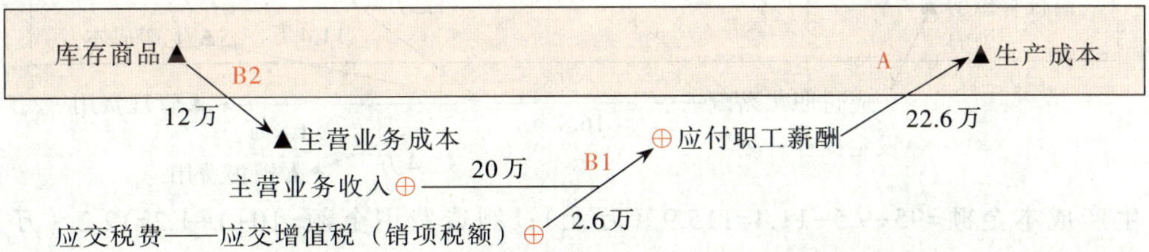

选项 B：

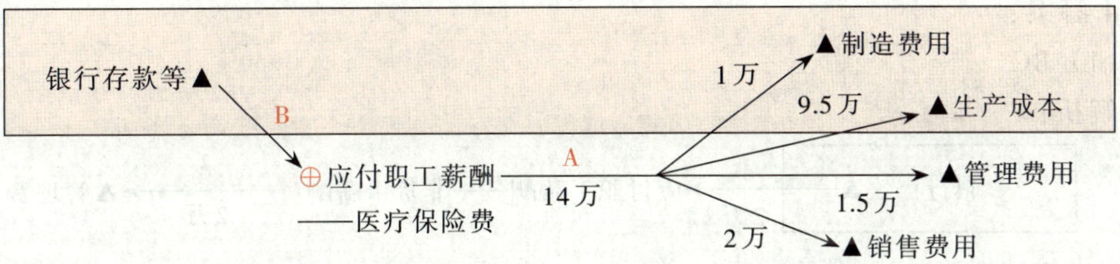

选项C：

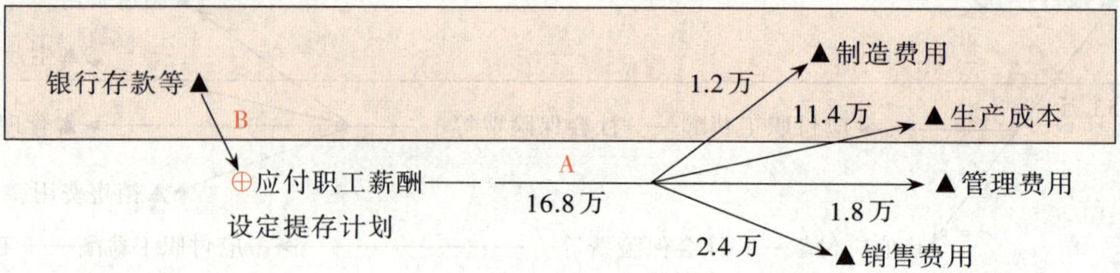

选项D：

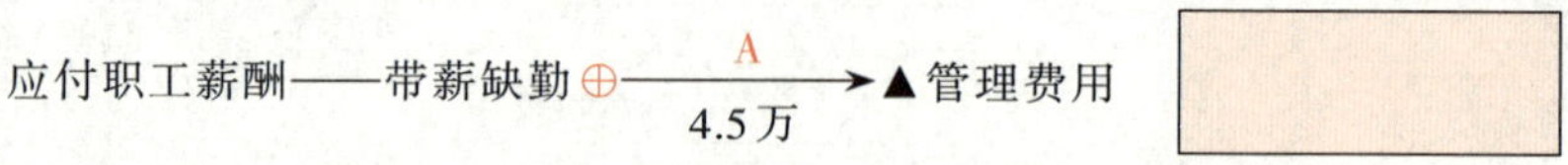

（5）BCD

解析：

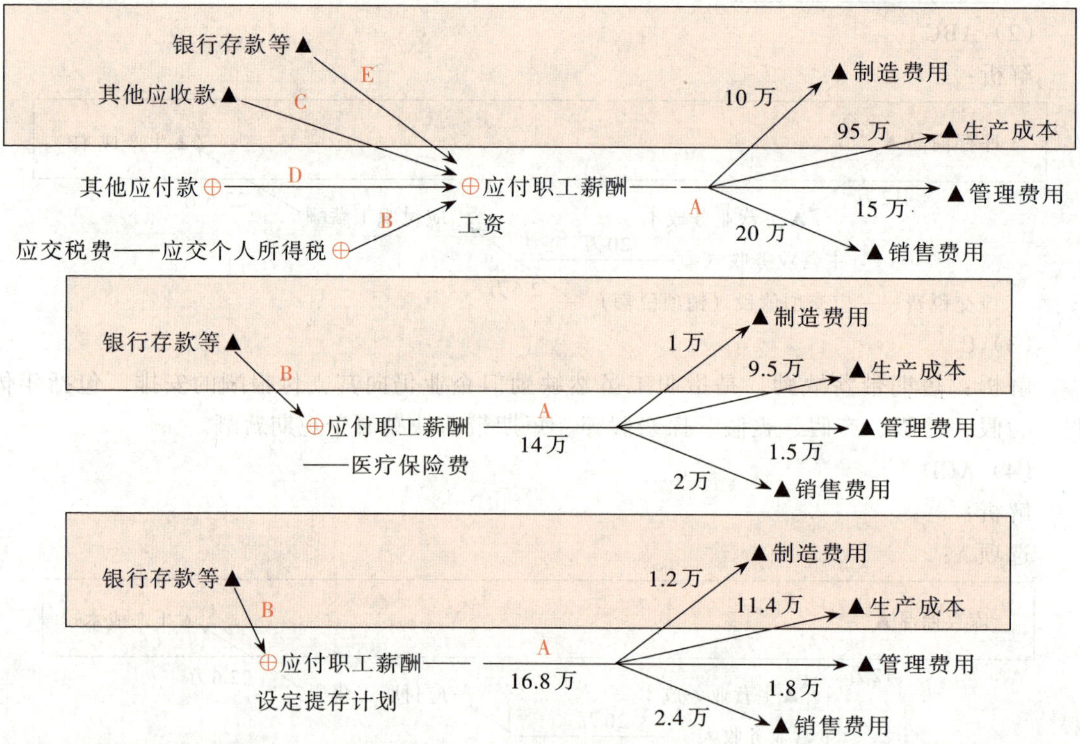

生产成本金额=95+9.5+11.4=115.9（万元）；制造费用金额=10+1+1.2=12.2（万元）；管理费用金额=15+1.5+1.8=18.3（万元）；销售费用金额=20+2+2.4=24.4（万元）。

4.答案：

（1）BC

解析：

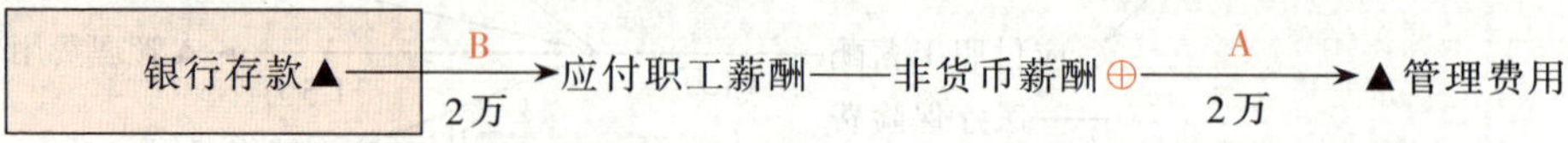

（2）BD

解析：

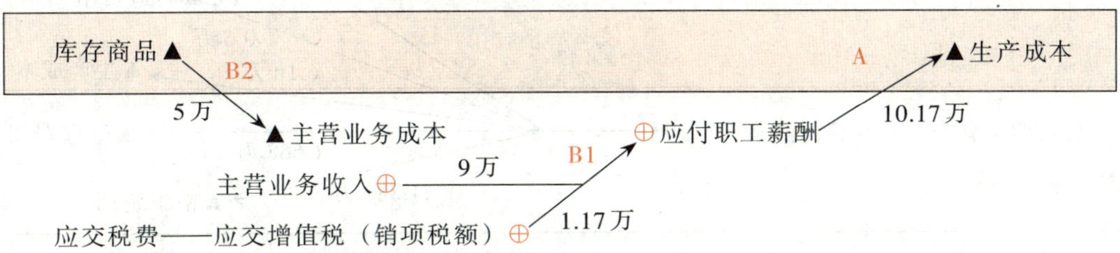

（3）ACD

解析：

选项A和C：

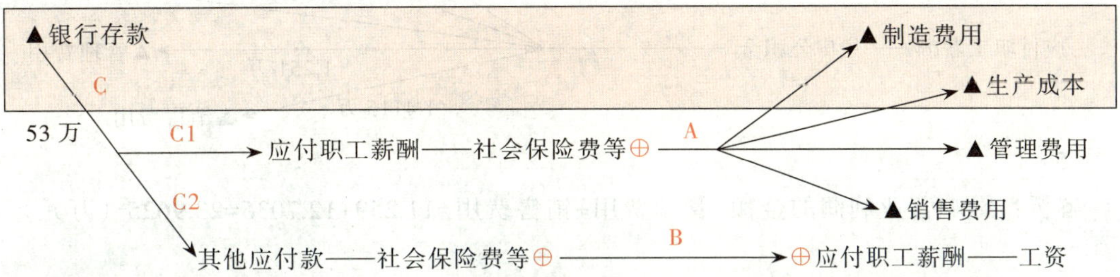

选项B：

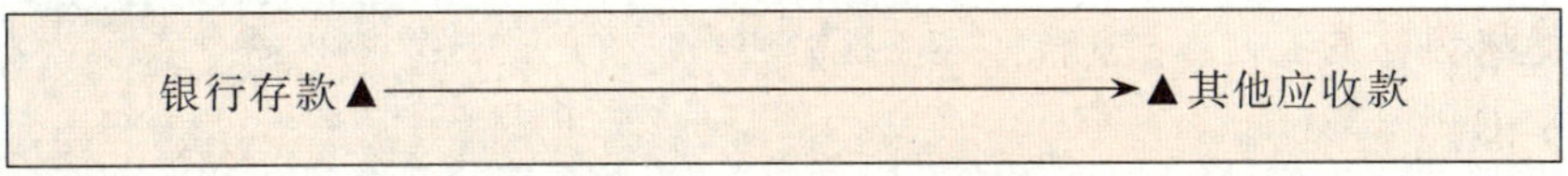

选项D：

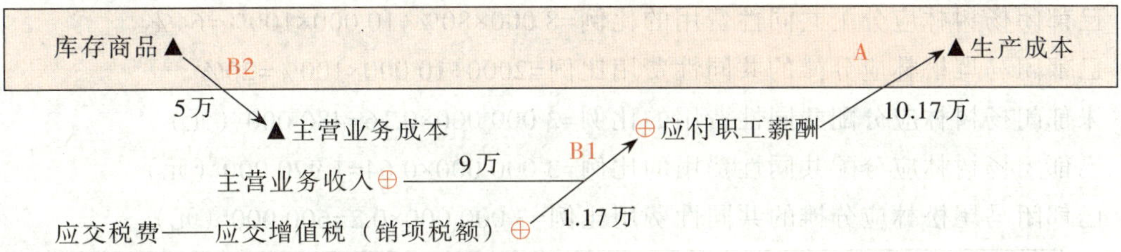

（4）ABC

解析：制造费用=3×（1+20%+15%）=4.05（万元）；管理费用=8.34×（1+20%+15%）=11.259（万元）；销售费用=9.41×（1+20%+15%）=12.7035（万元）。

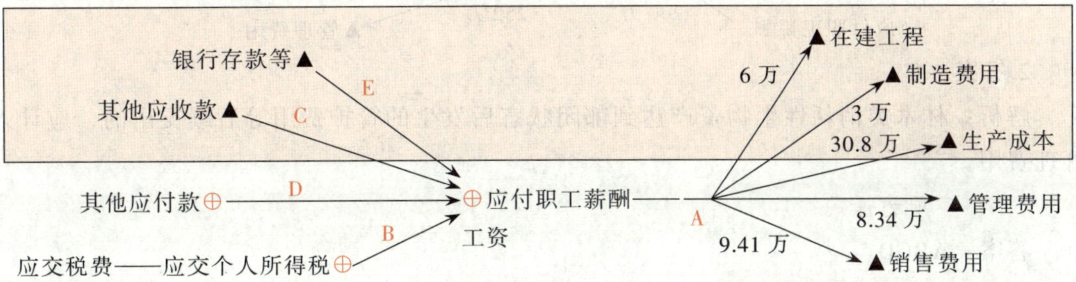

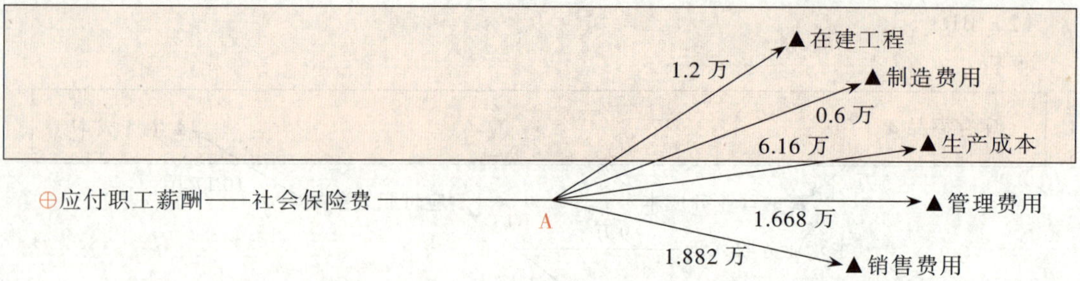

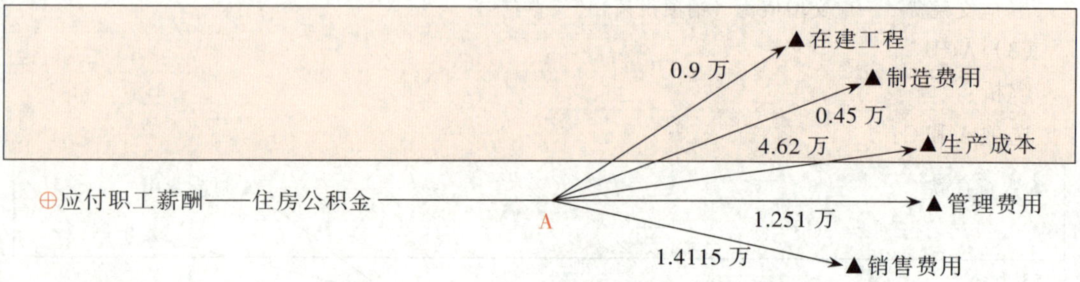

（5）C

解析：影响营业利润的金额=管理费用+销售费用=11.259+12.7035=23.9625（万元）。

四、知识点：消耗性生物资产业务

（一）单项选择题

1.答案：C

解析：未郁闭杨树林应分配共同性费用的比例=8 000×（1-80%）÷10 000×100%=16%

已郁闭杨树林应分配共同性费用的比例=8 000×80%÷10 000×100%=64%

已郁闭马尾松林应分摊的共同性费用比例=2000÷10 000×100%=20%

未郁闭杨树林应分配共同性费用的比例=3 000 000×0.16=480 000（元）

已郁闭杨树林应分配共同性费用的比例=3 000 000×0.64=1 920 000（元）

已郁闭马尾松林应分摊的共同性费用比例=3 000 000×0.2=600 000（元）

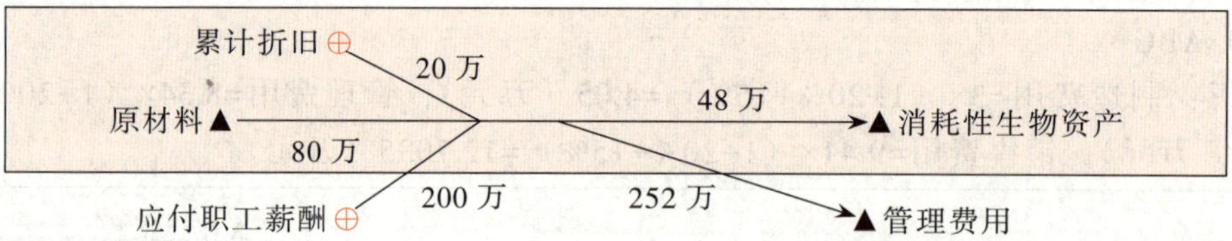

2.答案：C

解析：林木类消耗性生物资产达到郁闭状态后发生的管护费用等后续支出的，应计入管理费用。

（二）多项选择题

答案：ABCD

解析：具体资金运动如下图所示。

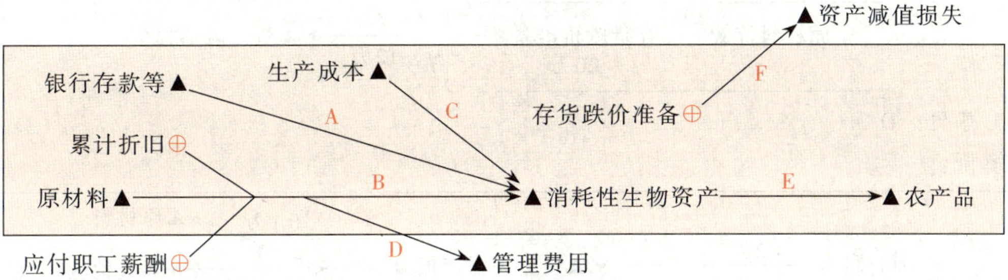

五、知识点：存货清查+存货减值

（一）单项选择题

1. 答案：A

解析：自然灾害造成的毁损净损失，应计入营业外支出。其他三种情况造成的损失应计入企业的管理费用。

2. 答案：B

解析：应转出的进项税额 = 100 000×50%×13% = 6 500（元）。

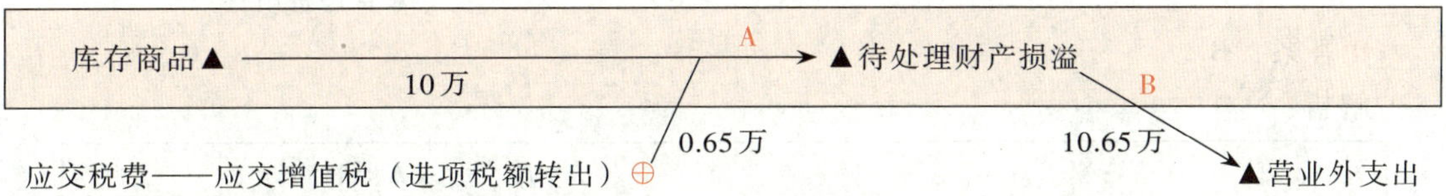

3. 答案：C

解析：由于没有发生减值，需要将期初的70万元的存货跌价准备转回。

4. 答案：A

解析：期末账面价值为105万元，减值了10万元，应补提6万元。

5. 答案：C

解析：账面成本1.82亿元；可变现净值=1×1.5+0.3×1.3−1.3×0.05=1.825（亿元）。可见，该批存货并未发生减值，仍然以账面成本1.82亿元计价。

6. 答案：A

解析：首先经过判断发现，其所生产的产品发生了减值，然后再需要考虑该批存货的减值。其可变现净值=130−40−8=82（万元）。则减值8万元。"存货跌价准备"账户原有贷方余额20万元，所以需要冲销12万元。

7.答案：D

解析：

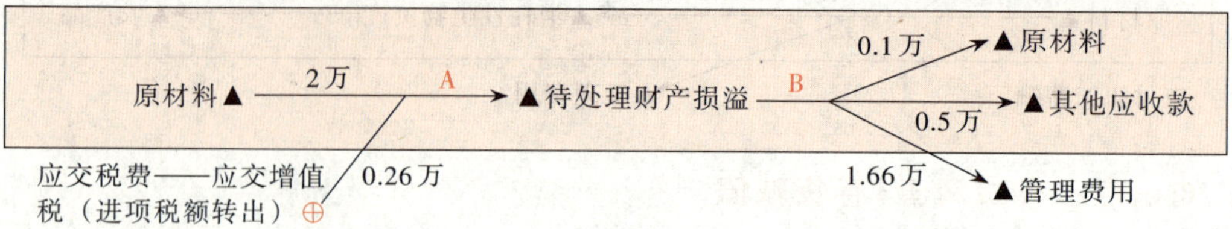

8.答案：B

解析：

9.答案：B

解析：

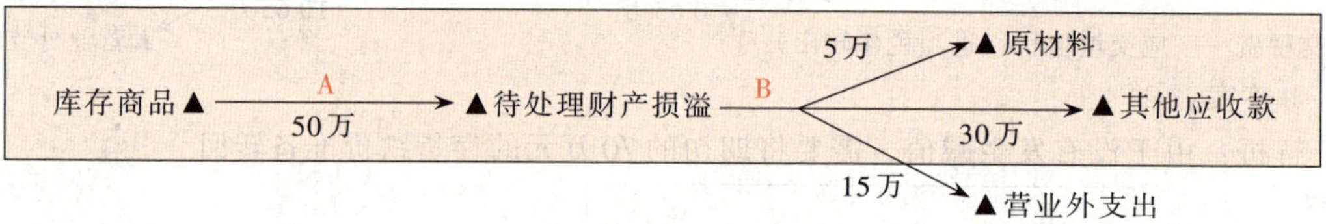

10.答案：A

解析：

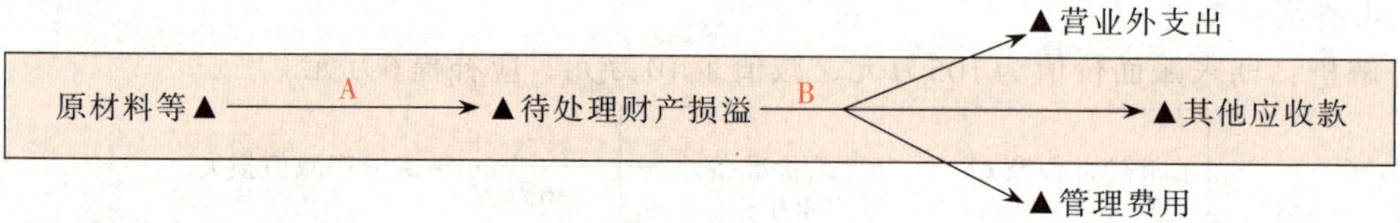

11.答案：C

解析：M存货的实际成本为230万元，其账面价值=230-3=227（万元）；M存货的可变现净值=262-3-40=219（万元）。应补提8万元的存货跌价准备。

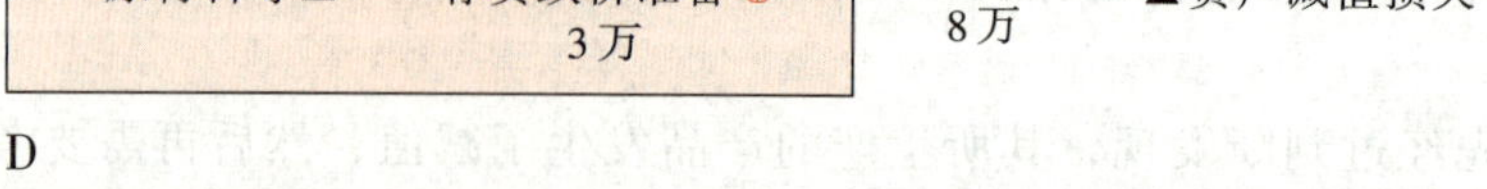

12.答案：D

解析：M产品可变现净值=120-0.5×3=118.5（万元）；M产品实际成本=90+36=126（万元）；由此可见M产品减值。N材料可变现净值=120-36-0.5×3=82.5（万元），而其实际成本为90万元，应提取减值准备7.5万元。

13.答案：C

解析：影响利润总额的金额=300-（320-30）=10（万元）。

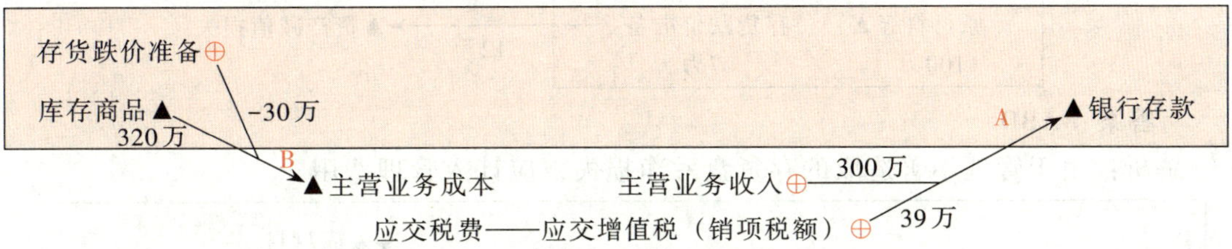

（二）多项选择题

1.答案：ABCD

解析：这四个选项都是对存货跌价准备的恰当说明。

2.答案：ABCD

解析：这四个选项都是对存货跌价准备发生额和余额的恰当描述。

3.答案：ABCD

解析：这四个选项都是对存货盘盈盘亏业务的恰当描述。

选项A：

选项B、C、D：

4.答案：AC

解析：选项A、C是对税法认定的“非正常损失”的恰当描述。

5.答案：ABD

解析：盘盈的存货按照存货的可变现净值入账，并冲减公司的管理费用；自然灾害导致的存货盘亏，其相应的增值税进项税额可以抵扣，不需要转出，并按照盘亏的净值，计入营业外支出；管理不善导致的存货毁损，其相应的增值税进项税额不可以抵扣，应转出。存货与固定资产盘盈计量是不一样的。

6.答案：AC

解析：期末存货应该按成本与可变现净值孰低计量。

7.答案：ACD

解析：无形资产、固定资产减值损失一经确认，以后会计期间不得转回。已计提减值的存货、应收账款的价值得以恢复时，应在原计提的减值准备金额范围内转回。

8.答案：AB

解析："存货跌价准备"账户的期末余额一般在贷方，反映企业已计提但尚未转销的存货跌价准备。如果以前减计存货价值的影响因素已经消失，应将其在原已计提存货跌价准备的金额内转回。

9.答案：ABD

解析：由于管理不善造成的存货盘亏净损失，应计入管理费用。

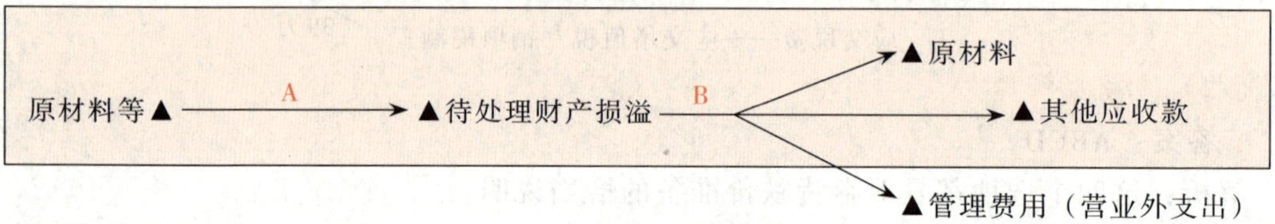

10.答案：CD

解析：

选项A：

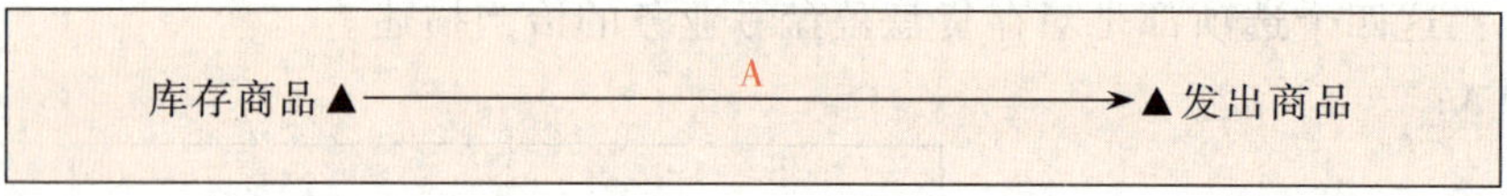

选项B：

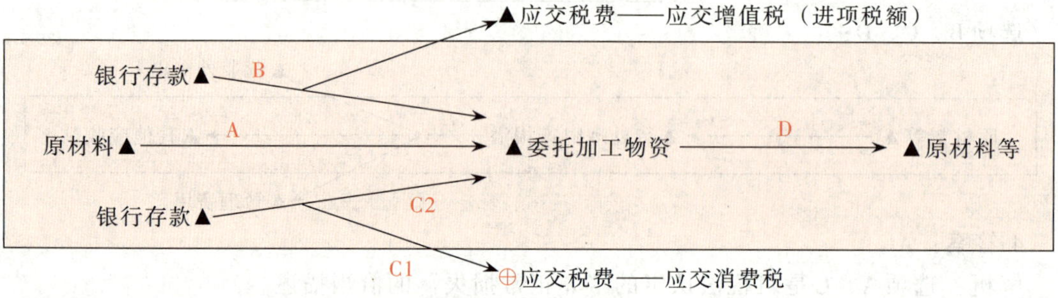

选项C：

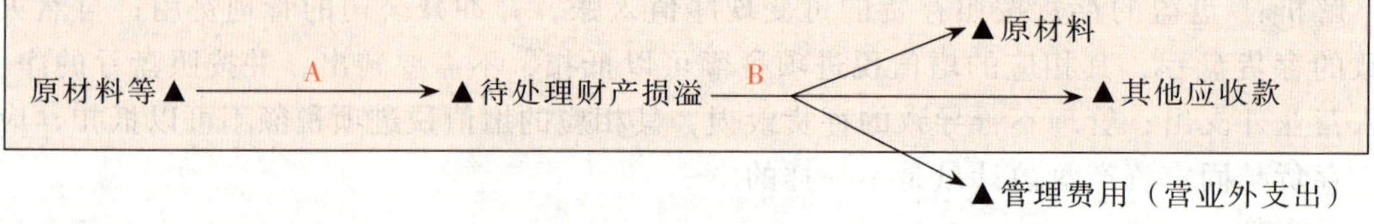

选项D：

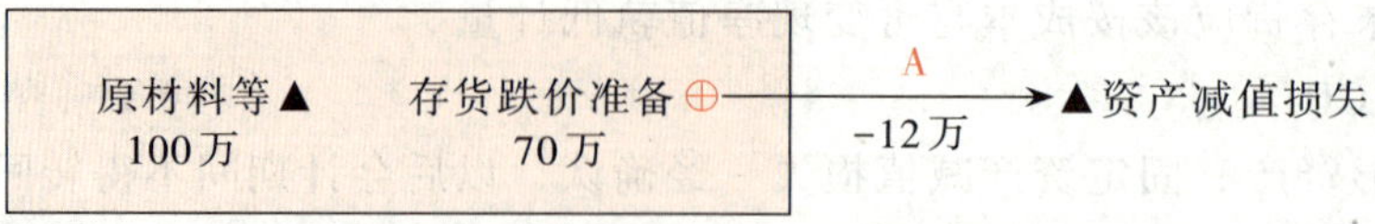

（三）判断题

1. 答案：×

解析：如果以前减计存货价值的影响因素已经消失，则应在原已计提的存货跌价准备的金额内转回，转回的金额应冲减资产减值损失。

2. 答案：×

解析：存货需要分为两类。对于用于出售的存货，这个表述是对的。但对于用于生产产品的原材料来说，其可变现净值的计算需要考虑其所生产的产品是否发生减值。如所生产的产品未发生减值，则材料依然按原账面价值计量；如所生产的产品预计发生减值，则需要计算该材料的可变现净值，即：用该材料所生产的产品的估计售价-从原料至完工产品需要追加的成本-预计的销售税费。

（四）不定项选择题

1. 答案：

（1）ACD

解析：原材料采购过程中发生的合理损耗，反映在总成本之中，不会增加总成本，但会增加所采购材料的单位成本，即总价为13.2万元，数量为4 000千克。

单价=（128 000+4 000）÷（4 020-20）=33（元/千克）。

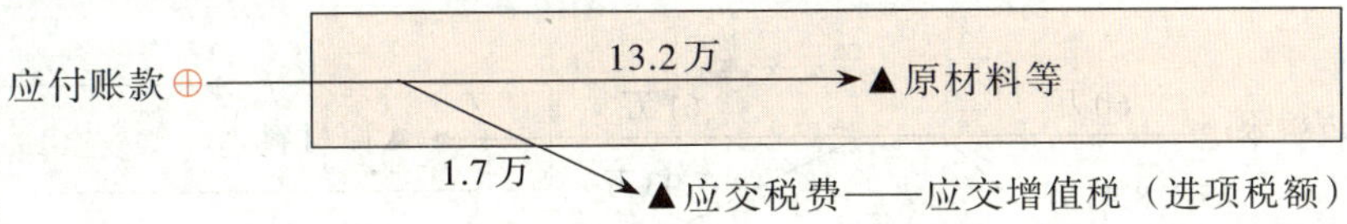

（2）CD

解析：

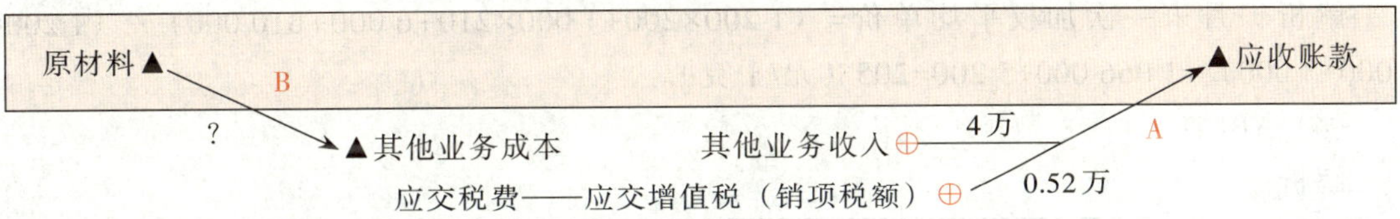

（3）BD

解析：生产产品所耗原材料应计入生产成本；生产车间一般性耗费应计入制造费用。

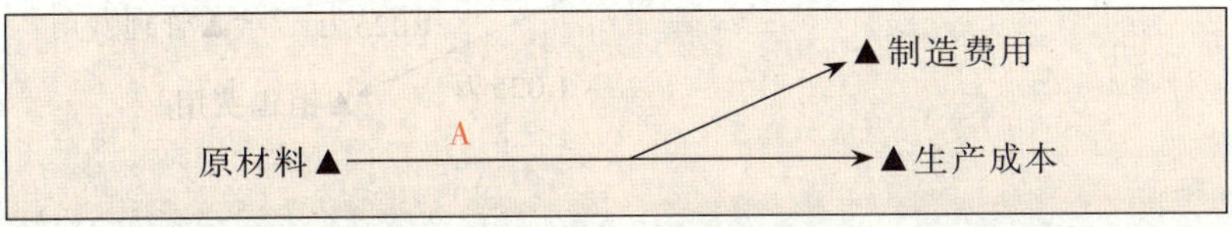

（4）BD

解析：企业发出原材料采用月末一次加权平均法计算，本月M材料加权平均单价=（10 000×30+4 000×33）÷（10 000+4 000）=30.86（元/千克）。

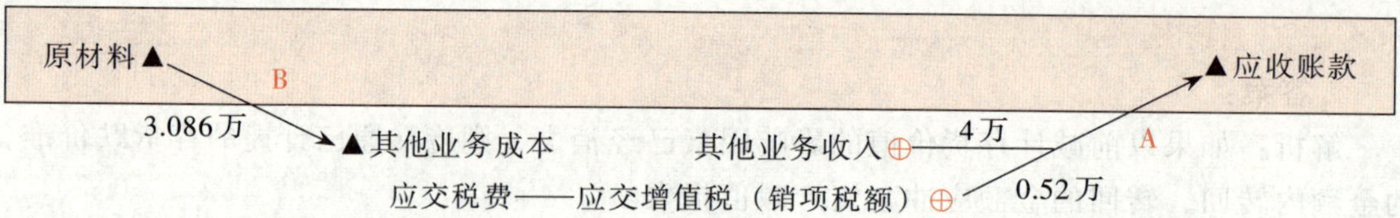

（5）BC

解析：期末结存M材料成本=（14 000−1 000−9 000−100）×30.86=120 354（元）。M材料的实际成本小于其可变现净值140 000元，不需要计提存货跌价准备。即原材料成本为12.0354万元，即为其账面价值。

2.答案：

（1）ABC

解析：

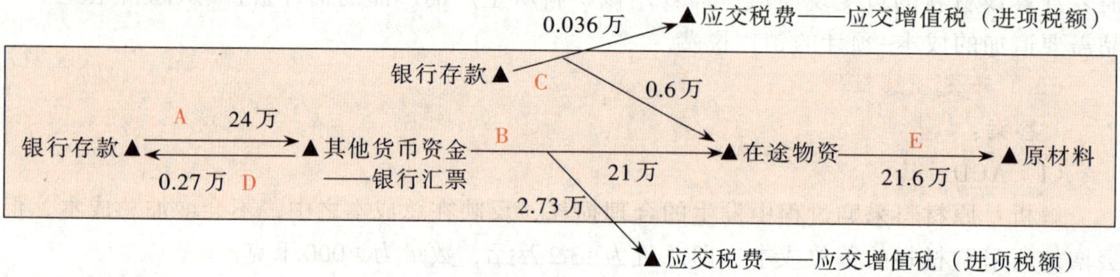

（2）ABC

解析：

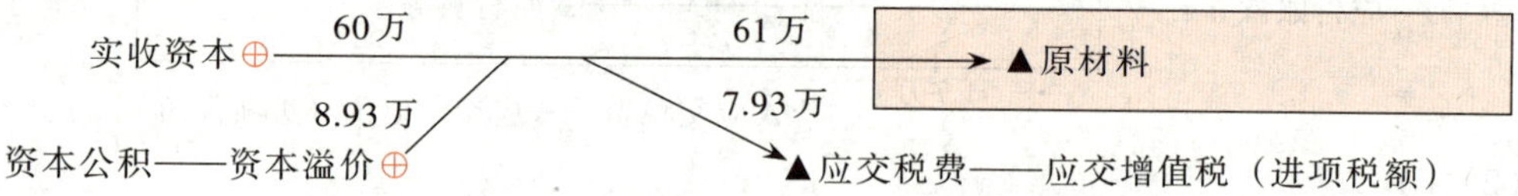

（3）B

解析：月末一次加权平均单价=（1 200×200+1 000×210+6 000+610 000）÷（1 200+1 000+3 000）=1 066 000÷5 200=205（元/千克）。

（4）ABCD

解析：

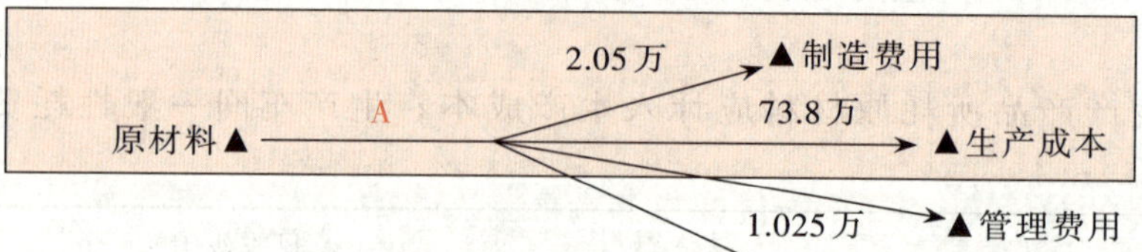

（5）AB

解析：

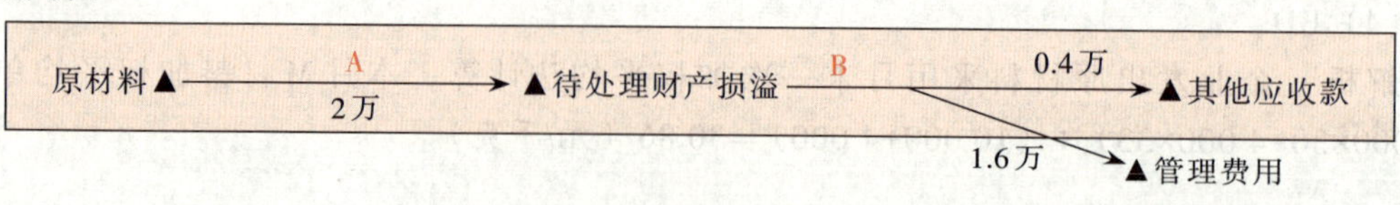

3.答案：

（1）A

解析：

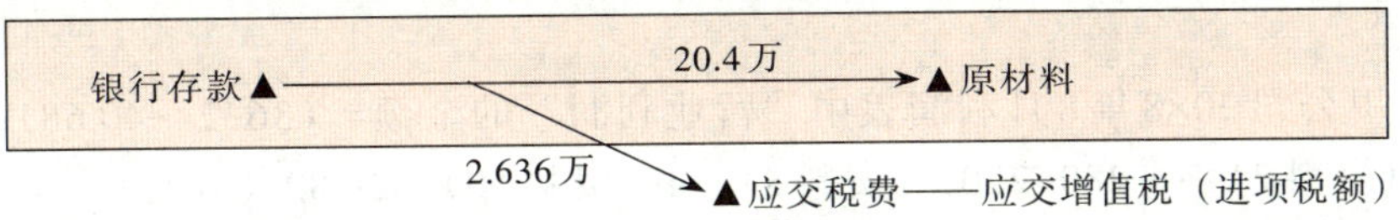

（2）BCD

解析：委托加工物资，收回后用于连续生产应税消费品的，其消费税不应计入委托加工物资成本，而应该作为预缴税款，即记入“应交税费——应交消费税”账户的借方。

选项A：

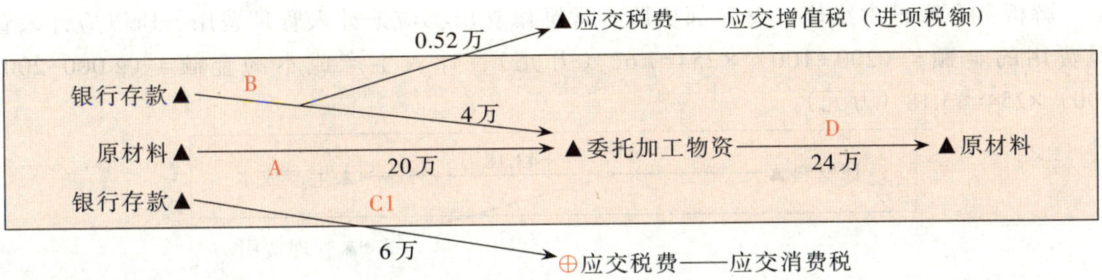

选项B：

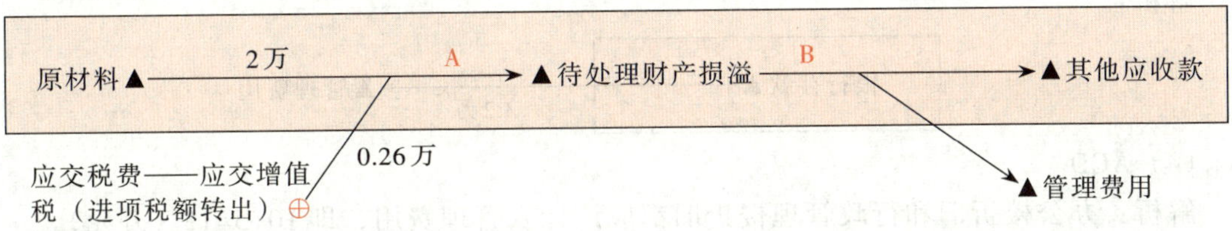

选项C：

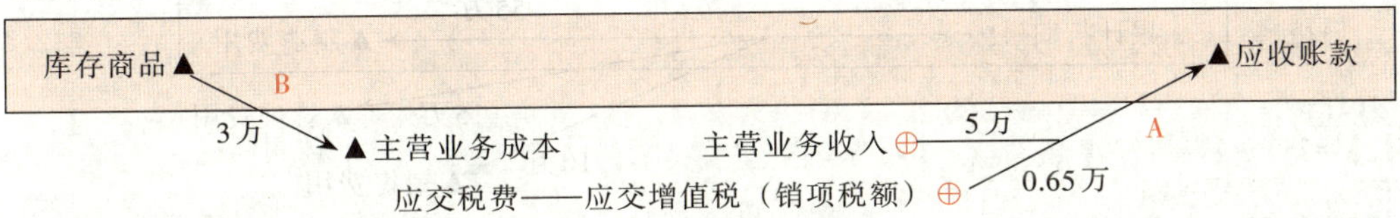

选项D：

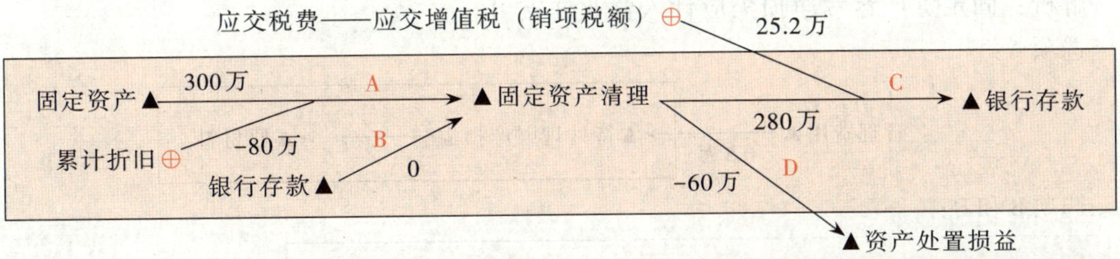

（3）B

解析：本月的资产负债表中“固定资产”项目的金额=1 250（期初）+17（资料4）-（300-80）（资料8）-4（资料10）=1 043（万元）。

（4）D

解析：本月的资产负债表中“存货”项目的金额=500（期初）+20.4（资料1）+4（资料2）−24（资料3）−2（资料5）−2（资料6）−3（资料7）=493.4（万元）。

（5）A

解析：甲公司20×8年8月利润表中“营业利润”的金额=（36−24−40.68）（资料3）+（5−3−0.5）（资料7）+（280−220）（资料8）−4（资料10）=28.82（万元）。

4.答案：

（1）B

解析：M材料加权平均单价=（1 500×250+800×261.5）÷（1 500+800）=254（元/千克）。

（2）AB

解析：仓库日常维修、财务部房屋日常维修支出都应该计入管理费用，所以应计入管理费用的金额=（200+100）×254=7.62（万元），计入生产成本的金额=（2 000−200−100）×254=43.18（万元）。

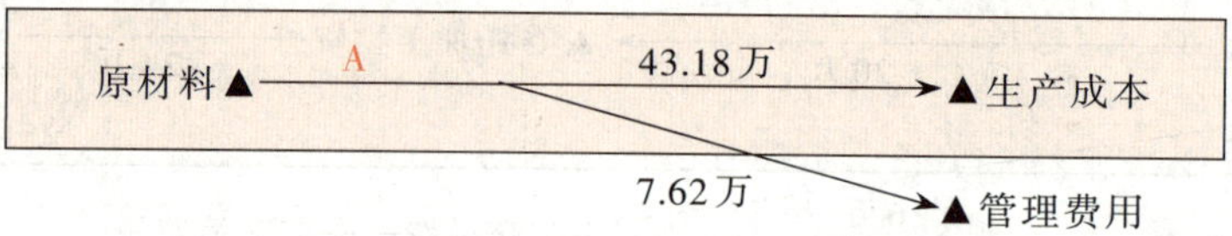

（3）D

解析：

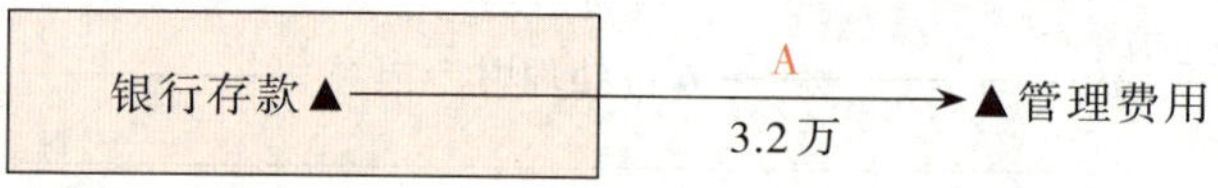

（4）ACD

解析：办公楼折旧和行政管理楼折旧都应该计入管理费用，即10+5=15（万元）。

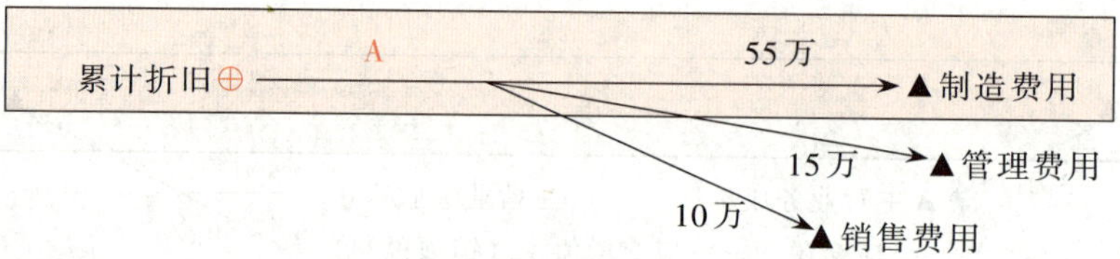

（5）ACD

解析：固定资产盘亏净损失应计入营业外支出。

选项A：

选项B和D：

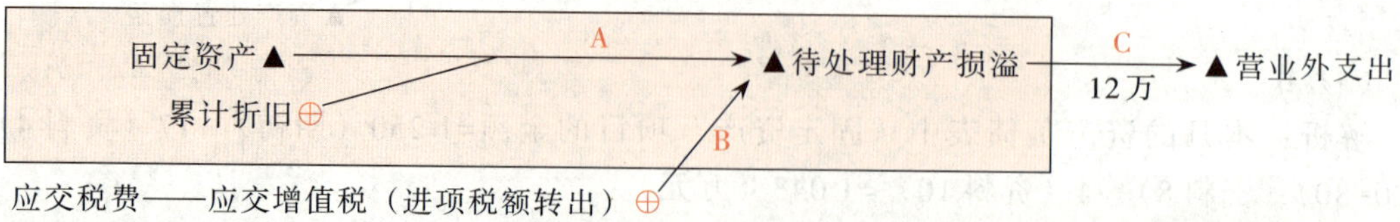

选项C：

5.答案：

（1）ABD

解析：

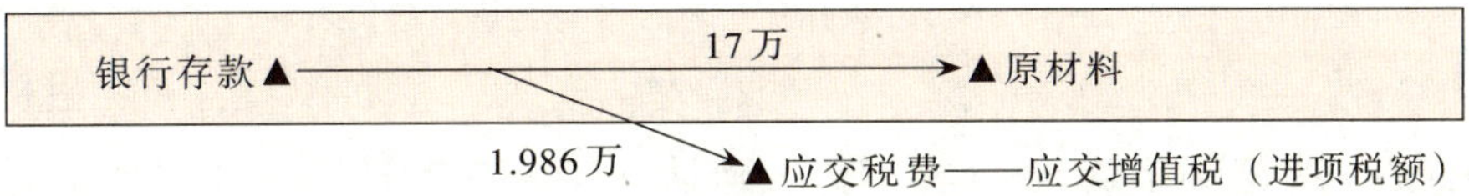

（2）ABD

解析：月折旧额=（255+2.3−5.3）÷10÷12=2.1（万元）。已折旧=2.1×45=94.5（万元）。

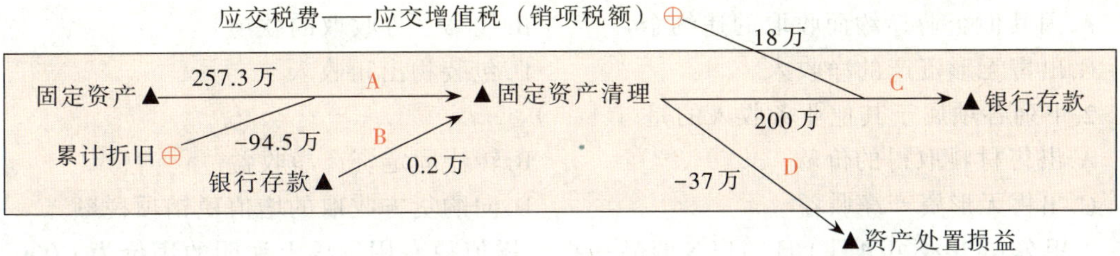

（3）A

解析：

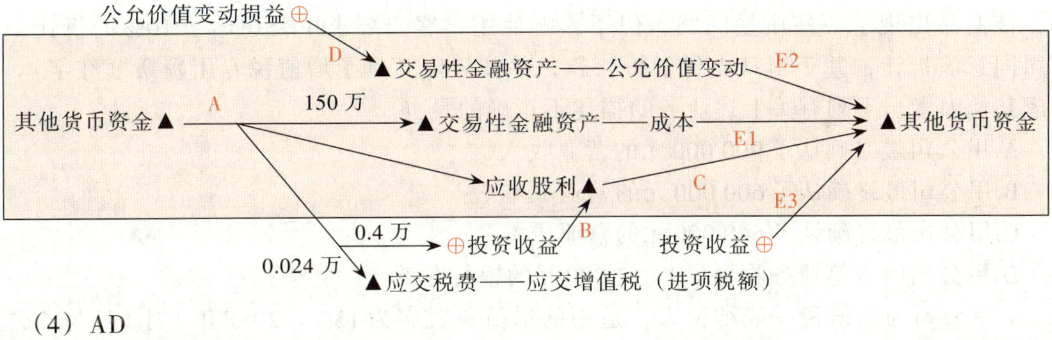

（4）AD

解析：月摊销额=60÷10÷12=0.5（万元）。

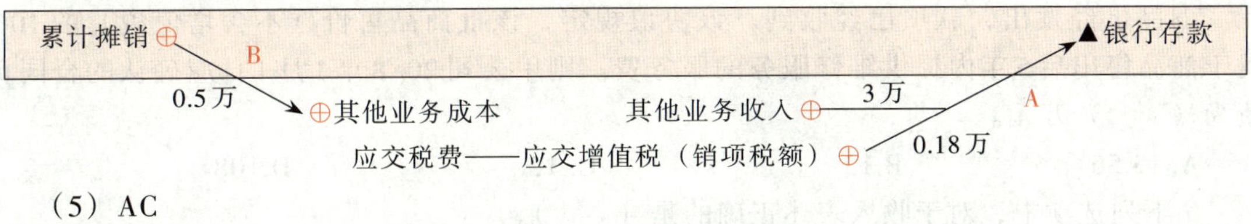

（5）AC

解析：

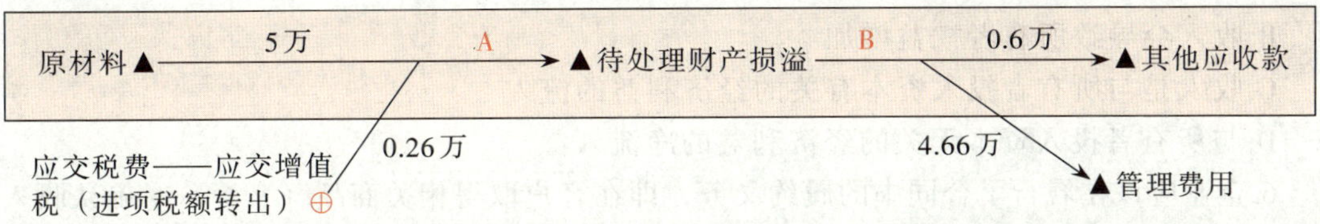

第七章　销售环节资金运动分析与会计处理

一、知识点：销售环节综合分析+收入确认

（一）单项选择题

1. 下列各项属于其他业务收入的是（　　）。

A. 因其他企业违约而收取的违约金　　B. 代第三方收取的款项

C. 出售无形资产的净收入　　D. 包装物出租收入

2. 下列各项属于其他业务收入的是（　　）。

A. 出售材料取得的价款　　B. 转让固定资产净收益

C. 出售无形资产净收益　　D. 向购货方收取的增值税销项税额

3. 甲公司20×8年4月1日销售N商品一批，增值税专用发票上注明的售价为1 000 000元，增值税税额为130 000元，该批商品的成本为600 000元，N商品于当日发出，客户于4月3日付款。该销售业务属于在某一时点履行履约义务并确认销售收入。20×8年4月23日，该商品出现了一些质量问题，但不影响使用，客户要求甲公司给予10%的折让，甲公司同意该折让，并于当日支付了折让款，并按规定开具了增值税专用发票（红字）。不考虑其他因素。下列有关上述业务的描述不正确的是（　　）。

A. 甲公司最终确认了900 000元的营业收入

B. 甲公司最终确认了600 000元的营业成本

C. 甲公司最终确认了540 000元的营业成本

D. 甲公司因该笔业务收到了1 017 000元的银行存款

4. 甲公司为增值税一般纳税人，适用的增值税税率为13%。20×8年1月1日与乙公司签订销售合同销售一批产品，增值税专用发票上注明的价款为120万元，增值税为15.6万元。商品已经发出，款项已经收到。该协议规定，该批商品售价（不含增值税）的10%属于商品售出后5年内提供维修服务的服务费。则甲公司20×8年1月1日应确认的合同负债为（　　）万元。

A. 13.56　　B. 13　　C. 12　　D. 108

5. 下列选项中，对于收入表述正确的是（　　）。

A. 收入是企业在非日常活动中产生的

B. 收入会导致所有者权益增加

C. 收入是与所有者投入资本有关的经济利益的流入

D. 与所有者投入资本无关的经济利益的净流入

6. 企业应该在履行了合同中的履约义务，即在客户取得相关商品（　　）时确认收入。

A.抵押权　　B.使用权　　C.控制权　　D.物权

7.某企业对于已经完成了销售手续并满足收入确认条件的商品，若月末购货人尚未提走该商品，下列说法正确的是（　　）。

A.通过“在途物资”账户核算　　B.不作为企业资产核算，需备查登记

C.通过“发出商品”账户核算　　D.通过库存商品核算

8.甲小规模纳税人销售一批商品，到税务局申请开具增值税专用发票，其票面金额为10万元，增值税征收率为3%，款项已存入银行。该企业应确认的销售收入为（　　）元。

A. 97 087　　B.100 000　　C. 103 000　　D.97 078

9.甲公司为增值税一般纳税人，20×8年10月28日与乙公司签订一份购销合同，合同总价款600万元（不含增值税）。20×8年10月31日预收货款180万元，20×8年11月5日发出商品，甲公司于当日开具增值税专用发票，乙公司于当日取得相关商品的控制权。20×8年11月8日收到第二笔货款498万元（含增值税，增值税税率为13%）。假定不考虑其他因素，下列说法中正确的是（　　）。

A.甲公司应于20×8年10月31日确认收入180万元

B.甲公司应于20×8年11月5日确认收入678万元

C.甲公司应于20×8年11月8日确认纳税义务

D.甲公司应于20×8年11月5日确认营业成本

10.甲公司为增值税一般纳税人，20×8年8月20日委托乙公司销售一批M商品，并按照销售收入的10%支付其手续费。该商品成本为120元/件，单价为200元/件，增值税税率为13%，数量为2 000件。乙公司不承担包销责任，没有售出的商品会被退回给甲公司。同时，甲公司也有权要求收回商品或将其销售给其他的顾客。20×8年8月31日，乙公司提交的销售清单中注明本月销售M商品1 500件。假定不考虑其他因素，则下列说法中正确的是（　　）。

A.甲公司发出商品时，应确认收入40万元

B.甲公司支付的手续费应计入“财务费用”

C.甲公司20×8年8月应确认的销售成本为18万元

D.甲公司该笔业务对当期损益的影响为27.2万元

11.20×8年9月1日，甲公司与客户签订一项安装劳务合同，预计20×9年12月31日完工；合同总金额为3 000万元（不含增值税，增值税税率为9%），预计总成本为2 400万元。截至20×8年12月31日，该公司实际发生成本800万元，预计将要发生成本1 600万元。假定上述合同对该公司来说属于在某一时段内履行的履约义务，且履约进度能够合理确定，该公司按照已发生成本占预计总成本的比例确定履约进度。20×8年度对该合同确认的收入金额为（　）万元。

A. 900　　B.981　　C. 720　　D.1 000

12.甲公司为增值税一般纳税人，20×8年5月接受一项轮船建造工程，其工期为1年零6个月，合同总价款为20 000万元（不含增值税，税率为9%），年度预收款12 000万元，余额在工程完工时收回，当年实际发生成本为4 800万元，预计明年还会发生11 200万元。假定上述合同对该企业来说属于在某一时段内履行的履约义务，且履约进度能够合

理确定，按照专业测量师的测量结果确定履约进度。20×8年年末经专业测量师测量，履约进度为20%。该项工程影响20×8年利润总额的金额为（　）万元。

A. 0　　B.800　　C. 1 200　　D.1 400

13.企业在售出不符合收入确认条件的商品时，应当将该商品成本计入（　）账户。

A.主营业务成本　　B.其他业务成本　　C.合同成本　　D.发出商品

14.甲公司为租赁公司，为增值税一般纳税人，则甲公司以生产经营租赁方式出租生产线所取得的收入为（　）。

A.主营业务收入　　B.提供劳务收入　　C.其他业务收入　　D.营业外收入

15.甲公司20×8年8月接受了一项产品安装任务。安装期为7个月，合同总收入为500万元，年度预收款为300万元，余款在安装完成时收回，预计总成本为400万元。假设上述合同对甲公司而言是属于在某一时段内履行的履约义务，且履约进度能够被合理确定，按专业测量师的测量结果确定履约进度。20×8年年末甲公司请专业测量师测量，产品安装完工程度为80%。该项业务影响20×8年度利润总额的金额为（　）万元。

A. 300　　B.80　　C.100　　D.0

16.下列各项中，不属于企业判断商品的控制权是否发生转移所应考虑的迹象的是（　）。

A.企业就该商品享有现时收款的权利

B.企业已将该商品的法定所有权转移给了客户

C.企业已将该商品的实物转移给了客户

D.企业能够正确核算该商品的成本

17.甲公司为增值税一般纳税人。20×8年8月19日与乙公司（增值税小规模纳税人）签订一项销售合同，合同中约定采用预收款的方式结算。20×8年8月25日，甲公司收到全部货款并开具增值税普通发票，票面金额为226万元（含增值税，增值税税率为13%）。20×8年8月31日，甲公司发出商品。假定不考虑其他因素，下列表述中正确的是（　）。

A.甲公司应确认的收入为226万元

B.甲公司应确认的收入为198万元

C.甲公司确认收入的时间为20×8年8月31日

D.甲公司纳税义务发生的时间为20×8年8月31日

18.甲公司为一家建筑施工单位，20×8年9月1日与客户签订一项劳务合同，合同总金额为4 500万元（不含增值税，增值税税率9%），预计总成本为3 000万元。截至20×8年12月31日，该公司实际发生成本为900万元。假设上述合同对甲公司来说属于在某一时段内履行的履约义务，且履约进度能够被合理确定。该公司按照已发生成本占预计总成本的比例确定履约进度。则20×8年甲公司对该合同应确认的收入是（　）。

A. 900　　B.1 000　　C. 1 350　　D.1 500

19.20×8年11月甲公司与乙公司签订了一项工程合同，工期为15个月，合同总金额为2 400万元（不含增值税，增值税税率为9%），预计总成本为1 800万元。假设上述合同对甲公司而言属于在某一时段内履行的履约义务，但履约进度不能合理确定。20×8年甲公司已发生劳务的成本为450万元，预计已发生的劳务成本可得到补偿。则甲公司20×8年因该项业务应确认的收入为（　）万元。

A. 600　　B.450　　C. 0　　D.-450

(二) 多项选择题

1.结合下图，下列有关合同负债项目的表述恰当的有（　　）。

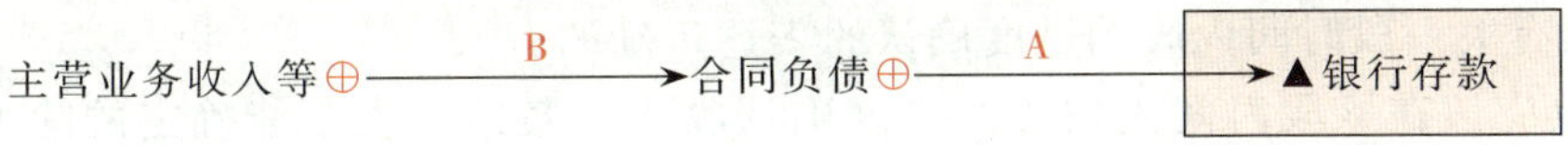

A.合同负债核算企业因已收或应收客户对价而应向客户转让商品的义务

B.合同负债项目类似于销售过程中的预收款或递延收益

C.合同负债项目期末为贷方余额，反映企业尚未转让商品之前，已经收取的合同对价金额或应收取的无条件合同对价权利的金额

D.合同负债项目也可以用预收账款项目或递延收益项目替代

2.下图是委托方以支付手续费的方式委托代销业务中的销售业务资金运动流程图。有关下图的表述正确的有（　　）。

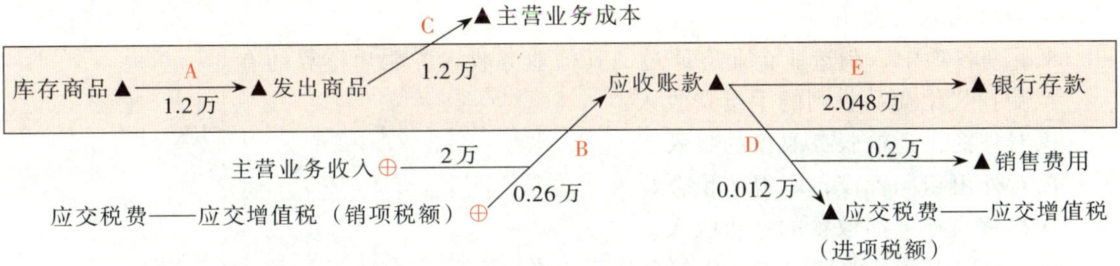

A. A段资金运动反映将价值1.2万元的货物发送给受托方，让其代销

B. B段资金运动反映企业收到受托方送来的代销清单后，确认2万元的收入和0.26万元的增值税额，C段资金运动同步反映结转已售产品成本1.2万元

C. D段资金运动反映根据代销清单确认0.2万元的代销手续费，还有0.012万元的增值税进项税额

D. E段资金运动反映企业收到最终的含税款项2.048万元，即销售总价款（含税）2.26万元减去手续费（含税）0.212万元后的余额

3.下列各项收入中，属于工业企业的其他业务收入的有（　　）。

A.提供运输劳务所取得的收入　　B.提供加工装配劳务所取得的收入

C.出租无形资产所取得的租金收入　　D.销售材料所取得的收入

4.下列经济业务取得的收入应通过“其他业务收入”项目核算的是（　　）。

A.销售原材料　　B.出租固定资产　　C.出售无形资产　　D.出租包装物

5.我国企业会计准则规定，下列项目中不应确认为收入的有（　　）。

A.销售商品收取的增值税　　B.出售飞机票时代收的保险费

C.销售商品的价款　　D.销售商品代垫的运杂费

6.在一段时间内履行履约义务的合同应满足的条件有（　　）。

A.客户在企业履约的同时即取得并消耗企业履约所带来的经济利益（如培训、运输、旅游和保洁等）

B.客户能够控制企业履约过程中在建的商品（或提供的劳务）

C.企业在履约过程中产生的商品（或服务）不具有可替代用途，并且在合同整个期间内，该企业有权就迄今为止已完成的履约部分收取款项

D.不满足上述任何一条的，其履约义务发生的时间应界定为在某一时点履行履约义务

7.下列有关一段时间内履约进度确认的表述正确的有（　　）。

A.企业应该在该段时间内按履约进度确认收入，履约进度不能确定的除外。企业可以考虑商品的性质，采用投入法或产出法来确认恰当的履约进度

B.产出法是指根据已转移给客户的商品对于客户的价值确定履约进度，如实际测量的完工进度、评估已实现的结果、已达到的里程、时间进度、已完工或提交的产品等

C.投入法是根据企业为履行履约义务的投入确定履约进度，如投入的材料数量、花费的人工工时或机器工时、发生的成本或时间进度等

D.当履约进度不能合理确定时，企业已经发生的成本预计能够得到补偿的，应当按照已经发生的金额确定收入，直至履约进度能够合理确定为止。已发生的成本应全额确认为费用

8.下列各项中，制造业企业应通过“其他业务收入”账户核算的有（　　）。

A.受托代销商品收到的手续费收入

B.对外提供运输服务取得的收入

C.对外出租闲置设备取得的租金收入

D.出售自产产品取得的销售收入

9.客户取得商品的控制权主要包含的要素有（　　）。

A.客户拥有现时权利

B.客户有能力主导该商品的使用

C.客户能够获得商品几乎全部的经济利益

D.商品的成本能够可靠计量

10.在收入确认和计量的5个步骤中，与收入确认有关的步骤有（　　）。

A.识别与客户签订的合同　　B.识别合同中的单项履约义务

C.确定交易价格　　D.履行各单项履约义务时确认收入

11.下列各项中，应计入工业企业的其他业务收入中的有（　　）。

A.随同商品出售且单独计价的包装物取得的收入

B.经营性租赁固定资产的租金收入

C.经营性租赁无形资产的租金收入

D.股权投资取得的现金收入

12.下列选项中，在核算不符合收入确认条件的已发出商品时一般会涉及的账户有（　　）。

A.发出商品　　B.在途物资　　C.其他应收款　　D.库存商品

13.下列各项中，属于某一时段内履约义务情形的有（　　）。

A.客户在企业履约的同时即取得并消耗企业履约所带来的经济利益

B.客户能够控制企业履约过程中的在建商品

C.企业履约过程中产生的商品具有不可替代性，且该企业在整个合同期间内有权就累

计至今已完成的履约部分收取款项

D.已明确不属于某一时点的履约义务

14.企业在确定履约进度时，可以采用的产出指标有（　　）。

A.实际测量的完工进度　　B.完工时间进度

C.已完工或已交付的产品　　D.约当产量比例法

（三）判断题

1.增值税一般纳税人的增值税不直接影响企业的利润。（　　）

2.在采用预收款方式销售产品时，应当在收到货款时确认收入的实现。（　　）

3.转让无形资产所有权时，所得价款收入应通过“其他业务收入”账户核算。（　　）

4.工业企业出租无形资产使用权、出售不需用原材料等，不属于与经常性经营活动相关的活动，由此产生的经济利益的总流入不构成收入。（　　）

5.在销售业务中，企业使用“合同负债”和使用“预计负债”是没有区别的。（　　）

6.在收取手续费的委托代销业务中，委托方收入确认的时点应该是将代销商品发送给受托方的那一刻。（　　）

7.企业应该在履行了合同中的约定义务，即客户取得相关商品使用权时确认收入。（　　）

8.采用支付手续费的委托代销方式，委托方在发出商品时，商品所有权上的主要风险和报酬就已转移给了受托方，所以委托方应在发出商品时，确认商品销售收入。（　　）

9.当履约进度不能合理确定时，企业已发生的成本能够得到补偿的，应当按照已发生成本确认收入，直到履约进度能够合理确定为止。（　　）

10.企业售出的商品不符合收入确认条件的，不应确认收入，同时也不确认该商品的增值税纳税义务。（　　）

二、知识点：合同成本相关业务

（一）单项选择题

甲会计师事务所通过竞标后向新客户提供审计服务。甲会计师事务所为取得该客户的合同而发生的成本如下：（1）尽职调查的律师费3万元；（2）提交标书的差旅费1万元（客户不承担）；（3）销售人员佣金5万元。假定不考虑其他因素，甲会计师事务所应确认的资产为（　　）万元。

A. 5　　B.4　　C. 8　　D.9

（二）多项选择题

1.结合下图，下列有关“合同履约成本”项目表述正确的有（　　）。

A.合同履约成本是企业为履行当前合同或预期合同所发生的支出，应作为资产加以确认

B.根据需要，可以设置“劳务成本”“工程施工”等明细项目

C.该项目所对应的合同一般都属于需要在一段时间内履行的履约义务

D.其期末余额一般反映企业尚未结转的履约成本，应构成期末存货的组成部分

2.结合下图，下列有关“合同取得成本”项目表述正确的有（　　）。

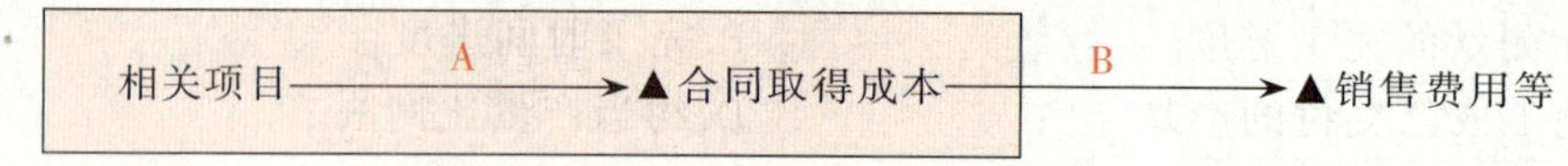

A.合同取得成本是企业为取得合同所发生的，预计能够收回的增量成本。该取得成本应作为资产进行确认。该资产的摊销期不超过一年的，也可以简化处理，在发生这类取得成本的时候直接计入当期损益

B.增量成本是指企业不取得合同就不会发生的成本

C.该项目所对应的合同一般涉及需要在一段时间内履行的履约义务

D.其期末余额一般反映企业尚未结转的取得成本，应构成期末存货的组成部分

3.下列各项中，不应作为合同履约成本确认为一项资产的有（　　）。

A.为组织和管理企业生产经营活动发生的但不由客户承担的管理费用

B.无法在尚未履行的与已履行（或已部分履行）的履约义务之间区分的支出

C.为履行合同发生的非正常消耗的直接材料、直接人工和制造费用

D.企业为履行合同发生的直接材料费用

4.下列各项中，一般不属于合同取得成本的有（　　）。

A.企业负担的销售佣金　　B.企业负担的差旅费

C.企业负担的投标费　　D.企业负担的标书制作费

5.合同成本主要包括（　　）。

A.合同取得成本　　B.合同履约成本　　C.合同沉没成本　　D.合同机会成本

（三）判断题

“合同取得成本”账户核算企业为履行当前或者预期取得的合同所发生的、不属于其他会计准则规范范围且按照收入准则应当确认为一项资产的成本。（　　）

三、知识点：结算业务：应收款+预收款+合同负债+应收款减值

（一）单项选择题

1.20×8年4月1日，甲公司将收到的乙公司开出的不带息商业承兑汇票向丙商业银行贴现，取得贴现款445万元。甲公司和丙商业银行约定，在票据到期日不能从乙公司收到票款时，丙商业银行可向甲公司追偿。该票据系乙公司于20×8年3月1日为支付欠甲公司的货款而开出的，票面金额为452万元（含增值税，增值税税率为13%）。假定不考虑其他因素。20×8年4月份，甲公司贴现时应作的会计处理为（　　）。

A.借：银行存款　　4 520 000

　　贷：应收票据　　4 520 000

B.借：银行存款　　4 450 000

　　　　财务费用　　70 000

　　贷：应收票据　　4 520 000

C.借：银行存款 4 450 000
财务费用 70 000
贷：短期借款 4 520 000
D.借：银行存款 4 450 000
贷：短期借款 4 450 000

2.20×8年4月1日，甲公司将收到的乙公司开出的不带息商业承兑汇票452万元向丙商业银行贴现，取得贴现款445万元。甲公司和丙商业银行约定，在票据到期日不能从乙公司收到票款时，丙商业银行可向甲公司追偿。20×8年6月1日，该票据到期，乙公司无力偿还票款，丙商业银行将该款项从甲公司账上扣除。该扣除的金额为（　　）元。

A. 4 520 000　　B.70 000　　C.4 450 000　　D.4 440 000

3.20×8年4月1日，甲公司将收到的乙公司开出的不带息商业承兑汇票452万元向丙商业银行贴现，取得贴现款445万元。甲公司和丙商业银行约定，在票据到期日不能从乙公司收到票款时，丙商业银行可向甲公司追偿。20×8年6月1日，该票据到期，乙公司无力偿还票款，甲公司也无力偿还。则此时甲公司的会计处理为（　　）。

A.不需要处理
B.借：应收账款 4 520 000
贷：应收票据 4 520 000
C.借：短期借款 4 520 000
贷：应收票据 4 520 000
D.借：短期借款 4 450 000
贷：银行存款 4 450 000

4.20×8年4月1日，甲公司将收到的乙公司开出的不带息商业承兑汇票452万元向丙商业银行贴现，取得贴现款445万元。甲公司和丙商业银行约定，在票据到期日不能从乙公司收到票款时，丙商业银行可向甲公司追偿。20×8年6月1日，该票据到期，乙公司支付了该票据款项。则此时甲公司的会计处理为（　　）。

A.不需要处理
B.借：银行存款 4 520 000
贷：应收票据 4 520 000
C.借：短期借款 4 520 000
贷：应收票据 4 520 000
D.借：短期借款 4 450 000
贷：银行存款 4 450 000

5.20×8年4月1日，甲公司将收到的乙公司开出的不带息商业承兑汇票向丙商业银行贴现，取得贴现款443万元。甲公司和丙商业银行约定，在票据到期日不能从乙公司收到票款时，丙商业银行不可向甲公司追偿。该票据系乙公司于20×8年3月1日为支付欠甲公司的货款而开出的，票面金额为452万元（含增值税，增值税税率为13%）。假定不考虑其他因素。20×8年4月份，甲公司贴现时应作的会计处理为（　　）。

A.借：银行存款 4 430 000

贷：应收票据　　4 430 000

B.借：银行存款　　4 430 000

财务费用　　90 000

贷：应收票据　　4 520 000

C.借：银行存款　　4 430 000

财务费用　　90 000

贷：短期借款　　4 520 000

D.借：银行存款　　4 430 000

贷：短期借款　　4 430 000

6.甲公司20×8年2月10日因销售商品而产生涉及光明公司的一笔应收账款2 000万元，20×8年12月31日，该笔应收账款的未来现金流量现值为1 900万元。在此之前“坏账准备”账户的贷方余额为30万元，20×8年12月31日，企业应计提的坏账准备为（　）万元。

A. 100　　B.-100　　C.70　　D.-70

7.甲公司20×8年2月10日因销售商品而产生涉及光明公司的一笔应收账款2 000万元，20×8年12月31日，该笔应收账款的未来现金流量现值为1 900万元。在此之前，“坏账准备”账户的期初贷方余额为30万元，本期发生一笔价值12万元的应收款因无法收回而冲销坏账准备金（全年仅此一笔相关业务）。20×1年12月31日，该笔应收款项应计提的坏账准备为（　）万元。

A. 82　　B.-100　　C.112　　D.-70

8.甲公司20×8年2月10日因销售商品而产生涉及光明公司的一笔应收账款2 000万元，20×8年12月31日，该笔应收账款的未来现金流量现值为1 900万元。在此之前，“坏账准备”账户的期初贷方余额为30万元，本期发生一笔价值42万元的应收款因无法收回而冲销坏账准备金（全年仅此一笔相关业务）。20×8年12月31日，该笔应收款项应计提的坏账准备为（　）万元。

A. 100　　B.142　　C.82　　D.112

9.甲公司20×8年2月10日因销售商品而产生涉及光明公司的一笔应收账款2 000万元，20×8年12月31日，该笔应收账款的未来现金流量现值为1 900万元。在此之前，“坏账准备”账户的期初贷方余额为70万元。本期发生一笔原已作为坏账冲销的应收款23万元，现重新收回，款项已存入银行（全年仅此一笔相关业务）。20×8年12月31日，企业应计提的坏账准备为（　）万元。

A.-7　　B.100　　C.30　　D.7

10.甲公司20×8年2月10日因销售商品而产生涉及光明公司的一笔应收账款2 000万元，20×8年12月31日，该笔应收账款的未来现金流量现值为1 900万元。在此之前，“坏账准备”账户的期初贷方余额为70万元，本期发生一笔原已作为坏账冲销的应收款43万元，现重新收回，款项已存入银行（全年仅此一笔相关业务）。20×1年12月31日，计提坏账准备结束后，坏账准备的余额为（　）万元。

A.-13　　B.143　　C.100　　D.30

11.期末结账前,“坏账准备”账户如为贷方余额,则反映的内容是( )。

A.已计提但尚未转销的坏账准备　B.已经发生的坏账准备

C.收回以前已经确认并转销的坏账损失　D.已确认的坏账损失超出坏账准备的余额

12.期末结账前,“坏账准备”账户如为借方余额,则反映的内容是( )。

A.已计提但尚未转销的坏账准备　B.已经发生的坏账准备

C.收回以前已经确认并转销的坏账损失　D.已确认的坏账损失超出坏账准备的余额

13.甲公司年初“坏账准备”账户的贷方余额为20万元,本年收回上年已确认为坏账的应收账款5万元。经减值测试并确定“坏账准备”账户年末贷方余额应为30万元。不考虑其他因素,甲企业年末应计提的坏账准备为( )万元。

A. 5　B.10　C. 15　D.30

14.20×8年12月1日,甲公司“坏账准备——应收账款”账户贷方余额为1万元。12月16日,收回已作为坏账转销的应收账款1万元。12月31日,应收账款账面余额为120万元,期末应收账款账面价值为108万元。不考虑其他因素,12月31日甲公司应计提的坏账准备金额为( )万元。

A. 13　B.12　C. 10　D.11

15.20×8年1月1日,某企业“坏账准备——应收账款”账户贷方余额为7万元,当期实际发生坏账12万元。经减值测试,12月31日“坏账准备——应收账款”账户应有贷方余额16万元。不考虑其他因素,12月31日该企业记入“坏账准备——应收账款”账户的金额为( )万元。

A. 16　B.7　C. 9　D.21

16.票据贴现时,企业实际收到的金额与票面金额的差额,应计入( )。

A.管理费用　B.财务费用　C.营业外收入　D.营业外支出

17.下列关于合同资产和应收账款的说法中,正确的是( )。

A.企业销售商品,应收未收的货款,计入应收账款

B.企业销售商品,应收未收的货款,计入合同资产

C.应收账款是有条件的收款权利

D.合同资产是有条件的收款权利

18.甲公司生产和销售空调。20×8年3月甲公司向零售商乙公司销售2 000台空调。每台售价3 000元,不含增值税,每台成本为2 000元,款项已收到。甲公司向乙公司提供价格保护,同意在未来6个月内,如同款空调售价下降,则按照合同价格与最低售价之间的差额向乙公司支付差价。甲根据以往执行类似合同的经验,预计各种结果发生的概率如下:不降价的概率为40%;降价200元的概率为30%;降价500元的概率为20%;降价1 000元的概率为10%。在销售该商品时,甲公司应确认的主营业务收入金额为( )万元。

A.0　B.600　C.560　D.548

19.20×8年8月2日,甲公司向乙公司赊销一批产品,增值税专用发票上注明的价款为30万元,增值税税款为3.9万元,符合收入确认条件。9月15日,乙公司发现该批产品有瑕疵,要求按不含税销售价格给予5%的折让,甲公司同意并开具了红字增值税专用发

票，同日收到乙公司支付的所有货款。下列各项中，关于甲公司销售折让会计处理不正确的是（　　）。

A.冲减应交税费0.195万元　　B.冲减主营业务收入1.5万元

C.增加销售费用1.695万元　　D.冲减应收账款1.695万元

20.预收款业务不多的企业，可以不设置“预收账款”账户，其所发生的预收款，可以通过（　　）核算。

A.“应收账款”账户借方　　B.“应付账款”账户借方

C.“应收账款”账户贷方　　D.“应付账款”账户贷方

21.甲公司与乙公司签订一项销售合同，合同总价款为150万元（不含增值税，增值税税率为13%），乙公司应于合同签订之日起3日内支付定金5万元，乙公司收到货物并验收合格后再支付剩余款项。则甲公司在收到5万元的定金时，应当计入的会计账户是（　　）。

A.预收账款　　B.主营业务收入　　C.其他业务收入　　D.合同负债

22.甲公司为增值税一般纳税人，20×8年5月销售给乙公司一批商品，共计1 000套，不含税单价为400元/套，增值税税率为13%。因乙公司所购商品数量较多，甲公司给予其20%的商业折扣，并开具增值税专用发票。假定不考虑企业因素，甲公司该笔业务应确认的销售收入为（　　）万元。

A. 32　　B.40　　C. 35.2　　D.45.2

23.甲公司为增值税一般纳税人。20×8年10月15日向乙公司销售商品，其价值为100万元，增值税税率为13%。给予其10%的商业折扣，现金折扣的条件是：2/10、1/20、N/30，并代垫运杂费500元。甲公司于20×8年10月31日收到货款。则甲公司在该笔交易中确认的收入金额是（　　）万元。

A. 107.7　　B.100　　C. 88.2　　D.91.3

（二）多项选择题

1.结合下图，下列有关“合同资产”项目和“应收账款”项目的表述恰当的有（　　）。

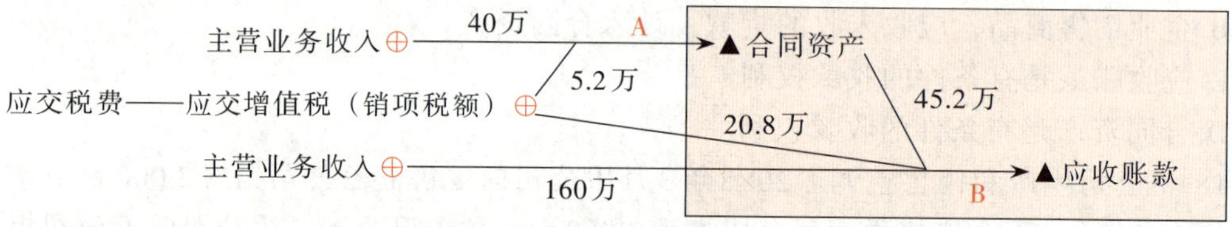

A.两个项目都是核算企业已向客户转让商品而有权收取对价的权利

B.应收账款代表的是一种无条件收取对价的权利，即企业仅仅随着时间的流逝就可以收取款项

C.合同资产代表的不是一种无条件收取对价的权利，该权利除了时间流逝之外，还取决于其他条件的实现才能收取款项

D.企业应收账款承担的是信用风险，而合同资产则承担履约风险和信用风险

2.企业采用备抵法核算。下图是企业发生的与坏账准备相关的业务，这些业务发生的先后顺序按序号从（1）到（7）排列。其中，“坏账准备”账户的期末余额为0，序号（1）、（3）、（5）、（7）所代表的业务分别发生在4个年度的年末，各年度的业务相关联。

下列有关下图的表述正确的有（　　）。

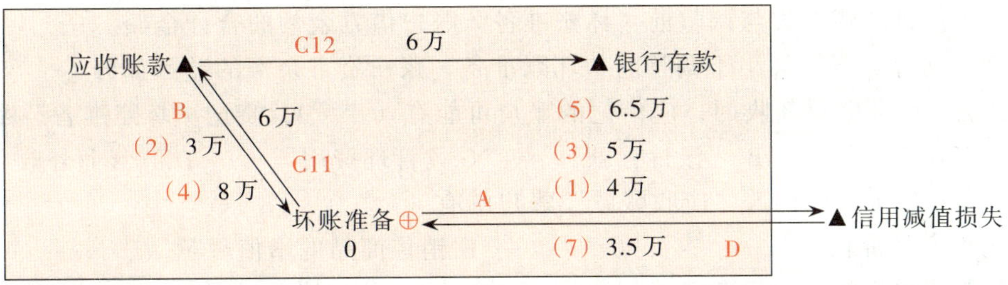

A.从A段资金运动（1）项可知，企业在第1年年末应收款发生减值4万元，由于“坏账准备”账户的期初余额为0，所以本期坏账准备的提取数也是4万元

B.从B段资金运动（2）项可知，企业在第2年发生了3万元的坏账，冲销准备金，坏账准备的余额还有1万元。由于A段资金运动的第（3）笔业务是在第2年年末发生的，这说明第2年再没有发生其他与坏账准备有关的业务，因此“坏账准备”账户的余额1万元就一直延续到了期末。由于A段资金运动中第（3）笔业务的发生额为5万元，这说明企业在第2年年末的减值准备应保留金额为6万元。由于有1万元余额，所以提取了5万元的坏账准备

C.从B段资金运动（4）项可知，企业在第3年发生了8万元的坏账，冲销准备金，坏账准备的余额变成了借方余额2万元。由于A段资金运动中第（5）笔业务是在第3年年末发生的，这说明第3年再没有发生其他与坏账准备有关的业务，因此“坏账准备”账户的借方余额2万元就一直延续到了期末。由于A段资金运动中第（5）笔业务的发生额为6.5万元，这说明企业在第3年年末的减值准备应保留金额为4.5万元。由于有2万元的借方余额，所以需要提取6.5万元的坏账准备

D.从C段资金运动可知，企业在第4年发生了已冲销的6万元坏账重新回收的业务，导致坏账准备的余额增加至10.5万元。由于A段资金运动中第（7）笔业务是在第4年年末发生的，这说明第4年再没有发生其他与坏账准备有关的业务，因此“坏账准备”账户的余额10.5万元就一直延续到了期末。由于A段资金运动中第（7）笔业务的发生额为-3.5万元，这说明企业在第4年年末的减值准备应保留金额为7万元。由于有10.5万元余额，所以不仅没有提取坏账准备，还冲销了3.5万元的坏账准备

3.应收票据按承兑人的不同可以分为（　　）。

A.银行承兑汇票　　B.商业承兑汇票　　C.银行汇票存款　　D.带息应收票据

4.企业采用备抵法核算时，下列项目应记入“坏账准备”账户贷方的有（　　）。

A.发生的坏账损失

B.已经作为坏账核销的应收账款又得以收回的金额

C.期末估计坏账损失与调整前“坏账准备”账户借方余额的合计金额

D.期末估计坏账损失小于调整前“坏账准备”账户贷方余额的差额部分

5.企业采用备抵法核算时，下列项目应记入“坏账准备”账户借方的有（　　）。

A.发生的坏账损失

B.已经作为坏账核销的应收账款又收回

C.期末估计坏账损失与调整前“坏账准备”账户借方余额的合计金额

D.期末估计坏账损失小于调整前“坏账准备”账户贷方余额的差额部分

6.已确认的坏账重新收回，应借记的账户可能有（　　），贷记“坏账准备”账户。

A.“应收账款”　　B.“银行存款”　　C.“管理费用”　　D.“营业外收入”

7.下列各项中可以记入“应收账款”账户的有（　　）。

A.销售商品价款　　B.销售商品的增值税款

C.代购货单位垫付的运杂费　　D.应缴纳的消费税

8.下列各项中，引起应收账款账面价值发生增减变化的有（　　）。

A.计提应收账款坏账准备　　B.结转已到期未兑现的商业承兑汇票

C.收回应收账款　　D.收回已经作为坏账核销的应收账款

9.20×8年4月1日，甲公司与客户签订合同，向其销售M、N两项商品，M商品的单独售价为6 000元，N商品的单独售价为24 000元，合同价款为25 000元。合同约定，M商品于合同开始日交付，N商品在一个月后交付，只有当两个商品全部交付后，甲公司才有权收取25 000元的合同对价。假定M、N商品销售分别构成两个单独的履约义务，其控制权在交付时转移给了客户，其增值税税率为13%。不考虑其他相关因素，下列说法中正确的有（　　）。

A.将M商品交付给客户时，由于仅承担信用风险，故应确认应收账款

B.将N商品交付客户时，由于仅承担信用风险，故应确认应收账款

C.交付M商品时，确认合同资产5 650元

D.交付N商品时，确认应收账款28 250元

10.下列关于合同负债和预收账款的说法中，正确的有（　　）。

A.企业为销售商品，向客户预收的款项，在收入准则下，确认为预收账款

B.在房屋已经租赁的情况下，企业预收的房屋租金，确认为合同负债

C.企业为销售商品，向客户预收的款项，在收入准则下，确认为合同负债

D.对企业在销售商品的同时授予客户的奖励积分，应按照其公允价值确认为合同负债

11.下列各项中，在确认销售收入时，应计入应收账款入账价值的有（　　）。

A.销售价款　　B.增值税销项税额

C.代购货单位垫支的运输费用　　D.代购货单位垫支的包装费

12.甲公司20×8年10月10日向乙公司销售一批产品，开具的增值税专用发票上注明的价款为200万元，增值税为26万元，款项尚未收到。20×8年12月31日，预计该应收款项可收回金额为198万元。假定该公司期初坏账准备为0，则下列表述正确的是（　　）。

A.20×8年10月10日，甲公司应确认应收账款200万元

B.20×8年10月10日，甲公司应确认应收账款226万元

C.20×8年12月31日，甲公司应计提坏账准备2万元

D.20×8年12月31日，甲公司应计提坏账准备28万元

13.下列各项中，引起应收账款账面价值发生变动的有（　　）。

A.计提应收账款坏账准备　　B.应收票据到期无法收回予以转销

C.实际发生坏账时，冲销坏账准备　　D.坏账的重新收回

14.下列各项中，通过应收票据及应付票据核算的有（　　）。

A.银行承兑汇票　　B.信用证保证金存款

C.银行本票存款　　D.商业承兑汇票

15.下列关于商业折扣的表述中，正确的是（　　）。

A.销售企业应将实际发生的商业折扣计入销售费用

B.销售企业应按照扣除商业折扣后的金额确认销售收入金额

C.购入企业应按照扣除折扣后的金额计入应付账款

D.购入企业应将享受的商业折扣冲减财务费用

16.下列各项中，不确认为商品销售收入的有（　　）。

A.已经发生的销售折让　　B.应收取的增值税销项税额

C.实际发生的商业折扣　　D.应收取的代垫运杂费

（三）判断题

1.同样金额的应收票据贴现时，有追索权的贴息比没有追索权的要多一些。（　　）

2.当应收票据到期无法收到票款时，企业不需要进行任何会计处理，只需要加大收款力度即可。（　　）

3.采用备抵法核算坏账的情况下，发生坏账时所作的冲销应收账款的会计分录，会使资产及资本同时减少相同的数额。（　　）

4.“坏账准备”账户期末余额在贷方，在资产负债表上应列示于“流动负债”项目中。（　　）

5.在备抵法下，已确认并转销的坏账损失以后期间又收回的，仍然可通过“应收账款”账户核算，并贷记“信用减值损失”账户。（　　）

6.对于已确认为坏账的应收账款，并不意味着企业放弃了其追索权，一旦重新收回，应及时入账。（　　）

7.其他应收款按规定也应该计提坏账准备。企业应当定期或者至少于每年年度终了，对其他应收款进行检查，预计其可能发生的坏账损失，并计提坏账准备。（　　）

8.企业未满足销售收入确认条件的售出商品退回时，应借记库存商品，贷记主营业务收入。（　　）

9.应收票据背书转让取得所需要的物资的，应将取得的物资成本、增值税专用发票上注明的可抵扣的增值税税额和商业汇票的票面金额之间的差额计入财务费用。（　　）

10.预收款业务不多的企业，也可不单独设置预收账款账户，预收的账款可以通过“预付账款”账户核算。（　　）

11.根据我国会计准则的规定，应收款项的减值的核算可以选用备抵法或者直接转销法，一经确定，不得随意变更。（　　）

12.20×8年10月10日甲公司一批销售商品给乙公司，价值200万元，并给予2/10、1/20、N/30的现金折扣条件。甲公司按照享有现金折扣后的金额196万元确认收入。（　　）

（四）不定项选择题

1. 甲公司为增值税一般纳税人，适用的增值税税率为13%。20×8年12月1日，甲公司“应收账款”账户借方余额为1 000万元，“坏账准备”账户贷方余额为50万元，该公司通过对应收账款的信用风险特征进行分析，确定计提坏账准备的比例为期末应收账款余额的5%。12月份，甲公司发生相关业务如下：

（1）12月4日，向乙公司赊销一批产品，按商品价目表的价格计算的金额为1 200万元（不含增值税），由于是批量销售，甲公司给予乙公司10%的商业折扣。该销售满足收入确认条件。

（2）12月8日，因客户破产，有应收账款70万元不能收回，确认为坏账。

（3）12月10日，收到乙公司前欠的货款700万元，款项已存入银行。

（4）12月20日，收到已转销为坏账的应收账款15万元，已存入银行。

（5）12月29日，向丙公司销售一批产品，增值税专用发票上注明的价款为200万元，增值税为26万元，满足收入确认条件。截至12月31日，丙公司尚未付款。

要求：根据上述资料，回答下列问题。

（1）12月4日和12月29日发生的经济业务中，应收账款的入账价值分别为（　　）万元。

A. 900　　B.1 220.4　　C. 226　　D.100

（2）针对上述资料，下列关于甲公司的账务处理正确的是（　　）。

A.业务（1）应确认收入1 200万元　　B.业务（2）应计提信用减值损失70万元

C.业务（4）应贷记坏账准备15万元　　D.业务（5）应确认收入200万元

（3）截至业务（3），坏账准备贷方余额为（　　）万元。

A.-20　　B.-10　　C. 5　　D.10

（4）本期应计提坏账准备的金额为（　　）万元

A. 86.82　　B.88.82　　C. 87.82　　D.85.82

（5）假定丙公司于次年1月3日支付货款，则计入银行存款的金额为（　　）万元。

A. 200　　B.226　　C. 26　　D.198

2. 甲公司为增值税一般纳税人，20×8年5月份发生下列经济业务：

（1）5月3日，预收M公司定金20万元，款已存入银行。

（2）5月6日，从N公司购入一批材料30万元，增值税3.9万元，预定的现金折扣条件是2/10、1/20、N/30。

（3）5月12日，向M公司发出货物，开具的增值税专用发票上注明的价款为60万元，增值税款为7.8万元。余款已收回。

（4）5月14日，支付给N公司购货款。

（5）5月27日，从X公司购入工程物资一批用于自建厂房，收到的增值税专用发票上注明的价款为300万元，增值税税款为39万元，甲公司开具面值为339万元、为期3个月的不带息银行承兑汇票予以支付。因向银行申请承兑汇票支付手续费1万元。

（6）5月29日，因建造厂房而领用工程物资280万元。

（7）5月30日，甲公司此前开出的一张商业承兑汇票到期，甲公司无力支付票款。

要求：根据上述资料，不考虑其他因素，完成下列选择题。

（1）下列关于甲公司与M公司之间的业务处理，正确的是（　　）。

A.合同负债的减少一般以货币资金进行清偿

B.预收的定金属于合同负债，是甲公司的一项资产

C.5月12日，合同负债的金额为0

D.5月12日，应收账款为借方余额58万元

（2）下列关于甲公司与N公司之间的业务处理，不正确的是（　　）。

A.5月6日，应确认应付账款33万元

B.现金折扣影响实际支付货款时的应付账款

C.现金折扣应在发生时计入管理费用

D.实际支付的价款为33.222万元

（3）下列关于甲公司与X公司之间的业务处理，正确的是（　　）。

A.对于开出的银行承兑汇票，甲公司应通过“其他货币资金”账户进行核算

B.对于支付的手续费，甲公司应计入财务费用

C.银行承兑汇票属于商业汇票

D.对于到期无法支付的银行承兑汇票，甲公司应将其账款余额转入短期借款

（4）下列关于工程物资的采购与领用的表述中，正确的有（　　）。

A.5月27日应借记“工程物资”账户339万元，贷记“应付票据”账户339万元

B.5月27日应增加“工程物资”账户300万元

C.5月29日，应借记“在建工程”账户316.4万元

D.5月29日，应减少“工程物资”账户280万元

（5）下列关于商业承兑汇票到期的处理，表述正确的是（　　）。

A.应转为营业外收入

B.应转作应付账款

C.应转作短期借款

D.不作处理

3.甲公司为增值税一般纳税人，增值税税率为13%，主要生产销售M、N、X产品，销售价格不含增值税，销售的同时结转销售成本。20×8年5月发生如下业务：

（1）5月1日，向乙公司销售M产品，售价100万元，成本60万元，货已发出，已开出增值税专用发票，货款尚未收到。合同注明的现金折扣条件是：2/10、1/20、N/30。6日，乙企业付清货款，甲公司收存银行。

（2）5月7日用银行存款支付管理部门业务招待费2.7万元，银行承兑汇票手续费1.2万元。

（3）5月14日，向丙企业销售N产品，标价为400万元，由于批量销售，给予4%的商业折扣并开出增值税专用发票，货款尚未收到，该批产品成本为240万元。

（4）5月21日，由于发货错误，丁公司要求退回上月25日销售的20件X产品，销售单价为3万元，单位成本为1.2万元，销售收入60万元已确认入账，成本已于上月结转。甲企业同意退货，开具红字发票，退回产品的入库手续已办妥。

（5）5月30日，销售材料，价款200万元，已开具增值税专用发票，款项已存入银行，该材料成本为142万元，已计提跌价准备2万元。

（6）5月31日，实际收到经营租赁租出生产设备本月租金45万元，月折旧额为25万元。

要求：根据上述资料，完成下列选择题。

（1）根据资料（1）和资料（6），下列会计处理正确的是（　　）。

A. 1日，确认主营业务收入98万元　　B.6日，确认财务费用2万元

C. 31日，确认其他业务收入25万元　　D.31日，确认其他业务收入45万元

（2）根据资料（2），下列会计处理正确的是（　　）。

A.支付业务招待费，计入管理费用　　B.支付银行承兑手续费，计入财务费用

C.支付业务招待费，计入销售费用　　D.支付银行承兑手续费，计入管理费用

（3）根据资料（3），下列会计处理正确的是（　　）。

A.确认主营业务收入400万元　　B.确认增值税销项税额49.92万元

C.确认主营业务收入384万元　　D.确认增值税销项税额52万元

（4）根据资料（4），会计处理正确的是（　　）。

A.冲减销项税额7.8万元　　B.冲减主营业务成本24万元

C.冲减主营业务收入60万元　　D.冲减库存商品24万元

（5）根据资料（5），下列会计处理正确的是（　　）。

A.借：银行存款　226万

　贷：其他业务收入　200万

　　应交税费——应交增值税（销项税额）　26万

B.借：主营业务成本　142万

　贷：库存商品　142万

C.借：其他业务成本　140万

　　存货跌价准备　2万

　贷：原材料　142万

D.借：银行存款　226万

　贷：主营业务收入　200万

　　应交税费——应交增值税（销项税额）　26万

4.甲公司为增值税一般纳税人，增值税税率为13%。20×8年3月1日，甲公司应收账款账户借方余额为1 000万元，坏账准备账户贷方余额为50万元，企业通过对应收款项的信用风险特征进行分析，确定提取坏账准备的比例为期末应收账款余额的5%。

3月份，甲企业发生如下经济业务：

（1）3月6日，甲公司向乙企业赊销商品一批，按商品价目表中的价格计算的金额为500万元（不含增值税），由于批量销售，甲公司给予10%的商业折扣。

（2）3月10日，甲公司采用托收承付结算的方式向M企业销售一批商品，开出的增值税专用发票中注明的价款为20万元，增值税税款为2.6万元，其销售成本为12万元。甲公司在销售该批商品时已得知M公司在资金流转方面暂时发生困难，但为了减轻库存压力，同时也为了维持与M企业长期以来建立的商业关系，甲公司仍将该批商品发出，并办妥托收手续。假设甲公司销售该批商品的纳税义务已经发生。

（3）甲公司与N公司（一般纳税人）签订代销协议，甲公司委托N公司代销产品1 000件，其单位成本为350元，N公司按照每件500元（不含税）的价格销售，甲公司按照不含增值税的售价的10%向N公司支付手续费。3月28日，甲公司收到N公司交来的代销清单，代销清单上注明：实际销售产品800件，商品售价40万元，增值税5.2万元。当日甲公司向N公司开具金额相等的增值税专用发票，同时收到N公司因提供代销服务而开具的增值税专用发票，注明的价款为4万元，增值税税款为0.24万元。N公司不承担包销责任，没有售出的产品必须退回给甲公司。同时甲公司也有权要求收回商品或将其销售给其他客户。甲公司本月未收到N公司的商品代销款。

（4）3月22日，甲公司收到20×6年已转销为坏账的应收账款12万元，已存入银行。

（5）3月26日，甲公司向丁公司销售商品，增值税专用发票上注明的价款为100万元，增值税税款为13万元。货款尚未收到。

（6）3月30日，销售给丙企业的部分商品由于存在质量问题，丙公司要求退回2月8日购买的商品的50%。该批商品销售价款为20万元，总成本为12万元，经过协商，甲公司同意了丙公司的退货要求，并按规定开具了红字增值税专用发票，发生的销售退回允许抵扣当期的增值税税额，该批退回商品已验收入库。至退货时，丙企业尚未支付货款。

要求：根据上述资料，完成下列选择题。

（1）根据资料（1）和资料（2），下列各项中，表述正确的有（　　）。

A.甲公司应按扣除商业折扣后的金额确认收入

B.甲公司应按照扣除商业折扣后的金额结转产品成本

C.甲公司采用托收承付结算方式向M公司销售商品，已办妥托收手续，所以应确认收入

D.甲公司向M公司销售商品，已开出增值税专用发票，虽然还没有收到款项，但应将增值税确认为应收账款

（2）根据资料（3），甲公司应确认的代销手续费为（　　）万元。

A. 2　　B.3　　C. 4　　D.5

（3）根据资料（5），甲公司应确认的主营业务收入为（　　）万元。

A. 80　　B.90　　C. 100　　D.113

（4）根据资料（6），下列说法中不正确的是（　　）。

A.应冲减3月份主营业务收入10万元　　B.应冲减3月份主营业务成本6万元

C.应冲减3月份主营业务收入20万元　　D.应冲减3月份主营业务成本12万元

（5）本期应计提坏账准备的金额为（　　）万元。

A. 20　　B.21.688　　C. 20.688　　D.21

5.甲公司为增值税一般纳税人，增值税税率为13%。20×8年5月初应收账款余额为40万元，坏账准备账户余额为4万元，期末按应收账款余额的10%计提坏账准备。成本随销售收入予以确认。20×8年5月发生以下业务：

（1）当月销售给乙公司一批产品，成本为10万元，不含税售价为20万元，未收到价款，已将提货单交给了乙公司。三天后，由于部分商品运输途中毁损，经协商后予以退回，确认退回20%的商品，并按规定开具红字增值税专用发票。

（2）当月预收丙公司6万元商品货款，当月发出商品的成本为3万元，不含税售价为5万元。

（3）当月向丁公司销售产品，不含税售价为20万元，经双方协商给予10%的商业折扣，实际成本为12万元。已开出增值税专用发票，商品已交付丁公司。至月底，丁公司尚未付款。

（4）当月由于产品质量问题，给予丙公司10%的销售折让，发生的销售折让允许抵扣当期的销项税额。折让金额仍作为丙公司的预付款处理。

（5）月底甲公司得知乙公司发生财务困难，可能无法按时归还当月所欠货款，甲公司对应收乙公司货款按40%的比例计提坏账准备，其他债务人财务状况正常。当月未发生坏账损失。

要求：根据上述资料，不考虑其他因素，完成下列选择题。

（1）根据资料（1），下列处理正确的是（　　）。

A.应确认收入20万元　　B.不应确认收入，应确认发出商品9万元

C.应确认收入16万元　　D.应确认的成本为8万元

（2）根据资料（2）和资料（4），下列说法不正确的是（　　）。

A.预收货款时即应确认收入

B.发生销售折让时应直接冲减当期的收入

C.对于销售给丙公司的商品应确认收入4.5万元

D.对于销售给丙公司的商品应确认成本2.7万元

（3）下列关于资料（3）的表述中，正确的是（　　）。

A.应确认主营业务收入20万元　　B.应确认主营业务收入18万元

C.应收账款的入账价值为20.34万元　　D.应确认主营业务收入19.98万元

（4）当月末，应收账款的账面余额为（　　）万元。

A. 78.61　　B.78.42　　C. 104.5　　D.74.88

（5）当月末，应计提的坏账准备金额为（　　）万元。

A. 13.266　　B.13.766　　C. 13.466　　D.13.866

6.甲公司为增值税一般纳税人，适用的增值税税率为13%。20×8年12月发生下列销售业务：

（1）4日，向乙公司销售商品1 000件，每件商品的标价为0.8万元。在此基础上，甲公司同意给予乙公司10%的商业折扣，每件商品成本为0.5万元。商品已经发出，并开具增值税专用发票，货款已收存银行。

（2）7日，向丙企业销售产品一批，开出的增值税专用发票上注明的价款为500万元，增值税税款为65万元。该批商品的成本为300万元。在销售合同中约定的现金折扣条件是：2/10、1/20、N/30。13日，收到丙公司支付的全部货款，并存入银行。

（3）14日，向丁公司销售一批产品，开出的增值税专用发票上注明的价款为1 000万元，增值税税款为130万元，该批商品的成本为700万元。商品已经发出，货款尚未收到。19日，丁公司发现14日所购商品不符合合同所规定的质量标准，要求甲公司在价格上给予8%的销售折让。甲公司查明后，同意给予折让。

（4）20日，收到戊公司退回的当年5月份所购商品的20%。该商品的售价为500万元，成本为300万元，且于发出商品的同时收到全部价款。经核查，该批商品存在质量问题，甲公司同意了戊公司的退货要求。当日，收到戊公司交来的税务机关开具的进货退货证明单，并开具红字增值税专用发票，支付退货款。

（5）本年度10月2日甲公司接受一项产品安装业务，安装期为5个月，合同总收入为600万元，至年度终了，已预收货款450万元，已实际发生成本280万元，甲公司用银行存款等支付，估计还将发生的成本为120万元。假定上述合同对甲公司来说属于在某一时段内履行的履约义务，且履约进度可以合理确定，以已发生成本占预计总成本的比例确定履约进度。(假设不考虑增值税)

要求：根据上述资料，完成下列选择题。

（1）根据资料（1），甲公司实际收到的款项为（　　）万元。

A. 936　　B.813.6　　C. 720　　D.800

（2）根据资料（2），甲公司应确认的主营业务收入金额为（　　）万元。

A. 490　　B.500　　C. 495　　D.565

（3）根据资料（3），下列各项中表述正确的有（　　）。

A.甲公司尚未收到货款，不符合收入的确认条件

B. 14日货款尚未收到，甲公司应确认应收账款1 130万元

C. 14日甲公司应确认主营业务收入1 000万元

D. 19日甲公司应冲减主营业务收入80万元

（4）根据资料（5），甲公司应确认的收入金额为（　　）万元。

A. 600　　B.180　　C. 420　　D.450

（5）甲公司12月份的营业利润是（　　）万元。

A. 720　　B.730　　C. 750　　D.740

四、知识点：常规费用业务

（一）单项选择题

1.某公司自行研发非专利技术共发生支出460万元，其中：研究阶段发生支出160万元；开发阶段发生支出300万元（其中符合资本化条件的支出为180万元）。不考虑其他因素，该研发活动应计入当期损益的金额为（　　）万元。

A. 180　　B.280　　C. 340　　D.160

2.下列各项中，企业应计入销售费用的是（　　）。

A.随同产品出售单独计价的包装物成本　　B.预计产品质量保证损失

C.因产品质量原因而给予客户的销售折让　D.行政管理部门人员报销的差旅费

3.某企业20×8年发生短期借款利息120万元，享受购货现金折扣10万元，取得银行存款利息收入30万元。20×8年该企业列入利润表“财务费用”项目的本期金额应为（　　）万元。

A. 80　　B.100　　C. 150　　D.90

4.下列各项中正确的是（　　）。

A.购买交易性金融资产支付的手续费应计入交易性金融资产的成本

B.以支付手续费方式委托代销的手续费，委托方应作为销售费用处理

C.支付的签发银行承兑汇票的手续费，计入应付票据之中

D.受托代销商品收到的手续费收入，冲减销售费用

5.20×8年1月1日，某企业开始自行研发一套软件。研究阶段发生研发支出30万元；开发阶段发生研发支出125万元，开发阶段的支出均符合资本化条件。4月15日，该软件开发成功并依法申请了专利，支付了相关手续费1万元。不考虑其他因素，该项无形资产的入账价值为（　）万元。

A. 126　　B.155　　C. 125　　D.156

6.下列各项经济业务中，应列入利润表“营业成本”项目的是（　）。

A.出售无形资产净损失　　B.结转当期完工产品的生产成本

C.销售商品的成本　　D.处置固定资产发生的增值税

7.下列各项中，不属于期间费用的是（　）。

A.不满足资本化条件的汇兑损益　　B.预计产品质量保证损失

C.季节性停工损失　　D.咨询费

8.下列各项中，一般应计入销售费用的是（　）。

A.销售商品发生的商业折扣　　B.销售商品发生的现金折扣

C.签订合同缴纳的印花税　　D.委托代销商品支付的手续费

9.甲企业20×8年10月发生以下经济业务：支付专设销售机构固定资产维修费2万元；代垫销售商品运杂费4万元；支付受托方代销商品手续费7万元；结转随同商品出售单独计价的包装物成本3万元；预计本月已销商品质量保证损失4万元；支付诉讼费用1万元。该企业10月份应计入销售费用的金额为（　）万元。

A. 21　　B.20　　C. 17　　D.13

10.甲公司为增值税一般纳税人，20×8年12月发生如下经济业务：（1）支付财务部门的水电费。（2）结转12月份的销售成本，缴纳当期的消费税。（4）甲公司因产品质量问题被购货方退货。假定不考虑其他因素，则下列表述中正确的是（　）。

A.支付的财务部门的水电费，应计入财务费用

B.确认12月份的销售成本，计入主营业务成本之中

C.确认当期的消费税，计入管理费用

D.甲公司因产品质量问题被购货方退货，应计入发出商品中

11.下列各项中，可通过“其他业务成本”账户核算的业务主要有（　）。

A.计提出租固定资产的折旧费　　B.企业购买商品缴纳的增值税

C.销售商品时产生的消费税　　D.出售无形资产所有权缴纳的增值税

12.甲公司20×8年1月份发生下列业务：（1）计提车间固定资产折旧费30万元；（2）发生车间管理人员薪酬20万元；假定不考虑其他因素，则企业当月的期间费用总额为（　）万元。

A. 0　　B.20　　C. 50　　D.80

13.甲公司20×8年8月份发生的费用如下：发生生产车间管理人员薪酬20万元，发生

行政管理部门人员薪酬40万元；提取预计产品质量保证损失35万元，利息收入4万元，支付管理部门固定资产维修费5万元，计提本期借款费用（全部费用化）30万元。则甲公司20×8年8月份的期间费用总额为（　　）万元。

A. 126　　B.106　　C. 96　　D.84

14.甲公司处置一项固定资产，取得的价款为400万元，该固定资产账面余额为800万元，已计提折旧450万元，已计提减值准备30万元，支付清理费用20万元。假定不考虑其他因素，则计入资产处置损益的金额为（　　）万元。

A. 60　　B.80　　C. 120　　D.110

（二）多项选择题

1.下列项目中，不应作为管理费用核算的有（　　）。

A.工程物资盘亏净损失

B.转回已计提的固定资产减值准备

C.已达到预定可使用状态但尚未投入使用的职工宿舍计提的折旧

D.按矿产品销售收入的一定比例计算确认的矿产资源补偿费

2.下列（　　）项目属于其他业务成本核算的内容。

A.随同产品出售且单独计价的包装物的成本

B.出租无形资产支付的服务费

C.销售材料结转的材料成本

D.出售无形资产结转的无形资产摊余价值

3.以下各项应计入销售费用的有（　　）。

A.专设销售机构的职工工资　　B.展览费

C.企业销售部门的日常经费　　D.商品流通企业进货途中的合理损耗

4.下列费用属于管理费用开支范围的有（　　）。

A.行政管理人员的工资　　B.售后服务网点等的职工工资及福利费

C.聘请中介机构的费用　　D.董事会费用

5.下列费用属于财务费用核算范围的有（　　）。

A.借款费用中费用化的部分

B.汇兑差额

C.收到的现金折扣收入

D.银行存款利息收入

6.下列各项中，关于“应付利息”账户表述正确的有（　　）。

A.企业开出的银行承兑汇票支付的银行手续费，应计入“应付利息”账户的借方

B.“应付利息”账户的贷方期末余额反映企业应付未付的利息

C.按照短期借款合同计算确定的应付利息，应计入“应付利息”账户的借方

D.企业支付已经预提的利息，应计入“应付利息”账户的借方

7.费用是指企业在日常活动中所产生的经济利益的总流出，具体包括（　　）。

A.营业成本　　B.税金及附加　　C.期间费用　　D.营业外支出

8.下列各项中，一般应计入期间费用的有（　　）。

A.销售商品发生的销售折让　B.销售商品发生的售后服务费
C.销售商品发生的商业折扣　D.委托代销商品支付的手续费

9.企业的营业成本包括（　　）。

A.主营业务成本　B.其他业务成本　C.生产成本　D.营业外支出

10.下列各项中，不应在发生时确认为销售费用的有（　　）。

A.车间管理人员的工资　B.投资性房地产的折旧额
C.专设销售机构固定资产的维修费　D.预计产品质量保证损失

11.下列各项中，应计入销售费用账户的有（　　）。

A.已售产品预计保修费用　B.为推广新产品而发生的广告费用
C.随同商品出售且单独计价的包装物成本　D.随同商品出售不单独计价的包装物成本

12.下列各项中，关于管理费用的会计处理表述正确的有（　　）。

A.无法查明原因的现金短缺应计入管理费用
B.转销确实无法支付的应付账款应冲减管理费用
C.行政管理部门负担的工会经费应计入管理费用
D.筹建期间发生的企业开办费应计入管理费用

13.企业发生的下列各项负债的利息支出，可以计入财务费用的有（　　）。

A.筹建期间的长期借款利息　B.短期借款的利息
C.带息应付票据的利息　D.开出的银行承兑汇票所支付的手续费

14.下列各项中，应计入财务费用的有（　　）。

A.银行承兑汇票发生的手续费　B.购买交易性金融资产发生的手续费
C.外币应收账款汇兑损失　D.商业票据贴现发生的贴现息

15.下列各项中，会影响管理费用的有（　　）。

A.进行现金盘点，发现无法查明原因的现金盘亏
B.进行存货盘点，发现存货盘亏，是由于管理不善造成的净损失
C.进行固定资产盘点，发现固定资产盘亏
D.进行现金盘点，发现无法查明原因的现金盘盈

16.下列各项中，制造业企业应计入其他业务成本的有（　　）。

A.销售外购原材料结转的成本
B.出租无形资产计提的无形资产摊销
C.结转随同商品出售但不单独计价的包装物的实际成本
D.对外进行捐赠发生的支出

（三）判断题

1.企业无法可靠区分研究阶段和开发阶段支出的，所发生的研发支出应全部费用化，计入当期损益。（　　）

2.企业收到的投资者超出其在企业注册资本中所占份额的投资部分，应直接计入当期损益。（　　）

3.企业经营管理中的某些不减少企业所有者权益的支出也构成了费用。（　　）

五、知识点：税费业务+其他往来业务

（一）单项选择题

1.甲公司本期的增值税销项税额为4 000 000元，进项税额为2 800 000元；“应交税费——应交消费税”账户有借方金额400 000元，有贷方金额1 000 000元。该企业适用的城市维护建设税税率为7%，则该企业应交的城市维护建设税为（　　）元。

A. 126 000　　B.308 000　　C.84 000　　D.42 000

2.下列税金中，与企业计算损益无关的是（　　）。

A.消费税　　B.一般纳税人企业的增值税

C.所得税　　D.城市维护建设税

3.企业发生下列各项交易或事项中，不得通过“其他应收款”账户核算的是（　　）。

A.存出投资款　　B.存出保证金　　C.应收的各种罚款　　D.备用金

4.下列各项中，应通过“其他应付款”账户核算的是（　　）。

A.应付现金股利　　B.应交教育费附加

C.应付租入包装物租金　　D.应付管理人员工资

5.某企业20×9年1月1日短期租入管理用办公设备一批，月租金为2 000元（不含增值税，增值税税率为13%），每季度末一次性支付本季度租金。不考虑其他因素，该企业1月31日计提租入设备租金时相关会计账户处理正确的有（　　）。

A.贷记“应付账款”账户2 000元　　B.贷记“预收账款”账户2 000元

C.贷记“预付账款”账户2 000元　　D.贷记“其他应付款”账户2 000元

6.下列各项中，应通过“其他应收款”账户核算的是（　　）。

A.为购货单位垫付的运费　　B.应收取的安装服务费

C.应收取的商品销售款　　D.为职工垫付的房租

7.下列各项中，应计入资产负债表“其他应收款”项目的是（　　）。

A.应付租入包装物租金　　B.应收取的包装物租金

C.应付短期租赁固定资产的租金　　D.无力支付到期的银行承兑汇票

8.下列各项中，应列入资产负债表“其他应付款”项目的是（　　）。

A.应付租入包装物的租金　　B.应付长期租入固定资产的租金

C.结转到期无力支付的应付票据　　D.应付由企业承担的职工社会保险费

9.下列各项中，属于其他应付款账户核算范围的是（　　）。

A.应付短期租赁固定资产的租金　　B.应付供货商的货款

C.应付给职工的薪酬　　D.应付供应商代垫的运杂费

10.下列各项中，企业确认当期销售部门使用车辆应缴纳的车船税，应借记的会计账户是（　　）。

A.其他业务成本　　B.税金及附加　　C.管理费用　　D.销售费用

11.企业对外销售资源税应税产品，对于应当缴纳的资源税，应借记（　　）。

A.管理费用　　B.营业外支出　　C.税金及附加　　D.生产成本

12.20×8年12月份，某公司发生相关税金及附加如下：城市维护建设税为3.5万元，

教育费附加为1.5万元，房产税为20万元，车船税为3万元。不考虑其他因素，20×8年12月份利润表中“税金及附加”项目本期金额为（　）万元。

A. 25　　B.23　　C. 28　　D.5

13.20×8年10月，某企业销售应税消费品，确认应交增值税20万元，消费税30万元，应交城市维护建设税3.5万元。不考虑其他因素，该企业20×8年10月份利润表中“税金及附加”项目本期的金额为（　）万元。

A. 53.5　　B.23.5　　C. 50　　D.33.5

14.企业租入包装物而支付给出租人的押金，应计入（　）。

A.银行存款　　B.应收账款　　C.其他应收款　　D.营业外支出

15.企业按规定计算缴纳的下列税金，应当计入相关资产成本的是（　）。

A.房产税　　B.城镇土地使用税　　C.城市维护建设税　　D.车辆购置税

16.甲公司为增值税一般纳税人，20×8年应缴纳的各种税金包括：增值税330万元，消费税120万元，城市维护建设税31.5万元，教育费附加13.5万元，车辆购置税18万元，耕地占用税50万元，企业所得税200万元。该企业当期的“应交税费”账户余额为（　）万元。

A. 763　　B.495　　C. 695　　D.685

17.甲公司从国外进口一批需要缴纳消费税的材料，该批材料的价值为500万元，进口环节应缴纳的消费税为10万元（不考虑增值税），材料已验收入库，货款已以银行存款支付。关于甲公司的会计处理正确的是（　）。

A.借：原材料　　500万

　　贷：银行存款　　500万

B.借：原材料　　510万

　　贷：银行存款　　510万

C.借：原材料　　500万

　　应交税费——应交消费税　　10万

　　贷：银行存款　　510万

D.借：原材料　　510万

　　贷：银行存款　　500万

　　　　应交税费——应交消费税　　10万

18.企业按规定计算的下列税金中，应计入相关资产成本的是（　）。

A.教育费附加　　B.印花税　　C.车辆购置税　　D.矿产资源补偿费

19.企业涉及的以下税金中，应计入税金及附加的有（　）。

A.增值税　　B.烟叶税　　C.关税　　D.城镇土地使用税

20.下列各项中，不计入税金及附加的是（　）。

A.委托加工物资时由受托方代收代缴的消费税

B.厂部车辆应缴纳的车船税

C.销售矿产品应缴纳的资源税

D.签订合同缴纳的印花税

21. 下列各项中，应通过税金及附加账户核算的有（　　）。

A. 企业所得税　　B. 个人所得税　　C. 房产税　　D. 关税

22. 甲公司为增值税一般纳税人，20×8年12月甲公司实际缴纳增值税100万元，销售应税消费品应交消费税80万元，城市维护建设税税率为5%，教育费附加税率为3%，地方教育费附加税率为2%。则当期计提的税金及附加的金额为（　　）万元。

A. 80　　B. 98　　C. 100　　D. 198

23. 下列各项中，应计入税金及附加的是（　　）。

A. 资源税

B. 餐饮公司购入土地使用权应缴纳的土地增值税

C. 增值税一般纳税人购入小汽车缴纳的购置税以及进口商品环节缴纳的关税

D. 收回后用于连续生产应税消费品的委托加工物资在加工环节所产生的消费税

（二）多项选择题

1. 结合下面的备用金资金运动图，下列有关备用金制度的表述正确的有（　　）。

A. 备用金制度是一种常见的制度，它是指企业预付给内部单位或个人，用于日常零星现金开支的有一定额度的款项，属于其他应收款项

B. 上图中A段资金运动反映备用金制度的建立，即支付备用金给各相关职能部门

C. 上图中B段资金运动反映在备用金制度下报销相关费用，其基本原则是报多少补多少，以确保备用金的额度是保持不变的

D. 上图中C段资金运动反映的是取消备用金制度。企业将分散在各个职能部门的备用金收回

2. 结合下列差旅费报销资金运动图，下列有关差旅费业务的表述正确的有（　　）。

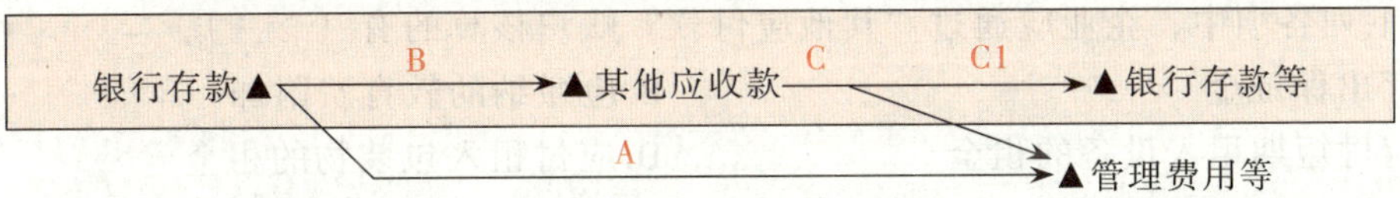

A. 差旅费的报销有两种方式，一种是实报实销，另一种是先借支后报销，多退少补

B. 上图中A段资金运动反映实报实销模式。出差人未借支差旅费，报多少就给出差人多少

C. 上图中B段、C段资金运动反映的是预借差旅费模式。其中B段资金运动是预借差旅费；C段资金运动是报销差旅费

D. 在预借差旅费模式下，C段资金运动反映报销时多退少补。当预借差旅费超过了实际报销金额时（多退），其流量为正；当预借差旅费小于其实际报销金额时（少补），其流量为负数

3. 下列各项中，应按增值税、消费税税额的一定比例计算的税费有（　　）。

A. 教育费附加　　B. 资源税　　C. 城市维护建设税　　D. 土地增值税

4.下列税费中，可能记入“税金及附加”账户的有（　　）。

A.教育费附加　B.城市维护建设税　C.消费税　D.增值税

5.下列税费中，可能记入“税金及附加”账户的有（　　）。

A.房产税　B.城镇土地使用税　C.车船税　D.印花税和契税

6.下列项目中，应通过“其他应收款”账户核算的有（　　）。

A.拨付给企业各内部单位的备用金　B.应收的各种罚款

C.收取的出租包装物押金　D.应向职工收取的各种垫付款项

7.下列各项中，属于“其他应收款”账户核算内容的有（　　）。

A.应收的各种赔款、罚款　B.应收的各种租金

C.应收的各种代垫款项　D.存出的保证金

8.下列属于“其他应付款”账户核算内容的有（　　）。

A.应付的短期租赁固定资产租金　B.租入包装物租金

C.存入的保证金、应付的赔款等　D.代收但尚未代交的某些款项。

9.下列各项中，企业应通过“其他应付款”账户核算的有（　　）。

A.购买商品时发生的供货方代垫的运费　B.应付的合同违约金

C.代垫的职工家属医药费　D.存入保证金

10.下列各项中，属于“其他应收款”账户核算内容的有（　　）。

A.租入包装物支付的押金

B.出差人员预借的差旅费

C.被投资单位已宣告但尚未发放的现金股利

D.为职工垫付的水电费

11.下列各项中，应通过“其他应收款”账户核算的内容有（　　）。

A.应收保险公司赔偿　B.代购货单位垫付的运杂费

C.应收出租包装物租金　D.应向职工收取的各种垫付款项

12.下列各项中，企业应通过“其他应付款”账户核算的有（　　）。

A.存出保证金　B.应缴纳的教育费附加

C.应付短期租入设备的租金　D.应付租入包装物的租金

13.下列关于各项税费的说法中，正确的是（　　）。

A.企业购买存货时支付的增值税，应单独核算，以后抵减销项税额

B.企业购买商品时发生的进口关税应计入商品成本之中

C.印花税应计入税金及附加，外购商品价款中包含的消费税应计入税金及附加

D.房地产开发企业转让商品房缴纳的土地增值税应计入税金及附加

14.20×8年12月，某企业当期应交增值税为50万元，销售应税消费品应缴纳消费税20万元；经营用房屋缴纳房产税10万元。该企业适用的城市维护建设税税率为7%，适用的教育费附加为3%。不考虑其他因素，下列各项中正确的是（　　）。

A.借记“税金及附加”7万元

B.贷记“应交税费——应交教育费附加”2.1万元

C.贷记“应交税费——应交城市维护建设税”5.6万元

D.借记“管理费用”7万元

15.下列关于消费税的会计处理中，正确的有（ ）。

A.企业销售应税消费品应缴纳的消费税应计入税金及附加

B.在建办公楼领用应税消费品应缴纳的消费税应计入在建工程

C.进口环节应缴纳的消费税应计入税金及附加

D.进口环节应缴纳的消费税应计入物资成本

16.下列各项中，不应通过“其他应付款”账户核算的有（ ）。

A.应付股东的现金股利　　B.应收取的包装物租金

C.应付外购工程物资款　　D.收取的包装物押金

17.下列各项税金中，通常与企业当期损益有直接关系的有（ ）。

A.消费税　　B.个人所得税

C.车船税　　D.城市维护建设税

18.下列各项中，应计入税金及附加的有（ ）。

A.应交所得税　　B.销售商品应缴纳的增值税

C.销售应税矿产品应缴纳的资源税　　D.销售应税消费品应缴纳的消费税

19.下列各项中，可以计入利润表中“税金及附加”项目的有（ ）。

A.进口环节应缴纳的关税　　B.城市维护建设税

C.教育费附加　　D.进口环节应该缴纳的消费税

20.甲公司为增值税一般纳税人，适用的增值税税率为13%，20×8年10月甲公司销售应税消费品一批，价值为100万元（不含税金额），消费税税率为30%。甲公司适用的城市维护建设税税率为5%，教育费附加税率为3%。假定不考虑其他因素，则下列说法中正确的是（ ）。

A.甲公司当期应缴纳的增值税为30万元

B.甲公司当期计入税金及附加的金额为33.44万元

C.甲公司当期应缴纳的城市维护建设税为2.15万元

D.甲公司当期应缴纳的教育费附加为1.29万元

（三）判断题

1.其他应收款和其他应付款业务不多的企业，可以设立“其他往来”项目来替代这两个项目。（ ）

2.企业收到的押金应通过其他应收款核算。（ ）

3.企业代扣代缴的个人所得税及应缴纳的印花税，应通过“应交税费”账户核算。（ ）

4.企业收回委托加工物资缴纳的消费税，应计入税金及附加。（ ）

5.企业缴纳的印花税，若出现应付未付税款的情况，应预计缴纳税金。（ ）

6.企业对外转让国有土地所有权、地上建筑物及附着物并取得增值性收入应缴纳的土地增值税应列入利润表的“管理费用”项目。（ ）

（四）不定项选择题

1.甲公司为增值税一般纳税人，销售商品适用的增值税税率为13%，所得税税率为

25%，售价中均不含增值税。假定销售商品和提供劳务均符合收入确认条件，其成本在确认收入时逐笔结转，不考虑其他因素，20×8年12月，甲公司发生如下交易或事项：

（1）2日，与乙公司签订为期6个月的劳务合同，完工时一次性收取费用，合同总价款为500万元。至12月31日，实际发生劳务成本60万元（均为职工薪酬），估计为完成合同预计还将发生的劳务成本为240万元。假定上述合同对甲公司来说属于在某一时段内履行的履约义务，履约进度能够合理确定，甲公司按照实际发生的成本占预计总成本的比例确定履约进度，并且不考虑增值税。

（2）4日，销售一批产品，增值税专用发票上注明的价款为80万元，款项尚未收到，该批产品的实际成本为50万元。

（3）9日，对外转让一项专利技术使用权，一次性收取使用费并存入银行，不需要提供后续服务，该专利本月应摊销20万元。增值税专用发票上注明的价款为100万元，增值税税款为6万元。

（4）14日，向本公司行政管理部门人员发放自产产品作为职工福利，该产品的计税价格为60万元，实际成本为40万元。

（5）本月发生销售费用共计40万元，财务费用8万元，行政罚款2万元。

要求：根据上述资料，不考虑其他因素，完成下列选择题。

（1）根据资料（1），12月份甲公司应确认的收入为（　　）万元。

A. 500　　B.60　　C. 100　　D.240

（2）根据资料（3），以下表述正确的有（　　）。

A.收取的使用费收入计入营业外收入

B.本月摊销的金额属于其他业务成本

C.本月应将使用费收入确认为主营业务收入

D.本月确认收入100万元

（3）根据资料（4），下列处理中错误的是（　　）。

A.向本企业员工发放自产产品也需要确认增值税销项税额

B.确认应付职工薪酬45.2万元

C.这项业务应增加企业的管理费用67.8万元

D.该业务不确认收入，按照产品的成本结转到“应付职工薪酬”账户

（4）12月份，实现的营业利润为（　　）万元。

A. 54.2　　B.53.2　　C. 52.2　　D.51.2

（5）本月应计算的所得税费用为（　　）万元。

A. 12.55　　B.14　　C. 13.55　　D.11.55

2.甲公司为增值税一般纳税人，适用的增值税税率为13%，消费税税率为10%，产品销售价格中均不含增值税。销售产品为企业的主营业务，在确认收入的同时逐笔结转销售成本。20×8年5月份，甲公司发生的部分经济业务如下：

（1）5月2日，向乙公司销售产品，数量为12万件，单位售价为10元，其单位成本为5元。甲公司给予乙公司10%的商业折扣，同时支付运费1万元（假设不考虑运费的增值税影响）。商品已经发出，货款尚未收到。

（2）5月7日，在购买材料业务中，根据对方提供的现金折扣条件提前付款，获得对方给予的现金折扣1万元。

（3）5月10日，为拓展市场发生业务招待费15万元，以银行存款支付。

（4）5月30日，将自产的产品发放给销售人员，该批产品的实际成本为6万元，市价为10万元。

（5）5月31日，分配本月材料费用，基本生产车间领用材料80万元，辅助生产车间领用材料40万元，车间管理部门领用材料5.3万元，企业行政管理部门领用材料0.7万元。

（6）计提本月应负担的日常生产经营活动中的城市维护建设税5.1万元，教育费附加1.7万元。

（7）结转本月随同产品出售但不单独计价的包装物成本1万元。

假定除上述资料外，不考虑其他相关因素。

要求：根据上述资料，回答下列小题。

（1）根据资料（1）和（2），下列各项中，会计处理结果正确的是（　　）。

A.5月2日，甲公司应确认的销售收入为120万元

B.5月2日，甲公司应确认的销售收入为122.04万元

C.5月2日，甲公司应收账款的入账价值为122.04万元

D.5月7日，甲公司应冲减财务费用1万元

（2）根据资料（3）和资料（4），下列会计处理中正确的是（　　）。

A.5月10日的会计处理为：

借：销售费用　　15万

　贷：银行存款　　15万

B.5月10日的会计处理为：

借：管理费用　　15万

　贷：银行存款　　15万

C.5月30日，应确认销售费用6万元

D.5月30日，应确认主营业务收入10万元

（3）根据资料（5）和资料（6），下列会计处理中正确的是（　　）。

A.资料（5）的会计处理为：

借：生产成本——基本生产成本　　80万

　　生产成本——辅助生产成本　　40万

　　制造费用　　5.3万

　　管理费用　　0.7万

　贷：原材料　　126万

B.资料（5）的会计处理为：

借：生产成本——基本生产成本　　80万

　　生产成本——辅助生产成本　　40万

　　管理费用　　6万

　贷：原材料　　126万

C.资料（6）的会计处理为：

借：税金及附加　6.8万

　贷：应交税费——应交城市维护建设税　5.1万

　　　　　　——应交教育费附加　1.7万

D.资料（6）的会计处理为：

借：营业外支出　6.8万

　贷：应交税费——应交城市维护建设税　5.1万

　　　　　　——教育费附加　1.7万

（4）根据上述资料，甲公司20×8年5月利润表中“营业利润”项目的金额是（　　）万元。

A. 16.2　　B.17.2　　C. 18.2　　D.19.2

（5）甲公司20×8年5月的期间费用是（　　）万元。

A. 28　　B.29　　C. 30　　D.31

3. 甲公司为增值税一般纳税人，销售商品适用的增值税税率为13%，商品和原材料价款中不含增值税。假设销售商品、原材料均符合收入确认条件，其成本在确认收入时逐笔结转，销售商品、提供劳务均为企业的主营业务，不考虑其他因素。20×8年10月，甲公司发生了如下的交易或事项：

（1）4日，与乙公司签订一项为期3个月的劳务合同，适用9%的增值税税率，合同总价款为200万元。当日，收到乙公司预付的合同款64万元，适用于一般计税方法的项目预征率为2%。假设上述合同对该企业来说属于在某一时段内履行的履约义务，且履约进度能够合理确定，按照专业测量师的测量结果确定履约进度。20×8年10月31日，经专业测量师测量确定，确定该项劳务的完工程度为30%。截至20×8年10月31日，甲公司为该项合同累计发生劳务成本42万元，预计还将发生劳务成本98万元。

（2）7日，甲公司自行建造一座厂房，领用一批自产产品和一批外购原材料，所领用的自产产品的实际成本为10万元，市场售价为14万元，所领用原材料的实际成本为8万元，市场价格为9万元。

（3）11日，向乙公司转让一项软件的使用权，一次性收取使用费40万元并存入银行，且不需要提供后续服务，假设不考虑增值税。

（4）19日，销售材料一批，开具的增值税专用发票上注明的价款为100万元，款项已收存银行。该批材料的实际成本为70万元，已计提存货跌价准备9万元。

（5）30日，用银行存款支付咨询费20万元、短期借款利息10万元、违约金5万元。

要求：根据上述资料，完成下列选择题。

（1）根据资料（1），下列说法中正确的有（　　）。

A. 20×8年10月4日，甲公司应将收到的64万元计入主营业务收入

B. 20×8年10月31日，甲公司应确认主营业务收入60万元

C. 20×8年10月31日，甲公司应确认主营业务成本42万元

D.对于该项业务，甲公司在20×8年不应确认收入，应当在该项劳务提供完毕时确认收入200万元

（2）根据资料（2），下列会计处理正确的是（ ）。

A.借：在建工程 15.82万

贷：主营业务收入 14万

应交税费——应交增值税（销项税额） 1.82万

B.借：在建工程 10万

贷：库存商品 10万

C.借：在建工程 8万

贷：原材料 8万

D.借：在建工程 9.04万

贷：原材料 8万

应交税费——应交增值税（销项税额） 1.04万

（3）根据资料（3）和资料（4），下列说法不正确的是（ ）。

A.资料（3）的会计处理为：

借：银行存款 40万

贷：其他业务收入 40万

B.资料（3）的会计处理为：

借：银行存款 40万

贷：合同负债 40万

C.资料（4）的会计处理为：

借：银行存款 113万

贷：其他业务收入 100万

应交税费——应交增值税（销项税额） 13万

D.资料（4）结转成本的会计处理为：

借：其他业务成本 61万

存货跌价准备 9万

贷：原材料 70万

（4）根据上述资料，甲公司的营业收入和营业成本分别为（ ）。

A.200万元和71万元　B.130万元和71万元

C.130万元和120万元　D.200万元和103万元

（5）根据资料（5），下列会计处理不正确的是（ ）。

A.支付的违约金应计入管理费用　B.支付的违约金应计入营业外支出

C.支付的咨询费应计入财务费用　D.支付的短期借款利息应计入财务费用

4.甲公司是增值税一般纳税人，适用的增值税税率为13%，销售商品为正常的生产经营活动。20×8年12月，甲公司发生下列经济业务：

（1）12月2日，甲公司与乙公司（一般纳税人）签订代销协议，甲公司委托乙公司代销产品140件，其单位成本为2万元，乙公司按照每件3万元（不含税）的价格销售，甲公司按照不含增值税售价的1%向乙公司支付手续费。乙公司不承担包销责任，没有售出的产品必须退回甲公司。同时，甲公司也有权要求收回商品或将其销售给其他客户。

12月31日，甲公司收到乙公司交来的代销清单，代销清单上注明：实际销售产品100件，乙公司已对外开具了增值税专用发票。当日，甲公司向乙公司开具金额相等的增值税专用发票，同时收到乙公司提供代销服务开具的增值税专用发票，注明的价款为3万元，增值税税款为0.18万元。甲公司已于当日收到款项。

（2）12月3日，甲公司收到丙公司退回的一批商品以及税务机关开具的进货退回的相关证明，其销售价格为200万元，销售成本为140万元；该批商品已于11月份确认收入，但款项尚未收到，且未计提坏账准备。

（3）12月8日，甲公司与丁公司签订一项为期5个月的劳务合同，合同总价款为300万元。当日，收到乙公司预付合同款50万元。假设上述合同对该企业来说属于在某一时段内履行的履约义务，且履约进度能够合理确定，按照专业测量师的测量结果确定履约进度。20×8年12月31日，经专业测量师测量，确定该项劳务的完工程度为30%。截至20×8年12月31日，甲公司为该项合同累计发生劳务成本60万元（假设全部为薪酬），预计还将发生劳务成本120万元（假定均为职工薪酬）。假设不考虑增值税等相关税费的影响。

（4）12月20日，甲公司以本公司生产的产品作为福利发放给职工。发放给生产工人的产品不含增值税的公允价值为200万元，实际生产成本为160万元；发放给行政管理人员的产品不含增值税的公允价值为100万元，实际生产成本为80万元。产品已发放给职工。

（5）20×8年1—11月份有关损益账户的累计发生额如下：

20×8年1—11月份有关损益账户累计发生额明细表 单位：万元

账户	借方	贷方
主营业务收入		4 000
其他业务收入		1 000
主营业务成本	3 600	
其他业务成本	400	
税金及附加	50	
销售费用	200	
管理费用	300	
财务费用	30	
投资收益		100
营业外收入		70
营业外支出	20	

要求：根据上述资料，完成下列选择题。

(1) 根据资料 (1)，下列说法中不正确的是（　　）。

A.甲公司在收到代销清单时应确认收入300万元

B.甲公司在收到代销清单时应确认收入297万元

C.甲公司支付的手续费应被确认为销售费用

D.甲公司应结转成本200万元

(2) 根据资料 (3)，下列说法不正确的是（　　）。

A.甲公司年末应确认其他业务收入90万元

B.甲公司由于该项业务应确认的营业利润为36万元

C.甲公司由于该项业务应确认的营业利润为38万元

D.甲公司12月10日预收的劳务款应被确认为收入

(3) 甲公司20×8年利润表中的营业收入是（　　）万元。

A. 5 480　　B.5 490　　C. 5 580　　D.5 480

(4) 甲公司20×8年利润表中的营业成本是（　　）万元。

A. 4 354　　B.4 350　　C. 4 359　　D.4 370

(5) 甲公司20×8年利润表中的利润总额是（　　）万元。

A. 581　　B.590　　C. 561　　D.591

本章答案

一、知识点：销售环节综合分析+收入确认

(一) 单项选择题

1.答案：D

解析：因其他单位违约而收取的违约金应作为营业外收入处理，出售无形资产的净收入应作为资产处置损益处理，代第三方收取的款项应作为负债处理。因此应选D。

2.答案：A

解析：转让固定资产和无形资产净收益应作为资产处置损益处理。向购货方收取的增值税销项税额应作为负债处理。

3.答案：C

解析：

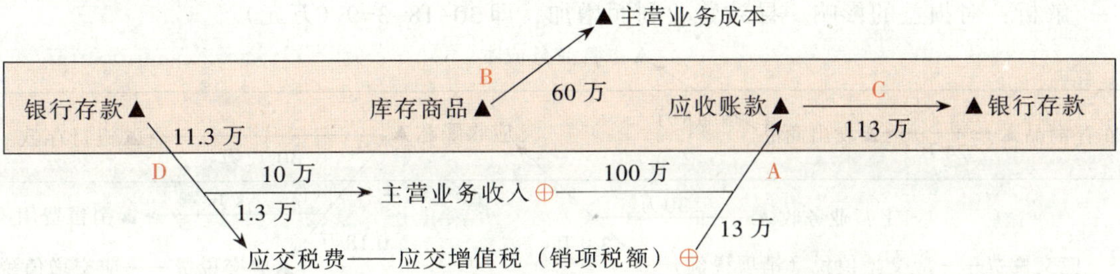

4.答案：C

解析：

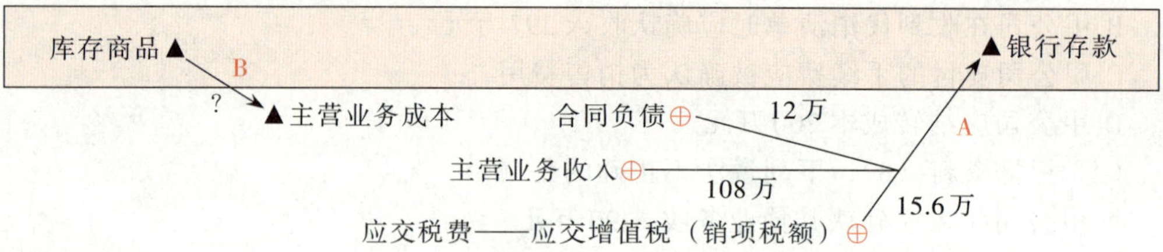

5.答案：B

解析：收入是指企业在日常活动中形成的、会导致所有者权益增加的、与所有者投入资本无关的经济利益的总流入。

6.答案：C

解析：企业应该在履行了合同中的履约义务，即在客户取得相关商品控制权时确认收入。

7.答案：B

解析：对于已经完成了销售手续并满足收入确认条件的商品，若月末购货人尚未提走该商品，企业应设置“代管商品备查簿”进行登记，不作为企业资产核算。

8.答案：B

解析：因企业开具的是增值税专用发票，所以票面金额10万元应确认销售收入。

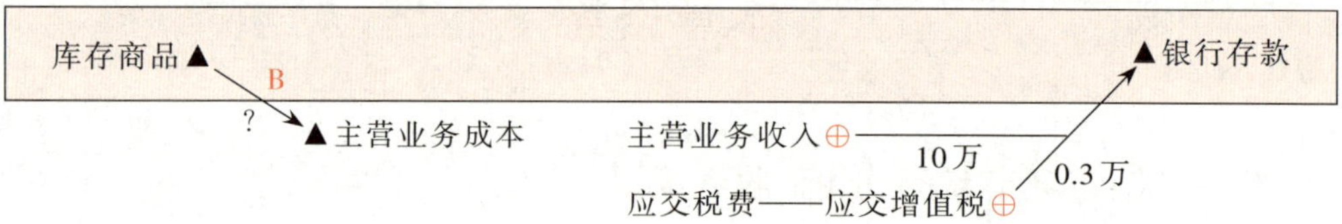

9.答案：D

解析：A段资金运动发生在10月31日，B段、C段资金运动发生在11月5日，D段资金运动发生在11月8日。

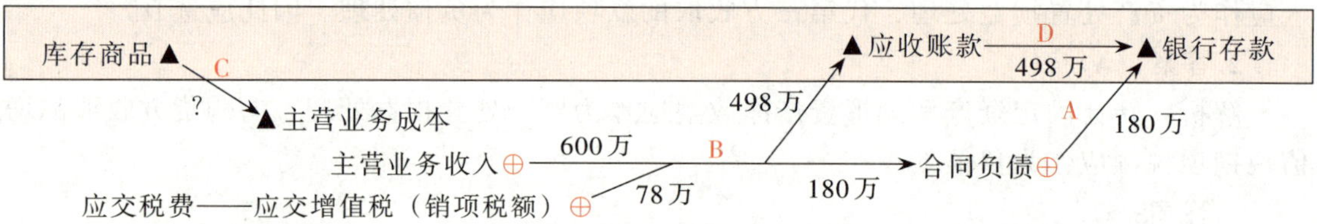

10.答案：C

解析：对损益的影响，导致营业利润增加，即30−18−3=9（万元）。

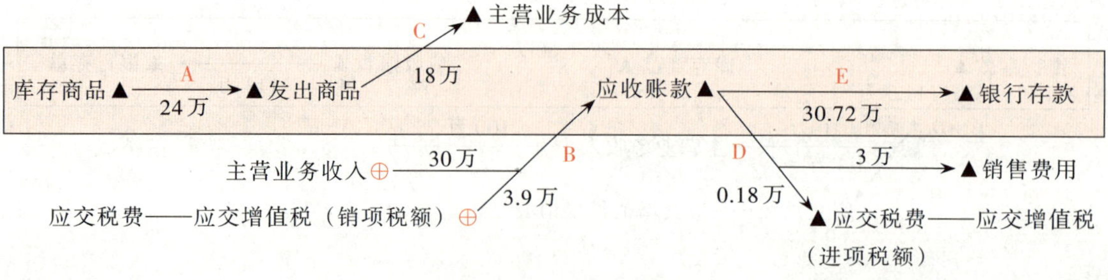

11.答案：D

解析：履约进度=800÷2 400=1/3；收入确认=3 000×（1/3）=1 000（万元）。

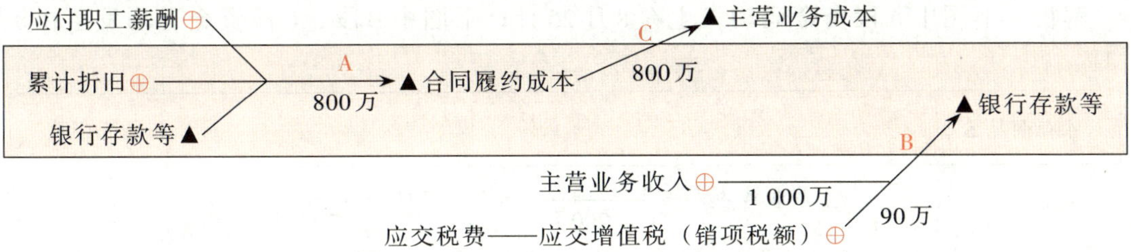

12.答案：B

解析：确认收入=20 000×20%=4 000（万元）；确认费用=16 000×20%=3 200（万元）。

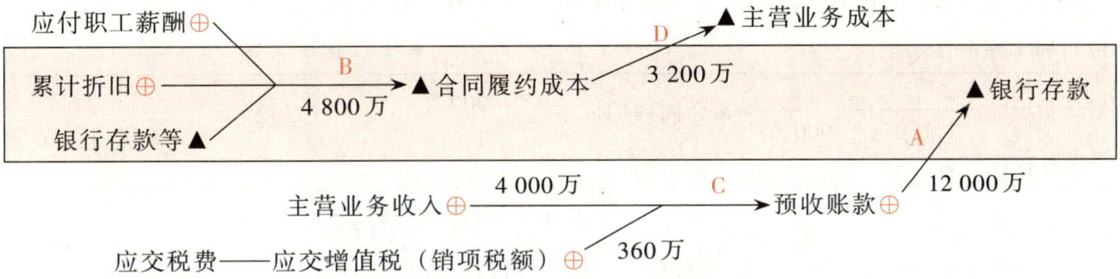

13.答案：D

解析：

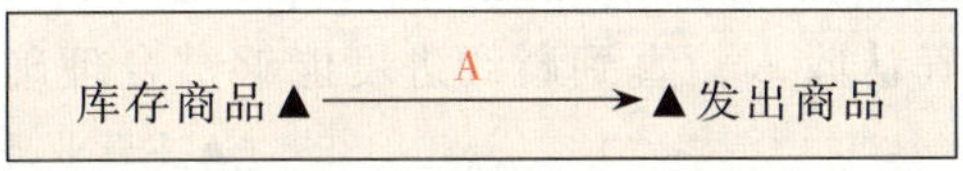

14.答案：A

解析：租赁公司出租资产所获得的收入应为主营业务收入。

15.答案：B

解析：该项业务影响20×8年度利润表的金额=（500–400）×80%=80（万元）。

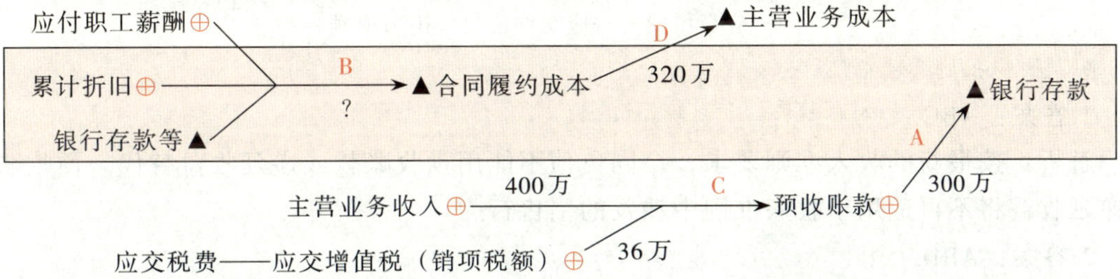

16.答案：D

解析：选项D不属于应考虑的迹象。应考虑的迹象包括：（1）企业就该商品享有现时收款的权利，即客户就该商品负有现时付款义务。（2）企业已将该商品的法定所有权转移给了客户，即客户已拥有了该商品的法定所有权。（3）企业已将该商品实物转移给了客户，即客户已占有了该商品实物。（4）企业已将该商品所有权上的主要风险和报酬转移给了客户，即客户已取得了该商品。（5）客户已接受了该商品。如企业向客户销售一批产品，客户收到并验收合格后办理了验收入库手续，这就表明客户已接受了该商品。（6）其他表明客户已取得商品控制权的迹象。

17.答案：C

解析：下图中A段资金运动发生在8月25日；下图中B段、C段资金运动发生在8月31日。

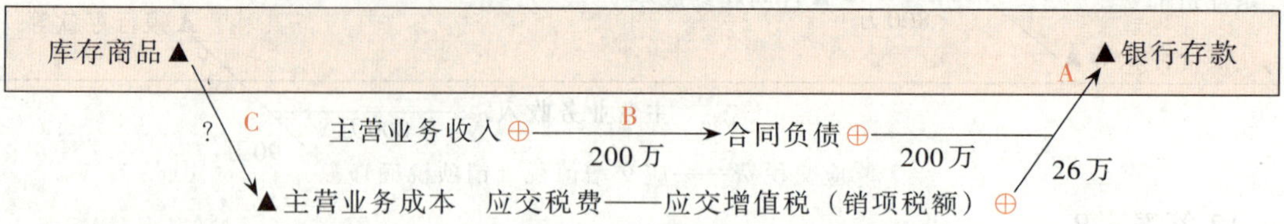

18.答案：C

解析：应确认的收入=4 500×（900/3 000）=1 350（万元）。

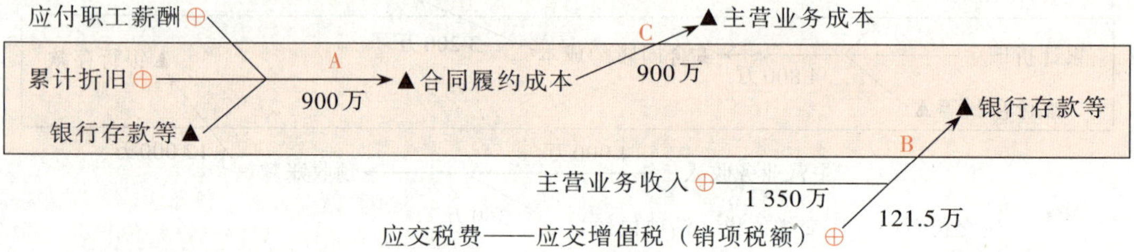

19.答案：B

解析：当履约进度不能合理确定时，企业已经发生的成本预计能够得到补偿的，应当按照已经发生的成本金额确认收入，直到履约进度能够被合理确定为止。

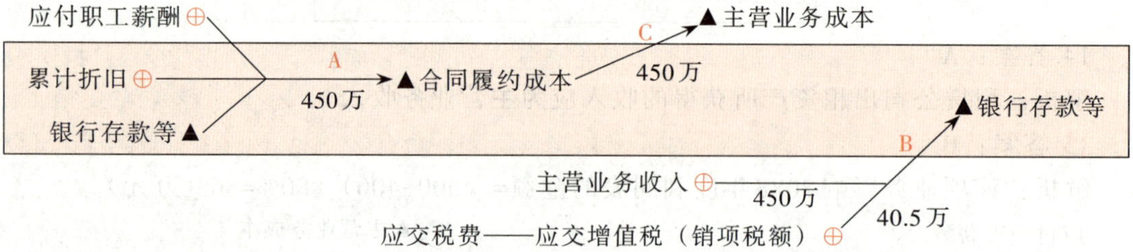

（二）多项选择题

1.答案：ABC

解析：按最新的收入准则要求，合同负债不能用预收账款或递延收益替代。预收账款或递延收益将不再适用于收入准则中涉及的销售行为。

2.答案：ABD

解析：企业确认代销手续费的依据应该是受托方开具的收取手续费的增值税专用发票。因此C是错的。ABD三个选项都是委托方业务的恰当描述。

3.答案：ABCD

解析：ABCD四个选项都是对业务的恰当描述。

4.答案：ABD

解析：出售无形资产所获得的净收益应通过"资产处置损益"项目来反映。

5.答案：ABD

解析：销售商品收取的增值税应作为负债处理，出售飞机票时代收的保险费应作为其他应付款处理，销售商品代垫的运杂费应作为其他应收款处理，因此应选ABD。

6.答案：ABCD

解析：这四个选项都是恰当的表述。

7.答案：ABCD

解析：这四个选项都是恰当的表述。

8.答案：ABC

解析：代销手续费、对外提供运输服务收入、租金收入都属于其他业务收入。

9.答案：ABC

解析：商品的成本能够可靠计量，不属于控制权所包含的要素。

10.答案：ABD

解析：确定交易价格与收入确认的关联性要差一些。

11.答案：ABC

解析：选项D，股权投资取得的现金收入一般情况下应计入投资收益。

选项A：

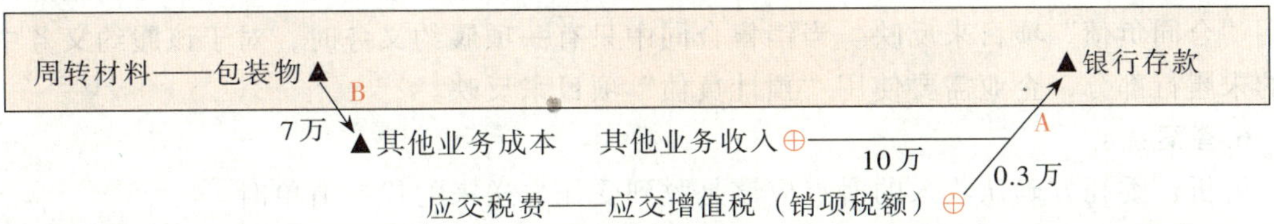

选项BC：

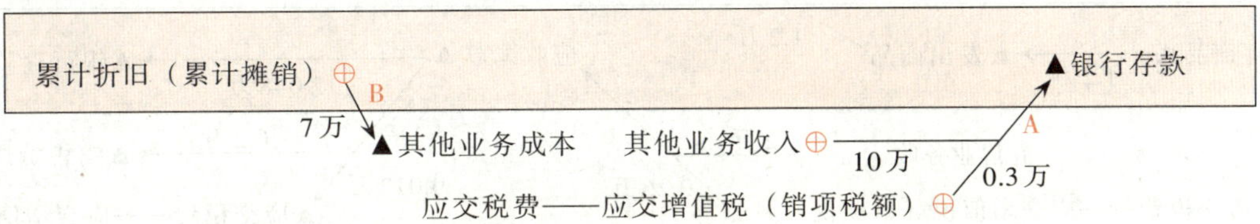

12.答案：AD

解析：

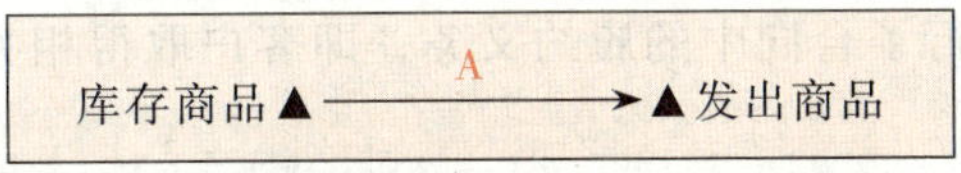

13.答案：ABCD

解析：以上四项都是属于在一段时间内履行的履约义务。

14.答案：ABC

解析：约当产量比例法属于生产费用在完工产品和在产品之间进行分配的方法。

（三）判断题

1.答案：√

解析：增值税一般纳税人在销售过程中所涉及的增值税销项税额属于价外税，不构成收入的组成部分，因而就不会影响企业的利润。

2.答案：×

解析：在采用预收款方式销售产品时，应该在提供商品的时候确认收入。

3.答案：×

解析：在转让无形资产所有权时，所得价款收入应通过“资产处置损益”核算。

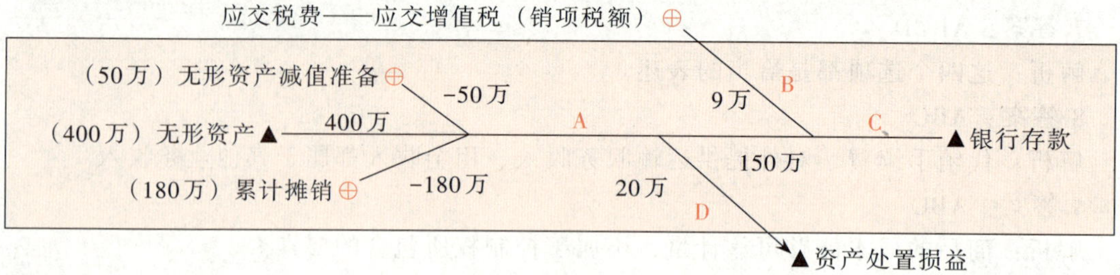

4.答案：×

解释：工业企业出租无形资产使用权、出售不需用原材料等，虽然不属于企业经常性经营活动，但属于与经常性经营活动相关的其他活动。

5.答案：×

解析：当销售合同中具有两项或多项履约义务时，对于未履行的履约义务，企业需要使用“合同负债”项目来反映。当销售合同中只有一项履约义务时，对于该履约义务中潜在的未履行部分，企业需要使用“预计负债”项目来反映。

6.答案：×

解析：委托方确认收入的时点应该是收到受托方送来的代销清单时。

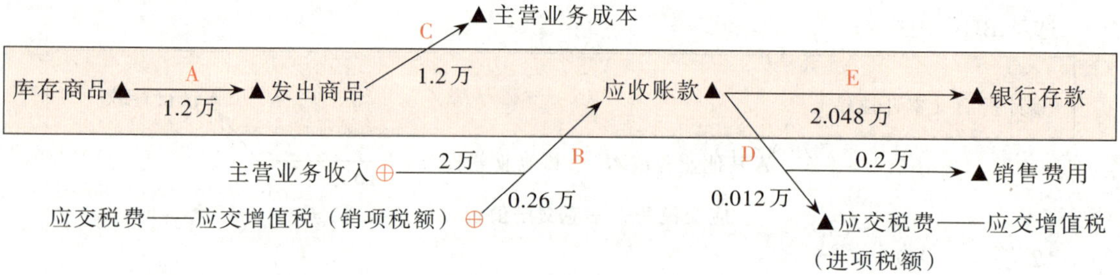

7.答案：×

解析：企业应该在履行了合同中的履约义务，即客户取得相关商品控制权时确认收入。

8.答案：×

解析：采用支付手续费的委托代销方式，委托方在发出商品时不确认销售收入，而是在收到受托方开出的代销清单时才确认收入，所发生的代销手续费应计入销售费用。

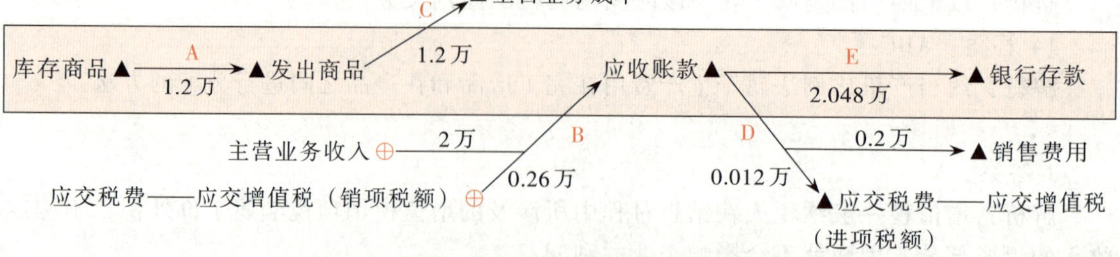

9. 答案：√

解析：企业已发生的成本能够得到补偿的，应当按照已发生成本确认收入，直到履约进度能够合理确定为止，并同步将所发生的成本全部确认为费用。完全不能得到补偿的，不确认收入，但依然要全部确认费用。

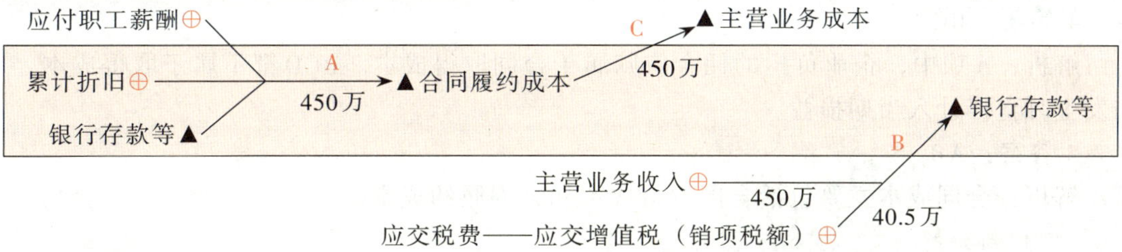

10. 答案：×

解析：企业售出的商品不符合收入确认条件的，不应确认收入。但是，如果该销售商品的纳税义务已经发生，如企业开出了增值税专用发票，则应确认应交的增值税销项税额。

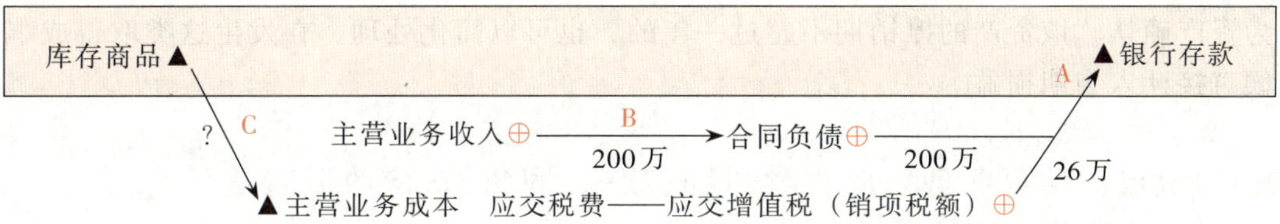

二、知识点：合同成本相关业务

（一）单项选择题

答案：A

解析：企业为取得合同发生的增量成本（不取得合同就不会发生）预期能够收回的，应作为合同取得成本确认为一项资产。尽职调查和提交标书的差旅费支出并不能保证甲事务所一定取得该合同，不属于增量成本，应于发生时计入当期损益，而销售人员的佣金属于为取得合同发生的成本，应予以资本化。

（二）多项选择题

1. 答案：ABC

解析："合同履约成本"期末余额一般反映企业尚未结转的履约成本。由于合同期间可能跨越一个年度或超过一个年度的营业周期，所以合同履约成本的余额既可能是流动资产，也可能是非流动资产。如果是流动资产的话，就应构成期末存货的组成部分；如属于非流动资产，就构成了"其他非流动资产"，因此D是错的。ABC三个选项都是对合同履约成本的恰当描述。

2. 答案：ABC

解析："合同取得成本"项目期末余额一般反映企业尚未结转的取得成本。由于合同期间可能跨越一个年度或超过一个年度的营业周期，所以合同取得成本的余额既可能是流动资产，也可能是非流动资产。如果是流动资产的话，就应构成期末存货的组成部分；如属于非流动资产，就构成了“其他非流动资产”。因此D是错的，ABC三个选项都是对合同取得成本的恰当描述。

3.答案：ABC

解析：企业为履行合同发生的直接材料费用应作为合同履约成本，确认为一项资产。

4.答案：BCD

解析：A项中，企业负担的佣金应归属于合同取得成本。BCD都不属于取得成本，应在发生时直接计入当期损益。

5.答案：AB

解析：合同成本主要包括合同取得成本和合同履约成本。

（三）判断题

答案：×

解析：“合同履约成本”科目核算企业为履行当前或者预期取得的合同所发生的、不属于其他会计准则规范范围且按照收入准则应当确认为一项资产的成本。

合同取得成本是企业为取得合同所发生的，预计能够收回的增量成本。该取得成本应作为资产确认。该资产的摊销期不超过一年的，也可以简化处理，在发生这类取得成本的时候直接计入当期损益。

三、知识点：结算业务：应收款+预收款+合同负债+应收款减值

（一）单项选择题

1.答案：C

解析：见下图B段资金运动。

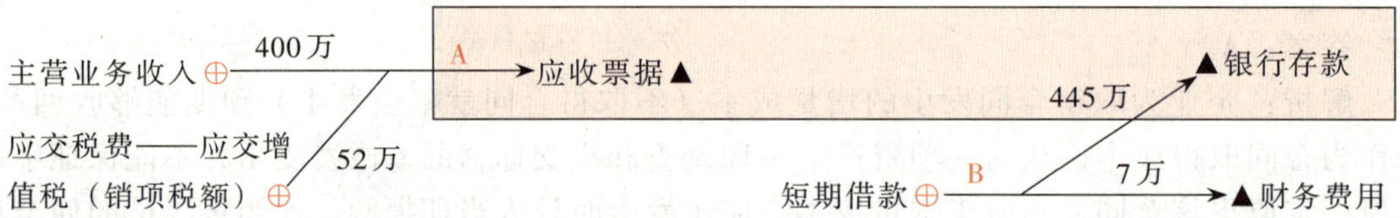

2.答案：A

解析：见下图A段资金运动流量452万元，其会计处理应该是A、B两段资金运动。

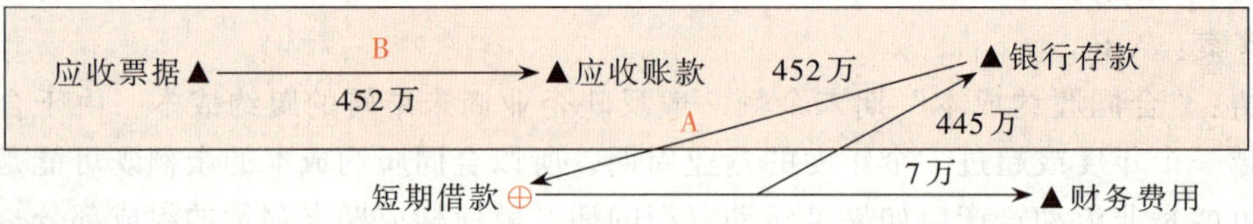

3.答案：B

解析：见下图A段资金运动。

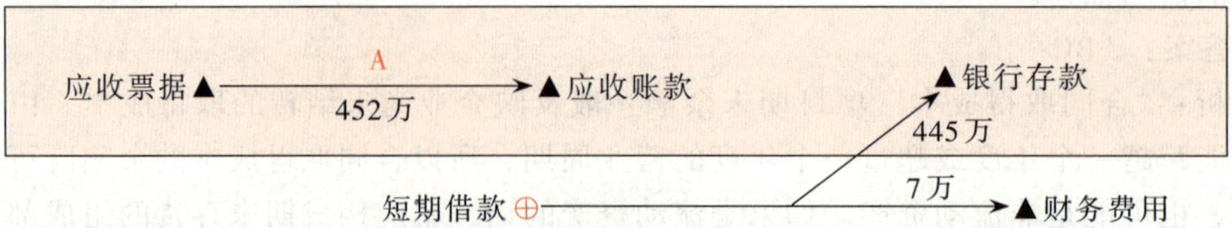

4.答案：C

解析：见下图C段资金运动。

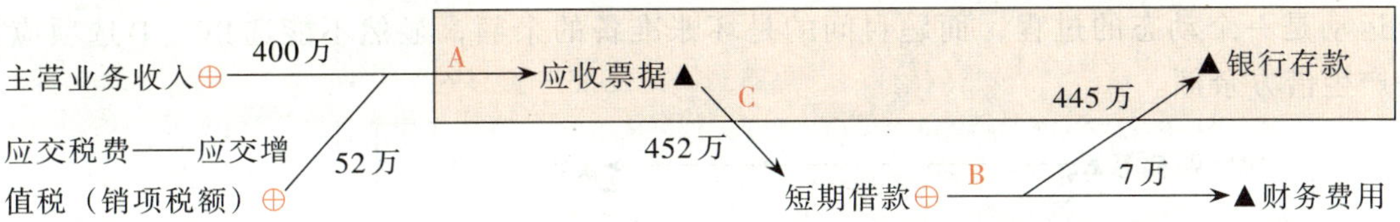

5.答案：B

解析：见下图B段资金运动。

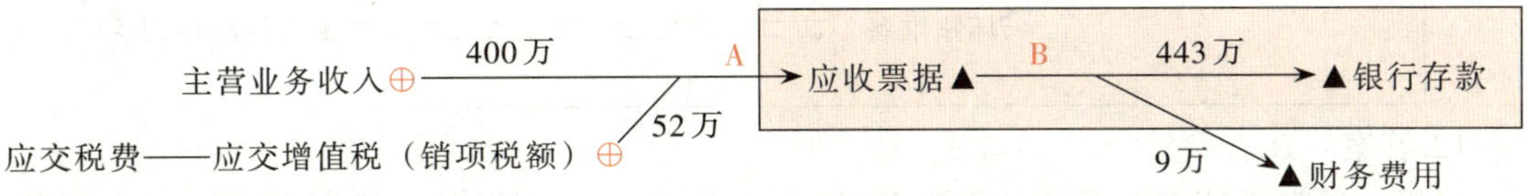

6.答案：C

解析：见下图A段资金运动。

7.答案：A

解析：见下图B段资金运动。

8.答案：D

解析：见下图B段资金运动。

9.答案：D

解析：见下图B段资金运动。

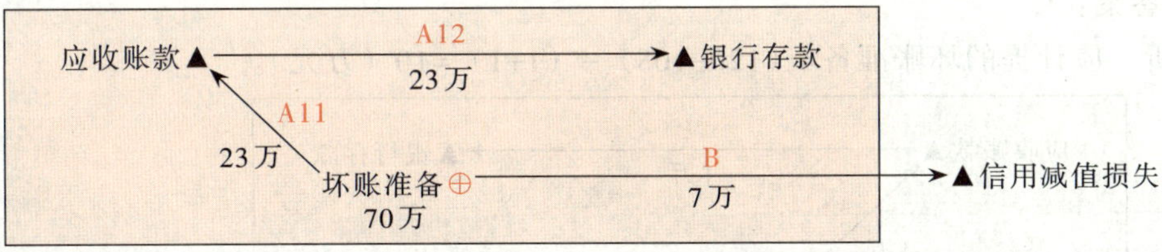

10.答案：C

解析：见下图B段资金运动。

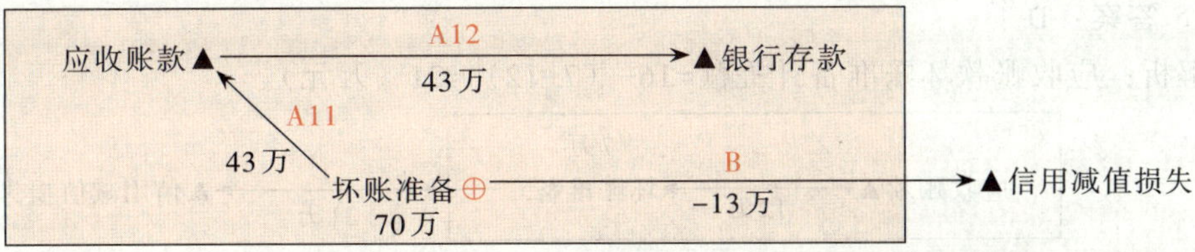

11.答案：A

解析：B选项对应下图的C段资金运动，C选项对应下图的D段资金运动；这两段资金运动是一个动态的过程，而题目问的是坏账准备的余额，显然不能选BC。D选项应该是产生借方余额。

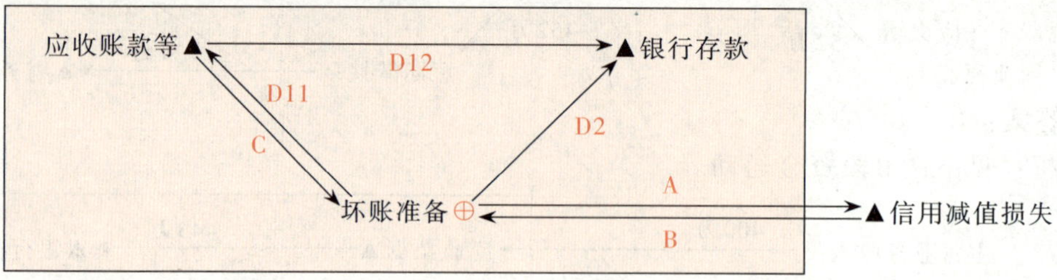

12.答案：D

解析：B选项对应下图的C段资金运动，C选项对应下图的D段资金运动；这两段运动是一个动态的过程，而题目问的是坏账准备的余额，显然不能选BC。A选项应该是产生贷方余额。

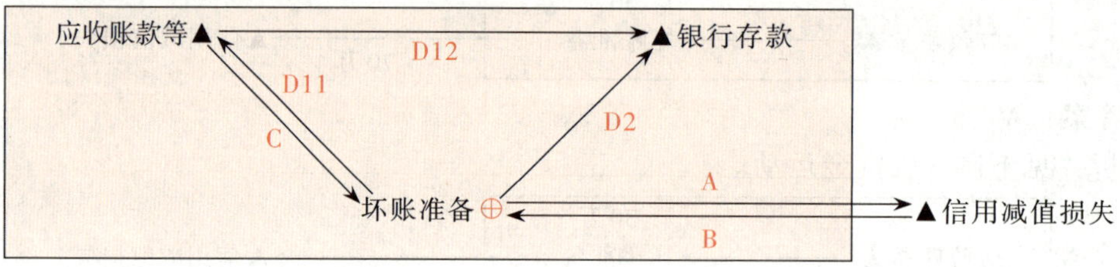

13.答案：A

解析：本期应计提坏账准备=30-（20+5）=5（万元）。

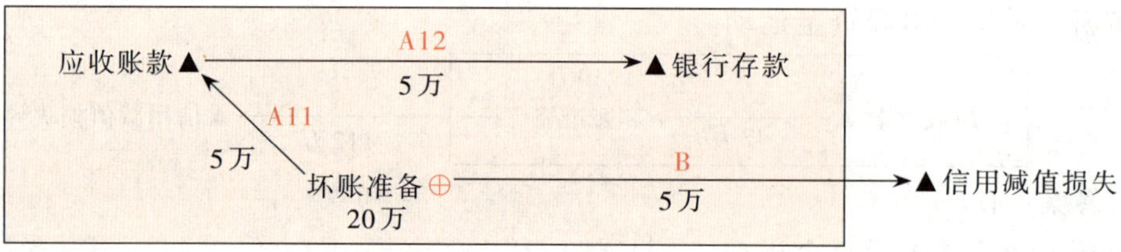

14.答案：C

解析：应计提的坏账准备=（120-108）-（1+1）=10（万元）。

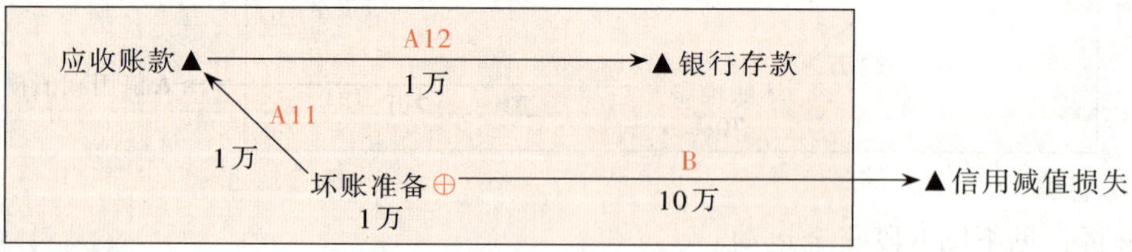

15.答案：D

解析：应收账款坏账准备计提额=16-（7-12）=21（万元）。

16.答案：B

解析：无追索权的票据贴现：

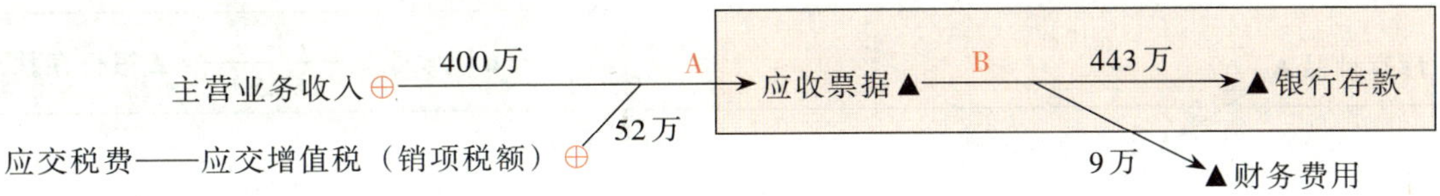

有追索权的票据贴现：

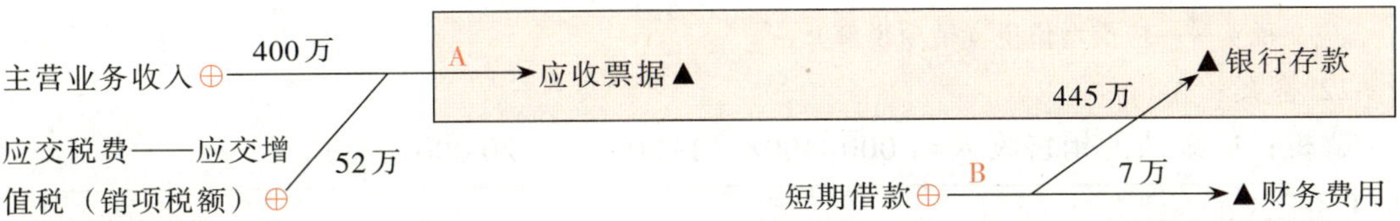

17.答案：D

解析：应收账款是无条件收款的权利，而合同资产是有条件的收款权利。正因为如此，应收账款主要是面临信用风险；而合同资产不仅面临信用风险，还可能面临履约风险等其他风险。

18.答案：D

解析：甲公司估计销售价格=3 000×40%+2 800×30%+2 500×20%+2 000×10%=2 740（元/台）

应确认的销售收入=2 740×2 000=548（万元）

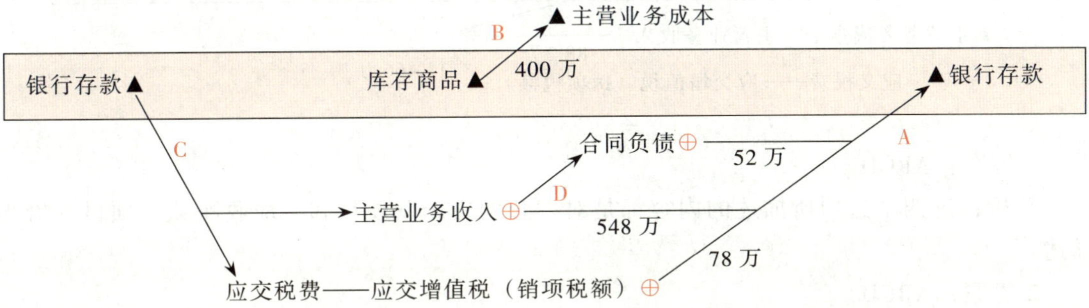

19.答案：C

解析：

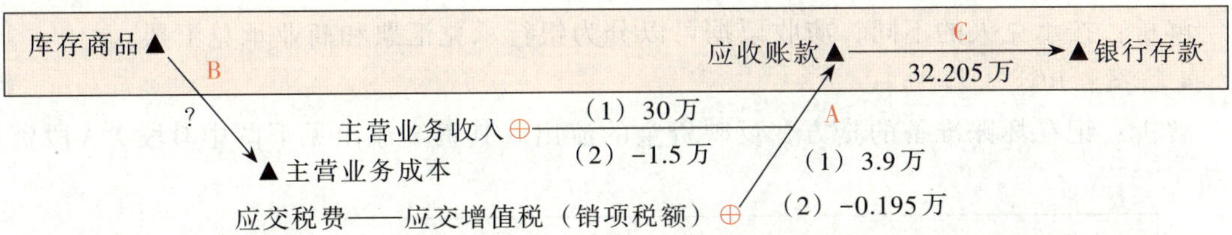

20.答案：C

解析：

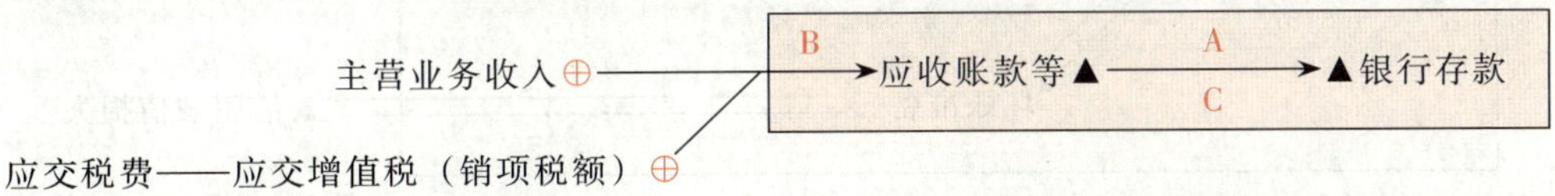

21.答案：D

解析：

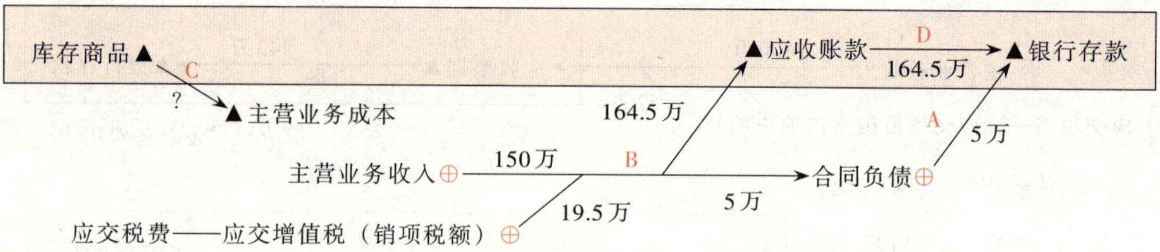

22.答案：A

解析：应确认的销售收入=1 000×400×（1−20%）=320 000（元）。

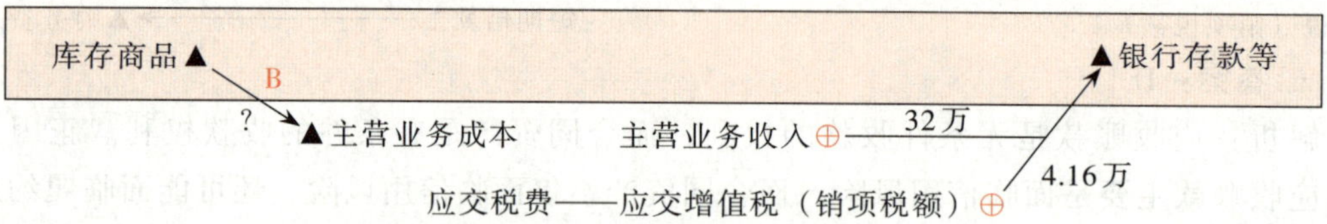

23.答案：C

解析：

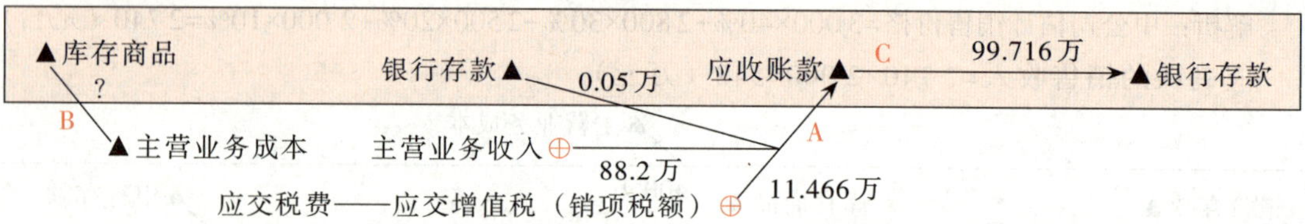

（二）多项选择题

1.答案：ABCD

解析：这四个选项所描述的内容都是对“合同资产”项目和“应收账款”项目的恰当描述。

2.答案：ABCD

解析：这四个选项所描述的内容都是恰当的。

3.答案：AB

解析：按承兑人的不同，应收票据可以分为银行承兑汇票和商业承兑汇票。

4.答案：BC

解析：记在坏账准备的贷方，反映资金的流出。其资金流出见下图中D段、A段资金运动。

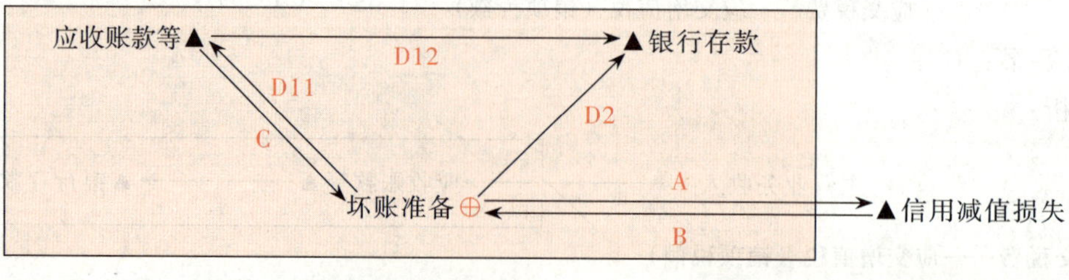

5.答案：AD

解析：记在坏账准备的借方，反映资金的流入，其资金流入见下图中B段、C段资金运动。

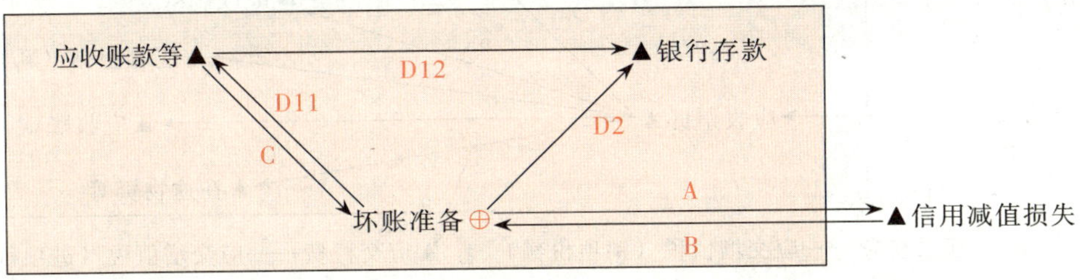

6.答案：AB

解析：坏账的重新回收如下图D段资金运动，其资金运动可能有两种情况，即D1和D2。

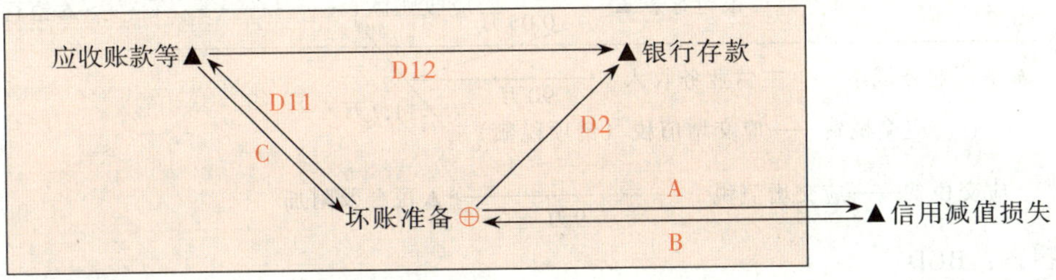

7.答案：ABC

解析：代垫的款项不需要单独设置“其他应收款”项目，而是直接合并在应收账款之中。如单独设置的，就会造成一家企业在公司账簿上有两个账户来反映，不利于集中管控。

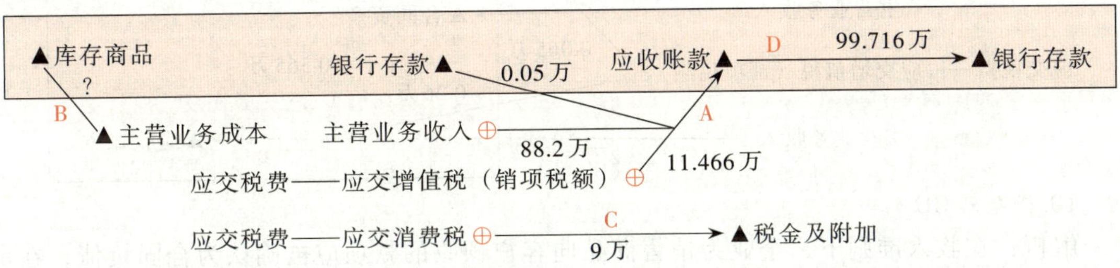

8.答案：ABC

解析：收回已经作为坏账核销的应收账款，不影响应收账款的账面价值。

选项AD：

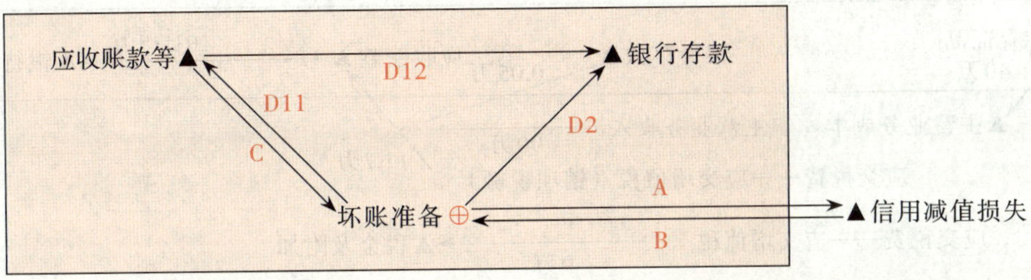

选项B：

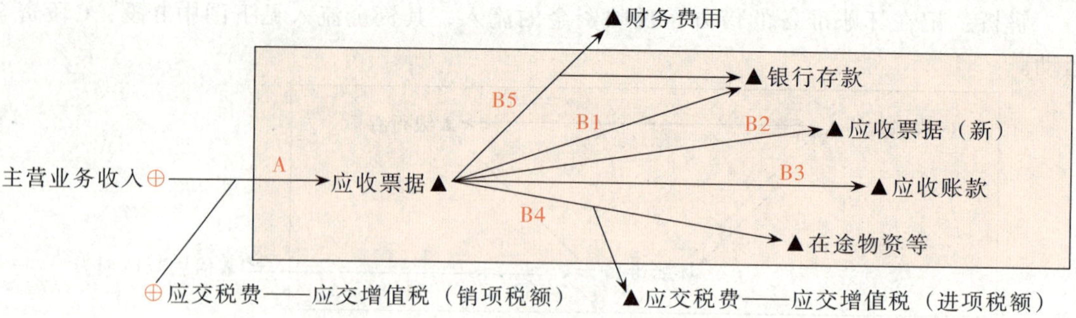

选项C：

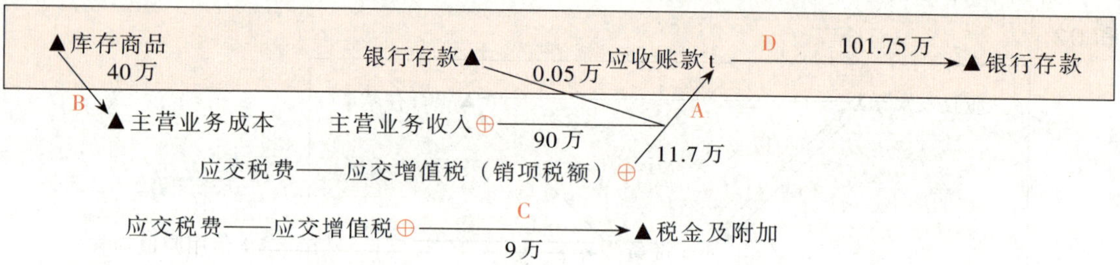

9.答案：BCD

解析：分摊至M商品的合同价款（不含增值税）=25 000×6 000÷（6 000+24 000）=5 000（元），分摊至N商品的合同价款（不含增值税）=25 000×24 000÷（6 000+24 000）=20 000（元）。

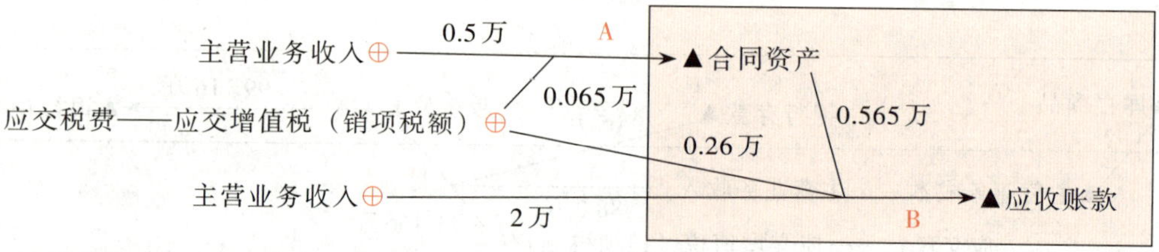

10.答案：CD

解析：在收入准则下，企业为销售商品向客户预收的款项应被确认为合同负债；在房屋已经租赁的情况下，企业预收的房屋租金应被确认为预收账款。

11.答案：ABCD

解析：

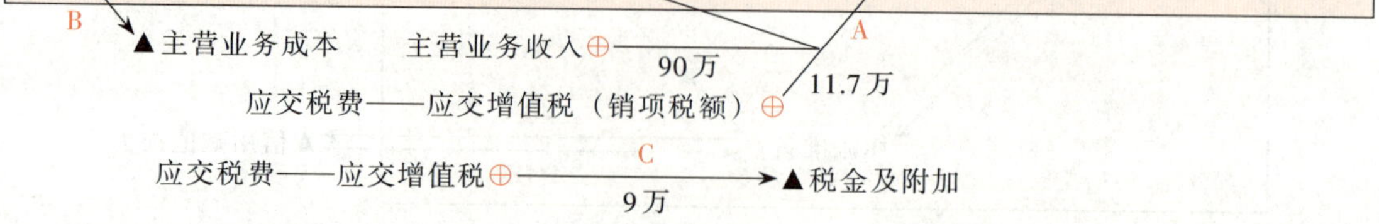

12.答案：BD

解析：

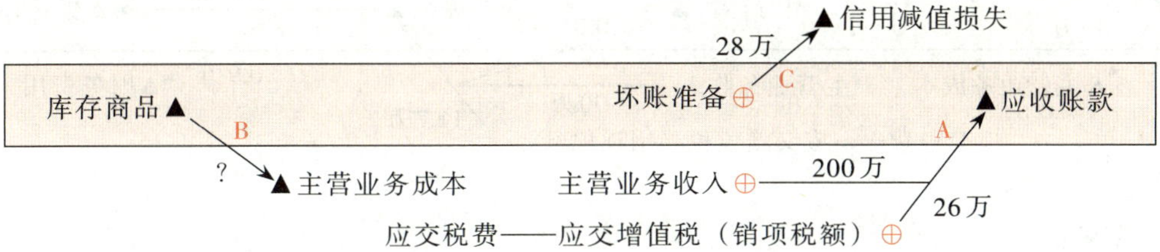

13.答案：AB

解析：冲销坏账准备，只是应收账款账面价值内部项目之间的结转，不影响应收账款账面价值总额。现金折扣不影响应收账款，会影响企业实际收到的银行存款。

选项AC：

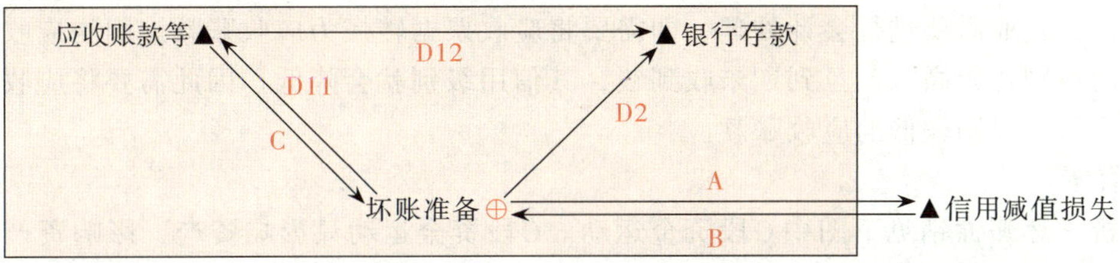

选项B：

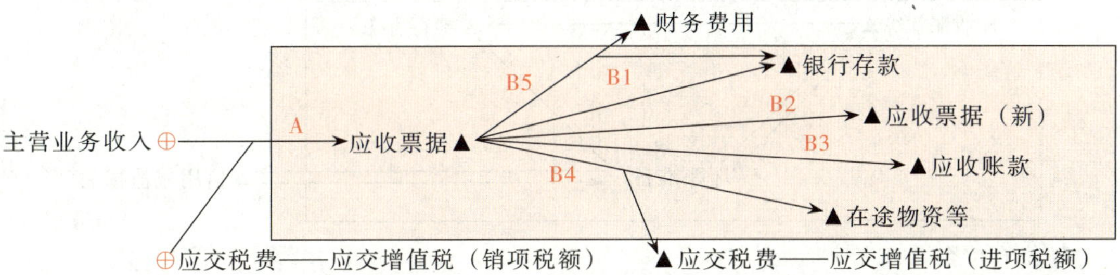

14.答案：AD

解析：信用证保证金存款和银行本票存款都属于其他货币资金。

15.答案：BC

解析：商业折扣是指企业为促进商品销售而给予的价格折扣，商业折扣在销售时即已发生，并不构成最终成交价格的组成部分，即商业折扣不影响会计确认与计量。

16.答案：ABCD

解析：已经发生的销售折让，应冲减销售收入。实际发生的商业折扣不影响会计的确认与计量。

选项A：

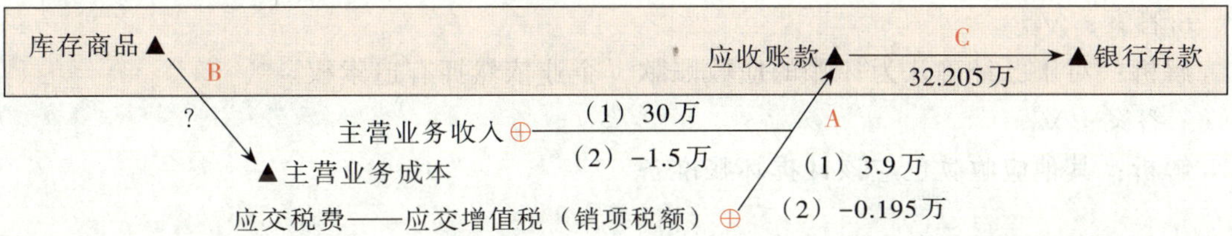

选项BD：

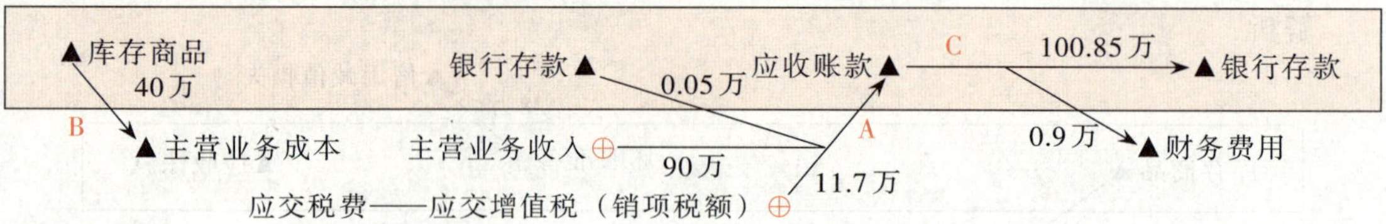

（三）判断题

1.答案：×

解析：同样金额的应收票据贴息，有追索权的贴息比没有追索权的贴息要低一些。因为，有追索权意味着该票据风险并没有转移给银行，银行所承担的风险低，自然收益也就低一些，即所要求的贴息会少一些。

2.答案：×

解析：企业需要进行会计处理，即需要将应收票据转换为应收账款。因为应收票据本身的信用级别比较高，一旦到期未收到钱，其信用级别就会降低，因此需要将应收票据重新认定为信用级别较低的应收账款。

3.答案：×

解析：坏账冲销见下图中C段资金运动。C段资金运动只影响资产，影响资产内部结构发生变化。

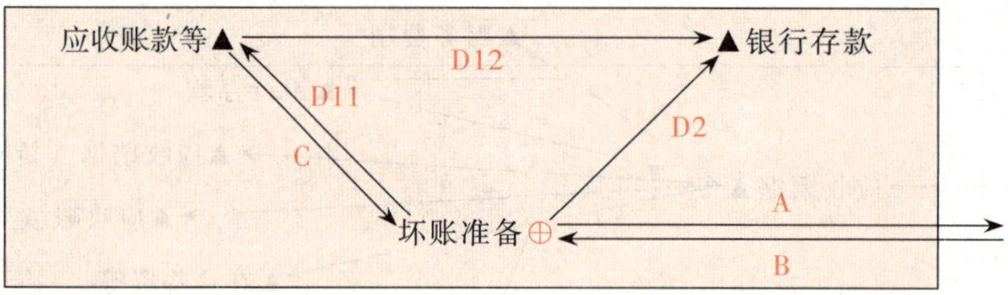

4.答案：×

解析：其期末贷方余额抵减应收账款，从而以应收款的形式列示在资产负债表中。

5.答案：×

解析：坏账重新回收业务见下图中D段资金运动，有两种处理方法。该运动不影响“信用减值损失”项目，会影响“坏账准备”项目。

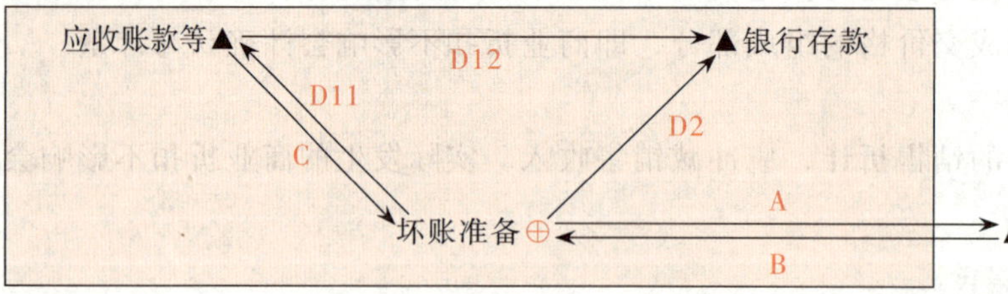

6.答案：√

解析：对于已经确认为坏账的应收账款，企业依然拥有追索权。

7.答案：√

解析：其他应收款也应该计提坏账准备。

8.答案：×

解析：

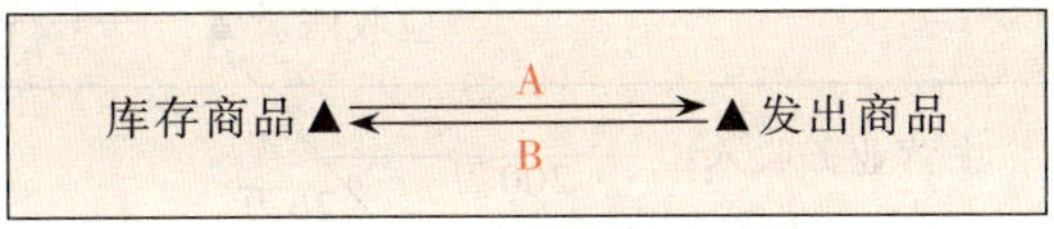

9.答案：×

解析：应收票据背书转让取得所需要的物资的，应将取得的物资成本、增值税专用发票上注明的可抵扣的增值税税额和商业汇票的票面金额之间的差额，借记或贷记银行存款。

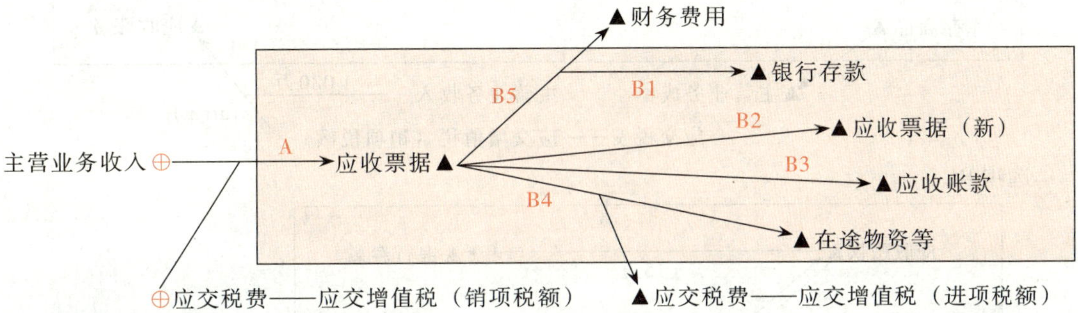

10.答案：×

解析：预收款业务不多的企业，也可不单独设置“预收账款”账户，预收的账款可以通过“应收账款”账户核算。

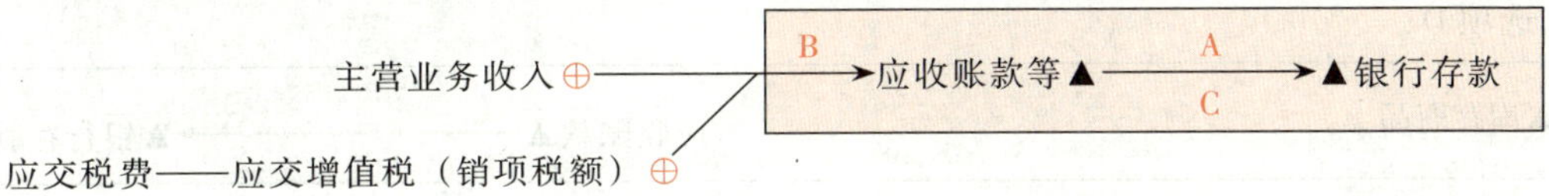

11.答案：×

解析：我国会计准则规定，对应收款项减值的核算只能采用备抵法，不得采用直接转销法。

12.答案：√

解析：现金折扣影响销售收入的确认，企业应该按折扣之后的总额确认收入。

（四）不定项选择题

1.答案：

（1）BC

解析：

12月4日销售：

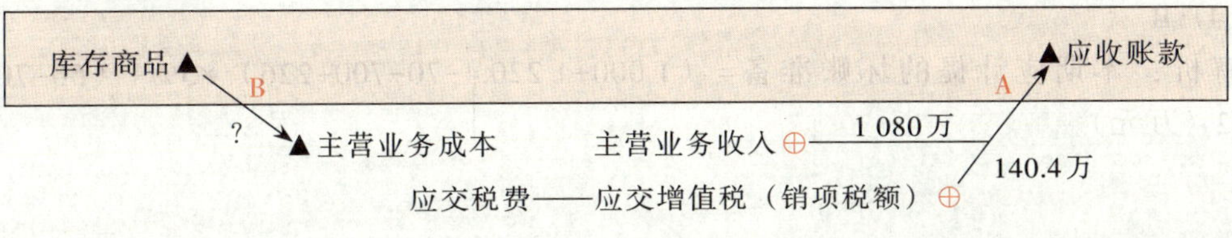

12月29日销售：

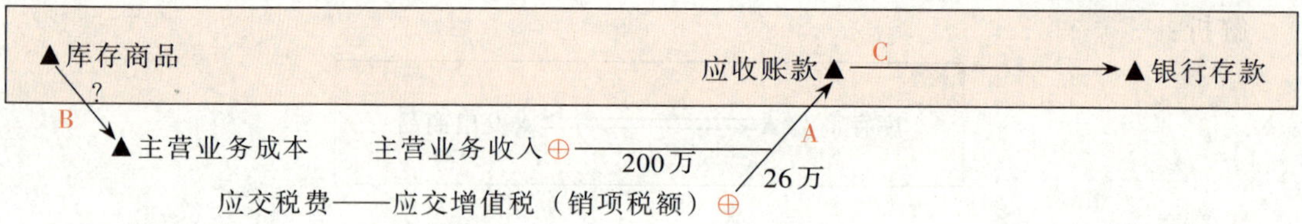

（2）CD

解析：

选项A：

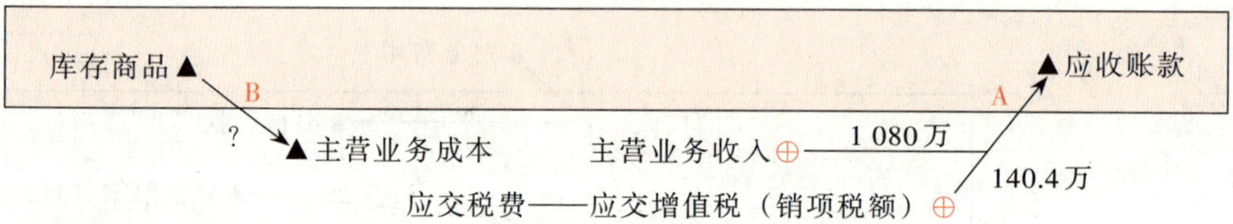

选项BC：

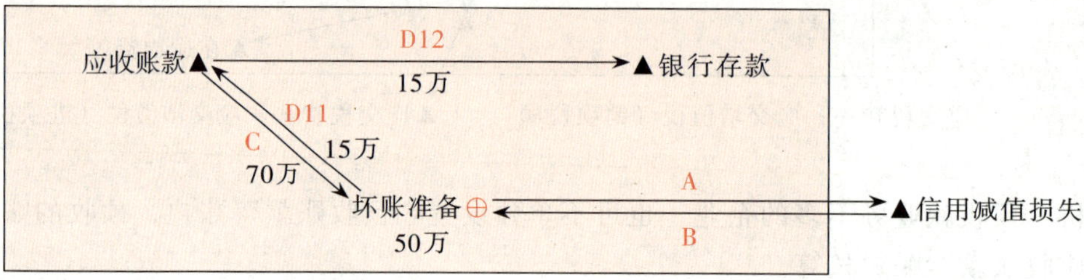

选项D：

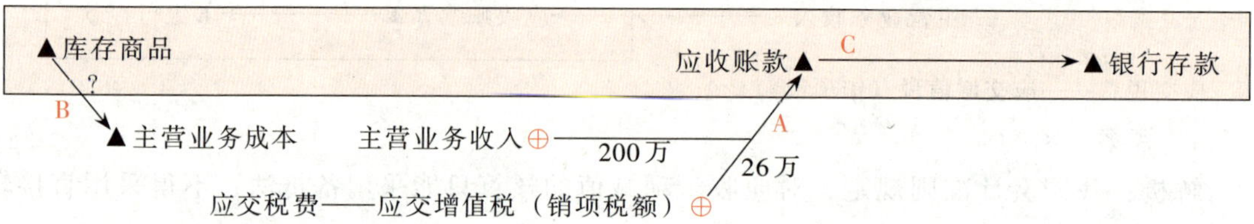

（3）A

解析：坏账准备贷方余额=50-70=-20（万元）。

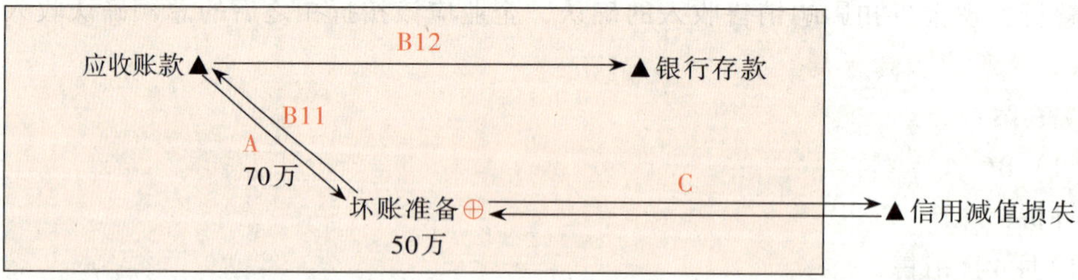

（4）B

解析：本期应计提的坏账准备=（1 000+1 220.4-70-700+226）×5%-（50-70+15）=88.82（万元）。

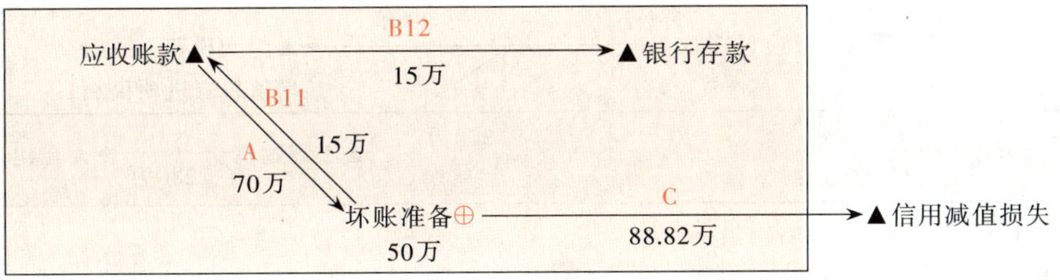

（5）B

解析：

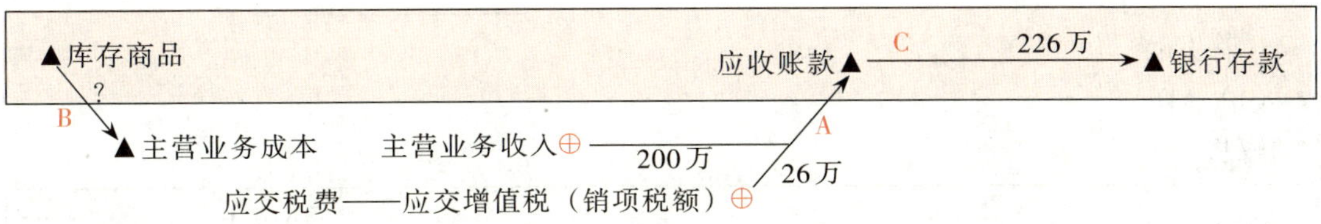

2.答案：

（1）C

解析：合同负债的减少一般通常以货物来清偿，合同负债属于企业的负债。

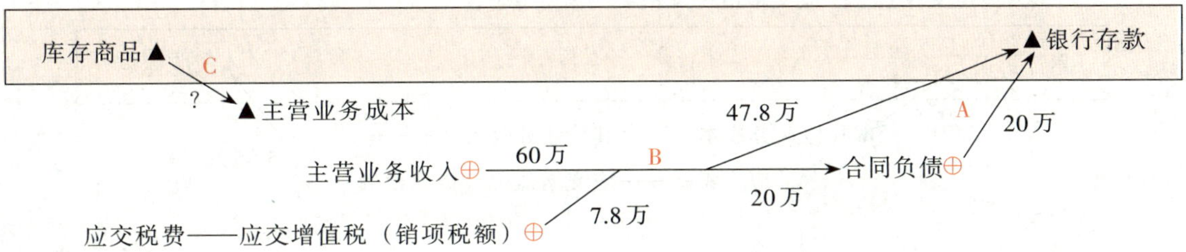

（2）ABD

解析：

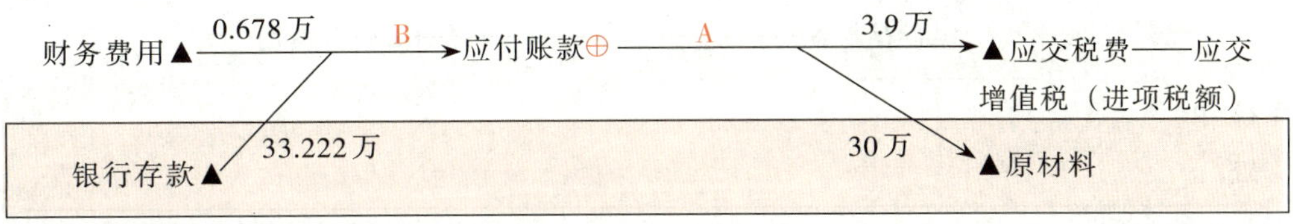

（3）BCD

解析：开出的银行承兑汇票应通过“应付票据”账户核算，与商业承兑汇票一样，都属于商业票据。

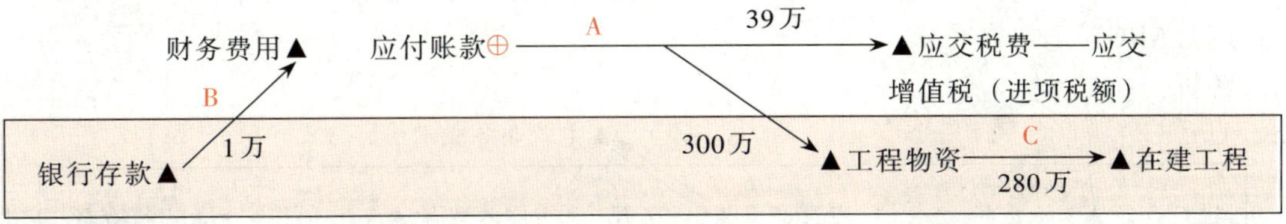

（4）BD

解析：

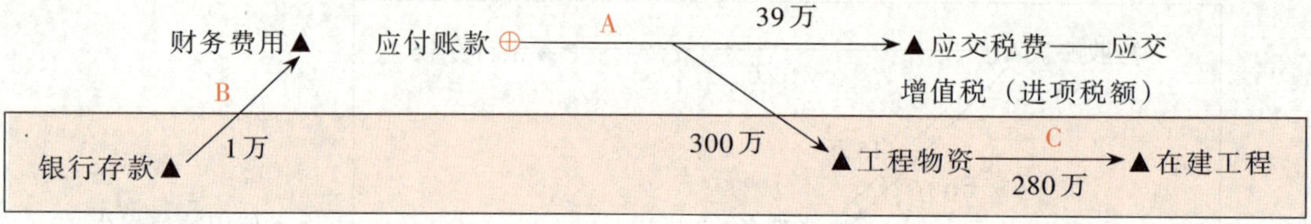

（5）B

解析：应付商业承兑汇票到期无力支付的，企业应将其转为应付账款。

3.答案：

（1）AD

解析：

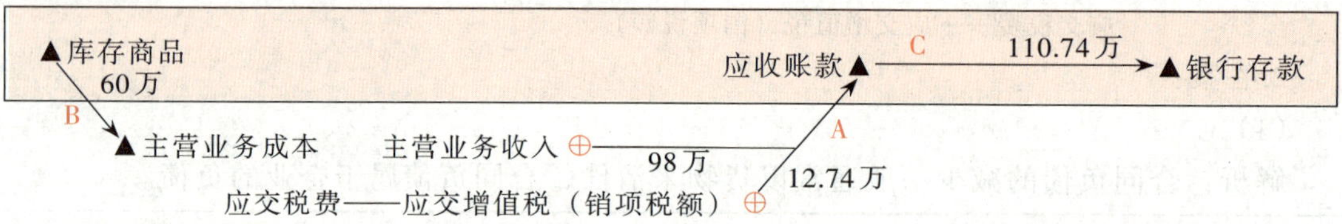

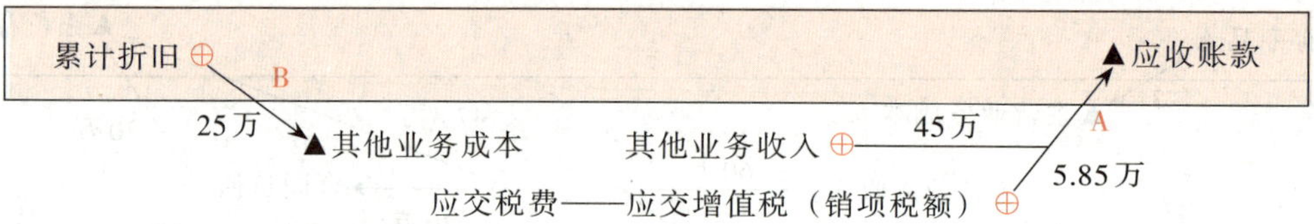

（2）AB

解析：

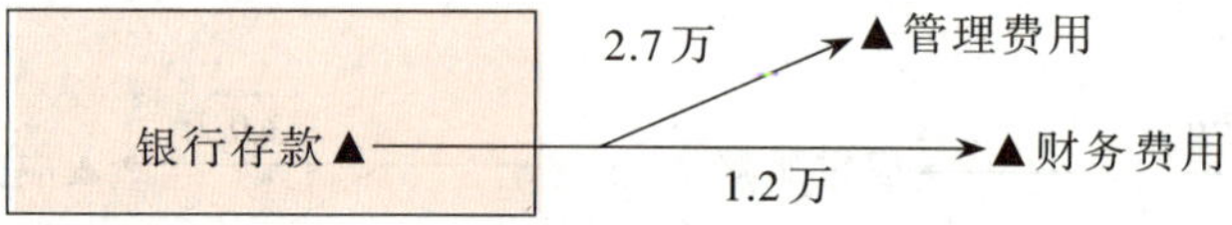

（3）BC

解析：

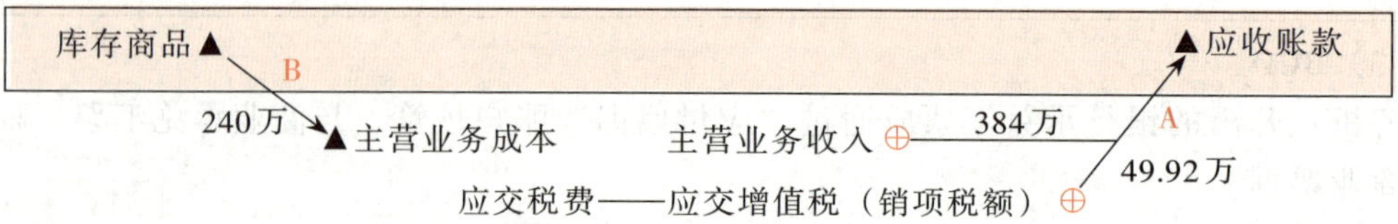

（4）ABC

解析：

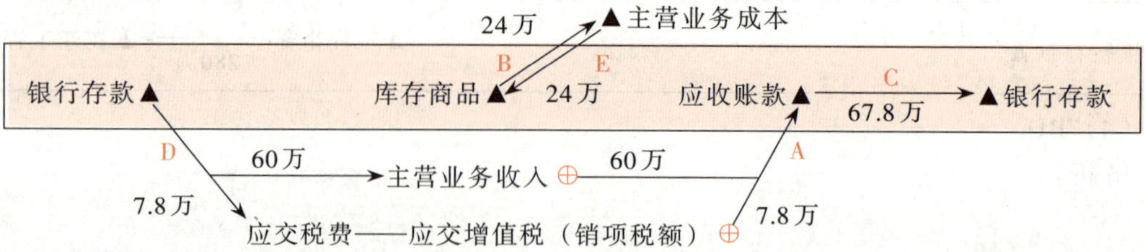

（5）AC

解析：

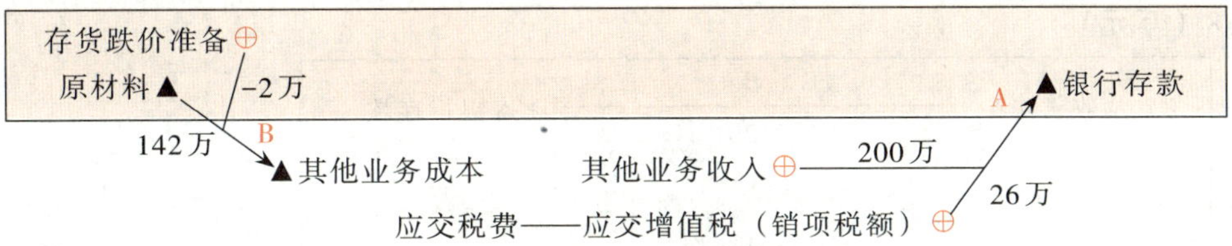

4.答案：

（1）AD

资料1：

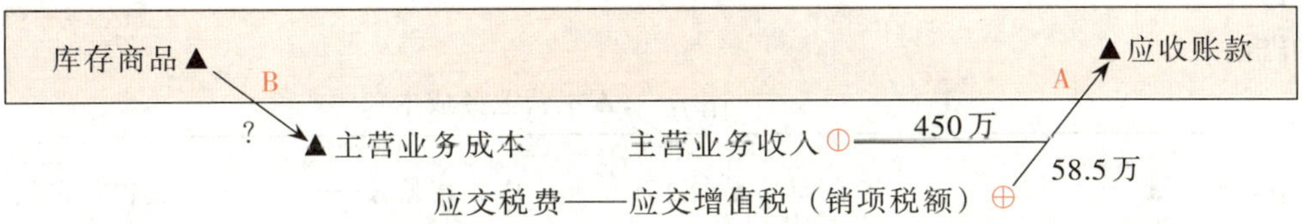

资料2：

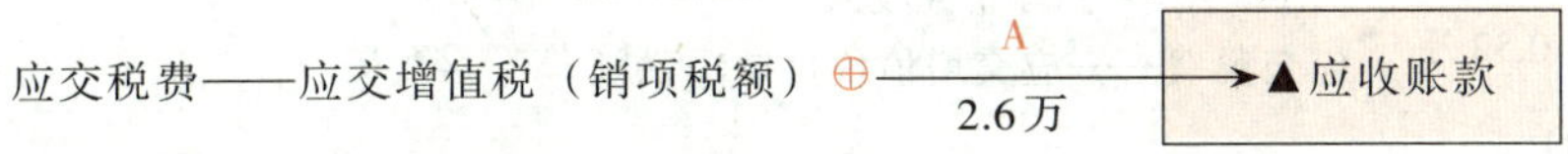

（2）C

解析：

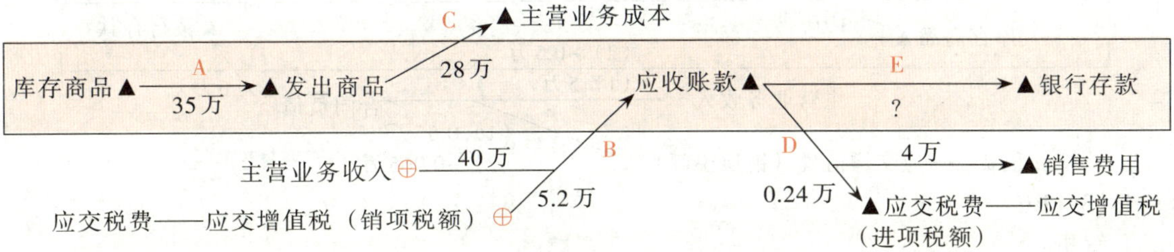

（3）C

解析：

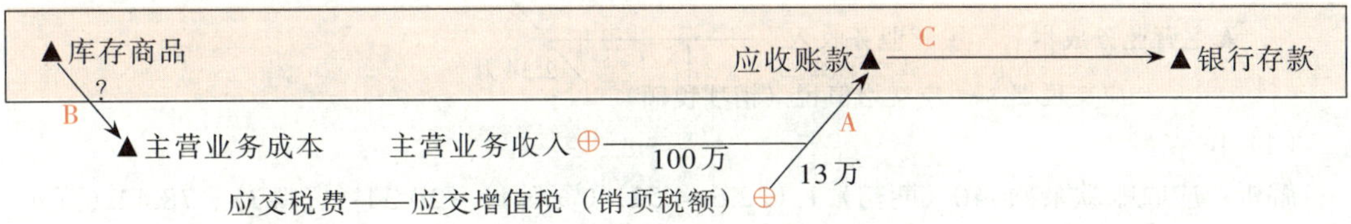

（4）CD

解析：

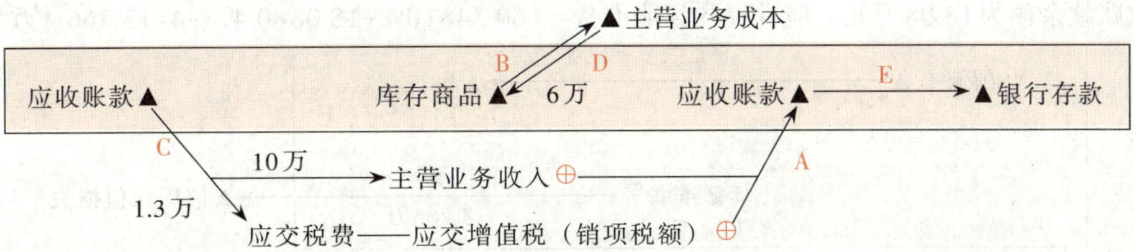

（5）C

解析：本期应计提的坏账准备=（1 000+508.5+2.6+45.2−4.24+113−11.3）×5%−（50+12）=20.688（万元）。

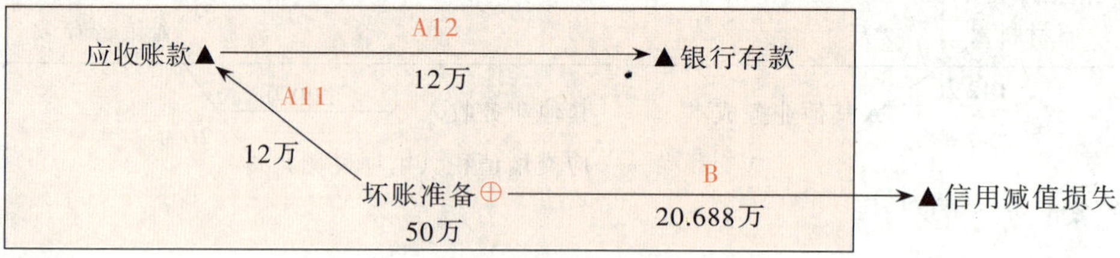

5. 答案：

（1）CD

解析：

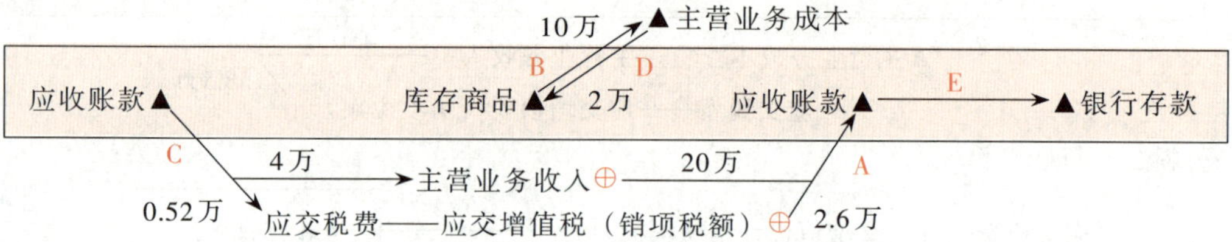

（2）ABD

解析：

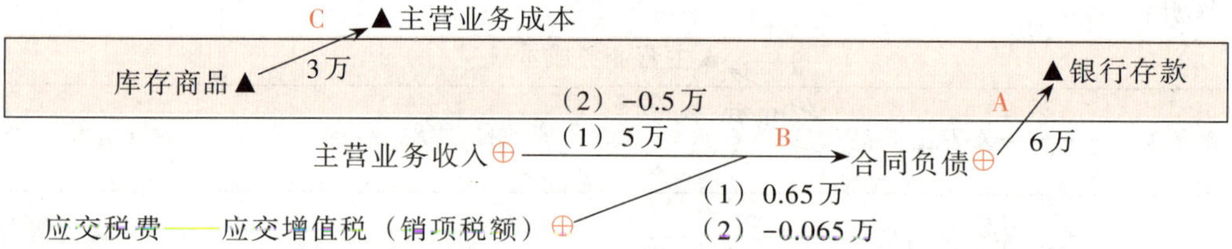

（3）BC

解析：

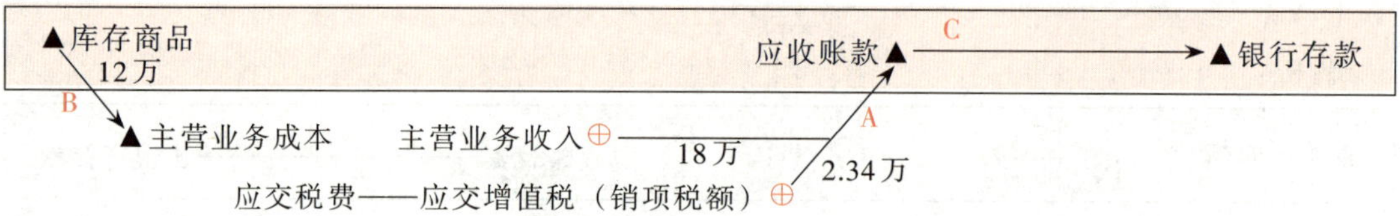

（4）B

解析：应收账款余额=40（期初）+（22.6−4.52）（资料1）+20.34（资料3）=78.42（万元）。

（5）A

解析：按10%计提的应收账款余额=78.42−（22.6−4.52）=60.34（万元）；按40%计提的应收账款余额为18.08万元。应计提的坏账准备=（60.34×10%+18.08×0.4）−4=13.266（万元）。

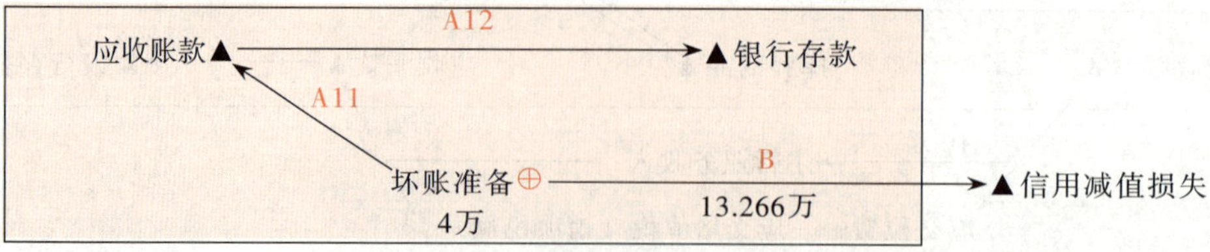

6.答案：

（1）B

解析：

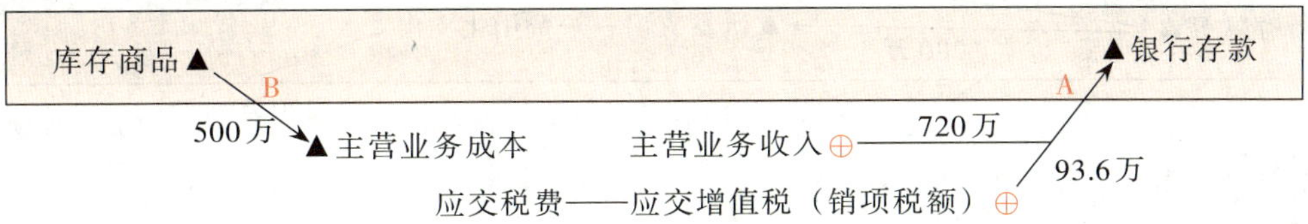

（2）A

解析：

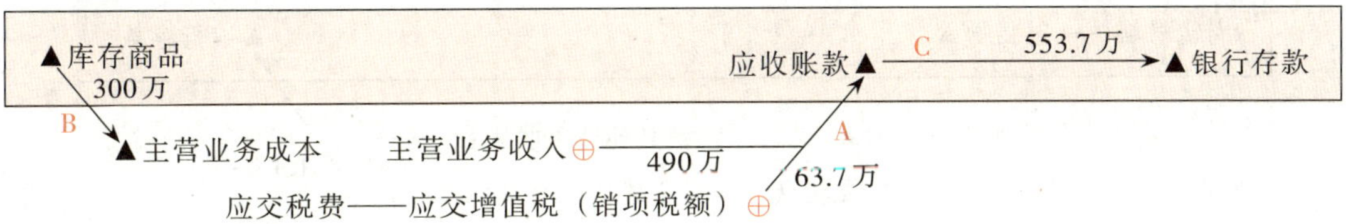

（3）BCD

解析：

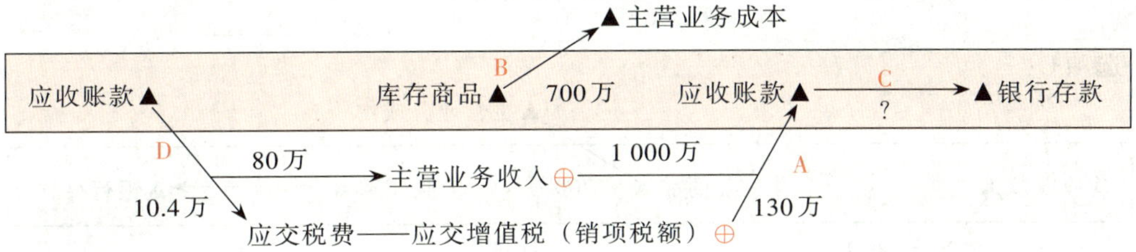

（4）C

解析：

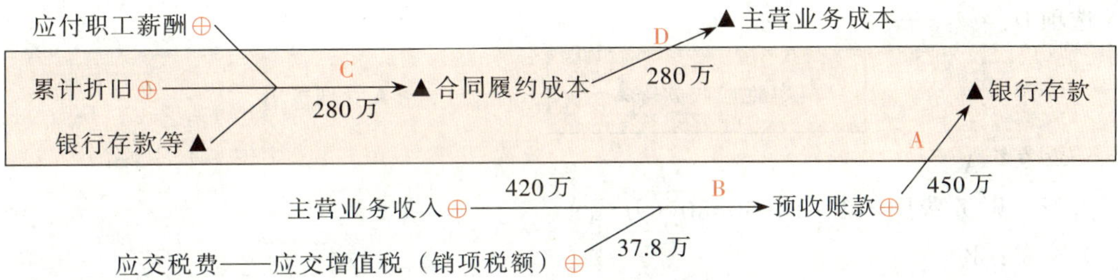

（5）B

解析：甲公司12月份的营业利润=（720-500）（资料1）+（500-10-300）（资料2）+（1 000-80-700）（资料3）-（100-60）（资料4）+（420-280）（资料5）=730（万元）。

四、知识点：常规费用业务

（一）单项选择题

1.答案：B

解析：

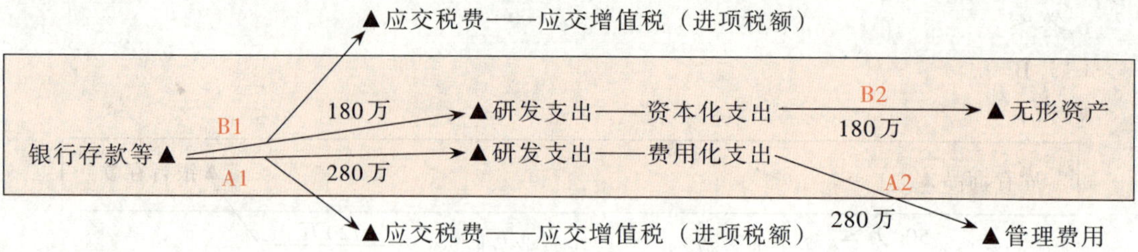

2.答案：B

解析：

选项A：

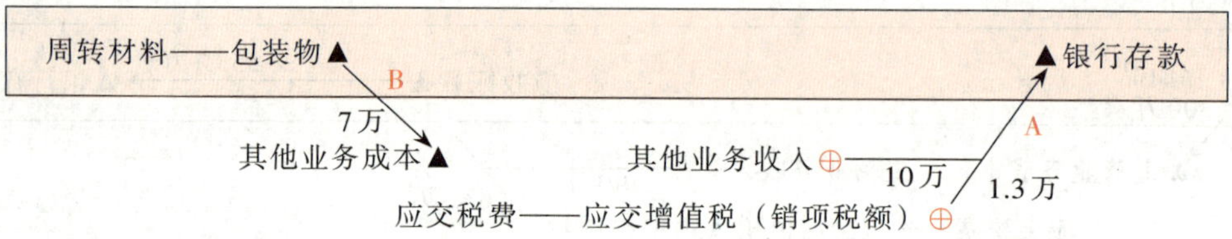

选项B：

选项C：

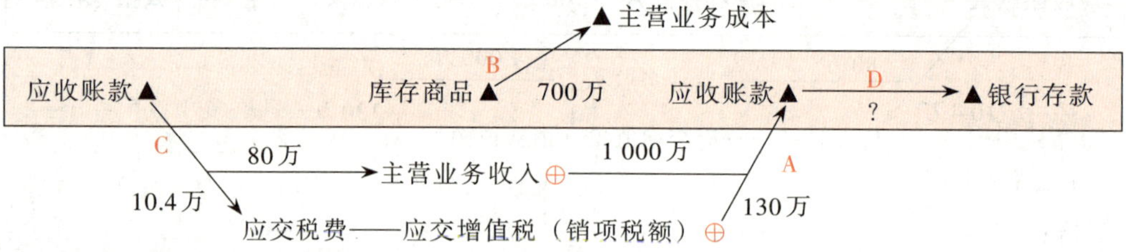

选项D：

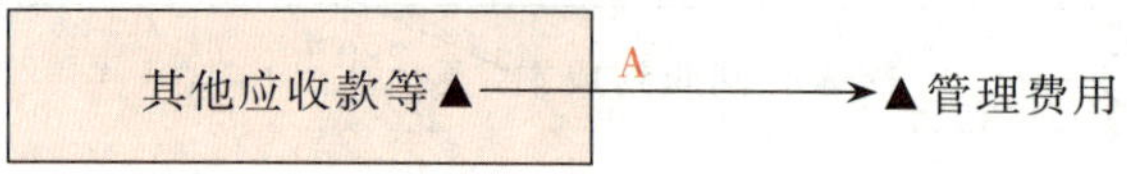

3.答案：A

解析：财务费用=120-10-30=80（万元）。

4.答案：B

解析：受托代销商品收到的手续费收入，确认为其他业务收入。

选项A：

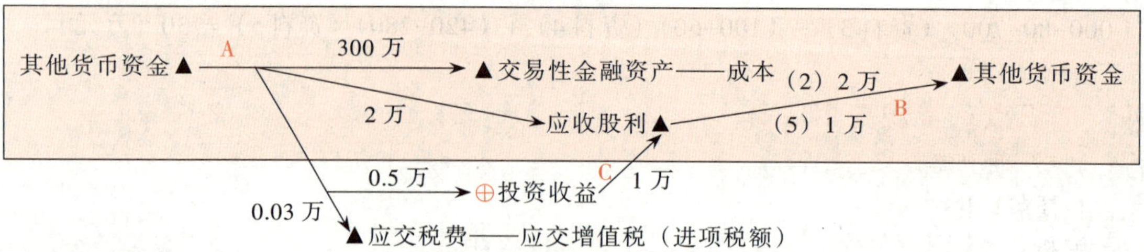

选项 B：

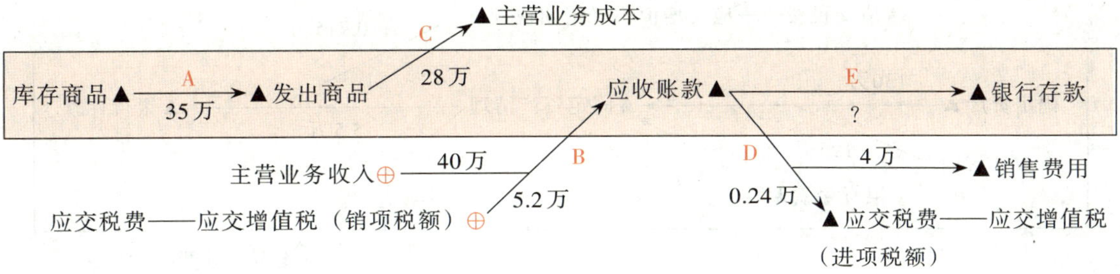

选项 C：

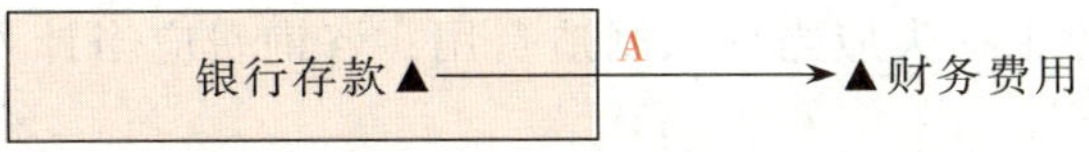

5. 答案：A

解析：

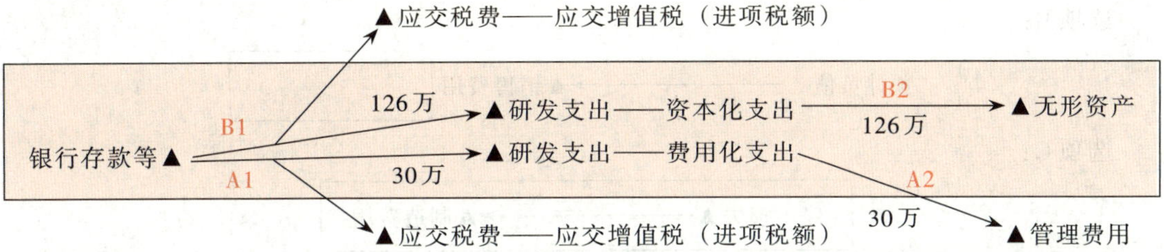

6. 答案：C

解析：出售无形资产净损失应计入资产处置损益；结转当期完工产品的生产成本应计入库存商品；处置固定资产发生的增值税属于价外税，与利润表没有关系。

选项 A：

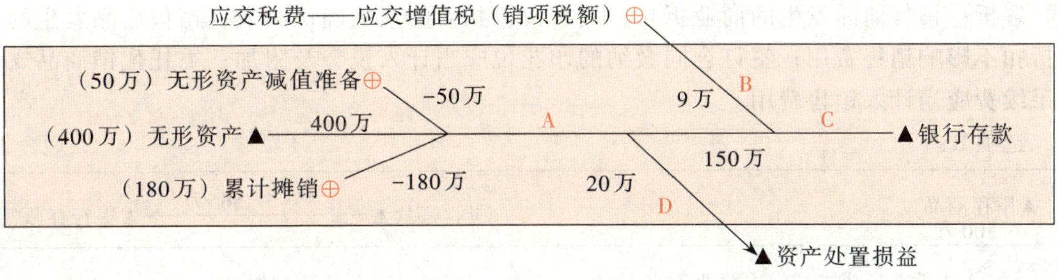

选项 B：

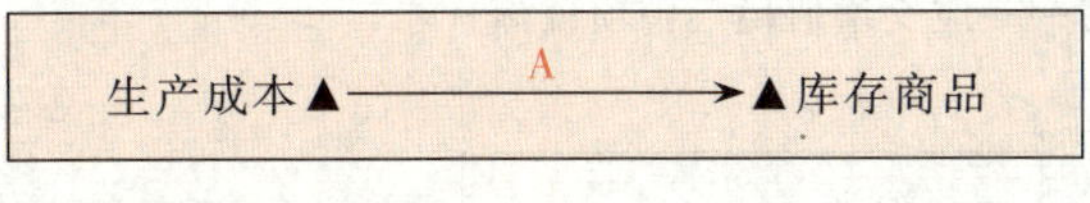

选项 C：

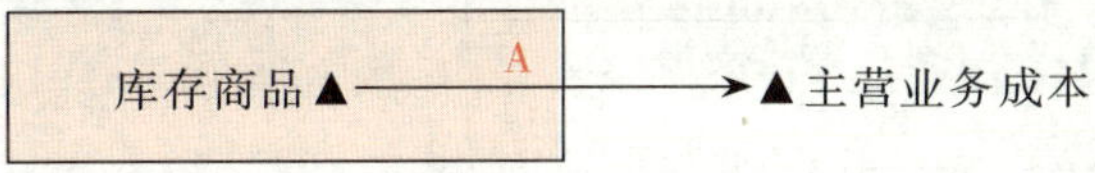

选项D：

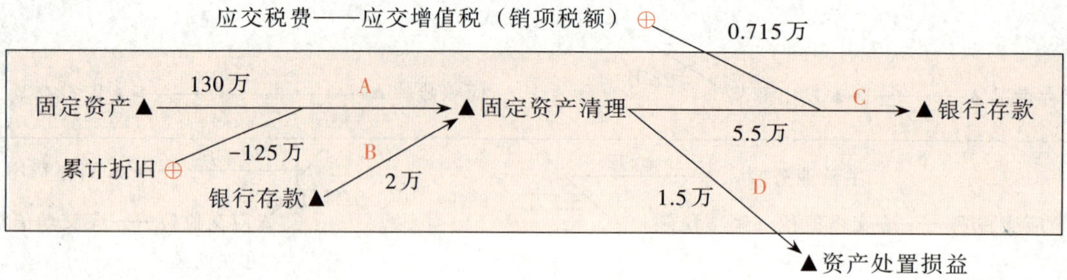

7.答案：C

解析：不满足资本化条件的汇兑损益应当计入财务费用；预计产品质量保证损失应当计入销售费用；季节性停工损失应当计入制造费用；咨询费应当计入管理费用。

选项A：

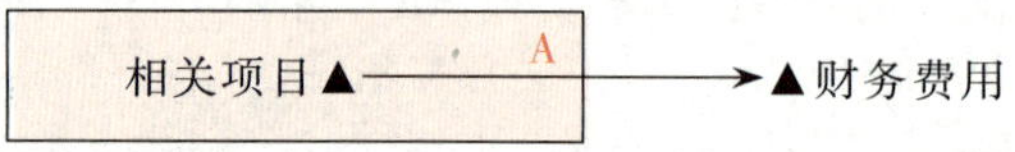

选项B：

选项C：

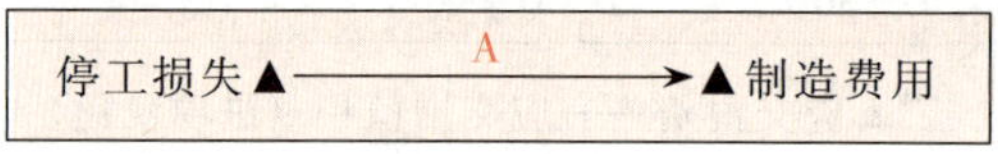

选项D：

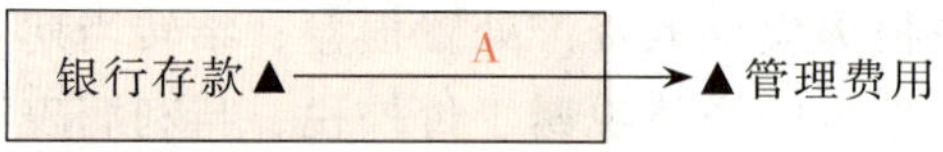

8.答案：D

解析：销售商品发生的商业折扣，应当按折扣后的金额确认收入；销售商品发生的现金折扣不影响销售费用；签订合同缴纳的印花税应当计入税金及附加；委托代销商品支付的手续费应当计入销售费用。

选项B：

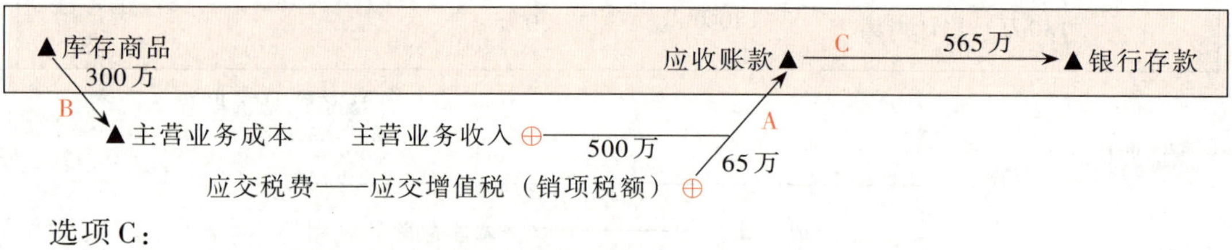

选项C：

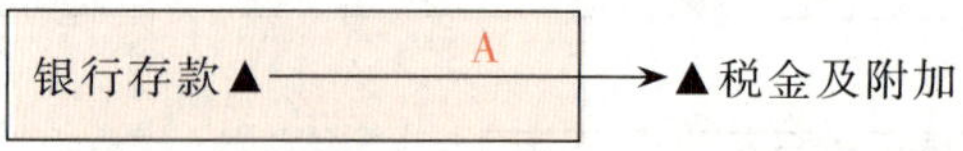

选项D：

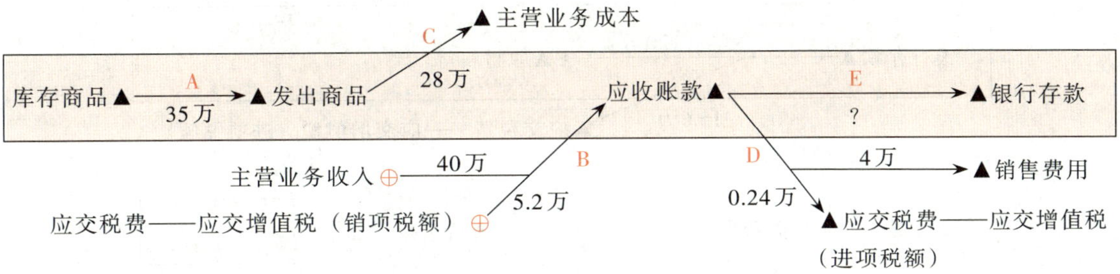

9.答案：D

解析：企业代垫的运杂费应被确认为应收账款；随同商品销售单独计价的包装物应计入其他业务成本；支付的诉讼费应计入管理费用。销售费用金额=2+7+4=13（万元）。

10.答案：B

解析：财务部门属于企业的管理部门，其发生的费用应计入管理费用；确认当期的消费税，应计入税金及附加；产品因质量问题而被退货，应调整“库存商品”等项目。

选项A：

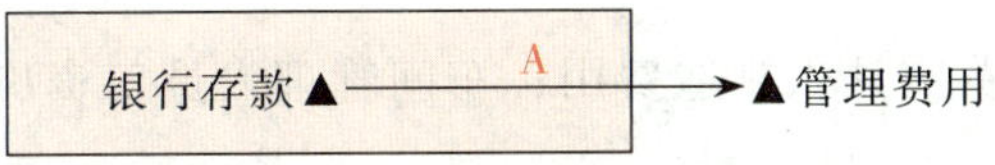

选项B：

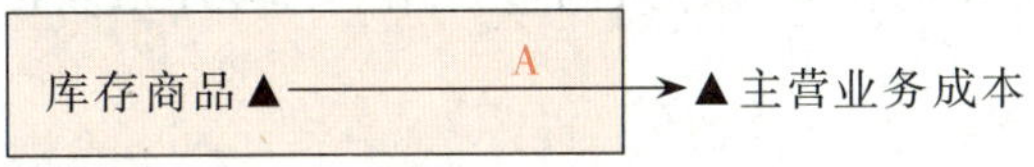

选项C：

选项D：

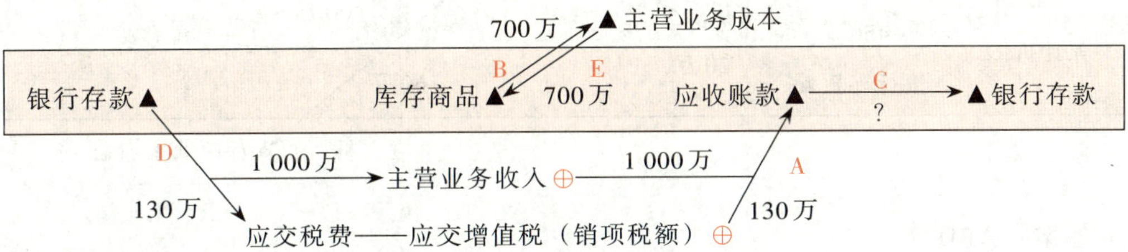

11.答案：A

解析：销售商品时产生的消费税，应确认税金及附加；购进商品支付的增值税应作为进项税额处理，销售无形资产缴纳的增值税作为销项税额处理。

选项A：

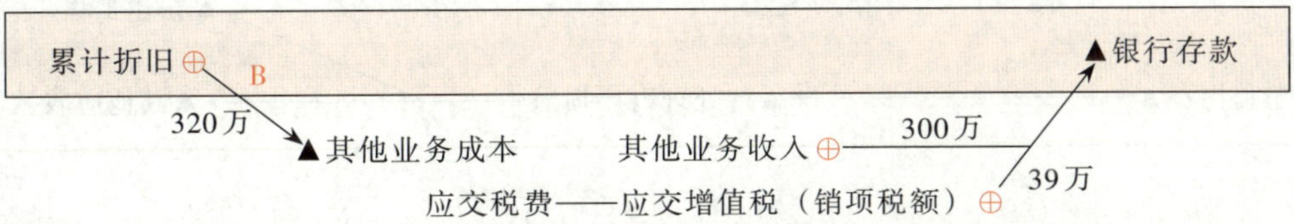

选项 B：

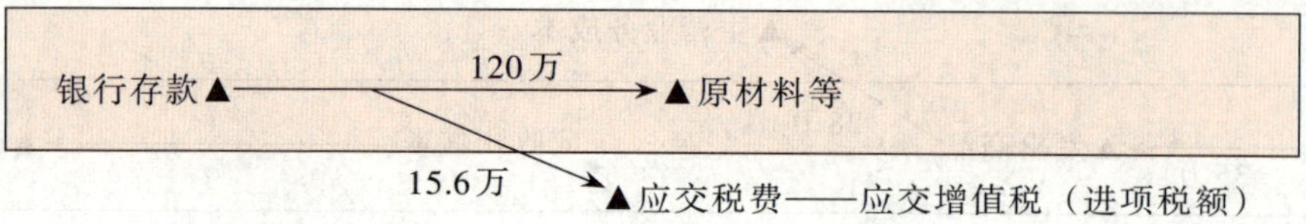

选项 C：

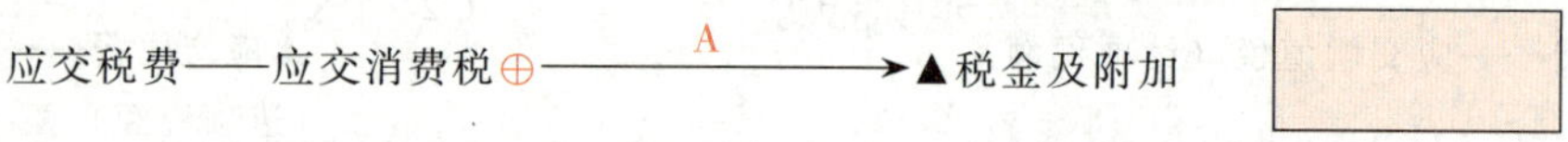

选项 D：

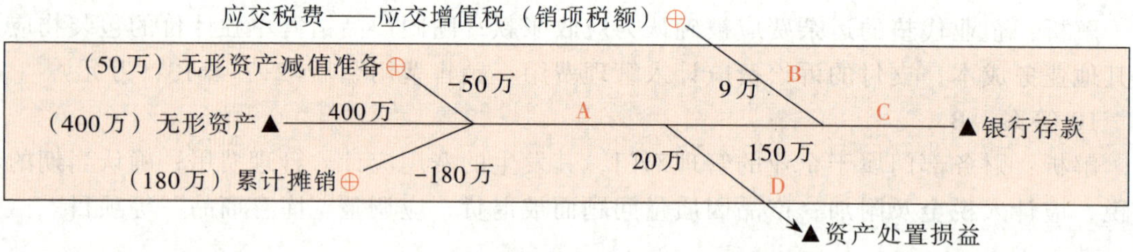

12. 答案：A

解析：计提车间折旧费应计入制造费用；车间管理人员工资应计入制造费用。

13. 答案：B

解析：生产车间管理人员薪酬应计入制造费用。即 40+35-4+5+30=106（万元）。

14. 答案：A

解析：

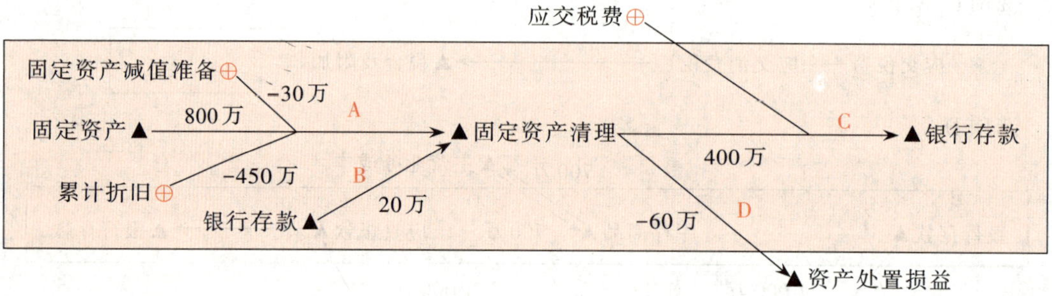

（二）多项选择题

1. 答案：ABD

解析：工程物资盘亏，应计入“在建工程”项目；根据相关准则，固定资产减值准备不允许转回。

选项 A：

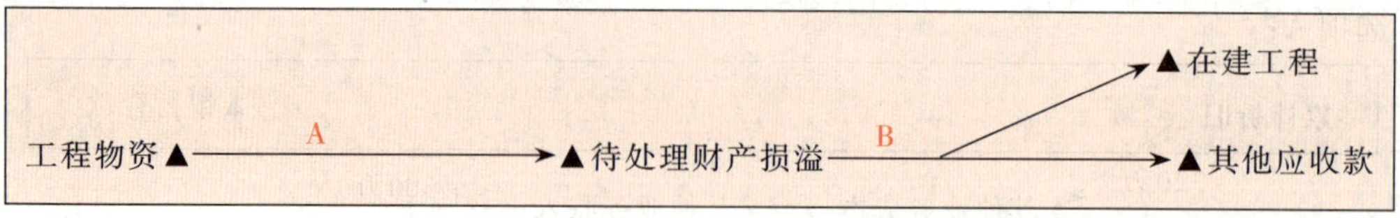

选项D：

2.答案：ABC

解析：出售无形资产结转的摊余价值，应当直接抵减资产处置损益，因此D是错的。

选项A：

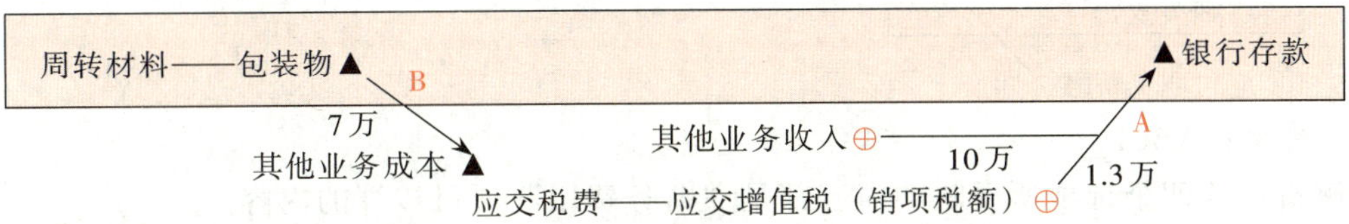

选项B：

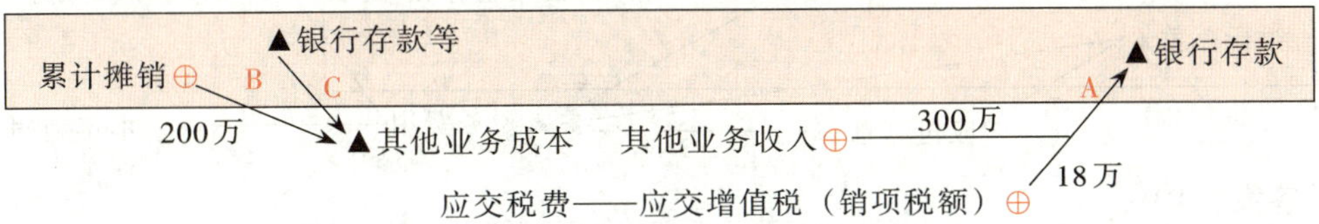

选项C：

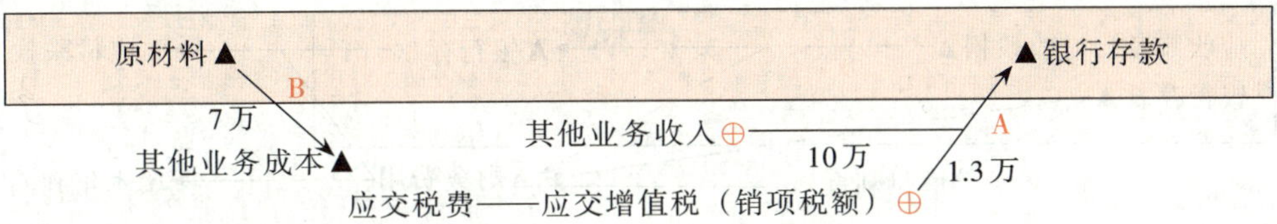

选项D：

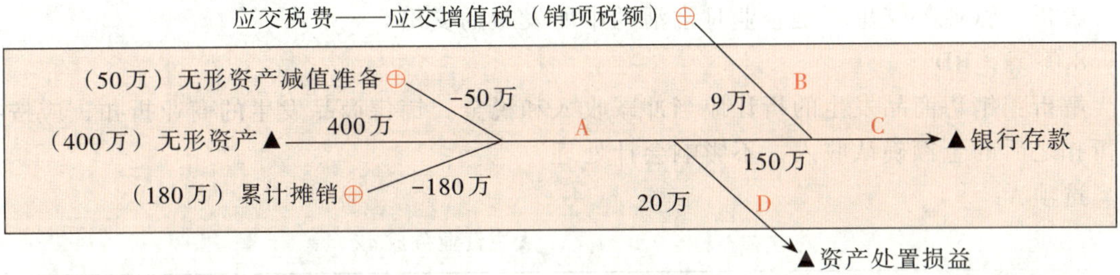

3.答案：ABC

解析：商品流通企业进货途中的合理损耗不影响所采购物资的总成本，即增加单位成本，总成本不变，因此D是错的。

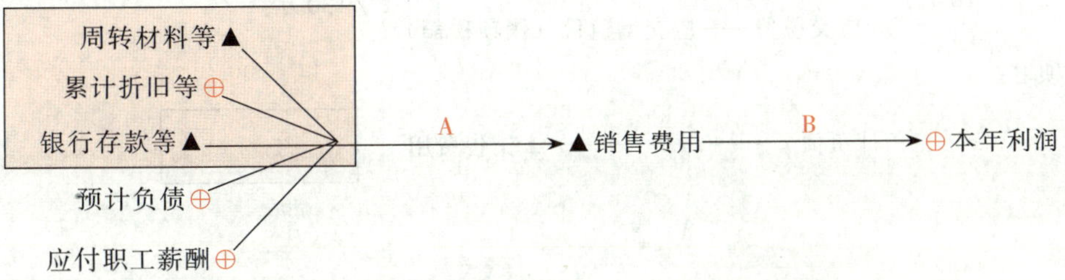

4.答案：ACD

解析：售后服务网点等的职工薪酬，应计入销售费用。

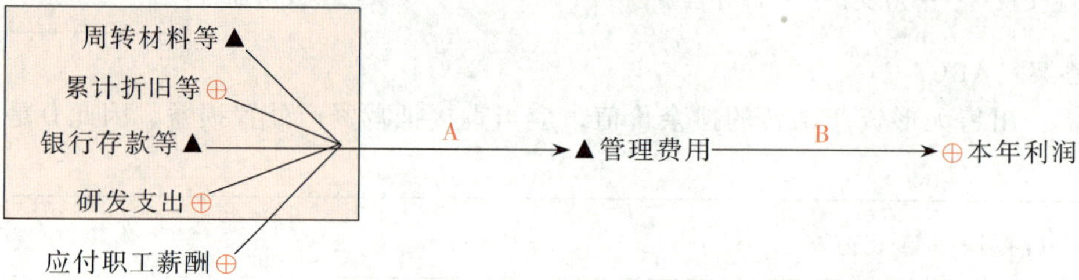

5.答案：ABCD

解析：这四个选项所反映的内容都是“财务费用”项目核算的内容。

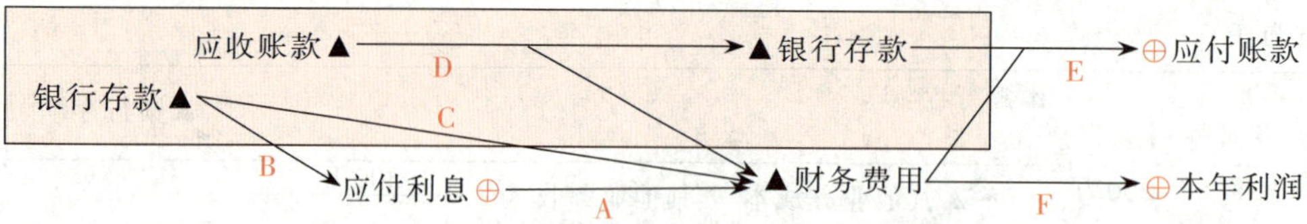

6.答案：BD

解析：

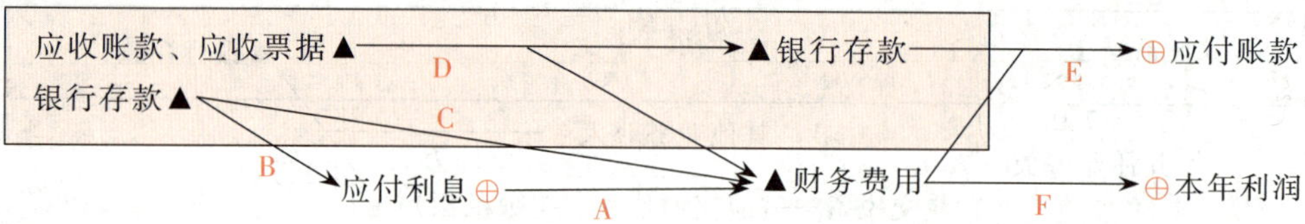

7.答案：ABC

解析：营业外支出不是企业日常活动中所发生的支出。

8.答案：BD

解析：销售商品发生的折让应当冲减收入和税金；销售商品发生的商业折扣，应按扣除折扣之后的金额确认收入，不影响会计处理。

选项A：

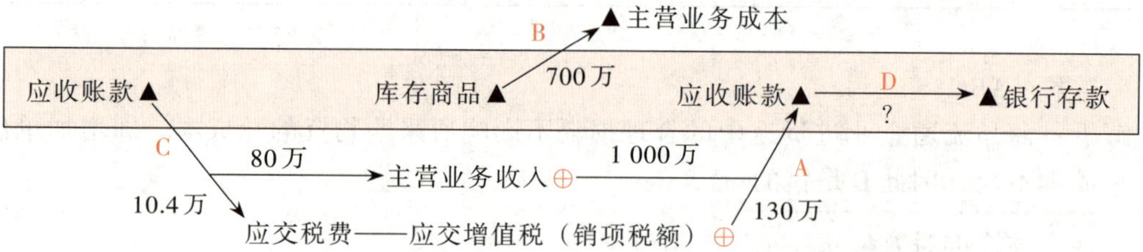

选项B：

选项D：

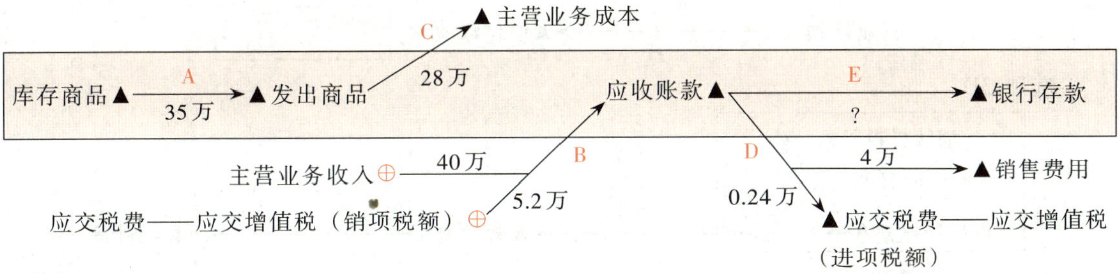

9.答案：AB

解析：营业成本包括主营业务成本和其他业务成本。

10.答案：AB

解析：车间管理人员的工资应当计入制造费用；投资性房地产的折旧额应当计入其他业务成本。

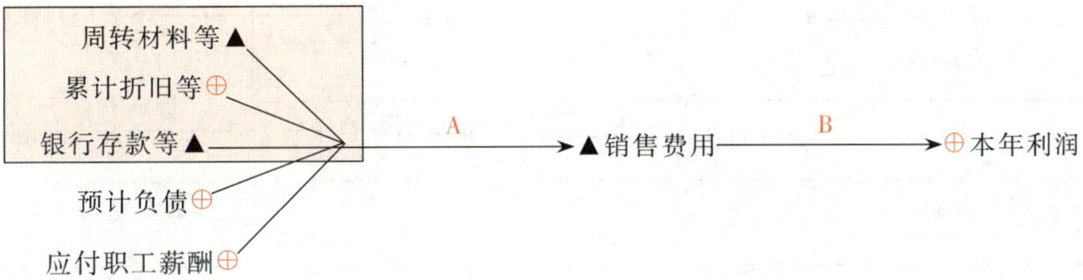

11.答案：ABD

解析：

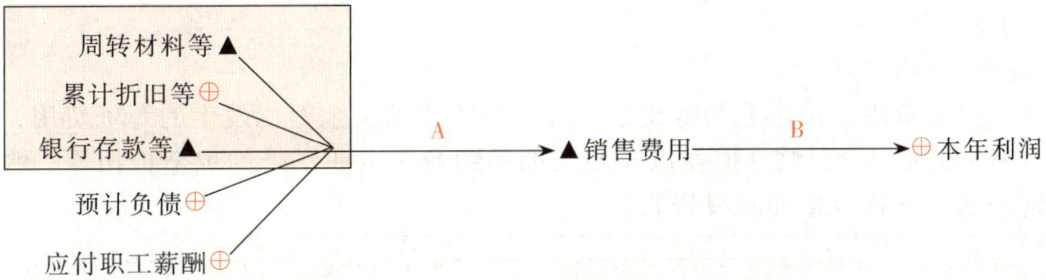

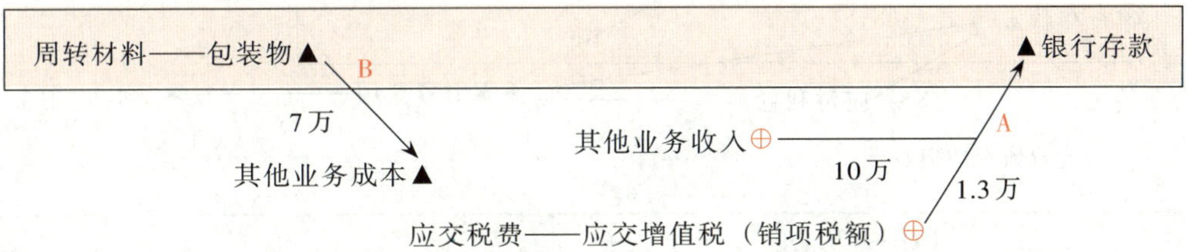

12.答案：ACD

解析：转销确实无法支付的应付账款时，应当将其计入营业外收入。

选项A：

选项B：

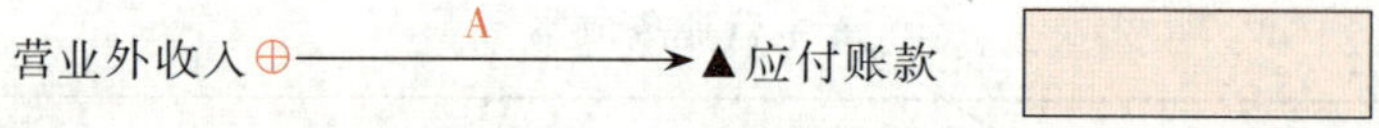

选项CD：

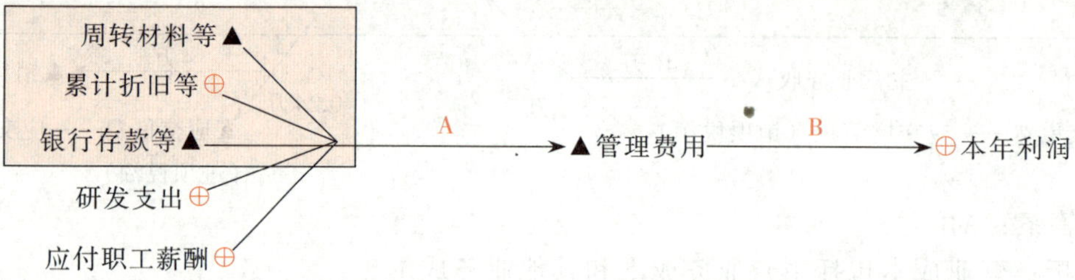

13.答案：BC

解析：筹建期间的长期借款利息应计入管理费用。销售过程中支付的现金折扣不影响财务费用。

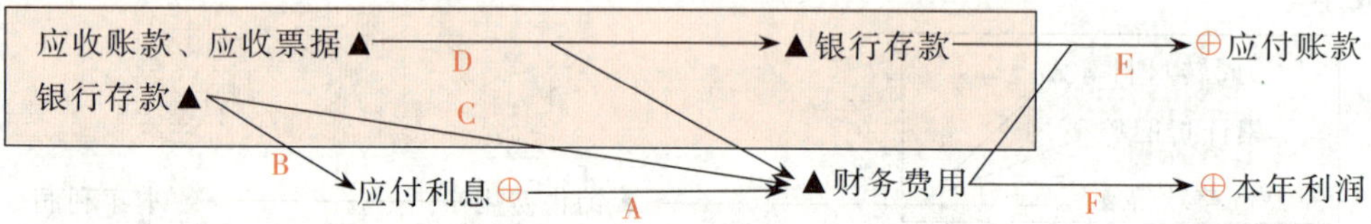

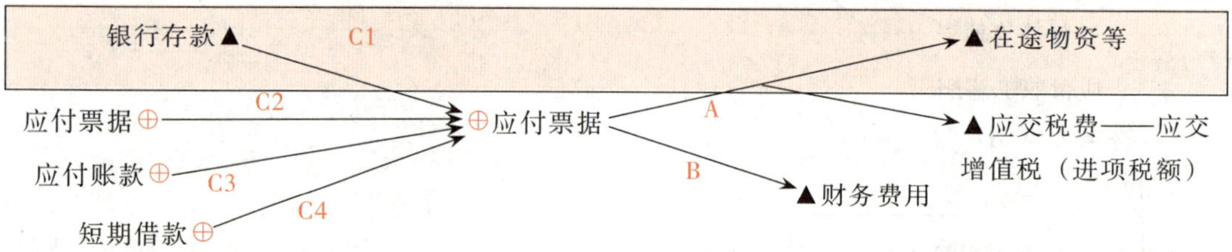

14.答案：ACD

解析：财务费用是指企业为筹集生产经营所需要的资金等所发生的筹资费用，包括利息支出（减利息收入）、汇兑损益以及相关的手续费、企业享受的现金折扣等。购买交易性金融资产的手续费直接冲减投资收益。

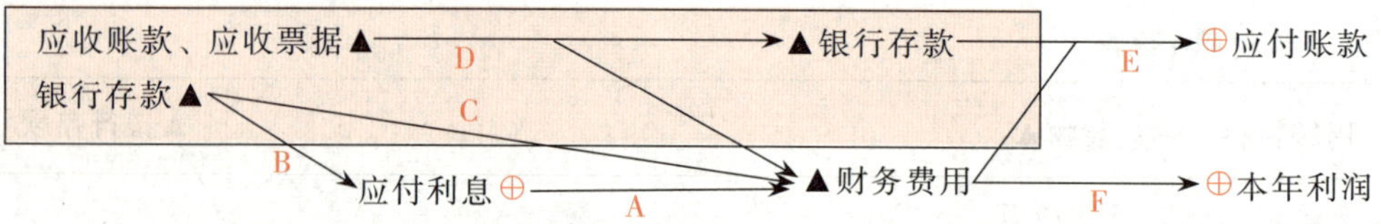

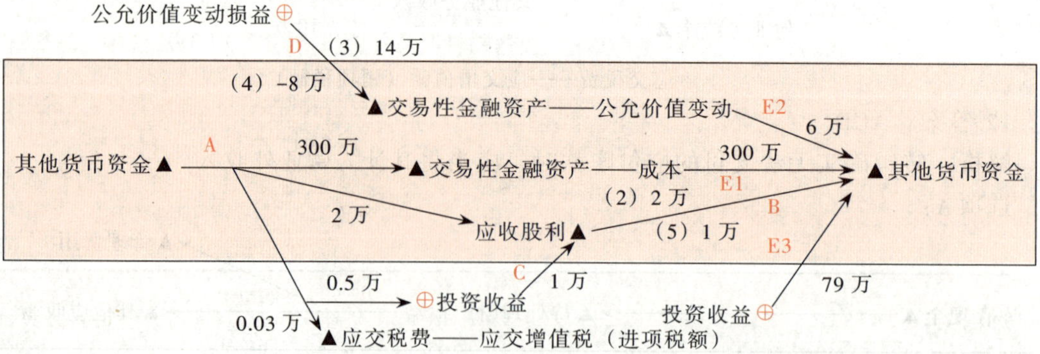

15.答案：AB

解析：固定资产盘亏净损失应计入营业外支出；发现无法查明原因的现金盘盈应计入营业外收入。存货盘盈一般应冲减管理费用。

选项A：

选项B：

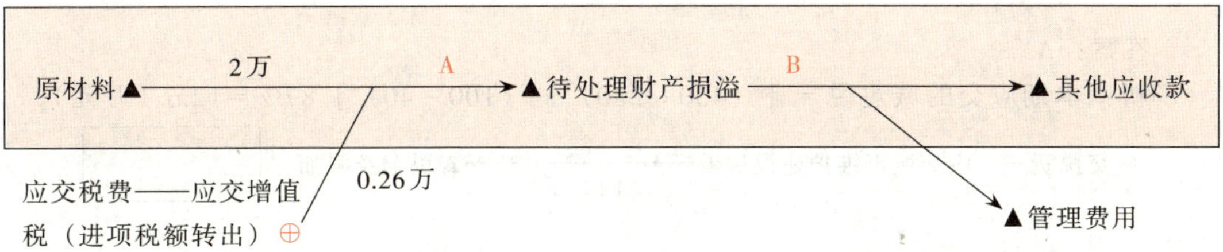

选项C：

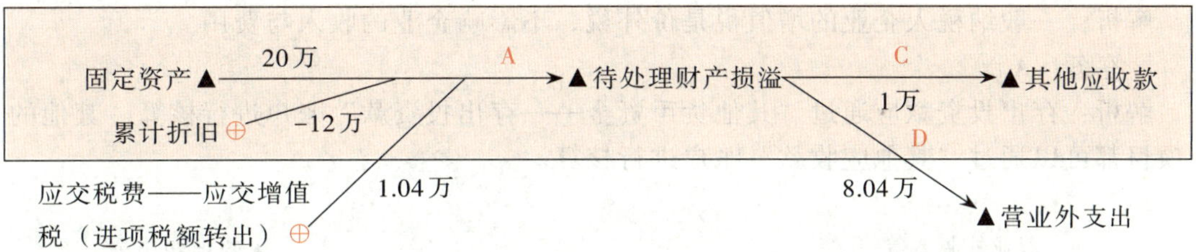

选项D：

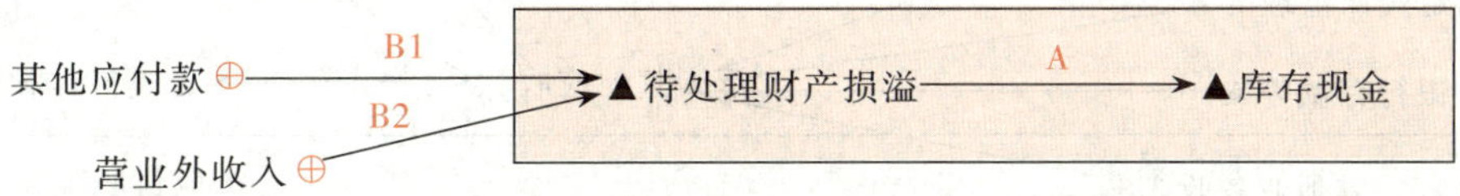

16.答案：AB

解析：随同商品出售但不单独计价的包装物的实际成本应计入销售费用；对外进行捐赠发生的支出，计入营业外支出。

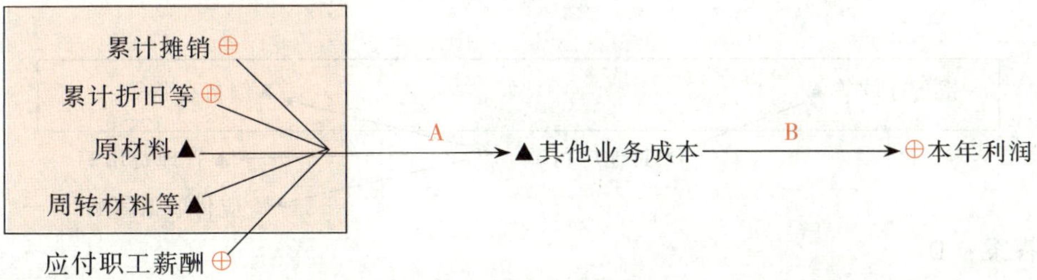

（三）判断题

1.答案：√

解析：无法区分时，企业应采用稳健的做法，将研发支出全部费用化。

2.答案：×

解析：企业收到的投资者超出其在企业注册资本中所占份额的投资部分，应直接计入“资本公积——股本溢价”或“资本公积——资本溢价”项目。

3.答案：×

解析：企业经营管理中的某些不减少企业所有者权益的支出不构成费用，比如以银行存款偿还债务。

五、知识点：税费业务+其他往来业务

（一）单项选择题

1.答案：A

解析：本期应交的城建税＝［（400－280）＋（100－40）］×7%＝12.6（万元）。

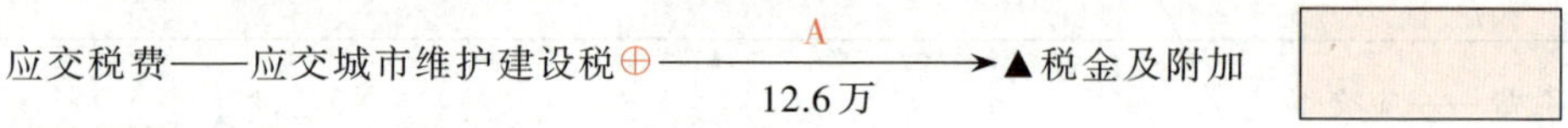

2.答案：B

解析：一般纳税人企业的增值税是价外税，不影响企业的收入与费用。

3.答案：A

解析：存出投资款应通过“其他货币资金——存出投资款”账户进行核算。其他的三个项目都可以通过“其他应收款”账户进行核算。

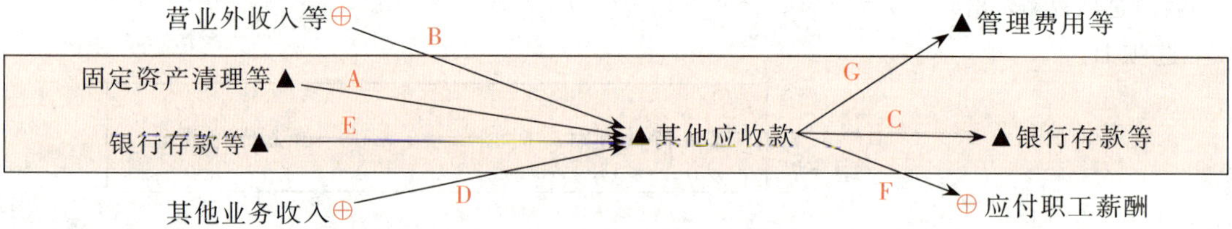

4.答案：C

解析：应付现金股利应该通过“应付股利”账户核算；应交教育费附加应通过“应交税费——应交教育费附加”账户进行核算；应付管理人工的工资应通过“应付职工薪酬”账户核算。

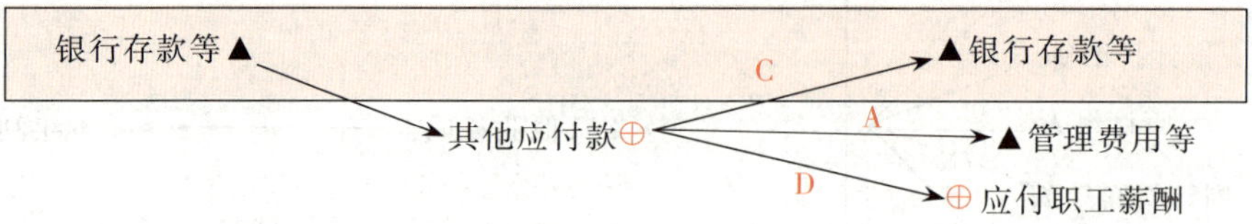

5.答案：D

解析：

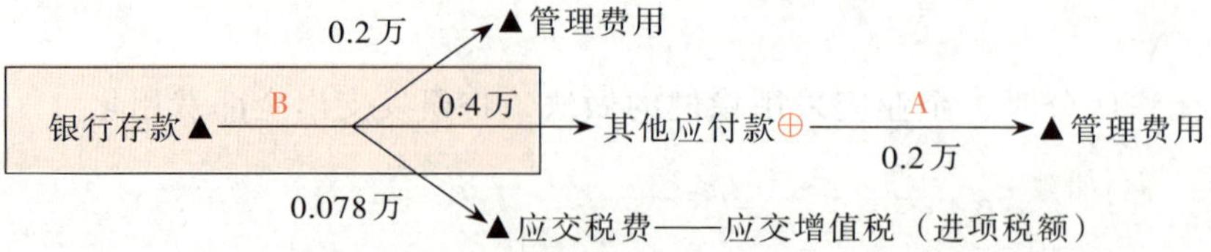

6. 答案：D

解析：ABC都应该计入应收账款。选项D的资金运动如下：

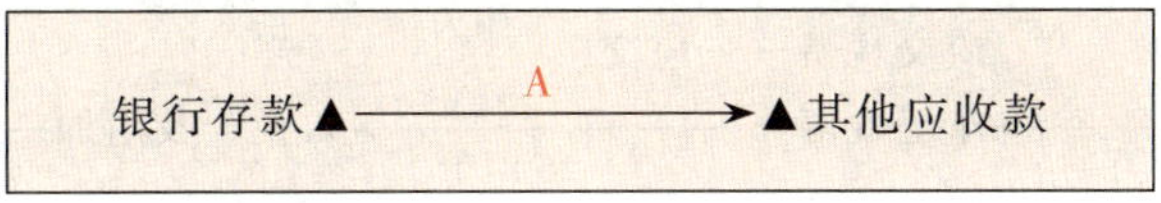

7. 答案：B

解析：应付租入包装物的租金以及应付短期租赁固定资产的租金，应计入其他应付款；无力支付到期的银行承兑汇票，应转入短期借款。

选项AC：

选项B：

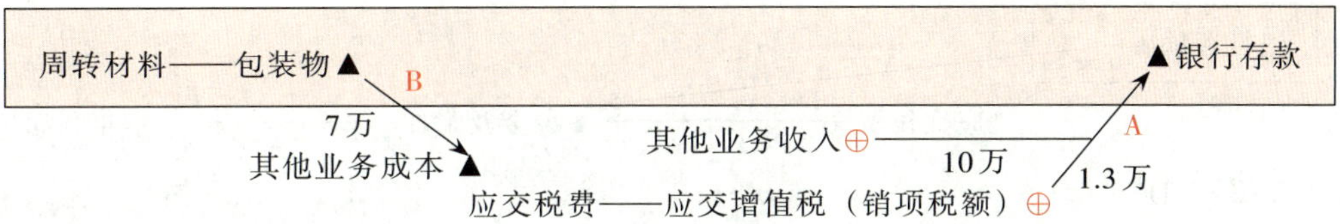

选项D：

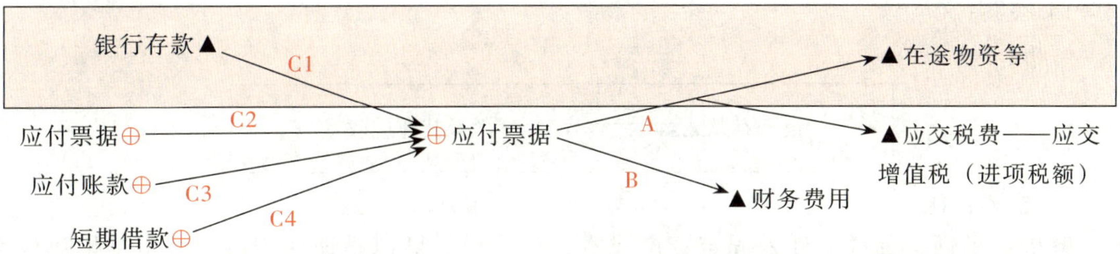

8. 答案：A

解析：应付长期租入固定资产的租金，应计入租赁负债；结转到期无力支付的应付票据，应转入应付账款或短期借款；应付由企业承担的职工社会保险费，应计入应付职工薪酬。

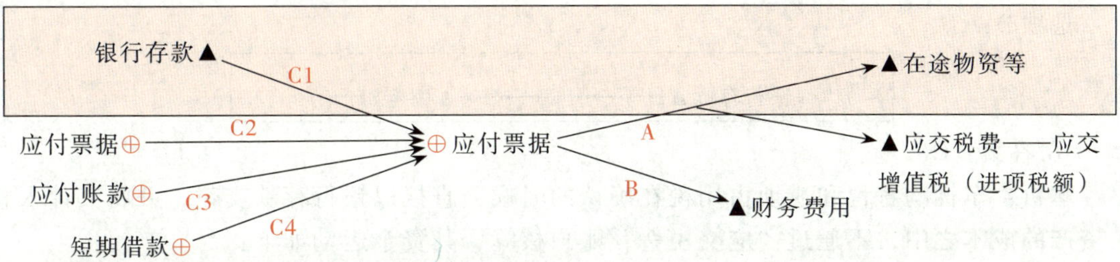

9. 答案：A

解析：应付供货商的货款、应付供应商代垫的运杂费应计入应付账款；应付给职工的薪酬，应该计入应付职工薪酬。

10. 答案：B

解析：

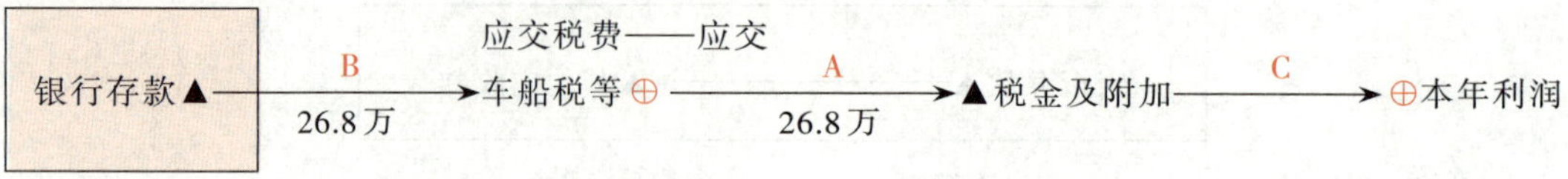

11. 答案：C

解析：

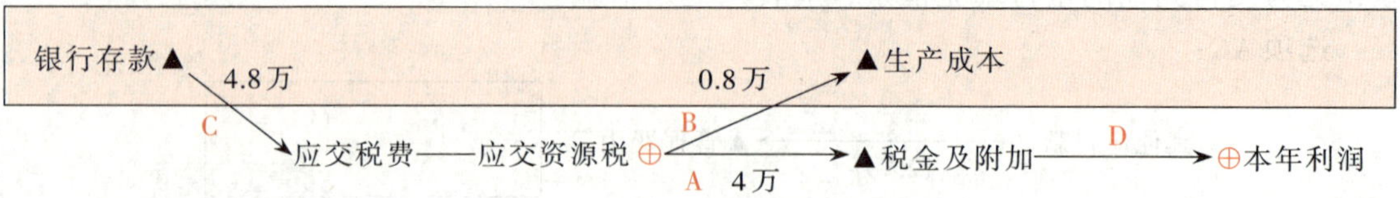

12. 答案：C

解析：税金及附加=3.5+1.5+20+3=28（万元）。

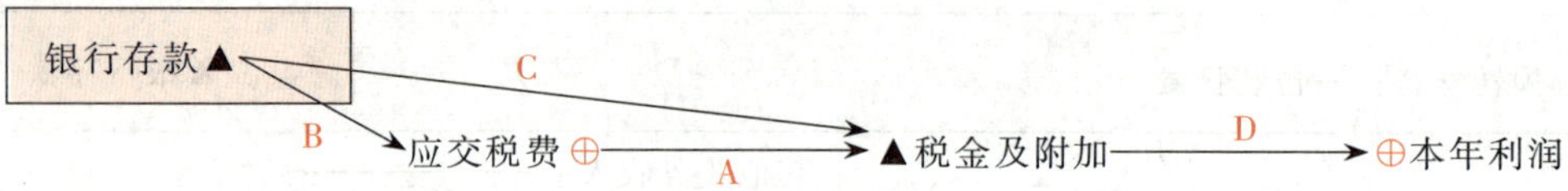

13. 答案：D

解析：税金及附加=30+3.5=33.5（万元）。

14. 答案：C

解析：

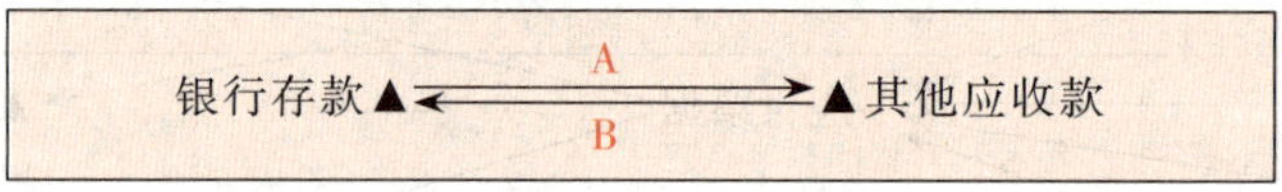

15. 答案：D

解析：车辆购置税应计入固定资产成本；房产税、城镇土地使用税、城市维护建设税应计入税金及附加。

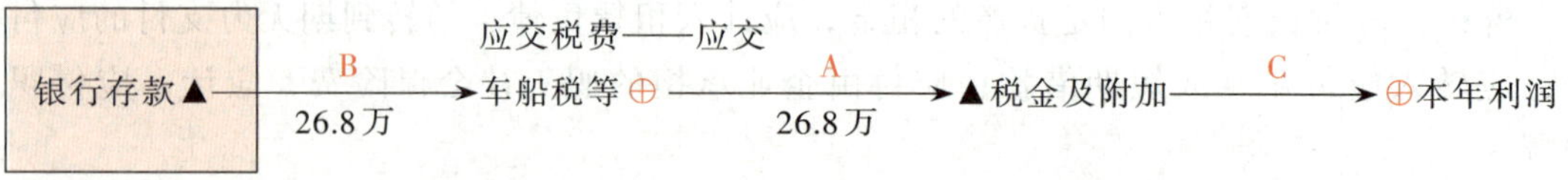

选项D：

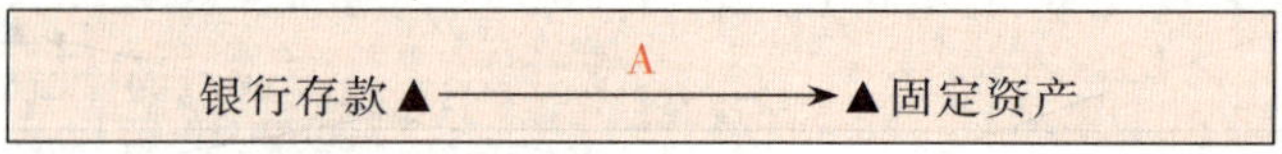

16. 答案：C

解析：车辆购置税和耕地占用税在确认的时候，直接以银行存款支付，并将其计入相关资产的成本之中，不通过“应交税费”账户核算，其资金运动如下：

当期的“应交税费”账户余额=330+120+31.5+13.5+200=695（万元）。

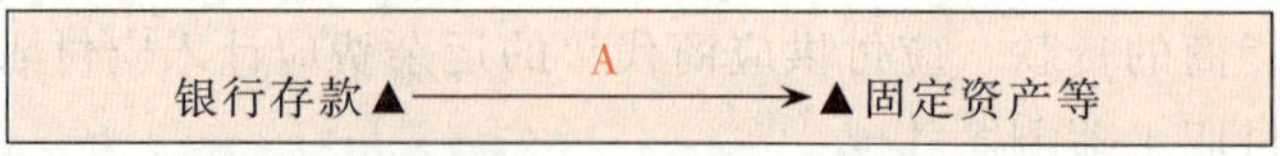

17.答案：B

解析：

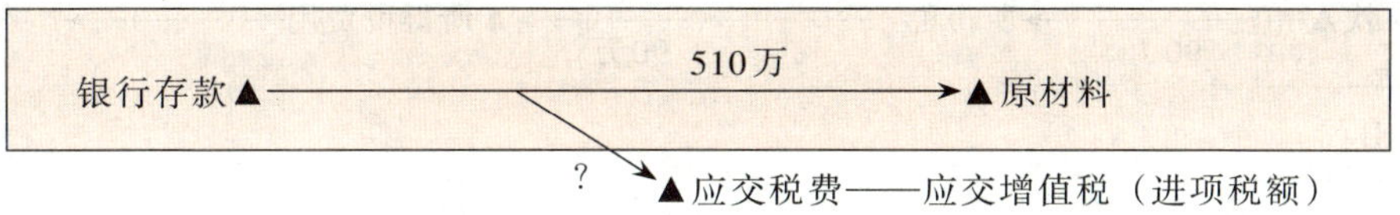

18.答案：C

解析：教育费附加、印花税和矿产资源补偿费应计入税金及附加。

19.答案：D

解析："税金及附加"账户的核算内容主要包括企业在经营活动中应负担的消费税、教育费附加、城市维护建设税、资源税、城镇土地使用税、房产税、车船税、印花税、土地增值税（仅限房地产企业和兼营房地产的企业）、环境保护税等。

选项C：

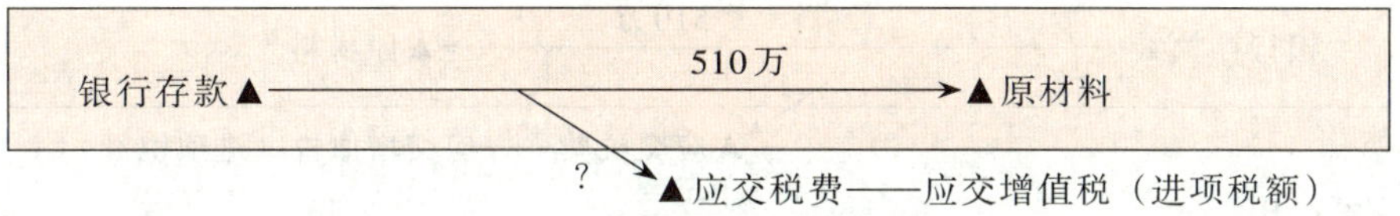

20.答案：A

解析：委托加工物资时由受托方代收代缴的消费税，可能计入企业所加工的物资的成本，也可能直接计入"应交税费——应交消费税"账户的借方。

选项A：

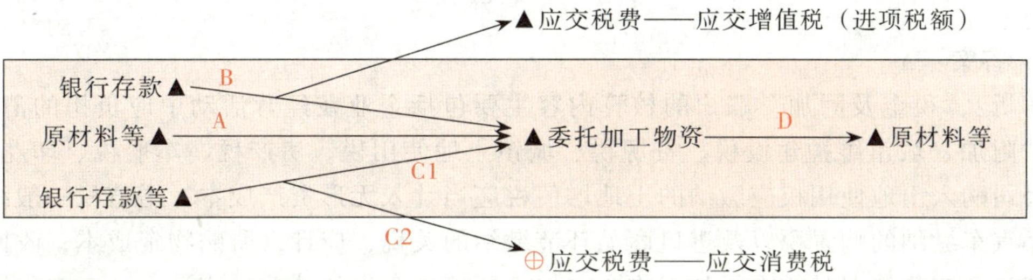

选项BC：

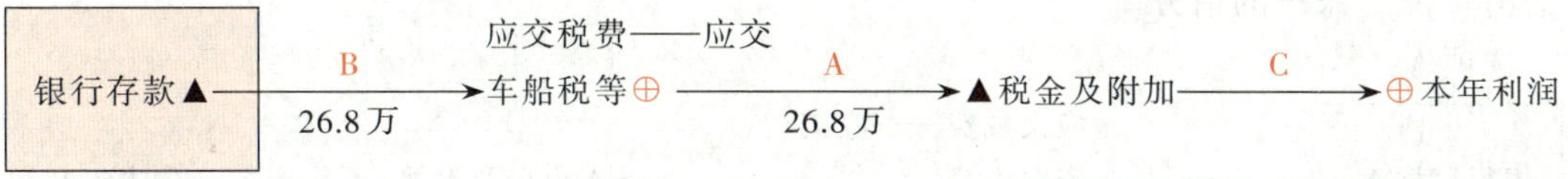

选项D：

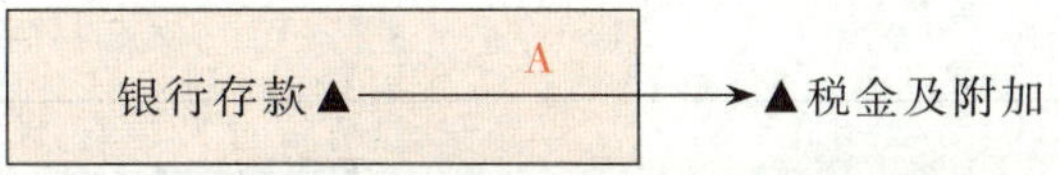

21.答案：C

解析：企业所得税应通过"所得税费用"账户核算；个人所得税应冲减应付职工薪酬；关税应计入所购物资的成本之中。

选项 A：

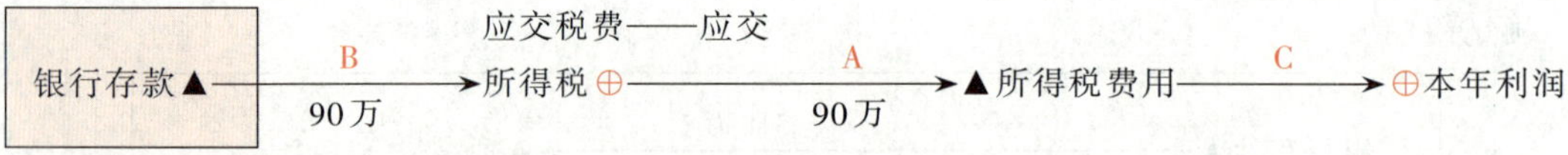

选项 B：

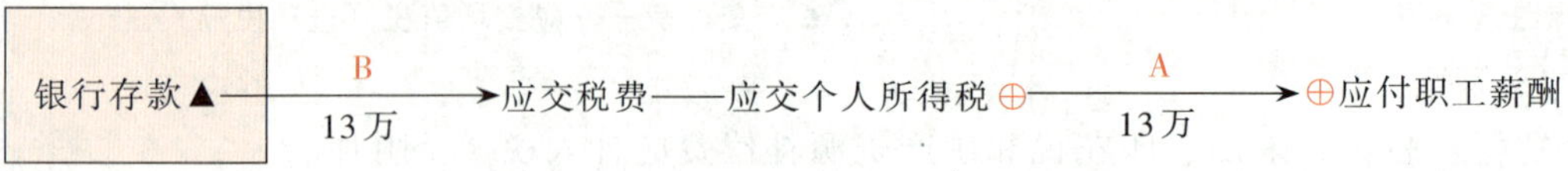

选项 C：

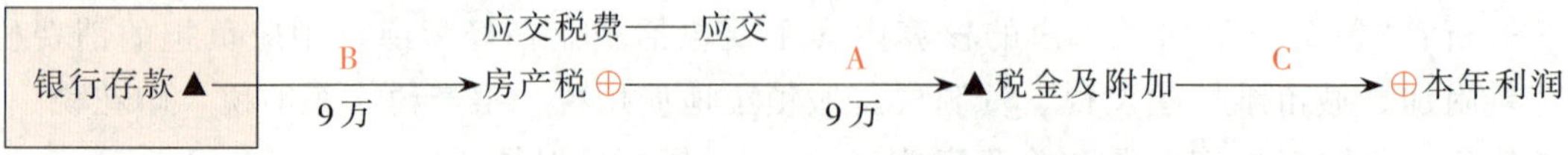

选项 D：

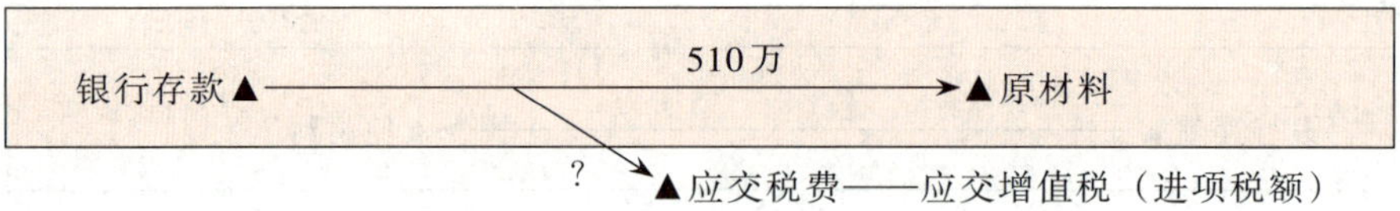

22. 答案：B

解析：增值税是价外税，不影响损益，不计入税金及附加。当期计提的税金及附加的金额=80+（100+80）×（5%+3%+2%）=98（万元）。

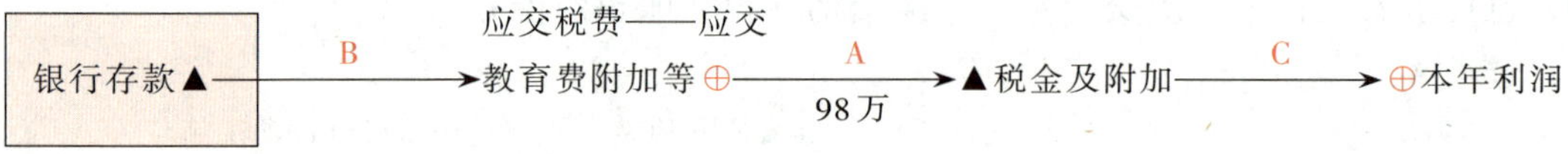

23. 答案：A

解析："税金及附加"账户的核算内容主要包括企业在经营活动中应负担的消费税、教育费附加、城市维护建设税、资源税、城镇土地使用税、房产税、车船税、印花税等。餐饮公司购入土地使用权应缴纳的土地增值税应当计入无形资产成本；增值税一般纳税人购入小汽车缴纳的购置税以及进口商品环节缴纳的关税，应计入所购物资成本；收回后用于连续生产应税消费品的委托加工物资在加工环节所产生的消费税应计入"应交税费——应交消费税"账户的借方。

选项 A：

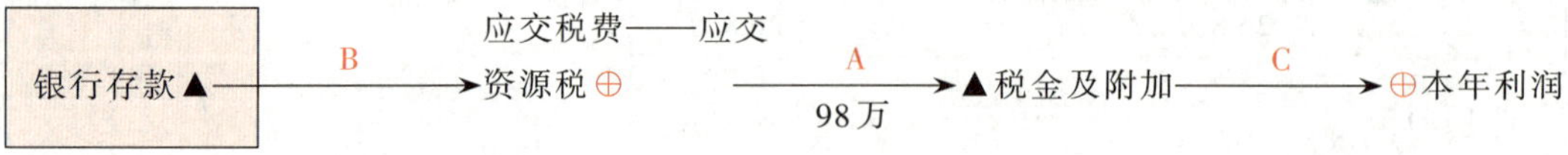

选项 B：

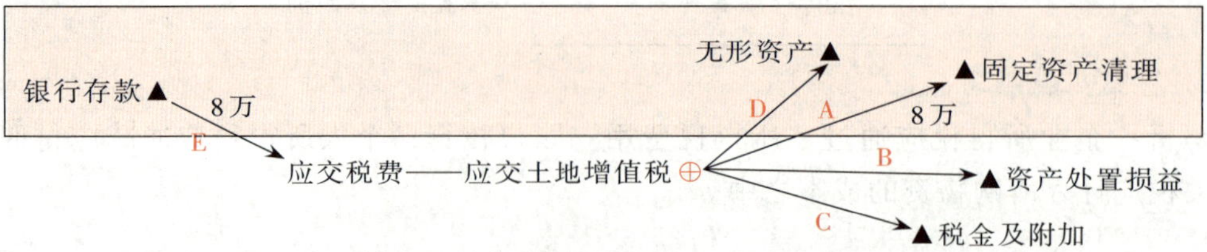

选项C：

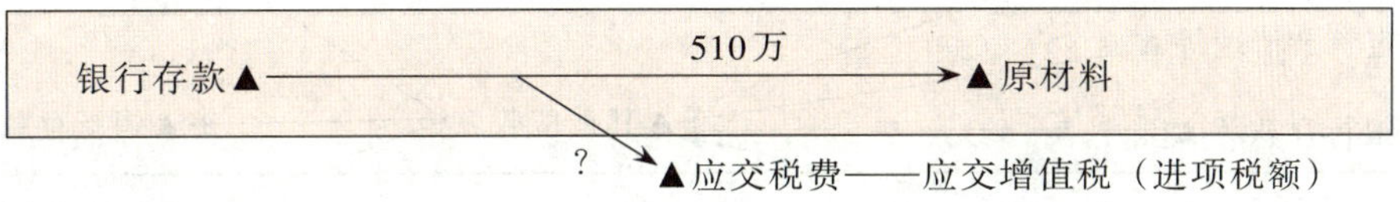

选项D：

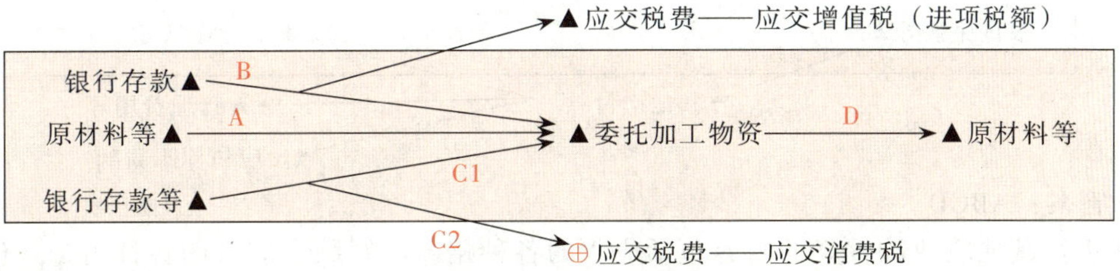

（二）多项选择题

1.答案：ABCD

解析：这四个选项都是对备用金制度的恰当描述。

2.答案：ABCD

解析：这四个选项都是对差旅费报销业务的恰当描述。

3.答案：AC

解析：城市维护建设税和教育费附加都是附加税种，即对从事工商经营、缴纳增值税和消费税的纳税人按其应交税费和适用的税率计征。城市维护建设税率一般为7%，教育费附加一般为3%，两者合计为10%。

4.答案：ABC

解析：前三个选项都属于价内税，都可能需要通过“税金及附加”账户进行核算。所谓价内税，即这些税都构成了企业销售价格的组成部分，因此会以费用的形式减少本期利润。

5.答案：ABCD

解析：这四个选项所反映的内容都要通过“税金及附加”账户进行核算。

选项ABC：

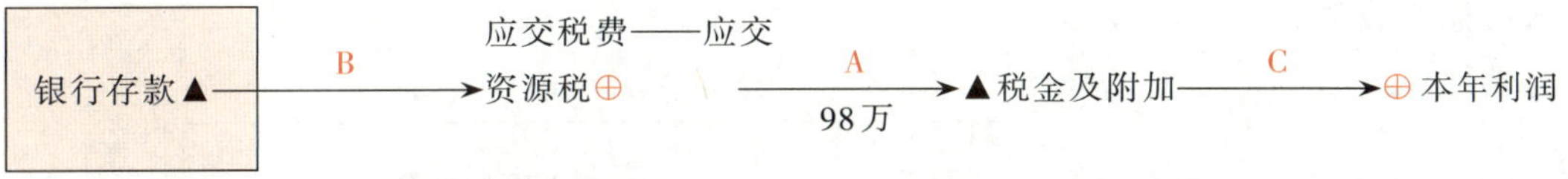

选项D：

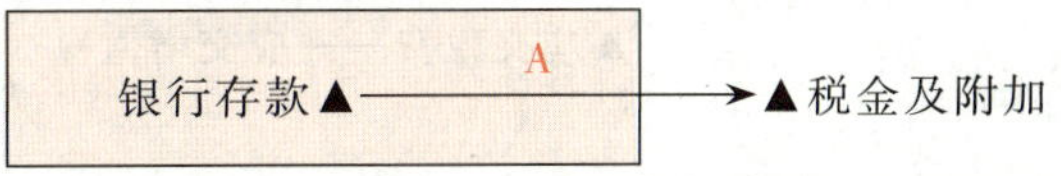

6.答案：ABD

解析：选项C收取的出租包装物押金应作为“其他应付款”进行处理。

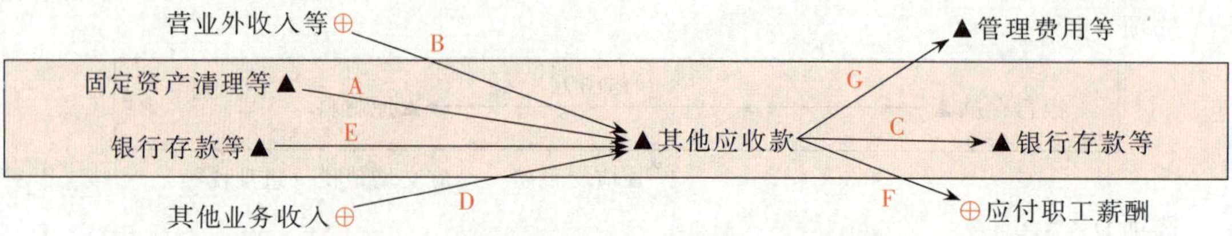

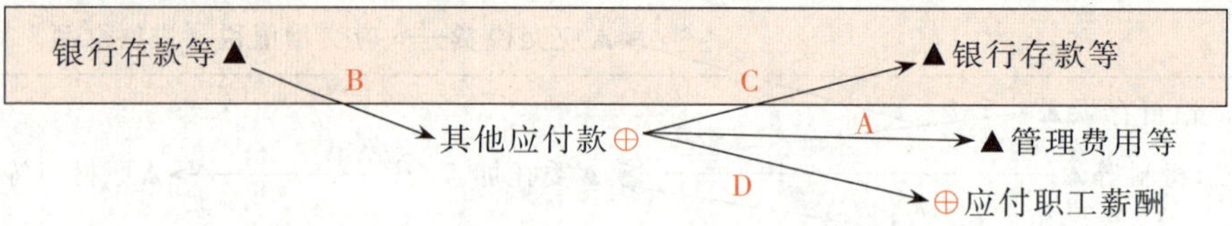

7.答案：ABCD

解析：其他应收款核算的内容包括应收的各种赔款、罚款，应收的各种租金（包括出租包装物、出租固定资产等应收取的租金），应收的各种垫付款项，存出保证金（付出的押金），其他各种应收、暂付款项。

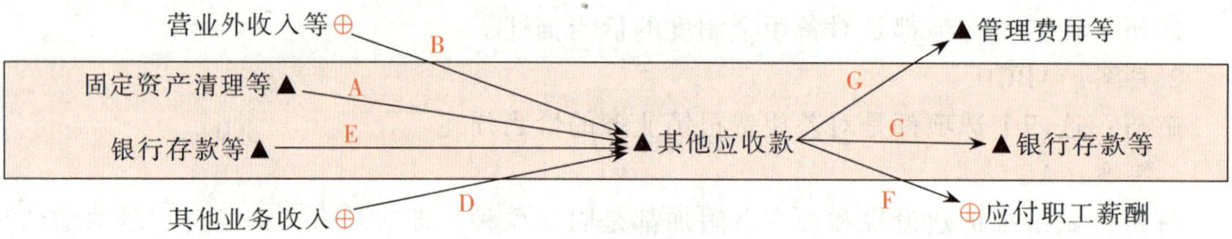

8.答案：ABCD

解析：其他应付款核算的内容主要包括应付的短期租赁固定资产租金、租入包装物的租金、存入的保证金、代收但尚未代交的某些款项等。

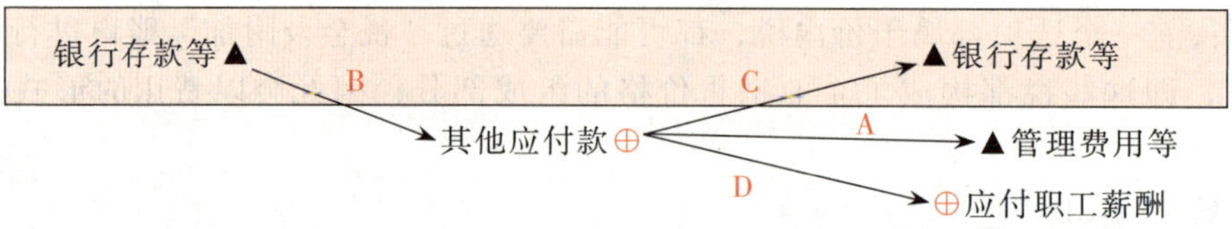

9.答案：BD

解析：购买商品时发生的供货方代垫运费应计入应付账款；代垫职工家属的医药费应计入其他应收款。

选项A：

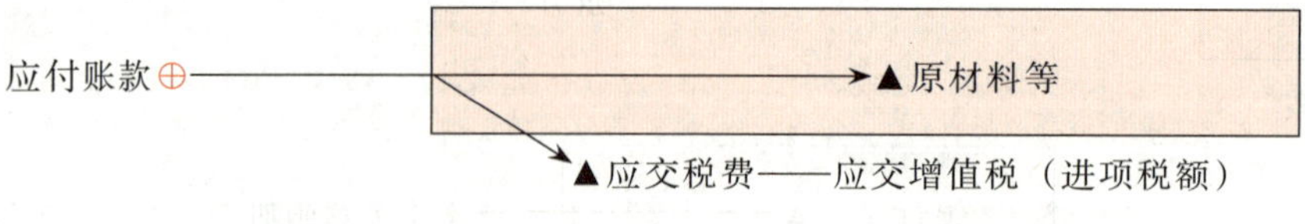

选项B：

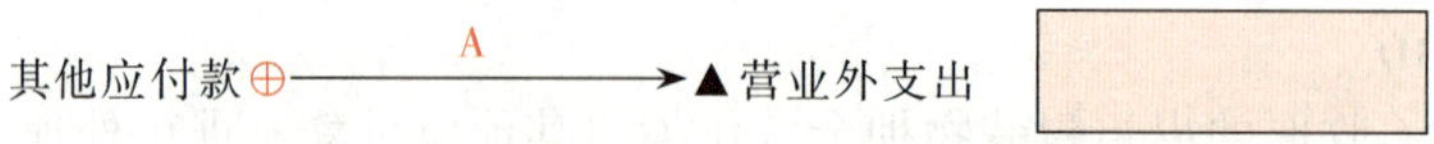

选项C：

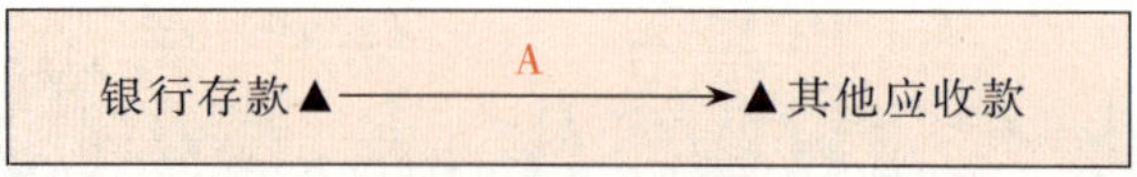

选项 D：

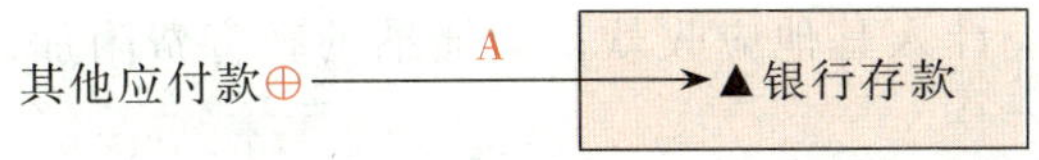

10. 答案：ABD

解析：被投资单位已宣告但尚未发放的现金股利，应作为应收股利处理。

选项 AD：

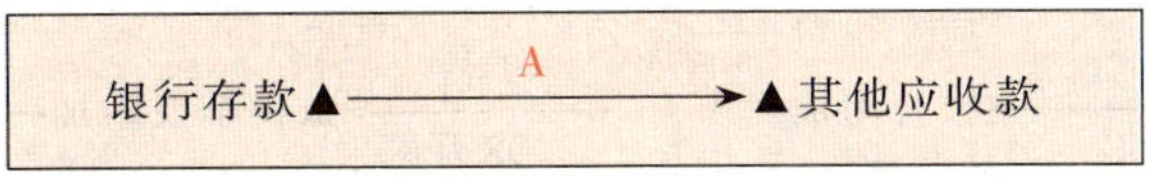

选项 B：

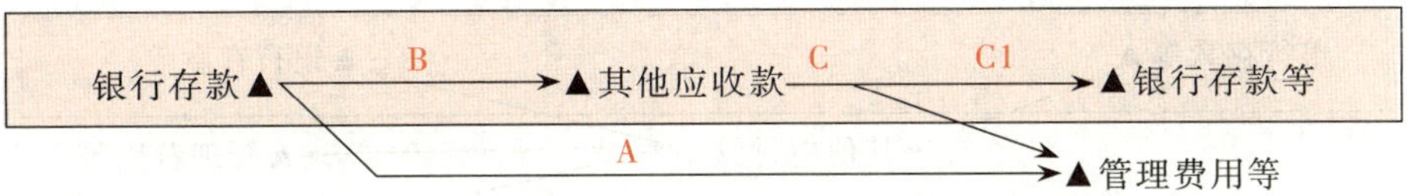

选项 C：

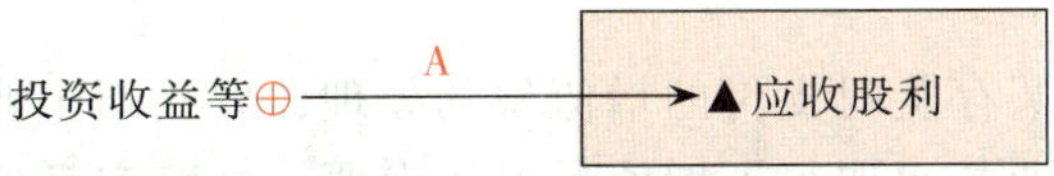

11. 答案：ACD

解析：代购货单位垫付的运杂费应计入应收账款。

选项 A：

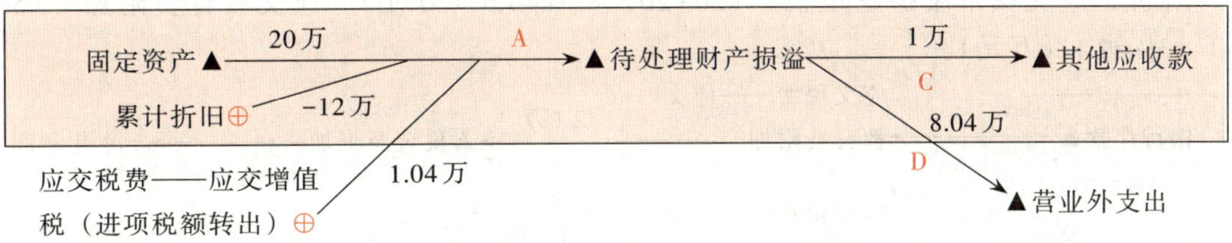

选项 B：

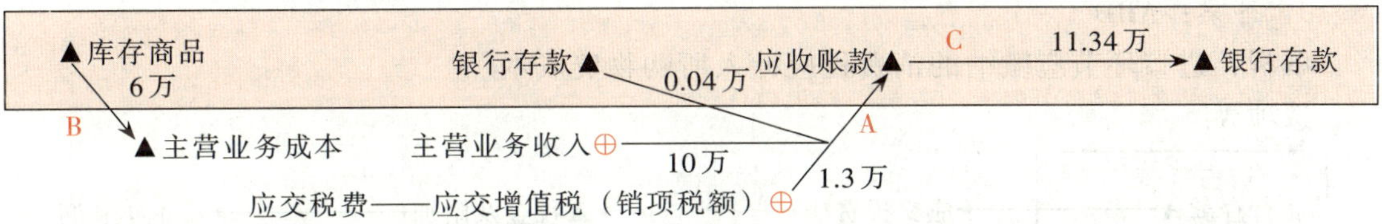

选项 C：

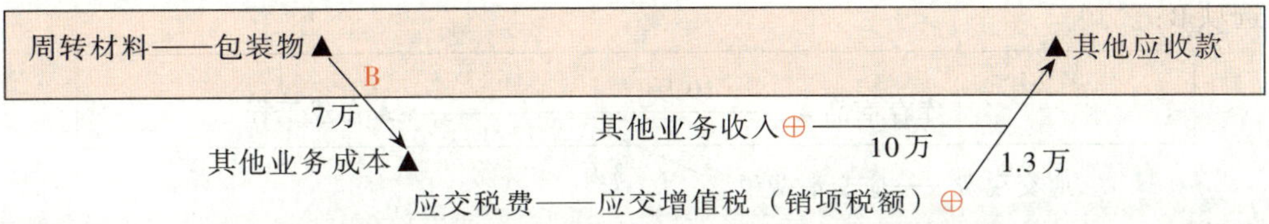

选项 D：

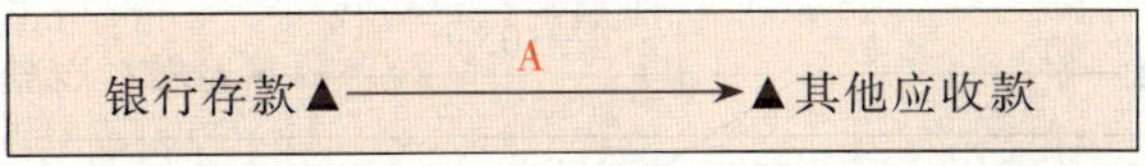

12. 答案：CD

解析：存出保证金应计入其他应收款；应缴纳的教育费附加，应计入应交税费。

选项A：

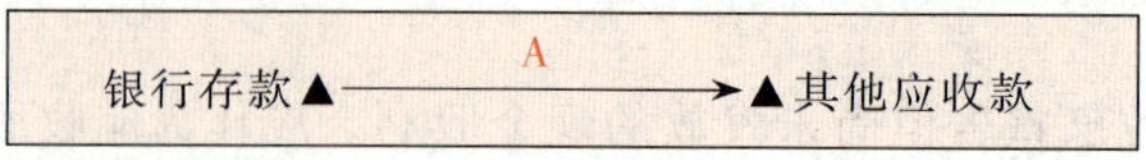

选项B：

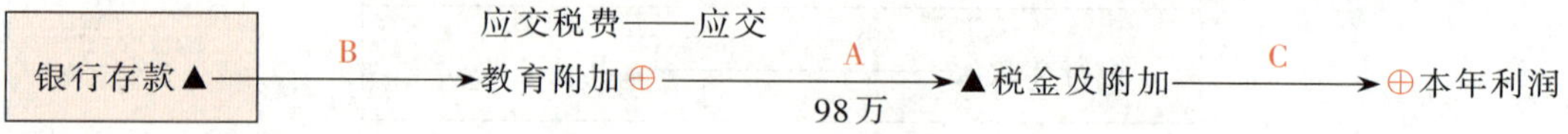

选项CD：

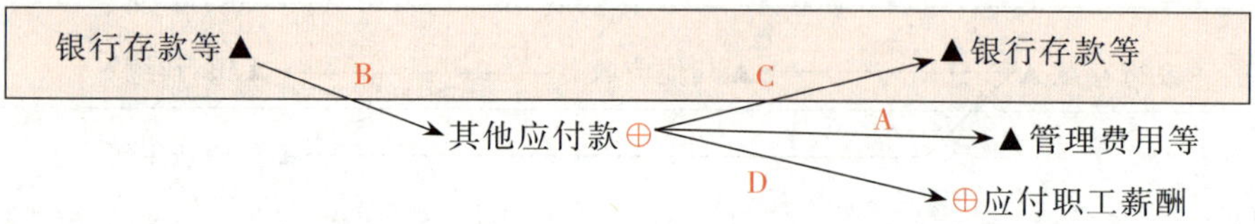

13. 答案：BD

解析：对于企业购买存货时支付的增值税的处理，要判断企业是一般纳税人还是小规模纳税人，还要考虑企业是否取得了增值税专用发票；外购商品价款中包含的消费税应计入外购商品的成本之中。

14. 答案：AB

解析：应交城市维护建设税=（50+20）×7%=4.9（万元），应交教育费附加=（50+20）×3%=2.1（万元）。

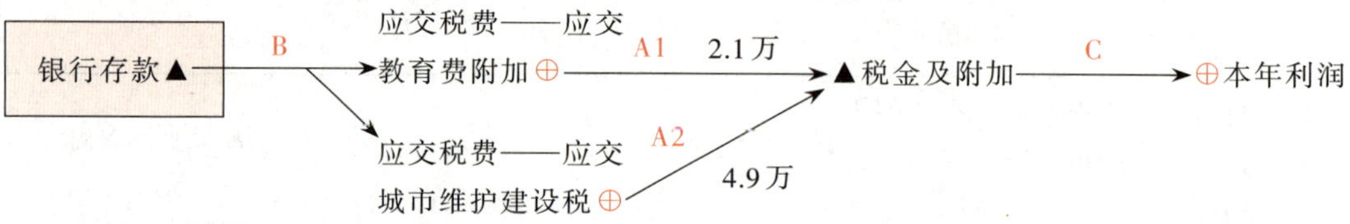

15. 答案：ABD

解析：进口环节应缴纳的消费税应计入所购物资成本。

选项A：

选项B：

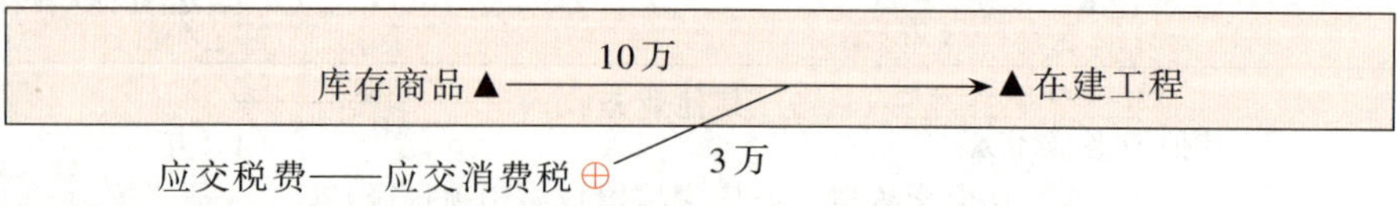

选项CD：

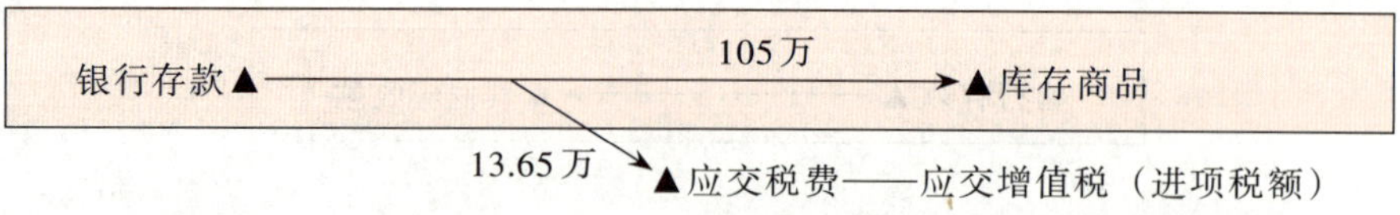

16.答案：ABC

解析：应付股东的现金股利计入应付股利；应收取的包装物租金，应计入其他应收款；应付外购工程物资款应计入应付账款。

选项A：

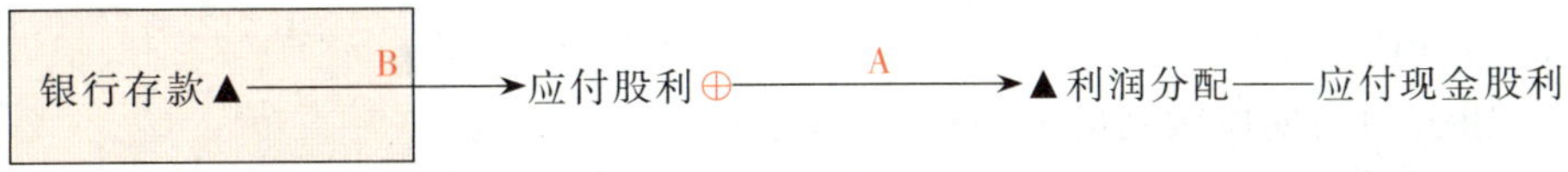

选项B：

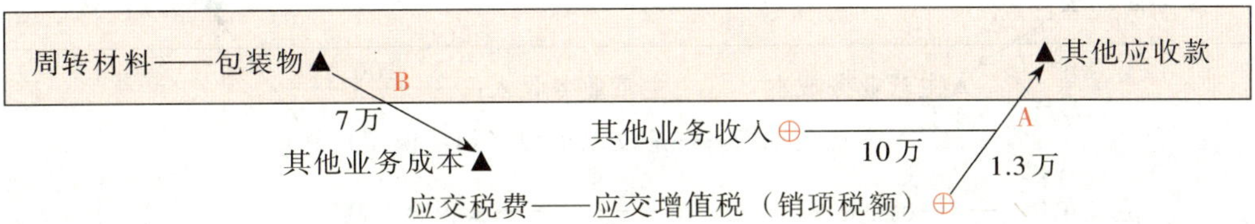

选项C：

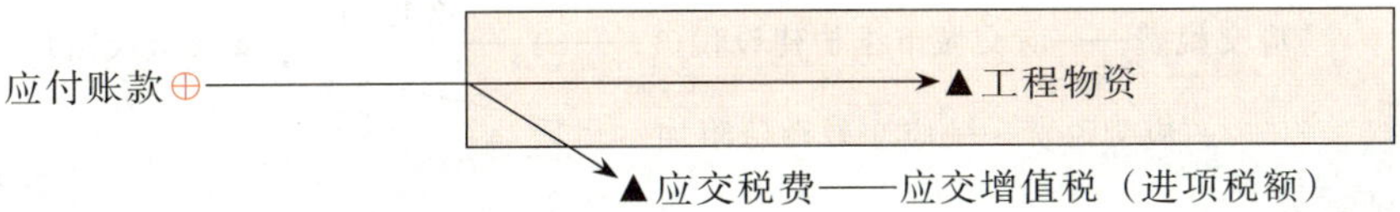

选项D：

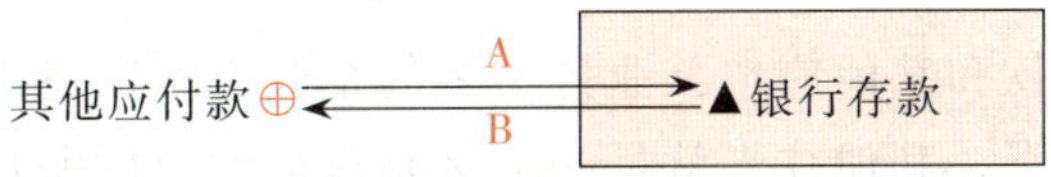

17.答案：ACD

解析：消费税、车船税和城市维护建设税通常应计入税金及附加，直接影响当期损益；但个人所得税一般是冲减应付职工薪酬的，不直接影响当期损益。

选项ACD：

选项B：

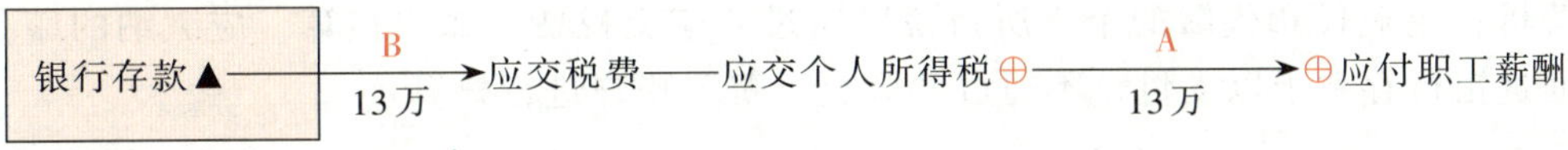

18.答案：CD

解析：应缴纳的所得税一般计入所得税费用；销售商品应交的增值税是价外税，不计入税金及附加。

19.答案：BC

解析：进口环节应缴纳的关税、消费税应计入所购物资的成本之中。

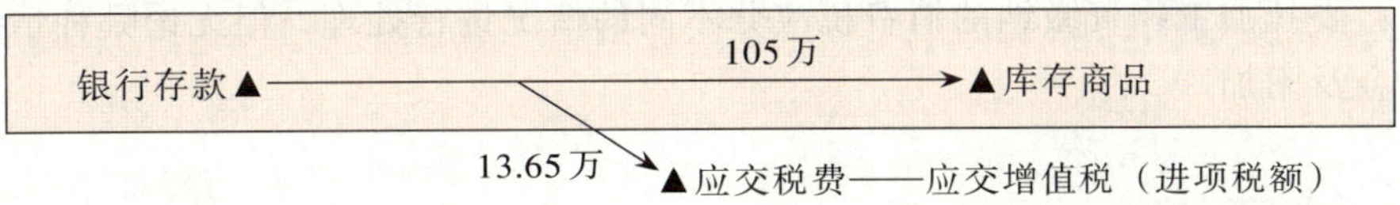

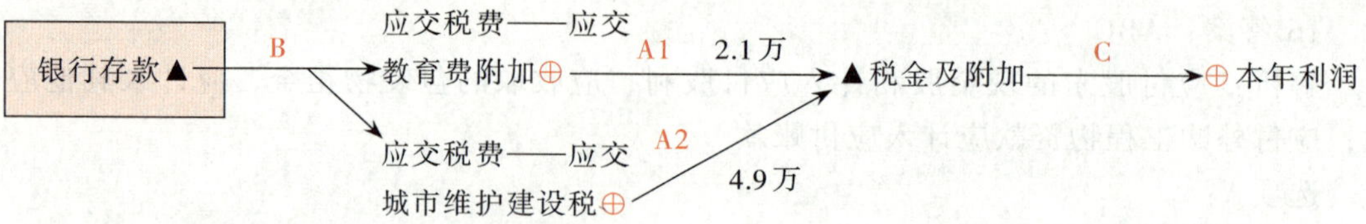

20.答案：BCD

解析：甲公司当期应缴纳的增值税为13万元。

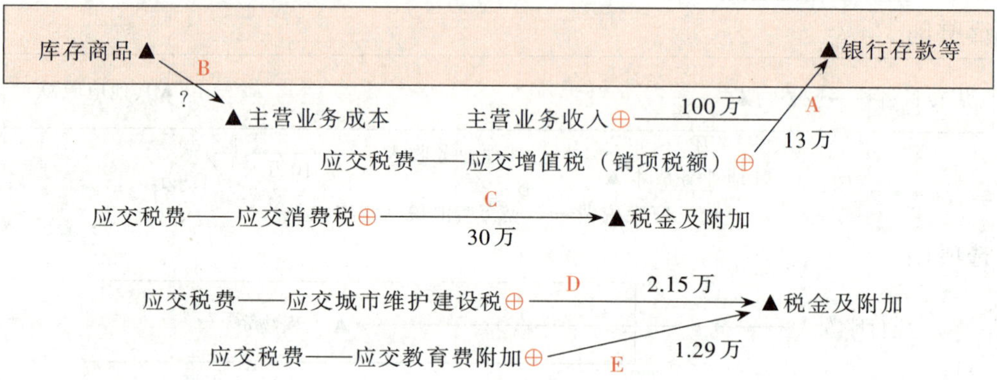

（三）判断题

1.答案：√

解析：其他应收款和其他应付款业务不多的企业，可以设立其他往来项目来替代这两个项目。在这种情况下，其他往来就是一个具有双重性质的账户，它的余额既可能在贷方也可能在借方。当其余额在借方时，反映往来款项抵销后总体来说是有应收款的；当其余额在贷方时，反映往来款项抵销后总体来说是有应付款的。

2.答案：×

解析：企业收到的押金应通过“其他应付款”账户核算。

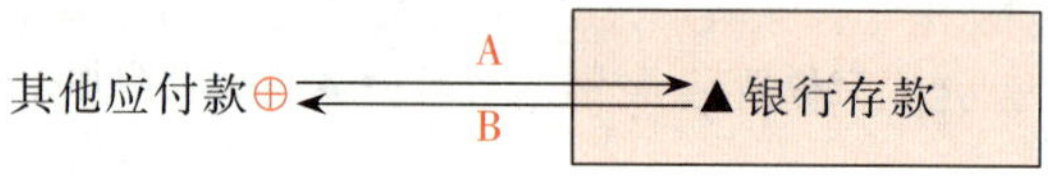

3.答案：×

解析：企业代扣代缴的个人所得税应通过“应交税费”账户核算。应缴纳的印花税，直接通过银行存款予以支付，不通过“应交税费”账户进行核算。

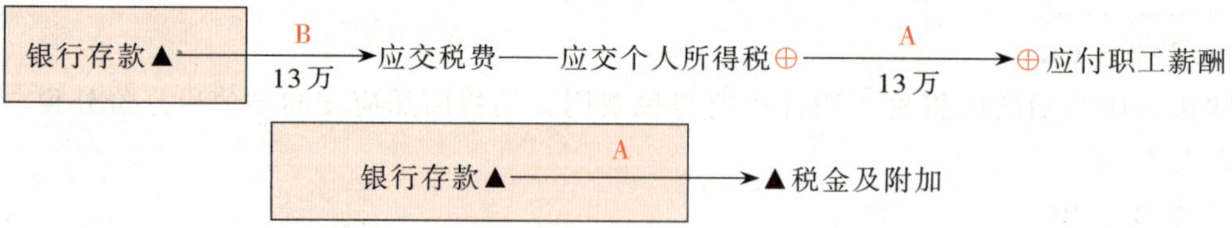

4.答案：×

解析：委托加工物资缴纳的消费税应分不同的情况进行处理，但无论哪种情况，都不应计入税金及附加。

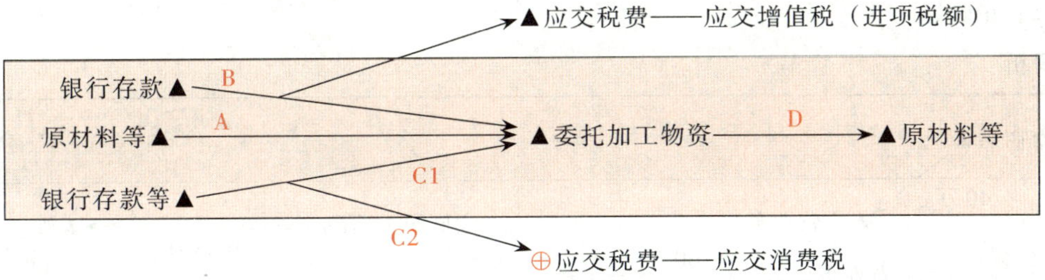

5.答案：×

解析：企业缴纳的印花税，不会发生应付未付税款的情况，不需要预计应纳税金额，同时也不存在与税务机关结算或者清算的问题。

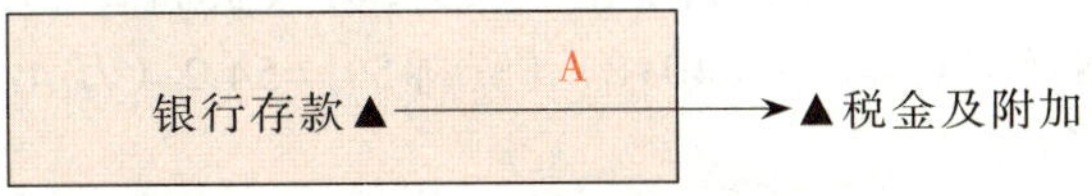

6.答案：×

解析：对于应缴纳的土地增值税，企业需要分不同情况进行处理：土地所有权、地上建筑物及附着物均计入了固定资产的，转让时产生的土地增值税应计入固定资产清理；土地使用权计入无形资产的，应缴纳的土地增值税应计入资产处置损益或营业外收支；房地产开发经营企业销售房地产缴纳的土地增值税应计入税金及附加。

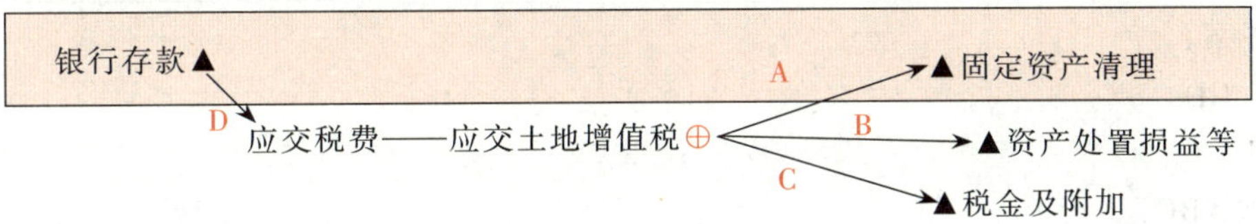

（四）不定项选择题

1.答案：

（1）C

解析：

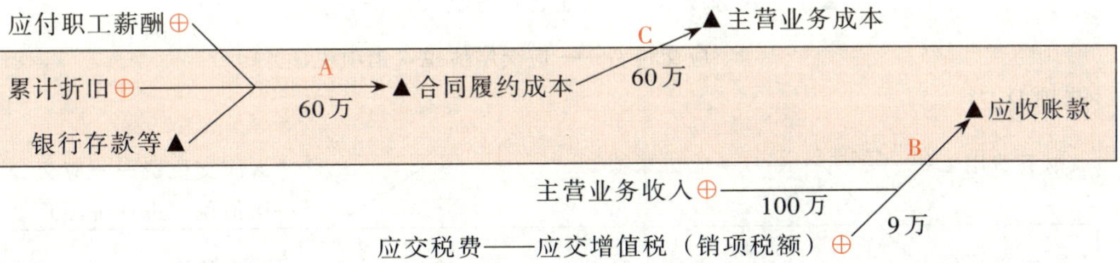

（2）BD

解析：

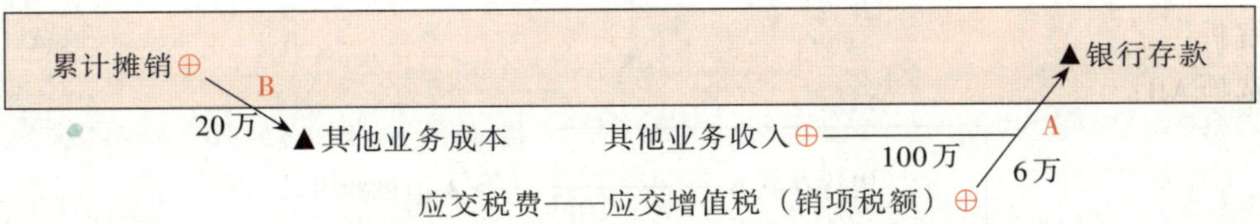

（3）BD

解析：

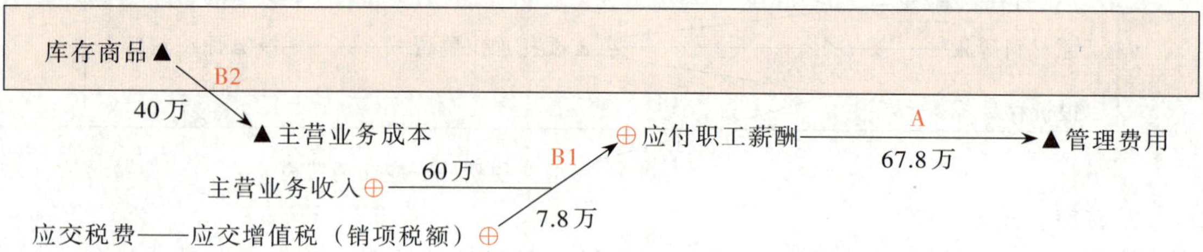

（4）A

解析：营业利润=（100−60）（资料1）+（80−50）（资料2）+（100−20）（资料3）+（60−40）（资料4）−67.8（资料4）−（40+8）（资料5）=54.2（万元）。

（5）C

解析：利润总额=营业利润+营业收入−营业外支出=54.2−2（资料5）=52.2（万元），由于行政罚款不得税前扣除，需要纳税调整，因此所得税费用=（52.2+2）×25%=13.55（万元）。

2.答案：

（1）CD

解析：

选项ABC：

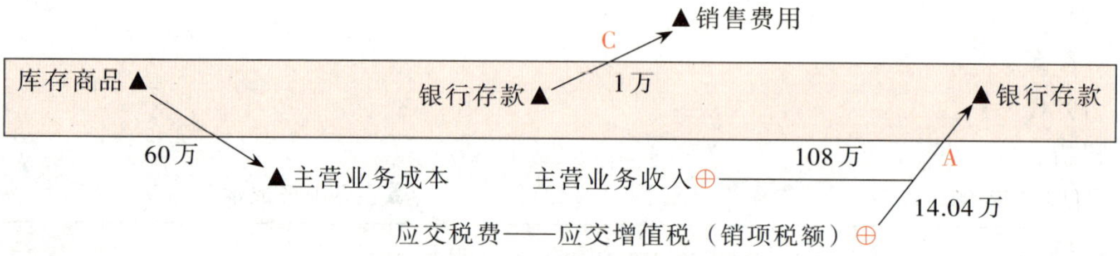

选项D：

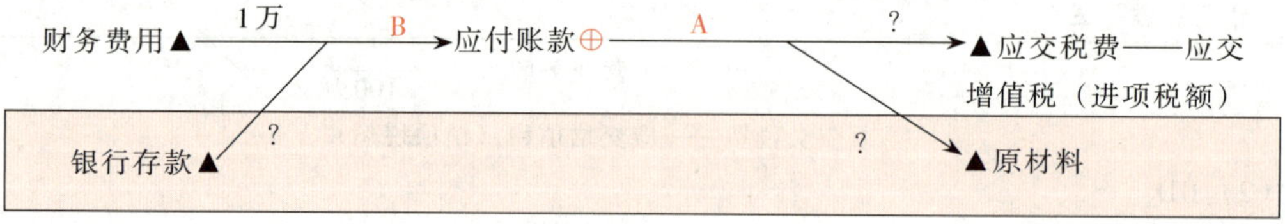

（2）AD

解析：

选项AB：

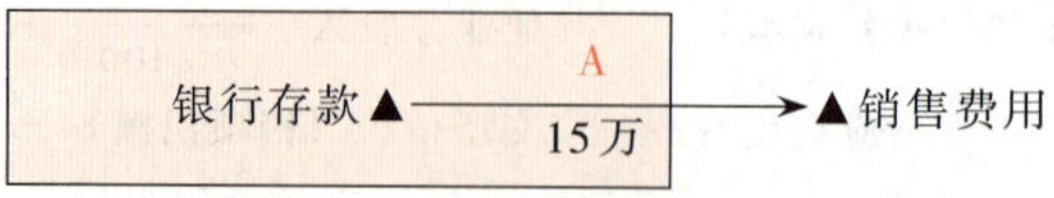

选项CD：

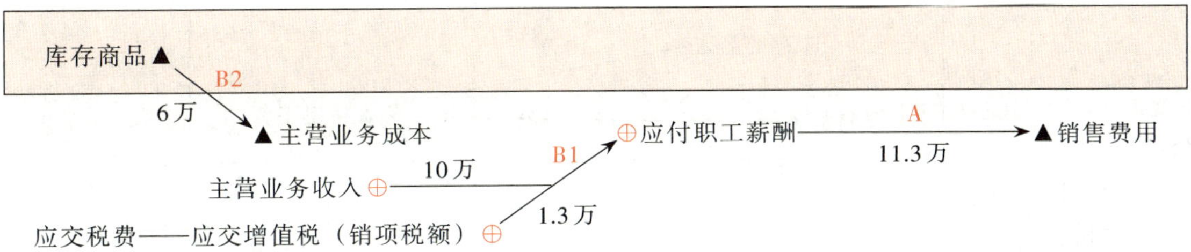

（3）AC

解析：

选项AB：

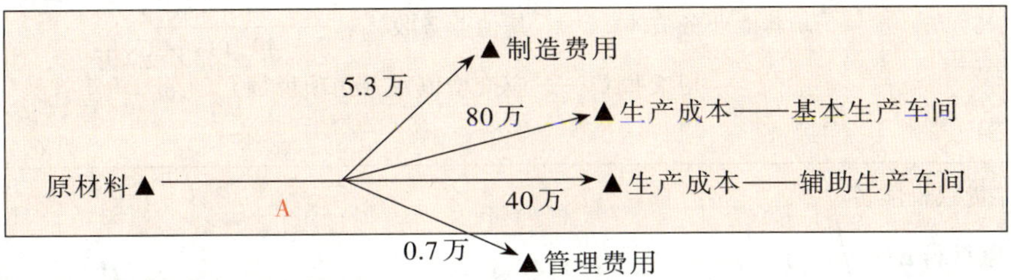

选项CD：

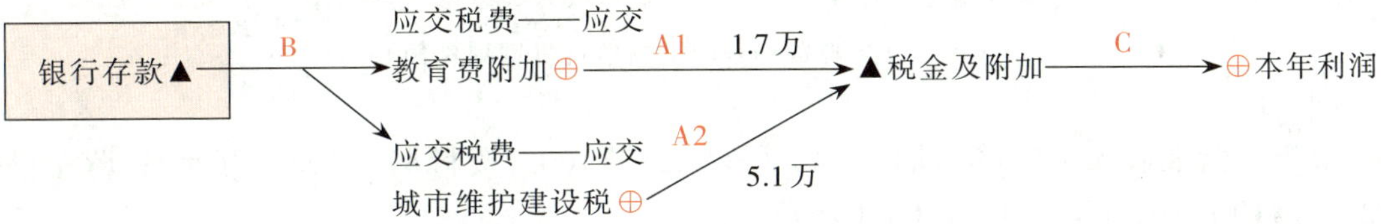

（4）B

解析：营业利润=（108−60−1）（资料1）+1（资料2）+（−15）（资料3）+（10−6−11.3）（资料4）+（−0.7）（资料5）+（−6.8）（资料6）+（−1）（资料7）=17.2（万元）。

（5）A

解析：甲公司20×8年5月份的期间费用=1（资料1）−1（资料2）+15（资料3）+11.3（资料4）+0.7（资料5）+1（资料7）=28（万元）。

3.答案：

（1）BC

解析：

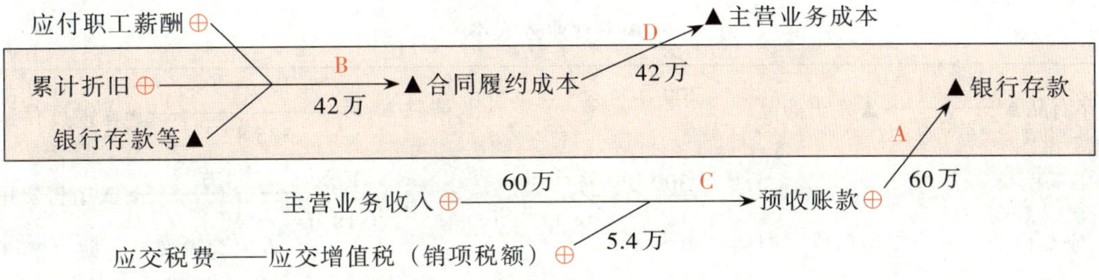

（2）BC

解析：生产用在建工程领用外购原材料和自产产品，不需要做进项税额转出，也不需要确认销项税额。

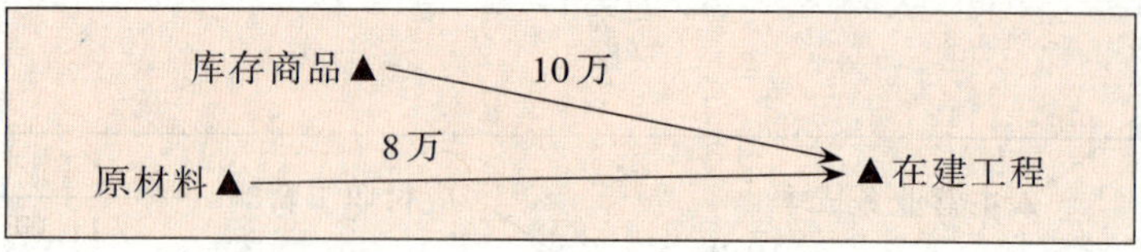

（3）B

解析：

选项AB：

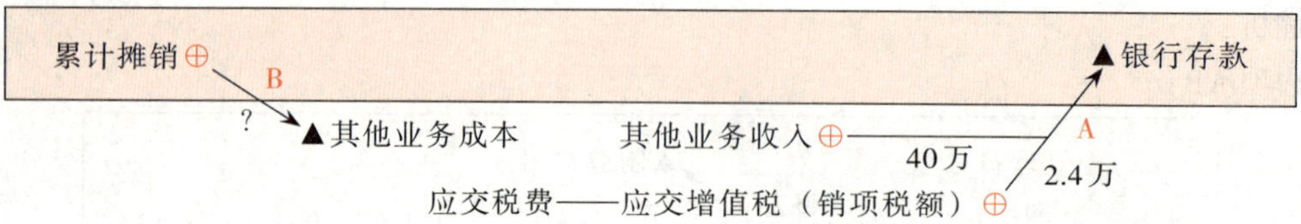

选项CD：

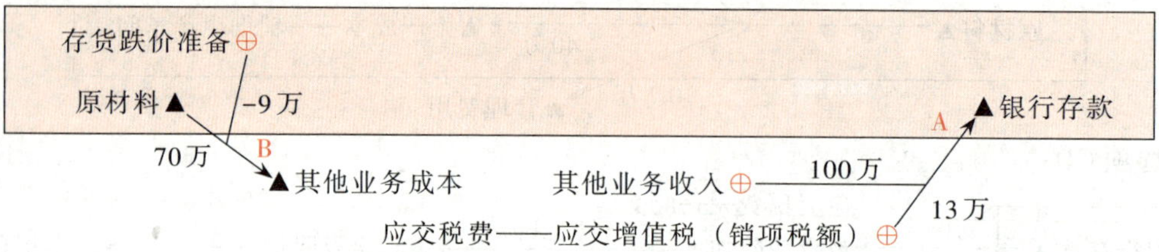

（4）D

解析：营业收入=60（资料1）+40（资料3）+100（资料4）=200（万元）；营业成本=42（资料1）+61（资料4）=103（万元）。

（5）AC

解析：

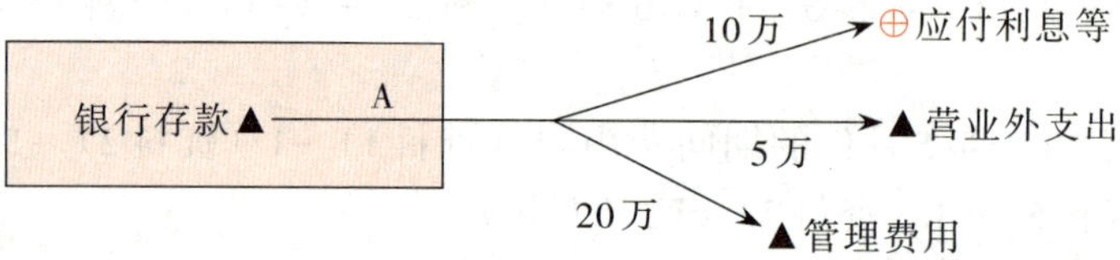

4.答案：

（1）B

解析：

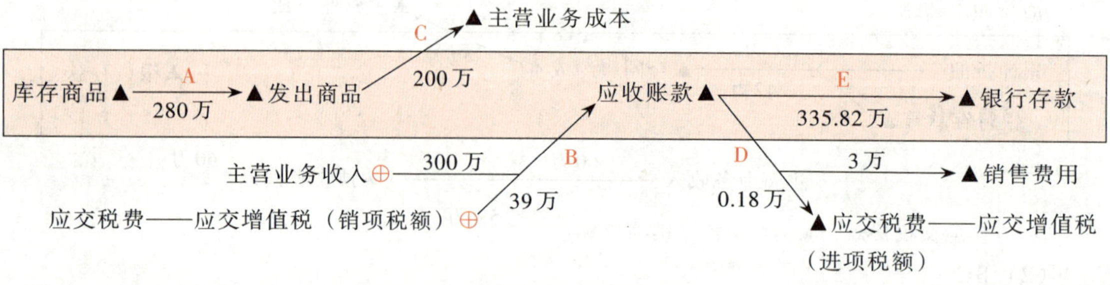

（2）CD

解析：

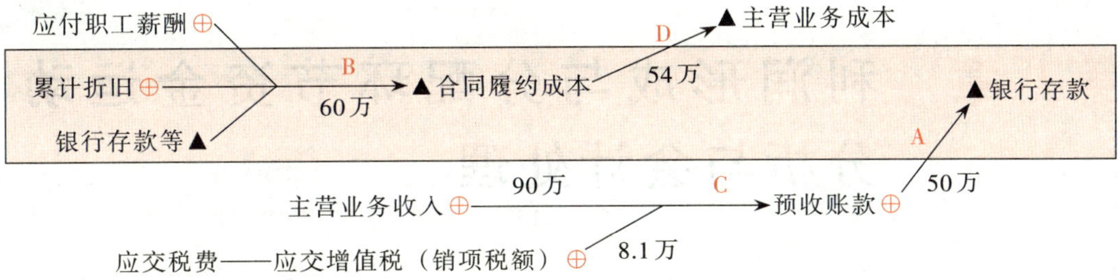

（3）B

解析：甲公司20×8年利润表中营业收入=（4 000+1 000）（资料5）+300（资料1）-200（资料2）+90（资料3）+（200+100）（资料4）=5 490（万元）。

（4）A

解析：甲公司20×8年利润表中营业成本=（3 600+400）（资料5）+200（资料1）-140（资料2）+54（资料3）+（160+80）（资料4）=4 354（万元）。

（5）B

解析：甲公司20×8年利润表中利润总额=5 490-4 354-50（资料5）-（200+3）（资料5、资料1）-（300+113）（资料5、资料4）+（-30+100+70-20）（资料5）=590（万元）。

第八章 利润形成与分配环节资金运动分析与会计处理

一、知识点：利润的形成

（一）单项选择题

1.20×8年1月，甲公司违法经营，被没收材料10万元，相关增值税税率为13%，相关罚款12万元，罚款已以银行存款支付，甲公司因此确认的营业外支出金额为（　　）万元。

A. 10　　B.12　　C. 22　　D.23.3

2.下列项目中期末余额不一定为零的是（　　）。

A.所得税费用　　B.制造费用　　C.其他收益　　D.投资收益

3.下列关于利润的公式中正确的是（　　）。

A.净利润=税前会计利润-所得税费用

B.应纳税所得额=营业利润+纳税调整增加额-纳税调整减少额

C.递延所得税=（递延所得税负债期末余额-递延所得税负债期初余额）+（递延所得税资产期末余额-递延所得税资产期初余额）

D.所得税费用=当期所得税-递延所得税

4.下列各项中，应计入营业外支出的是（　　）。

A.支付的合同违约金　　B.法律诉讼费

C.出租无形资产的摊销额　　D.广告宣传费

5.下列各项中，企业不应通过“营业外支出”账户核算的是（　　）。

A.捐赠支出　　B.违反合约的违约金

C.报废毁损的固定资产净损失　　D.无法查明原因的现金短缺

6.甲公司20×8年计算的当年应交所得税为100万元，递延所得税负债年初数为30万元、年末数为35万元；递延所得税资产年初数为20万元、年末数为18万元。不考虑其他因素，该公司20×8年应确认的所得税费用为（　　）万元。

A. 103　　B.97　　C. 127　　D.107

7.甲公司适用的所得税税率为25%，20×8年度利润总额为3 000万元，应纳税所得额为3 200万元，递延所得税资产增加了160万元，递延所得税负债增加了80万元。不考虑其他因素，该企业20×8年度应确认的所得税费用为（　　）万元。

A. 720　　B.670　　C. 830　　D.880

8.甲公司应纳税所得额为800万元，递延所得税负债期末、期初余额分别为280万元和200万元；递延所得税资产期末、期初余额分别为150万元和110万元。企业所得税税率为25%。企业的所得税费用为（　　）万元。

A. 160　　B.240　　C. 320　　D.200

9.20×7年度，甲公司应交所得税为300万元，递延所得税负债年末数为40万元、年初数为100万元，该公司将递延所得税的影响计入当期损益。不考虑其他因素，该公司年末确认的所得税费用是（　　）万元。

A. 240　　B.360　　C. 400　　D.260

10.甲公司20×8年度实现的利润总额为1 350万元，适用的增值税税率为25%。本年度该公司取得国债利息收入150万元，发生税收滞纳金4万元。不考虑其他因素，该企业20×8年度利润表中“所得税费用”项目的本期余额为（　　）万元。

A. 338.5　　B.301　　C. 374　　D.337.4

11.甲公司适用的所得税税率为25%，20×8年度，该企业实现的利润总额为500万元，应纳税所得额为480万元，影响所得税费用的递延所得税资产增加8万元。不考虑其他因素，该企业20×8年度利润表中“所得税费用”项目本期金额为（　　）万元。

A. 128　　B.112　　C. 125　　D.120

12.某企业20×8年营业利润为2 520万元，主营业务收入为4 000万元，财务费用为10万元，营业外收入为60万元，营业外支出为50万元，所得税税率为25%。假定不考虑其他因素，该企业20×8年的净利润为（　　）万元。

A. 1 494　　B.1 897.5　　C. 1 505.6　　D.4 132.5

13.某企业20×8年度主营业务收入为5 000万元，主营业务成本为2 780万元，销售生产用原材料确认收入50万元，结转其成本30万元，财务费用20万元，营业外收入20万元，营业外支出10万元，所得税税率为25%。假定不考虑其他因素，该企业20×8年度的净利润为（　　）万元。

A. 1 680　　B.1 665　　C. 1 672.5　　D.1 687.5

14.下列交易或事项中，不应确认为营业外支出的是（　　）。

A.公益金捐赠支出　　B.无形资产报废净损失

C.固定资产盘亏净损失　　D.固定资产出售净损失

15.下列原材料损失中，应计入营业外支出的是（　　）。

A.由计量差错所引起的原材料盘亏　　B.原材料在运输途中发生的合理损耗

C.由自然灾害造成的原材料净损失　　D.人为造成的原材料损失

16.下列各项中，影响当期利润表中利润总额的是（　　）。

A.固定资产盘盈　　B.库存现金盘盈

C.确认所得税费用　　D.代扣代缴个人所得税

17.某企业20×9年6月发生一场火灾，共计损失250万元。其中，流动资产损失100万元，固定资产损失150万元。经查，该火灾是由雷击造成的。企业收到保险公司赔款80万元，其中流动资产保险赔款35万元，固定资产保险赔款45万元。假定不考虑增值税等税费，企业由于这次火灾损失而应计入营业外支出的金额为（　　）万元。

A. 65　　B.70　　C. 170　　D.250

18.下列项目中，计算所得税的时候可以纳税调减的是（　　）。

A.盘盈的固定资产　B.前1年的亏损额　C.10年前的亏损额　D.税收滞纳金

19.某企业20×8年度税前会计利润为2 000万元，其中本年国债利息收入120万元，税收滞纳金20万元，企业所得税税率为25%。假定不考虑其他因素，该企业20×8年度所得税费用为（　　）万元。

A.465　B.470　C.475　D.500

20.某企业20×8年度利润总额为500万元，其中国债利息收入为25万元。假定当年按税法核定的全年业务招待费的扣除标准为300万元，实际发生的业务招待费为320万元。假定不考虑其他因素，企业适用的所得税税率为25%，该企业20×8年的所得税费用为（　　）万元。

A.125　B.118.75　C.123.75　D.126.25

21.某企业20×8年度主营业务收入为8 000万元，主营业务成本为6 300万元，其他业务收入为40万元，其他业务成本为20万元，管理费用为100万元（假定税法允许扣除的金额为80万元），财务费用为20万元，营业外收入为40万元，营业外支出为10万元（其中，5万元属于税收滞纳金，税法不允许税前扣除）。所得税税率为25%。假定不考虑其他因素，该企业20×8年度的净利润为（　　）万元。

A.1 222.5　B.1 237.5　C.1 216.25　D.1 226.25

22.某企业20×8年度主营业务收入为1 000万元，主营业务成本为600万元，销售费用为20万元，管理费用为50万元，财务费用为10万元，股票投资收益为40万元，资产减值损失为70万元，公允价值变动损益为80万元（收益），出售固定资产收益25万元，因违反法律法规而支付的罚款为15万元。假定不考虑其他因素，该企业20×8年度的利润总额为（　　）万元。

A.370　B.330　C.320　D.380

（二）多项选择题

1.通过下图有关企业期末损益结转的经济业务，判断下列表述恰当的有（　　）。

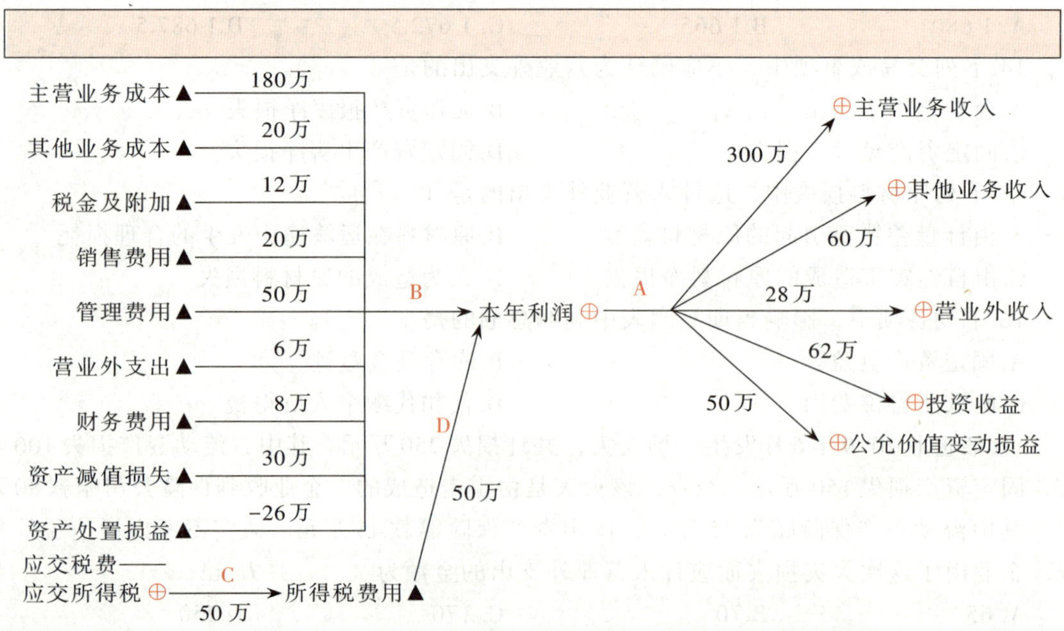

A. A段资金运动反映企业期末将本期所有的收入类项目全部结转到“本年利润”项目。以本题为例，各种收入类项目合计500万元。这说明有500万元的资金从“本年利润”项目流出，流向并冲销主营业务收入300万元、其他业务收入60万元、营业外收入28万元、投资收益62万元和公允价值变动损益50万元，从而导致所有收入类项目的期末余额为0

B. B段资金运动反映企业期末将本期所有的费用类项目（所得税费用除外）全部结转到“本年利润”项目。以本题为例，各种费用类项目合计300万元，其中“资产处置损益”项目为贷方余额26万元（即在模型之上以沙坑的形式存在，反映处置收益26万元），因此资产处置损益的流出量为-26万元。本段资金运动结束后，相关费用类项目的余额全部为0

C. 将A段和B段资金运动结合起来看可知，企业税前利润为200万元。企业为此确认了50万元的应交所得税，其资金运动见C段资金运动。由此可以推断企业的所得税税率为25%

D. D段资金运动反映企业将所得税费用结转到本年利润，从而得出企业的净利润为150万元。该150万元的净利润通过“本年利润”项目的余额表现出来（即该沙坑的容积为150万元）

2. 通过下图所得税会计处理引起的资金运动，判断下列表述恰当的有（　　）。

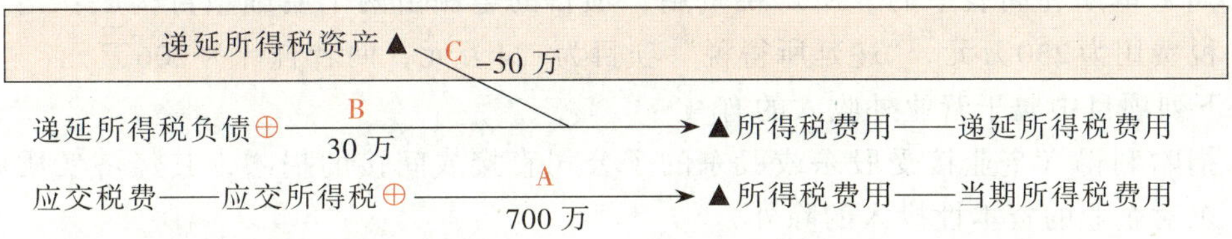

A. 企业的当期所得税费用是700万元，它是根据企业本期的纳税申报表的税务利润计算出来的

B. 企业本期利润表中所得税费用的金额为680万元

C. 资产负债表中“应交税费”项目的金额为700万元

D. 资产负债表中的“递延所得税资产”项目的金额为50万元，递延所得税负债的金额为30万元

3. 下图是关于所得税会计处理引起的资金运动。假设企业“递延所得税资产”项目期初有借方余额43万元，“递延所得税负债”项目期初有贷方余额24万元。下列表述恰当的有（　　）。

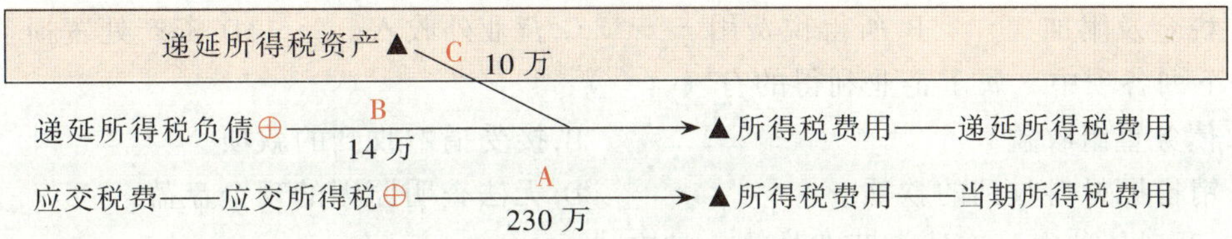

A. 期末资产负债表中“递延所得税资产”项目的金额为53万元

B. 期末资产负债表中“递延所得税负债”项目的金额为38万元

C. 资产负债表中涉及的“应交税费——应交所得税”项目的金额为230万元

D.期末本期利润表中“所得税费用”项目的金额为254万元

4.下图是所得税会计处理引起的资金运动。假设企业“递延所得税资产”项目期初有借方余额65万元，“递延所得税负债”项目期初有贷方余额42万元。下列表述恰当的有（　　）。

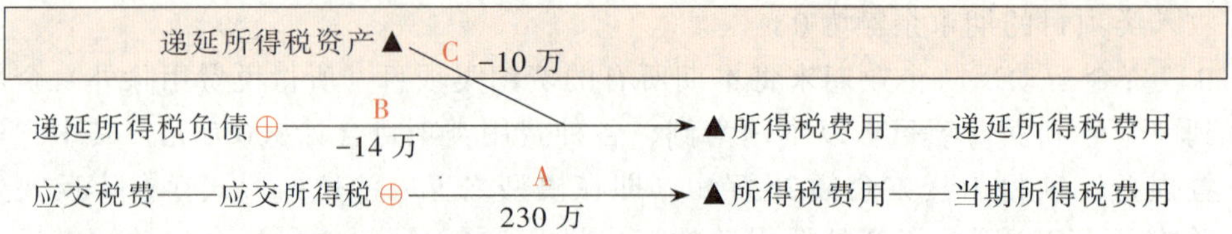

A.从图中可知，“递延所得税资产”项目本期减少了10万元，该金额是倒推出来的。即由于该报表项目为55万元，由此反推“递延所得税资产”项目的期末余额应该为55万元，由于其期初余额为65万元，所以倒推出本期发生额为减少10万元

B.从图中可知，“递延所得税负债”项目本期减少了14万元，该金额是倒推出来的。即由于该报表项目为28万元，由此反推“递延所得税负债”项目的期末余额应该为28万元，由于其期初余额为42万元，所以倒推出本期发生额为减少14万元

C.“应交税费——应交所得税”项目的金额和“所得税费用——当期所得税费用”的金额是相等的，都为230万元。该金额是根据纳税申报表的应税收益计算得出的

D.期末本期利润表中的“所得税费用”项目的金额由两个明细项目构成：当期所得税费用为230万元，“递延所得税”项目为-24万元，两者合计为206万元

5.下列项目中属于营业外收入的有（　　）。

A.捐赠利得（企业接受股东或股东的子公司直接或间接的捐赠，其经济实质属于股东对企业的资本性投入的除外）

B.固定资产盘盈利得

C.固定资产处置收益

D.转销无法支付的应付账款

6.下列项目中属于营业外支出的有（　　）。

A.捐赠支出　　B.非常损失

C.非流动资产毁损报废损失　　D.无形资产处置损失

7.下列项目的期末余额一定为零的有（　　）。

A.公允价值变动损益　B.其他综合收益　C.资产处置损益　D.信用减值损失

8.下列各项中，影响当期营业利润的有（　　）。

A.税金及附加　B.所得税费用　C.营业外收入　D.资产处置损益

9.下列各项中，属于企业利得的有（　　）。

A.债务重组收益　　B.接受捐赠收到的款项

C.销售原材料收到的款项　　D.无法查明原因的现金盘盈

10.下列各种中，应计入营业外收入的有（　　）。

A.大型设备出售净收益　　B.存货收发计量差错形成的盘盈

C.固定资产报废、毁损净收益　　D.无法支付的应付款项

11.下列各项中，属于企业损失的有（　　）。

A.罚款支出　　B.公益性捐赠支出

C.固定资产盘亏　　D.无法查明原因的现金盘亏

12.下列各项中，企业应计入营业外支出的有（　　）。

A.行政罚款支出　　B.债务重组损失

C.固定资产毁损净损失　　D.自然灾害造成的存货净损失

13.下列各项中，应计入营业外支出的有（　　）。

A.报废固定资产发生的净损失　　B.存货发生的自然灾害损失

C.出售无形资产发生的净损失　　D.交易性金融资产的处置损失

14.下列各项中，应记入"资产处置损益"账户的有（　　）。

A.毁损、报废固定资产发生的净损益　　B.出售、转让固定资产发生的净损益

C.出售、转让无形资产发生的净损益　　D.转销无形资产发生的净损失

15.下列各项中，可能影响利润表中"所得税费用"项目金额的有（　　）。

A.当期应交所得税　　B.递延所得税收益

C.递延所得税费用　　D.代扣代缴的个人所得税

16.下列各项中，不影响利润表中"所得税费用"项目金额的有（　　）。

A.交易性金融资产的公允价值变动　　B.应缴纳的增值税

C.固定资产盘盈　　D.销售商品收入

17.下列各项中，既影响营业利润，又影响利润总额的有（　　）。

A.计提坏账准备，计入信用减值损失中　　B.转销确实无法支付的应付账款

C.出售单独计价包装物取得的收入　　D.转入股票所得收益，计入投资收益

（三）判断题

1.利润表中"所得税费用"项目的本期金额等于当期所得税费用，而不应考虑递延所得税。（　　）

2.企业在非日常活动中形成的、会导致所有者权益减少的、与所有者分配利润无关的经济利益的流出不能确认为费用，应确认为损失。（　　）

3.甲公司20×9年年初有20×8年形成的亏损50万元，税法规定该亏损可以在未来5年内用税前利润弥补，20×9年实现利润总额为20万元，不存在其他调整事项，所得税税率为25%。则甲公司20×9年需要缴纳企业所得税5万元。（　　）

（四）不定项选择题

甲公司为增值税一般纳税人，适用的增值税税率为13%，所得税税率为25%，以下商品、材料销售价格均不含增值税，商品、材料的销售成本随着销售收入的确认逐笔结转。递延所得税资产期初余额为0。甲公司20×8年发生的部分经济业务如下：

（1）甲公司委托丙公司代为加工一批应税消费品（非金银首饰）。甲公司发出的材料成本为200万元，加工费为40万元，增值税专用发票上注明的税款为5.2万元，由丙公司代收代缴的消费税为60万元。材料已加工完成，并由甲公司收回验收入库，加工费已支付。甲公司收回的委托加工物资用于继续生产应税消费品。甲公司采用实际成本核算原材料。

（2）甲公司免费为公司的高级管理人员提供汽车供其使用，同时为生产工人租赁三套住房，免费提供给生产工人居住。相关汽车20×8年共计折旧4.8万元，相关住房在20×8年的租金为12万元。

（3）20×8年5月20日，甲公司与乙公司（一般纳税人）签订代销协议，甲公司委托乙公司代销产品200件，其单位成本为1万元，乙公司按照每件1.5万元（不含税）的价格销售，甲公司按照不含增值税的售价的5%向乙公司支付手续费。乙公司不承担包销责任，没有售出的产品必须退回给甲公司。同时甲公司也有权要求收回商品或将其销售给其他客户。截至20×8年年底，甲公司收到乙公司交来的代销清单，代销清单上注明：实际销售产品160件，商品售价240万元，增值税31.2万元。当日甲公司向乙公司开具金额相等的增值税专用发票，同时收到乙公司提供代销服务开具的增值税专用发票，注明的价款为12万元，增值税税款为0.72万元。

（4）20×8年12月31日，甲公司库存M商品的账面余额为600万元，由于市场价格下跌，预计其可变现净值为560万元。按照税法的规定，资产减值在实际发生减值之前不得税前扣除，此处需要计提递延所得税资产10万元。

（5）甲公司20×8年共取得国债利息收入60万元，发生税收滞纳金4万元。甲公司20×8年全年利润总额为1 300万元。

要求：根据上述资料，完成下列选择题。

（1）甲公司委托丙公司加工物资，加工完成收回后的入账价值为（　　）万元。

A. 260　　B.290　　C. 240　　D.300

（2）关于甲公司为职工提供的非货币性薪酬，下列说法中正确的是（　　）。

A.提供给管理人员的汽车的折旧费应计入管理费用

B.提供给生产工人的住房的租赁费用应计入生产成本

C.甲公司对职工提供的非货币性职工薪酬对其20×8年损益的影响金额为16.8万元

D.提供给生产工人的住房的租赁费用应计入营业外支出

（3）对于资料（3），下列说法中不正确的是（　　）。

A.对于该项业务，甲公司在20×8年应确认收入240万元，结转成本120万元

B.对于该项业务，甲公司在20×8年不应确认收入、结转成本

C.对于该项业务，甲公司在20×8年应确认销售费用12万元

D.对于该项业务，甲公司应在收到代销清单时确认销售商品收入

（4）对于资料（4），下列说法中正确的是（　　）。

A.甲公司应计提存货跌价准备40万元，并计入管理费用

B. 20×8年12月31日，甲公司库存M商品计入资产负债表“存货”项目中的金额为560万元

C.甲公司计提的存货跌价准备在以后期间不得转回

D.甲公司对库存M商品不需要计提跌价准备

（5）下列说法中，正确的是（　　）。

A.甲公司20×8年的应纳税所得额为1 284万元

B.甲公司20×8年的应交所得税为321万元

C.甲公司20×8年的净利润为892.5万元

D.甲公司20×8年的应纳税所得额为1 210万元

二、知识点：利润的分配

（一）单项选择题

1.下列项目属于留存收益的有（　　）。

A.股本（或实收资本）　　B.资本公积

C.盈余公积和未分配利润　　D.其他综合收益

2.下列各项中，导致企业所有者权益总额增加的事项是（　　）。

A.以盈余公积发放现金股利　　B.以盈余公积弥补以前年度的亏损

C.盈余公积转增股本　　D.当年实现的净利润

3.20×8年1月1日，甲公司未分配利润为100万元，20×8年全年实现净利润为400万元，法定盈余公积金的提取比率为10%，公司宣告发放现金股利200万元。不考虑其他因素，下列关于盈余公积的账务处理正确的是（　　）。

A.借：利润分配——提取法定盈余公积　　40万

　　贷：盈余公积——法定盈余公积　　40万

B.借：本年利润——提取法定盈余公积　　40万

　　贷：盈余公积——法定盈余公积　　40万

C.借：本年利润——提取法定盈余公积　　50万

　　贷：盈余公积——法定盈余公积　　50万

D.借：利润分配——提取法定盈余公积　　50万

　　贷：盈余公积——法定盈余公积　　50万

4.甲公司年初未分配利润为1 000万元，当年实现净利润500万元，按10%的标准提取法定盈余公积，按5%的标准提取任意盈余公积，公司宣告发放现金股利100万元。不考虑其他因素，该公司年末未分配利润为（　　）万元。

A. 1 450　　B.1 475　　C. 1 325　　D.1 400

5.下列各项中，不会引起实收资本增加的是（　　）。

A.接受现金投资　　B.以盈余公积转增资本

C.以资本公积转增资本　　D.以盈余公积弥补亏损

6.下列各项中，会引起企业留存收益总额发生变化的是（　　）。

A.宣告分配股票股利　　B.以资本公积转增资本

C.提取法定盈余公积　　D.用盈余公积发放现金股利

7.下列各项中，会导致留存收益总额发生变化的是（　　）。

A.以资本公积转增资本　　B.以盈余公积弥补亏损

C.以盈余公积转增资本　　D.以当年的净利润弥补以前年度亏损

8.下列各项中，能够导致甲公司留存收益总额增加的是（　　）。

A.甲公司宣告发放股票股利　　B.甲公司实现净利润

C.甲公司收到乙公司作为投资的一台设备　　D.甲公司计提法定盈余公积

9.下列各项中，能够导致公司留存收益总额减少的是（　　）。

A.以盈余公积弥补亏损　　B.以资本公积弥补亏损

C.提取法定盈余公积　　D.宣告发放现金股利

10.甲公司当年实现的净利润为200万元，按照公司法的规定，甲公司当年应按照净利润的（　　）提取法定盈余公积。

A. 10%　　B.25%　　C. 50%　　D.任意比例

11.下列各项中，导致盈余公积减少的是（　　）。

A.计提法定盈余公积　　B.股东大会宣告发放股票股利

C.股东大会宣告发放现金股利　　D.以盈余公积转增资本

12.甲公司20×8年12月1日所有者权益状况如下：实收资本为200万元，资本公积为80万元，盈余公积为130万元，本年利润为90万元。甲公司本月实现利润60万元，按照当年净利润的10%计提法定盈余公积，按照当年净利润的10%宣告发放现金股利。假设不考虑其他因素，则该企业20×8年12月31日的留存收益是（　　）万元。

A. 265　　B.220　　C. 250　　D.280

13.甲公司20×8年1月1日的所有者权益状况如下：实收资本为1 000万元，资本公积为600万元，盈余公积为300万元，未分配利润为200万元。本年净利润为1 000万元，按照当年净利润的10%计提法定盈余公积，按照当年净利润的5%提取任意盈余公积，宣告发放现金股利80万元。甲公司以资本公积转增资本100万元。下列有关所有者权益的表述正确的有（　　）。

A. 20×8年12月31日，可供分配利润为1 000万元

B. 20×8年12月31日，资本公积为700万元

C. 20×8年12月31日，未分配利润为970万元

D. 20×8年12月31日，留存收益总额为970万元

14.某企业年初未分配利润为借方余额40万元，当年净利润为700万元。按10%的比例提取盈余公积。该企业年末未分配利润为（　　）万元。

A. 594　　B.660　　C. 697　　D.670

15.甲公司年初未分配利润贷方余额为400万元，本年实现的净利润为1 600万元，按净利润的10%提取法定盈余公积，提取任意盈余公积100万元，未向投资者分配利润。该企业年末可供分配利润为（　　）万元。

A. 1 840　　B.2 000　　C. 1 740　　D.1 680

16.某企业20×8年发生亏损160万元，按规定可以用20×9年税前会计利润弥补亏损。该企业20×9年实现税前利润100万元，可以弥补20×8年的部分亏损。下列20×9年企业实现的会计利润的相关处理正确的是（　　）。

A.借：利润分配——盈余公积补亏　　100万

　　贷：利润分配——未分配利润　　100万

B.借：本年利润　　100万

　　贷：利润分配——未分配利润　　100万

C.借：盈余公积　　100万
　　贷：利润分配——未分配利润　　100万
D.借：利润分配——未分配利润　　100万
　　贷：利润分配——其他转入　　100万

17.某企业年初未分配利润为100万元，本年净利润为1 000万元，按10%计提法定盈余公积，按5%计提任意盈余公积，宣告发放现金股利80万元，该企业期末未分配利润为（　　）万元。

A. 855　　B.867　　C. 870　　D.874

（二）多项选择题

1.下图是公司利润分配引起的资金运动。假设公司以年度进行利润分配，在公司的实际分配过程中，下列表述恰当的有（　　）。

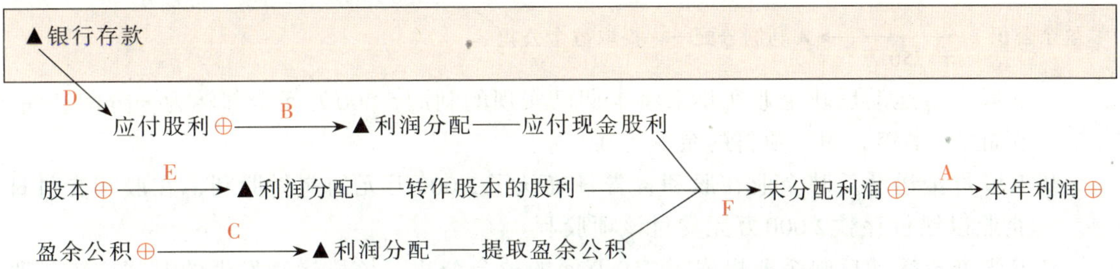

A. A段资金运动一般发生在公司报告年度的12月31日
B. B、C、E三段资金运动发生在报告年度次年公司对外公布年报的时刻，即股利宣告日
C. D段资金运动发生在公司报告年度次年的股利支付日
D. E段资金运动发生在公司报告次年的整个利润分配工作结束时

2.下图是企业利润分配引起的资金运动，下列对下图各段资金运动所反映的经济业务表述恰当的有（　　）。

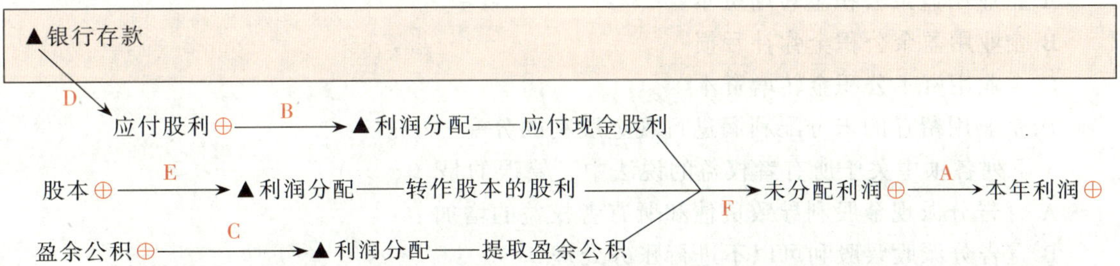

A.通过A段资金运动可知，企业将本年已实现的利润全部结转到“未分配利润”项目，从而导致本年利润的余额为0。至此，所有的损益类项目（收入、费用和本年利润）余额为0
B. B段、D段资金运动反映企业现金股利的确认与支付，其中B段资金运动反映企业确认应付股利，D段资金运动反映企业支付现金股利。从图中可以看出，现金股利的发放最终导致资金流出了企业，从而导致企业可用资金总额减少
C. E段和C段资金运动反映股票股利的分配和盈余公积的提取。这两种利润分配并没

有导致资金流出企业，并没有导致企业所有者权益的减少。因此这两种利润分配方式是没有任何区别的

D. F段资金运动将企业本期已分配的利润全部结转至“未分配利润”项目，从而一方面导致“利润分配”项目的余额为0，另一方面未分配完的利润会以未分配利润的形式留存下来

3. 下图是企业利润分配引起的资金运动，下列表述恰当的有（　　）。

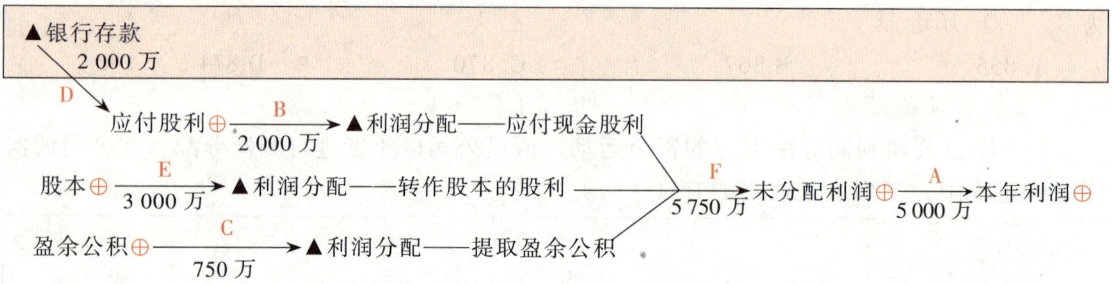

A. A段资金运动反映企业在年末将本期已实现的利润5 000万元全部转为未分配利润，至此，“本年利润”项目的余额为0

B. B段资金运动反映企业在股利宣告日确认了2 000万元的应付股利，在股利支付日企业以银行存款2 000万元支付该项股利

C. C段资金运动反映企业提取了750万元的盈余公积，该段运动发生的时间应该是股利宣告日，即股东大会通过并公告的日期。E段资金运动反映企业确认了3 000万元的股票股利，该段资金运动应发生在办理好增资变更手续之后

D. F段资金运动反映企业将已分配利润5 750万元全部转为“未分配利润”项目。由于本期的盈利为5 000万元，这说明企业不仅将本期实现的利润分配完了，而且把期初未分配利润也拿出750万元进行了分配

4. 下列业务的发生不会引起企业所有者权益总额发生变动的有（　　）。

A. 企业用盈余公积金转增资本

B. 企业用盈余公积金弥补亏损

C. 企业用资本公积金转增资本

D. 企业用留存的未分配利润进行现金股利的分配

5. 下列各项中关于所有者权益的说法中，错误的是（　　）。

A. 宣告分派现金股利导致负债和所有者权益的增加

B. 宣告分派股票股利可以不进行账务处理

C. 用盈余公积弥补亏损会导致留存收益总额减少

D. 注销库存股不会影响留存收益

6. 下列各项中，引起企业资产和所有者权益同时减少的经济业务有（　　）。

A. 以盈余公积弥补以前年度亏损　　B. 以资本公积转增资本

C. 宣告发放并支付现金股利　　D. 以现金资产回购本公司股票并注销

7. 下列各项中，应通过“利润分配”账户核算的有（　　）。

A. 提取法定盈余公积金　　B. 用可供分配利润分配现金股利

C.用盈余公积转增资本　　D.用盈余公积弥补亏损

8.下列各项中，引起企业留存收益总额增减变化的有（　　）。

A.向投资者分配现金股利　　B.本年度实现净利润

C.提取法定盈余公积　　D.用盈余公积转增资本

9.下列各项中，导致企业留存收益发生增减变化的有（　　）。

A.用盈余公积分配现金股利　　B.用盈余公积弥补亏损

C.用资本公积转增资本　　D.用盈余公积转增资本

10.下列各项中，属于企业留存收益的有（　　）。

A.按规定从净利润中提取的法定盈余公积

B.累计未分配的利润

C.按照股东大会决议从净利润中提取的任意盈余公积

D.发行股票的溢价收入

11.下列各项说法中，不正确的是（　　）。

A.企业持有交易性金融资产，被投资方宣告分派股票股利时，企业应将股票股利计入投资收益

B.企业持有交易性金融资产，被投资方实际发放现金股利时，企业应确认投资收益

C.关于作为交易性金融资产核算的股权投资，被投资方宣告分派现金股利时，企业要在备查簿中登记

D.被投资方宣告分派股票股利会导致企业的股本和未分配利润同时增加，但是所有者权益总额不变

12.下列各项中，关于交易性金融资产的会计处理表述正确的是（　　）。

A.持有期间发生的公允价值变动应计入公允价值变动损益

B.持有期间被投资单位宣告发放的现金股利应计入投资收益

C.取得时支付的价款中包含的应收股利应计入初始投资成本

D.取得时支付的相关交易费用应计入投资收益

13.企业实收资本或股本增加的途径是（　　）。

A.接受固定资产捐赠　　B.经批准，用盈余公积转增

C.发放股票股利　　D.经批准，用资本公积转增

14.下列各项中，属于留存收益的是（　　）。

A.实收资本　　B.盈余公积　　C.本年利润　　D.利润分配

15.下列有关盈余公积的表述中，错误的是（　　）。

A.盈余公积是企业按照有关规定从净利润中提取的积累资金

B.公司制企业的盈余公积包括法定盈余公积和非法定盈余公积

C.法定盈余公积是企业按照规定从累计净利润中提取的盈余公积

D.盈余公积只能用于企业弥补亏损和转增资本

16.未分配利润是企业实现的净利润在经过（　　）后留存在企业的、历年的结存利润。

A.弥补亏损　　B.提取盈余公积

C.向投资者分配利润　　D.转增资本

17.下列各项中，不会引起所有者权益总额发生变动的是（　　）。

A.以资本公积转增资本　　B.以盈余公积弥补亏损

C.股东大会宣布分配现金股利　　D.以盈余公积发放现金股利

18.下列各项中，最终不会导致所有者权益变动的有（　　）。

A.转销无须偿还的应付账款　　B.用盈余公积弥补亏损

C.股东大会宣布发放现金股利　　D.股东大会宣布发放股票股利

19.下列各项中，属于“利润分配”账户核算内容的有（　　）。

A.提取法定盈余公积　　B.提取任意盈余公积

C.向投资者分配现金股利　　D.向投资者分配股票股利

20.下列关于盈余公积的说法中，正确的有（　　）。

A.公司制企业应该按照当年净利润的10%提取法定盈余公积

B.法定盈余公积累计额达到公司注册资本的50%时可以不再提取

C.公司制企业可以根据股东大会或股东会的决议提取任意盈余公积

D.如果以前年度未分配利润有盈余（即年初未分配利润余额为正数，或者贷方余额），在计算提取法定盈余公积的基数时，不应包括企业年初的未分配利润

21.下列对未分配利润的各项表述中，正确的是（　　）。

A.当年的净利润是企业未指定特定用途的利润

B.未分配利润是企业历年实现的净利润在经过弥补亏损、提取盈余公积、向投资者分配利润后留存在企业的利润

C.企业对于未分配利润的使用不会受到很大的限制

D.“利润分配——未分配利润”账户为贷方余额的，表明累计未分配利润的数额，如为借方余额，则表示累计未弥补亏损的数额

22.下列各项中，年度终了需要转入“利润分配——未分配利润”账户核算的有（　　）。

A.本年利润　　B.利润分配——应付现金股利

C.利润分配——盈余公积补亏　　D.利润分配——提取法定盈余公积

（三）判断题

1.企业的利润分配最终一定会引起资金流出企业。（　　）

2.企业在计算确定提取法定盈余公积的基数时，不应该包括年初“未分配利润”（或者“利润分配——未分配利润”）账户的贷方余额。（　　）

3.企业根据股东大会或类似机构审议批准的利润分配方案中确认分配的股票股利，应通过“应付股利”账户核算。（　　）

4.盈余公积分为法定盈余公积和任意盈余公积，其中法定盈余公积只能用来弥补亏损，不能用于转增资本。（　　）

（四）不定项选择题

1.甲公司为增值税一般纳税人。20×8年1月1日，所有者权益总额为5 000万元，其中股本为3 000万元，资本公积为500万元，盈余公积为600万元，未分配利润为900万

元。20×8年度甲公司发生如下经济业务：

（1）N投资者投入自产产品一批，双方确认价值为600万元，公允价值为630万元，税务部门核定增值税为81.9万元，并开具了增值税专用发票。为此，甲公司增加股本200万元，相关法律手续已办妥，该增加的股本为N投资者所有。

（2）经股东大会决议，并报有关部门核准，甲公司增发普通股800万股，每股面值1元，每股发行价为5元。按照发行价款的2%向证券公司支付发行费。发行款项公司已全部收到并存入银行。假定不考虑其他因素。

（3）因扩大生产经营规模，经股东大会批准，甲公司将盈余公积420万元转增资本。

（4）结转本年实现的净利润1 200万元。

（5）按税后利润的10%提取法定盈余公积，按税后利润的20%提取任意盈余公积。

（6）向投资者宣告分配现金股利300万元。

（7）将“利润分配——提取法定盈余公积”“利润分配——应付现金股利”账户的余额结转到“利润分配——未分配利润”账户。

要求：根据上述资料，不考虑其他因素，完成下列选择题。

（1）关于N投资者投入自产产品业务，下列甲公司的账务处理中正确的是（　　）。

A.确认产品的入账价值为600万元

B.确认产品的入账价值为630万元

C.确认“资本公积——股本溢价”账户贷方金额为511.9万元

D.确认“资本公积——股本溢价”账户贷方金额为510.2万元

（2）根据资料（2），下列表述中不正确的是（　　）。

A.本次增发股本应确认银行存款增加3 920万元

B.本次增发股本应确认“资本公积——股本溢价”账户的金额为3 120万元

C.在溢价发行股票的情况下，公司发行股票的溢价收入，直接冲减当期的财务费用

D.本次增发股本应确认“资本公积——股本溢价”账户的金额为3 200万元

（3）甲公司年末“股本”账户的账面余额为（　　）万元。

A. 4 560　　B.4 420　　C. 4 360　　D.4 460

（4）甲公司年末“资本公积”账户的账面余额为（　　）万元。

A. 4 131.9　　B.4 120　　C. 4 211.9　　D.4 211

（5）下列关于甲公司的说法中，正确的是（　　）。

A.甲公司年末“利润分配——未分配利润”账面余额为1 440万元

B.甲公司年末“盈余公积”账面余额为640万元

C.甲公司年末“利润分配——未分配利润”账面余额为1 450万元

D.甲公司年末“盈余公积”账面余额为540万元

2.甲公司适用的所得税税率为25%。20×8年甲公司有关交易如下：

（1）20×8年1月初，该公司股东权益总额为10 250万元，其中股本为5 000万元（每股面值1元），资本公积为1 500万元，盈余公积为3 000万元，未分配利润为750万元。

（2）经股东大会决议并报有关部门核准，20×8年6月18日该公司以银行存款回购本公司股票200万股，每股回购价为5元，每股原始发行价为3元，7月2日该公司将回购的

股票200万股予以注销。

（3）公司20×8年实现利润总额2 000万元，其中相关会计处理与税务处理存在差异的事项有：①支付税金滞纳金4万元，已计入营业外支出；②本年度取得国债利息收入10万元已经计入投资收益，不考虑递延所得税。

（4）根据股东大会批准的20×8年利润分配方案，该公司按净利润的10%提取法定盈余公积，按净利润的10%提取任意盈余公积；向股东宣告并分配现金股利400万元。

要求：根据上述资料，不考虑其他因素，完成下列选择题。

（1）根据资料（1），20×8年1月初，该公司留存收益的金额是（　）万元。

A. 5 250　　B.4 500　　C. 2 250　　D.3 750

（2）根据资料（2），下列各项中，关于回购与注销本公司股票的会计处理结果正确的是（　）。

A. 7月2日注销库存股，冲减股本200万股

B. 6月18日回购股票，确认库存股增加200万元

C. 6月18日回购股票，确认库存股增加1 000万元

D. 7月2日注销库存股，冲减资本公积400万元

（3）根据资料（3），下列各项中，该公司的会计处理正确的是（　）。

A.确认应缴纳的所得税：

借：所得税费用　　498.5万

　贷：应交税费——应交所得税　　498.5万

B.确认应缴纳的所得税：

借：所得税费用　　450万

　贷：应交税费——应交所得税　　450万

C.将本年利润结转未分配利润：

借：本年利润　　2 000万

　贷：利润分配——未分配利润　　2 000万

D.将本年利润结转未分配利润：

借：本年利润　　1 994万

　贷：利润分配——未分配利润　　1 994万

（4）根据资料（4），下列各项中，该公司20×8年未分配利润的年末余额是（　）万元。

A. 1 551　　B.1 552　　C. 1 552.2　　D.1 551.2

（5）根据资料（1）至资料（4），20×8年12月31日该公司资产负债表中“股东权益”项目期末余额正确的是（　）。

A.库存股无余额　　B.资本公积为700万元

C.股本为4 800万元　　D.盈余公积为3 300.3万元

本章答案

一、知识点：利润形成

（一）单项选择题

1.答案：D

解析：

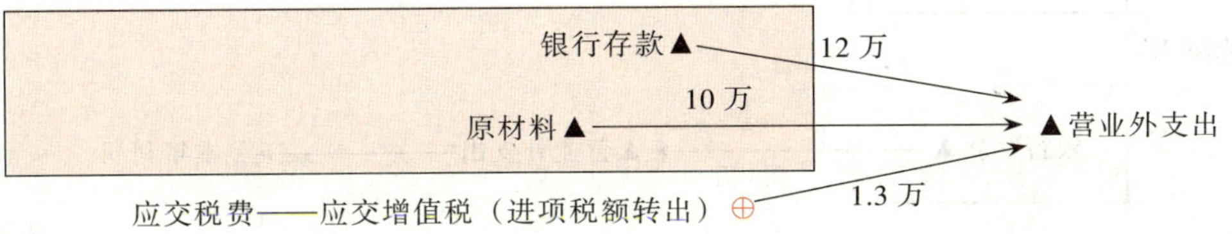

2.答案：B

解析：

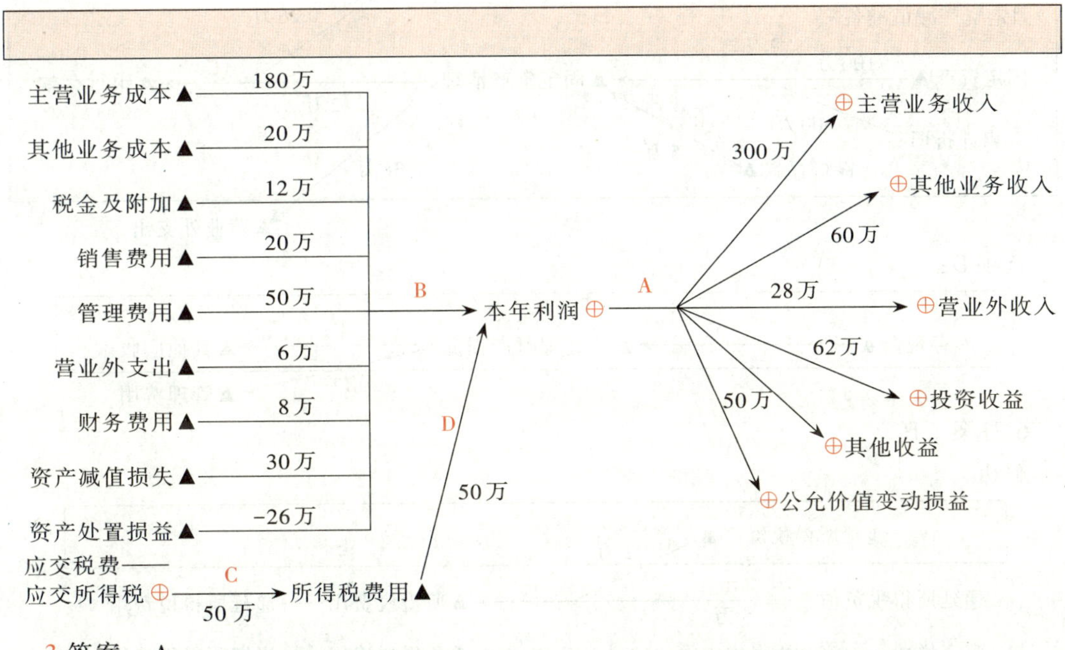

3.答案：A

解析：应纳税所得额=税前会计利润+纳税调整增加额-纳税调整减少额；递延所得税=（递延所得税负债期末余额-递延所得税负债期初余额）-（递延所得税资产期末余额-递延所得税资产期初余额）；所得税费用=当期所得税+递延所得税。

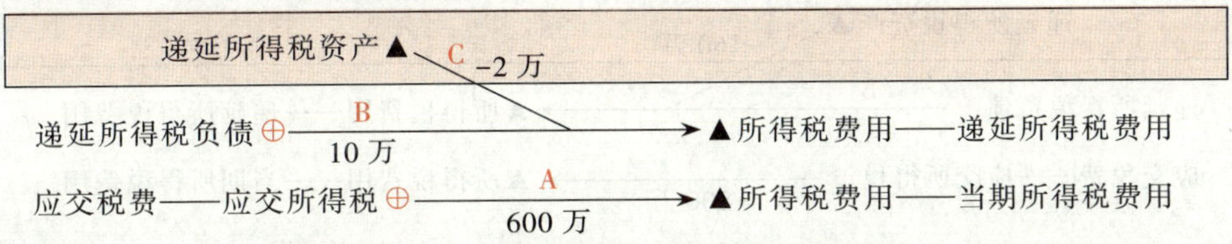

4.答案：A

解析：法律诉讼费应计入管理费用；出租无形资产的摊销费应计入其他业务成本；广告宣传费应计入销售费用。

5.答案：D

解析：无法查明原因的现金短缺应计入管理费用。

选项A：

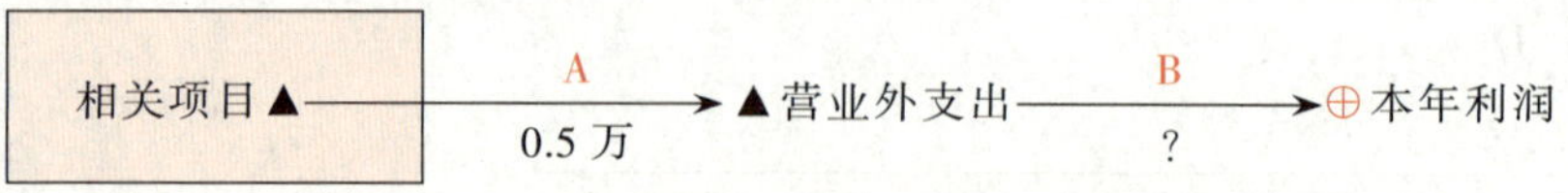

选项B：

选项C：

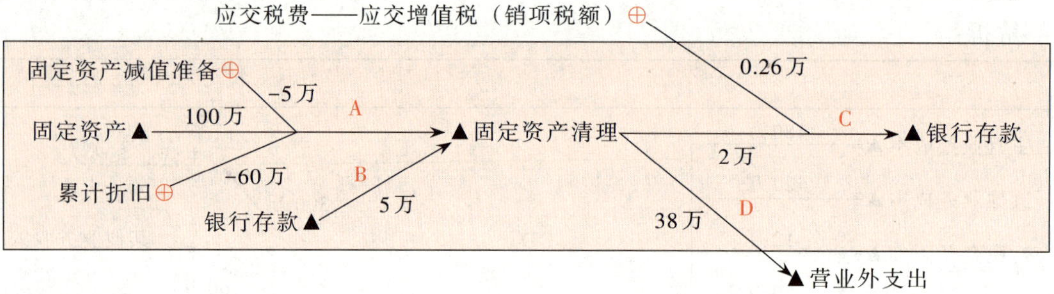

选项D：

6.答案：D

解析：

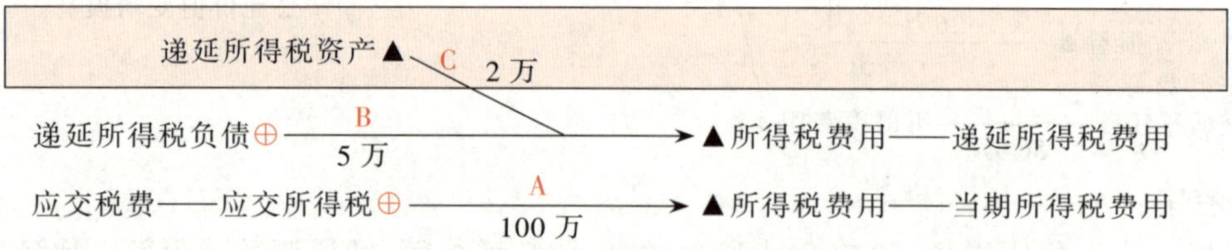

7.答案：A

解析：

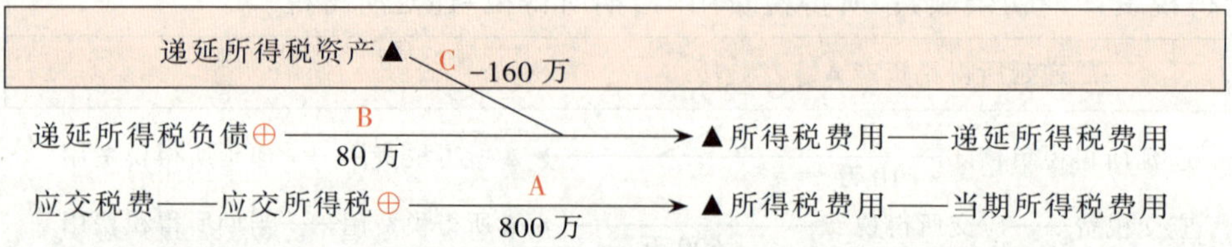

8. 答案：B

解析：

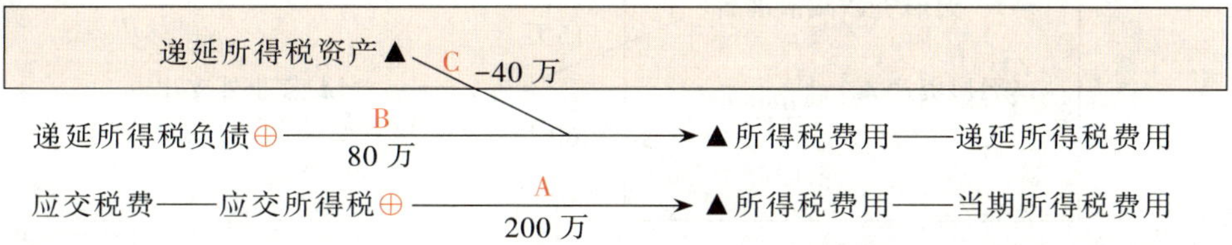

9. 答案：A

解析：

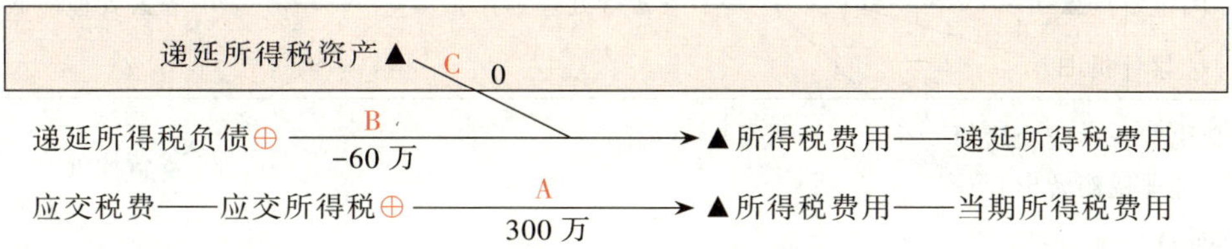

10. 答案：B

解析：所得税费用=（1 350-150+4）×25%=301（万元）。

11. 答案：B

解析：

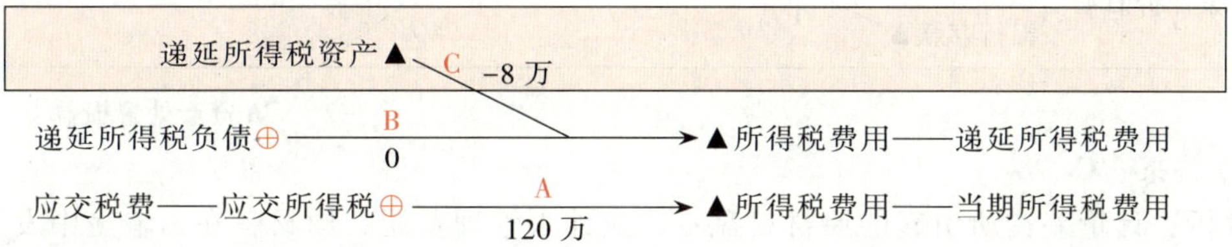

12. 答案：B

解析：该企业 20×8 年的净利润=（营业利润+营业外收入-营业外支出）×（1-所得税税率）=（2 520+60-50）×（1-25%）=1 897.5（万元）。由于营业利润中已经包含了主营业务收入、财务费用的影响，所以在计算利润总额时不再考虑这两项因素的影响。

13. 答案：C

解析：该公司 20×8 年的净利润=（5 000-2 780+50-30-20+20-10）×（1-25%）=1 672.5（万元）。

14. 答案：D

解析：固定资产出售净损失或净收益应通过“资产处置损益”项目来核算，而固定资产报废毁损、无形资产报废等净损失（或净收益）要通过“营业外收支”项目来核算。

选项 A：

选项B：

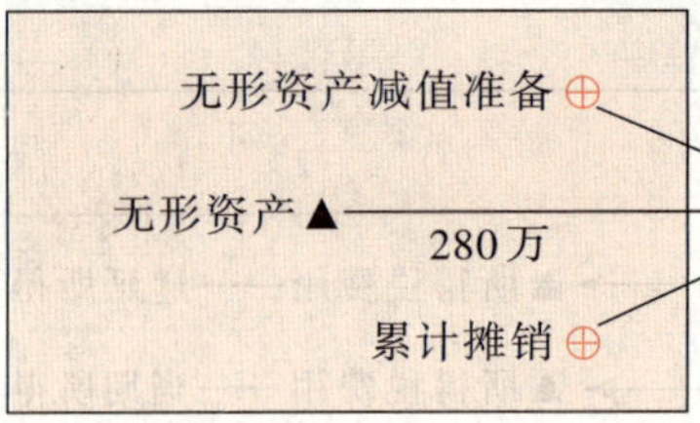

选项C：

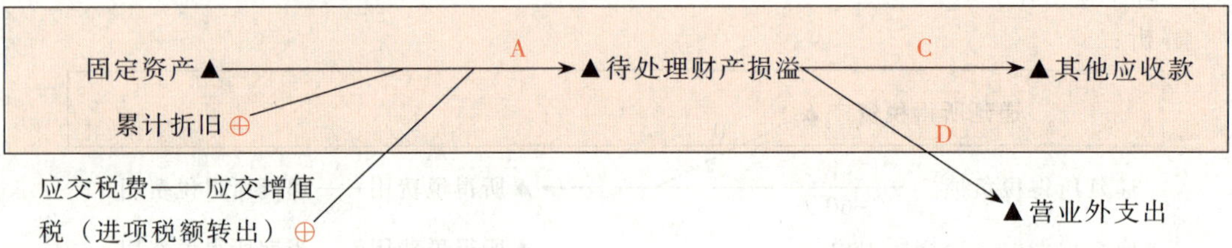

选项D：

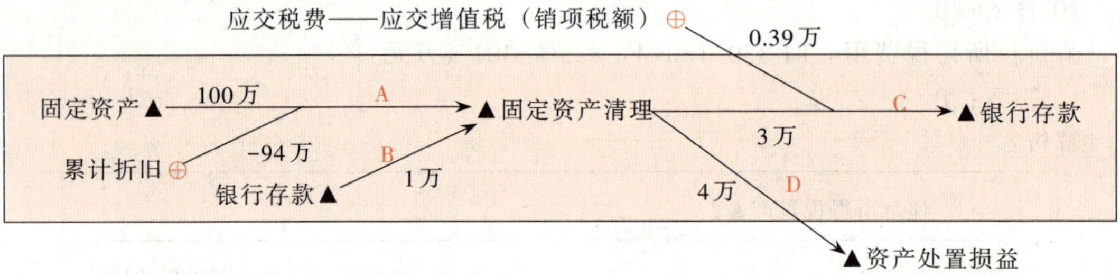

15.答案：C

解析：计量差错所引起的原材料盘亏，应计入管理费用；原材料在运输途中发生的合理损耗，应不调整其成本，通过增加单价来保持所购总成本不变；人为造成的原材料损失，应计入“其他应收款”或其他项目。

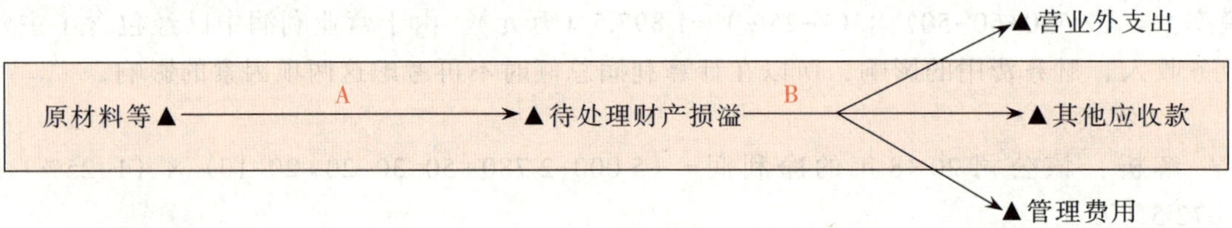

16.答案：B

解析：固定资产盘盈、代扣代缴个人所得税与利润没有关系，所得税费用只影响净利润。

选项A：

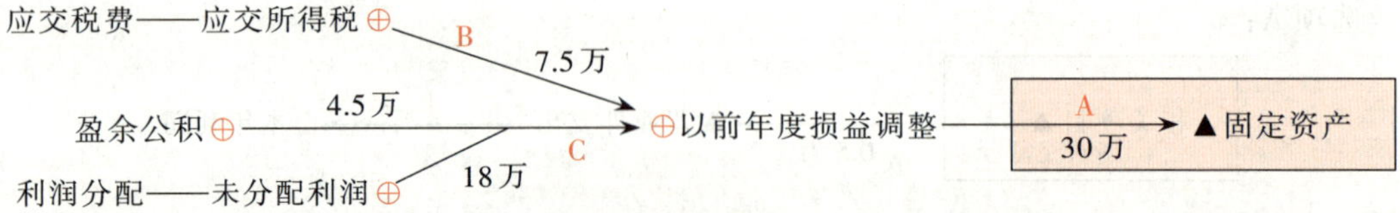

选项 B：

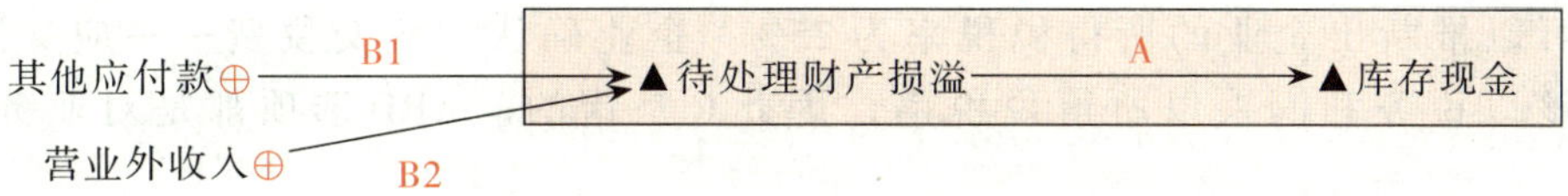

选项 C：

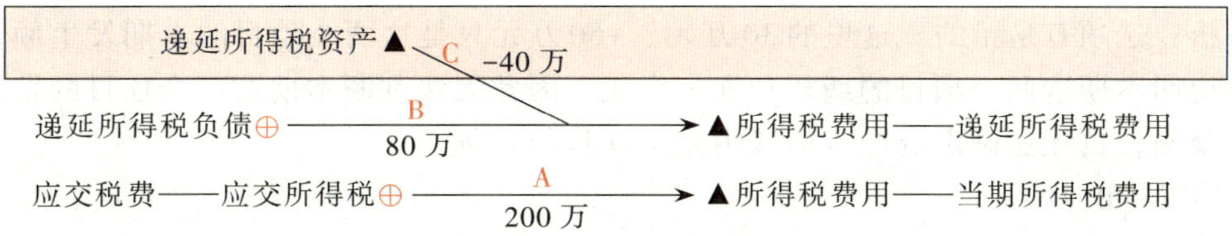

选项 D：

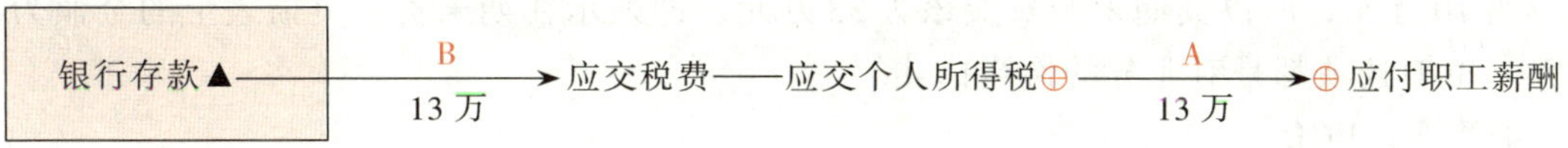

17. 答案：C

解析：计入营业外支出的金额=250-80=170（万元）。

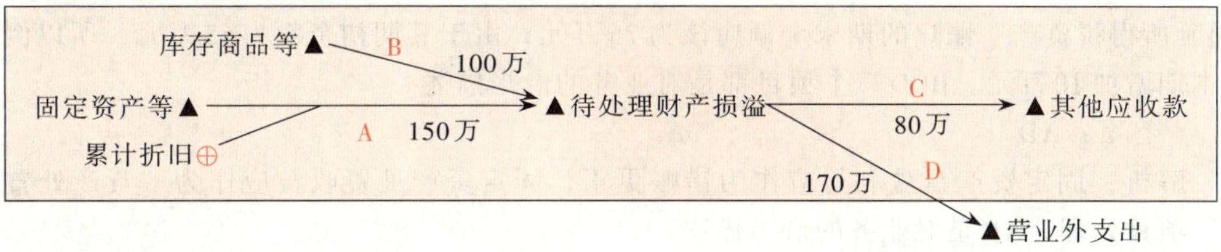

18. 答案：B

解析：税收滞纳金、超过 5 年（不含 5 年）的以前年度亏损，不得税前扣除。

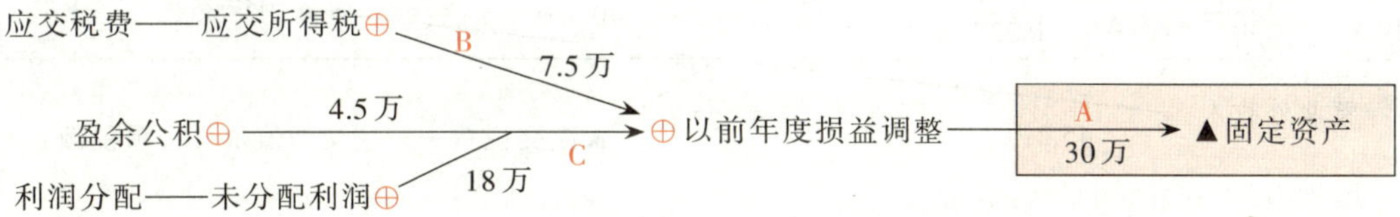

19. 答案：C

解析：所得税费用=（2 000-120+20）×25%=475（万元）。

20. 答案：C

解析：所得税费用=（500-25+20）×25%=123.75（万元）。

21. 答案：C

解析：利润总额=8 000-6 300+40-20-100-20+40-10=1 630（万元），应交所得税=（1 630+20+5）×25%=413.75（万元）。净利润=1 630-413.75=1 216.25（万元）。

22. 答案：D

解析：利润总额=1 000-600-20-50-10+40-70+80+25-15=380（万元）。

（二）多项选择题

1. 答案：ABD

解析：C 选项的推断有问题。企业适用的所得税税率是不是 25%，还取决于另外一个假设，即本期的会计利润与税务利润是不是完全相同，只有在两者完全相同的情况下，才可以推断出企业的所得税税率为25%。企业确认“应交税费——应交所得税”时，应该以税务利润乘以所得税税率，因此C是错的。ABD选项都是对业务的恰当描述。

2.答案：ABC

解析：选项D是错的。这里的30万元、-50万元只是这两个项目的本期发生额，但题中没有说明本期这两个项目的期初和期末余额，因此无法判断本期这两个项目的发生额就是期末余额，也无法确定资产负债表中相关项目的金额。

3.答案：BCD

解析：选项A是错的。递延所得税资产的期初余额为43万元，本期的发生额（即流出）为10万元，所以其期末余额应该为33万元，即列示在期末资产负债表上的金额为33万元。BCD选项都是对业务的恰当描述。

4.答案：BCD

解析：选项A是错的。从图中可知，“递延所得税资产”项目本期流出了-10万元，导致企业的递延所得税本期增加了10万元。这说明报表项目为75万元，由此反推企业“递延所得税资产”账户的期末余额应该为75万元，由于其期初余额为65万元，所以倒推出本期增加10万元。BCD三个项目都是对业务的恰当描述。

5.答案：AD

解析：固定资产盘盈利得应作为错账更正，固定资产处置收益应作为“资产处置损益”项目处理。AD是对业务的恰当描述。

选项A：

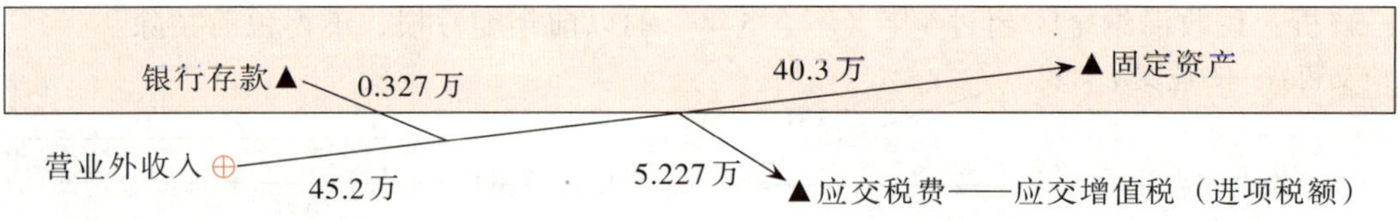

选项B：

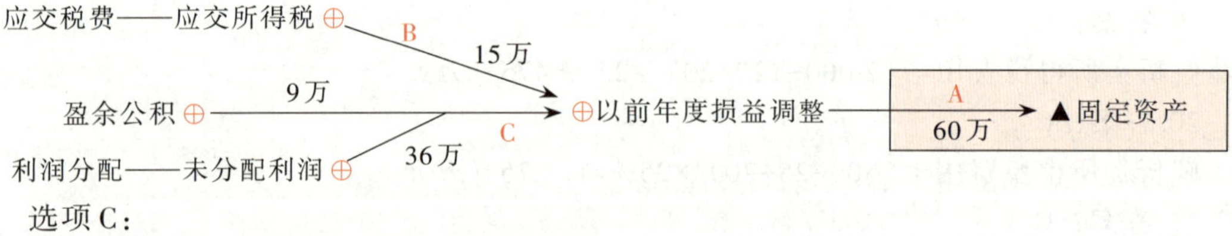

选项C：

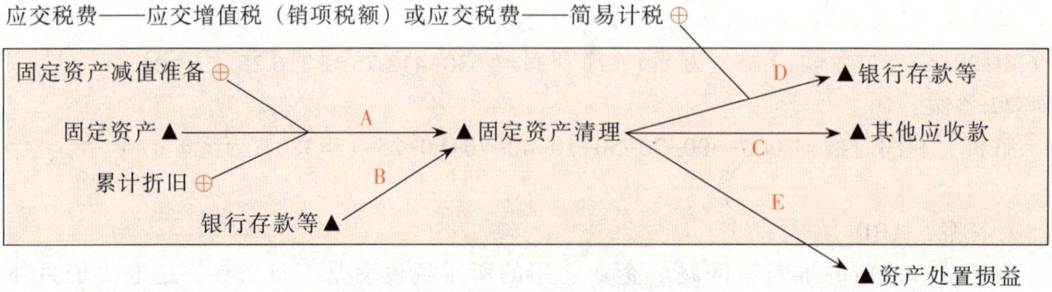

选项 D：

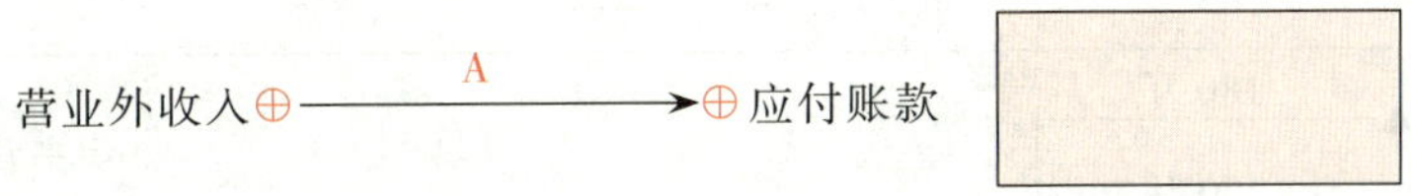

6.答案：ABC

解析：无形资产处置损失应作为资产处置损益项目反映，ABC选项是对业务的恰当描述。

选项 A：

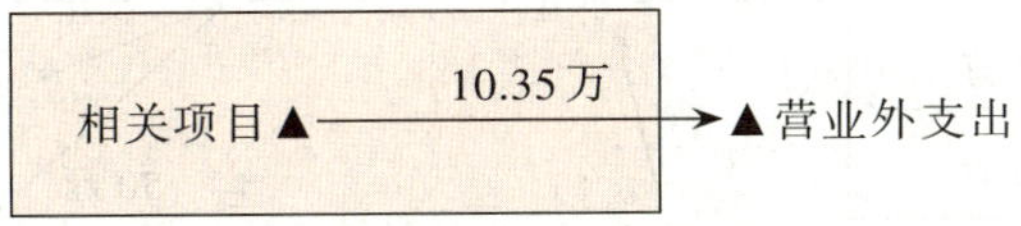

选项 B：

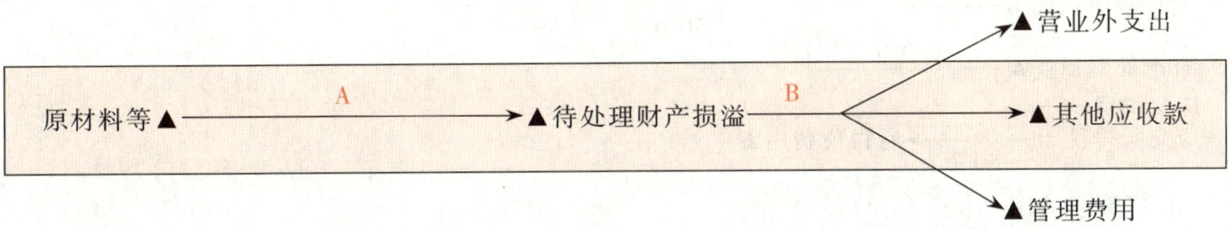

选项 C：

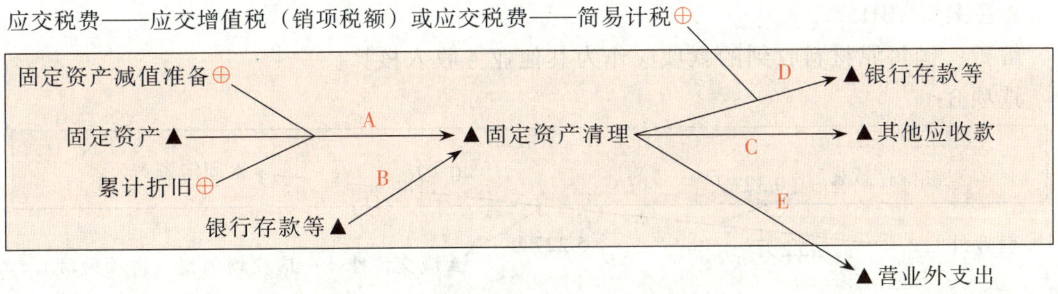

选项 D：

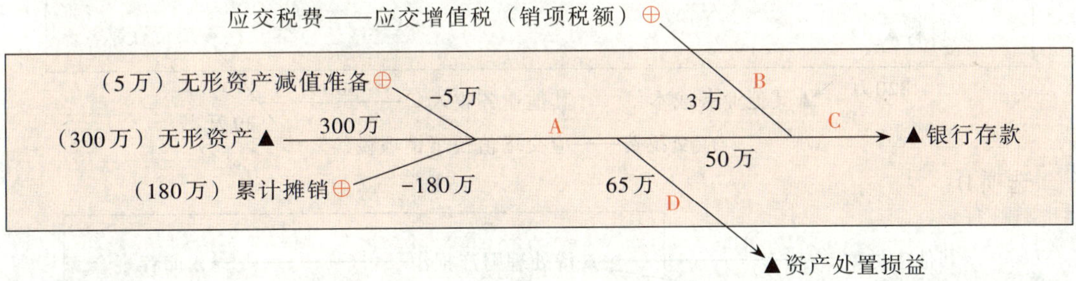

7.答案：ACD

解析：损益类项目的期末余额都应该为0。“其他综合收益”项目不属于损益类项目，而是属于所有者权益类项目，因此，其期末余额不一定为0。

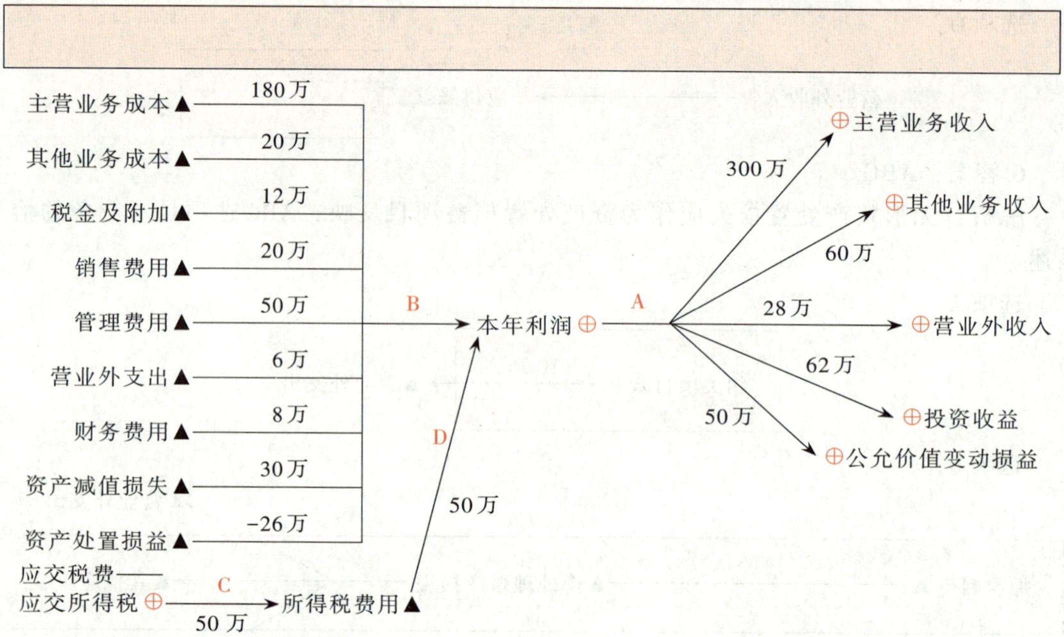

8.答案：AD

解析：营业外收入影响利润总额；所得税费用影响企业的净利润。

9.答案：ABD

解析：销售原材料收到的款项应作为其他业务收入核算。

选项B：

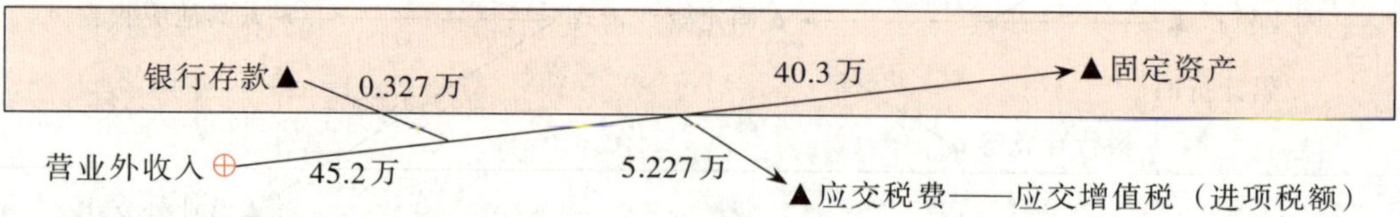

选项C：

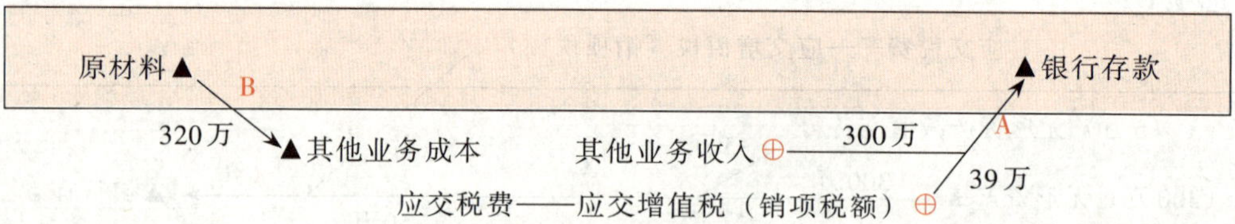

选项D：

10.答案：CD

解析：固定资产正常出售、转让所产生的净损益应通过资产处理损益进行核算，但固定资产报废毁损所产生的净损益，应通过营业外收支进行核算。存货收发计量差错形成的盘盈，应当冲减管理费用。

选项A：

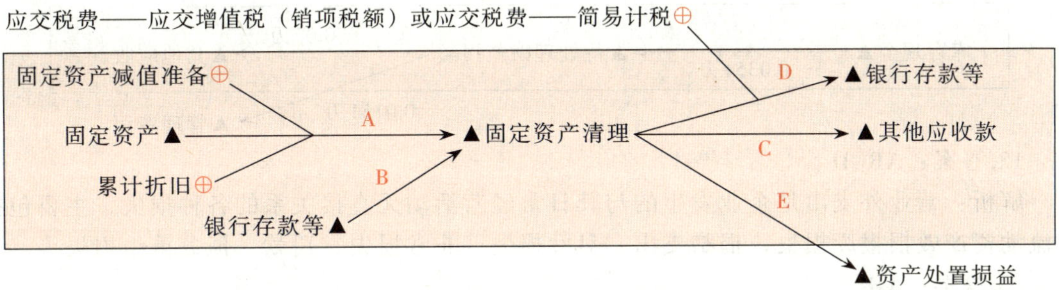

选项B：

选项C：

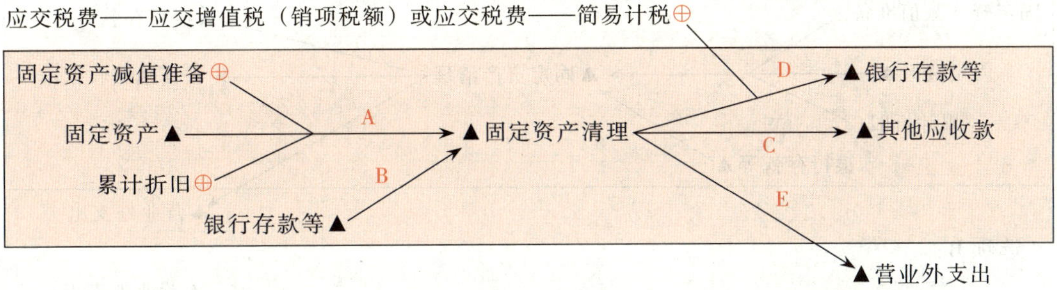

选项D：

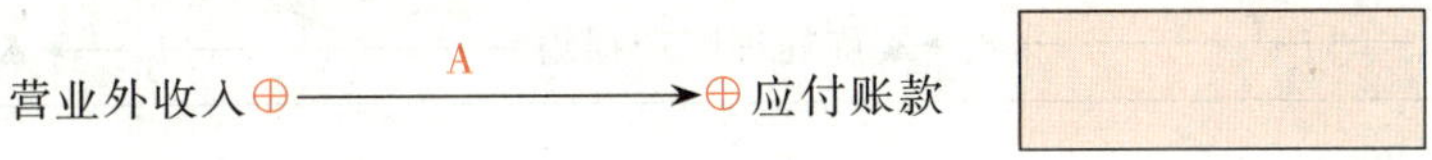

11.答案：ABC

解析：无法查明原因的现金盘亏一般都确认为管理费用。

选项A：

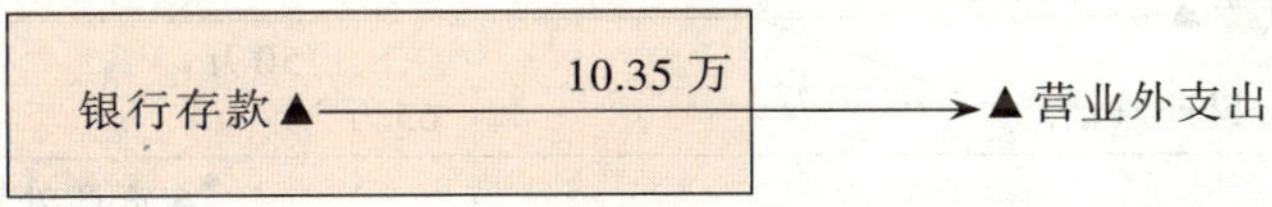

选项B：

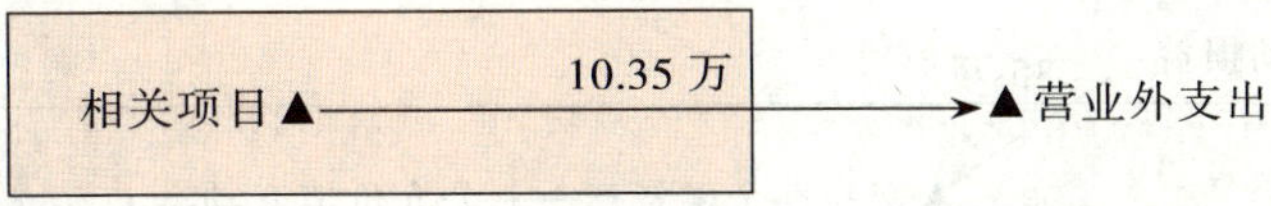

选项C：

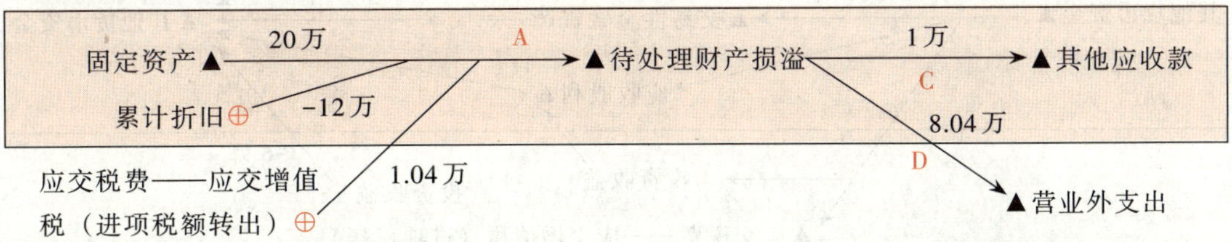

选项D：

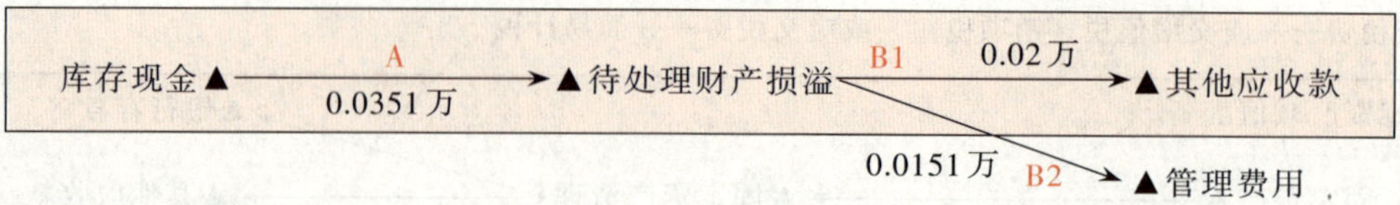

12.答案：ABCD

解析：营业外支出是企业发生的与其日常经营活动无直接关系的各种损失，主要包括非流动资产毁损报废损失、捐赠支出、盘亏损失、非常损失、罚款、债务重组损失等。

13.答案：AB

解析：无形资产出售发生的净损失应计入资产处置损益；交易性金融资产的处置损失应计入投资收益。

选项A：

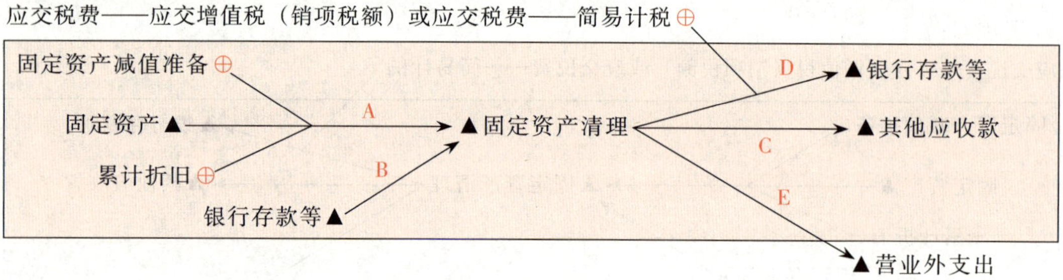

选项B：

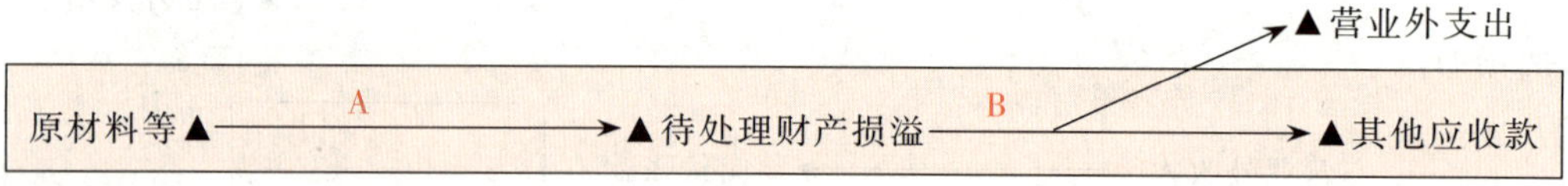

选项C：

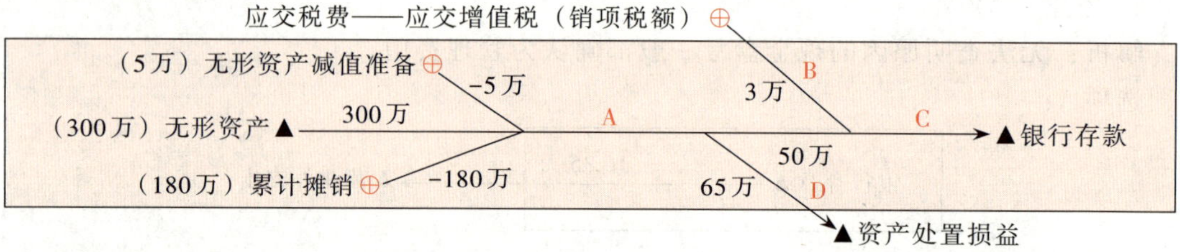

选项D：

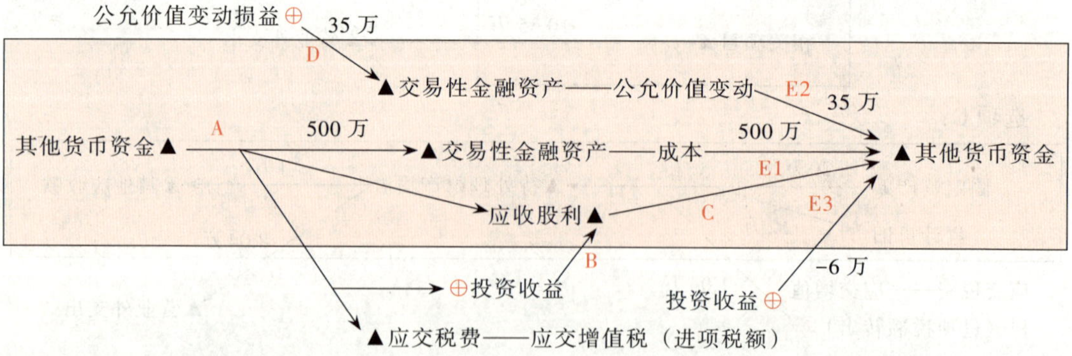

14.答案：BC

解析：转销无形资产发生的净损失应计入营业外支出；毁损、报废固定资产发生的净损益应计入营业外支出或营业外收入之中。

选项A：

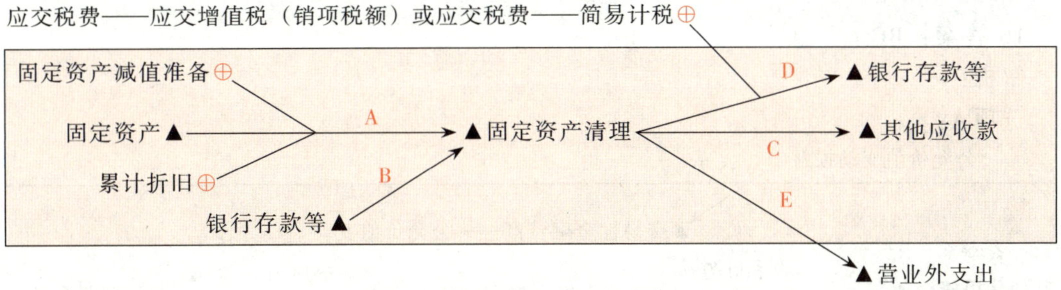

选项B：

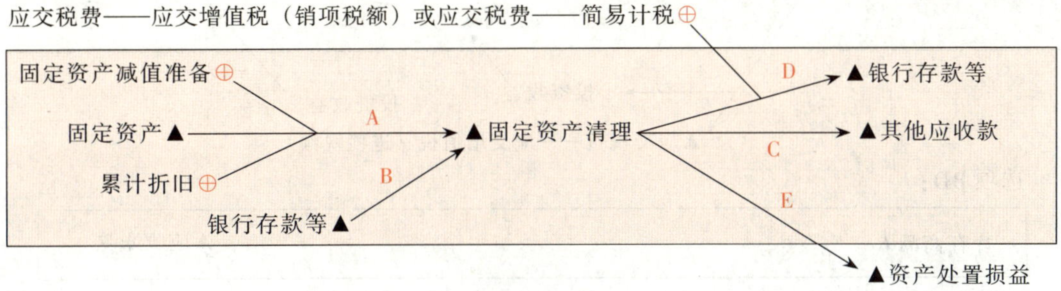

选项C：

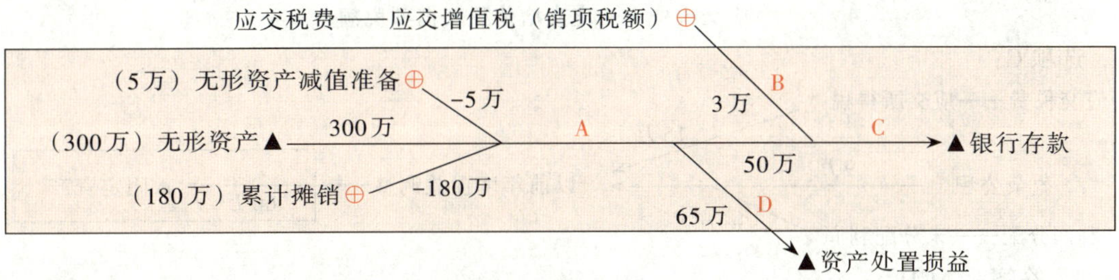

选项D：

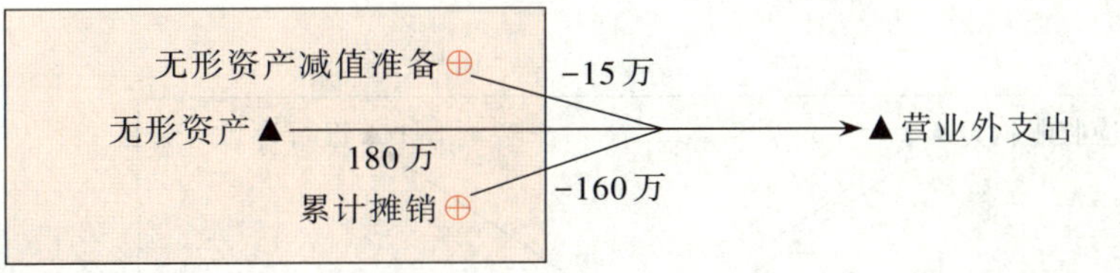

15.答案：ABC

解析：所得税费用=当期应交所得税+（-）递延所得税，递延所得税分为递延所得税费用和递延所得税收益，即递延所得税为正的，就是递延所得税费用；递延所得税为负的，就是递延所得税收益。

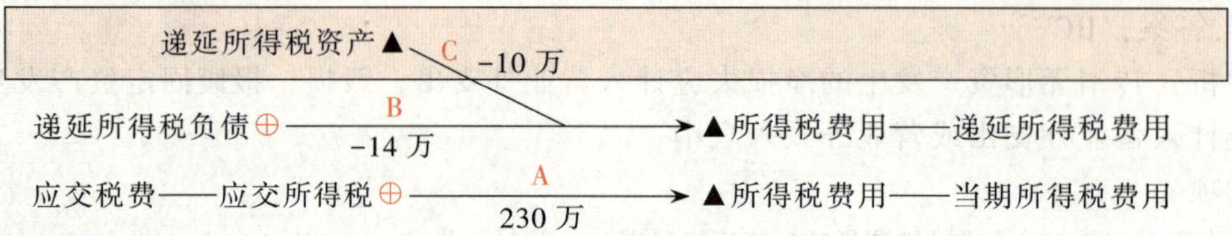

16.答案：BC

解析：

选项A：

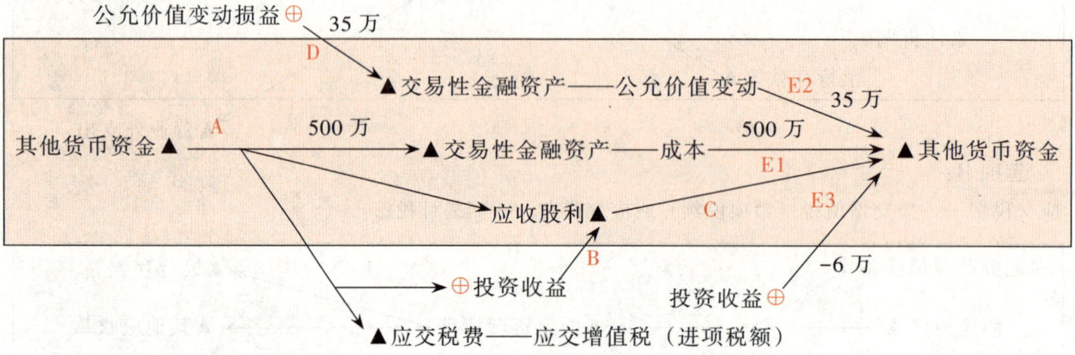

选项BD：

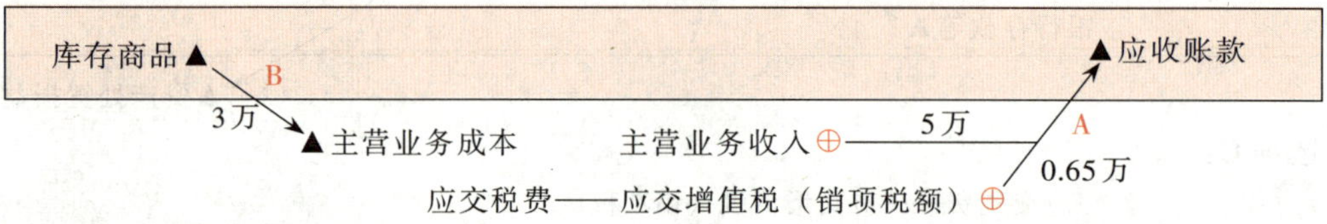

选项C：

17.答案：ACD

解析：

选项A：

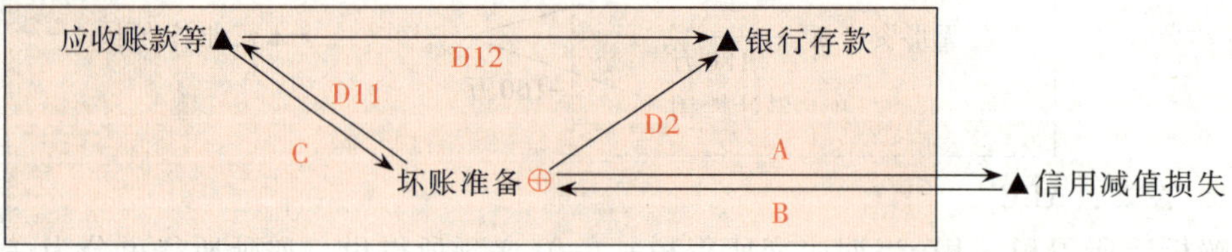

选项B：

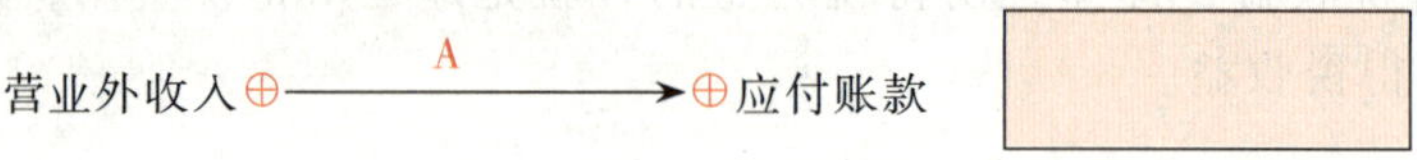

选项C：

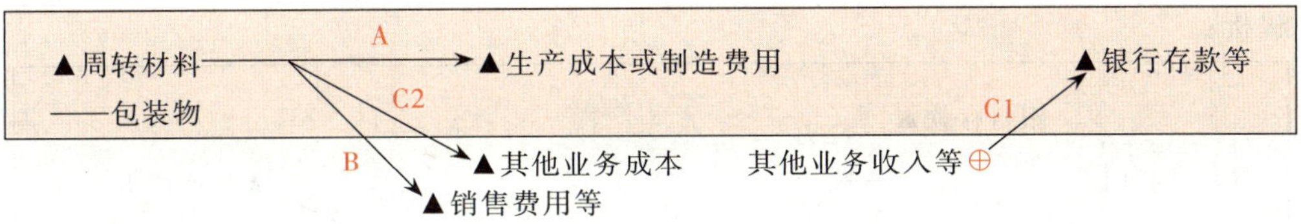

选项D：

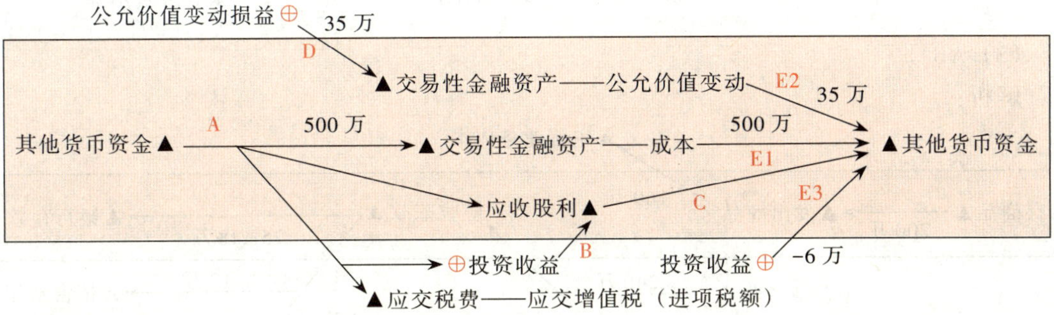

（三）判断题

1.答案：×

解析：所得税费用为当期所得税和递延所得税之和。所以，利润表中的“所得税费用”项目的本期金额包括递延所得税。

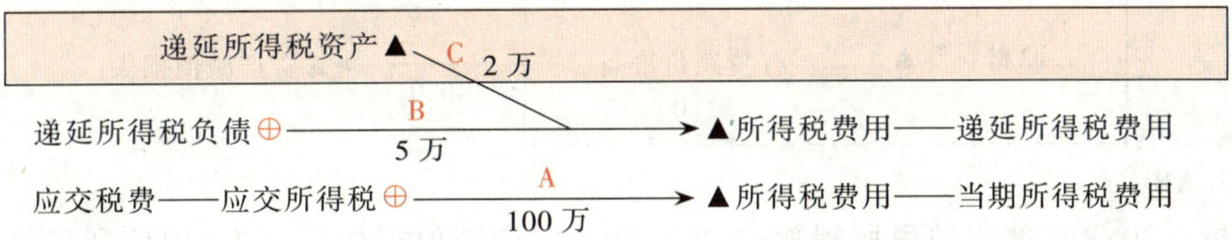

2.答案：√

解析：损失是指企业在非日常活动中形成的，会导致所有者权益减少的、与所有者分配利润无关的经济利益的流出。

3.答案：×

解析：当年形成的亏损，可以在以后5年内用税前利润弥补，本题的20万元，尚不足以弥补20×8年形成的亏损，所以企业当年不需要缴纳所得税。

（四）不定项选择题

答案：

（1）C

解析：

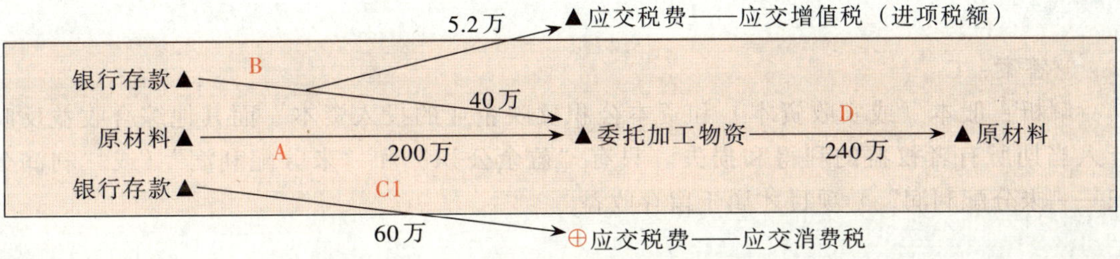

（2）AB

解析：

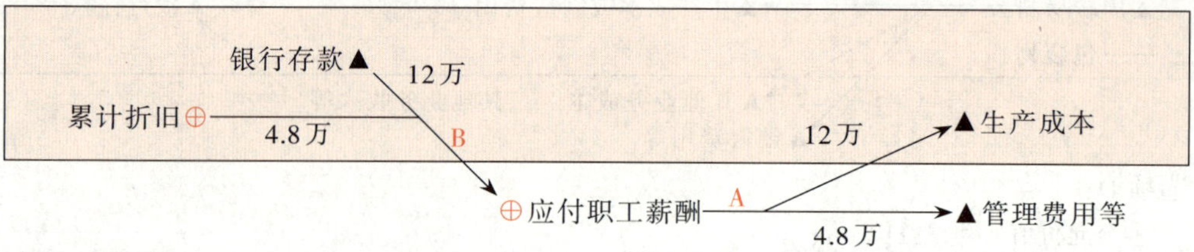

（3）AB

解析：

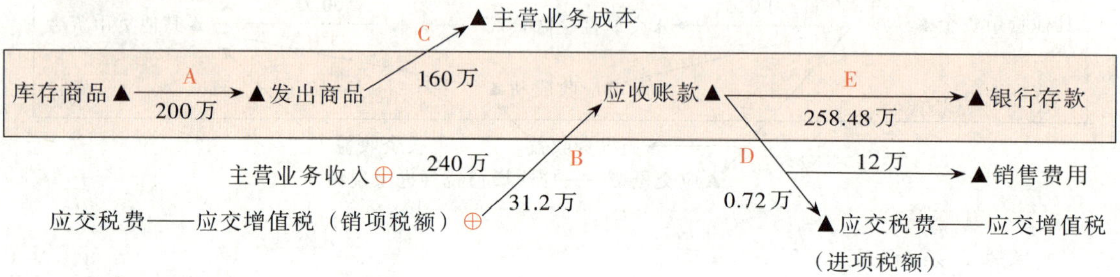

（4）B

解析：

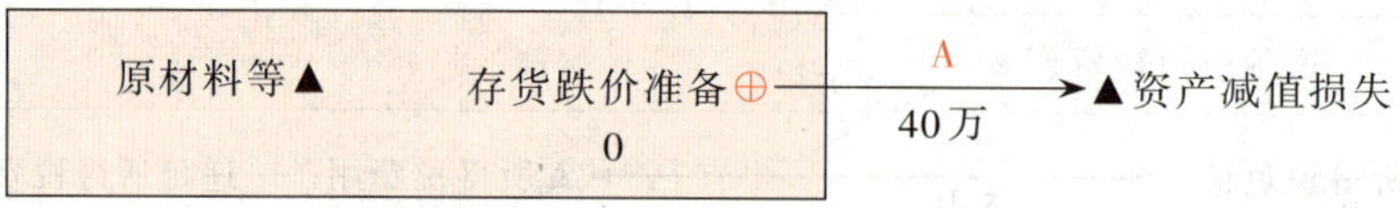

（5）AB

解析：20×8年度应纳税所得额=1 300+40（资产减值损失）-60（国债利息收入）+4（税收滞纳金）=1 284（万元），甲公司应纳所得税额=1 284×25%=321（万元）。净利润=利润总额-所得税费用=利润总额-（当期应交所得税+递延所得税）=1 284-（321-40×25%）=973（万元）。

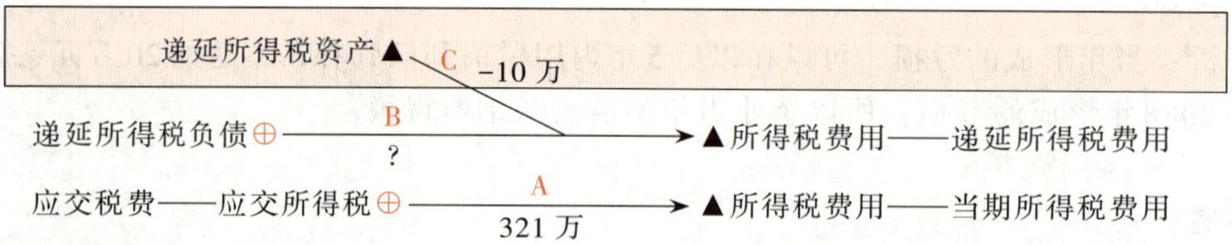

二、知识点：利润分配

（一）单项选择题

1.答案：C

解析：股本（或实收资本）和资本公积反映企业的投入资本，而其他综合收益反映计入当期所有者权益的利得和损失。只有“盈余公积”和“未分配利润”（或“利润分配——未分配利润”）项目才属于留存收益。

2.答案：D

解析：

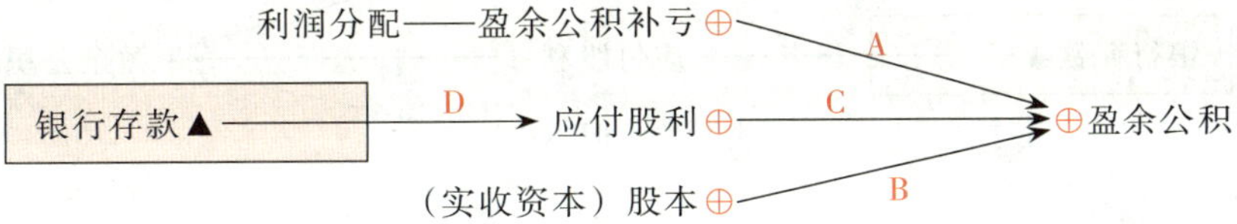

3.答案：A

解析：如果以前年度未分配利润有盈余（即年初“未分配利润”项目余额为正数，或为贷方余额），则在计算提取法定盈余公积的基数时，不应包括年初未分配利润。但是如果以前年度未分配利润是亏损的（即年初“未分配利润”项目余额为负数，或为借方余额），则在计算提取法定盈余公积的基数时，应对以前年度的亏损进行弥补。

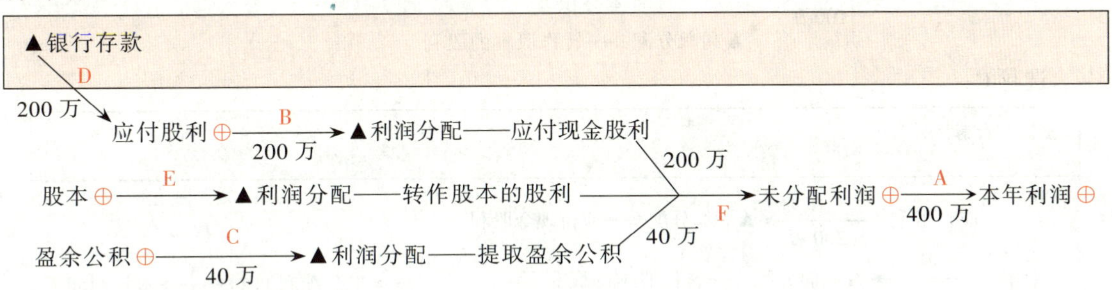

4.答案：C

解析：该公司年末未分配利润=1 000+500−500×（10%+5%）−100=1 325（万元）。

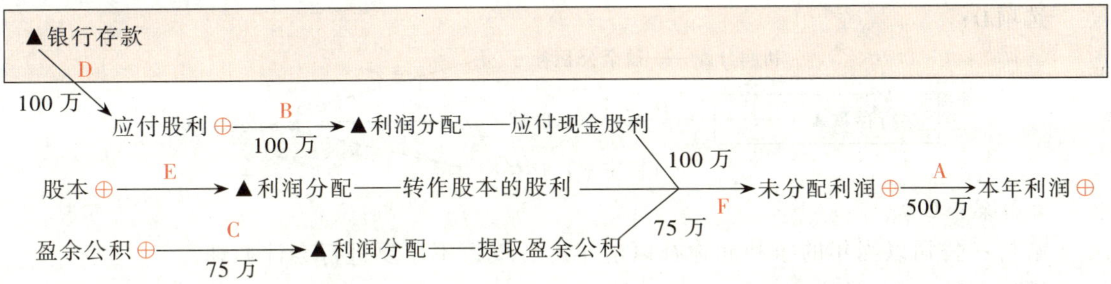

5.答案：D

解析：

选项 ABC：

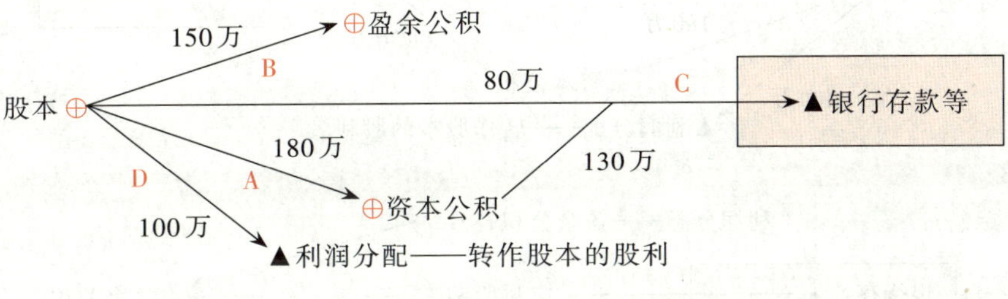

选项D：

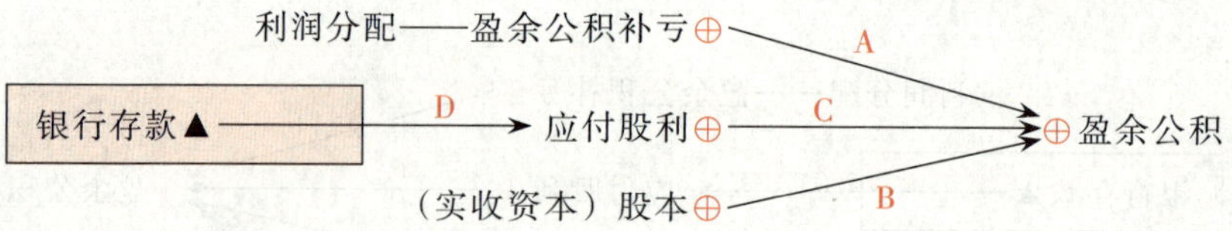

6.答案：D

解析：宣告分配股票股利，不做会计处理。

选项B：

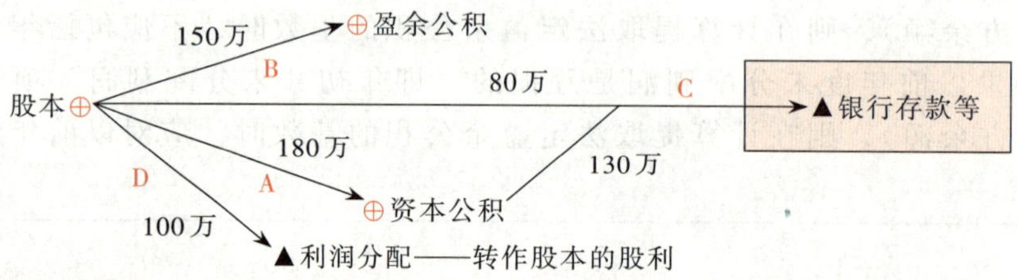

选项C：

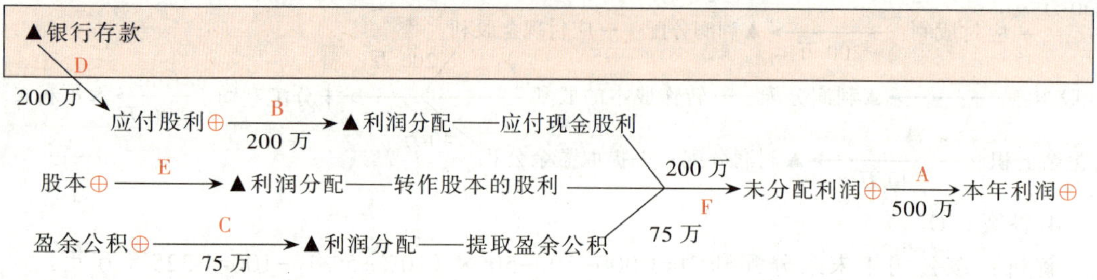

选项D：

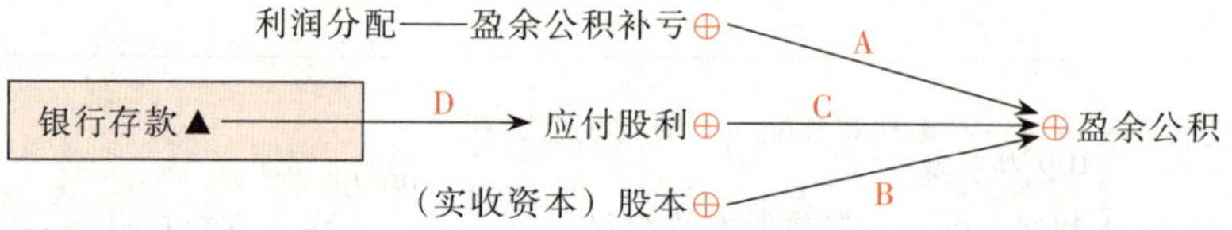

7.答案：C

解析：公司以当年的净利润弥补以前年度亏损，不需要进行会计处理。

选项AC：

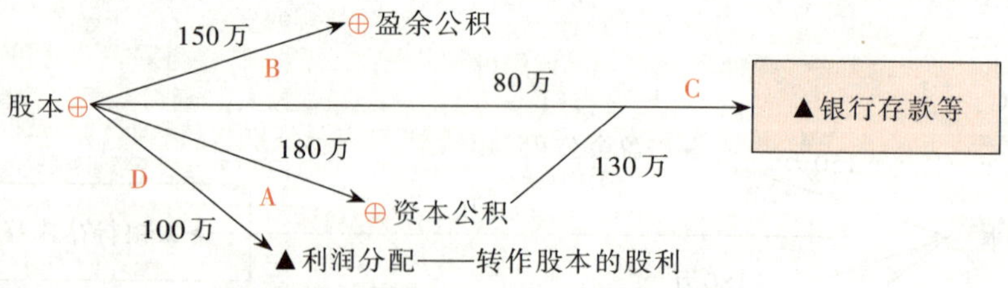

选项B：

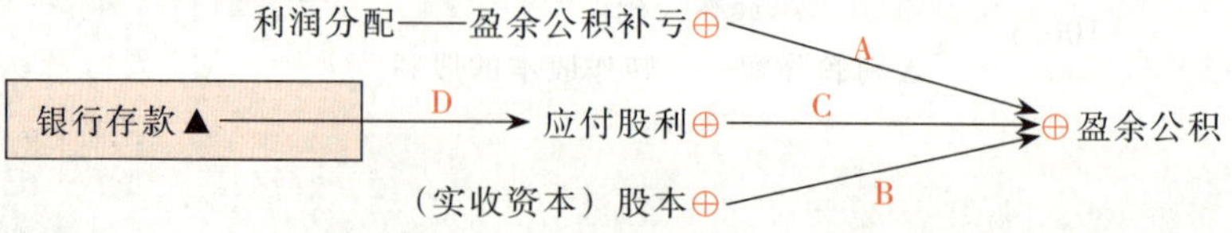

选项D：

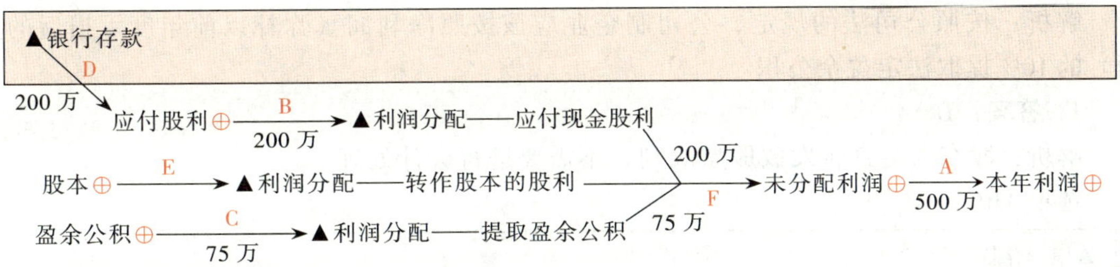

8.答案：B

解析：甲公司宣告发放股票股利不需要进行会计处理；甲公司收到乙公司作为投资的设备，导致实收资本增加；甲公司提取法定盈余公积，留存收益结构改变但总额不变。

选项ABD：

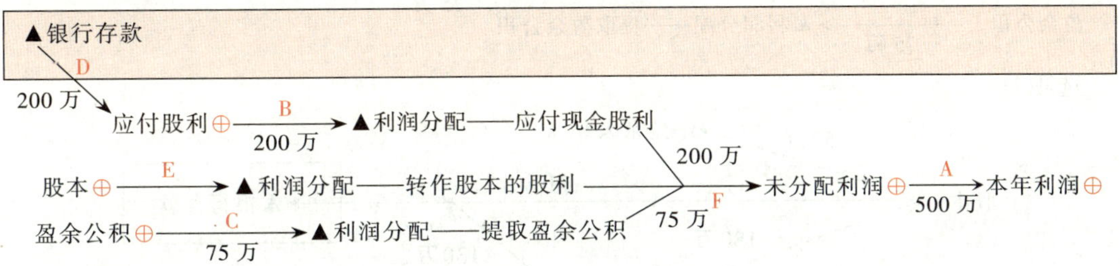

选项C：

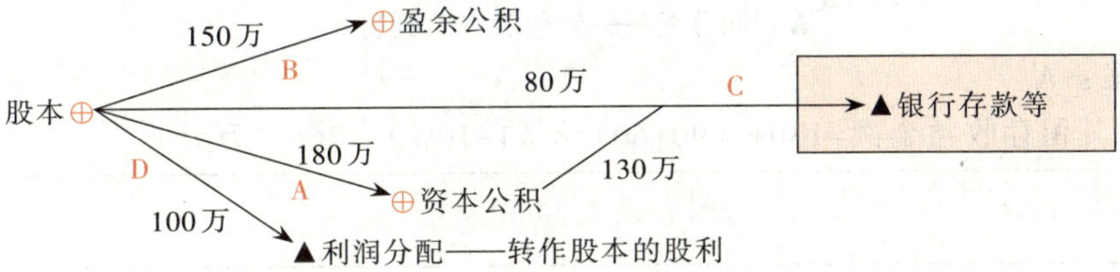

9.答案：D

解析：盈余公积补亏、提取法定盈余公积，都会导致留存收益结构发生变化，但总额不会改变。资本公积不能弥补亏损，只能转增资本。

选项A：

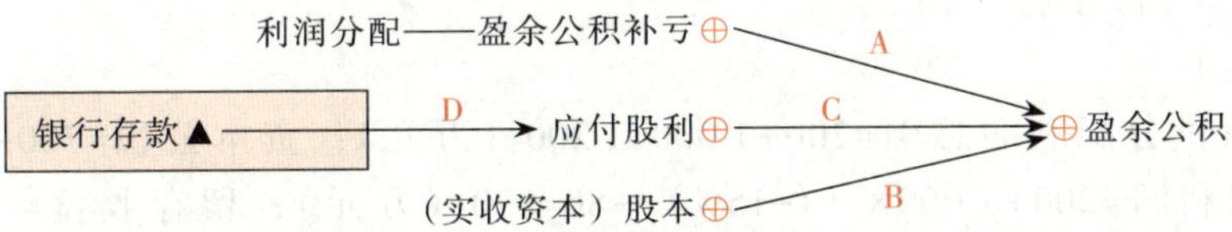

选项CD：

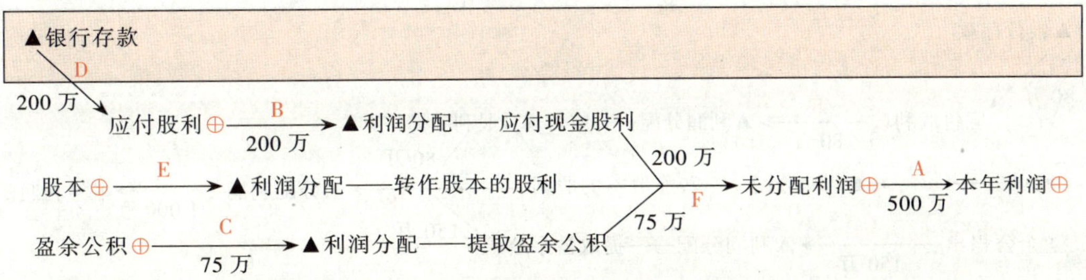

10.答案：A

解析：按照公司法的规定，公司制企业应该按照净利润（弥补以前年度亏损后的金额）的10%提取法定盈余公积。

11.答案：D

解析：股东大会宣告发放股票股利，不需要进行会计处理。

选项ABC：

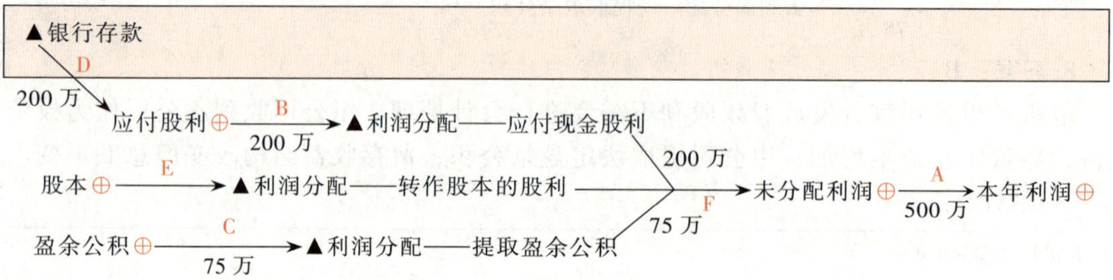

选项D：

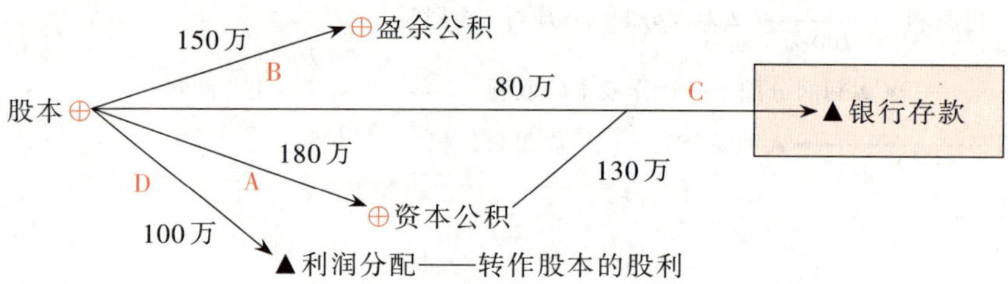

12.答案：A

解析：其留存收益金额=130+（90+60）×（1-10%）=265（万元）。

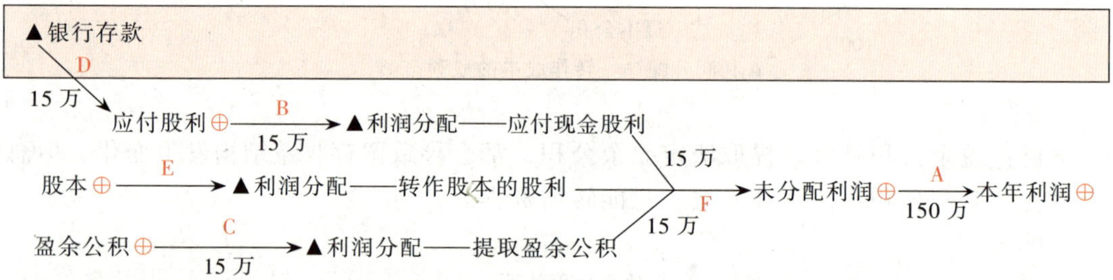

13.答案：C

解析：可供分配利润总额=200+1 000=1 200（万元）；资本公积=700-100=600（万元）；未分配利润=200+1 000×（1-15%）-80=970（万元）；留存收益=（300+1 000×15%）+970=1 420（万元）。

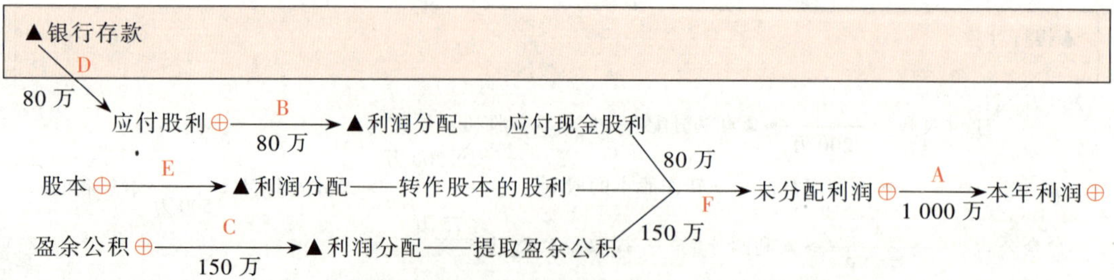

14. 答案：A

解析：未分配利润=（700−40）×（1−10%）=594（万元）。

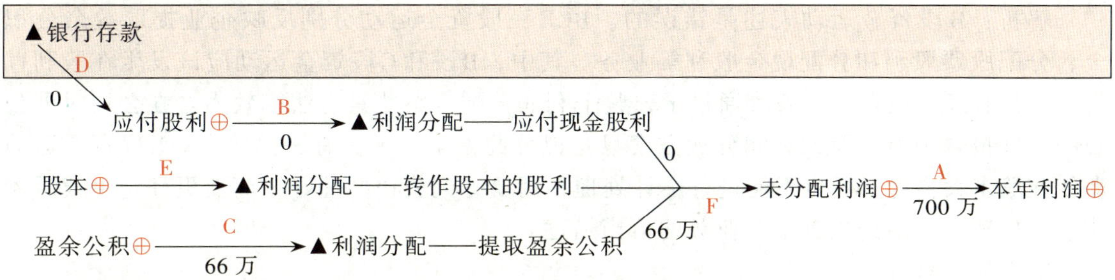

15. 答案：B

解析：企业当年实现的净利润加上年初未分配利润（或减去年初未分配利润）和其他转入后的余额，为可供分配利润，即400+1 600=2 000（万元）。

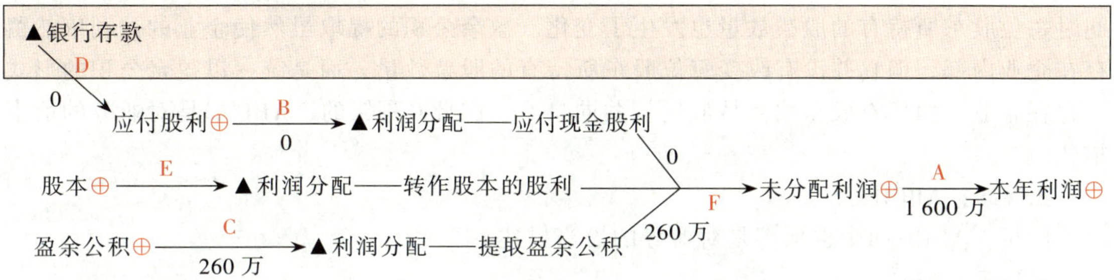

16. 答案：B

解析：无论是税前利润还是税后利润弥补亏损，企业无须单独进行专门的账务处理，只需要将本年利润转入“未分配利润”项目即可，这样就弥补了亏损。

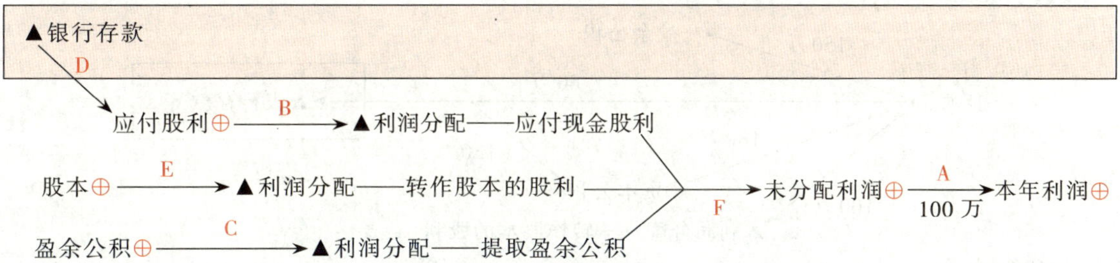

17. 答案：C

解析：期末未分配利润=100+1 000×（1−10%−5%）−80=870（万元）。

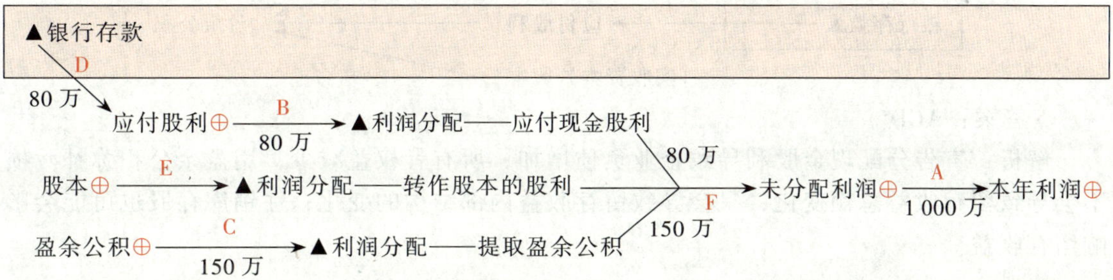

（二）多项选择题

1.答案：ACD

解析：B段资金运动表述是错误的。BCE三段资金运动分别反映企业提取盈余公积金、分配股票股利和分配现金股利等业务。其中，B段和C段资金运动应该发生在股利宣告日。只有经过股东大会表决通过了，整个利润分配方案才具有法律效力。在公司对外公布的年度报告中所提及的利润分配方案只是拟分配方案，不具有法律效力。E段资金运动即使在股东大会通过后也不能进行会计处理，而要等到公司办理好工商变更登记手续后才能进行处理。ACD选项都是对业务的恰当描述。

2.答案：ABD

解析：选项C是不完全正确的。虽然股票股利的分配和盈余公积的提取并没有导致资金流出企业，也不影响企业的所有者权益总额，但是它们导致所有者权益的结构发生了变化。股票股利的分配导致企业股本增加，企业的注册资本增加，企业需要重新登记注册；同时每位股东所持有的股票数量也发生了变化。盈余公积的提取虽然使企业的盈利依然留存在企业内部，但它并没有改变每位股东所持有的股票数量，而是统一以盈余公积的形式留存在企业，由所有股东按其持股比例共同享有。因此C是错的，ABD都是对业务的恰当描述。

3.答案：ABCD

解析：ABCD四个选项都是对业务的恰当描述。

4.答案：ABC

解析：企业用留存的未分配利润进行现金股利分配，最终将导致资金流出企业，也会导致企业所有者权益减少。

选项AC：

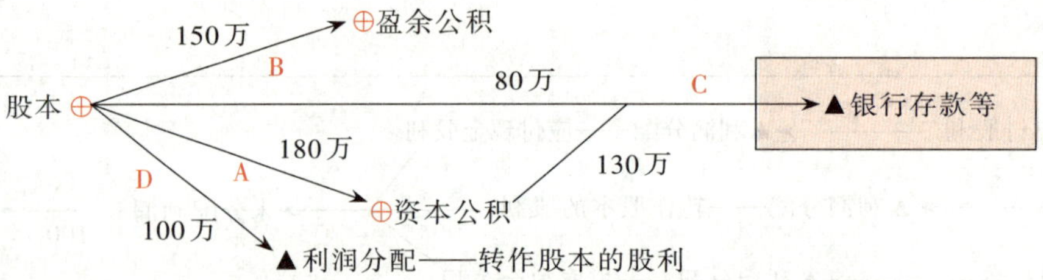

选项BD：

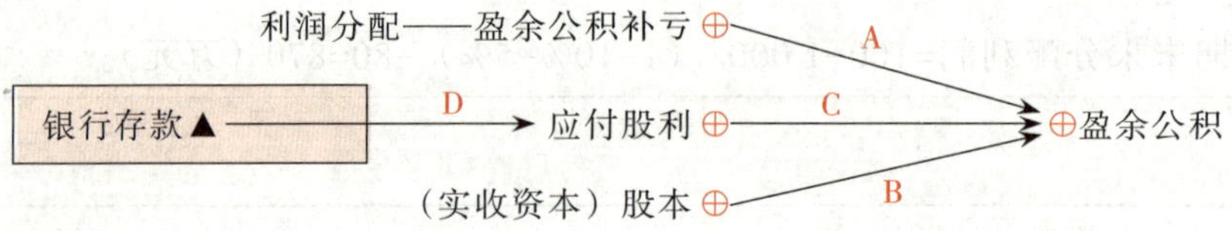

5.答案：ACD

解析：宣告分配现金股利导致企业负债增加，所有者权益减少；用盈余公积弥补亏损不会导致留存收益总额变化，只会导致留存收益内部结构的变化；注销库存股也可能会影响留存收益。

选项 AB：

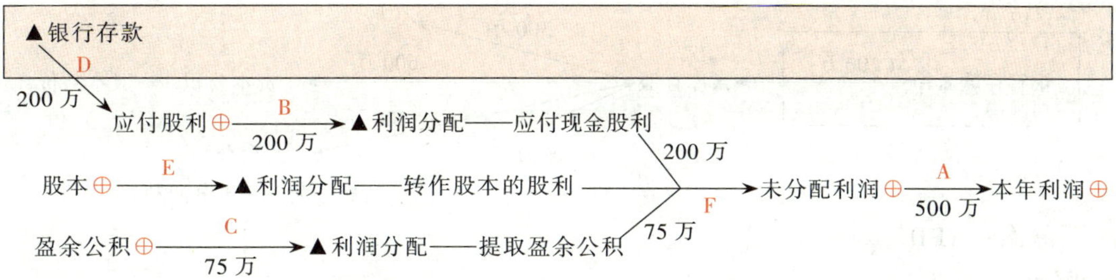

选项 C：

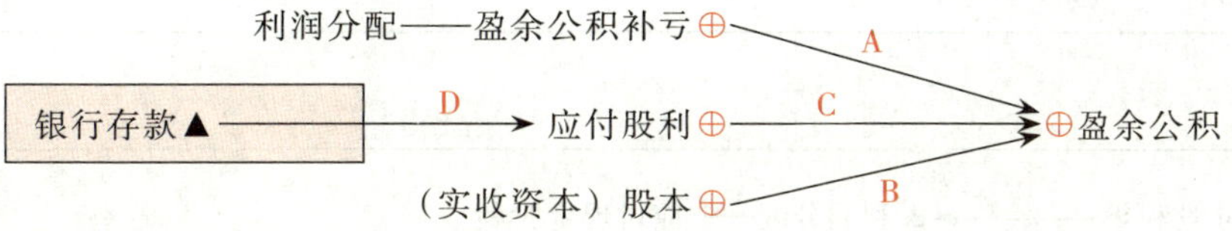

选项 D：

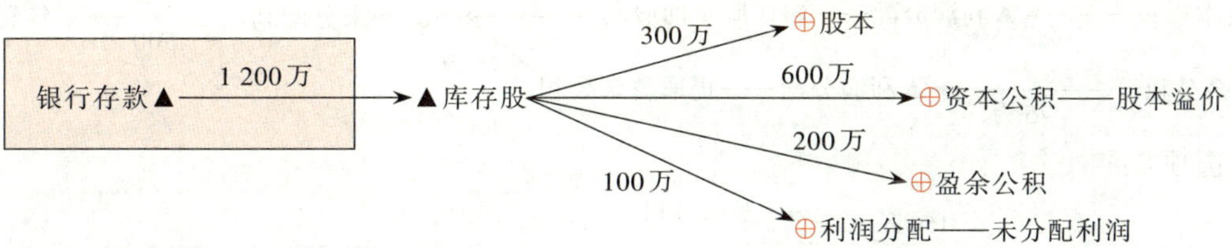

6.答案：CD

解析：

选项 A：

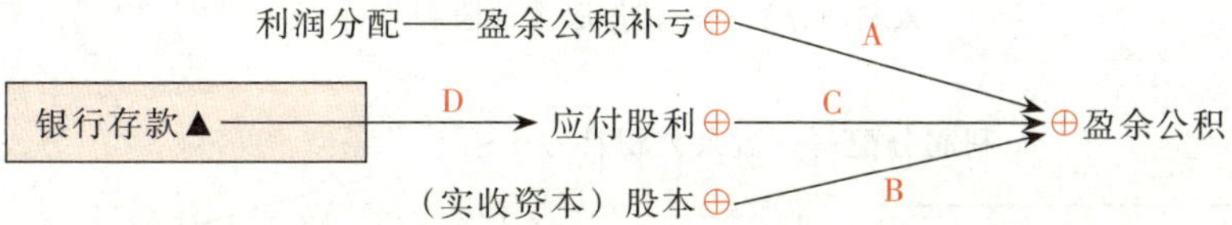

选项 B：

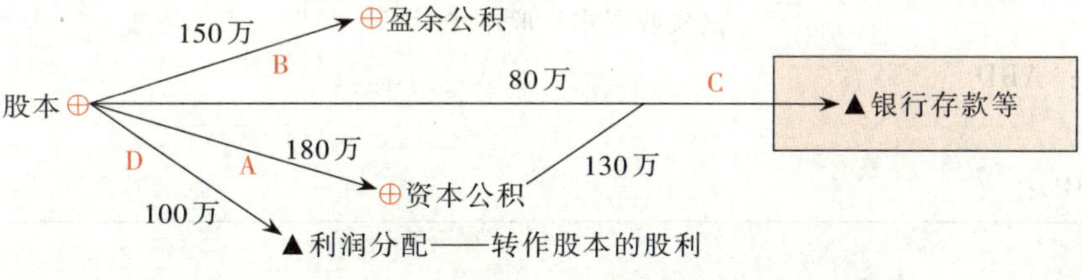

选项 C：

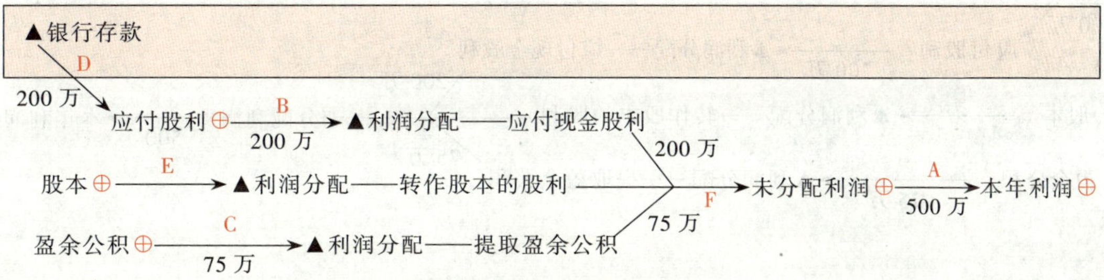

选项D：

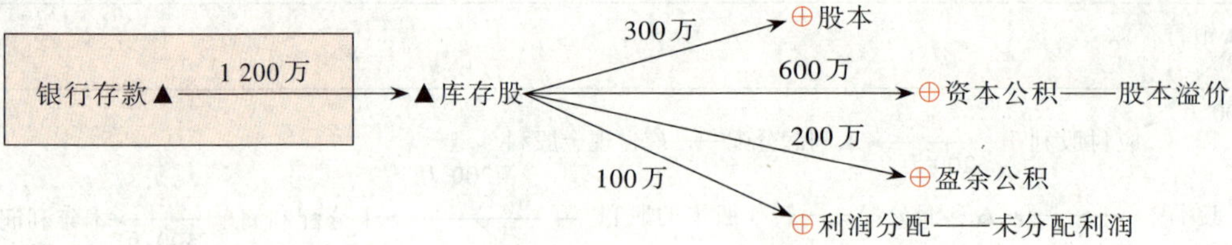

7.答案：ABD

解析：

选项AB：

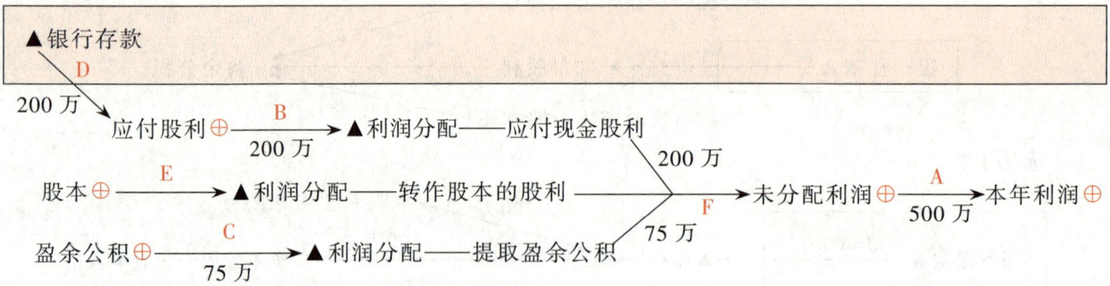

选项C：

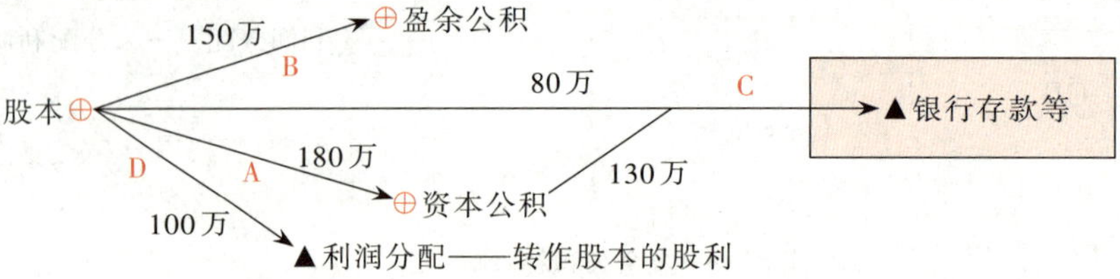

选项D：

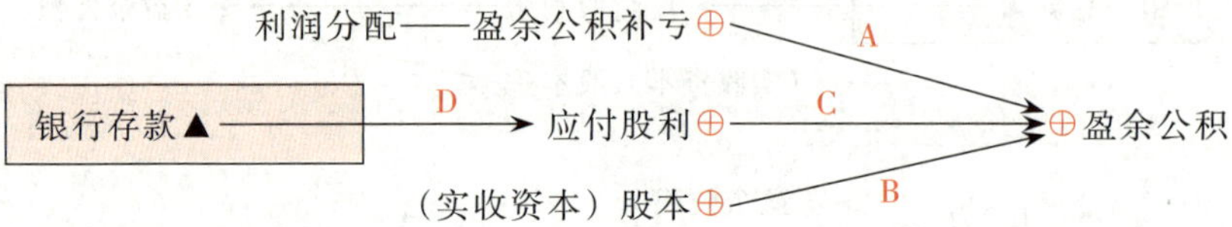

8.答案：ABD

解析：

选项ABC：

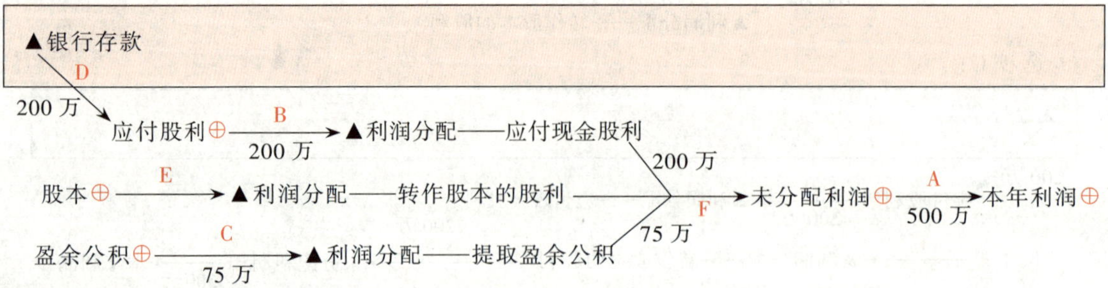

选项D：

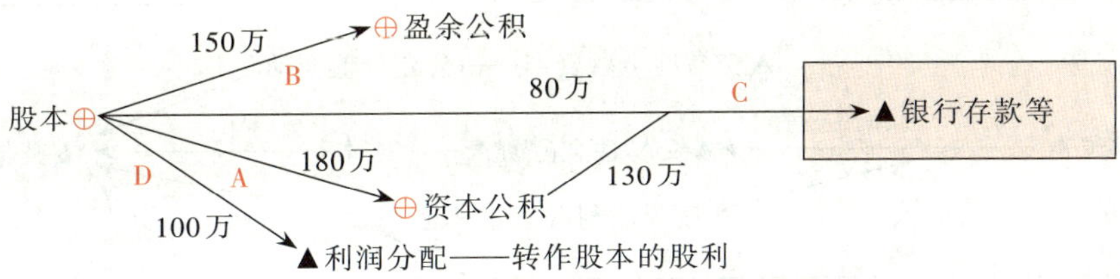

9. 答案：AD

解析：

选项ABD：

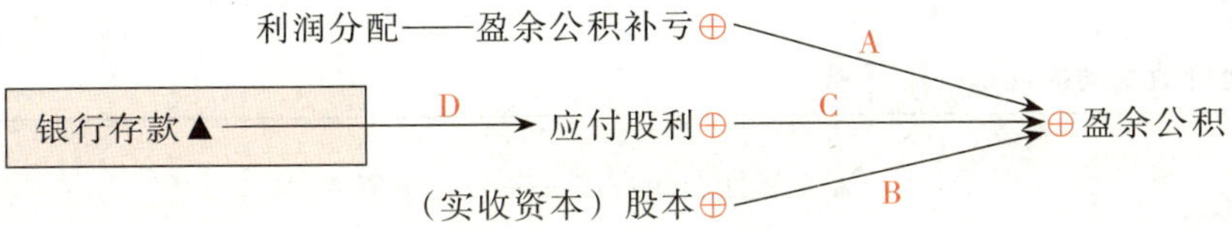

选项C：

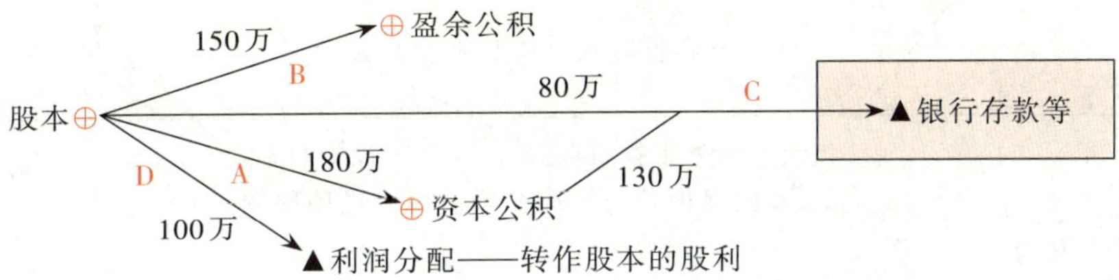

10. 答案：ABC

解析：发行股票的溢价收入记入“资本公积——股本溢价”账户。

选项ABC：

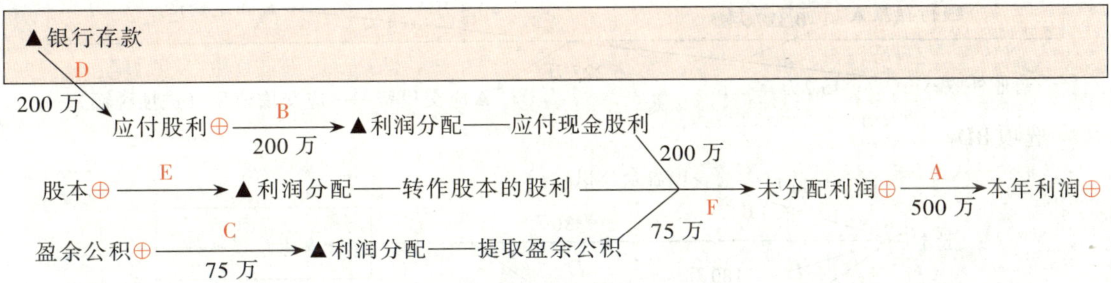

选项D：

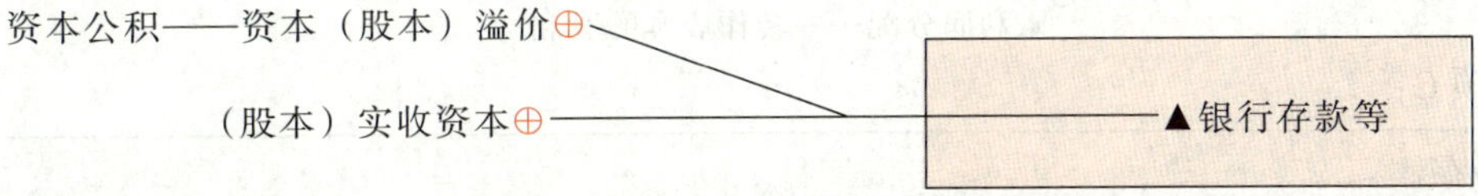

11. 答案：ABCD

解析：企业持有交易性金融资产，被投资方宣告分派股票股利时企业不需要进行会计处理；实际分派现金股利时，投资企业要在备查簿中进行登记。企业持有交易性金融资产，被投资方宣告发放现金股利时，企业应当确认投资收益。

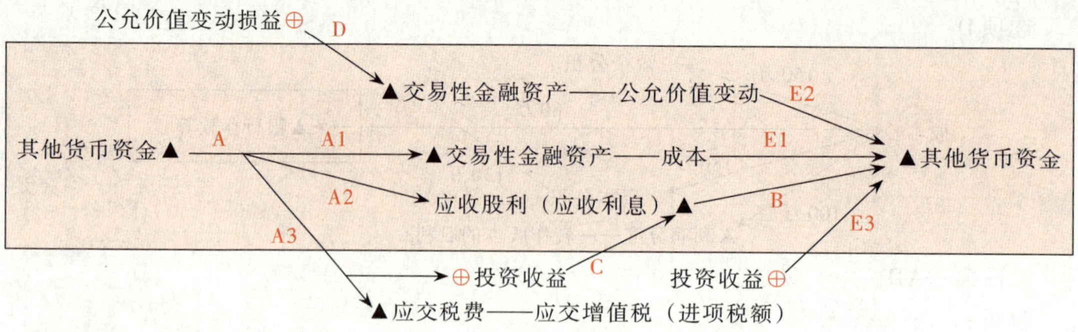

12. 答案：ABD

解析：

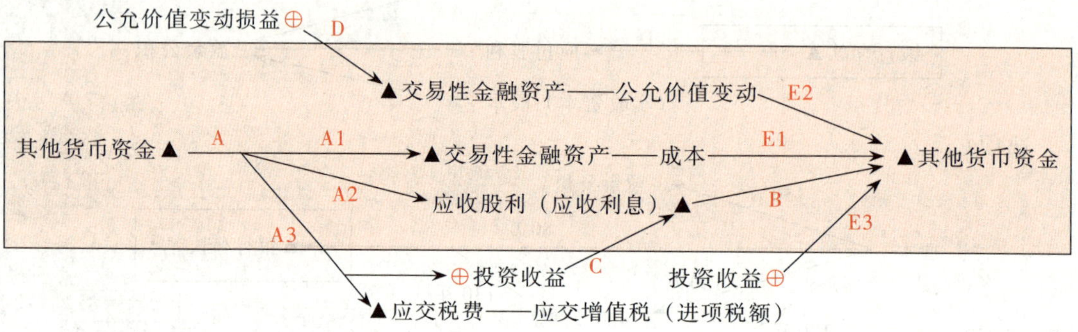

13. 答案：BCD

解析：

选项A：

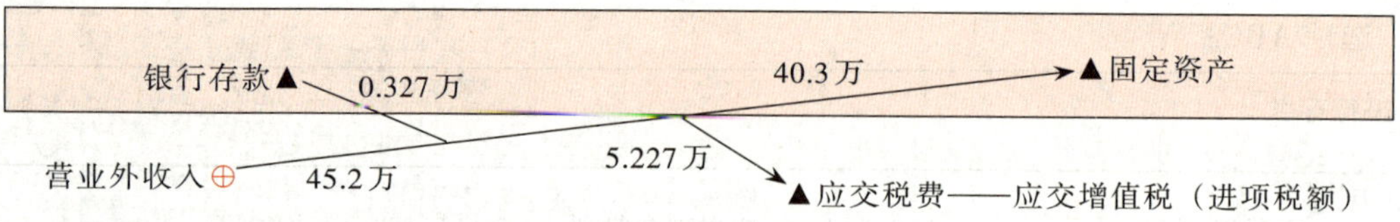

选项BD：

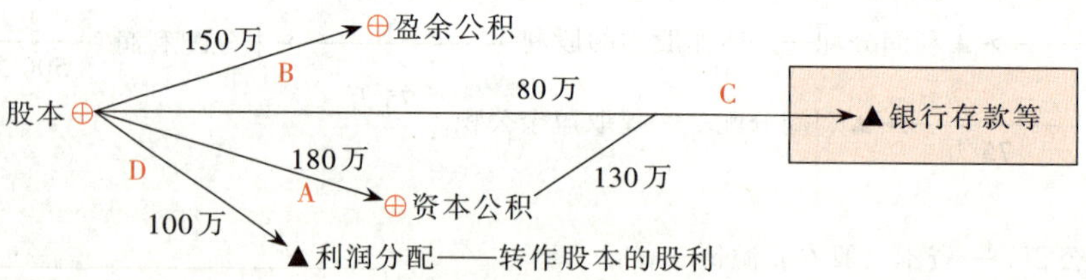

选项C：

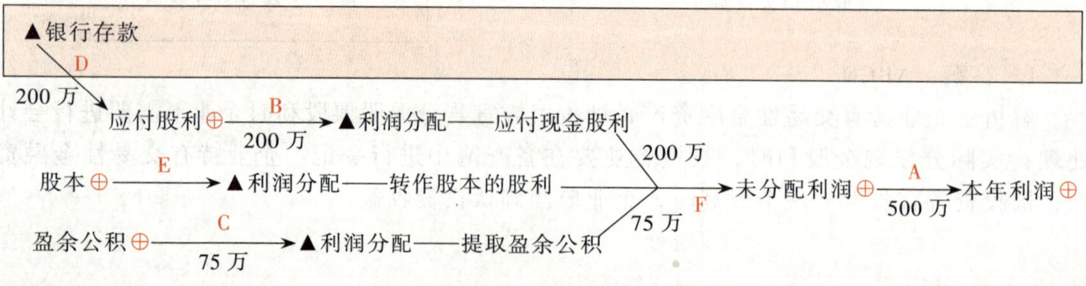

14.答案：BD

解析：留存收益包括盈余公积和未分配利润（或者“利润分配——未分配利润”）。

15.答案：BCD

解析：公司制企业的盈余公积包括法定盈余公积和任意盈余公积；盈余公积可以用于弥补亏损和转增资本，还可以用来发放现金股利或分配利润等；法定盈余公积是企业按照规定从净利润中提取的盈余公积。

16.答案：ABC

解析：未分配利润是企业实现的净利润在经过弥补亏损、提取盈余公积、向投资者分配利润后留存在企业的、历年的结存利润。不要将股票股利与转增资本混淆，股票股利依然属于向投资者分配利润。

17.答案：AB

解析：

选项A：

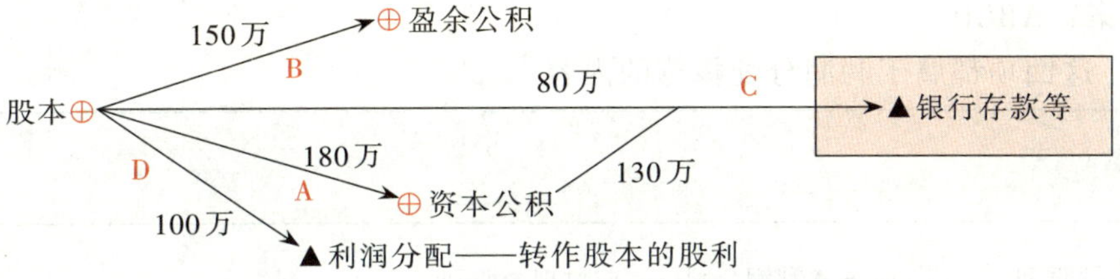

选项B：

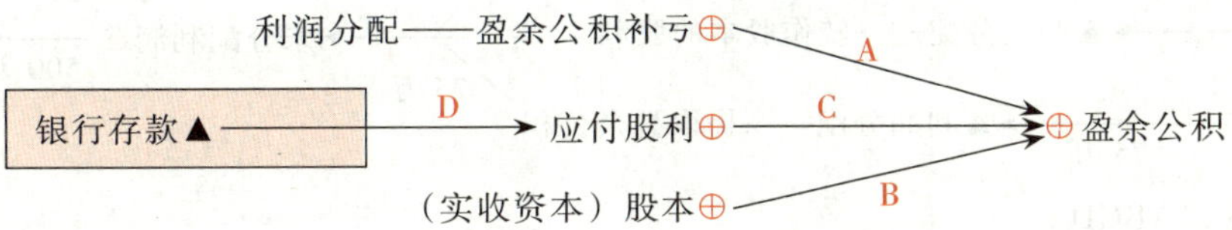

选项CD：

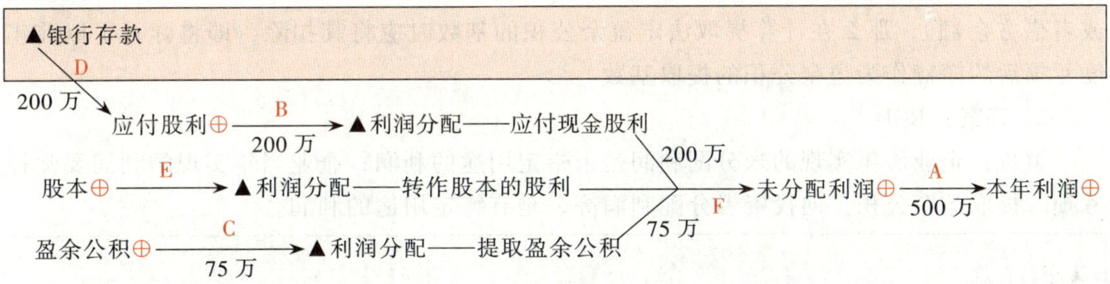

18.答案：BD

解析：转销无须偿还的应付账款，应计入营业外收入，最终影响所有者权益；股东大会宣布发放股票股利、用盈余公积弥补亏损，会使得所有者权益的内部结构发生变化，不影响其总额；股东大会宣布发放现金股利，所有者权益减少，负债增加。

选项A：

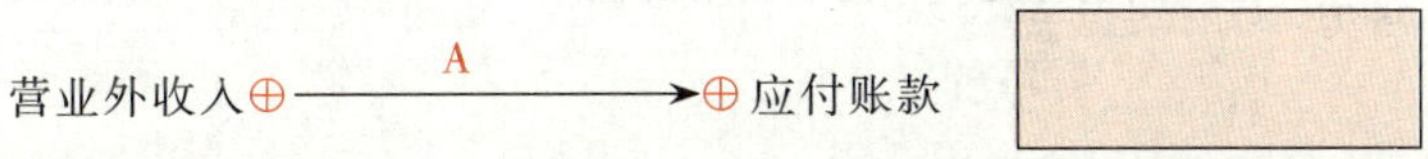

选项 B：

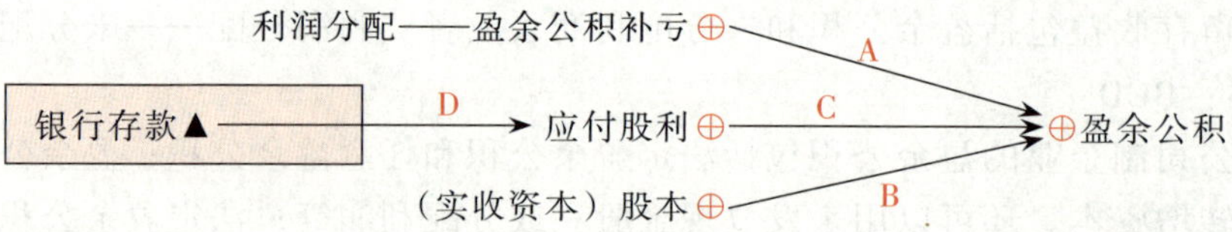

选项 CD：

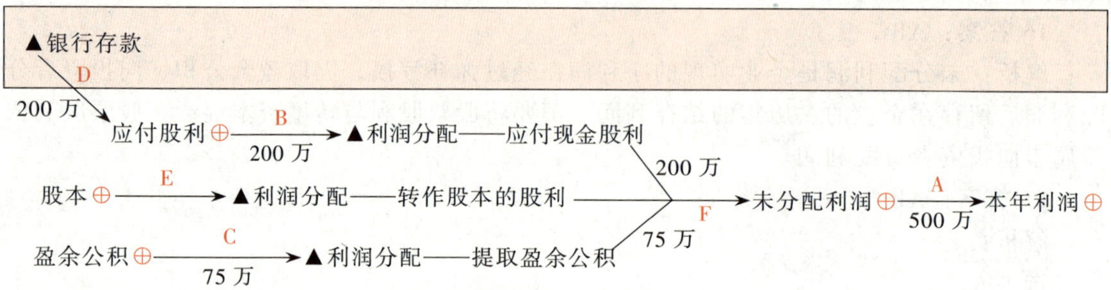

19. 答案：ABCD

解析：这四项都属于利润分配核算的内容。

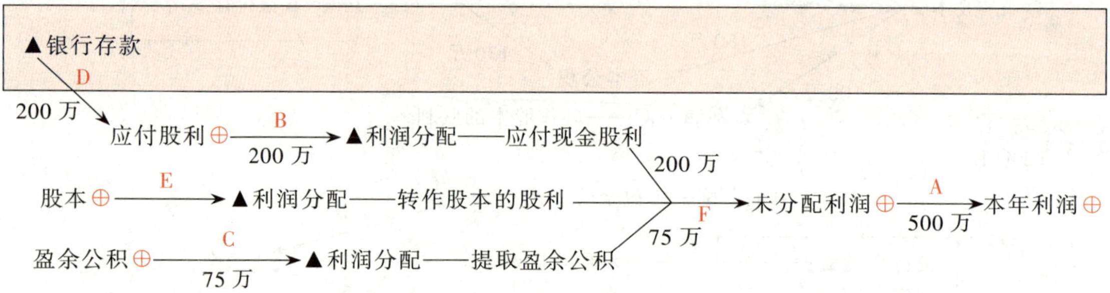

20. 答案：ABCD

解析：如果以前年度未分配利润有尚未弥补的亏损（即年初未分配利润余额为负数，或者借方余额)，那么在计算提取法定盈余公积的基数时应将其扣除，即将弥补了以前年度亏损后的净额作为盈余公积的提取基数。

21. 答案：BCD

解析：企业历年实现的未分配利润是未指定用途的利润；企业当年实现的利润要弥补亏损、提取盈余公积、向投资者分配利润等，是有特定用途的利润。

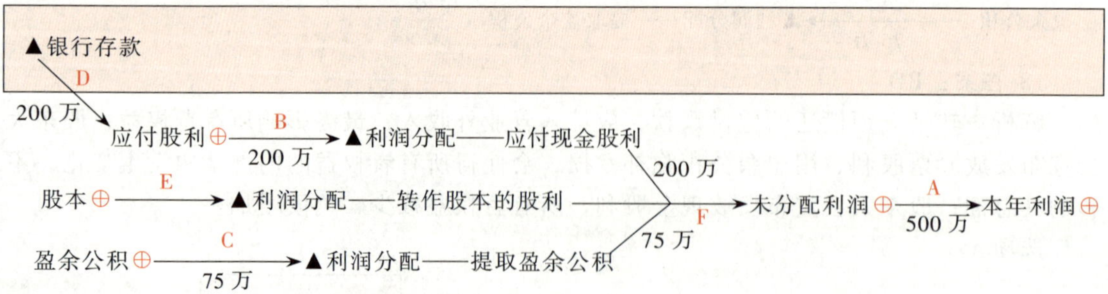

22.答案：ABCD

解析：

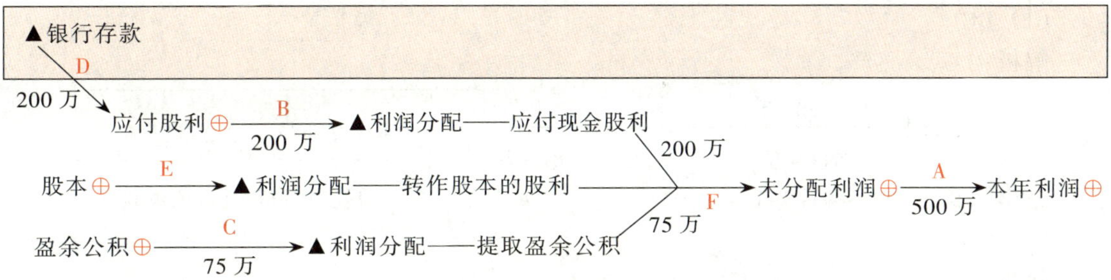

（三）判断题

1.答案：×

解析：只有现金股利的分配最终才需要用银行存款去支付。发放股票股利和提取盈余公积金都不会引起资金流出企业，也不会影响企业所有者权益总额的变化。

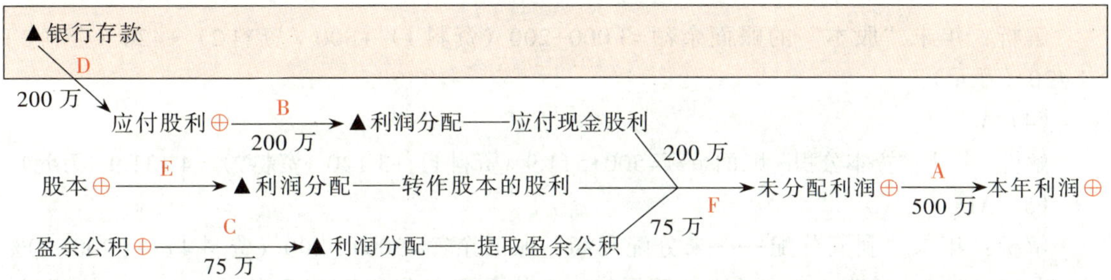

2.答案：√

解析："未分配利润"（或者"利润分配——未分配利润"）账户的贷方余额代表截至目前尚未分配完的累计利润，其借方余额代表截至目前尚未弥补的累计亏损。企业在计算提取法定盈余公积的基数时，不应该包括年初的贷方余额，但需要扣除其年初的借方余额，即弥补以前年度的亏损之后再提取。

3.答案：×

解析：企业分配股票股利不通过"应付股利"账户核算。

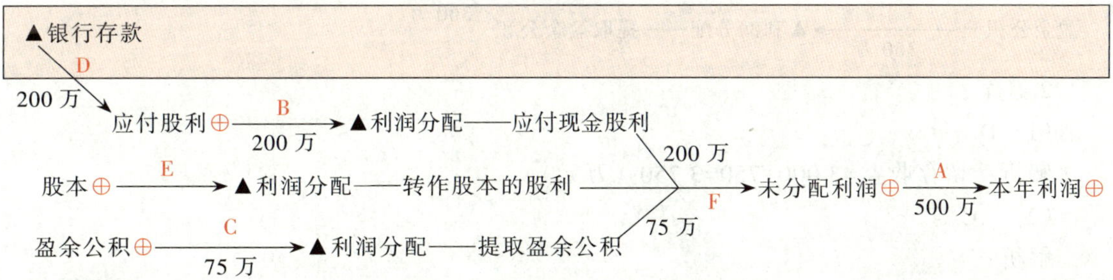

4.答案：×

解析：法定盈余公积的用途：（1）弥补公司亏损；（2）扩大企业生产经营规模；（3）转增公司资本；（4）分配现金股利。

（四）不定项选择题

1. 答案：

（1）BC

解析：

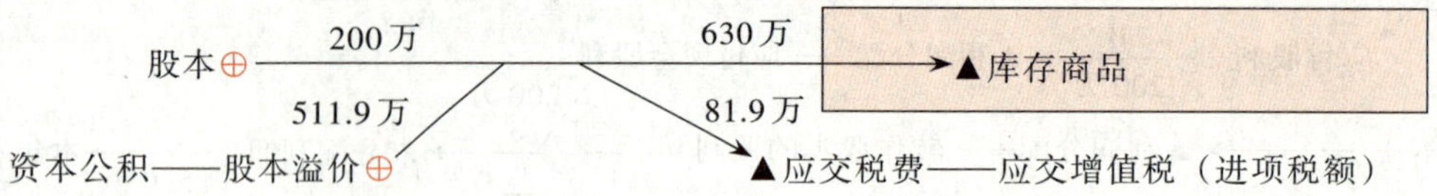

（2）CD

解析：

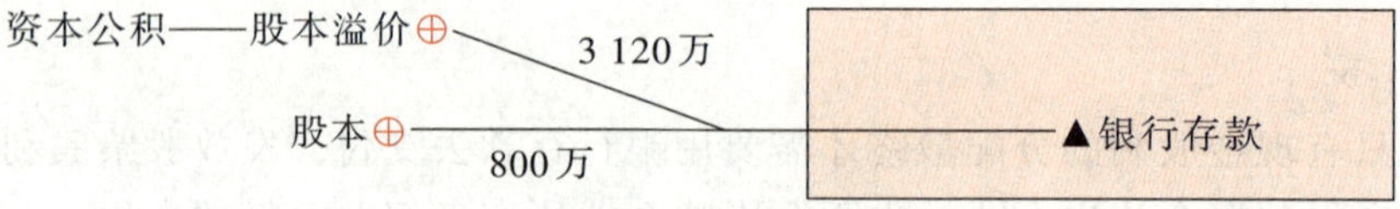

（3）B

解析：年末“股本”的账面余额=3 000+200（资料1）+800（资料2）+420（资料3）=4 420（万元）。

（4）A

解析：年末“资本公积”账面余额=500+511.9（资料1）+3 120（资料2）=4 131.9（万元）。

（5）AD

解析：年末“利润分配——未分配利润”账面余额=900+1 200（资料4）−1 200×30%（资料5）−300（资料6）=1 440（万元）。年末“盈余公积”账面价值=600−420（资料3）+1 200×30%（资料5）=540（万元）。

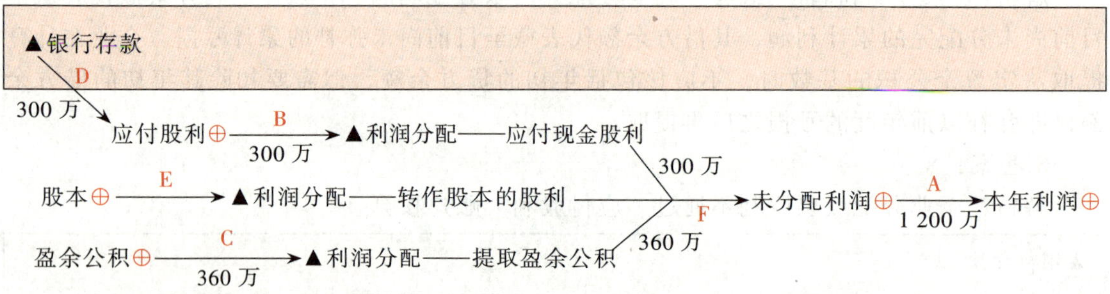

2. 答案：

（1）D

解析：留存收益=3 000+750=3 750（万元）。

（2）AC

解析：

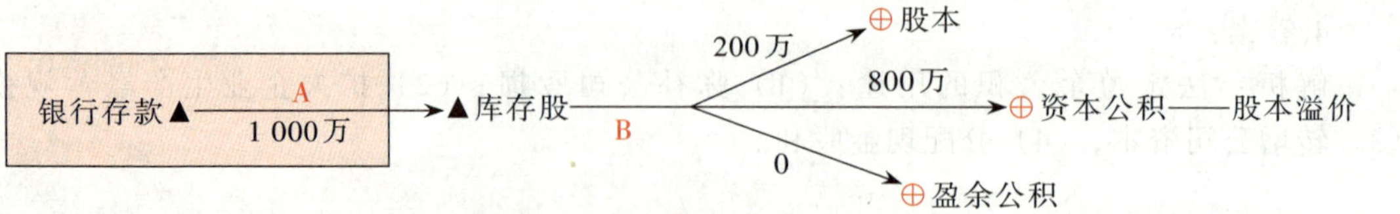

（3）AC

解析：应纳税所得额=2 000+4-10=1 994（万元），所得税费用=1 994×25%=498.5（万元），净利润=2 000-498.5=1 501.5（万元）。

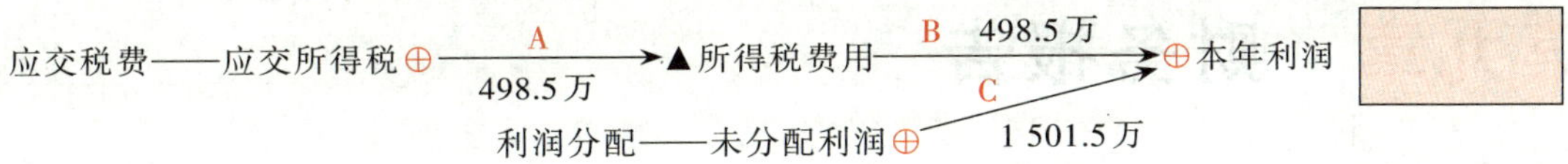

（4）D

解析：20×8 年年末未分配利润=750+1 501.5-1 501.5×20%-400=1 551.2（万元）

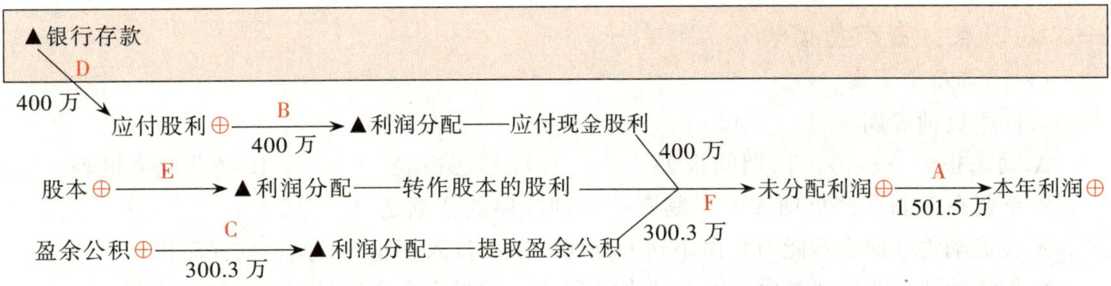

（5）ABCD

“资本公积”期末余额=1 500-800=700（万元）；“股本”期末余额=5 000-200=4 800（万元）；“盈余公积”期末余额=3 000+1 501.5×20%=3 300.3（万元）。

第九章　财务报告

一、知识点：资产负债表

（一）单项选择题

1.资产负债表属于（　　）。

A.动态报表　　B.期间报表　　C.静态报表　　D.经营成果报表

2.企业在编制资产负债表时，其资产排列顺序的依据是（　　）。

A.按流动性（即变现能力）由小到大排列　　B.按投入企业的时间由前往后排列

C.按流动性（即变现能力）由大到小排列　　D.按投入企业的时间由后往前排列

3.在资产负债表中，资产可以分为（　　）。

A.流动资产和长期资产　　B.短期资产和长期资产

C.流动资产和非流动资产　　D.短期资产和非短期资产

4.在资产负债表中，负债可以分为（　　）。

A.流动负债和长期负债　　B.短期负债和长期负债

C.流动负债和非流动负债　　D.短期负债和非短期负债

5.资产负债表中“其他应付款”项目不包括（　　）。

A.预付账款　　B.其他应付款　　C.应付股利　　D.应付利息

6.甲公司20×8年12月31日的“无形资产”账户余额为1 000万元，累计摊销账户的余额为300万元，无形资产减值准备的账户贷方余额为50万元，研发支出的余额为200万元。该企业20×8年12月31日资产负债表中“无形资产”项目的金额为（　　）万元。

A. 1 000　　B.700　　C.650　　D.950

7.20×8年12月31日，甲公司“长期借款”账户余额为5 000万元，其中向中国银行财大支行借款2 000万元（截至20×8年12月31日，还有1年半到期），向中国建设银行南湖支行借款2 200万元（截至20×8年12月31日，还有8个月到期），向中国农业银行财大支行借款800万元（截至20×8年12月31日，还有11个月到期）。该企业20×8年12月31日资产负债表中“长期借款”项目的金额为（　　）万元。

A. 5 000　　B.2 000　　C.3 000　　D.2 800

8.20×8年12月31日，某企业“固定资产”账户借方余额为3 000万元，“累计折旧”账户贷方余额为1 400万元，“固定资产减值准备”账户贷方余额为200万元。20×8年12月31日，该企业资产负债表中“固定资产”项目期末应列报的金额为（　　）万元。

A. 3 000　　B.1 600　　C. 1 400　　D.2 000

9.20×8年12月31日，某企业“固定资产”借方账户余额为4 000万元，“累计折旧”账户贷方余额为1 000万元，“固定资产减值准备”账户贷方余额为200万元，“固定资产清理”账户借方余额为500万元。不考虑其他因素，20×8年12月31日该企业资产负债表中“固定资产”项目的列报金额为（　　）万元。

A. 4 000　　B.3 000　　C. 3 300　　D.2 800

10. 某企业20×8年12月31日相关账户期末余额如下：“固定资产”账户账面余额5 000万元，“在建工程”账户账面余额为2 000万元，“工程物资”账户账面余额为200万元，“在建工程减值准备”账户贷方余额为180万元，“工程物资减值准备”账户贷方余额30万元。不考虑其他因素，则20×8年12月31日资产负债表中“在建工程”项目列示的金额应该为（　　）万元。

A. 1 990　　B.7 000　　C. 2 000　　D.1 820

11.20×8年12月31日，甲公司预收账款总账账户贷方余额为15万元，其明细账户如下：“预收账款——乙公司”账户贷方余额为25万元，“预收账款——丙公司”账户借方余额为10万元。不考虑其他因素，甲公司年末资产负债表中“预收账款”项目的期末余额为（　　）万元。

A. 10　　B.15　　C. 5　　D.25

12. 甲公司“应收账款”账户借方余额为400万元，其中：“应收账款——M公司”明细账户借方余额为350万元，“应收账款——N公司”明细账户借方余额为50万元。“预收账款”账户贷方余额为300万元，其中：“预收账款——X公司”明细账户贷方余额500万元，“预收账款——Y公司”明细账户借方余额为200万元。与应收账款有关的坏账准备明细账户贷方余额为10万元，与其他应收款有关的坏账准备明细账户贷方余额为5万元。不考虑其他因素，甲公司期末资产负债表中“应收账款”项目列示的金额为（　　）万元。

A. 400　　B.600　　C. 590　　D.585

13. 甲公司20×8年年末“工程物资”账户余额为80万元，“发出商品”账户余额为50万元，“原材料”账户余额为160万元，“材料成本差异”账户贷方余额为5万元。假定不考虑其他因素，甲公司20×8年12月31日资产负债表中“存货”项目的金额为（　　）万元。

A. 205　　B.285　　C. 290　　D.155

14.20×8年12月31日，甲公司“应付账款”账户贷方余额为180万元，其中应付账款明细账借方余额为30万元，贷方余额为210万元。坏账准备中与应收账款有关的金额为12万元，与预付账款有关的金额为3万元。假定不考虑其他因素，20×8年12月31日甲公司资产负债表中“预付账款”项目列示的金额为（　　）万元。

A. 30　　B.27　　C. 180　　D.177

15. 下列对于资产负债表中“应收账款”项目填列方法的表述正确的是（　　）。

A.“应收账款”项目应根据“应收账款”账户和“预收账款”账户所属明细账户的期末借方余额合计数，减去“坏账准备”账户中相关应收账款减值准备后的净额填列

B.“应收账款”项目应根据“应收账款”账户和“预收账款”账户所属明细账户的期末借方余额合计数填列

C.“应收账款”项目应根据“应收账款”账户和“应付账款”账户所属明细账户的期末借方余额合计数，减去“坏账准备”账户中相关应收账款减值准备后的净额填列

D.“应收账款”项目应根据“应收账款”账户和“应付账款”账户所属明细账户的期末借方余额合计数填列

16.甲公司20×8年12月31日，“固定资产”账户余额为1 800万元，“累计折旧”账户余额为500万元，“固定资产减值准备”账户余额为100万元，“固定资产清理”账户借方余额为120万元，“在建工程”账户余额为400万元，“工程物资”账户余额为50万元，则20×8年12月31日资产负债表中“固定资产”项目的金额为（　　）万元。

A. 1 300　　B.1 200　　C. 1 320　　D.1 720

17.甲公司20×8年年末有关明细分类账账户余额如下：“应收账款——M公司”账户借方余额100万元，“应收账款——N公司”账户贷方余额65万元；“预收账款——X公司”账户借方余额10万元，“预收账款——Y公司”账户贷方余额75万元。假设不考虑其他因素，甲公司20×8年12月31日资产负债表中“预收账款”项目的期末余额为（　　）万元。

A. 75　　B.65　　C. 140　　D.130

18.下列报表中，（　　）能够反映企业一定时点所拥有的资产、需要偿还的债务，以及所有者拥有净资产的情况。

A.资产负债表　　B.利润表　　C.现金流量表　　D.所有者权益变动表

19.下列关于资产负债表的表述中，正确的是（　　）。

A.资产负债表是反映企业某一期间财务状况的报表

B.资产负债表是动态报表

C.资产负债表的编制依据是“资产=负债+所有者权益”

D.我国资产负债表为多步式结构

20.下列项目中，属于资产负债表中的非流动资产项目的是（　　）。

A.预付账款　　B.其他应收款　　C.存货　　D.固定资产

21.下列资产中，不属于流动资产的是（　　）。

A.交易性金融资产　　B.一年内到期的非流动资产

C.应收账款　　D.开发支出

22.甲企业20×8年12月31日“原材料”账户余额为400万元，“生产成本”账户余额为80万元，“制造费用”账户余额为30万元，“材料成本差异”账户贷方余额为10万元，“委托加工物资”账户余额为50万元，“发出商品”账户余额为35万元，“工程物资”账户余额为40万元。则甲企业20×8年12月31日资产负债表中“存货”项目的金额为（　　）万元。

A. 585　　B.625　　C. 595　　D.630

23.20×8年12月31日，甲公司“库存现金”账户余额为2万元，“银行存款”账户余额为300万元，银行承兑汇票余额为40万元，商业承兑汇票余额为50万元，信用证保证

金存款余额为25万元，银行汇票存款为30万元。则20×8年12月31日资产负债表中“货币资金”项目的金额为（　　）万元。

A. 447　　B.407　　C. 397　　D.357

24.企业发生的下列日常业务中，年末应计入资产负债表非流动资产项目的是（　　）。

A.当年11月1日收到的乙公司开具的6个月后付款的商业票据

B.当年企业购入的一条生产线

C.超过3年未收回的应收账款

D.超过1年以上未销售的库存商品

25.下列各项资产负债表项目中，应根据有关账户余额减去其备抵账户余额后的净额填列的项目是（　　）。

A.预收账款　　B.其他应付款　　C.货币资金　　D.固定资产

26.甲公司20×8年12月31日“应付账款”账户贷方余额为400万元，其中：“应付账款——M公司”明细账户贷方余额为250万元，“应付账款——N公司”明细账户贷方余额为250万元，“应付账款——X公司”明细账户借方余额为100万元；“预付账款”账户贷方余额为200万元，其中：“预付账款——Y公司”明细账户贷方余额为400万元，“预付账款——Z公司”明细账户借方余额200万元。该企业20×8年12月31日资产负债表中“预付账款”项目的金额为（　　）万元。

A. 200　　B.300　　C.-300　　D.-100

27.甲公司20×6年4月1日从银行取得期限为3年的长期借款600万元，编制20×8年度资产负债表时，下列关于此项借款的列报正确的是（　　）。

A.列示在“短期借款”项目

B.列示在“长期借款”项目

C.列示在“一年内到期的非流动负债”项目，并调整账簿记录冲减长期借款余额

D.列示在“一年内到期的非流动负债”项目，账簿记录不需要进行调整

（二）多项选择题

1.一套完整的财务报表至少应当包括（　　）。

A.资产负债表和利润表　　B.现金流量表

C.所有者权益变动表　　D.附注

2.资产负债表所提供的信息是（　　）。

A.时点数　　B.时期数　　C.余额数　　D.发生额

3.企业的下列信息中可以通过资产负债表提供的有（　　）。

A.资产　　B.负债　　C.收入　　D.费用

4.一般认为，资产负债表是按流动性排列的，下列表述正确的有（　　）。

A.资产的流动性主要是指资产的变现能力，资产是按照其变现能力由大到小排列的

B.负债的流动性主要涉及该债务需要什么时候偿还的问题，负债是按照其需要偿还的时间由短到长排列的

C.所有者权益的流动性是指其留在企业的永久性程度。所有者权益一般是按其留存在企业的永久性程度由大到小排列的

D.资产负债表中资产分为流动资产和长期资产，负债分为流动负债和长期负债，这种分类也反映了资产负债表排列的流动性

5.下列项目属于所有者权益的有（　　）。

A.其他综合收益　　B.公允价值变动损益

C.库存股　　D.其他权益工具

6.构成资产负债表中“固定资产”项目的账户主要有（　　）。

A.固定资产　　B.累计折旧

C.固定资产减值准备　　D.固定资产清理

7.构成资产负债表中“其他应收款”项目的账户主要有（　　）。

A.其他应收款　　B.其他往来款　　C.应收股利　　D.应收利息

8.构成资产负债表中“存货”项目的账户主要有（　　）。

A.生产成本　　B.制造费用　　C.待摊费用　　D.工程物资

9.下列资产负债表项目可以根据对应的账户余额直接填写的有（　　）。

A.债权投资　　B.应付职工薪酬　　C.交易性金融资产　　D.短期借款

10.甲公司20×8年12月31日的“预付账款”账户余额为500万元，其中“预付账款——A”账户借方余额为320万元，“预付账款——B”账户借方余额为240万元，“预付账款——C”账户贷方余额为60万元。“应付账款”账户余额为800万元，其中，“应付账款——D”账户贷方余额为420万元，“应付账款——E”账户贷方余额为540万元，“应付账款——F”账户借方余额为160万元。坏账准备中与预付账款相关的减值准备为30万元。则该企业在编制20×8年12月31日资产负债表时，对相关项目资金的表述正确的有（　　）。

A.应付账款的金额为960万元　　B.应付账款的金额为1 020万元

C.预付账款的金额为560万元　　D.预付账款的金额为690万元

11.下列各项中，应在资产负债表中“其他应收款”项目中填列的有（　　）。

A.存出保证金

B.应收取的出租包装物等的租金

C.应收的债券利息和应收的现金股利

D.坏账准备中与其他应收款相关的减值准备

12.下列各项中，应列入资产负债表中“其他应付款”项目的有（　　）。

A.计提的短期借款利息　　B.应付的租入包装物租金

C.计提的分期付息到期还本的利息　　D.已宣告但尚未支付的现金股利

13.下列各项中，应在资产负债表“预付账款”项目中列示的金额（　　）。

A.“应付账款”账户所属明细账户的期末借方余额

B.“应付账款”账户所属明细账户的期末贷方余额

C.“预付账款”账户所属明细账户的期末借方余额

D.“预付账款”账户所属明细账户的期末贷方余额

14.下列关于财务报表的表述中，正确的是（　　）。

A.一套完整的财务报表至少应当包括资产负债表、利润表、现金流量表、所有者权益变动表

B.资产负债表反映企业某一特定日期所拥有的资产、需偿还的债务以及股东（投资者）拥有净资产的情况

C.利润表反映企业一定期间的经营成果，即盈利或亏损情况，表明企业运用所拥有的资产的获利能力

D.所有者权益变动表是指反映构成所有者权益各组成部分当期增减变动情况的报表

15.下列资产负债表项目中，需要根据明细账户的期末余额计算填列的有（　　）。

A.预付账款　　B.短期借款　　C.资本公积　　D.应付账款

16.下列各项中，属于流动负债的有（　　）。

A.长期借款　　B.预计负债　　C.应付职工薪酬　　D.预收账款

17.下列资产负债表项目需要根据有关账户余额减去备抵账户余额后的净额填列的有（　　）。

A.长期股权投资　　B.固定资产　　C.在建工程　　D.无形资产

18.企业的财务报表至少应该包括（　　）。

A.附注　　B.现金流量表　　C.产品生产成本表　　D.股东权益变动表

19.资产负债表的数据来源包括（　　）。

A.根据几个总账账户的余额合计获得

B.根据有关账户的余额减去其备抵账户余额后的净额获得

C.根据明细账户的余额分析获得

D.直接从总账账户的余额获得

20.下列各项中，应在资产负债表"应付账款"项目中列示的金额（　　）。

A."应付账款"账户所属明细账账户的期末借方余额

B."应付账款"账户所属明细账账户的期末贷方余额

C."预付账款"账户所属明细账账户的期末借方余额

D."预付账款"账户所属明细账账户的期末贷方余额

21.资产负债表中，根据有关账户余额减去备抵账户余额后的净额填列的有（　　）。

A.交易性金融资产　　B.短期借款、应付职工薪酬

C.在建工程　　D.无形资产

22.下列各项中，属于资产负债表中"存货"项目范围的有（　　）。

A.已购入但尚未运达本企业的货物

B.已售出但货物尚未运离本企业的存货

C.存放在外地仓库但尚未销售的存货

D.在支付手续费的委托代销方式下已发出委托代销商品但尚未收到代销清单的存货

23.下列资产负债表项目中，根据总账余额直接填列的有（　　）。

A.短期借款　　B.盈余公积　　C.资本公积　　D.货币资金

24.下列项目中，会使资产负债表中负债项目金额增加的有（　　）。

A.计提坏账准备　　B.计提存货跌价准备

C.借入短期借款　　D.计提短期借款利息

25.编制资产负债表时，应根据总账账户和明细账户余额分析计算填列的项目有（　　）。

A. 预收账款　　B. 长期借款　　C. 长期股权投资　　D. 其他非流动资产

（三）判断题

1. 资产负债表的结构有账户式和报告式，我国采用的是报告式。（　）

2. 资产负债表中项目的名称如与账簿中的账户名称相同，则它们所反映的内容也是完全相同的。（　）

3. 资产负债表中的“其他应收款”项目，根据“应收利息”“应收股利”“其他应收款”账户的期末余额合计数在资产负债表中填列。（　）

4. 一年内（含一年）摊销的长期待摊费用，应该在资产负债表的“其他非流动资产”项目中反映。（　）

5. 资产负债表中“开发支出”项目的金额，应当根据“研发支出——费用化支出”账户的期末余额填列。（　）

6. 甲公司20×6年6月30日从银行取得期限为3年的长期借款700万元，在编制20×8年12月31日资产负债表时，此项借款应填入的报表项目是“长期借款”。（　）

7. “开发支出”项目应根据“研发支出——资本化支出”账户的期末余额填写。（　）

（四）不定项选择题

1. 甲公司为增值税一般纳税人。20×8年年初，资产负债表有关账户余额如下：“货币资金”账户的借方余额为600万元，“应收票据”账户的借方余额为50万元，“应收账款”账户的借方余额为254万元，“固定资产”账户的借方余额为2 000万元，另外，“盈余公积”账户的贷方余额为800万元，“利润分配——未分配利润”账户的贷方余额为350万元。20×8年度该公司发生如下经济业务：

（1）外购生产用原材料，取得的增值税专用发票上注明价款为200万元，增值税税款为26万元，供货方代垫运杂费2万元（不含增值税，增值税税率为9%），款项尚未支付，材料已验收入库。

（2）将自产产品发放给本单位的管理人员，该产品成本为30万元，市场售价为40万元（与计税价格一致）。

（3）持有面值30万元的不计息商业承兑汇票到期，债务人暂时无力偿还款项。

（4）销售商品，增值税专用发票上注明的售价为400万元，增值税税款为52万元，商品已发出。该批商品的实际成本为300万元。上年已经预收该批商品100万元的款项，剩余的货款于销售后收讫，并存入银行。

（5）长期借款的年初余额为1 000万元，本年度计提到期一次还本付息的长期借款的利息为90万元，按规定不允许对利息作资本化支出处理，计提利息前公允价值为1 000万元，该借款到期日为20×9年6月30日。

（6）计提行政管理部门用折旧费80万元。

（7）20×8年该公司当年实现的利润总额为400万元，确认的所得税费用为100万元，按净利润的10%提取法定盈余公积。

要求：根据上述资料，完成下列选择题。

（1）根据资料（1）和（2），下列各项中，会计处理正确的是（　）。

A.主营业务收入增加40万元　　B.原材料增加202万元

C.管理费用增加45.2万元　　D.应付职工薪酬增加30万元

（2）根据资料（3）和资料（4），下列各项中，会计分录正确的是（　　）。

A.发出商品并收到剩余款项时：

借：合同负债　　100万

　银行存款　　352万

　贷：主营业务收入　　400万

　　应交税费——应交增值税（销项税额）　　52万

B.发出商品并收到剩余款项时：

借：银行存款　　452万

　贷：主营业务收入　　400万

　　应交税费——应交增值税（销项税额）　　52万

C.确认债务人暂时无力支付款项时：

借：应收账款　　30万

　贷：应收票据　　30万

D.确认债务人暂时无力支付款项时：

借：坏账准备　　30万

　贷：应收票据　　30万

（3）根据相关资料，下列资产负债表各项目中，金额正确的是（　　）万元。

A.固定资产2 000　　B.应收账款254　　C.应收账款284　　D.货币资金952

（4）根据资料（5），该企业20×8年度资产负债表中，“长期借款”项目应为（　　）万元。

A. 1 000　　B.1 046　　C. 0　　D.1 074

（5）根据相关资料，下列资产负债表各项目中，金额正确的是（　　）万元。

A.盈余公积830　　B.未分配利润560　　C.盈余公积752　　D.未分配利润558

二、知识点：利润表（含所有者权益变动表、附注）

（一）单项选择题

1.利润表属于（　　）。

A.动态报表　　B.财务状况变动表　　C.静态报表　　D.时刻报表

2.下列项目期末余额一定为零的有（　　）。

A.生产成本　　B.制造费用　　C.公允价值变动损益　　D.合同履约成本

3.下列项目不属于营业利润计算范畴的有（　　）。

A.资产减值损失　　B.营业外收入　　C.公允价值变动损益　　D.投资收益

4.甲公司20×8年12月初“主营业务收入”账户余额为1 000万元，12月发生销售退回的价款为60万元，现金折扣为10万元，销售原材料确认的其他业务收入为40万元，其他业务成本为20万元。不考虑其他因素，甲公司20×8年12月31日利润表中的“营业收入”项目填列的金额为（　　）万元。

A. 1 000　　B.1 040　　C. 980　　D.940

5.下列各项中，不属于利润表中“利润总额”项目的内容的是（　　）。

A.确认的资产减值损失　　B.无法查明原因的现金溢余

C.确认的所得税费用　　D.因收到政府补助确认的其他收益

6.下列各项中，不属于所有者权益变动表中单独列示的项目是（　　）。

A.所有者投入资本　　B.综合收益总额　　C.会计估计变更　　D.会计政策变更

7.下列各项中，关于财务报表附注的表述不正确的是（　　）。

A.附注中应披露财务报告的编制基础

B.企业的业务性质和主要经营活动需要在附注中披露

C.不重要的会计政策和会计估计应当在附注中披露

D.附注中包括会计政策和会计估计变更以及差错更正的说明

8.下列各项中，影响利润表中的“营业利润”项目的是（　　）。

A.发生的所得税费用　　B.转销无法支付的应付账款

C.计提固定资产减值准备　　D.盘亏固定资产净损失

9.20×8年6月，甲公司发生以下交易或事项：支付诉讼费用10万元，发生固定资产出售净损失18万元，对外公益性捐赠支出7万元，支付税收滞纳金2万元。甲公司20×8年6月利润表中“营业外支出”项目的本期金额为（　　）万元。

A. 10　　B.28　　C. 9　　D.19

10.下列各项中，应计入利润表“投资收益”项目的是（　　）。

A.交易性金融资产的公允价值变动　　B.银行存款利息收入

C.取得交易性金融资产时发生的交易费用　　D.短期借款利息支出

11.甲公司20×8年度“主营业务成本”账户的借方发生额为8 000万元，“其他业务成本”账户的借方发生额为180万元。20×9年4月8日，20×8年12月销售的已确认收入的一批产品由于质量问题被退回，其成本为280万元。20×8年度的财务报告批准报出日为20×9年3月1日，该企业20×8年度利润表中的“营业成本”项目的金额为（　　）万元。

A. 8 000　　B.8 180　　C. 7 900　　D.8 460

12.20×8年12月31日，甲企业进行现金清查，发现库存现金短缺3 000元，经企业核查，应由出纳赔偿2 000元，余款1 000元由于无法查明原因，由公司承担，不考虑其他因素，该业务对企业当期营业利润的影响金额为（　　）元。

A. 3 000　　B.2 000　　C. 1 000　　D.0

13.下列关于财务报表的表述中，错误的是（　　）。

A.利润表表明企业运用其所拥有的资产的获利能力

B.现金流量表反映企业在一定会计期间现金和现金等价物流入和流出的情况

C.所有者权益变动表反映构成所有者权益的各组成部分当期的增减变化情况

D.附注是对其他报表项目的文字描述或与其他报表项目相关的明细资料，以及对其他报表中未能列示项目的说明，如此类信息不多，则可不设置附注

14.下列各项中，关于财务报表附注的表述不正确的有（　　）。

A.附注中包括对财务报表重要项目的说明

B.对未能在财务报表中列示的项目，应在附注中说明

C.如果没有需要披露的重大事项，则企业不必编制附注

D.附注中包括对会计政策和会计估计变更以及差错更正的说明

15.甲公司20×8年年初未分配利润为贷方284万元，1—6月份损益类账户发生额如下：主营业务收入800万元，其他业务收入6万元，投资收益12万元，主营业务成本500万元，其他业务成本4万元，资产减值损失20万元，信用减值损失15万元，税金及附加1万元，销售费用10万元，财务费用20万元，管理费用30万元，营业外支出1万元，所得税费用36万元，甲公司按净利润的10%计提盈余公积。甲公司20×8年上半年净利润为（　　）万元。

A. 241　　B.172　　C. 181　　D168

16.甲公司20×8年11月主营业务收入500万元，主营业务成本300万元，管理费用60万元，资产减值损失50万元，信用减值损失18万元，公允价值变动损失25万元，投资收益15万元。假定不考虑其他因素，甲公司当月的营业利润为（　　）万元。

A. 48　　B.46　　C. 70　　D.62

（二）多项选择题

1.利润表所提供的信息是（　　）。

A.时点数　　B.时期数　　C.余额数　　D.发生额

2.下列信息可以通过利润表提供的有（　　）。

A.资产　　B.负债　　C.收入　　D.费用

3.下列项目属于营业利润计算范畴的有（　　）。

A.信用减值损失　　B.资产处置损益　　C.所得税费用　　D.其他综合收益

4.下列各项中，关于利润表项目本期金额填列方法表述正确的有（　　）。

A.“管理费用”项目应根据“管理费用”账户的本期发生额减去“管理费用”账户下的研发费用、自行开发无形资产摊销费用发生额后的金额分析填列

B.“营业利润”项目应根据“本年利润”账户的本期发生额分析填列

C.“税金及附加”项目应根据“应交税费”账户的本期发生额填列

D.营业收入应根据“主营业务收入”账户和“其他业务收入”账户的本期发生额填列

5.下列各项中，应列入利润表“营业成本”项目的有（　　）。

A.随同商品出售但单独计价的包装物成本

B.销售材料的成本

C.随同商品出售但不单独计价的包装物成本

D.商品流通企业销售外购商品的成本

6.以下各项中，影响利润总额的有（　　）。

A.已销售商品成本　　B.确认的所得税费用

C.计提的坏账准备　　D.转让股票取得的收益

7.下列各项中，应计入利润表“营业外支出”项目的有（　　）。

A.应收账款减值损失　　B.原材料非正常原因造成的盘亏净损失

C.固定资产报废毁损净损失　　D.无形资产转销净损失

8.甲公司发生的下列业务中，期末应计入利润表中“税金及附加”项目的有（　　）。

A.与乙公司签订购销合同所发生的印花税

B.收回后直接对外销售的委托加工物资所缴纳的消费税

C.本期应缴纳的城市维护建设税

D.销售铁矿石所应缴纳的资源税

9.下列各项中，属于附注主要内容的有（　　）。

A.财务报表的编制基础

B.重要的会计政策和会计估计

C.会计政策和会计估计变更以及差错更正的说明

D.报表重要项目的说明

10.下列各项中，属于上市公司需要在财务报表附注中披露的有（　　）。

A.重要的会计政策和会计估计

B.报表重要项目的说明

C.财务报表的编制基础

D.或有事项、资产负债表日后事项非调整事项、关联方关系及其交易等信息

11.存货在附注中应披露的信息包括（　　）。

A.各类存货期初、期末账面价值　　B.确定发出存货成本所采用的方法

C.当期计提的存货跌价准备金额　　D.用于担保的存货账面价值

（三）判断题

1.企业发生一场火灾所造成的损失会影响企业的营业利润，进而会影响企业的利润总额，最后影响企业的净利润。（　　）

2.利润表的格式有单步式和多步式两种，我国企业多采用单步式利润表。（　　）

3.所有者权益变动表中的“上年金额”栏应根据上一年度所有者权益变动表“本年金额”栏内所列数字填写，上年项目的名称和内容与本年不一致的，应依照上年的名称和数字对本年进行调整。（　　）

4.如果不存在纳税调整事项和递延所得税，利润表中的“所得税费用”项目金额可以直接根据“利润总额”项目金额乘以所得税税率计算得到。（　　）

5.“会计政策变更”和“前期差错更正”栏，反映企业采用追溯重述法处理的会计政策变更的累积影响金额和采用追溯调整法处理的会计差错更正的累积影响金额。（　　）

（四）不定项选择题

1.甲公司为增值税一般纳税人，适用的增值税税率为13%，所得税税率为25%，甲公司按10%的标准从净利润中计提盈余公积。甲公司与收入有关的资料如下：

（1）20×8年5月20日，甲公司向乙公司销售一批商品，不含税销售价格为2 000万元，增值税为260万元，其成本为1 200万元，该商品计提的存货跌价准备为50万元。该批商品已经发出，满足收入确认条件。6月1日，乙公司在验收该批商品时发现其外观有瑕疵，甲公司同意按照不含税售价的10%给予销售折让，红字增值税专用发票上注明的价款为200万元，增值税为26万元。6月3日，甲公司收到乙公司支付的货款2 034万元。

（2）20×8年11月14日，甲公司与丙公司签订一项为期3个月的劳务合同，合同总价

款200万元，当日，收到丙公司预付的合同款80万元。假定上述合同对该公司来说属于在某一时段内履行的履约义务，且履约进度能够合理确定，按照专业测量师的测量结果确定履约进度。12月31日，经专业测量师测量，确定该项劳务的履约进度为40%。至12月31日，累计发生的劳务成本为65万元，估计完成该合同还将发生劳务成本85万元。假定发生的合同成本均为职工薪酬，不考虑增值税等相关税费。

（3）20×8年11月28日，甲公司决定将自产的产品作为福利发放给管理人员，该批产品成本为160万元，售价为200万元（不含增值税），20×8年12月2日实际发放给职工。

（4）20×8年12月4日，销售材料一批，成本为20万元，售价为30万元（不含税），款项已收存银行。

（5）20×8年12月24日，转让一项特许使用权，一次性收付80万元（不含税），不提供后续服务，增值税税率为6%。

（6）20×8年12月31日，持有的某项交易性金融资产期末公允价值上升150万元。

要求：根据上述资料，不考虑其他因素，完成下列选择题。

（1）根据资料（1），下列会计分录正确的是（　　）。

A. 20×8年5月20日：

借：应收账款　　2 260万

　贷：主营业务收入　　2 000万

　　应交税费——应交增值税（销项税额）　　260万

B. 20×8年5月20日：

借：主营业务成本　　1 150万

　　存货跌价准备　　50万

　贷：库存商品　　1 200万

C. 20×8年6月1日：

借：主营业务收入　　200万

　　应交税费——应交增值税（销项税额）　　26万

　贷：应收账款　　226万

D. 20×8年6月3日：

借：银行存款　　2 034万

　贷：应收账款　　2 034万

（2）根据资料（2），下列有关劳务收入的说法中正确的是（　　）。

A.劳务的履约进度按照专业测量师的测量结果确认为40%

B.劳务的收入按80万元确认

C.劳务的成本按60万元确认

D.劳务的成本按65万元确认

（3）上述交易事项20×8年应确认的营业收入和营业成本分别为（　　）万元。

A.营业收入2 190　B.营业收入2 356　C.营业成本1 440　D.营业成本1 390

（4）上述交易事项对管理费用的影响金额为（　　）万元。

A. 200　B.226　C. 26　D.160

（5）上述交易事项对20×8年营业利润的影响金额为（　　）万元。

A. 676　　B.725　　C. 678　　D.724

2.甲公司为增值税一般纳税人，适用的增值税税率为13%。20×8年8月甲公司发生如下业务：

（1）3日，甲公司与乙公司（一般纳税人）签订代销协议，甲公司委托乙公司代销产品1 000件，其单位成本为300元，乙公司按照每件500元（不含税）的价格销售，甲公司按照不含增值税售价的10%向乙公司支付手续费。乙公司不承担包销责任，没有售出的产品必须退回给甲公司。同时甲公司有权要求收回商品或将其销售给其他客户。

（2）15日，采用托收承付方式向丙企业销售产品，已发出商品并办妥托收手续。开具的增值税专用发票上注明的价款为60万元，增值税税款为7.8万元，其成本为35万元。19日，丙公司发现商品有瑕疵，要求给予5%的折让，甲公司同意并办妥相关手续，开具了红字增值税专用发票。20日，甲公司收到扣除折让后的全部价款，存入银行。

（3）23日，收到以经营租赁方式出租设备的本月租金3万元及相应增值税0.39万元。该设备本月应计提折旧1.2万元。

（4）31日，甲公司收到乙公司交来的代销清单，代销清单上注明：实际销售产品800件，商品售价为40万元，增值税为5.2万元。当日甲公司向乙公司开具金额相等的增值税专用发票，同时收到乙公司提供代销服务开具的增值税专用发票，其注明的商品价款为4万元，增值税税款为0.24万元。甲公司尚未收到货款。

要求：根据上述资料，不考虑其他因素，完成下列选择题。

（1）根据资料（1），下列各项中，甲公司发出委托代销商品的会计处理正确的是（　　）。

A.“应交税费”账户贷方登记5.2万元　　B.“发出商品”账户借方登记30万元

C.“发出商品”账户借方登记50万元　　D.“库存商品”账户贷方登记30万元

（2）根据资料（1）和（4），下列关于甲公司收到代销清单后的会计处理，正确的是（　　）。

A.结转主营业务成本24万元　　B.确认销售费用4万元

C.确认主营业务收入40万元　　D.确认应收账款45.2万元

（3）根据资料（2），下列关于甲公司销售商品的会计处理，正确的有（　　）。

A.办妥托收手续时，确认应收账款67.8万元

B.发生销售折让时，确认销售费用3万元

C.收到销售款项时，增加银行存款64.41万元

D.发生销售折让时，冲减主营业务收入3万元

（4）根据资料（3），下列关于甲公司8月份出租设备相关的会计处理，正确的是（　　）。

A.收到租金时：

借：银行存款　　3.39万

　贷：其他业务收入　　3万

　　应交税费——应交增值税（销项税额）　　0.39万

B.收到租金时：

借：银行存款　　3万

　贷：其他业务收入　　3万

C.计提折旧时：

借：制造费用　　1.2万

　贷：累计折旧　　1.2万

D.计提折旧时：

借：其他业务成本　　1.2万

　贷：累计折旧　　1.2万

（5）上述业务对甲公司20×8年8月份利润表中“营业收入”项目本期金额的影响是（　　）万元。

A. 86　　B.98　　C. 100　　D.101

3.甲公司20×8年6月30日有关账户期末余额及相关经济业务如下：

（1）“库存现金”账户借方余额为2万元，“银行存款”账户借方余额为350万元，“其他货币资金”账户借方余额50万元。

（2）“应收账款”总账账户借方余额为390万元，其所属明细账户的借方余额合计为480万元，其所属明细账户的贷方余额合计为90万元，“坏账准备”账户的贷方余额为30万元（全部为应收账款的坏账准备）。

（3）“固定资产”账户借方余额为1 070万元，“累计折旧”账户贷方余额为260万元，“固定资产减值准备”账户贷方余额为60万元，“固定资产清理”账户借方余额为18万元。

（4）“应付账款”总账账户贷方余额为240万元，其所属明细账户贷方余额合计为350万元，其所属明细账户借方余额合计110万元

（5）“预付账款”总账账户借方余额为130万元，其所属明细账户借方余额合计为160万元，其所属明细账户贷方余额合计为30万元

（6）公司本期实现营业收入2 000万元，营业成本为1 500万元，税金及附加为240万元，期间费用为100万元，营业外收入20万元，适用的所得税税率为25%。

要求：不考虑其他因素，根据上述资料，回答下列小题。

（1）下列关于甲公司20×8年6月30日资产负债表项目的表述正确的是（　　）。

A.“货币资金”项目中“期末余额”栏的金额为402万元

B.“货币资金”项目中“期末余额”栏的金额为352万元

C.“应收账款”项目中“期末余额”栏的金额为480万元

D.“预收账款”项目中“期末余额”栏的金额为90万元

（2）下列关于甲公司20×8年6月30日资产负债表项目的表述正确的是（　　）。

A.“固定资产”项目中“期末余额”栏的金额为750万元

B.“固定资产”项目中“期末余额”栏的金额为768万元

C.“应付账款”项目中“期末余额”栏的金额为370万元

D.“预付账款”项目中“期末余额”栏的金额为270万元

（3）甲公司20×8年6月30日利润表中“营业利润”项目的金额为（　　）万元。

A. 120　　B.160　　C. 180　　D.200

（4）甲公司20×8年6月30日利润表中“利润总额”项目的金额为（　　）万元。

A. 180　　B.170　　C. 160　　D.165

（5）甲公司20×8年6月30日利润表中“净利润”项目的金额为（　　）万元。

A. 120　　B.135　　C. 160　　D.145

三、知识点：现金流量表

多项选择题

1.下列有关现金流量表中“现金”的界定，正确的有（　　）。

A.现金流量表中的现金包括现金和现金等价物

B.现金是指企业库存现金以及随时用于支付的存款，不能随时用于支付的款项不属于现金

C.现金等价物通常包括三个月内到期的债券投资等

D.权益性投资属于现金等价物

2.下列属于现金等价物特性的有（　　）。

A.到期期限短　　B.流动性强

C.易于转化为已知金额的现金　　D.价值变动风险很小

3.下列有关现金流量表的描述正确的有（　　）。

A.现金流量表的基本结构根据“现金流入量-现金流出量=现金净流量”公式设计

B.现金流量主要分为经营活动产生的现金流量、投资活动产生的现金流量和筹资活动产生的现金流量

C.现金流量表是以权责发生制为基础编制的

D.参照以权责发生制为基础编制的资产负债表和利润表相关资料，以现金收付实现制为基础编制现金流量表，其调整计算方法通常有直接法和间接法

4.下列项目中，将净利润调节为经营活动现金流量时应加回的有（　　）。

A.本期资产减值损失、信用减值损失　　B.本期固定资产的折旧费、折耗费

C.本期无形资产的摊销费　　D.本期长期待摊费用的摊销费

5.在将净利润调节为经营活动现金流量时，下列有关表述正确的有（　　）。

A.处置固定资产、无形资产和其他长期资产，其净损失应该加回，其净收益应该减去

B.固定资产报废，其净损失应该加回；其净收益应该减去

C.公允价值变动，其净损失应该加回；其净收益应该减去

D.对于筹资活动或投资活动产生的财务费用应予以减去；对于筹资活动或投资活动产生的利息收入应予以加回

6.在将净利润调节为经营活动现金流量时，下列有关表述正确的有（　　）。

A.投资损失应该加回，投资收益应该减去
B.关于递延所得税资产的本期变化，其减少额应该加回，其增加额应该减去
C.关于递延所得税负债的本期变化，其增加额应该加回，其减少额应该减去
D.关于存货本期的变化，其增加额应该加回，其减少额应该减去
7.在将净利润调节为经营活动现金流量时，下列有关表述正确的有（　　）。
A.关于经营性应收项目的本期变化，其减少额应该加回，其增加额应该减去
B.关于经营性应付项目的本期变化，其增加额应该加回，其减少额应该减去
C.应收账款、应收票据本期的增加额，应该加回；应付账款、应付票据本期的增加额应该加回
D.坏账准备、存货跌价准备本期的增加额，应该加回

本章答案

一、知识点：资产负债表

（一）单项选择题

1.答案：C

解析：资产负债表属于静态报表。

2.答案：C

解析：资产负债表中资产的排列顺序是按照资产的流动性排列的，即按照资产变现能力由大到小排列。

3.答案：C

解析：资产负债表中的资产一般分为流动资产和非流动资产。

4.答案：C

解析：资产负债表中的负债一般分为流动负债和非流动负债。

5.答案：A

解析：资产负债表中“其他应付款”项目金额=其他应付款+应付股利+应付利息。

6.答案：C

解析：资产负债表中“无形资产”项目金额=无形资产账面余额-累计摊销-无形资产减值准备=1 000-300-50=650（万元）。

7.答案：B

解析：应包含在资产负债表中“长期借款”项目中的借款是截至20×8年12月31日，其到期日在1年以上的借款，否则就应该作为“1年内到期的非流动负债”处理。因此资产负债表中“长期借款”项目的金额=5 000-2 200-800=2 000（万元）。

8.答案：C

解析：资产负债表中“固定资产”项目列报金额=固定资产期末账面余额-累计折旧期末余额-固定资产减值准备期末余额+固定资产清理期末余额=3 000-1 400-200+0=1 400（万元）。

9.答案：C

解析：资产负债表中“固定资产”项目列报金额=固定资产的期末账面余额-累计折旧期末余额-固定资产减值准备期末余额+固定资产清理期末余额=4 000-1 000-200+500=3 300（万元）。

10.答案：A

解析：资产负债表中“在建工程”项目列示的金额=在建工程期末余额+工程物资期末余额-在建工程减值准备-工程物资减值准备=2 000+200-180-30=1 990（万元）。

11.答案：D

解析：资产负债表中“预收账款”项目应根据“预收账款”账户和“应收账款”账户所属明细账的贷方余额合计数填列，即25+0=25（万元）。

12.答案：C

解析：资产负债表中“应收账款”项目列示的金额，应等于应收账款和预收账款所属明细账借方余额的合计数，减去“坏账准备——应收账款”账户的贷方余额，即400+200-10=590（万元）。

13.答案：A

解析：工程物资不属于存货，应计入“在建工程”项目。“存货”项目的金额=50+160-5=205（万元）。

14.答案：B

解析：资产负债表中预付账款项目列示的金额=0+30-3=27（万元）。

15.答案：A

解析：“应收账款”项目应根据应收账款和预收账款账户所属明细账户的期末借方余额合计数，减去“坏账准备”账户中相关应收账款减值准备后的净额填列。

16.答案：C

解析：资产负债表中“固定资产”项目的金额=固定资产-累计折旧-固定资产减值准备+固定资产清理=1 800-500-100+120=1 320（万元）。

17.答案：C

解析：资产负债表中“预收账款”项目的期末余额，应该为“应收账款”账户和“预收账款”账户所属明细账户的贷方余额合计数，即65+75=140（万元）。

18.答案：A

解析：资产负债表能够反映企业一定时点所拥有的资产、需要偿还的债务，以及所有者拥有净资产的情况。

19.答案：C

解析：资产负债表是反映企业某一时点的财务状况的报表，是静态报表，我国资产负债表是左右账户式结构。

20.答案：D

解析：预付账款、其他应收款和存货都属于流动资产项目。

21.答案：D

解析：交易性金融资产、一年内到期的非流动资产、应收账款都属于流动资产。

22.答案：A

解析：工程物资不属于存货，应计入“在建工程”项目，其他项目都属于存货。“存货”项目的金额=400+80+30+50+35−10=585（万元）。

23.答案：D

解析：银行承兑汇票和商业承兑汇票不属于货币资金，而属于应收票据。货币资金即为2+300+25+30=357（万元）。

24.答案：B

解析：商业票据应记入“应收票据”账户，属于流动资产；超过3年未收回的应收账款、超过一年以上未销售的库存商品，仍然是企业的流动资产。

25.答案：D

解析：“固定资产”项目是根据“固定资产”账户余额减去“累计折旧”账户、“固定资产减值准备”账户的余额，加上“固定资产清理”账户余额后的金额计算填列。

26.答案：B

解析：资产负债表中“预付账款”项目的金额，应根据预付账款和应付账款所属明细分类账的借方余额合计数填列，资产负债表中“预付账款”项目的金额=200+100=300（万元）。

27.答案：D

解析：20×6年4月1日，企业从银行取得期限为3年的长期借款600万元，到20×8年12月31日，还有3个月到期，则该项借款应填入20×8年度资产负债表“一年内到期的非流动负债”项目中，此项列示行为只调整报表，账簿记录不做任何调整。

（二）多项选择题

1.答案：ABCD

解析：一套完整的财务报表至少应该包括资产负债表、利润表、现金流量表、所有者权益变动表及附注。

2.答案：AC

解析：资产负债表所提供的信息是一个时点数，是一个时刻数，是一个余额数。因此，B和D是错的。

3.答案：AB

解析：资产负债表只能提供资产、负债和所有者权益三类信息，不能提供收入、费用和利润信息。

4.答案：ABC

解析：选项D是错的。资产负债表中资产分为流动资产和非流动资产，负债分为流动负债和非流动负债。这种分类反映了资产负债表排列的流动性，ABC都是对业务的恰当描述。

5.答案：ACD

解析：“公允价值变动损益”项目属于损益类项目，其期末余额应结转本年利润，因此B是错的。

6.答案：ABCD

解析：资产负债表中“固定资产”项目金额=固定资产-累计折旧额-固定资产减值准备+固定资产清理。

7.答案：ACD

解析：资产负债表中的其他应收款项目金额=其他应收款+应收股利+应收利息-对应的坏账准备。

8.答案：AB

解析：工程物资应该构成资产负债表中的“在建工程”项目，它不属于存货，因此D是错的。待摊费用不属于存货。

9.答案：BCD

解析：资产负债表中“债权投资”项目需要根据“债权投资”账户减去债权投资减值准备之后的余额填写。

10.答案：BD

解析：资产负债表中“应付账款”项目的金额=420+540+60=1 020（万元），资产负债表中“预付账款”项目的金额=320+240+160-30=690（万元）。

11.答案：ABCD

解析：选项AB应确认其他应收款；选项C应确认为应收股利和应收利息；选项D应确认为“坏账准备——其他应收款”。资产负债表中“其他应收款”项目=应收利息+应收股利+其他应收款-坏账准备——其他应收款。

选项A：

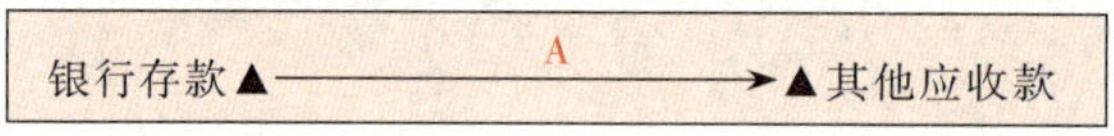

选项B：

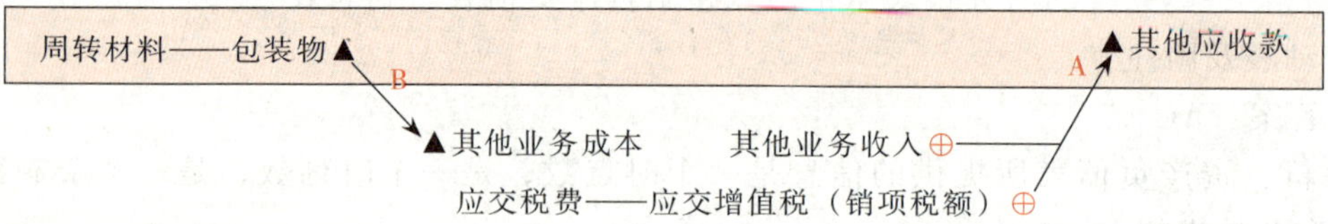

选项C：

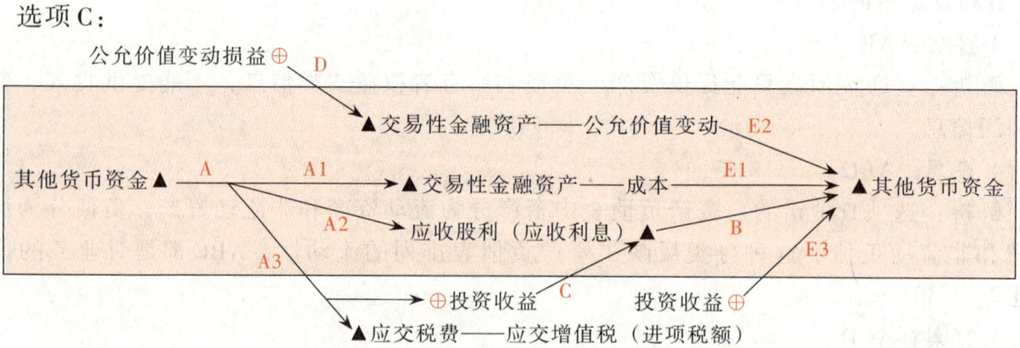

12.答案：ABCD

解析：选项AC应确认为应付利息；选项B应确认为其他应付款；选项D应确认为应

付股利。资产负债表“其他应付款”项目的金额=其他应付款期末余额+应付利息期末余额+应付股利期末余额。

选项 A：

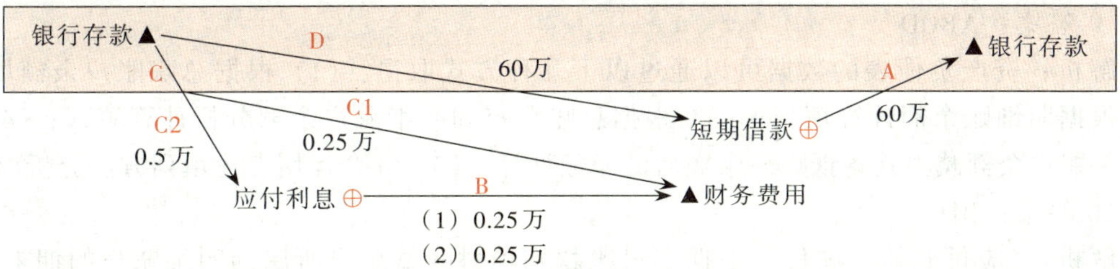

选项 B：

选项 C：

选项 D：

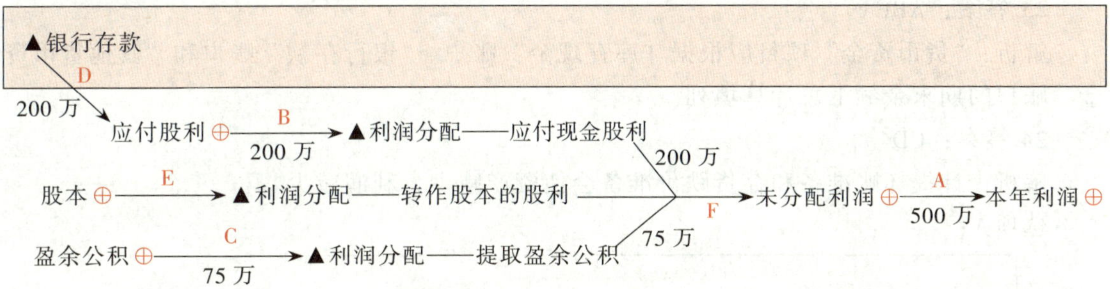

13.答案：AC

解析：资产负债表“预付账款”项目中列示的金额，应根据“应付账款”账户所属明细账账户的期末借方余额和“预付账款”账户所属明细账账户的期末借方余额合计数填列；如有与预付账款有关的坏账准备，还应减去相应的坏账准备期末余额。

14.答案：BCD

解析：一套完整的财务报表至少应当包括资产负债表、利润表、现金流量表、所有者权益变动表以及附注。附注是不可或缺的，通过附注与资产负债表、利润表、现金流量表和所有者权益变动表列示项目的相互参照，以及对未能在财务报表中列示项目的说明，可以使财务报表使用者全面了解企业的财务状况、经营成果和现金流量以及所有者权益变动情况。

15.答案：AD

解析：“短期借款”“资本公积”项目应根据总账账户余额直接填列。

16.答案：CD

解析：长期借款、预计负债属于非流动负债。

17.答案：ABCD

解析：上述四个项目都要根据有关账户余额减去备抵账户余额后的净额填列。

18.答案：ABD

解析：一套完整的财务报表至少应当包括资产负债表、利润表、现金流量表、所有者权益变动表以及附注。附注是不可或缺的。

19.答案：ABCD

解析：资产负债表的数据可以通过以下几种方式取得：(1) 根据总账账户余额填列；(2) 根据明细账余额计算填列；(3) 根据总账账户和明细账户余额分析计算填列；(4) 根据有关账户余额减去其备抵账户余额后的净额计算；(5) 综合运用上述填列方法分析填列。

20.答案：BD

解析："应付账款"项目，根据应付账款和预付账款账户所属的明细账户的期末贷方余额合计数填列。

21.答案：CD

解析："交易性金融资产""短期借款""应付职工薪酬"项目应根据相关总账账户的余额直接填列。

22.答案：ACD

解析：已售出但货物尚未运离本企业的存货，其所有权已经转移，不再属于企业的存货。

23.答案：ABC

解析："货币资金"项目应根据"库存现金"账户、"银行存款"账户和"其他货币资金"账户的期末余额汇总计算填列。

24.答案：CD

解析：计提坏账准备和存货跌价准备会使资产减少，利润减少。

选项A：

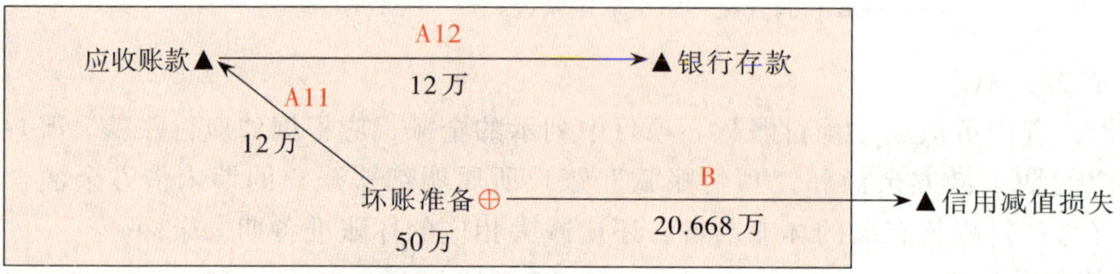

选项B：

选项CD：

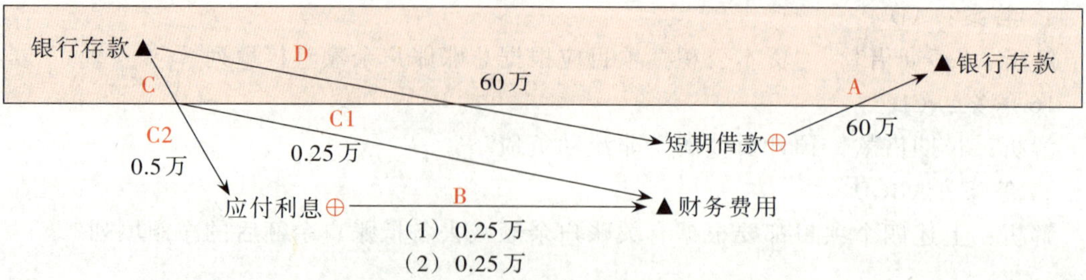

25.答案：BD

解析：“预收账款”项目根据“应收账款”和“预收账款”的明细账户余额计算填列；“长期股权投资”项目根据总账账户余额减去其减值后的净额填列，属于根据有关账户余额减去其备抵账户后的净额填列。

（三）判断题

1.答案：×

解析：资产负债表的结构有账户式和报告式，我国采用的是账户式。

2.答案：×

解析：资产负债表中项目的名称与其内容必须完全一致，不允许混合使用，而账户是可以混合使用的。因此，账户名称可能与资产负债表项目的名称一样，其内容可能相同，也可能不同。

3.答案：×

解析：资产负债表中的“其他应收款”项目，根据“应收利息”“应收股利”“其他应收款”账户的期末余额合计数，减去“坏账准备”账户中与“其他应收款”账户相关的坏账准备期末余额后的净额在资产负债表中填列。

4.答案：×

解析：一年内（含一年）摊销的长期待摊费用，应该在资产负债表的“一年内到期的非流动资产”项目中反映。

5.答案：×

解析：资产负债表中“开发支出”项目的金额，应当根据“研发支出——资本化支出”账户的期末余额填列。

6.答案：×

解析：20×6年6月30日从银行取得借入期限为3年的长期借款，该借款在20×8年12月31日还有6个月到期，该项借款应填入资产负债表中的“一年内到期的非流动负债”项目中。

7.答案：√

解析：“开发支出”项目应根据“研发支出——资本化支出”账户期末余额填写，而不是根据“研发支出——费用化支出”账户余额填写。

（四）不定项选择题

1.答案：

（1）ABC

解析：

资料（1）：

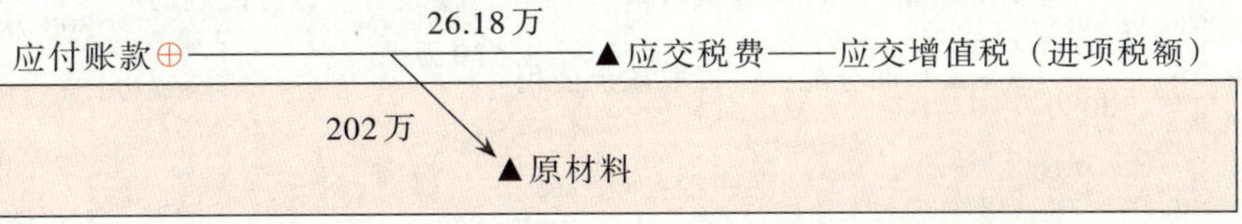

资料（2）：

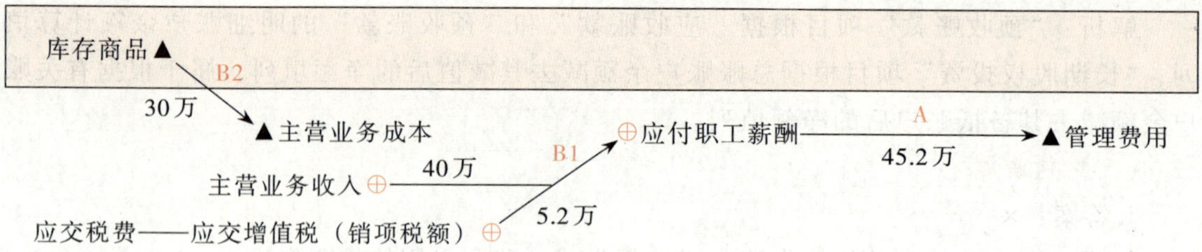

（2）AC

解析：

资料（3）：

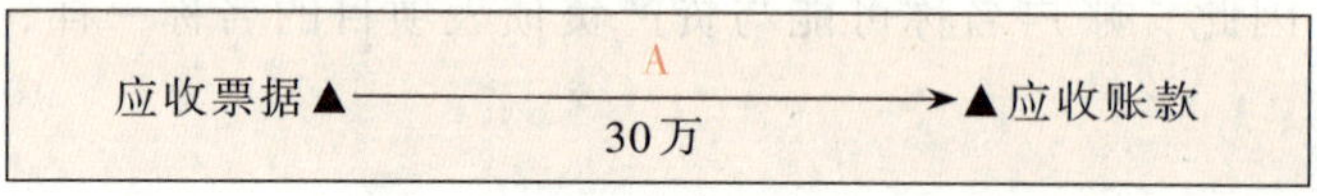

资料（4）：

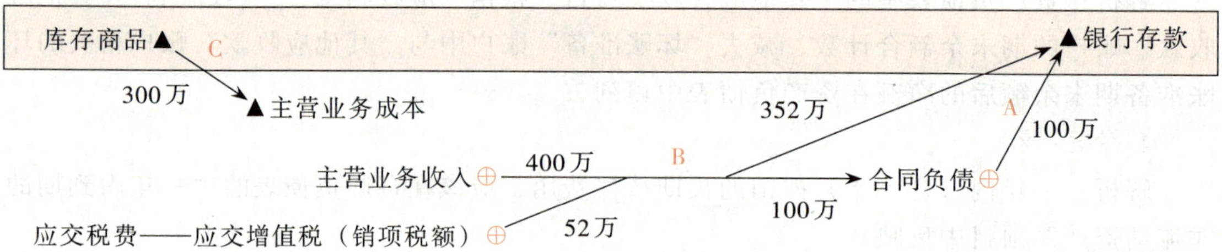

（3）CD

解析：应收账款=254+30=284（万元），货币资金=600+352=952（万元）。

（4）C

解析：20×8年度资产负债表反映的是企业在20×8年12月31日这个时点的资产负债状况，长期借款到期日为20×9年6月30日，距20×8年度资产负债表日已不满一年，所以不在“长期借款”项目中列示。

（5）A

解析：净利润=400−100=300（万元），本期盈余公积=300×10%=30（万元），所以“盈余公积”的余额=800+30=830（万元）。“利润分配——未分配利润”=300−30=270（万元），所以“利润分配——未分配利润”余额=270+350=620（万元）。

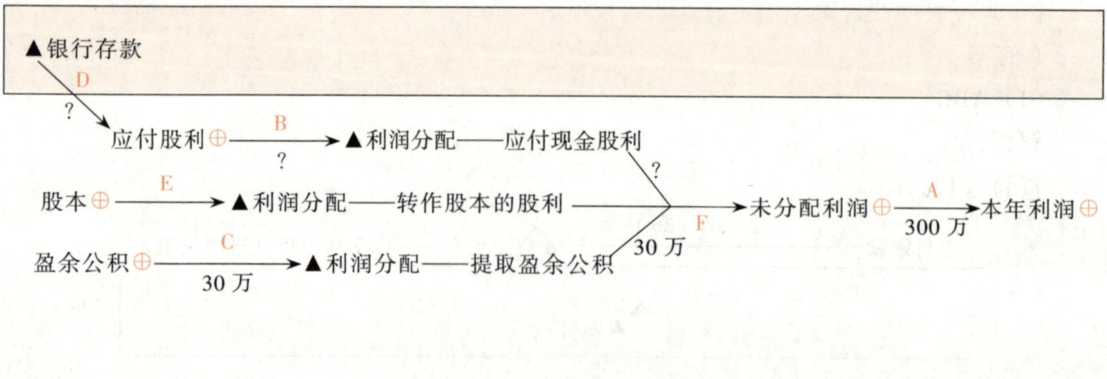

二、知识点：利润表（含所有者权益变动表、附注）

（一）单项选择题

1. 答案：A

解析：利润报表属于动态报表。

2. 答案：C

解析：所有损益类账户的期末余额一定为0，而生产成本、制造费用和合同履约成本都属于资产要素，其期末余额可以为0，也可以不为0，因此ABD是错的。

选项AB：

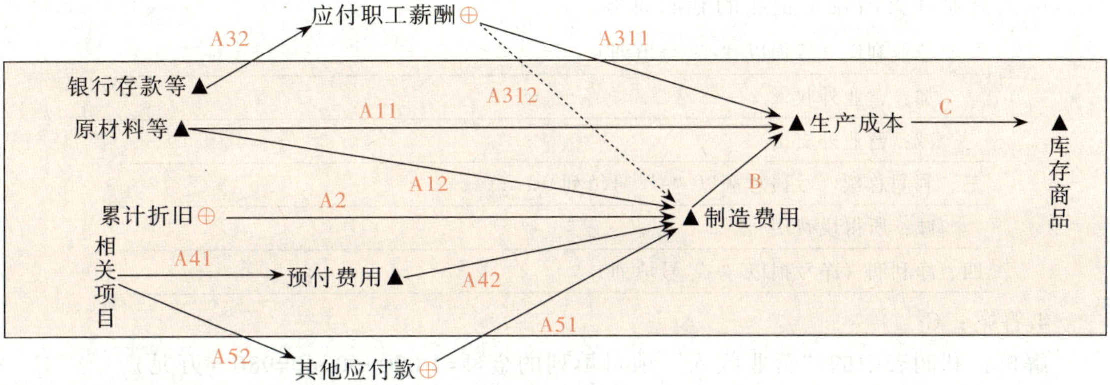

选项C：

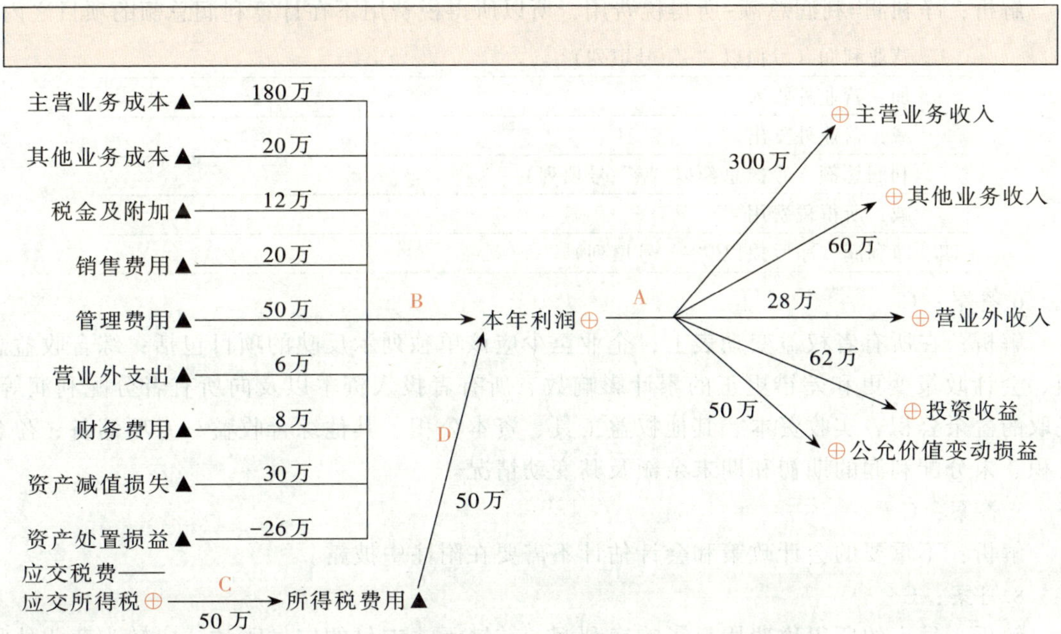

选项D：

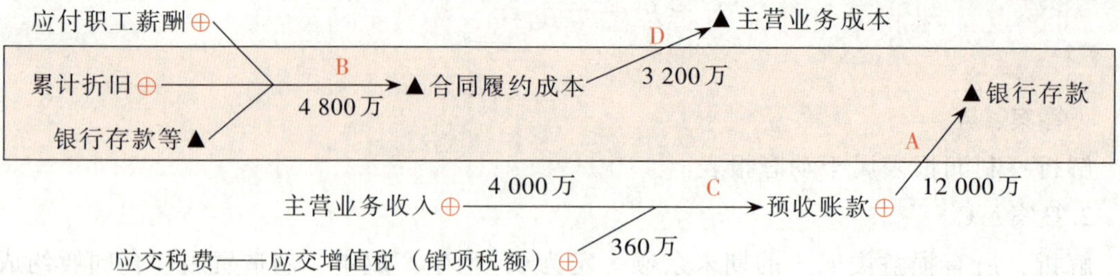

3.答案：B

解析：营业外收入和营业外支出都不属于营业利润的计算范畴。营业利润加上营业外收入减去营业外支出就是企业的利润总额。

二、营业利润（亏损以“-”号填列）
加：营业外收入
减：营业外支出
三、利润总额（亏损总额以“-”号填列）
减：所得税费用
四、净利润（净亏损以“-”号填列）

4.答案：C

解析：利润表中的“营业收入”项目填列的金额=1 000-60+40=980（万元）。

5.答案：C

解析：净利润=利润总额-所得税费用，所以所得税费用不在计算利润总额的项目之内。

二、营业利润（亏损以“-”号填列）
加：营业外收入
减：营业外支出
三、利润总额（亏损总额以“-”号填列）
减：所得税费用
四、净利润（净亏损以“-”号填列）

6.答案：C

解析：在所有者权益变动表上，企业至少应该单独列示反映的项目包括：综合收益总额、会计政策变更和差错更正的累计影响数、所有者投入资本以及向所有者分配利润等，提取的盈余公积、实收资本、其他权益工具、资本公积、其他综合收益、专项储备、盈余公积、未分配利润的期初和期末余额及其变动情况。

7.答案：C

解析：不重要的会计政策和会计估计不需要在附注中披露。

8.答案：C

解析：发生的所得税费用只影响净利润。转销无法支付的应付账款，应转为营业外收入，盘亏的固定资产净损失应转入营业外支出，这两个项目都只影响利润总额。

二、营业利润（亏损以“-”号填列）
加：营业外收入
减：营业外支出
三、利润总额（亏损总额以“-”号填列）
减：所得税费用
四、净利润（净亏损以“-”号填列）

9.答案：C

解析：固定资产出售净损失应计入资产处置损益，支付的诉讼费用应计入管理费用。只有对外捐赠款项和支付滞纳金应计入营业外支出。

10.答案：C

解析：交易性金融资产的公允价值变动应计入“公允价值变动损益”项目，银行存款利息收入应冲减财务费用，短期借款利息支出计入财务费用。

选项AC：

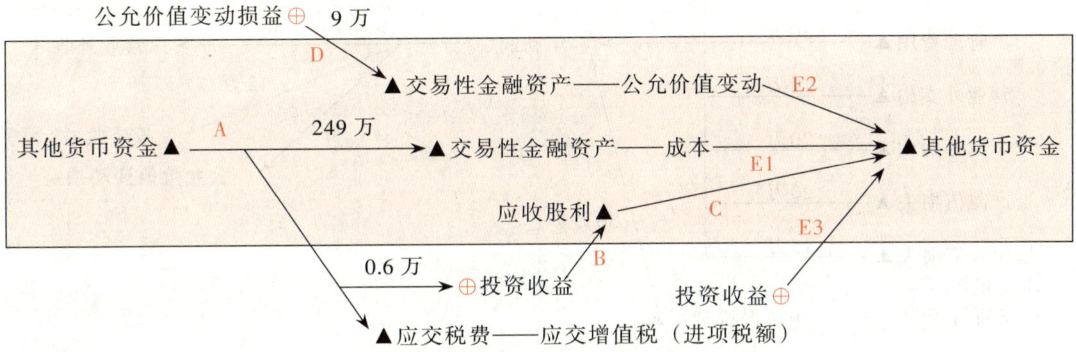

选项B：

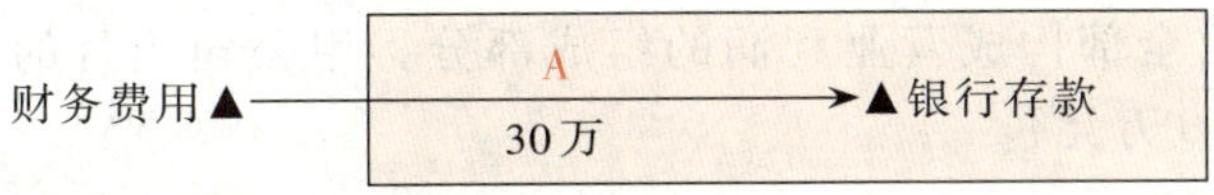

选项D：

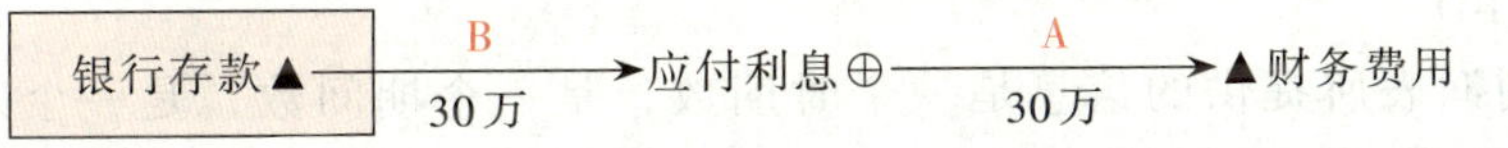

11.答案：B

解析：20×9年4月8日，20×8年12月销售的已确认收入的一批产品由于质量问题被退回，其成本为280万元。该销售退回不属于资产负债表日后事项，不调整20×8年度利润的相关数据，而是直接调整20×9年度的收入与费用。所以，20×8年度利润表中的“营业成本”项目的金额=8 000+180=8 180（万元）。

12.答案：C

解析：现金盘亏净损失应计入公司的管理费用，进而影响企业本期的营业利润。

13. 答案：D

解析：财务报表至少应包括“四表一注”，即资产负债表、利润表、现金流量表、所有者权益变动表及附注，附注是财务报表不可或缺的组成部分。

14. 答案：C

解析：附注是财务报表不可或缺的组成部分。

15. 答案：C

解析：甲公司20×8年上半年净利润=800+6+12-500-4-20-15-1-10-20-30-1-36=181（万元）。

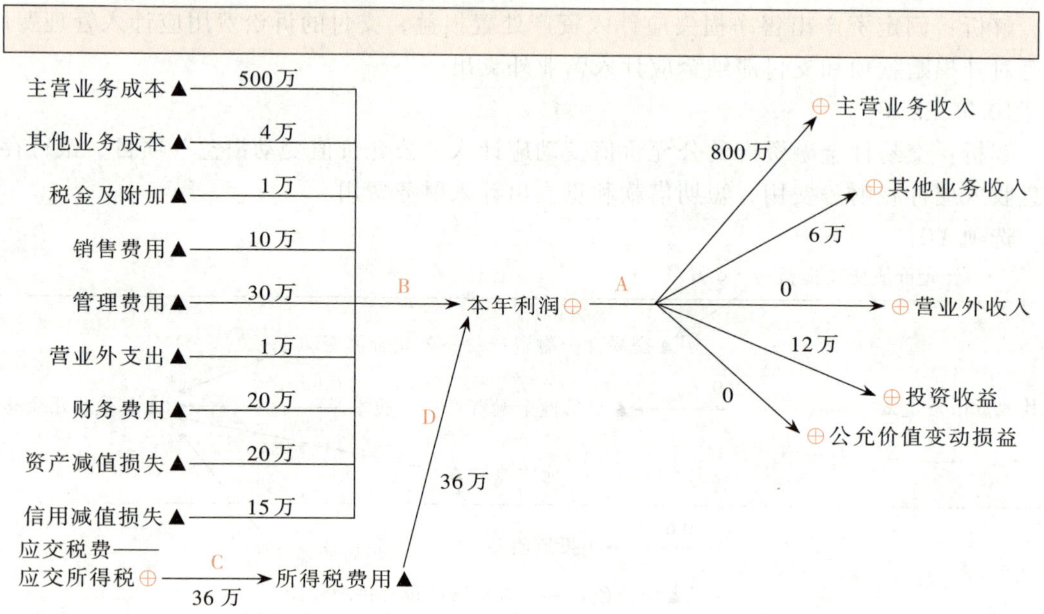

16. 答案：D

解析：这些项目全部构成营业利润的组成部分，甲公司当月的营业利润=500-300-60-50-18-25+15=62（万元）。

（二）多项选择题

1. 答案：BD

解析：利润表所提供的信息是一个时期数，是一个期间数，是一个发生额。因此，AC是错的。

2. 答案：CD

解析：利润表只能提供收入、费用和利润三类信息，不能提供资产、负债和所有者权益信息。

3. 答案：AB

解析：营业外收入和营业外支出都不属于营业利润的计算范畴。营业利润加上营业外收入减去营业外支出就是企业的利润总额。利润总额减去所得税费用就是企业的净利润。其他综合收益属于所有者权益项目，需要列示在资产负债表中。因此，CD是错的。

二、营业利润（亏损以“-”号填列）
加：营业外收入
减：营业外支出
三、利润总额（亏损总额以“-”号填列）
减：所得税费用
四、净利润（净亏损以“-”号填列）

4.答案：AD

解析：本年利润包括营业利润和营业外收支。“税金及附加”项目应根据该账户的本期发生额填列。

5.答案：ABD

解析：随同商品出售但不单独计价的包装物成本，应计入销售费用。

选项AC：

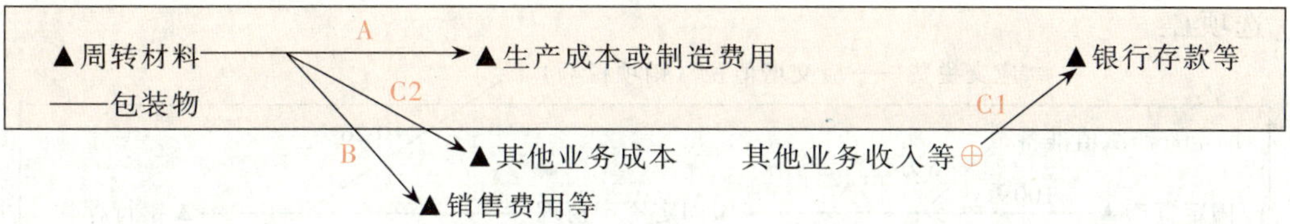

选项B：

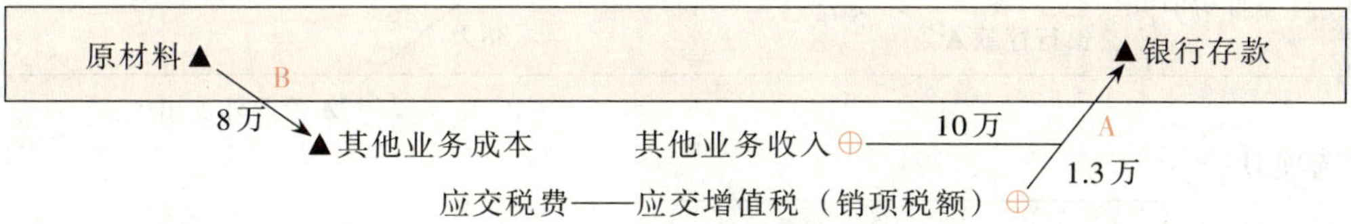

选项D：

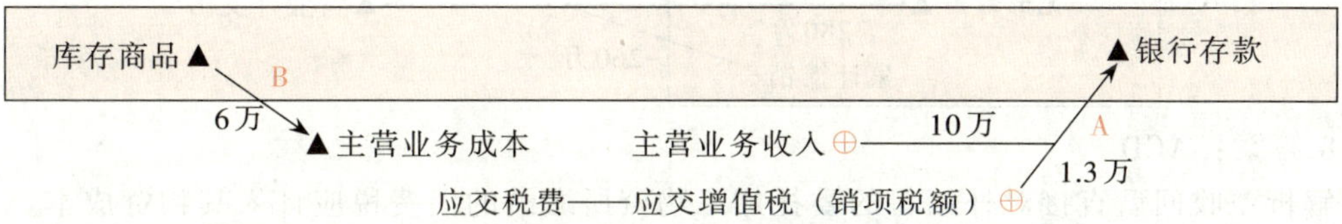

6.答案：ACD

解析：确认的所得税费用不影响利润总额，但影响净利润。

二、营业利润（亏损以“-”号填列）
加：营业外收入
减：营业外支出
三、利润总额（亏损总额以“-”号填列）
减：所得税费用
四、净利润（净亏损以“-”号填列）

7.答案：BCD

解析：应收账款减值损失应计入信用减值损失，其他各项都应当计入营业外支出。

选项A：

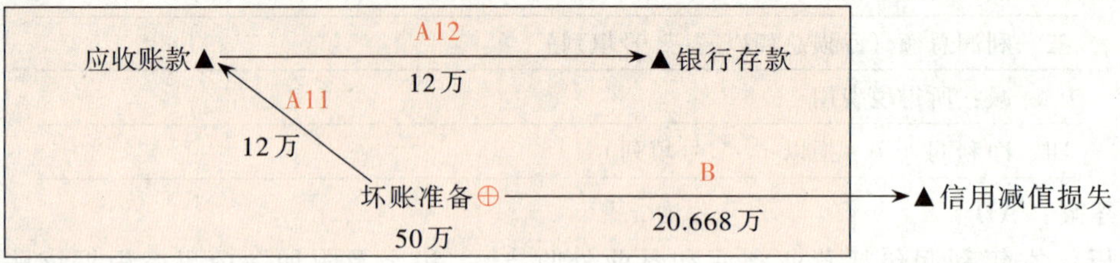

选项B：

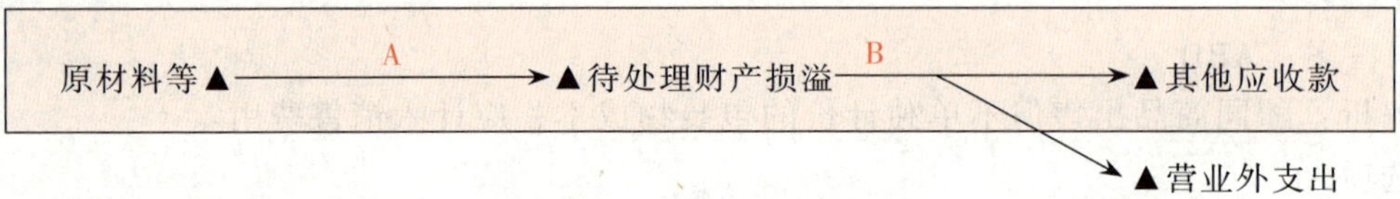

选项C：

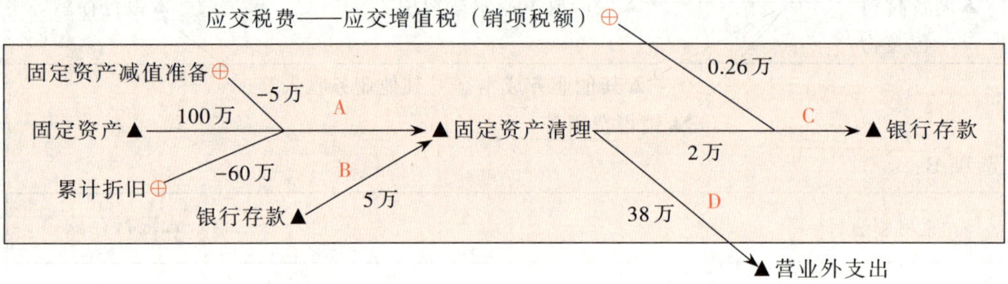

选项D：

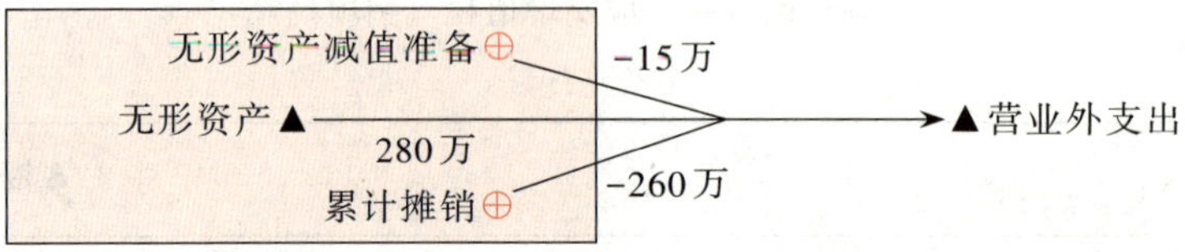

8.答案：ACD

解析：收回后直接对外销售的委托加工物资所缴纳的消费税应计入其物资成本。

选项A：

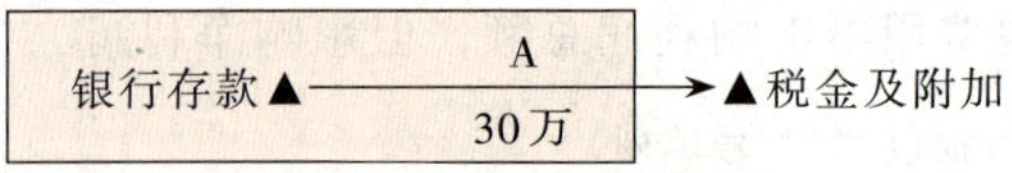

选项B：

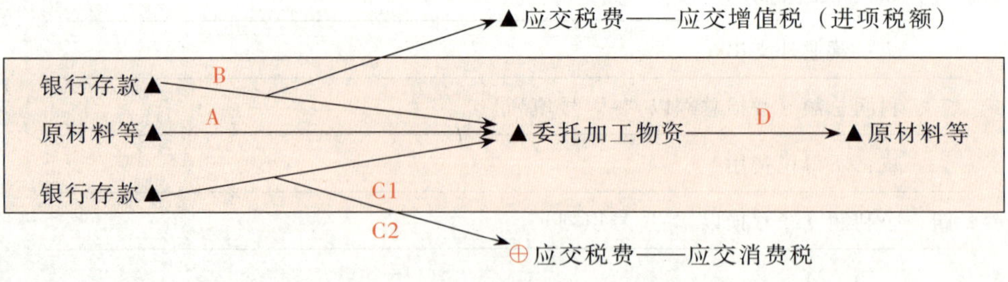

选项C：

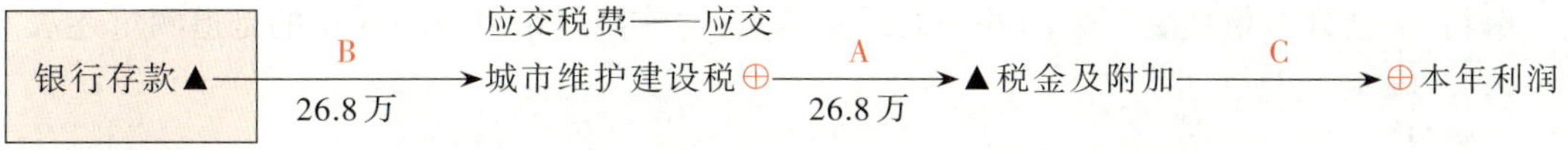

选项D：

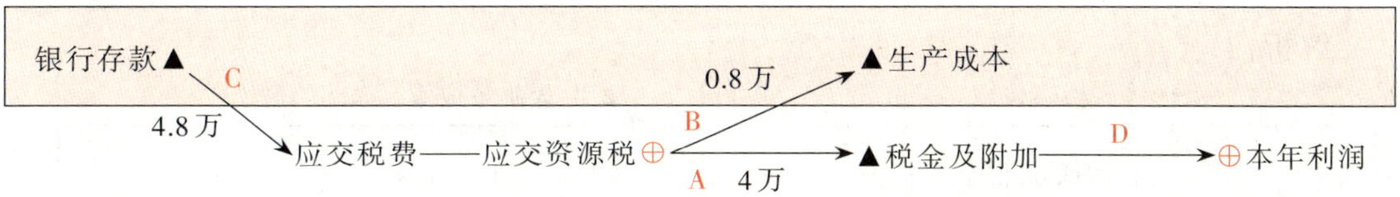

9.答案：ABCD

解析：附注的主要内容包括：企业的基本情况；财务报表的编制基础；遵循企业会计准则的声明；重要的会计政策和会计估计；对会计政策和会计估计变更以及差错更正的说明；对报表重要项目的说明；或有和承诺事项、资产负债表日后非调整事项、关联方关系及其交易等需要说明的事项；有助于财务报表使用者评估企业管理资本的目标、政策及程序的信息。

10.答案：ABCD

解析：这四个项目都属于上市公司需要在财务报表附注中披露的。

11.答案：ABCD

解析：这四个项目都是存货在附注中应披露的信息。

（三）判断题

1.答案：×

解析：企业发生一场火灾所造成的损失，应确认为营业外支出，它不会影响企业的营业利润，但会影响企业的利润总额，并进一步影响企业的净利润。

二、营业利润（亏损以“-”号填列）
加：营业外收入
减：营业外支出
三、利润总额（亏损总额以“-”号填列）
减：所得税费用
四、净利润（净亏损以“-”号填列）

2.答案：×

解析：利润表的格式有单步式和多步式两种，我国企业多采用多步式利润表。

3.答案：×

解析：所有者权益变动表中的“上年金额”栏应根据上年度所有者权益变动表“本年金额”栏内所列数字填写，上年项目的名称和内容与本年不一致的，应依照本年的名称和数字对上年进行调整。

4.答案：√

解析：如果不存在纳税调整事项和递延所得税，那就意味着会计利润和税务利润完全一致。

5.答案：×

解析：“会计政策变更”采用的是追溯调整法；“前期差错更正”采用的是追溯重述法。

（四）不定项选择题

1.答案：

（1）ABCD

解析：

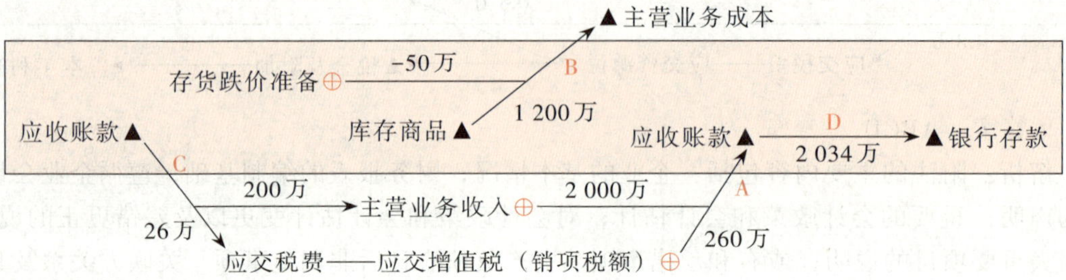

（2）ABC

解析：

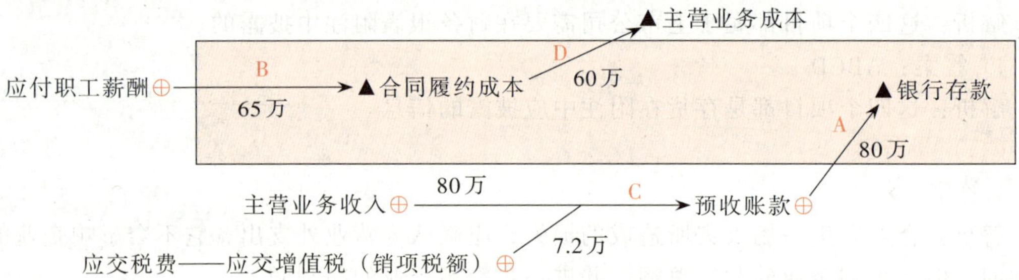

（3）AD

解析：确认营业收入金额=1 800（资料1）+80（资料2）+200（资料3）+30（资料4）+80（资料5）=2 190（万元）；确认营业成本金额=（1 200-50）（资料1）+60（资料2）+160（资料3）+20（资料4）=1 390（万元）。

（4）B

解析：

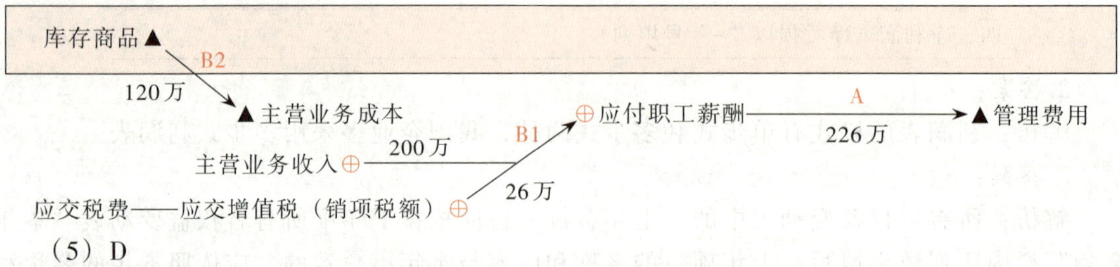

（5）D

解析：对20×8年营业利润的影响金额=2 190-1 390-226+150=724（万元）。

2.答案：

（1）BD

解析：见下图A段资金运动。

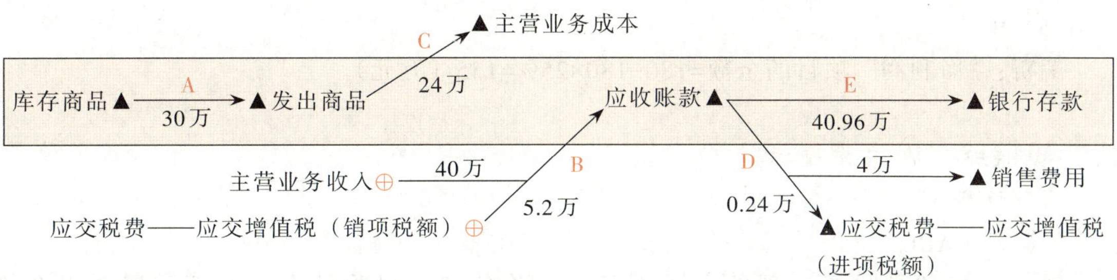

（2）ABCD

解析：见上图中BC段资金运动。

（3）ACD

解析：

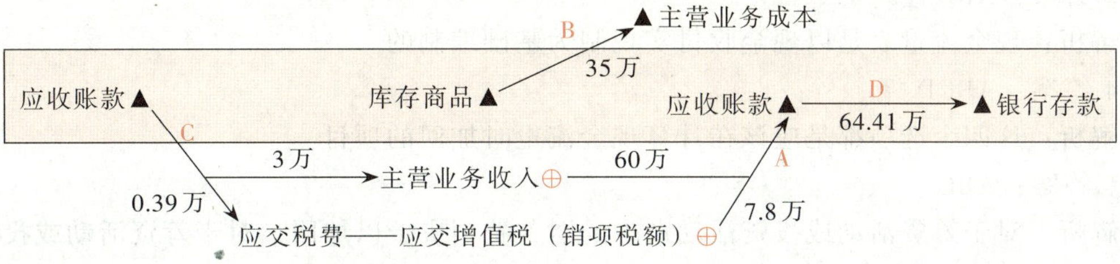

（4）AD

解析：

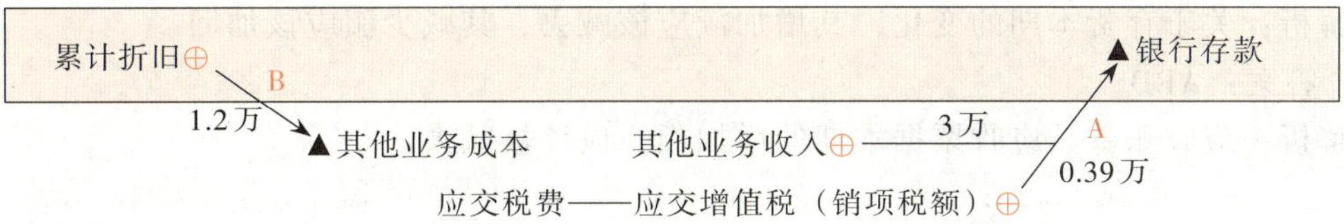

（5）C

解析：营业收入=40+57+3=100（万元）。

3.答案：

（1）AD

解析："货币资金"项目中"期末余额"栏金额=2+350+50=402（万元）；"应收账款"项目中"期末余额"栏金额=480−30=450（万元）；"预收账款"项目中"期末余额"栏金额=60（万元）。

（2）BD

解析："固定资产"项目中"期末余额"栏金额=1 070−260−60+18=768（万元）；"应付账款"项目中"期末余额"栏金额=350+30=380（万元）；"预付账款"项目中"期末余额"栏金额=160+110=270（万元）。

（3）B

解析："营业利润"项目的金额=2 000−1 500−240−100=160（万元）。

（4）A

解析："利润总额"项目的金额=160+20=180（万元）。

（5）B

解析："净利润"项目的金额=180−180×25%=135（万元）。

三、知识点：现金流量表

多项选择题

1.答案：ABC

解析：权益性投资变现的金额不确定，价值变动风险较大，因而不属于现金等价物。

2.答案：ABCD

解析：这四个选项都是对现金等价物特性的恰当描述。

3.答案：ABD

解析：现金流量表是以现金收付实现制为基础编制的。

4.答案：ABCD

解析：这四个选项都是应该在计算现金流量时加回的项目。

5.答案：ABC

解析：对于筹资活动或投资活动产生的财务费用应予以加回；对于筹资活动或投资活动产生的利息收入应予以减去。

6.答案：ABC

解析：关于存货本期的变化，其增加额应该减去，其减少额应该加回。

7.答案：ABD

解析：应收账款、应收票据本期的增加额，应该被减去。

第十章 管理会计基础与政府会计基础

一、知识点：管理会计基础

（一）单项选择题

1.下列管理会计要素中应作为单位应用管理会计基础的是（　　）。

A.工具方法　　B.信息与报告　　C.应用环境　　D.管理会计活动

2.某大型发电企业产品的生产过程不能在技术上划分步骤，则该企业适用的成本计算方法是（　　）。

A.分批法　　B.品种法　　C.分步法　　D.定额法

3.下列各项产品成本计算方法中，适用于单步骤、大量生产的是（　　）。

A.分批法　　B.逐步结转分步法　　C.品种法　　D.平行结转分步法

4.下列各项产品成本计算方法中，（　　）适用于单件小批生产。

A.品种法　　B.分批法　　C.逐步结转分步法　　D.平行结转分步法

5.下列说法中，不属于产品成本核算要求的是（　　）。

A.做好各项基础工作

B.正确划分各种费用支出的界限

C.根据生产特点和管理要求选择适当的成本计算对象

D.企业产品成本核算采用的会计政策和会计估计一经确定，不得变更

（二）多项选择题

1.战略地图一般进行分析的维度主要有（　　）

A.财务　　B.客户　　C.内部业务流程　　D.学习与成长

2.下列有关作业成本法表述正确的有（　　）。

A.作业成本法的基本原则是“作业消耗资源，产出消耗作业”

B.作业是企业基于特定目的的重复执行的任务或活动，是链接资源和成本对象的桥梁

C.成本对象可以是工艺、流程、零部件、产品、服务、分销渠道、客户、作业、作业链等需要计量和分配成本的项目

D.成本动因可分为资源动因和作业动因

3.下列有关滚动预算的表述正确的有（　　）。

A.需要按照既定的预算编制周期和滚动频率，对原有的预算方案进行调整和补充

B.中期滚动预算的编制周期通常为3年或5年，以年度作为预算滚动频率

C.短期滚动预算通常以1年作为预算编制周期，以半年作为滚动频率

D.滚动预算属于逐期滚动，持续推进的预算编制方法

4.对于制造性企业而言，其产品成本项目主要包括（　　）。

A.直接材料　　B.燃料及动力　　C.直接人工　　D.制造费用

5.下列各项中，属于管理会计要素的有（　　）。

A.应用环境　　B.管理会计活动　　C.工具方法　　D.信息与报告

6.下列各项中，属于平行结转分步法特点的是（　　）。

A.不计算各生产步骤中半成品的成本，只计算本步骤所发生的各项其他成本

B.各步骤之间不结转半成品成本

C.各步骤应计算本步骤发生的生产成本中应计入产成品成本的份额

D.将各步骤应计入产品成本的份额进行平行结转，汇总计算产成品的总成本和单位成本

7.下列各项中，关于品种法的表述正确的有（　　）。

A.广泛用于单步骤、大量大批生产的企业　　B.广泛适用于单件小批生产企业

C.定期计算产品成本　　D.成本核算对象是产品品种

8.下列各项中，关于分批法的表述正确的有（　　）。

A.成本计算周期与产品生产周期基本一致

B.一般不需要在完工产品和在产品之间分配成本

C.以产品的批别作为成本核算对象

D.需要计算和结转各步骤产品的生产成本

9.下列各项中，关于平行结转分步法的表述正确的有（　　）。

A.不必逐步结转半成品成本

B.各步骤可以同时计算产品成本

C.能够提供各个步骤半成品的成本资料

D.能直接提供按原始成本项目反映的产成品成本资料

10.平行结转分步法的特点有（　　）。

A.计算半成品成本

B.不能提供各个步骤半成品的成本资料

C.不能全面反映半成品实务资料和资金管理资料

D.不计算半成品成本

11.下列关于确定成本核算对象的表述中正确的是（　　）。

A.成本核算对象确定后，通常不应中途变更

B.成本核算对象的确定是设立成本明细账，正确计算成本的前提

C.大批量单步骤生产产品或管理上不要求提供有关生产步骤成本信息的，以产品品种为成本核算对象

D.小批量或单件生产产品的，以每批或每件产品作为成本核算对象

（三）判断题

1.管理会计基本指引在管理会计指引体系中起统驭作用，是制定应用指引和建设案例库的基础。（　　）

2.单位应用管理会计，应包括应用环境、管理会计活动、工具方法、信息与报告。（ ）

3.管理会计应用主体视管理决策主体而定，可以是单位整体，也可以是单位内部的决策中心。（ ）

4.本量利分析主要用于企业生产经营决策、成本决策和定价决策，也可以广泛用于投融资决策。（ ）

5.分批法下，在计算月末在产品成本时，一般不存在在完工产品和在产品之间分配费用的问题。（ ）

6.如果企业生产的产品属于大量、大批、多步骤且要求分步计算产品成本的，则应采用品种法计算产品成本。（ ）

7.平行结转分步法下，各步骤的产品生产成本伴随着半成品实物的转移而转移。（ ）

二、知识点：政府会计基础

（一）单项选择题

1.下列关于会计基础的表述中，正确的是（ ）。

A.企业会计核算采用收付实现制，另有规定的从其规定

B.政府会计核算一律采用权责发生制

C.政府预算会计除另有规定外，采用收付实现制

D.政府财务会计采用收付实现制

2.下列各项中，不属于政府财务会计要素的是（ ）。

A.资产 B.预算收入 C.净资产 D.费用

3.下列各项中，不属于政府财务会计要素中负债要素的计量属性的是（ ）。

A.历史成本 B.现值 C.公允价值 D.可变现净值

4.下列各项中，不属于政府会计标准体系组成的是（ ）。

A.政府会计基本准则 B.政府会计具体准则及应用指南

C.政府会计制度 D.预算法

5.下列关于政府单位资产要素的表述中，不正确的是（ ）。

A.资产是政府会计主体过去的经济业务或者事项形成的经济资源

B.资产是由政府会计主体控制的经济资源

C.资产是预期能够产生服务潜力或者带来经济利益流入的经济资源

D.资产是预期能够产生服务潜力的现时义务

6.下列关于政府单位的说法中，不正确的是（ ）。

A.单位财务会计通过资产、负债、净资产、收入、费用5个要素，全面反映单位财务状况、运行情况和现金流量的情况

B.政府会计主体在对负债进行计量时，一般应采用公允价值计量

C.反映单位财务状况的等式是“资产-负债=净资产”

D.单位对于纳入部门预算管理的现金收支业务，在采用财务会计核算的同时，进行

预算会计核算；对于其他业务，仅需要进行财务会计核算

7.下列各项中，关于政府会计的表述不正确的是（　　）。

A.财务会计主要反映和监督预算收支的执行情况

B.政府会计主体应当编制决算报告和财务报告

C.政府预算会计实行收付实现制，国务院另有规定的，从其规定

D.政府财务会计实行权责发生制

8.下列有关政府会计要素的表述正确的是（　　）。

A.流动资产包括货币资金、短期投资、应收及预付款项、存货、公共基础设施、政府储备资产、文物文化资产

B.政府资产的计量属性只包括历史成本、现值和公允价值

C.政府负债的计量属性主要包括历史成本、重置成本、现值、公允价值和名义金额

D.收入是指报告期内导致政府会计主体净资产增加的、含有服务潜力或者经济利益的经济资源的流入

9.下列各项中，关于政府决算报告的表述不正确的有（　　）。

A.政府决算报告综合反映政府会计主体预算收支的年度执行结果

B.政府决算报告是政府综合财务报告的重要组成部分

C.政府决算报告以预算会计核算生成的数据为准

D.政府决算报告主要以收付实现制为编制基础

10.下列各项中，属于政府财务会计要素的是（　　）。

A.预算结余　　B.预算收入　　C.净资产　　D.预算支出

（二）多项选择题

1.下列各项中，属于政府会计特点的有（　　）。

A.财务会计要素分为资产、负债、净资产、收入和利润五大类

B.财务会计实行权责发生制，预算会计实行收付实现制，国务院另有规定的，从其规定

C.财务会计与预算会计适度分离包括“双功能”“双基础”“双报告”

D.预算会计通过预算收入、预算支出和预算结余三个要素，全面反映单位预算收支的执行情况

2.下列各项中关于政府会计核算体系的表述正确的有（　　）。

A.政府会计主体应该编制决算报告和财务报告

B.政府会计由预算会计和财务会计组成

C.政府预算会计实行收付实现制，国务院另有规定的，从其规定

D.政府财务会计实行权责发生制

3.下列关于政府会计核算体系的说法中正确的有（　　）。

A.财务会计主要反映和监督预算收支的执行情况

B.预算会计实行收付实现制

C.财务会计实行权责发生制

D.政府会计主体应当编制决算报告和财务报告，其中决算报告的编制主要以收付实现制为基础

4.下列各项中，属于政府资产计量属性的有（　　）。

A.公允价值　　B.历史成本　　C.名义金额　　D.重置成本

5.下列各项中，关于政府综合财务报告的表述正确的有（　　）。

A.数据来源于预算会计核算结果

B.年度预算执行情况是其反映的对象

C.编制基础为权责发生制

D.编制主体为各级财政部门、各部门、各单位

6.关于政府会计核算的相关原则，下列说法中正确的是（　　）。

A.单位财务会计中，反映单位财务状况的等式为“资产-负债=净资产”

B.单位财务会计中，反映运行情况的等式是“收入-费用=本期盈余”

C.单位预算会计通过预算收入、预算支出和预算结余三个要素，全面反映单位预算收支的执行情况

D.预算会计一般实行收付实现制，财务会计一般实行权责发生制

（三）判断题

1.政府财务会计实行收付现实制。（　　）

2.政府预算会计和财务会计适度分离，要求政府会计主体分别建立预算会计和财务会计两套账。（　　）

3.政府预算会计要素包括预算收入、预算支出与预算结余；财务会计要素包括资产、负债、净资产、收入和支出。（　　）

4.政府会计负债的计量属性主要包括历史成本、现值和公允价值。政府会计主体在对负债进行计量时，一般应该采用公允价值计量模式。（　　）

5.政府单位财务会计实行权责发生制，预算会计实行收付实现制。（　　）

6.政府决算报告应该是反映政府主体某一特定日期的财务状况，某一会计期间的运行情况和现金流量等信息的文件。（　　）

本章答案

一、知识点：管理会计基础

（一）单项选择题

1.答案：C

解析：管理会计中，应用环境是单位应用管理会计的基础。

2.答案：B

解析：单步骤、大量生产的企业，比如发电、供水、采掘等企业的产品生产过程不能从技术上划分为各个步骤，适合采用品种法计算产品成本。

3.答案：C

解析：分批法适用于单件、小批量生产；分步法适用于大量大批的多步骤生产。

4.答案：B

解析：分批法成本核算对象为产品的类别，主要适用于从事单件、小批量生产的企业。

5.答案：D

解析：企业产品成本核算采用的会计政策和会计估计一经确定，不得变更，不属于产品成本核算要求。

（二）多项选择题

1.答案：ABCD

解析：战略地图通常以财务、客户、内部业务流程、学习与成长四个维度为主要内容，相关人员通过分析各维度的关系绘制战略因果关系图。

2.答案：ABCD

解析：这四个选项都是对作业成本法的恰当描述。

3.答案：ABD

解析：短期滚动预算通常以1年作为预算编制周期，以月度、季度作为滚动频率。

4.答案：ABCD

解析：这四个选项都是制造性企业产品成本项目的构成内容。

5.答案：ABCD

解析：单位应用管理会计，应包括应用环境、管理会计活动、工具方法、信息与报告四项管理会计要素。

6.答案：ABCD

解析：这四个选项都是对平行结转分步法特点的恰当说明。

7.答案：ACD

解析：单件、小批生产适合采用分批法。

8.答案：ABC

解析：需要计算和结转各步骤产品的生产成本，是分步法的特点。

9.答案：ABD

解析：能够提供各个步骤半成品的成本资料，是逐步结转分步法的特点。

10.答案：BCD

解析：综合结转分步法和分项结转分步法需要计算半成品成本，平行结转分步法不需要计算半成品成本。

（三）判断题

1.答案：√

解析：管理会计基本指引在管理会计指引体系中起统驭作用，是制定应用指引和建设案例库的基础。

2.答案：√

解析：单位应用管理会计，应包括应用环境、管理会计活动、工具方法、信息与报告四个管理会计要素。

3.答案：×

解析：管理会计应用主体视管理决策主体而定，可以是单位整体，也可以是单位内部的责任中心。

4.答案：√

解析：本量利分析主要用于企业生产经营决策、成本决策和定价决策，也可以广泛用于投融资决策。

5.答案：√

解析：既然是以批次来生产的，产品生产结束时该批次的生产就全部结束了，因而不存在在产品的问题。

6.答案：×

解析：如果企业生产的产品属于大量、大批、多步骤且要求分步计算产品成本的，则应采用分步法计算产品成本。

7.答案：×

解析：平行结转分步法下，在产品的生产成本在产品最后完成之前，不随实物转出而转出。

二、知识点：政府会计基础

（一）单项选择题

1.答案：C

解析：政府预算会计除另有规定外，采用收付实现制；政府财务会计核算采用权责发生制。

2.答案：B

解析：预算收入属于政府预算会计要素。

3.答案：D

解析：政府财务会计中负债要素的计量属性主要包括历史成本、现值和公允价值。

4.答案：D

解析：政府会计标准体系构成为：政府会计基本准则、政府会计具体准则及应用指南和政府会计制度。

5.答案：D

解析：负债是预期会导致经济资源流出政府会计主体的现时义务。

6.答案：B

解析：政府会计主体在对负债进行计量时，一般应该采用历史成本计量。

7.答案：A

解析：预算会计主要反映和监督预算收支的执行情况。

8.答案：D

解析：公共基础设施、政府储备资产、文物文化资产属于非流动资产；政府资产的计量属性主要包括历史成本、重置成本、现值、公允价值和名义金额；政府负债的计量属性主要包括历史成本、现值和公允价值。

9.答案：B

解析：政府决算报告是综合反映政府会计主体年度预算收支执行结果的文件。政府决算报告的目标是向决算报告使用者提供与政府预算执行情况有关的信息，综合反映政府会计主体预算收支的年度执行结果，有助于决算报告使用者进行监督和管理，并为编制后续年度预算提供参考和依据。

政府综合财务报告属于政府财务报告，和政府决算报表是平行编制的，不存在包含与被包含的关系。

10.答案：C

解析：政府单位财务会计要素有：资产、负债、净资产、收入、费用；预算收入、预算支出与预算结余属于政府预算会计要素。

（二）多项选择题

1.答案：BCD

解析：政府财务会计要素分为资产、负债、净资产、收入和费用五大类。

2.答案：ABCD

解析：这四个选项都是对政府会计核算的恰当描述。

3.答案：BCD

解析：预算会计主要反映和监督预算收支的执行情况。

4.答案：ABCD

解析：政府资产的计量属性主要包括历史成本、重置成本、现值、公允价值和名义金额。

5.答案：CD

解析：选项AB属于政府决算报告的内容。

6.答案：ABCD

解析：这四个选项都是对政府会计核算相关原则的恰当描述。

（三）判断题

1.答案：×

解析：政府财务会计实行权责发生制。

2.答案：×

解析：政府预算会计和财务会计适度分离，并不是要求政府会计主体分别建立预算会计和财务会计两套账；而是要求政府预算会计要素和财务会计要素相互协调，决算报告和财务报告相互补充，共同反映政府会计主体的预算执行信息和财务信息。

3.答案：×

解析：政府会计要素包括预算会计要素和财务会计要素。政府预算会计要素包括预算收入、预算支出与预算结余；财务会计要素包括资产、负债、净资产、收入和费用。

4.答案：×

解析：政府会计负债的计量属性主要包括历史成本、现值和公允价值。政府会计主体在对负债进行计量时，一般应该采用历史成本。

5.答案：√

解析：政府单位财务会计实行权责发生制，政府单位预算会计实行收付实现制，国务院另有规定的，从其规定。

6.答案：×

解析：政府财务报告应该反映政府主体某一特定日期的财务状况，某一会计期间的运行情况和现金流量等信息。

业财合一 · 流程管控

业财合一 · 流程管控系列教材

《会计学原理》（第二版）	施先旺　龚翔	主编	2021年8月出版
《会计学原理习题与解析》（第二版）	施先旺　常法亮	主编	2021年12月出版
《中级财务会计》（第二版）	施先旺　季华	主编	2021年9月出版
《中级财务会计习题与解析》	施先旺　张汨红	主编	2019年10月出版
《高级财务会计》	施先旺　马荣贵	主编	2020年3月出版
《高级财务会计习题与解析》	施先旺　李盈超	主编	2020年7月出版
《初级会计实务》（会计资格考试辅导教材）	施先旺　尚俊	主编	2020年11月出版
《初级会计实务习题与解析》（会计资格考试辅导教材）	施先旺　张娇姝	主编	2020年12月出版

《非盈利企业会计》	拟出版
《非盈利企业会计习题与解析》	拟出版
《会计学》	拟出版
《会计学习题与解析》	拟出版
《会计与税法差异分析》	拟出版
《会计与税法差异分析习题与解析》	拟出版
《中级会计实务》（会计资格考试辅导教材）	拟出版
《中级会计实务习题与解析》（会计资格考试辅导教材）	拟出版
《会计》（CPA考试辅导教材）	拟出版
《会计习题与解析》（CPA考试辅导教材）	拟出版
《会计》（注册税务师考试辅导教材）	拟出版
《会计习题与解析》（注册税务师考试辅导教材）	拟出版